ON TPP BY
WORLDWIDE MAJOR
THINK TANKS

全球智库国际战略研究丛书 · 看世界系列 ❹

国外智库看
TPP

王灵桂◎主编

全球智库国际战略研究丛书编委会

总　序

TPP对亚太贸易格局影响有多大

中国加入世界贸易组织（WTO）14年来，通过不断改革开放而获得WTO红利，并在世界经济大潮涨落中经风险，涉险滩，逐步掌握驾驭、调控及应变能力，在跃居世界第二大经济体的同时，确立起当之无愧的“改革大国”地位。改革、开放、发展、稳定，成为中国治国理政之真谛及国家繁荣昌盛之保障。

入世14年，弹指挥间。国力上升托起大国万千气象，中国逐渐步入世界政治舞台中心与经济前沿，直面的国际风云不可同日而语：大壑随阶转，群山入户登，后WTO时代的中国经济随之面临三“T”——BIT、TPP、TTIP的新问题。正可谓：“莫言下岭便无难，赚得行人空喜欢。正入万山圈子里，一山放过一山拦。”

2015年10月上旬，以美国为首的12国签署了TPP协议。此“T”是继1993年美、加、墨三国签订《北美自由贸易协定》以来最重要、最广泛的地区性协定；它将全球40%的商品经济汇聚于一个大市场，以“巨体量”、“全覆盖”、“高标准”、“多边化”为特征，凸显自由贸易发展新形式、新方向，故也被称为WTO升级版。缘于此，此“T”又被奥巴马总统称为“历史性协议”。

TPP12个创始成员国的经济总量占全球经济规模的40%，对全球经济和地缘政治的影响力不谓不大。12国中，尤以美日两国的经济体量为大。所以，从某种意义上讲，TPP协议的达成亦等于美日双边自贸协定顺坡过关，宽广的太平洋因之成为“免税贸易大洋”，约1.8万种美国商品将受益于该协议而进入该市场。

TPP协议的签署，致使中国学术界、经济界、舆论界、战略界的眼球顿时聚焦于此“T”。关于TPP协议与中国经济走向的话题一时充斥媒体，热络哗然，智者见智、仁者见仁，在对TPP的定性、定调上，性恶论有之，性善论亦有之。俗话说，喜怒知度量，利害见精神。立言立论，应该有缘有故；孰是孰非，必须事白情明。此乃做学问、搞研究之基本。

性恶说多从地缘政治、大国博弈、美国战略、美日提携、中美关系等战略与安全角度加以分析，从而得出遏制论、黑哨论、孤立论、打压论、边缘论、弱华论等观点，认为 TPP 乃项庄舞剑，意在沛公；此“T”于美国而言，是其主导世界贸易规则的里程碑、“亚太再平衡战略”的重要环节。

性善说则从贸易法规、市场开放、资源禀赋、产业调整、区域融合等经济与合作视角加以研判，从而得出倒逼论、机遇论、闯关论、追赶论、接近论等观点，认为 TPP 协议将促进中国改革开放的深化，中国应向 TPP 规则接近。

不能不说，两种观点均有一定合理成分。对 TPP 协议的签署，舆论界、学术界和战略界不论是突出其脆弱、短板的一面，抑或渲染其强大、敌意的另一面，进而作出武断的判断，都是不足取的。于入世 14 年的中国经济发展而言，举足宜行中正路，入门俱是过来人。保持战略定力不动，沿循改革方向前行，乃不二法门。

有学者说，TPP 实际就是一种新型自贸协定，它较之传统的 FTA，只是实现路径不一、交易规则不同，国际贸易自由度更大。此外，TPP 是按西方会计、财务、环保、劳工及银行制度而建立，并非所有国家都能达到如此高的标准。因而，较之传统的“实力博弈”，TPP 更是凭借金融、贸易、规则等方式而展开的“合作博弈”。

美国牵头推动 TPP，确有其战略、政治、经济等方面考虑。鉴于发达国家经济仍占全球一半以上规模，所以，此“T”达成协议表明，世界经济规则制定者姓“北”而不姓“南”；美国欲借此对外表明的意思即是，没有美国的一体化是低标准，TPP 是高标准，亚太通商秩序主导权掌握在美国手里。

TPP 协议的不少规则涉及中国经济的深层问题。正因此，它也成为中国和平发展道路上值得重视的经贸议题。中国在首轮谈判未能加入，但会争取加入。中国对高标准贸易投资自由化的区域安排胸中有数，做好了参与博弈的各项准备。学术界、战略界应该有自信，勿先入为主，而应思其始而成其终，精心谋划、多方论证、趋利避害、建言献策。

于中国而言，亟待解答的课题不少：TPP 能否高标准运营？对亚太贸易格局的影响究竟有多大？面对占全球经济体量 40% 的 TPP，中国有无捷径可走？能否实行“蛙跳”战术，绕开它与 12 个成员国一对一谈判，自行拓展双边或多边 FTA？在亚太地区推进 RCEP，能否达到殊途同归，等同于 TPP 的效果？

在 TPP 问题上，中国一方面应淡化而非强化 TPP 的政治色彩，降低中美战略抗衡的分贝，避免陷入误区导致战略误判。另一方面，应全面深化改革，扩大开放，促进产业与贸易结构升级换代，致力于提高商品非价格竞争力，以逐步适应国际经贸新规则，做大做强 TPP 这块压舱石，进一步稳定并夯实中美新型大国关系，发展与各国的“命运共同体”、“发展共同体”关系。

TPP 文本内容有待全面披露，其实现路径等带有明显的不确定性。目前读者只能从学术界、舆论界、战略界的论战来感知大概，万花筒里看世界，无从开展系统性研究。

幸运的是灵桂同志和他的团队正在做一个“国外智库看中国”的系列研究项目，其中包括美、加、欧、俄、日、印、澳及东盟等国的一流智库对 TPP 及其与 TTIP 的关系、中国选择的看法等。才自内发，学以外成。这些来自外部的学问，厂家直销、原汁原味，知味一尝，有助于了解来龙去脉，闻香十步，能加深认识国外智库，亦能从其研究成果中了解 TPP 的前世今生和未来的可能走向。海外智库的报告和观点从其所在国、所代表的利益而来，可能谬误与精彩并存、合胃口与倒胃口同在，但拿过来，予以扬弃，可能会对学界的研究、决策者的战略战术取舍，起到“他山之石”之功效。这也是灵桂同志历来致力于追求的学术目标和家国情怀。

人不厌学，方成其圣。灵桂同志是个勤奋的学者，成果颇丰。几年来，我已为其多本专著和编著作序。好消息何时来，二月杏花、八月桂；实功夫何处下，三更灯火、五更鸡。其治学之辛苦、研究之追求、书生之家国情怀，由此可见一斑。

我不研究 TPP，但亦感此“T”事关重大，故有感而发，敲字成文，是为序。

中国现代国际关系研究院原院长

陆忠伟

目　　录

CONTENTS

印度智库观点摘要

英国智库观点摘要

加拿大智库观点摘要

土耳其智库观点摘要

新加坡智库观点摘要

澳大利亚智库观点摘要

日本智库观点摘要

巴基斯坦智库观点摘要

序　言

义胜欲则昌　欲胜义则亡

本书是全球智库国际战略研究丛书·看世界系列的第一部。之所以把跨太平洋伙伴关系协定（TPP，Trans - Pacific Partnership Agreement）① 作为全球战略观察的第一个切入点，目的是想从这个角度和领域，力图为“21世纪的美国病”把把脉。

当今的美国，有“充分发育的市场经济、民主政府和市民社会。市场经济已发展到金融资本主义的新阶段，为全球经济和金融活动提供包括机制和规则在内的诸多公共产品，不可谓不强。民主政府的各项制度极为繁复，自认为是全球学习的楷模，政府活动覆盖到内政外交、生产生活一切方面，也不可谓不强。市民社会也发展到十分健全的程度，无论是权利保障的水平、自我组织的能力还是参政议程的渠道，都非常先进”。② 但是，“美国衰落说”以及“美国还行不行”等“美国病”的说法，却在近几年不绝于耳。

2008年始自美国华尔街的金融危机，以及随后发生的经济危机、社会危机、政治危机，进一步让“美国病”的说法不胫而走。仅仅用最简单的观察就能看出“美国病”的症状：美国高度发达的市场经济正在不断滑向金融化、空心化，华尔街的金融套利愈演愈烈，下一代的美国人要为当今沉重的社会福利埋单，政策决策越来越受制于利益集团和短期民意挟持，对外政策的民粹色彩日益浓厚，等等。“美国病”本是美国自己的事，犯不着别人操心。但是，问题在于已经和正在制定全球行

---

① 2015年10月5日，十二个TPP谈判成员国部长级会议在美国亚特兰大就TPP各条款达成一致，同意进行自由贸易并在投资和知识产权等广泛领域统一规范。本轮TPP部长级会议于9月30日召开，原定于10月1日结束，但由于谈判各方对农产品市场准入、汽车原产地规则、制药业知识产权保护等三大领域分歧巨大，会议被迫延长数日。最终协议需要得到各国最高领导层及议会批准后才会正式签署。对于美国而言，TPP协议如何获得国会批准尚是一大难题，尤其在总统大选备战之际，共和党党内选票领先者特朗普已经明确表示反对TPP。在此前的授权法案中，约有80%的众议院民主党议员投了反对票。

② 王鸿刚：《“21世纪的美国病”——美国的“现代国家治理难题”初析》，《现代国际关系》2015年第7期，第6~7页。

事规则的美国，其“病症”也正在世界范围内蔓延，全球的经济停滞、贫富分化、动荡风险无不与其“病症”密切相关。特别是如果美国的“病症”继续加剧，不排除其会采取更加内顾性、零和性，乃至挑起危机、制造危机、转嫁危机的政策，这将对全球稳定及其他国家的安全和发展构成新的威胁。而现实也佐证了这种看法，当今世界的“经济低迷、地缘动荡、恐怖危机、文明摩擦等各种乱象此起彼伏，现行国际秩序和体系面临新的挑战”①，其原因与“美国病”在全球的蔓延和扩散密不可分，或者说美国已经在向外转嫁自己的压力和“病症”。

近一个时期以来，扎在厚厚的关于跨太平洋伙伴关系协定的书稿中，在公说公有理、婆说婆有理的纷繁的观点中，感到很难理出一个头绪来。子夜难眠，信翻旧书，偶捡《六韬》。读之，令人灵光顿开。原来，早在 3100 多年前，中国的先哲们，就为“美国病”开好了药方。这话听起来有些过于穿越和牵强，但仔细琢磨，在匪夷所思之中，却确实包含着治国理政的不变真理。

《六韬》之开篇《文韬》，讲了一个非常古老的故事。商朝末年②，周部族的西伯侯姬昌③到渭水北岸打猎时，在河边遇到了一位头戴斗笠的钓鱼翁。两人聊了几句，顿感投机，姬昌认定钓鱼翁是难得的贤才，遂问以军国大计。这也就是有名的“姜太公钓鱼”的故事。两人初次相遇时，姬昌请教姜尚④：“树敛何若而天下归之?”姜尚回答说：“天下非一人之天下，乃天下之天下也。同天下之利者则得天下，擅天下之利者则失天下。天有时，地有财，能与人共之者，仁也；仁之所在，天下归之。免人之死，解人之难，救人之患，济人之急者，德也；德之所在，天下归之。与人同忧同乐，同好同恶者，义也；义之所在，天下赴之。凡人恶死而乐生，好德而归利，能生利者，道也；道之所在，天下归之。”此言一出，姬昌叹服地说：

① 国纪平：《合作共赢让世界更美好——写在习近平主席出席联合国成立 70 周年系列峰会之际》，《人民日报》2015 年 9 月 26 日。

② 据考证，姬昌此次出猎应是在帝辛三十一年（公元前 1123 年）。帝辛是商朝第 30 代君主，也是商朝的亡国之君。帝辛死后，谥号纣王，又称殷纣王、商纣王。

③ 姬昌，即周文王，周朝奠基者。姬昌勤于政事，广罗人才，对许多外部族以及商王朝的人才，他都以礼相待，委以重任。现在电视剧中耳熟能详的周朝干臣，如伯夷、叔齐、太颠、散宜生、辛甲等，都是姬昌收拢的，他们为周朝的建立立下了汗马功劳。

④ 姜尚，字子牙，东吕乡东里人（今山东潍坊或日照人）。其先祖曾因掌管四岳有功，封于吕（今河南宛县），子孙因封地而改姓，因此姜尚又名吕尚。姜尚饱学兵法战策，曾去商朝都城朝歌求取功名。未果后，因家境极贫困，只能在渭水河畔以钓鱼为生。偶遇姬昌时，姜尚已经 80 岁了，但依然被收罗帐下。后姜尚被周朝尊称为“太公望”，故又被称为姜太公。

“允哉，敢不受天之诏命乎！”。①

姬昌与姜尚的这段对话，用现代汉语翻译过来就是，姬昌问：“怎样才能凝聚人心而使天下归顺？”姜尚回答说：“天下并不是一个人的天下，而是天下人共有的天下。你若能和天下人共同享受利益，就能取得天下；如果独自垄断天下所有的利益，就将失去天下。天有四季轮回，地有丰饶物产，能和天下人共享岁时和财物的，称为‘仁’；‘仁’在，天下人自然信服。能够善待生命，解除灾难，救济急需的，称为‘德’；‘德’在，天下人自然信服。能和天下人共享欢乐，共担忧虑，休戚与共的，称为‘义’；‘义’在，天下人自然信服。天下没有不害怕死亡、不向往健康的人，（执政者）以仁德之心施政，义自然成为利，义复生利，称为‘道’；‘道’在，天下人自然信服。”听完这段论述，姬昌佩服地评价说：“太对了，我怎么敢不听从上天的旨意呢！”于是，“乃载与俱归，立为师”②，也就是说姬昌佩服之余，便礼貌地把姜尚请上车，一同回到了在丰邑③的西伯侯侯府，并礼聘姜尚为国师。

初次见面，姜尚用“仁、德、义、利、道”五个字阐述了治国之道，引起了姬昌的兴趣和关注。担任国师后，姜尚按照这五字治国之道，帮助姬昌制定了一系列具体政策，使姬昌的周部族快速强大繁荣起来。后来，姬昌病危时，对侍候在左右的太子姬发④、姜尚说：“天将弃予，周之社稷将以属汝。今予欲师至道之言，以明传之子孙。”姜尚问：“王何所问？”姬昌说：“先圣之道，其所止，其所起，可得闻乎？”姜尚遂回答说：“见善而怠，时至而疑，知非而处：此三者，道之所止也。柔而静，恭而敬，强而弱，忍而刚：此四者，道之所起也。故义胜欲则昌，欲胜义则亡；敬胜怠则吉，怠胜敬则灭。”⑤

姜子牙国师的话，翻译过来就是，“见到国势良好就松解，时机到了又犹豫不决，明知不对却乐在其中。这三种情况，说明‘道’就要衰亡了。能够谦和宁静处事，恭敬谨慎待人，强大却能柔和地包容，忍让却能刚正处事。这四种情况，说明‘道’将兴旺了。所以，义理胜过私欲，国家必然昌盛；私欲胜过义理，国家必然走向灭亡。恭敬胜过懈怠，国家必定兴盛；懈怠胜过恭敬，国家必定灭亡”。

姬昌和姜尚的这两次对话，所谈虽是治藩之策，但其蕴含的道理却是永恒的，同

---

① 《六韬三略》，太公望等著，夏华等编译，万卷出版公司，2013，第4页。

② 《六韬三略》，太公望等著，夏华等编译，万卷出版公司，2013，第4页。

③ 位于今陕西省省会西安市西南。

④ 姬昌次子。姬昌去世后，姬发继位，灭亡商朝，建立周朝，史称周武王。

⑤ 《六韬三略》，太公望等著，夏华等编译，万卷出版公司，2013，第11页。

样适用于当今国际政治和国际关系。2013 年 4 月 7 日，习近平总书记在博鳌亚洲论坛 2013 年年会上的主旨演讲中指出，“国家无论大小、强弱、贫富，都应该做和平的维护者和促进者，不能这边搭台、那边拆台，而应该相互补台、好戏连台。国际社会应该倡导综合安全、共同安全、合作安全的理念，使我们的地球村成为共谋发展的大舞台，而不是相互角力的竞技场，更不能为一己之私把一个地区乃至世界搞乱。各国交往频繁，磕磕碰碰在所难免，关键是要坚持通过对话协商与和平谈判，妥善解决矛盾分歧，维护相互关系发展大局”，“世界各国联系紧密、利益交融，要互通有无、优势互补，在追求本国利益时兼顾他国合理关切，在谋求自身发展中促进各国共同发展，不断扩大共同利益汇合点”，“我们应该尊重各国自主选择社会制度和发展道路的权利，消除疑虑和隔阂，把世界多样性和各国差异性转化为发展活力和动力”。① 习近平总书记在通篇讲话中，用富有时代特色的语言，把“仁、德、义、利、道”的中国传统政治思想阐释得淋漓尽致，并赋予了其更加鲜明的全球意义。

“明者因时而变，知者随事而制。”② 古老政治理念如果不和现代政治发展相结合，则会像两晋学士的“虚谈废务”那样，因拘泥、僵化而变得迂腐难耐；再好的传统思想如果不认真回应时代和现实需求，则会像战国时期赵括的“纸上谈兵”那样，因缺乏理论联系实际而变为空中楼阁。在当今中国和世界的关系上，怎样遵循“仁德”要求，处理好“义利”之间的关系，进而寻找治国之“道”、发展之“道”、共赢之“道”，是时代提出的课题和呼唤。2013 年 10 月 24 日，习近平总书记在周边外交工作座谈会上，专门强调在对周边国家外交工作中，“要找到利益的共同点和交汇点，坚持正确义利观，有原则、讲情谊、讲道义”。他指出，“我国周边外交的基本方针，就是坚持与邻为善、以邻为伴，坚持睦邻、安邻、富邻，突出体现亲、诚、惠、容的理念……要坚持睦邻友好，守望相助；讲平等、重感情；常见面，多走动；多做得人心、暖人心的事……要本着互惠互利的原则同周边国家开展合作，编织更加紧密的共同利益网络，把双方利益融合提升到更高水平，让周边国家得益于我国发展，使我国也从周边国家共同发展中获得裨益和助力。要倡导包容的思想，强调亚太之大容得下大家共同发展，以更加开放的胸襟和更加积极的态度促进地区合作”。③ 从姬昌到今天，之间相距 3100 多年的漫长时光。但是认真阅读

① 《习近平谈治国理政》，外文出版社，2014，第 331 页。

② 出自桓宽《盐铁论》。桓宽为西汉重臣，汝南（今河南上蔡）人。《盐铁论》是研究西汉经济思想史的重要材料。

③ 《习近平谈治国理政》，外文出版社，2014，第 297 ~ 299 页。

习近平总书记的讲话，可以感到两者义理相通。这种植根于“好德而归利，能生利者，道也”传统理念的新时代“义利观”，给中国和世界指出了一条新型的合作路线。

看一个人的过去，可以判断其基本价值观念。看一个国家的历史，可以了解这个国家的基本发展理念。作为拥有5000多年辉煌历史的古老而智慧的国家，中国的先贤先哲们，历来把继承传统开创未来作为自己的使命。当今中国共产党人的领导者们，也毫不例外。“党的十八大提出了建设学习型、服务型、创新型马克思主义执政党的重大任务。把学习型放在第一位，是因为学习是前提，学习好才能服务好，学习好才有可能进行创新。”① 在习近平总书记对全党提出的学习要求中，学习历史是重要内容。“中国传统文化博大精深，学习和掌握其中的各种思想精华，对树立正确的世界观、人生观、价值观很有益处”，“我们不仅要了解中国的历史文化，还要睁眼看世界，了解世界上不同民族的历史文化，去其糟粕，取其精华，从中获得启发，为我所用”。②

根植传统，学习历史，汲取精华，为我和时代所用。历史和文化传统决定着一个人、一个国家的基本价值取向。但就个体来说，无论是某个人、某个集体，还是某个国家，都面临着自我斗争的修为之战。姜尚对姬昌说的“义胜欲则昌，欲胜义则亡”，讲的就是这个道理。什么是义？什么是欲？我看无怪乎就是小我和大我的关系，是主观世界和客观世界的关系。对单个人来讲，就是你怎么处理自身利益和别人利益之间的关系，这个度应如何把握？对集体乃至国家来说，道理也是一样。克制自己的欲望，以谦和、包容的心态与外部世界和谐相处、共同发展、共赢共享，实为“道之所在，天下归之”的真谛，实为“坚持正确义利观，有原则、讲情谊、讲道义”时代倡议之主旨。

在世界范围内，中国曾经为人类文明做出过突出贡献，并傲然屹立于世界东方。“在1500年前后的世界，财富主要集中在东方，而中国在这个‘东方’概念中的地位是举足轻重的。只是在那之后，欧洲才开始逐渐崛起，并且在18世纪较晚的时候，东西方之间的‘大分流’才出现”，“在这个漫长的世界经济发展历史进程中，中国不仅是极其重要的组成部分，而且具有特殊的意义。中国的人口在世界总人口中自始至终占到巨大比重……相应地，中国的经济总量自然也占到世界的巨大份额。根据麦迪森（2003）的估计，1820年中国GDP规模达到世界总量

---

① 《习近平谈治国理政》，外文出版社，2014，第403页。

② 《习近平谈治国理政》，外文出版社，2014，第405~406页。

的 32.9%”。①

同时，在科技方面，“现代世界赖以建立的基本发明创造，几乎有一半以上源于中国”。②“中国的‘四大发明’即火药、指南针、印刷术和纸的发明，被培根誉为具有改变整个世界的力量和影响”，但是“这种创造发明因脱离常态经济活动，而未在其诞生地被实际转化为必要的创新，因而并没有能够促进经济发展的著名例子”，“却是通过直接和间接的渠道传播出去，在欧洲被率先应用”，其中“基督教十字军的东征通过阿拉伯世界与中国发生了间接的沟通，成吉思汗的西征则扩大了与西方世界的直接交流。至于中国与欧洲的更直接大规模交流，最迟于 1517 年葡萄牙商船抵达广州便开始”，“始于 2000 多年前的丝绸之路，通过陆路和海路开通了中国与西亚、中亚、阿拉伯世界乃至欧洲的商业、文化、科技、宗教和外交联系，而阿拉伯人对于记录、保存和传播欧洲文明，沟通中西方科学技术发挥了十分关键的作用”。③

在中西交往史上，与商业、科技、宗教相比，因时代条件和语言条件的限制，中国传统文化对西方文化的影响要显得偏弱、偏小，其辐射力和影响力远离于西方文化的主流视野，在相当程度上，中国的优秀传统文化在西方只是被局限于极少数人的研究或猎奇之中。这也就是中西文化、中西文明存在巨大差异的重要根源之一。如果说，这种巨大差异在过去的交通和信息传播条件限制下，尚不足以引起人们太多关注和太大重视的话，那么科技革命浪潮汹涌的今天，这种巨大差异正在制造误解、摩擦、纠纷和所谓的“文明冲突”，乃至战争。

在各自辽阔、庞大，但相对封闭的环境下，东西方的治国观、价值观按照各自的客观环境需求和生存需求，逐渐发展、丰富起来，形成了不同的体系和系统。和中国传统观念注重的“和”“中庸”等理念不同的是，西方更加注重以非友即敌、排除异己、改造异类、选择武力为主要内容的“二元对立论”。古希腊历史学家修昔底德认为，“战争无可避免的原因是雅典日益壮大的力量，还有这种力量在斯巴达造成的恐惧”，由此提出的“修昔底德陷阱”④，是西方世界在国际关系方面的代

① 蔡昉：《理解“李约瑟之谜”的一个经济增长视角》，《经济学动态》2015 年第 6 期，第 5 ~6 页。

② 蔡昉：《理解“李约瑟之谜”的一个经济增长视角》，《经济学动态》2015 年第 6 期，第 5 页。

③ 蔡昉：《理解“李约瑟之谜”的一个经济增长视角》，《经济学动态》2015 年第 6 期，第 10 页。

④ 修昔底德认为，一个新崛起的大国必然要挑战现存大国，而现存大国也必然会回应这种威胁，这样战争就成为必然选择。公元 5 世纪，雅典的急剧崛起震惊了陆地霸主斯巴达，双方的威胁和反威胁导致了长达 30 年的战争，战争的结果是两国均遭毁灭。这种理论，后来在公元 19 世纪末新兴的德国和欧洲老霸主的关系上再次得到佐证，1914 年、1939 年，德国和英国的威胁和反威胁，导致了两次世界大战的爆发。

表性观点，成为解释、对待和处理当前国际关系的所谓“铁律”，被一些国家的决策者奉为圭臬和对外政策的不二选择。

其中，美国人始终认为，美国的全球利益必须和英法等老牌殖民国家一样，建立在武力对抗和征服上。在美国人的世界观中，曾两度出任美国海军学院院长、被誉为“海权论”鼻祖的艾尔弗雷德·塞耶·马汉的观点，可以说是“修昔底德陷阱”的现代美国版和典型代表。1890 年，马汉出版了被美国海军奉为经典的《海权对历史的影响（1660－1783）》［*The Influence of Sea Power Upon History*（*1660－1783*）］一书。在该书中，他写道：“为了使本国民众所获得的好处超过寻常的份额，我们有必要竭尽全力排斥掉其他竞争者，要么通过垄断或强制性条令的和平立法手段，要么在这些手段不奏效时诉诸直接的暴力方式。”① 时任美国总统西奥多·罗斯福阅读后，认为这是一本“绝妙的书”。

“海权论”形成于马汉，但早在马汉之前，这种观点和思潮在西方蛰伏已久。随着资本主义的扩张，这种思潮逐渐复活并活跃起来。早在马汉之前，马克思就曾尖锐地指出：“对于一种地域性蚕食体制来说，陆地是足够的；对于一种世界性侵略体制来说，水域就成为不可缺少的了。”② 在马克思的观察中，当扩张从陆地延伸到海洋时，大国“为了使本国民众所获得的好处超过寻常的份额”，冲突和战争自然成为西方“世界性侵略体制”中唯一可供选择的武器了。

“修昔底德陷阱”和马汉“诉诸直接的暴力方式”的观点，得到了近代以来西方主导的国际关系理论和实践的支持。例如西方著名的国际史专家保罗·肯尼迪和米尔斯海默，在总结近代以来西方主导的国际关系实践时，通过对英国、法国、德国、俄罗斯（俄国）、意大利、奥匈帝国等崛起过程的案例研究，认为国家成长本身必然会导致扩张、竞争、对抗、危机、冲突，最后酿成战争。在战争中，新崛起的国家将取代先前的霸权国。沿用这种思维框架和逻辑思维，米尔斯海默在观察中国的崛起问题时，自然得出了中国崛起意味着美国必然衰落的观点，并认为在此长彼亡的零和博弈过程中，中美之间的冲突，乃至战争在所难免。

西方的观念是在特定的环境和条件下形成的。在其有限的范围内，对某些现象的解释看起来可能是合理的。但是，如果把一种观念当作全球的观念，并要坚持推广，那就好比要求全球的花朵都是一种形状和一个颜色一样。这实际上是一种很荒诞的想法，但对此我们不应该感到奇怪。“中国古代思想家孟子说过：‘物之不齐，

① 〔美〕马汉：《海权论》，中国言实出版社，萧伟中、梅然译，1997，第 2 页。

② 《马克思恩格斯全集》第 44 卷，人民出版社，1982，第 322 页。

物之情也。’国与国之间的确存在相互不理解的问题，但这就是生活。既然世界上存在着不同的民族、历史、文化、宗教、制度、发展水平、生活方式，那就肯定会存在一些相互不那么好理解的事情……关键是要想去理解并努力去理解。”① 在对美国进行国事访问前夕，习近平主席 9 月 22 日在接受美国《华尔街日报》书面采访时如是说。

从西方国家以往的历史看，国际体系和国际格局的改变，往往是处于主导地位的国家因为受到崛起国家的挑战而丧失霸权地位。因此，主导国家千方百计限制、遏制崛起国家，甚至不惜把武力作为扼杀对方的手段。而崛起的一方，因不能忍受霸主国家的欺凌，往往也不惜以武力挑战霸主国家。在西方国家的这种逻辑中，中国今天确实面临着“修昔底德陷阱”。这也是一些国家对中国发展存在疑虑、不安和焦躁的原因。仔细分析会发现，“修昔底德陷阱”的表现形式就是形形色色的“中国威胁论”、“中国崩溃论”及其诸多变种。从根本上讲，西方炒作的“修昔底德陷阱”，就属于“不那么好理解的事情”之一。问题的关键在于，西方国家并不善于或者说并不想“努力去理解”。

首先，“修昔底德陷阱”发生的必要条件，是霸主和崛起者的实力基本接近。中国目前的经济实力虽然使中美之间的实力对此发生了变化，但并没有发生根本性的变化。中国依然处于国家转型和实力发展的阶段，其目标就是让国家富强、民族复兴、人民幸福，其路径选择是坚持有别于西方的中国特色发展道路，其前提是以我为主地融入国际社会，以维护世界的稳定与繁荣。中华民族伟大复兴的“中国梦”，依然走在漫长、艰难的二万五千里长征路上。中国尚无能力，也无意图去挑战谁。因此，西方国家用来审视、考量中国的“修昔底德陷阱”，本身就是一个不存在的“伪命题”。

其次，当今世界的发展，特别是信息技术的飞速发展，已经使“修昔底德陷阱”发生的可能性大大降低。从历史上看，发生“修昔底德陷阱”现象的一个主要原因在于霸主和崛起者之间存在误解、误读、误导和误判，类似于中国的京剧《三岔口》，人们在黑暗之中相互戒备，出现冲突的可能性自然很高。当今世界是一个以全球化、信息化为支撑的“扁平世界”和“地球村”，世界资讯与情报的透明度、战略动向和政策选择的透明度，都是前所未有的。在光天化日之下，很难会在黑暗之中发生混乱。在 21 世纪发达的信息网络时代，强国和崛起国家之间误判的可能性

① 《习近平接受〈华尔街日报〉采访时强调：坚持构建中美新型大国关系正确方向，促进亚太地区和世界和平稳定发展》，《人民日报》2015 年 9 月 23 日。

几乎为零，处于信息社会的人类有能力、有智慧摆脱修昔底德预言的魔咒，相信当今世界从此不会再发生“修昔底德陷阱”现象。连奥巴马在2015年9月与习近平主席会面时，也表示“我不认同守成大国和新兴大国必将发生冲突的‘修昔底德陷阱’”。①

最后，永不称霸的中国，没有追求霸权的基因和基础。在世界范围内，一些国家把统治世界、控制他国作为自己的永恒追求，渴望永当世界霸主、永当世界老大、永当亚洲老大。“不是你死就是我亡”的零和博弈基因，是造成“修昔底德陷阱”现象的根源，也是让修昔底德魔咒一而再、再而三发生的基因。西方国家在近代崛起的过程中，为了控制资源和市场，以坚船利炮肆意打开他国国门，在造就西方世界近代以来繁荣的同时，也埋下了仇恨的种子。新崛起的国家为了自己的私利，使用同样的方法抢占自己的势力范围，既有霸主和崛起大国之间的兵戎相见，自然不可避免。但是，人类毕竟在发展、在进步。在21世纪，世界难道会继续走西方国家崛起的老路、邪路吗？

在21世纪的“地球村”里，世界各国人民的幸福、前途和命运从来没有像今天这样紧密相连过。西方国家的一些有识之士已经看到了这一点，布达佩斯俱乐部创始人欧文·拉兹罗曾说，当今世界已经处在了生死的十字路口，人类需要改变当下流行的思维方式，实现“意识革命”和“文化转型”，避免人类的集体自杀。这是一场比欧洲文艺复兴更为宏大的革命和转变，是人类文明发展至今天的时代呼唤。中华民族在实现民族伟大复兴的过程中，肩负着推进这项伟大事业的时代使命，这已经成为时代的选择。汤因比在比较世界各种文明后发现，中国这个传统的东方大国，从来没有对其疆域以外的地区表示过帝国主义国家那样的野心，因此传统上是一个大而不霸的国家，“中华民族在避免人类自杀之路上，是世界各民族之中准备最充分的。因为延绵数千年的中华民族，已经培养出了有别于帝国主义者的独特思维方式和世界观”。汤因比认为，按照帝国主义者的潜意识和思维逻辑处理当今国际事务，掉进“修昔底德陷阱”的可能性很大；而按照古老的中国传统文化中的思维和世界观，则会出现“柳暗花明又一村”的崭新境界。

中国避免掉入“修昔底德陷阱”的优秀传统基因主要有：和平和谐、休戚与共、同舟共济、义以生利、见利思义、以民为本、己所不欲勿施于人，以及“义胜欲则昌，欲胜义则亡”等。这些优秀文化基因在今天已经引起了世界的关注，并已

① 《跨越“修昔底德陷阱”习奥会给“地球村”一颗定心丸》，央广网，http://news.cnr.cn/comment/sp/20150926/t20150926_519985015.shtml。

经成为中国政府的对外政策取向。党的十八大以来，中国政府明确提出要摒弃冷战思维，积极倡导综合安全、共同安全、合作安全的新理念，以平等合作、和平谈判的方式解决争端，所有安全措施的结果必须有利于人民，从而为世界、地区和本国人民营造更加和平、更加安宁、更加温馨的家园。这种新理念，把中国的传统思想与当今国际政治现实结合起来，把浪漫的理想主义和以人为本的现实主义结合起来，把国际道义之正义和本国利益之现实结合起来，把本国利益和他国利益结合起来。这种新型的义利观和国家利益观，正在成为构建新型大国关系的动力。与中国优秀传统基因形成对照的，则是以美国为首的西方国家继续僵硬地以“修昔底德陷阱”思维看世界、看中国。其中，跨太平洋伙伴关系协定就是其中的表现和症状之一。

跨太平洋伙伴关系协定的前身，是跨太平洋战略经济伙伴关系协定（Trans - Pacific Strategic Economic Partnership Agreement）。该协定起源于 2002 年由新西兰、新加坡、智利、文莱四国发起酝酿的一组多边关系的自由贸易协定，旨在促进亚太地区的贸易自由化。该协议于 2005 年 5 月 28 日正式签订，四个成员国彼此在货物贸易、服务贸易、知识产权和投资等领域相互给予优惠并加强合作。该协议对外持开放态度，欢迎亚太国家加入。2006 年 5 月 1 日，该协议对新西兰、新加坡生效，2006 年 11 月 8 日对智利生效，2009 年 7 月 1 日对文莱生效。

2008 年 2 月，美国宣布加入该协议，并于当年 3 月、6 月、9 月就金融服务和投资议题进行了三轮谈判。2008 年 9 月，美国总统奥巴马邀请澳大利亚、秘鲁加入谈判。2009 年 11 月，美国正式提出扩大该计划，并借助已有协议，推行自己的贸易议题，主导谈判。自此，跨太平洋战略经济伙伴关系协定，更名为跨太平洋伙伴关系协定。2010 年 3 月 15 日，跨太平洋伙伴关系协定首轮谈判在澳大利亚墨尔本举行。此次谈判涉及关税、非关税贸易壁垒、电子商务、服务和知识产权等议题。美国在此次谈判中强调要推动清洁能源等新兴产业的发展，促进美国在制造业、农业、服务业领域的商品与服务出口，并强化对美国知识产权的保护。2015 年 6 月 29 日，美国总统奥巴马签署了美国国会两院一致通过的《贸易促进授权法案》（TPA），以加快 TPP 谈判进程。

目前，TPP 谈判成员国包括美国、新加坡、智利、文莱、澳大利亚、新西兰、秘鲁、越南、马来西亚、加拿大、墨西哥、日本等十二个国家，TPP 成员国之间的自由贸易协定共有十一个。TPP 谈判以闭门磋商的方式进行，谈判结束前不对外公布技术文本。据媒体揣测，谈判主要涉及农业、劳工、环境、政府采购、投资、知识产权保护、服务贸易、原产地标准、保障措施、技术性贸易壁垒、卫生和植物卫生措施、透明度、文本整合等。2015 年 7 月 28 日至 31 日，十二个 TPP 谈判成员国在美国夏威夷毛伊岛召开部长级会议，试图完成谈判，但未果。据法国国际广播电台 9 月 16 日报道，美国总统奥巴马近期自信地表示，将于 2015 年年底前结束谈判，并正式签署跨太平洋伙伴关系协定。

TPP 如果得以签署，将是美国历史上规模最大的贸易协定，其规模将占世界经济总量的 40%。但是，值得关注的是，在这个涉及十二个国家的、庞大的贸易协定中，中国被排斥在外，美国的政要们毫不避讳地谈到了个中缘由。2015 年 2 月，美国农业部部长汤姆·维尔萨克表示："我们希望确保，我们不会输给中国。"美商务部副部长布鲁斯·安德鲁说："坦白地说，这是由中国还是由美国订立规则的选择。"曾担任克林顿政府首席经济战略专家的安德鲁·J. 夏皮罗表示："这不仅仅是贸易问题，这关系到中美之间长期的地缘政治竞争。"而美国捍卫公众利益组织负责贸易的洛瑞·沃勒克则说，在美国决策者和国会的眼里，中国"变成了目前具有超人力量的恶巫"。① 美国政要们的这些言论，刺耳但毫不奇怪，因为对"修昔底德陷阱"的恐惧已经渗透到了他们的神经之中。美国人用自己的利益来界定一切，符合其利益的，就是良善；否则，就是"恶巫"。对哪怕是想象中的对手，他们也毫不留情，这已经是美国对外政策的基本立场。1996 年 5 月 17 日，时任美国国务卿的沃伦·克里斯托弗在其对华政策演讲中，阐述了美国对华政策的三项基本原则：稳定、开放、成功的中国符合美国的利益；支持中国完全和积极加入国际社会；在保持对华接触政策的同时，为了维护自身的利益，美国在必要时将采取强硬手段。

美国并不是 TPP 的始创者，"甚至可以说，早期开始的时候，TPP 的目标是要建立一个没有美国的跨太平洋的贸易集团。但一旦美国加入，TPP 就完全变了样，演变成美国'重返亚洲'的关键一步。而美国的'重返亚洲'显然和中国有关"。"美国'重返亚洲'包括军事和经济两个层面。在这两个层面，美国的确摆出了一副要'围堵'中国的姿态"。"在军事上，美国'重返亚洲'针对中国的目标是不言而喻的"，"在经济层面，美国显然要通过 TPP 的高标准，尤其是一些具体的条款（例如针对国有企业的条款）来制约中国"。② 美国贸易代表迈克尔·弗罗曼在最近的一次新闻发布会上表示："在寻求贸易协议方面，我们有不同的方式。在我们展望未来时，我们希望确保我们能够利用我们的贸易协定塑造全球化……以一种方式

---

① 《美国为推 TPP 打中国牌　美报：体现出一种绝望》，参考消息网，http：//www.cankaoxiaoxi.com/world/20150311/698403.shtml。

② 〔新加坡〕郑永年：《TPP 与中美关系的前景》，《联合早报》2013 年 6 月 4 日。

支持美国员工和美国就业。”①

对此，美国也毫不讳言，2014 年 9 月 18 日，美国贸易代表迈克尔·弗罗曼在关于 TPP 的研讨会上，将 TPP 称为实现美国战略目标的核心部分，认为“从超越纯粹贸易的角度来看，TPP 是美国亚洲‘再平衡’战略的一个核心部分”，确切地说，TPP 最大的目标是战略性的，即同中国竞争在亚太地区的领导地位，刺激自由市场和自由经济原则的普及，为美国下个世纪制定全球经济治理规则创造条件②。美国在谋划 22 世纪自身利益，其出发点依然是维护自身的霸主地位。

相较于美国的私心私欲，中国政府的态度和政策可以说是令世界耳目一新。2014 年 3 月 28 日，习近平主席在德国科尔伯基金会的演讲中，专门就中国坚持和平发展道路进行了精辟阐述。他指出：“一个民族最深沉的精神追求，一定要在其薪火相传的民族精神中来进行基因测序。有着 5000 多年历史的中华文明，始终崇尚和平，和平、和睦、和谐的追求深深植根于中华民族的精神世界之中，深深溶化在中国人民的血脉之中。中国自古就提出了‘国虽大，好战必亡’的箴言。‘以和为贵’、‘和而不同’、‘化干戈为玉帛’、‘国泰民安’、‘睦邻友邦’、‘天下太平’、‘天下大同’等理念世代相传。中国历史上曾经长期是世界上最强大的国家之一，但没有留下殖民和侵略他国的记录。我们坚持走和平发展道路，是对几千年来中华民族热爱和平的文化传统的继承和发扬。”习近平主席在演讲中重申：“中国早就向世界郑重宣示：中国坚定不移走和平发展道路，既通过维护世界和平发展自己，又通过自身发展维护世界和平。走和平发展道路，是中国对国际社会关注中国发展走向的回应，更是中国人民对实现自身发展目标的自信和自觉。这种自信和自觉，来源于中华文明的深厚渊源，来源于对实现中国发展目标条件的认知，来源于对世界发展大势的把握。”③

在演讲中，习近平主席掷地有声地向世界宣布：“历史告诉我们，一个国家要发展繁荣，必须把握和顺应世界发展大势，反之必然会被历史抛弃。什么是当今世界的潮流？答案只有一个，那就是和平、发展、合作、共赢。”习近平主席专门强调：“中国不认同‘国强必霸’的陈旧逻辑。当今世界，殖民主义、霸权主义的老路还能走得通吗？答案是否定的。不仅走不通，而且一定会碰得头破血流。只有和

① 《美国为推 TPP 打中国牌　美报：体现出一种绝望》，参考消息网，http：//www.cankaoxiaoxi.com/world/20150311/698403.shtml。

② 《美国研究报告（2015）》，社会科学文献出版社，2015，第 26～27 页。

③ 《习近平谈治国理政》，外文出版社，2014，第 265 页。

平发展道路可以走得通。”在演讲的结束语中，习近平主席深刻地指出：“中国走和平发展道路，不是权宜之计，更不是外交辞令，而是从历史、现实、未来的客观判断中得出的结论，是思想自信和实践自觉的有机统一。和平发展道路对中国有利、对世界有利，我们想不出有任何理由不坚持这条被实践证明是走得通的道路。”① 因此，“中国率先提出的构建以合作共赢为核心的新型国际关系，是中华民族传统文化和新中国外交实践的厚积薄发，水到渠成”②。

中国已经明示了一条“被实践证明是走得通的道路”，而美国则抱着“修昔底德陷阱”陈旧逻辑，设计、主导和控制 TPP，还在试图走那条走不通的老路，甚至有可能“会碰得头破血流”。其实，对换汤不换药的 TPP 这条老路，美国各个智库的声音也并不整齐，喝彩者有之，质疑者有之，反对者也不在少数。

如果把丹麦王子的角色从《哈姆雷特》剧中删除，那《哈姆雷特》还有存在的价值吗？早在 2011 年，彼德森国际经济研究所就以此为比喻，对美国排斥中国的做法提出质疑。其在 2011 年 12 月 8 日发表的《把中国排除在贸易协定之外，后果自负》报告中认为，“中国是世界上最大的贸易出口国，到 2020 年该国的贸易量将是美国的 1.5 倍，中国将成为世界上的一个经济主导力量。这本身不应该成为担忧的原因，因为中国的经济转型在一个开放的贸易体系中一直进行并且将继续是可预测的”，“上月，奥巴马总统在亚洲之旅中倡导的跨太平洋伙伴关系协定（TPP）……有望推动自由化的发展，但是其涉及范围很窄，只包括少数几个国家并且中国被排除在外。这使得 TPP 就像没有丹麦王子的《哈姆雷特》”。该智库在其《跨太平洋伙伴关系协定的三赢解决方案》中提出，“如果中国加入 TPP，到 2025 年，TPP 可以为中国增加 4.7% 的国民收入，为美国增加 1.6% 的国民收入——甚至可以为日本同期增加 4.4% 的国民收入，这将是一场三赢局面”，“如果中国没有迅速加入 TPP，中国的贸易转移可能只是其潜在收益的十分之一（十年内增加 0.5% 的收入）。日本从 TPP 中获得的收益几乎减半至其 GDP 的 2.4%，而美国的收益将减少三分之二，达到 GDP 的 0.5%”，“中国加入这一潜在的高水准协定符合这一地区每个国家的利益，如果 TPP 能够将美国、中国和日本连接在一起，那么该协定将更有可能被接受，而且意义非凡”，“如果 TPP 将中国纳入考虑范围，并让中国走上一条更深层次的亚洲一体化道路，这将有利于美国的外交政策和实际经济利益”。最后作者建议，

① 《习近平谈治国理政》，外文出版社，2014，第 266～267 页。

② 国纪平：《合作共赢让世界更美好——写在习近平主席出席联合国成立 70 周年系列峰会之际》，《人民日报》2015 年 9 月 26 日。

“通过赋予中国一个明确、开放的 TPP 观察员地位，中国政府将会发现，公平对待并尊重所有的谈判伙伴符合自身利益”。

美国布鲁金斯学会 2015 年 3 月的《跨太平洋伙伴关系协定的地缘政治重要性：在紧要关头，一个自由的经济秩序》从另外一个侧面阐述了 TPP 之于美国的意义，该文认为，“地缘政治的回归就体现在我们身边。中东的内战和俄罗斯侵略乌克兰占据了头条新闻。一个美国潜在的更重要的战略失败出现了：跨太平洋伙伴关系协定（TPP）可能会失败……此次谈判的失败将为美国的领导作用、战略地区关键伙伴关系的深化、新兴经济体市场改革的促进以及美国未来的贸易议程带来灾难性的后果”，“正如奥巴马总统曾警告的，如果我们不在贸易问题上制定规则，中国就会制定规则，到那时我们将没有办法使中国脱离重商主义的实践行为”，“美国政策与全球最具活力的经济区域的强力连接将会化为乌有”，“签订 TPP 协定将有利于美国的地缘政治和经济影响力的扩大。这些利益的获得是不需要也不会以牺牲工人或主权国家的利益为代价的。在自由贸易协定之下，国家可以保持其调节的权利。该协定的目的是提高国家的国际竞争力以创造更多的工作机会”。该智库的《从跨太平洋伙伴关系协定到自由贸易》报告还认为，“加入 TPP 的国家的国内生产总值（GDP）约为 27.7 万亿美元，占全球 GDP 的 40%，其贸易额占世界贸易总额的三分之一。加入 TPP 后，这些国家每年的收入增长估计超过 1100 亿美元。然而，TPP 可能会给亚洲部分地区带来负面影响，尤其是中国，因为 TPP 的成功实施，其每年的收入预计将减少约 350 亿美元”，“这种在国际贸易中背离多边主义的举措是为了应对中国的崛起，二战结束以来美国首次意识到，中国正在亚洲地区发挥经济领导力并且中美对经济应该如何发展有着潜在的不同观点”。

胡佛研究所在《拉里·萨默斯对 TPP 的评论》中认为，众议院的投票结果将会给跨太平洋伙伴关系成员国发送负面信号，对 TPP 的批评将削弱美国总统的力量，因为这“会给跨太平洋伙伴关系成员国发送类似的负面信号，即美国没有足够的意愿在关键时刻对全球体系负责。对 TPP 的批判将削弱美国总统的力量。这将增加全球对美国国内政治变化和对美国是否是一个可靠盟友问题的担忧。美国未能阻止其盟友加入亚洲基础设施投资银行，游说失败将是美国在亚洲的存在受到削弱和中国日益显示其力量的信号”。

伍德罗·威尔逊国际学者中心在 2012 年 3 月的《亚太地区游戏规则的改变：南海和 TPP》报告中认为，“中国已成为亚太地区政治游戏的主要参与力量”，“奥巴马政府热烈讨论‘重返亚洲’战略，是企图将美国重新拖入区域政治游戏的尝试，这可以从不同的国际安排的重点和性质的变化中窥见一斑。最显而易见的是，奥巴马政府将重点放在跨太平洋伙伴关系协定（TPP）上。这一协定与世界贸易组织有关知识产权和劳工问题的标准相一致。它与中国推动的双边自由贸易协定扩大化形成鲜明对比，中方的协定侧重于关税，且涉及多种豁免和例外”。报告认为，“中国正在尝试削弱美国在亚太地区的影响力”。

新民主党网络在《奥巴马的连任：是时候制定更加雄心勃勃的外交政策了》报告中谈到，美国主导的贸易议程，尤其是跨太平洋伙伴关系协定，取得了缓慢而稳定的进步，但总统仍然缺少在此协定上对美国价值观和战略眼光的推广，“美国在这个新世界的强有力领导将重塑全球治理的体系结构”，“我们需要创建可以协调集体行动的新机构，真正让美国成为不可或缺的超级伙伴国”，“在接下来的四年里，奥巴马总统将有一个真正的机会，重新确立21世纪的自由国际主义，为美国留下长久的遗产”。

伍德罗·威尔逊国际学者中心2014年3月的《为美国与亚洲的贸易打造公平的竞争环境》报告认为，“日本是第一个挑战英美对世界贸易体系基本设想的主要国家，韩国和新加坡以不同的方式紧随其后，中国正在以自己的版本发展自身。东亚奇迹的极大成功暗示着其他崛起的亚洲大国将遵循中国和日本的脚步……中国在过去30年以年均10%的经济增长率震惊了世界”。报告指出，“中国一直关注经济的基本层面，其有着高水平的储蓄和投资，重视教育和现代基础设施的发展。在汇率操纵、采用贸易管理支持出口和限制进口、引导（或指导）工业发展以及在获得知识产权方面遵循日本的例子。但是与日本不同的是，中国通过各种补贴积极吸引外国直接投资，同时要求外国投资者同中国的合作伙伴分享技术”，“中国出口导向型经济帮助其获得了预计价值超过4万亿美元的硬通货储备，这些储备使得中国能够获取原材料、技术以及其他资产。中国的外汇储备为其提供了充足的保险来应对未来的金融危机，这也是中国具有强大影响力的原因之一”，“中国对美国国债的投资使得美国能够保持较低的长期利率，而较低的贷款利率又促进了美国对基础设施、工厂、研究实验室和教育的投资。低成本的进口同样有助于缓解美国消费者的收入压力，尤其是在工资趋于停滞的时候”，“但是美国和其他以市场为导向的国家也付出了代价，补贴进口已经成为强加给这些国家国内生产商的不公平的负担，这使得很多国内企业破产或者移到海外。随着制造厂的转移，设计和研发部门也跟着转移”，“TPP和TTIP谈判是当前扩大贸易并为更加广泛的贸易规则奠定基础的最好机会。TPP将成为设置国有企业和国家控股企业同私人企业公平竞争规则的第一步。通过建立明确的贸易标准，TTIP将成为现有WTO体系之下扩大和深化国际贸易规则的补充。中国是最近的奉行东亚奇迹增长方式的东亚国家。有关‘魔术’和‘奇迹’的冲突一直并且将继续是美国与中国之间紧张关系的根源。一个积极的迹象是，中国在某种程度上对于加入 TPP 谈判有一些积极回应”。

在中国与 TPP 的关系和未来发展问题上，美国布鲁金斯学会极力为现行政策辩护，在其《遏制谬论：中国和跨太平洋伙伴关系协定》报告中，它开宗明义地指出，“认为 TPP 是一个禁止中国加入的俱乐部的观点是不正确且没有任何意义的。与其他任何亚太经济合作组织（APEC）中的经济体一样，中国也有权利申请加入 TPP。中国领导人是否认为 TPP 成员国资格是该国国家利益所在，与 TPP 成员国是否相信中国愿意遵循已经被它们协商好的规则完全是两个不同的事项。打消认为 TPP 排除中国加入的观念是很重要的”，“很难理解为什么 TPP 国家要追求排斥中国这一事与愿违和不可行的目标。中国现在处于世界经济的巅峰，在世界 GDP 所占份额的比例上排名第二，并且其现在处于世界供应链的核心。一个试图无视这些基本经济现实的贸易协定事实上将是鲁莽的。TPP 的概念是广泛的，它旨在最终在亚太地区发展一个经济一体化的广阔平台，而不是围堵中国”，“如果 TPP 排除中国是为了更好地吸引日本，那么就很难理解为什么日本政府现在正与中国协商两个主要贸易协定……迷宫式的 FTA 说明，在国际贸易关系相互重叠的世界中，排斥任何一国都将是毫无意义的行为”。报告指出，“认为 TPP 排斥中国的观念在三个主要方面将起到不利作用：（1）其为保护主义者的利益提供了政治掩护，这些人认为他们不应该为了由地缘政治推动的贸易协定而被迫进行痛苦的经济调整；（2）其向准成员传递了一个令人不寒而栗的信息，使它们担心加入 TPP 将会被认为成了反中国阵营的一员；（3）如果加入 TPP 被中国视为向美国遏制战略投降，那么将阻止中国寻求与 TPP 议程的融合点”。报告认为，“TPP 遏制中国最根本的挑战不是其建立在一个错误的遏制观念上，而是其不足以拥有足够的吸引力推动中国认可并接受这些贸易和投资新标准。中国通过推动自己在亚洲的贸易协定来对此做出回应。在可预见的将来，美国和中国将继续处于两个不同的贸易集团之中，两国在贸易和投资方面将不会取得重大的双边谈判成果。TPP 谈判者不能在 TPP 协定完成之后才塑造吸引中国加入的战略，他们要注意到必须从质量和宣传潜力评估这些规则。同时，中国必须认识到加入这一新贸易协定与其加入 WTO 没有什么区别：虽然要做出更大的承诺，但是在改善经济发展方面，加入 TPP 将会给其国内改革将带来丰厚的回报”。

皮尤研究中心 2015 年 7 月发布的《公众对美国转向亚洲政策的复杂反应》中说，2011 年 11 月，时任美国国务卿希拉里·克林顿在《外交政策》杂志刊物上写道，美国计划重返亚洲。美国的“再平衡”战略有两个支点：其一是经济，表现在其通过与其他十一个环太平洋国家建立跨太平洋伙伴关系协定（TPP）；其二是军事，表现在其通过新承诺来维护亚洲盟友。皮尤研究中心的一项调查以参与谈判的十二个 TPP 国家中的九个国家的部分民众为样本，结果显示这些国家 53% 的民众认为这一协定将有利于它们的国家利益。越南对此协定最为支持，国内 89% 的民众支持这一即将达成的协定。支持率最低的是马来西亚（38%）和美国（49%）。值得注意的是，公众对这一协定的态度呈现性别差异。在美国，53% 的男性赞成这一协定，但赞成这一观点女性的比例只有 45%。在日本，60% 的男性认为该贸易协定会对国家有好处，而只有 46% 的女性赞同这一观点。除此之外，民众对 TPP 的支持还呈现年龄差异。美国的这一差异最为明显。年龄在 18 岁到 29 岁的美国民众中有 65% 支持这一协定，而年龄在 50 岁以上的民众支持率仅为 41%，两者相差 24 个百分点。党派之间也存在对这一协定的分歧。举例来说，美国 51% 的民主党人士认为这一贸易协定对本国有好处，而只有 43% 的共和党人士持有这一看法。美国“再平衡”亚太地区军事资源的这一承诺获得了诸多国家的支持，其中越南人（71%）和菲律宾人（71%）对此最为支持。大约仅有一半的澳大利亚人（51%）和韩国人（50%）支持这一“再平衡”战略，尽管他们的政府是华盛顿最亲密的战略盟友。最反对美国这一防御转移战略的国家是马来西亚，其 54% 的民众认为这一战略存在弊端，因为这可能会导致美国与中国发生冲突。美国人对本国在亚洲的军事存在持有混合观点：47% 的民众对此表示支持，而 43% 的民众对此予以反对。大多数共和党人（58%）认为军事“再平衡”是一个好主意，同时，只有 42% 的民主党人支持这一战略，47% 的人则不支持。50 岁以上的美国人（51%）比那些 18 岁至 29 岁的美国人（37%）更加支持这一转移战略。

里彭社会在《TPP：美国维持亚太经济领导地位的一个机会》中认为，跨太平洋伙伴关系协定（TPP）是一个奇怪的创作，在其被提出初期就受到了布什政府的拥护，之后在奥巴马政府的呵护下扩展为一个亚太地区国家广泛参与的协定，其中包括澳大利亚、文莱、智利、马来西亚、新西兰、秘鲁、新加坡、越南、加拿大和墨西哥。报告认为，“不同于传统的双边自由贸易协定（如最近美国与韩国、哥伦比亚和巴拿马联合商定的布什谈判协定），TPP 远远超出了为自由贸易破除与边界相关的传统贸易壁垒的内容……这一谈判是美国继续保持其在亚太地区经济领导地位的一个巨大机遇和挑战”，“或许最重要的是，在世贸组织进程似乎已经失去其关键推动作用时，TPP 将为全球经济中基于规则的贸易提供巨大的推动力。美国商业只能在一个高标准的贸易体制下繁荣发展。美国企业和工人们能够以真正的竞争优势在激烈的市场竞争中茁壮成长。在这个基于规则的、更强大、更透明的全球贸易体系之下，美国将是最主要的受益者。TPP 的成功将会为一个更强大、更严格的交易制度的快速发展提供催化剂”。

彼德森国际经济研究所在《这是日本主导 TPP 谈判的机遇》报告中认为，“现在，美国和日本政府正在就 TPP 的初期形式进行双边谈判。如果双方达成一致，那么它们就会形成一个坚固的联盟以及一个巨大的共同市场，这将为 TPP 谈判中的所有多边谈判设定主导基调”，“如果日本和美国的合作可以成功地引诱韩国或中国日后加入 TPP，那么日本的收入将会翻倍，而且到 2015 年将可能达到 2300 亿美元”，“如果中国决定在边界内发展和平，正如我所希望的那样，它将会被邀请加入 TPP。正如我所提到的，这将符合日本的利益，因为它将有助于建立一些规则和制度，旨在保护日本向中国的投资和出口，也会使日本从 TPP 中获得的收益迅速翻倍”。

德国马歇尔基金会的《TPA 和 TPP：路的尽头，还是另一次拐弯?》报告指出，“现在应该揭开贸易促进授权、跨太平洋伙伴关系协定以及跨大西洋贸易与投资伙伴协议的神秘面纱……TPP 的谈判进程与过去 50 年里的每一次贸易谈判相同。在没有完全披露以及国会进行商讨之前，该协定中的任何一部分都不能发挥作用”，“如果 TTIP 没有得到进一步的发展，那么美国将在这个经济联系日益增强的世界中丢掉领导地位。正如美国在亚洲基础设施投资银行所面临的那样，中国很可能会冲进真空地带，并在亚洲创建自己的贸易关系。美国国会仍然有时间使贸易促进授权起作用。如果 TPP 和 TTIP 成为现实，美国就应该展现其有魄力的领导力，而不是踌躇不定。美国现在应该下定决心，而不是犹豫不决”。

皮尤研究中心在 2012 年 12 月发表的《美国大选后的中美经济关系》的文章中，分析了美国总统大选后对中国的态度，认为中美的双边贸易关系仍然不稳定，并预测了奥巴马在第二个任期内对中国的经济政策的核心。报告认为，“在过去的四年里，奥巴马政府已经比其前任总统向中国提起了更多的贸易诉讼。因此，奥巴马将继续在经济和贸易问题上给中国施压，这是合理的。至少在过去的三十年里，当美国的全球经济和战略霸权地位受到威胁时，美国总统和总统候选人都承诺会直面外国挑战者：第一个是日本，而现在是中国”，“由于中国在美国日益增长的外商投资既可能会加剧双方的紧张局势，又可能会在一段时间内改善它们的关系，所以中美双边贸易关系仍然不稳定”，“美国将寻求签订不包括中国的贸易协定。其中最重要的协定是跨太平洋伙伴关系协定（TPP），这是太平洋周边国家之间的自由贸易协定，也是奥巴马政府公开宣称的目标。如果中国不转变其经济体制，那么它将永远不会加入 TPP”。但是，报告还认为，“未来中美经济关系中的不可知因素，是中国在美日益增长的对外直接投资所产生的政治影响。中国流向美国的投资有望在未来几年显著增长。中国和日本之间的经验表明，如果这种投资创造并保留工作岗位

（最近的数据表明中国的投资的确产生了这样的效果），那么中国的投资可能就不会引发重大的新的政治摩擦”。

国家亚洲研究局的报告中将 TPP 与 RCEP（区域全面经济伙伴关系协定）联系起来，在其《跨太平洋的高调谈判》的报告中，作者认为“随着奥巴马政府的执政期即将结束，旗舰项目如跨太平洋伙伴关系协定（TPP）实施的紧迫性与日俱增。与中国这个亚洲经济重心和美国第二大贸易伙伴的关系会占据美国政策的中心舞台”，“该协定对美国在亚洲的经济存在和主导地位有着巨大的实际影响和象征意义”，“亚洲国家普遍认为其是美国主导的倡议，并将影响美国在亚洲的竞争力和制定全球贸易新规范和新标准的能力”，“参与区域全面经济伙伴关系协定谈判的十六国（包括十个东盟成员国，以及澳大利亚、中国、印度、日本、新西兰和韩国）也面临着计划于 2015 年 12 月结束谈判的最后期限。如果该协定得以签署，参与该协定的十六国将创建一个国内生产总值约为 20 万亿美元的集成市场。虽然区域全面经济伙伴关系协定覆盖的广度和深度不如跨太平洋伙伴关系协定，但是值得注意的是，区域全面经济伙伴关系协定的达成将会提高跨太平洋伙伴关系协定在今年成功签署的可能性”。

美国经济政策研究所对 TPP 的态度，总体上看是表示怀疑，其怀疑的出发点是 TPP 对某些领域和阶层的漠视。在其于 2013 年 11 月发布的《白宫表示反对拟议中的跨太平洋伙伴关系协定》中专门谈到了美国的失业问题，其中认为，“奥巴马政府一直急于与环太平洋国家——包括日本、加拿大、马来西亚和越南——达成一项贸易协定”，“国会暂停了全权委托总统谈判新贸易协定一事，并要求总统就协定内容充分咨询国会，这是十分明智的”，因为“十几个贸易和投资协议已经导致外包业务激增，而且也已经淘汰了数以百万计的工作岗位，特别是在美国的制造业中”。在其《伙伴关系，还是成心捣乱?》报告中，作者就 TPP 和民主的关系进行了十分有趣的讨论，并认为 TPP 在根本上不是一项“贸易”条约，而是企业游说者的工具，目的是说服立法者对他们进行支持（企业游说者无法通过正常手段成功说服立法者）。作者在报告结尾指出，“作为政治学家，我有时会被问及民主国家是否有可能颁布违背大多数选民利益的法律。这样的情况确实会发生，而且是通过违背民主本身的承诺实现的。TPP 就是最好的证明，该协定对维护签约国的中产阶级权利构成了最大单一威胁”。《TPP 有什么不妥？该协定会导致美国失业增加，工资水平降低》的文章认为，“我们研究发现，贸易和经济全球化通过两个渠道降低了美国工人的工资”，“美国当局为了获得‘快速通道’授权以便完成 TPP 以及与欧盟之间的类似协议——跨大西洋贸易与投资伙伴关系协定（TTIP），它已经选择了一种高风险的运动”，“美国总统可以继续为获得‘快速通道’授权和完成 TPP 谈判而奋斗，在加大企业利益的同时将制造业的工作岗位和工人工资置于风险之中，或者他可以采取行动增加就业，并减少工资增长不均衡，但是他不能同时采取这两方面的措施”。

该智库发布的《不，TPP 不利于中产阶层》的报告指出，“奥巴马总统最近在极力地维护跨太平洋伙伴关系协定（TPP）。他坚称，TPP 将对美国的中产阶级有利，而且 TPP 反对者不应该否定这种说法。然而，在这种情况下，奥巴马的观点是错误的，TPP 反对者的观点是正确的，因为毫无迹象表明 TPP 将有利于美国的中产阶级”，因为“TPP（如同美国签署的绝大多数贸易协定一样）不是一份‘自由贸易协定’；相反，它只是明确规定了谁将在国际竞争中受到保护，而谁不会受到保护。到目前为止，最强有力和最全面的保护措施都是为了维护美国企业的利益”，“TPP 甚至与‘自由贸易’无关，而是关于谁将面临或不会面临激烈的全球竞争。目前已经显而易见，美国决策阶层所拥护的‘自由贸易’根本不存在。例如，贸易协定中的最大赢家一直是美国的制药和软件企业，它们依靠进行知识产权垄断来获取利益。这些公司一直成功地使美国的谈判代表在美国的贸易伙伴中强制执行知识产权垄断。把条款协定贴上‘自由贸易协定’的标签这样的放肆行为实在令人愤怒”。《服务贸易协定：将篡夺美国制定移民政策权力的秘密贸易协定》的文章则指出，“大公司一直出于自己的利益制定着服务贸易协定，如果服务贸易协定成为法律，这些大公司将获得极大的利益。……大公司一直基于自己的利益制定服务贸易协定，如果服务贸易协定成为法律，这些大公司将获得极大的利益”。

半球研究所也发表了持类似观点的报告，在《TPP：为自由贸易，还是为企业利益?》报告中，作者指出，“TPP 是一种自由贸易协定，将会为贸易和商业投资设立新的规则和标准。如果成功签署 TPP，该协定将包括十二个环太平洋国家，这些国家的贸易额占全球贸易总额的三分之一，其经济规模占全球国内生产总值（GDP）的 40%。一方面，TPP 的支持者声称，TPP 将增加美国的出口、巩固劳工权利并建立强有力的环境保护措施。奥巴马政府也采用地缘政治术语来宣传 TPP。就奥巴马政府而言，TPP 对美国转向亚洲的战略至关重要，在美国制衡中国方面也同样重要”，同时“与许多自由贸易协定一样，TPP 也包括投资者 - 国家争端解决机制（ISDS）。此类结算机构以牺牲国家利益为代价保护投资者的利益”，“TPP 除了包含破坏国际制定政策的能力以外，只能为美国带来最小的经济利益”。

美国发展中心发布的《跨太平洋伙伴关系协定中的药物条款威胁药品的使用和售价》认为，“目前的草案包括对药物公司的全面保护，以此作为该协定知识产权内容的一部分。除非谈判者同意对该协议草案进行重大改变，否则 TPP 将提高药品价格，并阻碍重要药品的流通渠道”，“12 年的市场独占期目前也不是 TPP 草案中唯一一个需要更改的不利政策，但它说明了医药企业游说团体是如何试图利用 TPP 来修改专利法，并在公共辩论和立法改革中庇护美国产业法律的”。全球发展中心的《美国贸易代表：TPP 中的烟草出口政策》指出，“现如今有一个说法广受吹捧，即跨太平洋伙伴关系协定（TPP）将成为一个‘21 世纪的高品质协定’，并将为未来的贸易协定设立标准。但是，上周举行的第 19 轮 TPP 谈判中的一项提议远远算不上‘高品质’或‘21 世纪’这样的标准，而且该提议可能会阻碍美国在世界上最紧迫的公共卫生问题之一——烟草问题——中成功实施其相关政策”，“TPP 提议也将使烟草行业更容易利用贸易和投资协议来挑战各国的烟草控制法”，“烟草公司和一些国家已经向澳大利亚的法律发出了挑战，它们要求香烟包装简单，而菲利普·莫里斯国际公司已经利用投资协议挑战了乌拉圭的烟草控制法”。

全球发展中心在《特大区域贸易协定：对发展中国家是福还是祸?》报告中指出，“美国正在协商创建几个贸易和投资伙伴关系协定，包括跨大西洋贸易与投资伙伴关系协定（TTIP）和跨太平洋伙伴关系协定（TPP），如果这些协定成功签署，它们将覆盖全球贸易的一半以上……但是，大多数发展中国家以及所有最贫穷、最脆弱的国家都被排除在外”，“国际贸易规则需要与当今的数字化时代相一致，如果 TPP、TTIP 和服务贸易协定保持一致，那么它们在本质上就是解决多边问题的标准。但是，如果 TPP 和 TTIP 存在不同的规则，或者根本不同，又会怎么样呢?加拿大贺维学会（C. D. Howe Institute）的奎利雅克（Dan Ciuriak）说：‘从未有大型区域贸易协定成功过’”。《对发展中国家来说，TPP 好坏参半》的报告则强调，“虽然跨太平洋伙伴关系协定（TPP）的十二个环太平洋成员国正在试图协商创建一个 21 世纪贸易协定，但是它们在保护某些产业——墨西哥的汽车、美国的糖、加拿大和日本的乳制品等——的协商中却遇到了困难。美国要求对生物药品实行 12 年的专利保护期，而其他许多国家对此表示反对”，“美国也承认，只要不扰乱美国的糖类供应管理体系，也许美国会进口一丁点儿国外的糖！作为一个强大的国家是非常不错的。但是，如果你是一个小国，尤其是一个相对贫穷的国家，那么进行贸易谈判就更需要利用一些技巧，而如果你是一个 TPP 之外的贫穷国家，你根本没有资格说这些谈判会如何影响你的利益”，“美国要求在贸易协定中加强对知识产权的保护，这是许多发展中国家关注的另一个领域……对于知识产权的拥有者来说，这也许是正确的，但是这对一个国家来说是完全错误的”。

竞争性企业研究所发表的《跨太平洋伙伴关系协定谈判中的棘手问题》，则列举了 2015 年 7 月 TPP 毛伊岛谈判中的难题，包括美国、新西兰和加拿大围绕乳制品、家禽、鸡蛋市场准入，美国和澳大利亚围绕糖类市场准入，墨西哥、加拿大和日本围绕“原产地”门槛的分歧，美国和另外十一个谈判国家围绕生物药物的专利保护期和知识产权保护，以及在 TPP 框架内的“投资者 - 国家争端解决机制”（ISDS）等都未达成一致，认为“这些棘手的问题很难解决，如果谈判者已经将 TTP 作为一个为各方开放市场和引入自由贸易的契机，那么它可能是一项重大的成就”。

而发现研究所在《买方提防跨太平洋伙伴关系协定》报告中则断言，“认为跨太平洋伙伴关系协定（TPP）本质上为自由贸易协定是一种错误的想法。对奥巴马政府进行‘快速通道’授权也是迈出了错误的一步”，“贸易自由化可能只是 TPP 中的一小部分。从该协定的大多数表述来看，它似乎是力求在环境、能源、劳工、移民和知识产权政策制定方面建立全球性专制”，“就贸易政策而言，TPP 能够给予跨国企业新的力量，让它们可以规避美国主权问题，将谈判转移到无国籍和不露面的监管机构手里，脱离国会议员和州议员的监控”，“全球主义者的长期目标是由不受变化无常民主规则影响的官僚主义者建立国际规则。毫无疑问，一些跨国企业巨头拥护 TPP 的原因是它们拥有左右规则的能力，它们发现官僚主义者相对易于控制”。

外交政策研究所在《美国需要跨太平洋伙伴关系协定的原因以及如何纠正它》的报告中指出，“TPP 失败会使美国外交政策受到影响。时任国务卿的希拉里 · 克林顿在 2011 年宣布‘转向亚洲’政策时，强调了六个关键要素。这些要素包括加强双边安全联盟、深化与新兴大国（包括中国）的合作关系、参与区域多边机构、扩大贸易和投资、广泛建立军事存在、推进民主和人权。结束 TPP 谈判是美国实现这些目标的关键。如果 TPP 谈判失败，中国就会成为亚太贸易的中心，美国就会成为局外人”。在《对跨太平洋伙伴关系协定展开的激烈角逐将重写全球规则》中，作者则指出，“TPP 已经成为一个引起了分歧的政治问题，不仅在一般民众之间，而且在民主党和共和党之间也存在着对 TPP 的分歧”，反对者认为 TPP 将“加剧美国公民收入不平衡、提高药品成本，并给美国带来食品安全问题”，支持者则认为，“TPP 可能会淘汰美国某些特定领域的工作岗位，但是美国高价商品出口的扩大加上外国制造商和服务提供商在美国的进一步投资会产生大量新的就业机会”。“TPP 的成功与否将在未来数十年决定谁将书写全球经济的基本规则——是美国还是中国……美国承担了亚太地区的安全费用，这对美国来说是个不良赌注。如果 TPP 失败了，书写未来贸易规则的会是中国”，“推动包括知识产权和服务贸易在内的 TPP 核心议程十分符合美国的利益，因为美国依然是世界技术强国”，但是“从长远的角度来看，TPP将使所有国家受益，包括日本，甚至中国，因为中国正在快速发展为技术强国”。

在日本参与TPP谈判的问题上，美国的智库提出了许多疑问和看法。德国马歇尔基金会于2012年4月23日发表的《与时间赛跑》报告认为，“东京参与TPP谈判的可能性不到50%”，“由于日本所谓的非关税贸易壁垒，美国汽车制造商认为，TPP不会给他们提供任何有意义的进入日本市场的通道。美国工业协会希望日本停止操纵货币，底特律认为，日本人通过使日元贬值来抑制进口，促进出口”，“TPP的反对者也对东京加入TPP谈判提出质疑。他们声称，在TPP谈判中已经做出了太多的决定，日本加入TPP太迟以致不能对TPP的结果产生影响……日本也担心奥巴马政府在TPP中制定有关限制国有企业运营的规则（针对中国实体的倡议），因为这样的规则同样会削减日本在公有区域电力和铁路方面的垄断”。

彼德森国际经济研究所的《日本邮政公社：反改革法律使日本加入跨太平洋伙伴关系协定迷雾重重》的报告认为，“日本邮政公社是日本政府国有企业中的一大巨头……是全世界最大的国有企业之一，包括世界大型银行，并且有与邮政快递相结合的保险机构。日本邮政银行大约拥有177万亿日元存款，日本邮政保险拥有大约7.9万亿日元年保费收入”，“日本邮政拥有很多特权，最值得注意的是受到较少的监管并且在战略合并事务上有法定禁令豁免权，使其能够向市场推出自己的保险产品并与国内和国外私人保险公司竞争”，“在给予日本TPP席位之前，他们可能坚持让日本阐明修订后的法律以向私营企业提供一个公平的竞争环境”，“即使美国和其他TPP参与国不要求日本邮政进行改革以作为建立相互信任的一个措施，但是在TPP谈判结束之时让反改革法依然存在是不可想象的”。该智库在《美国应该支持与日本签署贸易协定》报告中认为，在安倍政府上台后，“日本承诺对外开放日本农业和保险领域。安倍热衷通过国际经济一体化推动国内重大改革，这将有利于日本，日本加入TPP也为建立适应21世纪的高水准协定带来了光明前景”，“可悲的是，尽管美国企业和消费者是主要的获益方，但如果不出意料，美国内部的利益集团将会反对日本加入TPP谈判。底特律三大汽车公司和联合汽车工人工会已经对此表达了最大的关注”。

2013年3月，皮尤研究中心发布了《日本人和美国人如何看待彼此》的报告，认为“日本决定加入谈判，与美国和其他几个太平洋国家共同创造跨太平洋伙伴关系协定（TPP），这在某种程度上反映出有关美日关系的舆论已经发生了转变。50年前，华盛顿和东京之间的关系充斥着公众的相互不信任和敌意。今天，这两个经济体通过加大贸易往来加深了一体化的程度”，“根据2010年的一项调查，五分之三的美国人认为美国现在应该与日本增加贸易往来，相比之下，有 58% 的民众愿意加深与欧盟的商业关系，而只有 45% 的民众希望美国与中国加强贸易关系”。该智库的《尽管是保护主义者的形象，但美国仍想与日本进行更为自由的贸易往来》指出，根据调查，“55% 的美国人说自由贸易协定会导致失业，45% 的人说这些贸易协定会压低工资，而只有 31% 的人说他们同意经济学家的观点，即这些交易降低了消费品的价格。所以即使 TPP 获得国会批准，它也可能面临诸多阻碍。最重要的是，华盛顿和东京是否能够解决它们之间的分歧”，“日本目前是美国的第四大贸易伙伴，皮尤研究中心于 2 月和 3 月进行的一项调查显示，74% 的美国人表示，美国与日本之间的贸易增长是一件好事。这些支持者包括 79% 的共和党人士，78% 的年龄在 18 岁至 29 岁的民众，72% 的民主党人士以及 73% 的年龄在 50 岁以上的民众。大多数受过良好教育的美国民众——至少受过大学教育——特别支持本国与日本之间进行更多的商业往来，这一人数所占百分比为 84%，相比之下，只有 51% 的受过良好教育的民众表示支持与中国增加贸易往来”。当然，在诸多细节问题上，如美国生产的汽车、大米、牛肉和其他农产品如何更好地进入日本市场，还需要双方的政治领袖做出艰难的决定。

史汀生中心认为，TPP 谈判事关日本的全球外交战略。在其公布的《日本全球外交政策：日本 – 印度关系》的文章中，作者认为，“通过起草有关国防设备和技术转让的新规则以及重新解释宪法以使日本能够行使集体自卫权等手段，日本政府增加了其外交政策工具”，同时“TPP 将日本带出了防御性的贸易政策……日本如何与印度加强经济联系将说明日本将如何发展与中国和东盟及其他国家的对外经济关系”。报告列举了印日关系的政策目标，“（1）发展并加强日本与印度的安全合作；（2）与印度扩大经济互动；（3）基于价值观，在区域和全球问题方面加强合作”，指出了实现双方政策目标面临的挑战：“（1）东京和新德里政策优先事项存在差异，日本最注重地缘政治利益，而印度最注重经济增长；（2）印度具有战略自主或不结盟传统，这导致日本和印度在制衡中国崛起的手段上存在差异；（3）日本和印度两国的战略图景和安全结构存在差异”，为此，该文建议印日政府，“（1）在国防设备采购和开发方面进行合作；（2）进行民用核能合作；（3）进行海事安全合作；（4）加强区域全面经济伙伴关系谈判协调……在能源市场规避中国的主导地位”。

印度不是 TPP 谈判成员国，但是其对 TPP 的关注程度并不亚于 TPP 成员国，并站在自身的立场上不断进行评说和提名建议。印度全球关系委员会认为，TPP 对发展中国家有着近乎苛刻的要求，而主导者美国并无意修订这些有争议的条款。在其

《跨太平洋伙伴关系协定如何迷失了方向?》报告中，作者认为，“TPP将横跨南北美洲和亚太地区，从2010年开始的15轮TPP谈判已经花费了大量的时间和资源。TPP旨在实现一个综合的、‘最先进’的贸易协定来基本消除所有的关税，并且要求政府对很多国内政策进行前所未有的监管改革。除了降低关税，成员国还必须同意有力地保护外国投资者，增强对专利持有人的保障，并且限制对国有企业的补贴。这些仅是TPP要求中的一部分。不幸的是……而这阻碍了谈判的进程并且掩饰了TPP的最终目标：实现跨越太平洋的更方便的商品和服务的流通”，“TPP谈判已经引发了各种争议，其中一个原因是谈判有关事项高度保密，谈判人员拒绝向公众公布草案的任何内容。然而，根据泄露的文件以及谈判人员所给出的仅有的信息和评论可以明显地看出，引发争议的另一个主要原因在于美国，它在投资者保护、知识产权和竞争政策等领域的提议限制了发展中国家通常用以调节经济和促进国内企业发展的政策层面的能力及措施的运用”。作者建议，“通过对深度整合事项做出一些让步，美国不仅能使TPP成员资格对于其他亚洲经济体而言更有吸引力……另外节省出来的时间、精力和政治资本可以用于解决更关键的问题，如放宽原产地规则”。

在是否加入TPP谈判问题上，印度全球关系委员会给出了诸多选项。在其《印度与TPP：等待还是加入?》报告中，作者认为，“通过加入跨太平洋伙伴关系协定（TPP），印度是否能够更充分地融入全球经济并且为其贸易注入发展活力？或者这一要求印度做出巨大让步的协定不一定符合印度的利益？这一结果将取决于TPP框架本身如何发展”，从而给出了一个观望的态度。报告指出，“发起TPP的部分原因在于，二十年来美国一直未能参与到亚洲经济迅速增长的过程中。TPP同样也被一个长期的战略任务所推动，即将美国的军事力量从跨大西洋区域转到跨太平洋区域，以此应对或‘遏制’中国的崛起”，从而给出了一个事不关己的超然态度。“当前的TPP没有适应一个日益多极化的世界，其仍是亚太地区的一种自由贸易协定。更突出的一点是，这一协议已经蒙上了保密的阴影，……最近维基解密发布的TPP草案表明，保密措施的采用是用于掩盖华盛顿与其他国家日益加深的分歧，尤其是美国谈判者对其他国家施加的‘巨大压力’，以使它们在一系列项目上采取与美国相同的立场，包括在知识产权、制药和公民自由方面。因此，谈判要想取得圆满成功需要亚洲国家在关键的国家利益上做出重大让步”，从而给同为旁观者的亚洲其他国家提了个醒。“很多美国分析人士认为TPP协议将促进印度同美国的贸易发展。印度应该是参与谈判，但是还不要加入。虽然印度的贸易赤字最近一直在下降，但是不允许有任何重大的贸易政策失误，尤其是在经济增速放缓的情况下”，作者为自己的超然提出了一个具有主动姿态的借口。“从地缘政治上看，TPP 将增强印度应对北京威胁的能力，这使得新德里的地缘战略处境更加微妙，即在政治上寻求与美国更密切的联系，同时承认同中国共同的经济利益”，印度智库两不得罪的说法看起来无懈可击。最后，作者提出，“如果新德里出于经济原因寻求成为 TPP 成员，它需要以渐进的方式参与 TPP 并且检测最终的 TPP 模板……与此同时，区域全面经济伙伴关系协定（RCEP）——由东盟成员以及它们的自贸区伙伴国设立的自由贸易协定——可成为印度加入 TPP 的补充”，该智库多边下注的功夫和技巧确实了得。此外，该智库在另外一份报告《亚洲：什么可以超越自由贸易协定》中，则认为，“由美国领导的跨太平洋伙伴关系协定（TPP）以及随后的区域全面经济伙伴关系协定（RCEP）是关于区域一体化的主导思维，这些协定的出台旨在利用过去 15 年里所协商的众多双边自由贸易协定的价值。然而这些跨区域的自由贸易协定包括提议中的 TPP 仅仅是附带实现亚洲经济一体化潜力的一小步”，“该地区要保持稳定的增长率和经济活力需要持续的结构性调整和变化。一个综合性的 RCEP 有望成为 21 世纪管理贸易和其他形式的国际商业模型”，作者最后指出，“直到最近中国仍没有准备好在区域或者全球范围内发挥积极的领导作用，但这种情况正在改变。中国最终需要加入 TPP，但是目前最好的方法是加入 RCEP”。

印度全球关系委员会援引一系列数据和观点，痛斥了美国主导 TPP 的真实意图。在《美国的“公平贸易”有多公平?》报告中，作者认为“跨太平洋伙伴关系协定（TPP）对主权国家的权利有影响”，认为“美国主导了为实现跨太平洋伙伴关系协定而进行的超秘密谈判，在这之中也涵盖了一些发展中国家。在与贸易相关的知识产权体制之下，大国正试图去除发展中国家的发展灵活性”，“世界贸易组织创造出来的公平的贸易和商业环境将会被破坏，从而使印度工业受到负面影响”。作者针对美国关于生物医药的专利期问题，援引无国界医生组织的资料表示，“印度在提供可支付的药品方面起到了‘至关重要的’作用。由于仿制药的出现，即使美元进一步贬值，艾滋病药物的成本与 2001 年相比下降了 96%”。该智库在《TPP 与 RCEP：兔子与乌龟?》的报告中认为，TPP 与 RCEP 相比，“虽然这两大区域贸易谈判所带来的利益只有在未来几十年才会很明显地体现出来，但是这可能代表了乌龟与兔子的寓言：缓慢推进的 RCEP——‘乌龟’将在比赛中战胜对快速获取利益战略过分自信的 TPP——‘兔子’”。作者认为，“同 RCEP 的区域范围相比，尽管 TPP 可能看似提供了更深入的前期整合，但是 RCEP 的设计反映了一个理想的全球或者多边体系的最佳实践方法。是 RCEP 而不是 TPP 有望成为以规则为基础的全球框架新模型”。

印度塔克西拉研究会在其《TPP“水域”的深浅》报告中认为，“为了避免可能的政治和经济孤立，印度必须巧妙地试探一下跨太平洋伙伴关系协定（TPP）‘水域’的深浅”。一方面，“TPP 不仅拥有公平和先进的运行方式，而且还是一个巨大的集团，并且将同时产生地缘经济（当然也包括纯经济方面）的意义。如果逆这一潮流而行，印度肯定抓不住重点”，但是，另一方面“印度承担不起加入 TPP 的代价也是有其确定原因的”。因此，“印度必须巧妙地试探 TPP 这一‘水域’。虽然 TPP 的进展相当缓慢，但美国官员表示 TPP 谈判正在接近尾声。即使同众多的利益相关者建立共识将是一个痛苦的过程，但是印度的加入将会使已有 10 年历史的 TPP 传奇进入一个新篇章”。

在 RCEP 和 TPP 的关系上，印度维韦卡南达国际基金会把自己摆到了一个很有利的位置上。在其《RCEP 和 TPP 的地缘政治：对印度的意义》中，作者认为“RCEP 被认为是由中国主导的协定（尽管其核心是东盟），TPP 被认为是由美国推动的议程，除了巨大的经济意义外两者还存在地缘战略目标。可以说由于这两个协定都在争取同样的国家加入其中因而有着相似的议程”，“RCEP 对不同层次的国家进行了区别化对待，保护国内企业，并且向东盟最不发达的国家推出优惠的关税和非关税壁垒政策。而 TPP 预计将会制定出极其严格的规则，可能会让发展中国家感到不舒服”，“TPP 排除了很多国家尤其是最大的区域经济体——中国。虽然在原则上没有阻止中国加入 TPP 的特殊规定，但是其中关于贸易、劳工、环境和资本方面的许多条款都将阻止中国成为成员国”，“RCEP 为印度提供了一个很好的机会，使其能够深化与东盟和东盟伙伴国的联系，这将进一步促进其东向政策的实施。而印度对 TPP 的一些条款很排斥，如有关环境和劳工的法律、知识产权的问题，就印度目前的发展水平而言，TPP 将对印度的贸易产生负面影响”。同时，“同一些东盟成员国一样，印度也有权选择是否加入 RCEP 或者 TPP。TPP 将包括全球最大的经济体和其他很多经济迅速增长的国家，有望成为最大的自由贸易区，并将有助于实现包括美国和欧盟在内的跨大西洋贸易与投资伙伴关系协定。自从 TPP 谈判开始以来，一直在观察其发展历程的印度可能加入 TPP，印度更加注重加入这一协定可以获取的经济利益而不是任何无形的战略利益”。

作为欧洲大国，英国不是 TPP 谈判成员国，但它是亚洲基础设施投资银行（AIIB）的创始成员国。因此，英国智库围绕 TPP 和 AIIB 展开了讨论。在英国查塔姆研究所的《TPP 和亚投行：美国和中国对全球经济秩序的愿景》中，该智库认为，“美国和中国之间的竞争更多的是有关经济影响力的竞争，而非经济实力的竞争。从全球范围来看，两国存在相互有利的分工，在一些领域中存在共同利益，如在气候变化领域。但两国在区域安全方面存在着很多分歧，如美国在二战以来一直是亚洲安全的‘保障者’，但中国正努力恢复其区域内地缘政治中心的传统地位”。该智库认为，“TPP 的出现表明，一个通过区域性协议制定贸易规则的新时代到来了”，“如果该协定从现有的十二个谈判国扩展到整个亚太地区，它将在 2025 年给全球增加 2 万亿美元的收入”，“从美国的角度来看，TPP 的目标不应仅局限于经济规则制定和战略层面，该协议可以促使美国巩固其在亚太地区的利益。虽然美国在该地区的军事存在受到欢迎——甚至受到中国的欢迎（尽管现在可能正在改变），然而这也存在不足之处，即与该地区没有更紧密的经济联系”。对于 AIIB，该智库认为，“西方控制下的布雷顿森林体系无法阻止中国建立亚洲基础设施投资银行（AIIB）的决定，北京方面希望恢复中国在亚太地区地缘政治的中心地位”，“亚投行的整体影响可能是积极的，因为该区域对基础设施投资有着相当大的需求。中国建立亚投行似乎就是在解决这些问题，而且符合全球治理的规范”，虽然“美国对亚投行的建立持反对态度。然而，华盛顿和北京之间的共识正在逐渐增加”。

2012 年 10 月 9 日，加拿大遗产部部长莫尔（James Moore）代表加国际贸易部部长在温哥华宣布，加拿大将正式加入 TPP 谈判，成为第十一个谈判成员国。加拿大对 TPP 十分热心，其战略着眼点是通过加入谈判，尽快和更大范围地进入全球最有活力的亚太地区。从其初衷看，与美国有一致之处，也有相悖之处，同时加拿大国内对 TPP 的态度也分为两派。

加拿大亚太基金会把 TPP 放在加美关系、亚太安全的框架内予以研究。其《美国、加拿大和亚太安全》报告认为，“加拿大将加入跨太平洋伙伴关系协定（TPP），从而为加拿大在亚太多边主义的活动中注入新的活力”，因为“加拿大被东亚峰会和东盟国防部部长会议排除在外”，“在区域性多边合作中，渥太华显然落后于亚太地区的其他国家”，“美国和加拿大之间的协同合作会确保加拿大在亚洲的安全利益。因此，加拿大应努力确保其加入东亚峰会，以补充其在跨太平洋伙伴关系协定（TPP）中的利益”。该智库在《加拿大如何在亚洲成为一个重要的角色》中也指出，“尽管哈珀政府‘重新发现’亚洲的热情是受欢迎的，但该报告指出，仅使用商业政策，加拿大不会成功。‘一条腿的（经济）战略将严重阻碍加拿大与其他国家竞争的能力，其他国家已经认识到在该地区实行一个全面和协调一致的战略的重要性’”，“加拿大现在最需要的是在广泛的多边和双边谈判中有更大程度的参与”。“加拿大希望与日本完成经济伙伴协定的谈判，并希望在最近完成的互补性研究的基础上与中国签订自由贸易协定”，“除了这个雄心勃勃的议程以外，加拿大还需要全面参与跨太平洋伙伴关系协定（TPP）和探索与东盟达成贸易协定的可能性”，而这“将对巩固加拿大在亚洲地区的地位具有重要作用”。

在该智库的另外一份报告《中国之外的亚洲》中，作者认为，“尽管中国毫无疑问是亚洲地区的最大玩家，并随着国内生产总值的增长，中国已超过日本成为世界上第二大经济体，但就与中国开放贸易这一问题而言，加拿大仍有些许担忧”，“中国正在不断增长的经济力量不容忽视，加拿大必须做出很大努力改善与中国的双边经贸关系。但是，加拿大与中国关系的进展不能以牺牲加拿大与其他国家的双边关系为代价。贸易多元化有助于促进加拿大经济的增长并增加加拿大经济部门扩张的潜力。加拿大政府必须根据亚洲不同的国家和地区的特点来调整相应的经济政策，这样才能达到想要的结果”。在为什么要加入 TPP 的问题上，该智库的《TPP——加拿大的大风险》报告认为，“是什么使加拿大改变了心意，从冷漠的旁观者转变为热心的倡导者？部分在于史蒂芬·哈珀所在的保守党意识到了加拿大易受 TPP 的影响。考虑到加拿大与新加坡、韩国、泰国和印度在双边贸易谈判中并没有取得的进展，加拿大决定在亚洲地区建立贸易据点，而 TPP 会成为其实现这一目标的最好工具”，同时，“加拿大承受不起让美国获得优势，就像美国对韩国做的那样。如果美国要谈判改善市场准入问题，加拿大最好在谈判桌上保护其在北美自由贸易区的市场准入”，“TPP 或许会或许不会成为更广泛的亚太自由贸易区（从中加拿大会获得真正的经济收益）的垫脚石，但是加拿大并不想被排除在游戏之外”。

加拿大政策选择中心在《TPP 和加拿大》的报告中指出，“批评家称 TPP 为‘北美自由贸易协定的类固醇’，因为 TPP 对政府政策法规有更多的限制。像当下所有的自由贸易协定一样，TPP 涉及贸易的内容很少，它更多地关注协调（财政、健康和安全标准等方面的法规）、加强知识产权保护（专利和版权）、为私有化和外国投资开辟新领域（主要在医疗保险和教育方面）以及在政府保护环境和创造就业两方面设立严格限制。几乎在每一种情况下，参与国都被要求采用美国的偏好”。此外，“TPP 有关知识产权方面的内容将会对加拿大专利药品成本提出限制”，“北美自由贸易协定和 TPP 增加了加拿大外商投资者的起诉数量，所以加拿大已经成为世界上遭到贸易起诉最多的发达国家”，“美国及其娱乐业一直极力将加拿大的文化产业排除在外，TPP 可能会侵蚀加拿大的文化保护，如外资可能会控制加拿大的广播和出版”。该智库把 TPP 在夏威夷毛伊岛的谈判称为一种调试，其在报告中指出，“通过武力、威胁或恐吓的方式进行调试的行为可以被定义为敲诈勒索。对于现在在夏威夷发生的一切这是一个相当准确的描述”，“TPP 中的贸易自由化原则将会给加拿大的一些工业带来伤害，如汽车、电子产品和牛肉猪肉产品”，“根据‘自由市场的原则’加拿大已经与美国联合加强对国有企业的控制。在 TPP 中包括投资者－

国家争端解决机制”。

加拿大国际治理创新中心则更多关注 TPP 背景下的中国。该智库的《北京对美国区域贸易集团的怀疑》文章指出，“在没有中国参与的情况下，美国的亚太自由贸易协定这一计划引起了中国对美国地缘政治目标的怀疑。美国试图通过这样的做法在该区域内提升其政治和经济力量。有分析人士指出，这一举动表明中国和美国在该地区的合作日益重要，以及两国的不断竞争为该地区带来了越来越多的影响”，“世界第二大经济体、最大出口国中国未加入 TPP，这反映出美国在此次谈判中占据主导地位，这对美国保持其全球领导力具有重要作用”。有官员称：“在 20 世纪，美国认为拥有对大西洋地区的领导权就意味着坐拥全球事务领导权，而在 21 世纪，华盛顿认为确定在太平洋地区的领导力对其全球领导力的延续至关重要。”随着中国－东盟自由贸易区的建立，美国担心中国进一步进入太平洋地区，所以有些人认为 TPP 可以阻止中国在东亚的领导地位的上升。不可否认的是，TPP 是由美国主导的，并且对地缘经济和地缘政治产生了影响。有官员称：“这对中国来说是一个重大的挑战，因为中国在最初阶段就被排除在外”。该智库的另外一份报告《亚洲的回绝没有引发任何同情》则指出，“亚太地区应努力避开西方自由国际主义倾向，建立自己强有力的区域机构”，“除了中国，大多数的亚洲国家希望美国保护和维护它们的利益。尽管美国的新战略是指向亚洲的，但是美国的领导力正在衰落。华盛顿甚至不清楚到底谁才是其在该区域的真正盟友”，“TPP 谈判由美国的意愿主导，美国试图通过加强与该区域盟友的合作，从而包围中国”，“美国最不希望看到的就是中国的崛起”，因此“哈珀政府应继续其在亚太地区的进程，将重点放在加强与中国、韩国、日本、印度尼西亚、泰国和越南的双边谈判上”。

该智库的《全球大型贸易交易及其对中国的影响》报告提出了一个问题：“美国新的贸易战略对全球贸易意味着什么。”作者认为，当今世界“真正的大型贸易都直接涉及欧盟、美国、中国、东盟以及一些中等规模的经济体（如日本、加拿大、巴西和土耳其）”，“在未来，世界贸易组织中的多边贸易将有效地推动双边和多边大型贸易谈判。由于贸易和出口对中国实现 7.5% 的国内生产总值（GDP）增长率的目标至关重要，比起其他国家和经济实体，中国将会通过发展其大型贸易，增强竞争力”，“随着经济的发展，中国可能会被吸引加入 TPP，到时中国可能会被迫就国有企业非关税问题进行谈判”。

加拿大可持续发展国际研究所围绕中国和投资问题进行了有意思的研究。其在《投资协议和寻求进入中国的市场》报告中提到，“到目前为止，全球贸易投资体系是否处在一个十字路口依然是一个老生常谈的问题”，“这些宏伟的区域性协定目前正在谈判中，比如跨太平洋伙伴关系协定（TPP），……然而，各方在将市场准入的承诺纳入投资协定的问题上产生了分歧”，“在这种投资协定体系日益变得复杂的情况下，中国的立场是什么呢?”“如果中国继续以现在的速度进行新条约的谈判，那么它将很快超过德国并且在不久的将来成为世界上签订双边贸易协定数量最多的国家”。“鉴于全球趋势正在朝着更加全面的投资协定的方向发展，中国也最有可能面临着包括市场准入在内的更多需求……中国也将面临包括市场准入规则在内的强大压力……重要的资本输出国正在致力于将已建立的贸易保护与市场准入规则结合在一起，美国和欧盟在 TPP 的框架下起草 21 世纪的贸易和投资准则的目的已经非常明显了，同样的还有 TPP，需要注意的是，中国已经被排除在这两个协定之外了。不管这些问题是不是故意针对中国，这些宏伟的区域协定所包括的投资规则都将超越中国的贸易协定所包含的投资保护等的局限性”。该智库《中国与发展中的地缘经济学：准备一个新的贸易和投资体制》的文章则认为，“今天，世界上各国之间联系密切，成功的内部和外部条件影响着一个国家的国内发展和是否能持续具有满足其经济和社会目标的能力。因此，制定国内政策需要考虑到当今世界地缘经济学的演变”，“TPP 谈判的领域包括知识产权、外国投资、竞争政策、环境、劳动力、国有企业、电子商务、竞争力和供应链、政府采购、技术贸易壁垒、医疗技术和药物、透明度和监管一致性等。那些在世界贸易组织（WTO）框架下谈判过的内容将在这里得到延伸。这些主题的一个重要特性是它们通过技术和其他标准来解决问题。如果多边谈判（如 TPP）能设计和制定它们的基础框架，那么实际上它们的这些标准将成为许多国际贸易的标准”，“中国经济长期保持高速增长，其决策者越来越重视全球市场的和谐发展以及非歧视性的贸易合作和对外投资。因此，中国的任何改革议程都将致力于使国家积极参与国际多边贸易和投资体制”，“据报道，中国正在寻求加入 TPP，在中国国家主席习近平会见美国总统奥巴马时，他要求保持对 TPP 谈判的了解”，“ TPP 的成员国、欧盟以及中国的贸易额占世界贸易总额的三分之二。如果中国为适应 TPP 而确定其标准的话，这些更高的标准事实上将适用于近三分之二的世界贸易。这对世界上大多数国家有着重大影响，而这些影响可能会在未来三到五年间被人们所感知”。

作为西亚国家，土耳其的智库对亚太问题一直比较关注，其研究的视角和观点也很有意思。土耳其国际战略研究所发表的《美国 - 越南：新战略伙伴之间开启艰难的贸易谈判》的报告观察到，“美越双边关系自 1995 年正常化后一直有所改善。由于双方在南海问题上存在共同关切，双边关系在过去三年里不断升温”，“越南于 2010 年 11 月参加了跨太平洋伙伴关系谈判，美国及其他谈判方对越南的加入表示欢迎。越南是 TPP 成员国中最不发达的经济体，包括市场与非市场的经济模式，越南的国有企业利用国有银行的贷款补贴运营，国有企业是越南经济体系的一个显著特点，这与中国的‘国家资本主义’模式有很大的相似之处，而华盛顿推动签署 TPP 的主要目标在于建立私营企业与国有企业公平竞争的平台。美国一直认为中国国有企业在世界贸易中拥有不公平的优势。国有企业的问题会使越南加入 TPP 变得更加复杂。由于包括美国在内的国家对中国国有企业表示不满，越南可能会对其国企保留较少的优势。国有企业的问题会使得越南加入 TPP 变得更加复杂。由于包括美国等国家对中国国有企业表示不满，越南可能会对其国企保留较少的优势”，“美国视越南为其在亚洲的重要战略伙伴，越南则将美国视为维护东南亚地区战略平衡的关键”。在其发布的《希望之中：日本与 TPP》报告中，作者写到，“安倍希望日本加入跨太平洋伙伴关系协定（TPP）中”，“加入 TPP 谈判可使日本在全球化市场上更富有竞争力。就经济战略层面而言，加入 TPP 会使日本有机会制定管理 21 世纪国际经济行为的规则。加入 TPP 也将会使日本与该地区的其他伙伴更紧密地联系在一起。而且还有一个更深层的战略诱因，即如果朴槿惠治理下的韩国也将加入 TPP，那么日本也必定会加入”，“日本的参与符合美国的利益，因为美国需要一个强大且自信的日本来应对区域及全球范围内出现的诸多挑战”。

该智库在其《跨太平洋伙伴关系协定：谈判中的教训》中认为，在 TPP 谈判中，“美国应为该结果承担责任。由于美国的坚持，TPP 中缺乏最惠国待遇。最惠国待遇是世贸组织和欧盟的根基……最惠国待遇规定，如果日本在特定产品上向美国收取零关税，那么其他任何国家也必须提供此待遇。最惠国待遇不仅能确保强者不会剥削弱者，而且也可保证最高透明度，促进经济增长。尽管如此，华盛顿方面认为，仅仅通过纯粹的双边谈判，美国也可以与一些 TPP 成员国达成更好的协议。但结果表明，没有其他国家愿意与美国合作”，“为何批准 TPP 会如此艰难。主要原因是该自由贸易协定会给美国民主党选民、劳动者带来伤害。的确，在各 TPP 成员国中，自由贸易是一个双赢的主题，但在每一个国家中，一些行业会从中受益，而其他行业会遭受损失。在美国这样的富裕国家中，资本家往往会受益，而劳动者的利益会受到侵害”。

该智库在《为什么我们需要跨太平洋伙伴关系协定，我们将如何正确对待》的报告中认为，“TPP 建立在世界贸易组织（WTO）设定的国际贸易规则之上。然而，它会在许多方面超越这些规则”，“圆满结束 TPP 谈判对于美国来说意义重大。这十二个国家的 GDP 总和达到 27.9 万亿美元，人口总和达 8 亿……一旦 TPP 谈判取得成功，那么将会产生相当大的影响。如果 TPP 谈判失败，那么美国需要面对严重的后果。目前，东盟国家与中国、澳大利亚、印度、日本、韩国和新西兰正在进行协定谈判，该协定被称为区域全面经济伙伴关系协定（RCEP）。与 TPP 谈判相比，这些谈判似乎没有多大的作为，尽管如此，它们也将会产生深远的影响。中国目前正与韩国、日本进行三边自由贸易协定谈判，也在与澳大利亚进行双边自由贸易协定谈判。RCEP 以及这些自由贸易协定谈判的进程将加快，并取得新的突破。其结果将是，美国的出口商会在亚洲市场上处于劣势”，“如果 TPP 谈判失败，中国将会是亚太贸易的中心，美国只能退居观望。美国要想达成此协定，并使之成为 21 世纪贸易协定的模板，需要做三个重要方面的改变：首先，必须澄清投资者与国家之间的争端处理规则，防止滥用诉讼；其次，在鼓励生产新药物的同时，保护药品知识产权的规则必须仔细研究，防止给消费者带来过多负担；最后，谈判方必须提出关于阻止货币操纵的条款，防止出现不公平的商业优势”。

在加入 TPP 的问题上，澳大利亚与美国基本上同节奏。早在2008 年9 月，当美国总统奥巴马决定参与 TPP 谈判时，它就邀请澳大利亚和秘鲁一同加入谈判。2009 年11 月，当美国正式提出扩大跨太平洋伙伴计划时，澳大利亚同意加入，并协助美国在墨尔本召开了跨太平洋伙伴关系协定首轮谈判。目前，在澳大利亚智库中，比较关注 TPP 的主要有国际事务澳大利亚研究所、发展政策中心、洛伊国际政策研究所等。

国际事务澳大利亚研究所 2015 年 7 月发表的《TPP：打开达成更大 APEC 自由贸易协定的大门》的报告认为，“跨太平洋伙伴关系协定（TPP）有可能会在今年年底完成谈判，但是，一个更大的覆盖所有 APEC 成员方以及全球 60% 的 GDP 的贸易协定也正在规划中。TPP 对澳大利亚来说非常重要，从简单的层面来看，TPP 是占世界贸易量 40% 的亚太经济体之间制定自由贸易协定的保护伞。从更高的层面来看，TPP 正在为占世界贸易量 60% 的所有 APEC（政府间的亚太经济合作组织）成员方在未来制定自由贸易协定奠定基石，而 APEC 成员方目前也正在考虑制定更多的自贸协定”，“中国的利益是什么？中国需要继续修复其金融体系，它背负着巨额的债务而且需要实现现代化。人们普遍认为，习近平政府看到了一个机会，即利用主要的国际贸易协定来推进国内的经济改革。北京加入 TPP 的兴趣被礼貌地回绝了，TPP 委员会认为北京还没有做好准备”，“从 TPP 的地缘政治意义上看，它不是建立在外交友好的基础上，而是建立在通过贸易和投资来促进经济增长、实现共同利益这一基础之上”，“TPP 以及它所包括的内容是澳大利亚 21 世纪在亚太地区繁荣发展的基础”。

该智库同时还看到了另外一面。在其《跨太平洋伙伴关系协定和透明度》的报告中，作者也指出，“跨太平洋伙伴关系协定（TPP）涉及十二个国家，覆盖全球经济总量的40%，是世界上最大的贸易协定，保密级别也是前所未有的，并且将会改变澳大利亚民主的基础。目前我们了解到的大部分关于 TPP 的内容都是来自维基解密所发布的一些有争议的细节，这些细节内容会削弱主权国家的立法权以及对金融、成本、药品准入、劳工权利、环境和食品安全的监督。最有争议的是，TPP 将引入投资者 - 国家争端解决机制，这一机制远远超越其他争端解决机制，如果跨国公司认为其所在国损害到自己的利益，它将能够起诉 TPP 成员国。无论澳大利亚法院做出何种决定，外国法院都有权对澳大利亚政府的政策及行为的合法性进行裁决，并且对纳税人进行巨额的经济处罚"，"不出所料，十二个国家都出现了反对 TPP 的声音，贸易联盟、环保人士、消费者权益保护机构、卫生机构和一系列其他民间团体都呼吁政府提高透明度，并且停止谈判，除非展开更广泛的检查。美国著名评论家、经济学家和诺贝尔经济学奖获得者约瑟夫·斯蒂格利茨说：'TPP 对普通民众来说毫无意义，它受美国大型跨国企业的需求与利益驱动。'在未来几周澳大利亚议会将会对 TPP 展开讨论，并且政治家们将会就支持还是反对 TPP 进行投票"。

在中国和 TPP 的关系上，发展政策中心的《中国参与跨太平洋伙伴关系协定》报告认为，"美国和其他国家希望能在确定未来亚太地区贸易和商业活动规则的问题上取得突破。然而，作为全球经济增长的主要引擎的中国缺席谈判，引出了 TPP 是否能够成功的疑问。TPP 的目的是把亚太地区连接起来，并且促使亚太各国经济关系更加稳定牢固。TPP 面临的核心战略挑战涉及是否授予中国成员国身份"，"但是中国可以加入吗？应该加入吗？TPP 最大的风险在于政治方面：它有可能会从战略上将其成员国分成两个区域，并且中国不属于任何一方。TPP 已经变成了一个在很大程度上由华盛顿主导的协定，这意味着如果中国接受了跨太平洋伙伴关系协定，那么它就自动归入了美国主导的阵营"。

洛伊国际政策研究所提出了一个很尖锐的问题，在其题为《跨太平洋伙伴关系协定对澳大利亚是好事吗?》的报告中，作者认为，"TPP 代表了一种不同的模式，一种旨在强行为其成员制定一系列统一规则（特别是'边界后'规则）的贸易模式"，问题是"最大的贸易国——美国和中国——并没有共享同一个协定"，"RCEP 可以实现澳大利亚的区域目标，而 TPP 则可以加强与美国的关系"。作者最后指出，"你也许会认为 TPP'黄金标准'的崇高规则是由一群将全世界的共同利益放在首位的高尚的技术官僚制定的，不幸的是，事实并非如此"。

在此，从 3100 多年前姜尚与姬昌的床前对话"义胜欲则昌，欲胜义则亡"，引出了奥巴马最着急上火的一个议题 TPP，并把包括美国智库在内的国际著名智库的观点给读者进行了简单梳理。相信这一努力会对有关部门和人员起到一些作用，也希望这些文字能为我们看世界打开一扇小窗子。当然，放眼出去，美好的景色是看到了，但不那么美好甚至让人厌恶的东西也会随之而来。不过，正如陆忠伟先生所说的，面对全球战略智库们的评点，“不论其目的、动机如何，各大智库的政治敏锐、战略视野、国际思维值得肯定。正所谓一心精进，总得悟明究竟；万里深思，方知定有因缘”。①

信笔至此，特意鸣谢如下：感谢景峰同志带领的工作团队，他们以顽强的事业心和责任心，完成了所有前期翻译和初步译校工作。感谢本书系的顾问陆忠伟先生、编委会主任丁奎淞和各位编委们，正因为这些前辈、领导和朋友们的厚爱和期望，才能使我们在困境中能坚持走下去。感谢社会科学文献出版社全球与地区问题出版中心的祝得彬主任和仇扬、安静编辑，在他们的鼓励和支持下，该书才得以在短时间内面世，也正是他们严谨的工作作风，才保证了本书系的国家级水平，在此谨向他们的专业水准和孜孜敬业的精神致敬。

本卷定稿之时，正值新中国成立66周年的大庆日子。夜深之际，再次重温习近平主席在亚信第四次峰会上的讲话：“‘亲望亲好，邻望邻好。’中国坚持与邻为善、以邻为伴，坚持睦邻、安邻、富邻，践行亲、诚、惠、容理念，努力使自身发展更好惠及亚洲国家”。② 感到此言体现的真诚、善言和坚定，应该会像电波一样穿越太平洋，被彼岸的智库们感受到，使它们在今后的文字中多一些“义”字，少一些私“欲”，则太平洋真正太平矣，世界从此太平矣。

凌晨码字、落笔为愿，和平之梦、世界之愿。

中国社会科学院国家全球战略智库研究员

王桂灵

2015年10月1日寅时　于香山麓听雨轩

① 陆忠伟：《中国在国际战略地平线喷薄跃出》，王灵桂主编《国外智库看“亚投行”》之总序，社会科学文献出版社，2015，第3页。

② 《习近平谈治国理政》，外文出版社，2014，第358页。

白宫表示反对拟议中的跨太平洋伙伴关系协定

Robert E. Scott*

原文标题： House Signals Opposition to Proposed Trans – Pacific Partnership

文章框架： 奥巴马政府急于与其他国家完成 TPP 谈判；国会针对贸易协定提出的要求；这些贸易协定带来的影响。

观点摘要：

1. 奥巴马政府一直急于与环太平洋国家——包括日本、加拿大、马来西亚和越南——达成一项贸易协定，这一关键性谈判将于下周在盐湖城揭开序幕。由超过 170 名的民主党人和共和党人组成的两党团体本周向总统递交了一封信，声称他们反对所谓的“快速通道”法案（也被称为“贸易促进授权”）。

2. 国会暂停了全权委托总统谈判新贸易协定一事，并要求总统就协定内容充分咨询国会，这是十分明智的。“快速通道”授权最初是由尼克松政府发起的，旨在通过国会修订或快速敲定贸易协定，例如北美自由贸易协定（NAFTA）和最近批准的韩美自由贸易协定（KORUS）没有辜负人们的期望，因为它们不仅仅是简单的贸易协定。在 151 名国会民主党议员于本周向总统递交的一封信中提到，这些协议涉及刺激外商投资和改造的一系列监管政策，这些政策涵盖劳动法、专利和著作权、食品安全标准、国有企业以及金融、医疗保健、能源、电信和其他服务行业。韩美自由贸易协定和其他十几个贸易和投资协议已经导致外包业务激增，而且也已经淘汰了数以百万计的工作岗位，特别是在美国的制造业中。

3. 奥巴马总统承诺，韩美自由贸易协定将支持“7 万个来自商品出口行业的美

---

* Robert E. Scott，华盛顿大学工程学学士，加州大学伯克利分校经济学博士。他于 1996 年加入经济政策研究所，其研究领域包括国际经济、贸易和制造业政策，以及这些政策对美国和其他国家工作人员的影响、对外商投资的经济影响、对贸易和资本流动的宏观经济影响。他在诸多学术期刊和大众媒体上发表文章，如《洛杉矶时报》《新闻日报》《今日美国》《巴尔的摩太阳报》《华盛顿时报》等。他还为一系列电子媒体提供经济评论，包括美国国家公共电台、美国有线电视新闻网、彭博社和英国广播公司。来源：经济政策研究所（美国智库），2013 年 11 月 14 日。

国工作岗位”。然而，在该协定签署的第一年，美国对韩国的出口额下降，而且美国对韩国的贸易赤字增加，美国国内超过 4 万个工作岗位消失。是时候结束贸易和投资协定了，因为这些协定牺牲了美国数百万的工作岗位，并导致美国以及世界各国的经济增长不平衡。

编号：20131114A082

伙伴关系，还是成心捣乱？

Gordon Lafer*

原文标题： Partnership or Putsch?

文章框架： TPP谈判的目的；TPP的实质；奥巴马政府急于结束TPP谈判的驱动因素。

观点摘要：

1. 跨太平洋伙伴关系协定（TPP）是越南、马来西亚以及其他十个环太平洋国家之间达成的大型区域自由贸易协定。奥巴马政府希望在接下来的几周内就此协定达成最终协议。2010年，我与美国贸易谈判代表芭芭拉·维塞尔（Barbara Weisel）会面。当时，我是美国众议院教育和劳动委员会高级政策顾问，负责在国际贸易条约中维护劳工标准。

2. 我与维塞尔会面的目的在于：让国会知晓奥巴马政府正在采取何种措施以保护美国工人免于被迫与低收入贸易伙伴国家的工人进行不公平的竞争。我问了维塞尔一个在我看来十分简单的问题："白宫对民主的立场是什么？"维塞尔表示不明白，所以我解释道："大部分国会民主党派人士都支持美国只与民主国家签订贸易协议的原则。"其他民主国家也这样认为。英联邦成员国之间的贸易协定谈判就包括此类条款。如果我们没有抗议权、发声权、组织工会权以及选择代表的投票权，那么我们就不能解决童工问题，也无法建立八小时工作制。我们利用这些权利提高了我们自身的生活标准，但是我们此时此刻不应该让发达国家的工人直接与那些缺乏自由且无法改善自身境况的工人竞争。但是，维塞尔只是简单地说："我们对民主没有立场。"我追问："白宫打算如何处理越南等国家中存在的问题：在越南，只有14岁的孩子被迫每天工作12个小时，

---

* Gordon Lafer，斯沃斯莫尔学院经济学学士，耶鲁大学政治学博士。他是一位政治经济学家，也是俄勒冈大学劳工教育和研究中心副教授。他的研究领域包括劳动法、劳资谈判、工会组织、就业政策、劳务培训以及国际贸易条约中的劳工标准。来源：经济政策研究所（美国智库），2014年1月15日。

民众没有言论自由权、游行示威权、罢工权和自由集社权。”维塞尔说：“哦，没有民主也可以拥有劳工权利。”但是她却举不出例子来。

3. 实际上，非民主政权无法忍受的是独立劳工组织，这就是为什么首先进入达豪集中营（纳粹德国建立的第一个集中营，位于德国南部巴伐利亚州达豪镇附近的一个废弃兵工厂内）的是工会主义者。

4. 越南和中国等国家对国际投资者的吸引不仅在于这些国家的工资低，也在于这些国家缺乏民主权利，劳动力很廉价。虽然中国现在不是 TPP 谈判的参与方，但是 TPP 在未来可以接纳新成员，我们可以认为，中国将会是受殷勤招揽的对象。美国前贸易谈判代表罗恩·柯克（Ron Kirk）表示十分希望中国加入 TPP。

5. TPP 在根本上不是一项“贸易”条约，而是企业游说者的工具，目的是说服立法者对他们进行支持（企业游说者无法通过正常手段说服立法者）。例如，制药公司坚持要求 TPP 强制所有参与方授予处方药 12 年的专利期限，这样可以推迟来自仿制药的竞争并提高自身的利益。此外，烟草公司也试图利用 TPP 阻止发展中国家（它们是最大的烟草市场）对它们的产品采用新的管制措施。

6. TPP 最具争议的内容是：允许私企因国外政府采取了影响它们预估利益的政策而提出诉讼。例如，如果越南规定所有员工都享有六周的带薪产假，那么外国工厂所有者就可以起诉越南政府，要求越南政府撤销这一法律规定或补偿此类员工福利给工厂带来的损失。

7. TPP 主张的未来是：公民可以自由选择假期，但是降低国际投资者利润的法律或许将不可能被通过。

8. TPP 谈判处于很强的保密状态，就连立法者也无法知道谈判的所有内容。在起草过程中，企业游说者被当作参与伙伴对待。美国自北美自由贸易协定签署以来，近 500 万的制造业工作岗位消失，实际工资停滞不前，各个政治派别中大多数人士都反对此类协定，这并不奇怪。

9. 至少对奥巴马政府来说，急于结束 TPP 谈判无疑是受到了希望在美国 11 月的中期选举之前达成协议的驱动。而这不利于民主。事实上，尽管美国宪法规定“管制与外国的贸易”的权力仅为国会所有，但是奥巴马政府正在向立法者施压，让他们进行所谓的“快速通道”授权。这样一来，立法者将无权对 TPP 条款或参与方进行任何干预，甚至无权修正协议的内容。

10. 作为政治学家，我有时会被问及民主国家是否有可能颁布违背大多数选民利益的法律。这样的情况确实会发生，而且是通过违背民主本身的承诺实现的。TPP 就是最好的证明，该协定对维护签约国的中产阶级权利构成了最大单一威胁。

编号：20140115A082

美国对中国的贸易逆差在2013年增加了33亿美元，对TPP拟议成员国的贸易逆差增加了35亿美元

Robert E. Scott*

原文标题： U. S. Goods Trade Deficits With China Increased by ＄3. 3 Billion in 2013, and by ＄3. 5 Billion With Countries in the Proposed Trans – Pacific Partnership

文章框架： 美国商品和服务业的贸易逆差；非石油产品日益增长的贸易逆差带来的影响。

观点摘要：

1. 美国人口普查局报告称，美国商品和服务业的年贸易逆差从2012年的5347亿美元下降至2013年的4715亿美元，同比下降632亿美元（11.8%），这意味着服务业贸易顺差增加了248亿美元（12%），商品贸易顺差增加了384亿美元（5.2%）。然而，商品贸易平衡的全面改善掩盖了美国商品贸易的重要结构转变。虽然美国的石油产品贸易逆差下降了590亿美元（20.2%），但是其非石油产品的贸易逆差增加了207亿美元（4.6%）。非石油产品日益增长的贸易逆差已经成为美国过去十年中制造业工作岗位发生转移的主要驱动力。在过去的四年里，非石油产品的贸易逆差一直在增加，但它对提振美国制造业就业形势来说仍然是一个巨大的威胁。

2. 非石油产品日益增长的贸易逆差减少了别国对美国制造商品的需求，特别是减少了对制成品的需求，而它占美国商品出口总量的85%以上。与中国和拟议的跨

---

* Robert E. Scott，华盛顿大学工程学学士，加州大学伯克利分校经济学博士。他于1996年加入经济政策研究所，其研究领域包括国际经济、贸易和制造业政策，以及这些政策对美国和其他国家工作人员的影响、对外商投资的经济影响、对贸易和资本流动的宏观经济影响。他在诸多学术期刊和大众媒体上发表文章，如《洛杉矶时报》《新闻日报》《今日美国》《巴尔的摩太阳报》《华盛顿时报》等。他还为一系列电子媒体提供经济评论，包括美国国家公共电台、美国有线电视新闻网、彭博社和英国广播公司。来源：经济政策研究所（美国智库），2014年2月6日。

太平洋伙伴关系协定（TPP）成员国的贸易逆差是使美国非石油产品贸易逆差不断增长的重要因素。2013年，美国与中国的商品贸易逆差增加了33亿美元（1.1%），而美国与十一个TPP拟议成员国的贸易逆差增加了35亿美元（1.4%）。美国的贸易和投资协定（如北美自由贸易协定和美韩自由贸易协定）以及中国加入世界贸易组织已经导致美国的贸易逆差不断增加、出现失业状况以及美国民众的工资下降。美国应该停止谈判新的贸易协定，如TPP。

编号：20140206A082

TPP 有什么不妥？ 该协定会导致美国失业增加，工资水平降低

Robert E. Scott*

原文标题：What's Wrong With the TPP? This Deal Will Lead to More Job Loss and Downward Pressures on the Wages of Most Working Americans

文章框架：TPP 中纳入有关限制货币操纵条款的重要性；美国与其他 TPP 拟议成员国之间存在的贸易逆差。

观点摘要：

1. 由于经济全球化和生产自动化的发展，美国自 2000 年以来已经淘汰了 500 万个制造业工作岗位。一些著名的经济学家指出，这些已经被淘汰的制造业工作岗位将无法恢复，现在再采取措施就如亡羊补牢一样毫无意义。然而，这种想法忽略了货币操纵带来的重大影响，货币操纵补贴了其他国家对美国的出口贸易，这就相当于对美国的出口贸易进行征税一样，从而使得一些与贸易相关的工作岗位被淘汰。许多著名的经济学家都表示，TPP 等类似的贸易协定应该纳入限制货币操纵的内容。美国智库经济政策研究所主任曾指出，这样的建议应该引起高度重视，因为 TPP 可以扩大成员。如果成功达成 TPP 协定的话，中国、韩国以及印度等国家应该被看作 TPP 接纳新成员的候选国。

2. 消除货币操纵可以减少美国 5000 亿美元的贸易逆差额，使美国的 GDP 增加 4.9%，并可以为美国新增 580 万个工作岗位——其中约 40%（230 万个）属于制造业工作岗位。因此，如果 TPP 中纳入有关限制货币操纵的条款，那么许多被淘汰了

---

* Robert E. Scott，华盛顿大学工程学学士，加州大学伯克利分校经济学博士。他于 1996 年加入经济政策研究所，其研究领域包括国际经济、贸易和制造业政策，以及这些政策对美国和其他国家工作人员的影响、对外商投资的经济影响、对贸易和资本流动的宏观经济影响。他在诸多学术期刊和大众媒体上发表文章，如《洛杉矶时报》《新闻日报》《今日美国》《巴尔的摩太阳报》《华盛顿时报》等。他还为一系列电子媒体提供经济评论，包括美国国家公共电台、美国有线电视新闻网、彭博社和英国广播公司。来源：经济政策研究所（美国智库），2015 年 3 月 17 日。

的工作岗位实际上是可以恢复的。如果 TPP 现在不纳入有关限制货币操纵的条款，未来结束操纵货币的行为将变得极为艰难。

3. 有些经济学家指出，因为美国的关税已经很低了，所以它与 TPP 成员国在进口方面的竞争对本国的制造业几乎没有影响，但这是一种很古老的说法，实际结果与这些预测并不符合。在北美自由贸易协定中，当美国的关税已经降至很低的时候，墨西哥也大幅度降低其关税。然而，美国从墨西哥进口商品的增长速度远远超过其向墨西哥出口商品的增长速度——贸易逆差不断加重，截至 2010 年，美国淘汰了近 70 万个工作岗位。

4. 中国于 2001 年加入了世界贸易组织（WTO），当时中国的关税远远高于美国的关税。为了加入 WTO，中国大幅度削减了本国的关税。然而，美国与中国的贸易逆差日益加重，美国在 2013 年淘汰了 320 万个工作岗位。如果削减关税有利于美国的出口业，那么这些贸易协定为什么总是会使其贸易逆差加重，失业率上升呢？

5. 自北美自由贸易协定签署以及中国加入 WTO 以来，墨西哥和中国的外商直接投资（FDI）都大幅增加。北美自由贸易协定签署十年之后，墨西哥的外商直接投资占本国 GDP 的份额与该协定签署之前相比几乎增加了两倍。与此同时，中国成为世界上第三大接收外商直接投资的国家。在墨西哥和中国，外商直接投资推动了成千上万个制造工厂的产生，这些工厂制造出的产品向美国和其他国家出口。生产商愿意在墨西哥和中国投资，因为这些协定为投资者提供了特殊的保护，这些保护措施包括大幅度扩大知识产权，并为企业投资提供特殊的、非司法争端解决的机制（即投资者 - 国家争端解决机制，ISDS）。TPP 对美国食品安全、银行业以及金融业的法规条例存在威胁。

6. 值得注意的是，TPP 条款依然处于保密状态，TPP 谈判也尚未完成。我们的分析是基于先前贸易协定的结果，其他经济学家的分析似乎是基于他们自己的政策偏向。

7. 一些经济学家表示，TPP 条款中有关增强对知识产权保护的内容将为一些领域的美国企业和工人带来不少利益，例如信息、计算机服务等其他从版权和特许权使用中获得利益的产业。

8. 拟议中的 TPP 条款淡投资者提供了特殊的保护措施，这将会使 TPP 国家外包业务增加。就这一方面而言，值得注意的是美国的制造业中依然存在 1200 万个工作岗位，正是这些工作岗位将参与下一波外包业务。如果允许中国和印度加入 TPP 协定，外包业务增加带来的威胁将会成倍增加。

9. 美国与其他十一个 TPP 拟议成员国之间的贸易逆差巨大，而且在不断加剧，已经达到 2651 亿美元。相反，1993 年，在北美自由贸易协定生效之前，美国与墨西哥之间的贸易逆差程度较低。

10. 经济全球化已经使民众的工资和收入提高得极不均衡。我们研究发现，贸易和经济全球化通过两个渠道降低了美国工人的工资。美国与中国（以及其他低工资国家）的贸易逆差程度不断加大，这迫使享受优越福利的高薪工人进入非贸易低薪行业（如服务业）。我估计，仅在 2011 年就有 270 万名工人的工资减少了 370 亿美元。

11. 美国当局为了获得“快速通道”授权以便完成 TPP 以及与欧盟之间的类似协议——跨大西洋贸易与投资伙伴关系协定（TTIP），它已经选择了一种高风险的运动。“快速通道”要求国会批准谈判目标，创建进程以重新审议那些否定国会议员拥有修订或修正目标协议内容的权力。另外，奥巴马总统可以通过采取措施结束中国以及其他二十多个国家（其中大多数是亚洲国家）的货币操纵行为，其可采取的措施包括在 TPP 中纳入有关禁止货币操纵行为的条款。奥巴马总统和联邦机构早已掌握了结束非 TPP 成员国进行货币操纵行为的工具。美国财政部和联邦储备委员会拥有参与抵制货币干预行为来抵消外国政府购买外国资产的权利，通过采取这些措施，美国政府能够使外国政府为货币操纵行为付出高昂的代价或使其无效。

12. 美国总统可以继续为获得“快速通道”授权和完成 TPP 谈判而奋斗，在加大企业利益的同时将制造业的工作岗位和工人工资置于风险之中，或者他可以采取行动增加就业，并减少工资增长不均衡，但是他不能同时采取这两方面的措施。

编号：20150317A082

美韩自由贸易协定导致贸易逆差增长，美国失去7.5万多个就业岗位

Robert E. Scott*

原文标题： U. S. – Korea Trade Deal Resulted in Growing Trade Deficits and More Than 75, 000 Lost U. S. Jobs

文章框架： 美韩自由贸易协定对美国就业率的影响；美国与韩国的贸易逆差；TPP对美国贸易逆差和失业率的影响。

观点摘要：

1. 3月15日是美韩自由贸易协定（KORUS）签署三周年。奥巴马总统说过，该协定将会为美国创造7万个工作岗位。白宫表示，美韩自由贸易协定将使美国商品的出口额增加100亿~110亿美元，仅仅是商品出口增加就能创造7万个工作岗位。然而，事情的发展并不像我们所预料的那样，美国与韩国的贸易赤字不断增加，这不但没有为美国创造更多的工作岗位，还使美国在2011~2014年减少了超过7.5万个工作岗位。

2. 仅仅扩大出口并不足以保证贸易能够增加就业机会。美国的出口增加有利于提高就业率，但是进口增加破坏了现有的工作岗位，并且阻碍了新就业机会的出现，因为进口产品取代了美国本土工人原本能够生产出的产品，因此，如美韩自由贸易协定等贸易和投资协议所创造或取代的工作岗位数量是由贸易平衡的变动所决定的。

3. 在美韩自由贸易协定生效后的前三年里，美国对韩国的出口额仅仅增加了8亿美元，年增长率为1.8%，而美国对韩国的进口额增加了126亿美元，美国与韩国的贸易逆差在2011年至2014年增加了118亿美元。仅仅三年的时间，美国与韩

---

* Robert E. Scott，华盛顿大学工程学学士，加州大学伯克利分校经济学博士。他于1996年加入经济政策研究所，其研究领域包括国际经济、贸易和制造业政策，以及这些政策对美国和其他国家工作人员的影响、对外商投资的经济影响、对贸易和资本流动的宏观经济影响。他在诸多学术期刊和大众媒体上发表文章，如《洛杉矶时报》《新闻日报》《今日美国》《巴尔的摩太阳报》《华盛顿时报》等。他还为一系列电子媒体提供经济评论，包括美国国家公共电台、美国有线电视新闻网、彭博社和英国广播公司。来源：经济政策研究（美国智库），2015年3月30日。

国的贸易逆差几乎翻了一倍。在同一时间段内，美国对世界上其他国家的出口额年增长率为 9.1%，而进口额年增长率为 5.9%，因此，美国与世界上其他国家的贸易平衡得以加强。换句话说，尽管美国与世界上其他国家的总体贸易平衡得以加强，但是美国与韩国的贸易逆差以及失业率会增加。由此可得出的结论是，美韩自由贸易协定中的贸易和投资协定增加了美国的贸易逆差和失业率。

4. 虽然美国增加对韩国的出口能够为美国创造一些工作岗位，但是它对韩国的进口迅速增加又淘汰了美国更多的工作岗位。根据白宫有关美韩自由贸易协定的资料，我做出如下估计：2011～2014 年，美国与韩国的贸易逆差淘汰了超过 7.5 万个美国工作岗位。淘汰的工作岗位大部分属于制造业——制造业贸易逆差的增长量占美韩贸易逆差总额的 79.3%。除此之外，美国在农业和初级产品（直接从自然界获得的、尚待进一步加工或已经简单加工的产品）方面的贸易顺差在这一时间段减少了 12 亿美元，这也导致了失业率的增加。

5. 令人不安的是，美韩自由贸易协定还没有充分发挥作用，该协议中仍然保留着美国的一些重要关税。当这些关税规定在 2021 年到期时，美国与韩国的贸易逆差无疑会进一步恶化。

6. 美国当局现在几乎完成了拟议的跨太平洋伙伴关系协定（TPP）谈判。除了美国，参与 TPP 谈判的国家还包括其他十一个亚太地区国家，如马来西亚、越南以及日本等。美国国会有望出台“快速通道”授权，即“贸易促进授权”，以便加快自身对 TPP 的审议。美国也鼓励韩国加入 TPP，中国也表示有兴趣加入 TPP 谈判。

7. 拟议的 TPP 贸易和投资协定的成员国中有许多都采取过不公平的贸易手段，如操纵货币以及倾销商品等，而这些不公平的贸易手段使美国与这些国家的贸易逆差更加恶化，并使美国的失业率增加。美韩自由贸易协定削弱了美国应对这些不公平贸易手段的能力。美国面临的贸易逆差和失业问题在迅速恶化，而 TPP 会在很大程度上增加这一威胁。

8. 美韩自由贸易协定是 TPP 的一个样板，一个破碎的模型。如果美国国会批准了 TPP，那么该贸易和投资协定只能导致美国和外国跨国公司进行更多的外包业务，而且美国的贸易逆差也会加重，甚至会使本国更多的贸易相关岗位被淘汰。仿照美韩自由贸易协定的多国贸易协定对美国的制造业就业和国内生产核心带来了直接威胁。美国应该停止新的贸易协定谈判，并修复已经签订的贸易协定。

编号：20150330A082

不，TPP 不利于中产阶层

Josh Bivens [*]

原文标题： No，the TPP Won't Be Good for the Middle Class

文章框架： TPP 对中产阶级没有好处的原因；有利于中产阶级的贸易协定的特点。

观点摘要：

1. 奥巴马总统最近在极力地维护跨太平洋伙伴关系协定（TPP）。他坚称，TPP 将对美国的中产阶级有利，而且 TPP 反对者不应该否定这种说法。然而，在这种情况下，奥巴马的观点是错误的，TPP 反对者的观点是正确的，因为毫无迹象表明 TPP 将有利于美国的中产阶级。

2. TPP 不利于中产阶级的论据相当简单。举例来说，就算是那些没有制定补充性政策就得以通过的真正的“自由贸易协定”实际上也不会有利于美国的中产阶级，尽管这些协定确实会对国家的总体收入做出贡献。另外，TPP（如同美国签署的绝大多数贸易协定一样）不是一份“自由贸易协定”；相反，它只是明确规定了谁将在国际竞争中受到保护，而谁不会受到保护。到目前为止，最强有力和最全面的保护措施都是为了维护美国企业的利益。最后，美国本来可以签署一些有助于本国中产阶级的国际经济协定，而这些协定与 TPP 截然不同。

3. 即将被列入 TPP 的国家绝大多数（并非所有）不如美国富裕，而劳动力却比美国丰裕。标准贸易理论对美国与这些国家扩展贸易的结果做出了明确预测：双边国民总收入将会上升，然而在美国，这些收入会重新分配，这将使得绝大多数工人的境况变得更糟。在斯托尔珀 - 萨缪尔森定理（The Stolper - Samuelson Theorem）首次做出预测后，它有时被称为“斯托尔珀 - 萨缪尔森的诅咒”。大量证据表明这不仅仅是一个理论，它很好地解释了近几十年来美国工人工资不高以及工资增长不

---

* Josh Bivens，马里兰大学帕克分校经济学学士，社会研究新学院经济学博士。他现任经济政策研究所研究主管和政策主管，研究领域包括宏观经济学、财政政策、货币政策、经济全球化、社会保险和公共投资。他经常作为经济学专家出现在新闻节目中。来源：经济政策研究所（美国智库），2015 年 4 月 22 日。

平等的原因。由于工人们不仅仅失去了进口方面的工作，所以他们工资降低的规模远比民众普遍意识到的要大得多。相反，大多数美国工人（没有四年制大学学位证书的工人）的工资减少是由于贸易成本的减少。服务生和园艺工人可能不会因进口贸易失去工作，但是他们必须与丢掉贸易饭碗的服装和钢铁工人竞争，所以他们的工资受到了影响。所有的这些证据意味着，对于那些声称 TPP 只是一项能够降低贸易成本并扩大出口的简单贸易协定，而且对美国中产阶级必定有益的人来说，他们的举证责任是非常高的。

4. 那些真正关心中产阶级并支持贸易协定的人（我的确认为奥巴马总统是真正关心中产阶级的）认为这些贸易协定能够提高国民总收入，而且这些收益能够通过后续政策弥补那些减少了的收益。然而，通过降低贸易成本而获得的国民净收入或许被高估了。简而言之，即使是“自由贸易”也往往会分配更多（约 5 ~ 6 倍）的收益。鉴于这种互补政策，重新调整美国工人的再分配收入是从“自由贸易”中改善中产阶级经济状况的必要条件，不得不问国会可能采用哪些后续政策来弥补那些减少了的收益。有关加强贸易调整援助（TAA）的谈话一直在进行，但是能补偿的实在太少。

5. TPP 甚至与“自由贸易”无关，而是关于谁将面临或不会面临激烈的全球竞争。目前已经显而易见，美国决策阶层所拥护的“自由贸易”根本不存在。例如，贸易协定中的最大赢家一直是美国的制药和软件企业，它们依靠进行知识产权垄断来获取利益。这些公司一直成功地使美国的谈判代表在美国的贸易伙伴中强制执行知识产权垄断。把条款协定贴上“自由贸易协定”的标签这样的放肆行为实在令人愤怒，这些条款实际上比简单的“自由贸易”更会使分配结果的影响减弱。此外，TPP 的条款故意没有设立与禁止美国贸易伙伴进行货币操纵有关的条款，TPP 甚至能大幅削减该协定可能在扩大美国出口商进入国外市场方面带来的任何有益影响。由于知识产权垄断，国外消费者将不得不花更多的钱去购买从美国进口的商品，因此，他们就只能剩下小部分的钱来购买其他的美国商品。由于外国政府能自由操控本国的货币从而使本国货币与美元相比更具有竞争力，美国制造业出口商在美国贸易伙伴中的市场份额很可能没什么提高。

6. 对中产阶级有益的国际协议是什么样子的？简单地说，是与 TPP 完全不同的协议，它们能够促进国际合作，而且各国对资本收益征税的贸易协定将起到巨大的作用。

编号：20150422A082

白宫经济顾问委员会报告与当前贸易政策辩论并无太大关联

Josh Bivens *

原文标题： CEA Report Is Simply Not That Relevant to Current Trade Policy Debates

文章框架： 经济顾问委员会报告与当前的贸易政策辩论并无太大关联；经济顾问委员会（CEA）报告的三个方面以及 TPP 在其中的潜在好处；贸易可以提高国外劳工标准和收入并帮助发展中国家人民脱贫。

观点摘要：

1. 上周五，白宫经济顾问委员会（CEA）发布了一份报告，吹捧了国际贸易对美国经济的好处。就一系列的贸易经济效应研究，该文提供了有趣的评论。然而，此报告在很大程度上与当前的贸易政策辩论无关。更糟糕的是，当发现其与当前贸易相关政策有关时，他们经常以可能会误导读者的方式进行报道。

2. 经济顾问委员会报告包括三个方面。首先，报告的重点是宣扬贸易流动的好处，甚至基于一个假设性情境进行分析：贸易壁垒很高，美国经济可以完全自给自足，经常进行结果的比较。学者们可能会觉得这很有趣，但是在今天的经济辩论中，没有人会就增加美国的贸易壁垒而争论。经济顾问委员会指出，外国商品进入美国的进口壁垒已经非常低了，在一些条约谈判中，例如跨太平洋伙伴关系协定（TPP），也不太可能会显著减少其进口壁垒。报告几次提到签订 TPP 和其他条约对于减少美国出口壁垒的潜在好处，但并没有提到迄今为止是什么阻碍了美国出口成功，美国的主要贸易伙伴（包括一些 TPP 的伙伴）都管理着本国货币以便在面临美国的竞争时获得收益。其次，报告在最重要的关于贸易政策的非货币问题上（收益与损失的分配）花费很少的时间。当报告引用分配研究成果时，它是不全面的，只

---

* Josh Bivens，马里兰大学帕克分校经济学学士，社会研究新学院经济学博士。他现任经济政策研究所研究主管和政策主管，研究领域包括宏观经济学、财政政策、货币政策、经济全球化、社会保险和公共投资。他经常作为经济学专家出现在新闻节目中。来源：经济政策研究所（美国智库），2015 年 5 月 5 日。

看到贸易收益是如何分配的而忽略了成本。在此问题上成本和效益的综合性研究是非常明显的。最后，报告强调了“贸易”在改善全世界许多贫穷国家生活水平方面的价值。

3. 牢记这些重要的方面，我们可以看到报告第一页中的一些观点在很大程度上与当前关于贸易政策的辩论无关。除了大量的非关税壁垒，美国企业必须克服平均6.8%的关税壁垒，为世界约95%的在我们国境之外的客户服务。所谓的美国中产阶级获得超过四分之一来自贸易的购买力，这是误导，而且与当前的辩论无关。记住，在当前的辩论中没有人谈论贸易壁垒的增加，因此美国的收益没有受到任何进口的威胁。此外，记住，即使是经济顾问委员会也认为 TPP 将不会影响进口价格（因为进入美国的进口壁垒已经很低了）。

4. 贸易可以提高国外劳工标准和收入，帮助发展中国家人民脱贫并扩大美国的出口市场。这大致是真实的，但在很大程度上也与今天的贸易政策辩论无关。成功利用全球一体化脱贫的国家已经在很大程度上拒绝签署像 TPP 一样的贸易协定，因为签订此类协议会限制自己的政策自主权。在很大程度上，这些国家任何时候只要它们有这种意愿，就可以通过单方面减少关税来获得收益，它们根本不需要 TPP 来实现这些收益。更重要的是，TPP 实际上可以限制贸易，并且提高许多成员国的进口价格。

5. 综上所述，美国现在更加富裕了，这似乎是不容争辩的。但该报告与今天有关贸易政策的辩论不相关。更有争议的是，就像 TPP 所带来的影响一样，贸易政策的改变是否会使大多数美国人，以及贸易伙伴国家的大多数公民富裕起来。

编号：20150505A082

TPP 能为加拿大提供什么？ 不多

Scott Sinclair； Stuart Trew *

原文标题： What Can the TPP Offer Canada? Not Much

文章框架： 加拿大在 TPP 谈判中受到的限制；加拿大与部分 TPP 成员国之间的贸易情况；北美自由贸易协定与加拿大的生产力水平；TPP 带来的影响与担忧；TPP 对加拿大药物成本的影响。

观点摘要：

1. 2012 年，加拿大有点不情愿地加入了跨太平洋伙伴关系协定（TPP）谈判，同墨西哥一样，加拿大的加入受到了一些附加条件的限制，限制之一就是加拿大谈判人员不能重新打开任何已密封的文件，所以，就这个层面而言，奥巴马政府的北美自由贸易协定伙伴从一开始就受到了不公平的待遇。加拿大最大的商业游说组织称其为防御举措，目的就是“保护”北美自由贸易区的供应链，而不是在其他地方提供有意义的市场准入。加拿大民众几乎不知道现在正在发生什么，然而，随着 TPP 谈判接近尾声，加拿大民众开始提出一些显而易见的问题：TPP 对我们有什么好处？我们为此必须放弃什么？这些问题的答案同样明显：好处并不多，但是要放弃的却很多。

2. 加拿大早已与四个较大的 TPP 成员国（秘鲁、智利、美国和墨西哥）签署了自由贸易协议，而且它与其他成员国的贸易关税——进口 3%，出口 5%——非常低。加拿大与这些非自由贸易区国家的贸易逆差每年可达 50 亿 ~ 80 亿美元。加拿

---

* Scott Sinclair，爱德华王子岛大学政治学学士，约克大学政治学硕士，加拿大选择政策中心贸易政策高级研究员。

Stuart Trew，加拿大卡尔顿大学新闻学学士，加拿大另类政策研究中心（CCPA）月刊杂志编辑，直到 2006 年，他一直在渥太华的一个新闻和娱乐周刊担任编辑和政治专栏作家。在接下来的八年里，他在加拿大人民评议会担任研究员，也是安大略 - 魁北克区域组织者，而且最终担任贸易活动家。在此期间，他发表了许多有关自由贸易体制之间的联系、社会和经济不平等以及气候变化领域的报告、学术论文和新闻评论。

来源：经济政策研究所（美国智库），2015 年 6 月 8 日。

大向这些国家出口的产品中有 80% 是未加工或半加工的产品（如牛肉、煤炭和木材等），而从这些国家进口的产品中有 85% 是高附加值产品（如汽车、机械、计算机和电器元件等）。如果 TPP 得到批准，加拿大的贸易逆差很可能还会扩大。

3. 因此，因 TPP 而取消关税可能会使加拿大的制造业进一步恶化，北美自由贸易协定签署以来产生的工作岗位也可能会减少。受北美自由贸易协定驱动的贸易重组甚至没有提高加拿大的生产力水平——仍为美国生产力水平的 70%。相反，加拿大在创造新产品方面的投资减少。简而言之，加拿大在 TPP 谈判中没有扩大本国贸易的空间。最终，加拿大民众需要做出巨大的公共政策让步才能从本质上了解 TPP。

4. 许多美国评论人士指出，TPP 带来的贸易影响远不及它所引发的担忧，这些担忧包括监管协调和存在争议的投资者 – 国家争端解决机制（ISDS），这会对全球民主治理造成极大的损害，更不用说对加拿大的羞辱。

5. TPP 中有关知识产权的内容能够证明试图控制加拿大药物成本的这一做法存在雷区。加拿大为了加强与欧盟即将生效的自由贸易协定，它早已同意延长药品专利期。加拿大的药物成本位居世界第二，而药品专利期的延长预计会使加拿大的药物成本每年增加 8 亿美元。根据透露的“监管透明化”附表，美国也提出了新的规则，要求各国政府依据市场价格或专利价格制定偿还措施，而这将会破坏控制药物成本政策。这些限制措施主要是针对新西兰极为成功的药品定价机制而提出的，只适用于加拿大的联邦层面。

6. 在版权方面，TPP 要求延长对版权的保护期，这是基于美国的版权保护模式，联邦政府将录音产品的版权保护期从 50 年延长至 70 年。

7. 商标一直是烟草平装官司的焦点，烟草业正在寻求 TPP 给予更强有力的商标保护措施。

8. 有关报道称，在电子商务方面，美国一直坚持禁止国家要求个人将信息存储在国家数据库中的这一规定。将所有的信息都视为一种公司可以随意动用的商品对个人隐私有极大的影响。

9. 遭到泄露的 TPP 相关内容证实了 TPP 包括以北美自由贸易协定第十一章为蓝本的投资者 – 国家争端解决机制，现在全球数以千计的双边投资条约中都包含着这一机制，该机制允许外国投资者通过私人仲裁，而不经过法庭来解决与政府决策（政策、立法，甚至是法院的最终裁决）存在的纠纷。加拿大已经是世界上受控告最多的发达国家，加拿大收到的投资诉讼多于墨西哥。由于北美自由贸易协定中存在投资者 – 国家争端解决机制，加拿大已经输掉了 7 场官司，并且总共支付了 1.9 亿美元的赔偿金。

10. TPP 将大大增加有资格起诉加拿大或美国的外国投资者数量。美国目前尚未输掉任何与投资者之间的官司，然而，如果奥巴马政府支持 TPP 纳入投资者 - 国家争端解决机制的内容，这可能会给审理这些案件的仲裁员带来信心，使他们不畏于违反美国的法规。

11. TPP 谈判已经拖了很久，但是该谈判已经进入最后阶段。加拿大进步人士正在观察奥巴马政府是否能够获得“贸易促进法案”。如果奥巴马政府成功，与其他 TPP 国家一样，加拿大会为了挽回面子而在经济和社会方面做出不利于本国的让步。目前尚不清楚加拿大公众将如何在民意调查中对这一不划算的交易做出回应。加拿大联邦政府可能只是不愿在 10 月的联邦大选前做出决定。

编号：20150608A082

服务贸易协定：将篡夺美国制定移民政策权力的秘密贸易协定

Daniel Costa； Ron Hira*

原文标题： TISA：A Secret Trade Agreement That Will Usurp America's Authority to Make Immigration Policy

文章框架： 贸易促进授权；服务贸易协定被泄露的文档；美国移民法律和政策受到的影响；美国工作签证系统。

观点摘要：

1. 贸易促进授权（又名“快速通道”贸易谈判授权）的支持者明确承诺，跨太平洋伙伴关系协定（TPP）和跨大西洋贸易与投资伙伴关系协定（TTIP）等未来贸易协议将明确排除任何需要改变美国移民法律、法规、政策或措施的规定。许多国会两党议员都担心贸易协定可能会限制美国制定移民政策的能力。共和党国会议员保罗·瑞恩（Paul Ryan）和罗伯特·古德拉特（Robert Goodlatte）向共和党成员明确保证贸易法案中不会再有任何有关移民的规定。美国贸易代表弗罗曼（Michael Froman）提出质疑，TPP 谈判中是否从没有讨论过有关需要修改美国移民法律和政策或改变美国签证制度的内容。

2. 此外，参议院财政委员会在几周前公布了一份声明，题为《贸易促进授权带动高质量贸易协定》，其中指出：在贸易促进授权和所有悬而未决的贸易协议之下，

---

* Daniel Costa，乔治城大学国际法与比较法法学硕士，美国雪城大学法学博士。他于 2010 年作为移民政策分析师加入了经济政策研究所，并负责移民法和政策研究工作。他的评论被许多新闻媒体引用，包括《纽约时报》《华尔街日报》《金融时报》《华盛顿邮报》和路透社等。他当前的研究领域涉及很多劳动力迁移问题，包括临时外国工人计划管理和移民工人的权利。

Ron Hira，乔治梅森大学公共政策博士，电气工程硕士，卡内基梅隆大学电气工程学士。他是经济政策研究所助理研究员，霍华德大学公共政策副教授。他还是美国电机电子工程师协会副主席，是持证专业工程师。

来源：经济政策研究所（美国智库），2015 年 6 月 11 日。

政府没有权力单方面改变美国移民法。该委员会于5月12日在有关“快速通道”法案的报告中提到，委员会继续认为在贸易协定中不应讨论具有以下特点的规定：(1) 要求改变美国的移民法律、法规、政策或措施；(2) 符合贸易协定相关方的移民利益；(3) 承诺美国不改变现有移民法律、法规、政策或措施；(4) 加大美国在早期贸易协定中对其他国家做出的移民相关承诺。

3. 国会的意图十分明显，然而有确凿证据表明这些保证将得到支持。这些声明大多数与TPP有关，对移民政策并没有多大影响。然而，服务贸易协定——奥巴马政府秘密谈判的另一个贸易协议——却不同。毫无疑问，服务贸易协定将在未来限制美国国会制定移民政策的能力。事实上，解除对美国工作签证系统的管制，对提供服务贸易（而不是商品贸易）的外国公司开放签证是服务贸易协定中题为《自然人流动》的附件的内容。这个文件在上周被维基解密公布在网上之前一直都是保密的。应该指出的是，许多被解密的文档都是谈判的草案。文档内，许多特殊的规定都标明了哪些国家支持或反对哪一特定部分的内容，但附件中文字的主旨是明确的。

4. 根据服务贸易协定草案内容，B－1签证项目等一些适用的签证程序可以用来允许国外临时工在美国工作。在这种情况下，不需要对这些临时工进行经济需求测试（如测试劳动力市场）。也就是说，外国公司不会被要求必须向美国工人宣传工作或雇用美国工人。这些签证项目早已被纳入规定，且雇主滥用这些规定，但是由于L－1和B－1签证项目都没有受到法律的限制，每年可能有成千上万的工人来到美国工作。这是一个令人担忧的问题，不是因为美国不应该面临来自外国企业服务提供商的竞争，而是因为外资企业将从贸易服务协定中获得竞争优势，从而通过进口更廉价的劳动力来获得提供更廉价服务的能力。这些企业支付给工人的薪水将比这些工人在自己国家挣到的薪水更低（这些企业在L－1和B－1签证项目中常常这么做），而美国未来可能被禁止实施最低工资标准（目前，L－1和B－1签证项目都没有最低工资的相关规定）。贸易服务协定草案附件《自然人流动》也可能限制当前和未来政府实行基础移民相关程序的能力，如要求与L－1申请人进行面试。

5. 大公司一直基于自己的利益制定服务贸易协定，如果服务贸易协定成为法律，这些大公司将获得极大的利益。如果众议院授予奥巴马政府“快速通道”贸易促进授权，这一授权的有效期将维持六年，这意味着服务贸易协定（如TPP一样）也会受到国会的赞成或否定，而不会受到国会的任何修改。这样，在没有对移民政策进行民主审议的情况下，服务贸易协定很可能被通过，并成为法律。遭泄露的服务贸易协定文档清楚地显示，与“快速通道”贸易促进授权的支持者说法相反，现实的情况是，投票支持“快速通道”的人正在把制定移民法和政策的关键权力移交给未经选举的集团公司和外国政府。

编号：20150611A082

耻辱会议厅：13 个民主党议员投票赞成终止对“快速通道”贸易立法的辩论

Robert E. Scott *

原文标题： Hall of Shame：13 Democrats Who Voted to End Debate on Fast – Track Trade Legislation

文章框架： “快速通道”贸易立法对 TPP 的意义；受美国与中国贸易影响最大的 10 个州。

观点摘要：

1. “快速通道”贸易立法是加速跨太平洋伙伴关系协定（TPP）以及奥巴马总统和未来六年内的总统所提出贸易协定进程的第一步。上个月，13 位民主党议员投票赞成终止对“快速通道”（贸易促进授权，TPA）的辩论。TPP 将会增加不平等现象，并伤及中产阶级利益，因此该协议遭到了强烈的反对。

2. 这 13 位民主党人士来自 10 个州——加利福尼亚州、科罗拉多州、特拉华州、佛罗里达州、密苏里州、新罕布什尔州、北达科他州、俄勒冈州、弗吉尼亚州和华盛顿州。2001 ~2013 年，由于美国与中国的贸易赤字不断增加，这 10 个州中有 99. 62 万人失去了工作。俄勒冈州、加利福尼亚州和科罗拉多州受到的影响最为严重。然而，这些州是耐克公司（俄勒冈州）、洛克希德 · 马丁公司（科罗拉多州）、苹果、谷歌以及英特尔等其他硅谷巨头（加利福尼亚州）企业的基地。马萨诸塞州中的许多电子行业工人都住在新罕布什尔州，近几十年来，新罕布什尔州的纺织业、制鞋业以及小型机器制造业中成千上万的工作岗位被淘汰。如果中国和其

---

* Robert E. Scott，华盛顿大学工程学学士，加州大学伯克利分校经济学博士。他于 1996 年加入经济政策研究所，其研究领域包括国际经济、贸易和制造业政策，以及这些政策对美国和其他国家工作人员的影响、对外商投资的经济影响、对贸易和资本流动的宏观经济影响。他在诸多学术期刊和大众媒体上发表文章，如《洛杉矶时报》《新闻日报》《今日美国》《巴尔的摩太阳报》《华盛顿时报》等。他还为一系列电子媒体提供经济评论，包括美国国家公共电台、美国有线电视新闻网、彭博社和英国广播公司。来源：经济政策研究所（美国智库），2015 年 6 月 23 日。

他约二十个国家的货币操纵行为被禁止，那么这些州就可以创造 60 万个至 160 万个就业岗位。在全国范围内，通过这种方式可以创造 230 万 ~ 580 万个就业岗位。权衡取舍总是政治和立法进程的一部分。平衡选民与捐赠者的利益——在任何特定的情况下，寻找最佳可行协定——是自古以来的政治运转方式。然而，我们现在拥有了纯粹的政治，所有的权衡取舍都消失了，现在美国应该做出决定。

3. 国会于 5 月批准的“快速通道”法案包括：对协议能够减少污染和应对气候变化前景的要求、公平贸易规则以及为帮助流离失所的工人而发展特殊贸易调整援助（TAA）。参议院明日必须投票的法案不包含这些贴心的内容。货币措施以及其他的民主优先事项（包括《贸易实施法案》）已被排除。

4. 在民主优先事项无担保的情况下，这 10 个州的议员就不应该投票赞成终止对这一有致命缺陷的法案的辩论。

编号：20150623A082

人民币贬值的影响

Robert E. Scott *

原文标题： By Devaluing Its Currency, China Exports Its Unemployment

文章框架： 人民币贬值对 TPP 成员国的影响；TPP 中的货币操纵行为；人民币贬值凸显 TPP 的弊端。

观点摘要：

1. 本周二，中国宣布了人民币 20 多年以来最大幅度的单日贬值。尽管中国政府声称这项政策是为了更好地转向市场驱动型经济，但是中国货币的价值是由中国央行牢牢控制的。中国官员选择贬值其货币，并正在试图通过向世界上其他国家输出失业来解决其国内的经济问题——包括房地产泡沫严重、股市崩溃以及国内经济增长放缓等问题。美国是中国最大的单一出口市场，它将会因人民币贬值遭到重创。

2. 人民币贬值将补贴中国的出口，促使美国在向中国（早已是世界上最大的出口国）出口产品时进行征税，这就将中国的失业直接转移到美国以及其他进口中国产品的国家。自 2007 年以来，美国的制造业就一直没有实质性的增长。2015 年，美国制造业的贸易逆差比上年增加了 22%，这将继续阻碍美国制造业的经济复苏。

3. 人民币贬值强调了在如拟议的跨太平洋伙伴关系协定（TPP）等贸易和投资交易中限制货币操纵的重要性，TPP 涵盖了许多货币操纵者。如果这份“21 世纪贸易协定”的条款中不包括禁止操纵货币这一项，那么上百万的工作岗位将处于被淘汰的危险之中。作为非 TPP 成员，中国贬值其货币将对 TPP 协定中的已知货币操纵

---

* Robert E. Scott，华盛顿大学工程学学士，加州大学伯克利分校经济学博士。他于 1996 年加入经济政策研究所，其研究领域包括国际经济、贸易和制造业政策，以及这些政策对美国和其他国家工作人员的影响、对外商投资的经济影响、对贸易和资本流动的宏观经济影响。他在诸多学术期刊和大众媒体上发表文章，如《洛杉矶时报》《新闻日报》《今日美国》《巴尔的摩太阳报》《华盛顿时报》等。他还为一系列电子媒体提供经济评论，包括美国国家公共电台、美国有线电视新闻网、彭博社和英国广播公司。来源：经济政策研究所（美国智库），2015 年 8 月 12 日。

者（如日本、马来西亚和新加坡等）施加压力，迫使它们贬值本国的货币，这样，这些国家从 TPP 中获得的利益就会随之抵消。

4. 人民币贬值同样强调了 TPP 带来的另一个威胁，这一威胁包括许多关键产业中相对较弱的“原产地规则”，如电子产品和汽车零部件产业。针对这些产业，TPP 成员国将有能力从中国进口倾销产品，并将这些产品再向美国出口，而且不用缴税。因此，TPP 可能成为其成员国采用不正当手段从中国进口商品的“特洛伊木马”。人民币贬值之后，这些产品的价格大幅度降低，它们最终将被重新出口到美国，而美国的这些产业中将有几十万个工作岗位被淘汰。

5. 这些事态的发展显示出奥巴马政府提议通过“透明化”条款来解决 TPP 中存在的货币操纵问题在本质上并无效果。如果中国的货币政策将其失业情况转移至亚太地区的邻国，那么世界上任何透明条款都无法阻止 TPP 成员国进行货币贬值，这就是 TPP 核心内容中必须包括严惩货币操纵行为的原因。

6. 美国财政部在有关汇率政策的最新报告中指出，美国频繁劝告中国应使市场在决定汇率方面发挥更大作用，这为中国贬值货币带来了巨大的空间。中国人民银行（PBOC）在宣布货币贬值时过于开心，以至没有宣布“中国贬值货币只是为了使汇率浮动更受市场驱动”这一内容。然而，美国财政部和中国人民银行的这些说法仅仅只是政治口号而已，并不能替代真正的经济分析。

7. 由于中国国内的资本市场太过薄弱，其经济结构十分不均衡，不足以支撑本国全面开放金融市场，所以中国不能使其金融市场自由化。中国别无选择，只能维持固定的汇率制度。问题的关键在于其汇率水平是否具有竞争力。一方面，中国每年在国外投资数千亿美元（主要是用于购买美国国库券），基于这些投资，人民币本来就会迅速升值。另一方面，人民币的稳定也极大地依赖于中国对其国内金融市场的严格控制（限制国内资本外流），因为中国的投资者在国内市场中几乎没有投资选择，他们不能脱离规模巨大且十分复杂的债券市场。

8. 如果中国过快开放其外汇市场，经济学家和货币政策官员都知道将会出现什么情况。1980 年 12 月，日本通过了新的外汇法律条款，这在很大程度上开放了其外汇交易（之前一直由政府控制，而且与中国目前的情况类似）。当时的日本私人投资者几乎没有国内投资的选择，而且他们对外国资产的需求飙升，这既抬高了美元价值，又压低了日元价值，最终导致日元在 1980 年至 1985 年之间逐步贬值。

9. 中国应该集中资源实施其国内经济转型。中国要想提高本国产品的国内需求，必须提高工资，增加国内投资，并停止对国有和政府的所有产业进行浪费性补贴。中国的贸易伙伴采取了有力措施遏制中国操纵货币，进而有助于中国进行经济转型。中国需要接受来自其他国家的压力，以此来克服其强硬国内政策改革受到的内部阻力。美国和其他国家是时候结束中国操纵货币的行为了。

编号：20150812A082

TTIP 行动

Demetrios Papageorgiou *

原文标题： TTIP Action

文章框架： 美国药物领域的现状对 TPP 的影响；世界上最大贸易交易的赢家和输家；TPP 推出数字商务管理新时代；太平洋贸易伙伴考虑成立货币论坛；TTIP 的批准过程。

观点摘要：

1. 美国药物领域的现状正在破坏 TPP，甚至比日本大米产业或加拿大乳制品产业的立场更具危害性。美国贸易代表迈克尔·弗罗曼（Michael Froman）已经发现自己处在激进主义者（他们迫切想要获得低成本药品）与共和党人之间的拔河竞争中，共和党人认为如果不对药品行业的专利实行强有力的保护，那么国会将拒绝药品交易（《纽约时报》）。

2. 彼得森国际经济研究所亚洲贸易中心执行主任德博拉·埃尔姆斯（Deborah Elms）称，相对于 TPP 的其他十一个成员国来说，越南将从该协定中获益最多。进入美国的服装和鞋类市场的免关税政策有望促进越南商品向美国出口，而且会使外商直接投资（FDI）更多地流向 TPP 成员国中人均收入最低的一个国家（美国全国广播公司财经频道）。

3. 外交关系委员会网络安全客座研究员戴维·费德勒（David Fidler）写到，奥巴马政府希望将“数字贸易规则”纳入 TPP，这一规则是数字商务全球治理的一个转折点。TPP 的电子商务贸易规定不仅会影响贸易，也会影响各国为维护国家主权而创造网络空间所做出的努力，而在推进开放、全球化的互联网进程中，各国主权与美国的利益背道而驰（外交关系委员会）。

4. 十二个 TPP 成员国的贸易部部长正在考虑美国的一项提议，即在 TPP 以外建立一个独立论坛，主要讨论如何阻止各国因争夺竞争优势而操纵货币的行为。各方谈判代表希望该论坛（该论坛的财政部部长同意定期对货币操纵的基本方面进行考

---

* 来源：大西洋委员会（美国智库），2015 年 8 月 4 日。

虑）可以弥补一个事实缺陷，即由于货币规则可能会削弱 TPP 成员国的货币政策的独立性，所以不将其纳入 TPP（路透社）。

5. 跨大西洋贸易与投资伙伴关系协定（TTIP）的反对者指出，TTIP 可能无法获得欧洲国家议会的通过，此前，科隆大学法学院的一项研究证实，该协议所涉及的欧盟国家除了马耳他以外都需要由议会批准该协议。因此，各国议会的一些资深议员已经敦促欧盟委员会正式将 TTIP 认定为“混合协议”，该协议将由欧盟委员会和国家立法机构联合批准（《欧盟观察家》）。

编号：20150804A058

跨太平洋伙伴关系协定中的药物条款威胁药品的使用和售价

Maura Calsyn*

原文标题： Pharmaceutical Provisions of the Trans – Pacific Partnership Threaten Drug Access and Affordability

文章框架： TPP 中有关药物的内容对其他国家的影响；TPP 生效带来的影响；奥巴马政府出台的政策。

观点摘要：

1. 如果目前跨太平洋伙伴关系协定（TPP）的草案最终得以确定，那么它将成为有史以来最大的一个贸易协定，为美国和其他十一个环太平洋国家设定贸易和商业规则。这些国家的经济总量之和占世界生产总值的 40%。目前的草案包括对药物公司的全面保护，以此作为该协定知识产权内容的一部分。除非谈判者同意对该协议草案进行重大改变，否则 TPP 将提高药品价格，并阻碍重要药品的流通渠道，尤其是阻碍向发展中国家的出口渠道。其他 TPP 国家，如澳大利亚和新西兰承认这些要求会使得那些比较贫穷的国家得不到药品，从而破坏公共卫生服务。这些国家的药物公司正在寻求实施严格的专利制度，延缓仿制药进入市场的时间，从而尽可能长期维持较高的药品价格。美国早已制定了严格的专利制度，这就是美国的药品价格远远高于其他 TPP 国家药品价格的一个关键原因。仅仅基于此原因，美国的谈判代表就应提倡扩大消费政策，并拒绝医药行业施加更严格的专利和其他监管保护政策。

2. 一旦 TPP 生效，联邦政府将无法制定与 TPP 不一致的法律。即使未来的国会和总统一致认为这些行业法律应该进行改革，但是药物公司随后可能会起诉美国使

---

* Maura Calsyn，毕业于汉密尔顿林肯学院和哈佛法学院，是美国发展中心健康政策部主任，此前曾担任美国卫生和公众服务部办公室的总法律顾问处律师，在此期间，她还担任该部门几个医疗项目的首席律师。在加入总法律顾问办公室前，她曾在两家国际律师事务所担任医疗律师。她的研究领域是卫生政策和法律。来源：美国发展中心（美国智库），2015 年 7 月 30 日。

用了包括现有协定在内的有争议性的议程，并可要求其赔偿数十亿美元。这种情况也说明了为什么制药企业积极地推动将相关药物政策纳入 TPP。例如，目前遭泄露的 TPP 版本中包括一种由活细胞制成的昂贵药物，它拥有 12 年的市场独占期，而且这些药物变得越来越普遍，约占目前所有开发药物的 40%。

3. 越来越多的消费群体和政策专家（包括美国发展中心）认为 12 年的时间太长，其他处方药只有一个 5 年的市场独占期。为此，奥巴马政府已经提出了将生物制品的市场独占期缩短至 7 年的政策，这一政策如果最终纳入 TPP 中，对未来的政策制定者制定相关法规势必会造成限制。卫生保健系统的各个部门均面临着特殊药物价格不断上涨的情况，尤其是生物制剂。仅去年一年，医疗保险项目中这些药物——其受益者最有可能需要这些昂贵的药物——的成本就增加了 45%。在私营部门，这些药物的支出增长了 30%。这些成本不是一次性增加的，如果没有来自仿制药的竞争，这些药物的价格就不可能上涨。

4. 生物药品更短的市场独占期不会完全遏制美国快速增长的药品价格，但是它对于提高这些产品的竞争力至关重要。12 年的市场独占期目前也不是 TPP 草案中唯一一个需要更改的不利政策，但它说明了医药企业游说团体是如何试图利用 TPP 来修改专利法，并在公共辩论和立法改革中庇护美国产业法律的。

编号：20150730A061

美国贸易代表：TPP 中的烟草出口政策

Amanda Glassman *

原文标题： USTR：Export Good Tobacco Policies in the TPP

文章框架： TPP 广受吹捧；美国贸易代表就烟草方面的提议；将这一提议转化为实际行动需要注意的两点；马来西亚的提议及其影响；各国利用贸易和投资协定来挑战别国的烟草控制法律；美国国内的相关政策。

观点摘要：

1. 现如今有一个说法广受吹捧，即跨太平洋伙伴关系协定（TPP）将成为一个“21 世纪的高品质协定”，并将为未来的贸易协定设立标准。但是，上周举行的第 19 轮 TPP 谈判中的一项提议远远算不上“高品质”或“21 世纪”这样的标准，而且该提议可能会阻碍美国在世界上最紧迫的公共卫生问题之一——烟草问题——中成功实施其相关政策。

2. 上周，美国贸易代表在文莱提出了旨在降低美国烟草在中低收入国家的价格的建议，这项提议将会影响九个 TPP 成员国——澳大利亚、文莱、智利、马来西亚、新西兰、秘鲁、新加坡、越南和美国——其中六个国家位于世界卫生组织所划分的西太平洋地区。相关数据显示，2009 年这一地区男性吸烟率最高。

3. 要将这一提议转化为实际行动，需要考虑以下两点：第一，在 20 世纪，吸烟导致 1 亿人死亡。如果这种趋势一直持续下去，那么预计在 21 世纪因吸烟而死亡的人口将达到 10 亿，其中死于吸烟的人口 80% 来自中低收入的国家。第二，美国的吸烟人数稳步下降，这主要是由于大范围的反烟运动以及严格的禁烟政策发挥了

---

* Amanda Glassman，哈佛大学公共卫生学院学士，布朗大学硕士，目前是全球健康政策项目副总裁，全球发展中心高级研究员。她在拉丁美洲和其他发展中国家的健康和社会保护政策及项目领域拥有 20 年的工作经验，曾是泛美开发银行的技术领导者。2005 年至 2007 年，她是布鲁金斯学会全球卫生筹资项目副主任，并就低收入国家卫生部门的援助有效性和国内融资问题进行研究。在加入布鲁金斯学会之前，她负责规划、监督和评估泛美开发银行有关健康和社会保护的贷款，并担任美国国际开发署人口参考局研究员。她发表了一系列有关健康和社会财政政策的文章。来源：全球发展中心（美国智库），2013 年 9 月 4 日。

作用。可以说，美国其他的出口产品是不能与烟草业相比的，美国健康与人类服务部已经将烟草称为“一个独特的产品——它会使人极度上瘾，而且对人类的健康有害，它是世界上唯一一个可预防的死亡诱因”。

4. 马来西亚提议在 TPP 中删除与烟草有关的内容，但是美国贸易代表担心这一提议将会为以健康为由阻止美国其他产品出口开创先例。这项 TPP 提议也将使烟草行业更容易利用贸易和投资协议来挑战各国的烟草控制法。

5. 烟草企业以及美国各盟国的政府不断利用贸易和投资协定来挑战合法的烟草控制措施。烟草公司和一些国家已经向澳大利亚的法律发出了挑战，它们要求香烟包装简单，而菲利普·莫里斯国际公司已经利用投资协议挑战了乌拉圭的烟草控制法，包括其反对香烟外包装印有非常大的健康警示图片。

6. 美国国内已经制定出明智的政策，并在控制吸烟导致死亡方面取得了巨大进展。事实上，美国也努力帮助低中收入国家改善本国的烟草监管政策，这极大地改变了目前世界各国不关注全球健康问题的现状。美国政府可能会在下一轮会谈前重新审视自己的现状，让我们期待它的与众不同。

编号：20130904A064

肉鸡、鸡蛋与跨太平洋伙伴关系协定

Kimberly Ann Elliott *

原文标题： Chickens, Eggs, and the Trans - Pacific Partnership

文章框架： 美日之间的关键问题；日本在此次谈判中的态度；TPA 对 TPP 的重要性；日本的改革与 TPP 的关系。

观点摘要：

1. 由于布鲁金斯学者玛利亚·索利斯（Mireya Solís）和日本经济研究中心联合举办了一个项目，我才有幸于上周在东京参与跨太平洋伙伴关系协定（TPP）的前景探讨。我与来自芝加哥全球事务委员会以及卡内基国际和平基金会的两位同行一同会见了美国和日本的政府官员、企业代表以及其他直接参与或密切关注该协定的人员，十二个环太平洋国家代表参与了本次贸易谈判，它们包括澳大利亚、文莱、加拿大、智利、马来西亚、墨西哥、新西兰、秘鲁、新加坡、越南、美国和日本。

2. 我们抵达东京的时候，TPP 各成员国的贸易部部长正在新加坡举行会议。美国和日本之间的矛盾焦点之一是市场准入，特别是在农业方面。日本拥有世界上最高的农产品贸易壁垒，所以它在这一领域的让步至关重要。然而，当日本去年加入 TPP 谈判时，首相安倍晋三就承诺保护五类产品：大米、糖、小麦、牛猪肉以及乳制品。

3. 不过，我对此次东京研讨会的印象是，日本首相安倍晋三准备使本国的农业贸易自由化，但这并不容易。大米代表日本的一种文化，也是日本民众的主食，而其他的产品则会引起一些特定的政治问题，例如，我在此次访问中了解到，冲绳主要种植甘蔗，而且美国对日本糖类产品的贸易保护也是对在此设立美军军事基地的一种政治补偿。因此，日本的谈判代表看起来很强硬，而且他们需要确保美国谈判代表能准时提供贸易保护。

---

* Kimberly Ann Elliott，全球发展中心高级研究员，2011 年她被任命为美国自由贸易协定国家咨询委员会劳工部主席，目前她是该委员会的委员。她的研究领域是贸易中的政治经济学。来源：全球发展中心（美国智库），2014 年 3 月 6 日。

4. TPP 是“鸡蛋”，而《贸易促进授权法案》（TPA）的通过是“肉鸡”。我在东京的时候听到过多次抱怨，说美国贸易代表弗罗曼在新加坡举行的会议上太顽固，寸步不让，这种顽固并不表示弗罗曼拒绝做出让步。如果没有 TPA，日本以及其他 TPP 各方就不知道弗罗曼是否能够履行他的承诺。

5. 奥巴马总统的问题是，他自己的政党内部在贸易方面存在极大的分歧，而且民主党的国会领袖——参议院多数党领袖瑞德（Harry Reid）和众议院少数党领袖佩洛西（Nancy Pelosi）——都反对在今年秋天的中期选举之前考虑 TPA 法案。美国贸易代表的策略似乎是想要在 TPP 谈判完成后，利用其具体协定条款来推动贸易促进授权。

6. 日本首相安倍晋三推出的结构性改革旨在重振日本的经济，但是除了农业方面，这些改革很少与 TPP 的规定直接相关。然而，我们在东京反复听到，就政治方面而言，TPP 对于实施这些改革至关重要。我不得不承认，我也是心存对 TPP 的矛盾情感而前往日本参加研讨会的，尤其是考虑到这些大型的优惠贸易协定可能会破坏多边贸易体系，并使那些最贫穷的国家更加落后。我认为，TPP 的支持者和批评者都夸大了经济的潜在影响。还有其他方法可以加强美国在亚洲的外交政策可信度，我仍然会关注这些大型贸易协定对发展中国家的潜在影响，但是，毕竟各国已经在 TPP 谈判方面投入了四年的努力，现在让它们失败是要付出代价的。

编号：20140306A064

特大区域贸易协定：对发展中国家是福还是祸？

Kimberly Ann Elliott*

原文标题： Mega – Regional Trade Agreements: Boon or Bane for Developing Countries?

文章框架： TPP 的成员国；有关 TPP 对其他国家影响的研讨会；此次研讨会的议程。

观点摘要：

1. 美国正在协商创建几个贸易和投资伙伴关系协定，包括跨大西洋贸易与投资伙伴关系协定（TTIP）和跨太平洋伙伴关系协定（TPP），如果这些协定成功签署，它们将覆盖全球贸易的一半以上。智利、马来西亚、墨西哥、秘鲁和越南是 TPP 的成员国，随后，澳大利亚、加拿大、日本、新西兰和新加坡也加入了 TPP。但是，大多数发展中国家以及所有最贫穷、最脆弱的国家都被排除在外。

2. 为了探究 TPP 对这些被排除在外的国家的潜在影响，全球发展中心与哈沙·辛格（Harsha Singh，WTO 前副总干事，现任国际可持续发展研究所高级研究员）进行合作，举行了一次专题研讨会。此次研讨会基于两篇相关论文的内容，一篇是辛格撰写的 TPP 的成功对印度的意义，另一篇是由克洛多瓦尔多·胡格内（Clodoalda Hugueney，前巴西驻 WTO 和中国大使）撰写的有关“新一代贸易谈判”［由伍德罗·威尔逊国际学者中心的保罗·索尼拉（Paul Sonera）提出］给巴西带来的挑战。

3. 该研讨会议程如下。

（1）那些被排除在外的发展中国家应该担心这些大型区域贸易协定吗？如果对此表示担忧，那么它们应该做出何种回应？这些协定对世界贸易组织意味着什么？所有的优惠贸易协定为贸易的转移（由非 TPP 成员国转移至 TPP 成员国）创造了可能性，这种情况的发生出于两种原因，一是为 TPP 成员国提供优惠市场准入的传统贸易壁垒减少，二是非 TPP 成员国的市场监管标准或过程发生变化。TPP 对其他国家的影响力在某种程度上取决于这个国家的规模。

---

* Kimberly Ann Elliott，全球发展中心高级研究员，2011 年她被任命为美国自由贸易协定国家咨询委员会劳工部主席，目前她是该委员会的委员。她的研究领域是贸易中的政治经济学。来源：全球发展中心（美国智库），2014 年 7 月 8 日。

（2）贸易政策在大国之间扮演的角色是什么？经济增长放缓以及贸易平衡的不断恶化是巴西和印度关注的焦点，而且此次研讨会的大部分讨论内容都强调了国内经济改革先于贸易政策改革的必要性。辛格指出，印度新政府正在强调国内的改革重点，这可能反映了其国内进行大规模贸易政策改革十分困难。然而，他还强调，一个成功的 TPP（尤其是如果它最终将中国纳入其中）将要求印度政府和各行业提升它们遵循全球标准的能力。

（3）如果你是一个小国，你会不会加入 TPP？李赤勇（Le Chi Dzung）——代表越南驻华盛顿大使发言——有不同的看法。由于越南的内部市场远远小于巴西或印度，所以越南的一个目标就是提升该国产品出口的市场准入，越南政府将积极参与 TPP 作为“加快国内经济结构调整和增长”这一广泛战略的关键。提升越南的市场准入可能对该国的经济有好处，但这可能对其他国家构成挑战。如果 TPP 为越南的服装、鞋类以及其他劳动密集型产品打开了美国市场，那么它就会影响到孟加拉国、柬埔寨以及其他那些没有获得美国市场优惠准入的贫穷国家。正如我所指出的，美国政府可以通过为欠发达国家提供免税、免配额的市场准入来减缓这种贸易转移。

（4）对大型区域贸易协定的关注会重振 WTO 会谈吗？来自巴西和印度的官方与会者重申，他们的政府支持多边贸易体制，并将其作为国际贸易规则的核心。为了避免紧张局势的加剧以及体系碎片化，胡格内要求巴西、印度和中国“果断参与”重振 WTO 的改革和贸易自由化会谈。但是，没有任何一个与会的贸易官员提供了有关此事项该如何实施的建议。

（5）TPP 对多边贸易体制的影响是什么？彼得·奥尔盖耶（Peter Allgeier）（前美国驻 WTO 大使，现任美国服务业联盟主席）指出，WTO 面临僵局的一个关键原因是各国正在转向大型区域谈判。他指出，国际贸易规则需要与当今的数字化时代相一致，如果 TPP、TTIP 和服务贸易协定保持一致，那么它们在本质上就是解决多边问题的标准。但是，如果 TPP 和 TTIP 存在不同的规则，或者根本不同，又会怎么样呢？加拿大贺维学会（C. D. Howe Institute）的奎利雅克（Dan Ciuriak）说：“从未有大型区域贸易协定成功过。”

编号：20140708A064

对发展中国家来说，TPP 好坏参半

Kimberly Ann Elliott *

原文标题：TPP Shaping up to be a Mixed Bag for Developing Countries

文章框架：TPP 的升级；越南与市场准入；知识产权的保护；保护其他贫穷国家的利益。

观点摘要：

1. 据称，虽然跨太平洋伙伴关系协定（TPP）的十二个环太平洋成员国正在试图协商创建一个 21 世纪贸易协定，但是它们在保护某些产业——墨西哥的汽车、美国的糖、加拿大和日本的乳制品等——的协商中却遇到了困难。美国要求对生物药品实行 12 年的专利保护期，而其他许多国家对此表示反对。

2. 最初的报告称，谈判人员可能会在 8 月再次会面，随后，美国贸易代表助理巴巴拉·维塞尔称这是不切实际的。鉴于美国批准了贸易协定的程序规则，并于明年举行政治选举，这可能意味着下一任总统将决定这一协议的实施，并需要得到国会的批准。亚洲贸易中心的德博拉·埃尔姆斯（Deborah Elms）对此进行了分析。

3. 来自十二个 TPP 成员国的代表本周正在夏威夷试图协商敲定该协定。美国谈判代表坚持认为，加拿大必须改革其乳制品供应管理体系，并允许更多的进口，同时美国也承认，只要不扰乱美国的糖类供应管理体系，也许美国会进口一丁点儿国外的糖！作为一个强大的国家是非常不错的。但是，如果你是一个小国，尤其是一个相对贫穷的国家，那么进行贸易谈判就更需要利用一些技巧，而如果你是一个 TPP 之外的贫穷国家，你根本没有资格说这些谈判会如何影响你的利益。

4. 在这十二个参与谈判的 TPP 国家之中，越南是目前为止最贫穷的国家。根据世界银行的数据，秘鲁仅略高于越南，其人均收入是越南 1890 美元的三倍。最近的一项皮尤研究调查显示，89% 接受调查的越南人认为 TPP 协定将会使其国家受益，

* Kimberly Ann Elliott，全球发展中心高级研究员，2011 年她被任命为美国自由贸易协定国家咨询委员会劳工部主席，目前她是该委员会的委员。她的研究领域是贸易中的政治经济学。来源：全球发展中心（美国智库），2015 年 7 月 27 日。

这一比例超过了其余任何参与谈判的国家。但是，将这些区域交易称为“自由贸易协定”并不合适，而且越南可能会在一些重要领域得到较低的市场准入，因此会创造比预期更少的工作岗位。服装类产品几乎占越南出口总额的三分之一，但以往的经验告诉我们，一些通过削减关税而获得的自由化将会受到原产地规则的限制，这些规则包含在贸易协定的技术细节中，所以很少引起人们的关注，但是它对于确定市场准入是至关重要的，以下是它的实施过程。

5. 在协商贸易协定时，美国谈判代表坚持“从纱开始”（即从纱线开始须在 TPP 区内产制）的服装产品原产地规则，这意味着所有的工序，从纱线到织物再到最后的成品，都必须在协定中的某一国国内进行。但是，许多贫穷的发展中国家参与了服装供应链的最后阶段。越南的“从纱开始”将意味着其生产商必须从美国（或墨西哥）购买布料和其他产品，然后将这些原物料通过太平洋运往制衣厂，再运回到美国买家手中。更高的投入和运输成本往往会抵消因美国降低对越南出口产品的关税所产生的较低成本。就服装领域而言，TPP 谈判的结果可能是，越南生产商的服装出口将最终获得免税权，但他们所用布料的配额以及布料类型将受到限制，这反过来将有效地限制越南服装出口量的增加。

6. 美国要求在贸易协定中加强对知识产权的保护，这是许多发展中国家关注的另一个领域。国会和行政部门的许多人已经陷入了行业争论中，他们认为应该给予知识产权最强大的保护。对于知识产权的拥有者来说，这也许是正确的，但是这对一个国家来说是完全错误的。更确切地说，知识产权规则应该在为创新提供动力（通过专利和版权的暂时性垄断）和确保新技术的最广泛传播之间保持平衡，然而，美国认为合适的平衡状态对于某一个很少有或根本没有创新活动的发展中国家来说可能并不合适。至少就这一方面而言，越南并不孤单，其他 TPP 各方也反对美国在这一领域的要求，而且谈判结果远不如美国谈判者所预想的那样影响深远，同时还会为发展中国家提供更大的灵活性，这也超出了这些国家的预想范围。尽管如此，如果奥巴马政府坚持小布什总统于 2007 年 5 月曾与国会民主党多数达成的交易，这本来会更好。

7. 虽然越南在服装和其他产品的市场准入中获得的收益可能会低于它的预期，但是确保越南的其他产品获得市场准入不会侵害该地区更贫困的国家至关重要。美国已经在世界贸易组织（WTO）等多个场合承认，它应该为世界上最贫穷、最脆弱的国家提供免税和无配额的市场准入，因为其他所有的富裕国家已经这样做了。然而，这一承诺未能在亚洲的一些欠发达国家坚持到底，包括孟加拉国、柬埔寨和尼泊尔。最后，将这一承诺作为实施 TPP 立法计划的一部分将有助于减轻对越南较贫穷邻国的任何负面影响。对于 TPP 之外的大多数发展中国家以及其他区域交易来说，加强多边贸易体系是更重要的一步。即使在夏威夷举行的谈判并不是 TPP 的最后阶段，但是这也已经耗费了大量的时间和政治资本，所以谈判者不会轻易放弃。

编号：20150727A064

美国同意日本加入跨太平洋伙伴关系协定

Fran Smith *

原文标题： U. S. Agrees to Japan's Entry into Trans – Pacific Partnership Agreement

文章框架： 美国同意日本加入 TPP 谈判；美日在汽车领域的举措；美日两国对自由贸易非关税壁垒的讨论；TPP 的现有成员国。

观点摘要：

1. 美国贸易代表今日宣布，美国已经同意日本参与跨太平洋伙伴关系协定（TPP）的谈判，TPP 的其他十个成员国对此也一致同意。自 2011 年 11 月以来，美国一直就日本是否已经满足 TPP 的贸易和投资自由化高标准问题与日本进行磋商，并解决了汽车和保险行业的具体双边问题，也涉及日本的其他非关税措施。

2. 据美国贸易代表称，随着日本加入 TPP，这十二个成员国就占了全球国内生产总值的近 40%，以及世界贸易的近三分之一，这已经并且可能会持续涉及汽车和保险行业以及其他非关税措施。美国贸易代表发表声明称，在优惠处理程序（PHP）之下，日本同意将从美国进口的汽车数量增加一倍。反过来，美国将取消日本汽车的进口关税，但这不会很快实施。由于 TPP 谈判尚未完成对所有产品问题的探讨，所以确切的时间框架还是个未知数。

3. 美国和日本将在双边协议中阐述其他有关汽车领域的问题，并将其纳入 TPP。保险领域的主要问题是美国公司与日本国有保险企业——日本邮政保险公司——竞争的能力。一项声明表示，日美两国政府已经同意在 TPP 协商中解决公平竞争环境的问题。两国还讨论了阻碍两国之间自由贸易的其他非关税壁垒并提出解决方式。

（1）透明度：增加利益相关者获得市场准入的机会。

---

* Fran Smith，纽约州立大学学士，新奥尔良大学硕士，曾是一家大型金融服务贸易协会的首席执行官，也是《消费者研究杂志》的特约编辑。她的研究领域为影响消费者的贸易与国际问题。她曾在《法律时报》《华尔街日报》《金融时报》《今日美国》《底特律新闻》《投资者商业日报》《华盛顿邮报》《华盛顿时报》《纽约时报》等发表过诸多文章。来源：竞争性企业研究所（美国智库），2013 年 4 月 12 日。

（2）投资：为合并与收购提供有意义的机会。

（3）知识产权（IPR）：加强知识产权的保护和执法措施，包括有关著作权及相关权利、技术保护措施以及民事和刑事执法程序；坚持有关保护制度的核心原则，包括保护商标权、维护通用术语的使用并确保实施正当程序。

（4）标准：为标准的制定和使用提供更大的灵活性和透明度，包括有关使用规定。

（5）政府采购：改进招标和投标过程，采取措施阻碍投标配额。

（6）竞争政策：解决调查、决策前和申诉过程中的一系列程序公平问题。

（7）快递：解决与日本邮政提供的国际快递服务相关的公平竞争环境问题。

（8）卫生和植物检疫措施（SPS）：根据 WTO/SPS 协定的有关权利和义务，加快并精简常见食品添加剂的相关风险评估，解决与食用杀菌剂和明胶/胶原蛋白相关的其他问题。

4. 去年 9 月，TPP 成员国同意墨西哥和加拿大参与谈判。目前的成员国包括澳大利亚、文莱、智利、马来西亚、新西兰、秘鲁、新加坡、美国、越南、加拿大和墨西哥，下一轮的 TPP 谈判将于 2013 年 5 月 15 日至 24 日在秘鲁首都利马举行。

编号：20130412A073

太平洋贸易协定中没有货币操纵规则对美国人来说是件好事

Iain Murray; Julija Simionenko *

原文标题： No Currency Manipulation Rules in Pacific Trade Deals a Good Thing for Americans

文章框架： 在 TPP 中制定货币操纵规则的意义；货币操纵给美国带来的麻烦；美国制定了贸易救济法。

观点摘要：

1. 上周，奥巴马总统告诉国会的民主党人士不要期望在跨太平洋伙伴关系协定（TPP）中制定任何反对“货币操纵”的规则。对保护主义人士（左翼和右翼分子）来说，这是一个坏消息，但对于美国的消费者和工人们来说，这是一个好消息。一些国会民主党人士谴责中国故意贬值其货币造成了美国制造业工作岗位的减少。众议院议员计划制定旨在对货币实施操纵的法案。在这一方面，民主党人士并不孤单，参议员林赛格·雷厄姆（Lindsey Graham）（2016 年美国大选共和党潜在的总统候选人）对国会说：“我认为两党反对的任何贸易协定都无法处理货币问题。”就因为两党对货币操纵都存在敌意，所以这就是一件坏事吗？错！与当下流行的观念相反，由中国和日本这样的贸易出口国来操纵货币会为美国带来纯利润。一些国家的货币贬值了，那么这些国家生产的商品就会使美国的产品受到冲击，这一观点经常会被作为实施保护主义措施对抗国外竞争者的理由，它似乎很直观，但它并不是那么简单。

2. 一开始，如果某一个国家决定通过压低本国货币的价值来促进出口，这就表示其他国家的公民要为美国提供补贴，这不仅会使美国的消费者受益，也会使进口生产商获益，因为主要的贸易往来是由国际产品——像汽车发动机这样的半成品或

---

* Iain Murray，伦敦大学工商管理学硕士，牛津大学文学硕士，曾是统计评估服务研究部主任，交通运输部执行官，现任竞争性企业研究所战略副会长，也是亚当·斯密研究所的访问学者。来源：竞争性企业研究所（美国智库），2015 年 2 月 20 日。

用来做糖果的糖类产品——构成的。中国在全球供应链中的角色——通常是提供这样的中间产品——意味着其货币政策不会一直影响最终消费品的价格。国会和游说团体（包括汽车和钢铁行业）的成员声称，货币操纵为外国生产商带来了不公平的优势，并歧视美国的出口商，从而造成贸易赤字，工作岗位消失，尤其是在制造业领域。虽然出口部门的就业率真的可能会下降，但是这并不意味着美国的净就业率会下降。

3. 高进口率创造了更多的资源，包括劳动力，劳动力资源可以用来制造其他产品。此外，有数据表明，外商在美国的投资超过了本国的资本外流，也为美国创造了诸多经济活动和就业机会。总之，尽管货币操纵在直观上似乎给美国民众带来了消极的影响，但是一些潜在的影响都是积极的。更多价格实惠的消费品和更多的经济机会将会使美国整体受益。

4. 美国早已制定了贸易救济法，这是由卡托研究所的丹尼尔·皮尔森提出的，与货币操纵的相关规定相一致，但是并非适用于所有进口国。最后，由于货币规定对美国不公平，所以其他国家将会对此表示反对。美元是世界上主要的储备货币，因此美国不需要积累储备。因此，对其他国家积累美元储备的行为予以惩罚可能会破坏贸易谈判（可以说，美联储的量化宽松政策本身就是货币操纵的一种形式）。基于这些原因，取消 TPP 中的货币操纵规则颇受欢迎。

编号：20150220A073

跨太平洋伙伴关系协定谈判中的棘手问题

Fran Smith *

原文标题： Thorny Issues in Trans – Pacific Partnership Negotiations

文章框架： 有关 TPP 谈判的介绍；美国和新西兰面临的棘手问题；澳大利亚持续关注的焦点；知识产权问题；投资者 – 国家争端解决机制。

观点摘要：

1. 来自十二个国家的贸易谈判代表于 2015 年 7 月离开毛伊岛（位于太平洋中北部，夏威夷群岛中的第二大岛），他们最终没有就跨太平洋伙伴关系协定（TPP）达成一致，TPP 成员国的经济总量占世界经济的 40%。参与此次 TPP 谈判的国家包括美国、日本、墨西哥、加拿大、澳大利亚、马来西亚、智利、新加坡、秘鲁、越南、新西兰和文莱。一些棘手的问题阻碍了该协定的进一步发展，由于一些国家竭尽所能地保护本国的经济，所以这些问题很难解决。即将于 10 月到来的加拿大选举使协商进一步复杂化，而且外界对美国在 2016 年总统选举之前落实这一协定的期望也达到了相当高的程度。具有讽刺意味的是，这项旨在开放环太平洋地区重要市场的协定受传统保护主义策略的支撑。

2. 美国和新西兰面临的棘手问题之一是加拿大的乳制品、家禽和鸡蛋领域的供应管理计划。除了试图平衡国内生产和国内需求并提供价格支持外，加拿大的这一计划还对乳制品进口和关税配额设限，例如，黄油的关税可高达 299%。新西兰和美国希望 TPP 的签署可以使它们更容易进入加拿大的乳制品市场。尽管新西兰是一个小国，但它仍然是一个主要的乳制品出口国，乳制品出口量占新西兰商品出口总量的 30% 左右。但一方面，由于加拿大总理史蒂芬·哈珀（Stephen Harper）面临着连任的压力，所以加拿大的谈判者可能不愿意在谈判中放弃国内的乳制品行业。另

---

* Fran Smith，纽约州立大学学士，新奥尔良大学硕士，曾是一家主要金融服务贸易协会的首席执行官，也是《消费者研究杂志》的特约编辑。她的研究领域为影响消费者的贸易与国际问题。她曾在《法律时报》《华尔街日报》《金融时报》《今日美国》《底特律新闻》《投资者商业日报》《华盛顿邮报》《华盛顿时报》《纽约时报》等发表过诸多文章。来源：竞争性企业研究所（美国智库），2015 年 8 月 13 日。

一方面，哈珀并不希望达成 TPP，但是为了获得连任，他就不得不对此妥协。

3. 澳大利亚持续争论的一个焦点是美国的糖类计划，这一计划限制进口，并对进口征收高额关税（类似于加拿大的乳制品计划）。在澳大利亚与美国早期的双边贸易协定中，美国不允许澳大利亚出口更多的糖类，所以澳大利亚一直对此耿耿于怀。墨西哥和加拿大疏远日本的原因在某种程度上归咎于美国的“原产地”门槛。墨西哥和加拿大对美国和日本同意的拟定交易十分不满，因为这一交易允许日本从那些非 TPP 国家进口更多的零部件。现在，这四个国家必须共同达成一个协议。

4. 知识产权问题是存在分歧的关键领域之一。美国坚持将生物药物的专利保护期延长至 12 年，而其他国家则坚持缩短这一期限。一般来说，生物制剂通常需要更长的时间进行研发、测试、监管并获批。这些生物制剂进入市场时已经耗费了大量的成本，12 年的专利保护期已经过去了一半多，这意味着它真正的或有效的专利期会少得多。但是，像澳大利亚这样的国家认为，更长的专利期将意味着处方药物的价格会更高。

5. 最近谈判中的棘手问题之一是投资者 - 国家争端解决机制（ISDS）。当发生纠纷时，一般由国际小组进行仲裁。这些棘手的问题很难解决，如果谈判者已经将 TTP 作为一个为各方开放市场和引入自由贸易的契机，那么它可能是一项重大的成就。

编号：20150813A073

TPP：为自由贸易，还是为企业利益？

Chandler Foust *

原文标题：TPP：Free Trade or Corporate Interests?

文章框架：《贸易促进授权法案》与《贸易调整援助法案》；TPP 的含义。

观点摘要：

1. 2015 年 6 月 12 日，美国众议院通过了《贸易促进授权法案》（TPA），否决了《贸易调整援助法案》（TAA）提议。许多民主党人士反对《贸易促进授权法案》，这是因为如果这一法案得到通过的话，奥巴马总统就会得到正式批准跨太平洋伙伴关系协定（TPP）的"快速通道"授权。然而，许多民主党派人士都反对 TPP。通过否决《贸易调整援助法案》，众议院民主党派逼迫参议院将《贸易调整援助法案》与《贸易促进授权法案》的投票分开进行，并再次对其进行投票。

2. TPP 是一种自由贸易协定，将会为贸易和商业投资设立新的规则和标准。如果成功签署 TPP，该协定将包括十二个环太平洋国家，这些国家的贸易额占全球贸易总额的三分之一，其经济规模占全球国内生产总值（GDP）的 40%。一方面，TPP 的支持者声称，TPP 将增加美国的出口、巩固劳工权利并建立强有力的环境保护措施。奥巴马政府也采用地缘政治术语来宣传 TPP。就奥巴马政府而言，TPP 对美国转向亚洲的战略至关重要，在美国制衡中国方面也同样重要。另一方面，TPP 的反对者对 TPP 谈判的保密性表示担忧，他们担心 TPP 将增加药物的成本，并以国家利益为代价授予跨国企业更多的权利。

3. 在《华盛顿邮报》6 月 14 日的一篇专栏中，美国前财政部部长兼奥巴马总统经济顾问拉里·萨默斯（Lawrence Summers）指出：未能通过《贸易促进授权法案》将会显示出美国对中国展现实力的同时，缺乏对亚洲的承诺。然而，悲观沮丧之后，他又继续否定了 TPP 的作用和重要性。他认为，TPP 与其说是贸易协定，还不如说是美国及其伙伴之间协调监管的一种工具，这就是必须重新审视贸易协定作

---

* Chandler Foust，半球事务研究所助理研究员。来源：半球事务研究所（美国智库），2015 年 6 月 29 日。

用的原因。萨默斯指出，进一步实现传统意义上的自由贸易协定的时代已基本结束。

4. 多哈回合贸易谈判经过近 14 年的时间仍然没有达成任何协议，美国一直渴望建立双边和区域贸易协定，以增强其影响力并设定重要国际标准。问题的关键在于决定这些标准的谈判具有保密性。

5. 由于贸易关税低，配额方面存在障碍，TPP 更多关注的是监管协调，而不是自由贸易。这就意味着参与该协定的国家需要进行国内法律改革，以便在知识产权、环境和劳动力等领域达到美国的标准。与许多自由贸易协定一样，TPP 也包括投资者 - 国家争端解决机制（ISDS）。此类结算机构以牺牲国家利益为代价保护投资者的利益。外商直接投资以及外国公司国有化的增长总和导致许多国际投资者倡导建立一个司法机构，以替代不公平法治国家中的国家法院。1965 年，国际投资争端解决中心（ICSID）作为世界银行的一部分而成立，从而创建了一种用来解决纠纷的仲裁机制，这种机制允许投资者对违反条约的国家索赔，但没有给予国家任何的追索权。起初，很少有投资者通过国际投资争端解决中心解决纠纷。1965 年至 2000 年间，仅有 50 个投资者对国家提起索赔。然而，到了 2013 年年底，这样的案例已经发生了 568 次。

6. 三名仲裁员负责审理投资者对国家提起索赔的案例。投资者和被控诉的国家各自委派一位仲裁员，第三位仲裁员由这两方相互商定。事实上，55% 的已知纠纷事件由十五位律师组成的团体处理。最近，投资者与国家诉讼制度平均花费索赔人 800 万美元，有些甚至超过了 3000 万美元。据经济合作与发展组织估计，仲裁律师每小时的收费平均为 1000 美元，这更好地解释了国际投资协定（IIAs）的两条主要条款：公平与公正待遇条款与间接征收条款。

7. 乌拉圭与烟草巨头菲利普·莫里斯公司正在打官司，后者获得的利润高于乌拉圭的国内生产总值。这个例子是 TPP 参与国在未来可能会发生的情况。为抵制吸烟，乌拉圭开展了大规模的反吸烟运动，包括要求所有的香烟包装附带健康警示语和说明吸烟有害的图片。菲利普·莫里斯公司寻求 2500 万美元的索赔，声称乌拉圭的条例无视其过去的承诺。

8. 所有这些例子的共同之处在于：投资者利用国家诉讼制度，来阻止对其业务有损害的政府规章或政策，并迫使政府制定有利于投资者的相关规则。

9. TPP 除了包含破坏国际制定政策的能力以外，只能为美国带来最小的经济利益。彼得森国际经济研究所表示，2025 年之前，美国的收入将增加 780 亿美元，只占其 2014 年 GDP 的 0.38%。事实上，越南将是主要的受益者，原因在于其两大产品出口——服装和鞋类——目前在伙伴国家市场中面临着较大的贸易保护壁垒。彼得森国际经济研究所预测，美国在2014年至2017年之间将平均每年失去4万个到5万个工作岗位，在2018年和2019年平均每年失去10万个工作岗位。这样一来，美国必须每年创造90万个工作岗位才能维持充分就业。无可否认，虽然越南等国家的经济得到改善对美国和世界来说有好处，但是增加廉价商品的进口是否能够真正使普通的越南人受惠还有待观察。

编号：20150629A076

买方提防跨太平洋伙伴关系协定

Scott S. Powell*

原文标题： Buyer Beware on the Trans - Pacific Partnership

文章框架： 跨太平洋伙伴关系协定是否为自由贸易协定；TPP 与贸易政策。

观点摘要：

1. 大多数人理所当然地认为减少贸易壁垒本身是件好事，但是，认为跨太平洋伙伴关系协定（TPP）本质上为自由贸易协定是一种错误的想法。对奥巴马政府进行“快速通道”授权也是迈出了错误的一步。

2. TPP 存在效益性目标，如开放日本高度受限的农产品市场，从美国进口更多的农产品。然而，随着该贸易协定细节的泄露，我们可以越来越清晰地看到贸易自由化可能只是 TPP 中的一小部分。从该协定的大多数表述来看，它似乎是力求在环境、能源、劳工、移民和知识产权政策制定方面建立全球性专制。

3. 就贸易政策而言，TPP 能够给予跨国企业新的力量，让它们可以规避美国主权问题，将谈判转移到无国籍和不露面的监管机构手里，脱离国会议员和州议员的监控。新的法律障碍阻碍了美国在调控市场方面的特权，贸易政策变得更加不透明。

4. 奥巴马总统的行政命令早已剥夺了国会在移民、碳排放以及环境问题方面的大部分权力，所以国会不应帮助奥巴马进一步将权力转移至超国家机构。

5. 一个可能的事实是：虽然奥巴马是在两党贸易扩张的幌子下推动 TPP，但他更大的意图是推动其党派政治议程的进一步发展。该协定加快了环境法规的实施，例如那些应对气候变化的环境法规，而这些法规超越了美国法律制定者所制定的法规。TPP 也可能建立一种政权，而该政权有权力越过国会在美国和墨西哥之间执行限制“劳动力自由流动”的行动。

---

* Scott S. Powell，芝加哥大学学士和硕士，波士顿大学政治和经济理论博士。他在斯坦福大学胡佛研究所担任六年研究员之后，加入了美国发现研究所。他的研究领域包括经济学和贸易等。来源：发现研究所（美国智库），2015 年 6 月 5 日。

6. 全球主义者的长期目标是由不受变化无常民主规则影响的官僚主义者建立国际规则。毫无疑问，一些跨国企业巨头拥护 TPP 的原因是它们拥有左右规则的能力，它们发现官僚主义者相对易于控制。

7. 在历任总统的领导下，“快速通道”贸易谈判和协定可能有较大的意义，特别是在世界贸易组织成立之前就已经存在许多贸易壁垒。然而，在过去的二十年里，贸易壁垒极大地减少，使得贸易协定更多的聚焦于全球政治，而不是经济障碍。

编号：20150605A08001

市场勇士：为什么跨太平洋伙伴关系协定如此重要

Felix K. Chang*

原文标题： Market Warriors：Why the Trans – Pacific Partnership Matters

文章框架： 日本加入 TPP 以及 TPP 目前的进展；TPP 在亚太地区的重要性；RCEP 与 TPP 的区别；TPP、北美自由贸易协定以及中日韩三边自贸谈判的进展；国际贸易中美元的使用频率下降。

观点摘要：

1. 波士顿马拉松恐怖袭击事件、朝鲜半岛的军事紧张局势以及英剧《唐顿庄园》的回归使得跨太平洋伙伴关系协定（TPP）于 2013 年 4 月取得的巨大进展——加拿大同意日本参与这一区域自由贸易谈判——相形见绌。美国主导的 TPP 始于 2010 年，现在拥有十几个成员国：澳大利亚、文莱、加拿大、智利、马来西亚、日本、墨西哥、新西兰、秘鲁、新加坡、美国和越南。更值得注意的是，除了劳动力流动，国际贸易中几乎所有方面都在一定程度上实现了自由化。TPP 如果成功，它将成为世界上最全面的自由贸易协定。

2. 即便如此，大多数人认为自由贸易谈判很乏味，除非这些谈判结果直接影响他们的生活。之后，这样的谈判变得至关重要，因为它们可以使得某些行业通过消除曾经的竞争贸易壁垒来获得优势，例如，如果 TPP 最终降低了汽车和大米的关税，那么美国汽车工会和日本种植水稻的农民可能会发现他们身处提高效率和生产力的压力之中。有时，一些国家加入自由贸易协定是为了提高其经济竞争力，而在另一些时候，他们这样做的原因是他们被迫为之。日本加入 TPP 揭示了以上这两个要素。日本当然想追求更大的经济增长，但它也担心如果没有自由贸易，其本国企业将面临来自其他亚洲国家更强大的竞争力，如韩国。

---

* Felix K. Chang，杜克大学工商管理学硕士，宾夕法尼亚大学学士和硕士。他现任外交政策研究所高级研究员，也是 DecisionQ（一家国家安全和医疗行业预测分析公司）的首席战略官。他曾担任美国国防部高级规划师和情报官员以及美孚石油公司的业务顾问，处理过遍及亚洲以及非洲上游和中游的投资战略规划。他的研究领域包括亚洲的军事、经济、能源安全问题以及世界各地的金融行业。来源：外交政策研究所（美国智库），2014 年 4 月。

3. 但随着冷战的结束和中国的崛起，亚太地区的经济利益转向了其传统格局。我们可以认为TPP符合美国国家利益，并以此来确保美国在亚太地区的地位和意义，但TPP不是该地区唯一起作用的自由贸易安排。东盟成员国之间早在20世纪90年代就努力制订自由贸易协议。今天，中国、日本和韩国正在追求一项独立的三边自由贸易协定。尽管这一项三边协定不是TPP的直接竞争者，但是中国肯定会通过其余两国对其开放商品市场而从中受益（从而降低其对美国和欧洲市场的依赖），并缓和TPP对其的影响。日本和韩国也希望通过获得更多的中国市场准入而从中获益，并缓解来自东盟各企业——以2002年签署的东盟－中国自由贸易协定为基础——的竞争压力。

4. 同时，中国已经通过区域全面经济伙伴关系协定（RCEP）来推进贸易谈话，这一协定包括东盟以及六个已经与东盟签署了自由贸易协定的国家——澳大利亚、中国、印度、日本、新西兰和韩国。如果RCEP顺利达成，它将会涵盖34亿人口以及21.4万亿美元的GDP。相比之下，参与TPP的十二个国家将涵盖7.9亿人口以及27.5万亿美元的GDP。日本拥有1.27亿人口，而且是世界第三大经济体，这就是日本加入TPP极为重要的原因。

5. TPP谈判进展得相当快。十二国的合作伙伴关系用了不到三年的时间就达到了目前的状态。相比之下，有三个国家参与的北美自由贸易协定则花了八年时间才有所成就。事实上，许多问题会拖延谈判进程，其中甚至包括非经济因素。中国、日本和韩国最近暂停了三边自由贸易谈判，名义上宣称是因为各方日程冲突，但人们更多地认为这是中国对日本处理两国之间领土争端表示不满的一个信号。

6. 国际贸易和金融正在重新部署的过程中。早在4月，中国与澳大利亚签署了一项协议，即允许双方的货币直接互相兑换，中间不需要经过美元。国际贸易中美元的使用频率下降这一事实不应该被忽视，因为美元的通用性不仅使美国公司在海外更容易竞争，也间接降低了美国利率，并促进了美国国内的经济增长。关税保护壁垒降低以后，尽管TPP可能迫使美国企业的一些分支行业发生改变，从长远来看，这将不仅有望保持美国的经济竞争力，而且也会维护其在亚太地区的安全利益。

编号：201305A08301

奥巴马访问亚洲和美国盟友

Felix K. Chang*

原文标题： Obama's Visit to Asia and U. S. Alliances

文章框架： 奥巴马访问亚洲；美日之间的 TPP 谈判进展；美国与马来西亚的关系进展；有关美国向其亚洲盟友做出承诺的质疑。

观点摘要：

1. 奥巴马总统于 2014 年 4 月对亚洲的访问极为重要。他原计划于 2013 年 10 月亚太经合组织峰会召开期间对亚洲进行访问，但是由于当时美国国内的问题，他不得不推迟访问计划。就算这样，他当时也应该访问亚洲，因为亚洲许多国家已经对奥巴马政府的“转向”亚洲和亚洲“再平衡”战略表示担忧。美国在亚洲的经济和安全支柱都没有得到它所预期的结果。尽管奥巴马政府计划在 2013 年完成跨太平洋伙伴关系协定（TPP）自由贸易谈判，但是该谈判离达成最终协议还很远。与此同时，美国军事再平衡的严肃性遭到质疑。美国军事再平衡主要在于美国海军力量的转移，美国在大西洋和太平洋的海军部署本来十分平衡，但转移之后，这两个地方的海军力量发生倾斜，在太平洋部署的海军力量占全部力量的 60%。但考虑到奥巴马政府的做法将减小美国海军的总体规模，很多人怀疑海军力量倾斜将提升美国在亚太地区的实力。从更广泛的意义上来说，美国似乎仍然更愿意插手利比亚和叙利亚等国家和地区的问题，而不是东海或南海方面的问题。

2. 在 2013 年 10 月至 2014 年 4 月之间的六个月里，亚洲地区的紧张局势已经加剧：从中国宣布在东海建立防空识别区（2013 年 11 月）到日本宣布在与那国岛建立新的雷达基地（2014 年 4 月），再到朝鲜的导弹试验（2014 年 4 月）。更值得关注的是乌克兰危机，奥巴马政府允许俄罗斯侵犯乌克兰主权。奥巴马于 2013 年针对

---

* Felix K. Chang，杜克大学工商管理学硕士，宾夕法尼亚大学学士和硕士。他现任外交政策研究所高级研究员，也是 DecisionQ（一家国家安全和医疗行业预测分析公司）的首席战略官。他曾担任美国国防部高级规划师和情报官员以及美孚石油公司的业务顾问，处理过遍及亚洲以及非洲上游和中游的投资战略规划。他的研究领域包括亚洲的军事、经济、能源安全问题以及世界各地的金融行业。来源：外交政策研究所（美国智库），2014 年 4 月。

叙利亚使用化学武器越过“红线”的行动失败。这些令人担忧的事件引起了美国亚洲盟友的担忧并不足为奇，这些都是奥巴马上周访问亚洲的大背景。毫无疑问，奥巴马的主要目的是打消其盟友在该地区的顾虑。奥巴马访问了美国的所有安全条约伙伴：日本、韩国和菲律宾。

3. 奥巴马在日本明确指出，美日安保条约涉及所有日本管理的领土，这意味着美国将在钓鱼岛问题上支持日本，因为该地区由日本管理。这是首次由美国总统直接针对此问题发表讲话，这一定使日本首相安倍晋三备受鼓励。虽然在奥巴马访日期间，日本和美国之间的 TPP 双边谈判没有任何突破进展，但是几天之后却取得了进展。

4. 在东南亚地区，奥巴马也开始与马来西亚建立新的经济和安全联系，而马来西亚自 20 世纪 90 年代以来就与中国建立了密切的关系，因此，值得注意的是，奥巴马和马来西亚总理纳吉布·拉扎克（Najib Razak）将美国和马来西亚的关系提升为“全面伙伴关系”（这与马来西亚一年前授予中国的身份等同）。然而，由于马来西亚民众抵制美国主导的 TPP，所以美国和马来西亚之间的 TPP 谈判暂时没有太大进展。

5. 当奥巴马返回美国时，他可以肯定地说，美国在亚洲的盟友已经十分放心，但是美国对其亚洲盟友的安抚必须与其行动相匹配。可悲的是，奥巴马未能说服自己党派的成员批准“快速通道”授权以简化 TPP 的审批手续，这在某种程度上揭示了其承诺的不真实性。更大的问题在于他的话是否会给中国和朝鲜留下深刻印象。毫无疑问，他的话将经受考验。有关美国向其亚洲盟友做出承诺的质疑不是一夜之间兴起的，所以这些质疑也不会因一场总统访问而消失。

编号：201404A083

美国需要跨太平洋伙伴关系协定的原因以及如何纠正它

William Krist*

原文标题：Why We Need the Trans - Pacific Partnership and How to Get It Right

文章框架：TPP 谈判涉及新领域问题；日本对 TPP 农产品方面谈判的重要性；区域全面经济伙伴关系协定与中韩日三边贸易协定；TPP 失败会给美国带来消极的影响；对 TPP 的三点建议。

观点摘要：

1. 美国和其他十一个国家正在进行着一场巨大的贸易协定谈判——跨太平洋伙伴关系协定（TPP）谈判。TPP 将对世界经济产生重大影响，并有助于塑造未来治理国际贸易的规则。TPP 谈判真正始于 2008 年，当时参与谈判的国家包括美国、澳大利亚、文莱、智利、新西兰、秘鲁、新加坡和越南。随后，加拿大、日本和墨西哥也加入了 TPP 谈判。如今，TPP 谈判可以说是自世界贸易组织 1995 年运行以来最重要的贸易谈判。TPP 谈判中取得的成就对美国的商业政策和外交政策都有着重要的意义。然而，在 2015 年结束 TPP 谈判是十分关键的，因为 TPP 协议需要国会批准方可生效。2016 年，众议院的所有成员以及参议院三分之一的议员将为选举做准备，而且许多国会议员将会在巨大的压力之下反对进一步开放美国市场。出于这些政治问题的考虑，贸易谈判代表一直试图在非选举年完成协议谈判。

2. TPP 将在世界贸易组织包含的国际贸易规则的基础之上建立贸易规则，然而，它将在许多方面远远超出这些贸易承诺。这十二个国家都几乎将在彼此之间彻底消除贸易壁垒，只有少数产品例外。相反，在世界贸易组织的规则之下，各国对某些特定产品的关税却很高。

3. 此外，TPP 协议将涉及一些世界贸易组织规则之下未能解决的新领域问题。一个重要的新领域就是，在全球竞争中，国有企业将不会比市场导向型企业更具不

---

* William Krist，华盛顿伍德罗·威尔逊国际中心高级政策学者，曾任美国助理贸易代表。来源：外交政策研究所（美国智库），2015 年 5 月。

公平的贸易优势。第二个新领域涉及电子商务，一些国家要求将数据中心设立在其地理区域内，并限制数据跨境自由流动。TPP 谈判代表希望发展数字商务的规则。第三个新领域与法规有关。各国在产品安全和环境方面的不同法规通常意味着它们比官方贸易更多地限制贸易壁垒。美国试图利用 TPP 成员对提出的法规进行评论的机会使监管过程更加透明。

4. 虽然有些难以解决的问题仍有待解决，但是 TPP 谈判似乎已经接近尾声。最难解决的问题是农业，因为一些 TPP 谈判方对农产品进行了很大的进口保护。例如，马来西亚对家禽肉类的关税为 40%，美国和加拿大对它们的乳制品市场进行保护，美国对进口糖的关税非常高。

5. 日本是 TPP 农业谈判成功的关键。这个国家对大米的关税非常高，对进口小麦、猪肉、牛肉、糖和乳制品的关税也很高。日本的农业部门效率很低，如种植水稻的土地面积不大，但却挤满了农工。日本首相安倍晋三想要调整本国的经济结构以恢复经济增长。TPP 倡议的主要特点是减少农产品贸易壁垒。如果安倍晋三同意在进行国内改革的同时减少农产品贸易壁垒的话，从事高成本农产品生产的工人们就会转而生产能在世界市场中竞争的商品。如果日本开放了本国的农产品市场，那么美国和加拿大减少对乳制品、糖和其他产品的壁垒就很容易实现，这反过来又会给越南、马来西亚和其他国家减少壁垒带来更多灵活性。

6. 其他市场准入问题也很重要，例如，美国汽车产业要求真正进入日本市场——当前受到许多非关税壁垒和人为压低货币汇率的保护。越南要求开放本国市场并从计划经济转变为更受市场驱动经济的条件是更大程度地进入美国的纺织品和服装市场。

7. TPP 谈判的成功对美国的商业和外交政策十分重要。十二个 TPP 谈判国的国内生产总值共达 27.9 万亿美元，总人口约为 8 亿。从财富的角度来看，这十二个国家的人均收入从澳大利亚的 6.7525 万美元至越南的 1755 美元不等。

8. 美国已经与六个 TPP 成员（澳大利亚、加拿大、智利、墨西哥、秘鲁和新加坡）签署了自由贸易协定（FTA），然而，这些协定是早先经过协商达成的（如美国与墨西哥和加拿大之间于 1994 年生效的北美自由贸易协定）。TPP 将通过扩大市场开放程度以及改善一些规则来升级现有的这些自由贸易协定。然而，美国与其他五个 TPP 成员（文莱、日本、马来西亚、新西兰和越南）没有签署贸易协定。这些国家的国内市场总值总共超过 6 万亿美元。世界第三大经济体日本无疑是这五个国家中最重要的，但马来西亚和越南都有可能成为未来重要的市场。

9. 彼得森研究所基于计量经济模型做出研究估计，TPP 将使世界收入每年增加

2950 亿美元，其中美国的年收入增长值为 780 亿美元。尽管这个模型基于诸多可能不正确的假设，但是得出的结论似乎是正确的：如果 TPP 成功实施，将会带来实质性的影响。

10. 如果 TPP 谈判失败，美国可能会面临严重的负面后果。还有一个极为重要且可替代 TPP 的贸易谈判：区域全面经济伙伴关系协定（RCEP）——东盟（ASEAN）十个国家与中国、澳大利亚、印度、日本、韩国和新西兰之间的协议。此协议没有 TPP 那么雄心勃勃，但是会产生深远影响。中国也在与韩国和日本进行着三边自由贸易协定谈判。如果 TPP 不稳定，区域全面经济伙伴关系协定和中国的自由贸易谈判可能会加速 TPP 进程，并获得更大的重要性。这样发展的结果是，美国出口商将在亚洲市场存在巨大的竞争劣势。

11. TPP 失败会使美国外交政策受到影响。时任国务卿的希拉里·克林顿在 2011 年宣布“转向亚洲”政策时，强调了六个关键要素。这些要素包括加强双边安全联盟、深化与新兴大国（包括中国）的合作关系、参与区域多边机构、扩大贸易和投资、广泛建立军事存在、推进民主和人权。结束 TPP 谈判是美国实现这些目标的关键。如果 TPP 谈判失败，中国就会成为亚太贸易的中心，美国就会成为局外人。要想完成 21 世纪贸易协定模板，美国倡导的 TPP 模型需要进行三个方面的改变。首先，投资者－国家争端解决机制规则必须明确防止滥用诉讼权利；其次，必须仔细校准保护药品知识产权的规则，以避免消费者承担不适当负担，并同时鼓励研发新药物；最后，TPP 必须包括有关禁止操纵汇率以获得不公平商业优势的条款。

编号：201505A083

对跨太平洋伙伴关系协定展开的激烈角逐将重写全球规则*

原文标题： A Battle Rages over the TPP to Re - write Global Rules

文章框架： 反对者和支持者对 TPP 的看法；TPP 对美国工作岗位的影响；日本的参与对 TPP 全球经济影响力的影响。

观点摘要：

1. 北美自由贸易协定（NAFTA）颁布 21 年之后，有关自由贸易的争论再次成为美国政治议程的首要内容——这一次是跨太平洋伙伴关系协定（TPP），该协定涉及由十二国家组成的贸易集团。TPP 将美国和其他十一个环太平洋国家聚在了一个广泛的协议之中，该协议将在未来十年及以后建立国际贸易、投资和外商投资方面的规则。2012 年，美国与其他 TPP 成员国的商品贸易总额超过了 1.7 万亿美元，服务贸易超过了 2600 亿美元，这使得 TPP 成为有史以来最大的自由贸易协定。北美自由贸易协定汇集了三个相邻的国家——美国、加拿大和墨西哥。与北美自由贸易协定相同，TPP 已经成为一个引起了分歧的政治问题，不仅在一般民众之间，而且在民主党和共和党之间也存在着对 TPP 的分歧。例如，“公共市民”（Public Citizen）是一个左翼倡议团体，它反对 TPP 并表示，这一神秘的协定会加剧美国公民收入不平衡、提高药品成本，并给美国带来食品安全问题。相反，TPP 的支持者认为，TPP 可能会淘汰美国某些特定领域的工作岗位，但是美国高价商品出口的扩大加上外国制造商和服务提供商在美国的进一步投资会产生大量新的就业机会。

2. 沃顿商学院管理学教授、劳德研究所主任马洛·吉兰（Marlowe Gearan）指出，TPP 与北美自由贸易协定有很大的差别。关税在 TPP 中起不到很大的作用，因为美国早已与许多拉丁美洲国家和太平洋国家制定了双边协议。今天的问题已经转向了服务贸易以及其他无形的问题上，如知识产权等。

3. 一方面，TPP 的支持者认为，通过加大更多公司从事对外贸易的机会，TPP 协议将使许多中等收入的工人工资上涨。据 TPP 美国商业联盟提供的数据，从事国

---

* 来源：外交政策研究所（美国智库），2015 年 5 月 18 日。

际贸易的企业所支付的薪酬比不从事国际贸易的企业支付的薪酬平均高出 15% ~ 20%。该贸易组织认为，全球贸易早已为中产阶级家庭提供了数百万的工作岗位，TPP 等自由贸易协定将在未来十年提供超过 1000 万个与贸易相关的工作岗位。另一方面，TPP 的批评者认为，由于 TPP 为外国企业进入美国市场提供了新的机会，在未来数十年内，美国数百万的中产阶级工作岗位将被淘汰。他们还认为，奥巴马政府没有理由要求国会对其进行贸易促进授权或“快速通道”授权。由于贸易促进授权，在克林顿和小布什政府时期，美国国会无权对执行部门协商的所有自由贸易协定进行进一步修正，只拥有投票赞成或否定每一项交易的权力，这样的程序加快了这些法案的通过速度。

4. 国际商会（ICC）的美国附属机构——美国国际商业委员会（USCIB）政策及政府事务高级副总裁罗伯·穆里根（Rob Mulligan）表示，许多 TPP 的批评者被蒙蔽了双眼，因为他们总是下意识地反对所有的自由贸易协定，而不仅仅是反对 TPP。对于那些认为 TPP 没有尽全力保护劳工和环境的左翼人士，穆里根表示：“奥巴马政府已经在努力解决许多过去产生的问题，但这些努力似乎还不够。有人抱怨该协定的谈判是秘密进行的。这种说法是不对的，因为商业团体参与的咨询委员会都有工会的参与且国会也能获得相关信息，因为国会会定期收到情况简介。”

5. 沃顿商学院管理学教授马歇尔·迈耶（Marshall Meyer）认为，目前对 TPP 争论更多的是关于“快速通道”授权，而不是 TPP 的实质。他指出，TPP 中已经决定了的实质内容有哪些，以及悬而未决的问题是如何得以解决的，对于这些问题人们尚不清楚。

6. 宾夕法尼亚大学东亚研究中心主任、法学教授雅克·德利勒（Jacques DeLisle）指出，赞成 TPP 的说法部分是基于古典自由贸易理论，该理论认为消除自由贸易壁垒是好事情。然而，他还认为，TPP 的成功与否将在未来数十年决定谁将书写全球经济的基本规则——是美国还是中国。支持 TPP 的另一个主要说法认为 TPP 将是美国与日本（按名义国内生产总值计算，日本是世界第三大经济体）的首个自由贸易协定。德利勒指出，虽然 TPP 背后的经济论点是核心，但是 TPP 也能加强美日之间的联系。他还指出，亚太地区的多数经济收益走向中国，而美国承担了亚太地区的安全费用，这对美国来说是个不良赌注。如果 TPP 失败了，书写未来贸易规则的会是中国。在这种情况下，德利勒指出，TPP 与区域全面经济伙伴关系协定（RCEP）之间争夺重心地位的战争可能会发生。区域全面经济伙伴关系协定是东南亚国家联盟中十位成员国和中国、印度、日本、澳大利亚、韩国和新西兰（六个与东盟签署了自由贸易协定的国家）之间拟定的自由贸易协定。

7. TPP 除了有助于加强美国和日本的联系之外，也有助于加强美国与亚太地区其他国家之间的关系，如澳大利亚、新西兰和新加坡。德利勒指出，这些国家都更相信如果美国表示其将通过 TPP 完全致力于加强本国与该地区的经济联系，那么就区域安全而言，美国在亚太地区的影响力就不会消失。

8. 马洛·吉兰指出，推动包括知识产权和服务贸易在内的 TPP 核心议程十分符合美国的利益，因为美国依然是世界技术强国。他认为，从长远的角度来看，TPP 将使所有国家受益，包括日本，甚至中国，因为中国正在快速发展为技术强国。

9. 一些分析师认为，美国的一些低端工作岗位在北美自由贸易协定实施之后被淘汰，而无论 TPP 成功与否，这些工作岗位都不会再恢复。马洛·吉兰指出，不可否认，当你改变贸易制度和规则时，短期内总是会出现输家和赢家，TPP 也不例外。吉兰补充到，如果 TPP 得以实施，从长远的角度来看，每个人都会受益，消费者将能够以低价购买国外商品，他们的购买力将提高。然而，短期来看，问题的关键在于美国是否能够照顾好因自由贸易而利益受损的公民，而不是让 TPP 受益者操控整个进程。马洛·吉兰的警告忽视了一个内容，类似北美自由贸易协定和 TPP 的自由贸易协定不仅与自由贸易有关，还与贸易保护有关。这些协定总是在集团内进行自由贸易并对第三方国家实施更多的贸易保护。在北美自由贸易协定中，对美国的影响从本质上来讲就是本国国内的低端工作岗位转移到了墨西哥。对美国工人而言，这是损失；而这对美国消费者却有好处，因为他们可以以更低的价格购买到商品。然而，这对日本和欧洲制造商来说也是损失，因为自北美自由贸易协定实施以来，他们必须在美国建立工厂才能克服额外的贸易障碍。

10. 马洛·吉兰认为，TPP 带来的贸易保护主义影响不会像北美自由贸易协定那么大，因为 TPP 没有北美自由贸易协定那么全面。无论 TPP 成功与否，工作岗位从一个国家向另一个国家转移的现象还是会发生。中国的低端工作岗位要么会转移至其收入更低的内地，要么会转移至越南或孟加拉国等国家。与北美自由贸易协定的情况很像，许多 TPP 支持者和反对者都分别夸大其词地述说着 TPP 的好处和弊端。雅克·德利勒认为，TPP 对经济增长的影响将不会太大。虽然北美自由贸易协定进一步加强了关系本身就已十分密切的加拿大、美国和墨西哥三国的经济一体化，但是 TPP 将要聚集的国家彼此之间的距离都很远。雅克·德利勒还表示，许多 TPP 国家早已与美国存在自由贸易协定，这些国家包括澳大利亚、加拿大、智利、墨西哥、秘鲁、新加坡和韩国；日本从未与美国签订过自由贸易协定，日本的参与是推动 TPP 全球经济影响力的关键。

11. 罗伯·穆里根表示，那些认为 TPP 谈判一直太过保密的说法有些“明知故错”。他说：“如果你的立场和其他谈判方的立场都公开了的话，谈判将很难进行下去……对 TPP 有抱怨的国会人员也并非公开进行所有的谈判协商，但是他们也能够了解到谈判的相关情况。我曾听过政府对非政府组织和工会介绍 TPP 的谈判情况，且工会的顾问能够看到相关计划的文本。国会中也有特定人员在计划敲定之前能够看到相关文本。”“通知期为 90 天，在国会进行投票之前有 60 天的时间。经过好几个月的时间，计划才能被最终通过。”

12. 几乎所有的贸易专家都认为，如果美国想要明智地进行 TPP 谈判，“快速通道”授权是必需的。罗伯·穆里根认为，如果没有“快速通道”授权，国会批准 TPP 是很难实现的。穆里根表示：“我认为共和党国会不愿就任何事情给予总统‘快速通道’授权。”奥巴马总统是否会为了赢得反贸易的民主党人士的更多支持而就 TPP 的一些细节做出某种让步，这还有待观察。穆里根回忆道：“当北美自由贸易协定处于谈判期时，民主党也分成了不同派别。当时是克林顿总统向支持劳工的民主党做出了最后的让步——在协议的正文中增加保护劳工和环境权益的条款。”吉兰说：“让步可能是必要的，但目前还不清楚在什么细节上做出让步。”

编号：20150518A083

与时间赛跑

Bruce Stokes *

原文标题： Racing the Clock

文章框架： 日本成功加入 TPP 谈判的可能性；美国底特律反对日本加入 TPP 谈判的原因；保险问题对日本加入 TPP 谈判的阻碍；日本加入 TPP 谈判前必须解决的问题。

观点摘要：

1. 目前，日本政府签署国际贸易倡议，参与构建跨太平洋伙伴关系协定（TPP）的谈判（该谈判目前包括美国和其他八个太平洋国家）。日本首相野田佳彦将于 2012 年 4 月 30 日与奥巴马总统会晤，有官员承认白宫正式宣布东京参与 TPP 谈判的可能性不到 50%。

2. 此外，日本国会宣布将废除早期的邮政服务私有化，这引起人们对东京打开其国内市场意愿的质疑。日本政府内部关于提高销售税和重启核反应堆（去年发生地震和海啸之后被关闭）的持续斗争使得 TPP 不是野田政府的第一优先项目。如果 TPP 谈判超出奥巴马设定的 12 月最后期限，那么日本加入 TPP 谈判就有希望。即将来临的日本选举现在可能会拖至下一年。这些进展能够为日本解决加入 TPP 谈判的障碍赢得时间。东京加入该协议曾经几乎成定局，但现在却难以确定。

3. 日本官员曾希望在野田佳彦访问期间，奥巴马政府会启动与美国国会的 90 日磋商进程（美国法律要求在日本正式加入 TPP 谈判之前必须进行该进程）。然而，底特律强烈反对日本加入 TPP 谈判，这意味着开始该进程的通知几乎没有可能在短期内送达美国国会。由于日本所谓的非关税贸易壁垒，美国汽车制造商认为，TPP 不会给他们提供任何有意义的进入日本市场的通道。美国工业协会希望日本停止操

---

* Bruce Stokes，美国哥伦比亚大学新闻学硕士，现任华盛顿皮尤研究中心全球经济态度项目主任。他于 2010 年 9 月作为跨大西洋经济学高级研究员加入德国马歇尔基金会，于 2012 年 5 月成为该基金会的非常驻研究员。其研究领域包括政策、跨大西洋关系、贸易与发展、国际经济、美国 - 欧盟经济合作以及国际政治经济学。来源：德国马歇尔基金会（美国智库），2012 年 4 月 23 日。

纵货币，底特律认为，日本人通过使日元贬值来抑制进口，促进出口。美国工业协会表明，日本的汽车制造行业存在巨大的产能过剩。美国公司注意到，在最近的美韩自由贸易协定中，首尔承认了美国的安全排放标准。如果日本做出类似的举动将被视为一个良好的信念标志。日本官员表示这样的让步是不可能发生的。一位日本高级官员称："日本接受美国的标准是不可能的。日本不会做出同韩国一样的让步。"

4. 虽然在仅仅几个月前，保险问题只是日本加入 TPP 谈判的一个小障碍，但是现在保险问题突然成了主要障碍。4 月底，日本国会预计将通过对日本邮政（同时出售保险和邮政服务）私有化的修正。美国公司抱怨，这样的修正将通过豁免管辖而使日本的邮政保险业务扩大，从而损害外国企业的利益。美国人寿保险协会签署的一封联合信写到，这项立法会传递出与监管相关的错误信息，这可能使保险公司的利益受损。如果日本是 TPP 谈判中的一方，这项新立法将使 TPP 谈判的商议变得更加复杂。

5. 日本国内 TPP 的反对者也对东京加入 TPP 谈判提出质疑。他们声称，在 TPP 谈判中已经做出了太多的决定，日本加入 TPP 太迟以致不能对 TPP 的结果产生影响。一位反对者说："就像是东京的地铁系统，门一关上，地铁就离站了。"TPP 的反对者想对美国征收反倾销税的能力施加新的限制。他们要求美国在政府采购方面让步，这将意味着在当前的美国公共支出中限制"购买美国"的条款。如果日本要进一步开放其保险市场，它将希望华盛顿削减阻碍日本企业在美国经营的国家级保险监管。日本也担心奥巴马政府在 TPP 中制定有关限制国有企业运营的规则（针对中国实体的倡议），因为这样的规则同样会削减日本在公有区域电力和铁路方面的垄断。

6. 观察家认为，除非野田政府解决了国内的销售税问题并在重开核电站方面找到解决办法，否则日本加入 TPP 的进展不会发生。然而，TPP 悬而未决的时间越长，反对者提出异议的次数就越多。

编号：20120423A089

TPA 和 TPP：路的尽头，还是另一次拐弯？

Jim Kolbe *

原文标题： TPA and TPP：At the End of the Road，or Just Another Bend？

文章框架： 跨大西洋贸易与投资伙伴协议和跨太平洋伙伴关系协定；贸易促进授权；贸易调整援助；对 TPA 与 TAA 分开投票的结果。

观点摘要：

1. 自从上一轮多边贸易谈判——所谓的乌拉圭回合谈判——于 20 年前结束以来，人们还没有太多地关注大西洋两岸的贸易。美国与十一个亚洲周边国家的跨太平洋伙伴关系协定（TPP）谈判接近尾声，并准备将其提交国会等待批准。跨大西洋贸易与投资伙伴协议（TTIP）覆盖美国和欧洲国家。虽然该协议离达成一致还很远，但是这可能为世界上最大的两个经济体带来更大的经济回报，甚至是更深层次的经济一体化。事实上，欧洲对 TTIP 十分感兴趣，欧洲议会成员提交了 200 多个修正意见。

2. 但是大西洋两岸的大多数国家都不喜欢存在于美国的神秘而又晦涩难懂的贸易协定规则。如果没有准备步骤（即通过贸易促进授权，允许总统进行贸易谈判），TPP 和 TTIP 都不能到达起飞坪。上周的国会投票没有通过奥巴马贸易促进授权里的工人再培训条款，这使全球的贸易专家感到惊讶，并困惑接下来会发生什么。

3. 现在应该揭开贸易促进授权、跨太平洋伙伴关系协定以及跨大西洋贸易与投资伙伴协议的神秘面纱。贸易谈判涉及多个领域的利益，从（对进口商品征收的）关税水平到国际贸易面临的复杂问题，如知识产权保护、出口转基因产品、使采购规则公平和统一以及如何解决贸易争端等。这样的谈判需要诸多讨价还价和争权夺利。

---

* Jim Kolbe，美国西北大学政治科学学士，斯坦福大学工商管理学硕士。他现任德国马歇尔基金会跨大西洋高级研究员，研究领域包括政策、美国国会、移民、援助和发展。他曾获得华盛顿国际贸易协会颁发的贸易终生成就奖以及美国国际开发署颁发的马歇尔奖。来源：德国马歇尔基金会（美国智库），2015 年 6 月 16 日。

4. 因此，有关 TPP 谈判是一个“秘密”谈判的说法是错误的。TPP 的谈判进程与过去 50 年里的每一次贸易谈判相同。在没有完全披露以及国会进行商讨之前，该协定中的任何一部分都不能发挥作用。但事实是，谈判不是公开进行的，这就使得贸易协定被指责为“秘密协议”。更具讽刺意味的是，工会对该谈判的“秘密性”发出了最大的杂音。

5. 总统为何需要贸易促进授权？为何不只与其他国家协商，再将这些协议交至国会？答案在于贸易协定的核心。在公开一个完整计划之前，没有任何一个国家愿意公开提出自己的最低报价。当临时签署一个贸易协定时，其他谈判者需要知道在本国议会或其他国家的议会中会存在些许异议。如果国会有权对该协定做出一些修改，这将意味着不会有最终的协定，而且一切都将回到原点。

6. 40 多年前，美国国会和总统制定了一个叫作“快速通道”的进程，现在叫作贸易促进授权，它并不是把无限的权力交给总统。事实上，它完全相反。在这项立法之下，国会通常在贸易谈判进行之前为总统的谈判代表设定参数——谈判需要包括哪些国家、谈判的具体贸易领域、谈判进程中向国会咨询和报告以及谈判达成的最后期限。当总统向国会提交待批准的协议时，国会同意在 60 日内进行投票表决。该协定并不是只得到参议院批准即可，由于它改变了许多法律，特别是关税或税收的规定，所以该协定必须经过众议院和参议院双方的斟酌，因此通过贸易促进授权是所有重大贸易协定得以签署的前提。在贸易促进授权纳入法律之前，不能达成任何协定。

7. 贸易调整援助（TAA）是指拨款对那些因某项贸易协定而失去工作的工人进行再次培训，再次培训项目通常由工会管理，因此，当共和党人士将此类项目视为浪费时间时，绝大多数民主党人士却赞成此类项目以支持工会的活动。虽然 TAA 不是美国与其他国家贸易谈判的内容，但是 TPP 一直被认为是需要“诱饵”才能为总统的谈判授权赢得必要的选票。参议院目前通过的贸易促进授权立法包括 29 亿美元的贸易调整援助资金。

8. 参议院几天前通过的立法包括贸易促进授权和贸易调整援助工人再培训资金。一方面，如果贸易促进授权中包括工人再培训计划，那么一些共和党人士就不愿为贸易促进授权投票。另一方面，民主党人士反对抵消参议院对贸易调整援助的支出，因为尽管贸易调整援助没有减少任何医疗保健计划或福利，但是它使医疗保健发生了其他的变化。

9. 经过激烈的谈判之后，众议院议长约翰·博纳（John Boehner）和他的团队同意了两件事。其一，改变抵消交易计划，这样医疗保健就不会受到影响。其二，分开进行对贸易调整援助和贸易促进授权的投票，这样支持工人再培训计划的共和党人士就能继续支持该计划，同时也可以支持贸易促进授权，民主党能够得到工人再培训的资金，但是并非必须投票支持总统获得谈判授权。事实证明这一战略是个十分严重的错误。工会和其他国会内外的反贸易积极人士立刻意识到切断贸易调整援助和贸易促进授权的联系更易于使贸易促进授权失败。贸易促进授权失败意味着这与参议院曾通过的立法不同，这一立法不能向总统申请签字。对贸易促进授权的投票变成了象征性的投票。

10. 如果 TPP 在还没有成形之前就中断了从贸易促进授权中吸取氧气，如果 TTIP 没有得到进一步的发展，那么美国将在这个经济联系日益增强的世界中丢掉领导地位。正如美国在亚洲基础设施投资银行所面临的那样，中国很可能会冲进真空地带，并在亚洲创建自己的贸易关系。美国国会仍然有时间使贸易促进授权起作用。如果 TPP 和 TTIP 成为现实，美国就应该展现其有魄力的领导力，而不是踌躇不定。美国现在应该下定决心，而不是犹豫不决。

编号：20150616A089

跨太平洋伙伴关系协定的入门书

Sheryl Tibung*

原文标题： A Primer on the Trans - Pacific Partnership

文章框架： TPP的含义；TPP与普通自由贸易协定的区别；TPP涉及的问题；美国的外交政策与TPP；亚太地区对美国的重要性；美国、东盟与TPP；日本、韩国与TPP。

观点摘要：

1. 跨太平洋伙伴关系协定（TPP）被构想为一个多边自由贸易协定（FTA），能够使亚太经济体之间的贸易自由化，包括美国的贸易。该协定目前正处于谈判中，谈判国家包括文莱、智利、新加坡、新西兰、美国、澳大利亚、秘鲁、越南和马来西亚，墨西哥和加拿大预计将在2012年年底加入TPP谈判。墨西哥和加拿大的加入能扩大自由贸易区的涉及范围，自由贸易区将涉及6.58亿人口以及20.5万亿美元的经济活动。如同所有贸易协定一样，TPP的主要目的是通过降低或消除贸易壁垒来提供更大的市场准入。TPP与其他自由贸易协定的区别是其旨在通过降低和消除贸易边界内的贸易壁垒来使贸易自由化。然而，传统的贸易协定主要集中在降低和消除关税，TPP旨在解决其他自由贸易协定以前没有涉及的领域，包括政府采购、服务、投资、健康和安全法规、知识产权、与国有企业公平竞争、供应链管理和正当监管程序。

2. TPP已经提升为一个独特且现代的“21世纪协定”。由于多年来国际贸易体系和经济已经发生了巨大的改变，所以TPP将解决因这些改变而引发的新兴问题，如互联网和其他新技术的发展、贸易与环境应相辅相成的认知以及服务部门上升为贸易的重要组成部分。然而，TPP希望解决的各种新兴贸易问题预计将是TPP谈判中最具争议的内容。由于“边界内问题”涉及国内管制的政策，所以讨论有关“边界内”的问题预计将引来许多争论，这将不可避免地拖延谈判的步伐。因此，一个谈判参与国为了遵守已达成的协议，它必须首先确保其国内的法律和政策是正当

* 来源：史汀生中心（美国智库），2012年10月9日。

的，这样才能符合 TPP 的规定。如果相应的国内法律没有到位，一些谈判方将很难拥护 TPP 的原则。

3. 美国公众在很大程度上仍然不知道 TPP 谈判的现状与进展，经贸政策分析家已经确定了可能引起争议且减慢谈判进程的领域。这些问题不仅是“边界内”涉及的问题，而且包括以往的贸易协定未能解决的问题。因此，TPP 谈判需要的时间可能比预想的要多。

4. 美国自加入 TPP 谈判以来就在该谈判中起主导作用。奥巴马政府继续接受前总统布什的倡议。事实上，参与 TPP 谈判符合奥巴马总统的意图——将最高层的关注焦点从中东、伊拉克战争和阿富汗转移至亚太地区的经济机遇和安全挑战。TPP 是美国“转向”或“再平衡”亚太地区的明证，更重要的是它证明了美国政策制定者把亚太地区看作一个日益重要的地区，他们认为美国必须在亚太地区投入更多的政策资源，使其在该地区的存在被感知。尽管亚太地区大部分国家（包括中国）目前处于经济增长放缓阶段，但是亚太地区仍然是全球经济增长最快的地区，也是全球经济增长的主要驱动力之一。亚太地区的 GDP 占全球 GDP 的 60%，其贸易占全球贸易的 50%。由于亚太经济的重要性日益增强，加强与亚太经济的一体化（尤其是在出口方面）已经成为美国的当务之急。奥巴马政府认为，TPP 是实现这一目标最合理的路径。TPP 是美国加大参与亚洲事务的基石，但是与美国在亚洲增加的军事存在以及其他参与比起来，TPP 的发展却显得相形见绌。值得注意的是，为了确保亚太地区的和平并解决安全问题，美国在该地区增加军事存在对确保该地区经济稳定至关重要，也是美国在该地区实现贸易抱负的重要组成部分。

5. 美国未能与东盟达成自由贸易协定，它正在利用 TPP 作为连接东盟乃至整个亚太地区的出发点。然而，美国与东盟国家的全面一体化是无法在 TPP 之下实现的，因为目前参与 TPP 谈判的东盟国家只有四个，即文莱、马来西亚、新加坡和越南。更重要的是，就算 TPP 参与国希望所有的东盟国家都加入 TPP 谈判，这也是无法实现的，因为加入 TPP 谈判的国家必须是亚太经合组织成员，而柬埔寨、老挝和缅甸不是该组织成员。当其他东盟国家（如印度尼西亚、菲律宾和泰国）可以加入 TPP 谈判时，问题的关键在于这些国家是否愿意加入。印度尼西亚已经表示，由于该国目前还没有确定在 TPP 中是否会受益，所以它不急于加入 TPP 谈判。泰国也未决定是否要加入 TPP 谈判，菲律宾也尚未准备加入 TPP 谈判。

6. 美国主导着 TPP 谈判，它一直声称 TPP 应该包括一些问题，如知识产权高标准、国有企业不享有优惠待遇和政府采购等其他现有谈判方和未来谈判方可能不同意的问题。

7. 在参与 TPP 谈判的东盟国家中，监视越南是否会顺从美国的提议尤为重要。越南与其他谈判方的发展不在同一水平面上，它可能很难遵守 TPP 中的一些要求。作为发展中国家的越南是否有能力管理、实现并执行 TPP 推行的高水平标准，还有待观察。越南在 TPP 谈判中的进展是印度尼西亚、菲律宾和泰国是否会以及何时加入 TPP 谈判的决定因素之一。

8. 虽然 TPP 不能使美国与东盟的经济全面一体化，但是美国在未来仍然可以追求与东盟签署自由贸易协定。随着美国与缅甸的关系持续升温，这消除了一个巨大的障碍并为两国最终签署自由贸易协定带来了可能性。此外，由于一些东盟国家早已是 TPP 谈判方，美国与东盟达成全面自由贸易协定会变得更加容易，因为这些东盟国家早已熟悉了美国希望触及的贸易问题。然而，TPP 谈判结束之前（原定于在 2012 年年底结束 TPP 谈判，但谈判期限又延至 2013 年），美国 - 东盟自由贸易协定实现的可能性极小。

9. 鉴于 TPP 的构想能够实现亚太地区的经济一体化，所以增加 TPP 谈判成员国的数量是当务之急。然而，比增加谈判成员国数量更重要的是亚太地区最重要经济体的参与。如果没有亚太地区较大经济体的参与，TPP 最终可能会达不到预期的目标。日本、韩国是亚太地区较大的经济体，而且它们都还没有加入 TPP 谈判。2011 年，日本首相野田佳彦表示，日本（世界第三大经济体）愿意加入 TPP 谈判并与 TPP 成员（它们批准了一个国家的加入申请之后，申请加入的国家才能真正加入 TPP 谈判）开始协商会谈。日本已经与新加坡、马来西亚、澳大利亚、新西兰和美国进行了初步会谈，但是这些会谈没有产生具体的约定。

10. 日本加入 TPP 谈判的进程很缓慢，其原因可以追溯到日本国内对日本加入 TPP 谈判的反对。具体而言，日本农业部门给日本加入 TPP 谈判带来巨大阻力，因为日本政府对农业部门实行很强的保护，一些农产品的关税高达 800%。美国官员于 2 月与日本官员进行会谈时表示，除非东京同意讨论政治敏感商品（如大米）的关税，否则美国将不支持日本加入 TPP 谈判。近期日本内阁改组之后，有人预测首相野田佳彦将很快宣布日本有意加入 TPP 谈判。鉴于日本现在与中国存在领土纠纷，许多人期待首相将注意力投向加入 TPP 谈判。有人推测，日本与中国的领土纠纷可能推动日本朝另一个方向行进。

11. 韩国政府表示，在韩国追求与其亚洲邻国进行自由贸易协定谈判的同时，它将继续跟踪 TPP 谈判进程。该国政府还表示，韩国正在继续研究加入该协议的利弊，由于本国早已与美国达成了双边自由贸易协定，并与大多数 TPP 谈判方签署了贸易协定，所以韩国不急于加入 TPP 谈判。所以，在这一点上，韩国并不认为不加入 TPP 谈判会有什么损失。

12. 要想达成能使不同亚太国家实现经济一体化的协议，各谈判方必须解决遇到的障碍。为了推动谈判进程，各谈判方必须在 TPP 这一“21 世纪协定”的雄心勃勃的目标上达成一致意见。就谈判的领域而言，TPP 确实是一个涉及广泛的协定。越南、秘鲁、墨西哥和智利将如何应对谈判中提出的高标准还有待观察。鉴于目前谈判的许多问题都超出了大多数现有的贸易协定范围（竞争政策和政府采购等），有些国家甚至可能没有解决这些问题的相应法律。此外，高标准的规则可能会打消那些本想加入 TPP 谈判的国家的念头，因为它们可能无法满足 TPP 的要求。许多发展中国家都认为加入 TPP 谈判是徒劳的。TPP 谈判缺乏其他大国的加入且一些国家由于该协议涉及的范围过广而不愿加入，这可能会降低 TPP 预期的效益。

编号：20121009A091

日本全球外交政策：日本 - 印度关系*

原文标题： Japan's Global Diplomacy：Japan - India Relations

文章框架： 日本的外交政策工具；日本在与印度的双边关系中的三个政策目标；日本和印度实现政策目标面临的挑战；浅野高明给出的政策建议；日本与印度的双边经济努力。

观点摘要：

1.7 月 28 日，东京财团研究员浅野高明（Takaaki Asano）来到美国史汀生中心，参与有关日本与印度关系的圆桌讨论。浅野高明将印度与日本的关系描述为一个测试例子，测试首相安倍是否能够更具积极性和战略性地成功转变日本外交政策。通过起草有关国防设备和技术转让的新规则以及重新解释宪法以使日本能够行使集体自卫权等手段，日本政府增加了其外交政策工具。这些进展有助于日本与印度建立更紧密的伙伴关系，这将反过来解释日本的外交政策将如何适应新的战略环境。就经济层面而言，安倍推行了巨大财政支出政策、金融宽松政策以及近期的结构改革政策。此外，TPP 将日本带出了防御性的贸易政策，因此日本的企业早已开始计划如何在亚洲利用这个自由贸易协定多层网络。日本如何与印度加强经济联系将说明日本将如何发展与中国和东盟及其他国家的对外经济关系。

2. 浅野高明解释了日本在与印度的双边关系中的政策目标是：（1）发展并加强日本与印度的安全合作；（2）与印度扩大经济互动；（3）基于价值观，在区域和全球问题方面加强合作。安全合作应以海上安全为基础，国防采购应基于联合国防研发活动。在双边贸易和多边框架中，印度都具有巨大的经济潜力。从历史上看，日本和印度对彼此的看法一直是积极的。然而，直到 20 世纪 90 年代中期，两国才开始频繁的政治参与，因为日本受到了冷战的战略压力，不能以有意义的方式与印度进行接触。印度在 1998 年进行核试验，这导致了双边关系的恶化。日本和印度关系的转折点是在 2000 年，在这一年印度和日本政府同意建立一个全球伙伴关系，这一

---

* 来源：史汀生中心（美国智库），2014 年 7 月 28 日。

关系最终升级为战略全球伙伴关系，由此两国签署了安全合作协议。自此以后，加强双边关系的强烈政治意愿开始出现。

3. 实现政策目标面临的挑战是：（1）东京和新德里政策优先事项存在差异，日本最注重地缘政治利益，而印度最注重经济增长；（2）印度具有战略自主或不结盟传统，这导致日本和印度在制衡中国崛起的手段上存在差异；（3）日本和印度两国的战略图景和安全结构存在差异。

4. 由于日本和印度的联盟结构和威胁认知存在差异，所以这两个国家与美国进行三边参与是十分困难的。美国和日本应该与印度在海事、空间以及网络领域进行防务合作——马拉巴海军演习就是三国海事安全合作的一个例子。虽然日本与印度在防止核扩散方面进行合作必须签署民用核能协议，但是三国之间的合作也可以拓展到能源和防扩散方面。它们之间也可以通过东亚峰会（EAS）、TPP 或区域全面经济伙伴关系（RCEP）框架加强政策咨询，或许日本和美国能支持印度获得亚太经合组织的成员身份。

5. 浅野高明给出的政策建议是：（1）在国防设备采购和开发方面进行合作；（2）进行民用核能合作；（3）进行海事安全合作；（4）加强区域全面经济伙伴关系谈判协调。参与讨论的人士指出，从美国的角度来看，印度和日本之间似乎存在越来越多的“爱的盛宴”，日本与印度关系的发展势头越来越强，可能会超过美国与印度的关系。虽然东京并不这么看，但是由于美印关系制度化程度很高，因此在日本存在对这种可能性的强烈支持。然而，人们普遍认为日本与印度关系的这种势头将在未来几年推动这种关系向前发展。

6. 与会者还讨论了通过美日联盟评估三边关系的价值。由于美日印在海事和网络领域的看法存在差异，所以它们在这些领域的合作存在障碍。因此，三国的潜在合作范围并不广泛。东亚发生的每一场危机都涉及美国和日本，而印度将避免自身卷入任何不必要的冲突。因此，三边合作的努力应该将重点放在通过东亚峰会和东盟国防部长扩大会议（ADMM Plus）来建设行为规范并创建共识。

7. 在双边关系对三边关系和安全对经济政策方面，与会者讨论了下一步应采取的最佳措施。与会者一致认为，双边安全工作应注重防务设备的采购和民用核能协议的签署。然而，鉴于日本坚持希望印度批准《全面禁止核试验条约》，一些与会者对日本和印度签署民用核能协议的前景持怀疑态度。在双边经济方面，与会者探讨了日本鼓励印度加入 TPP、区域全面经济伙伴关系和亚太经合组织的价值。存在的困难使得这些双边经济努力十分不切实际，但也许这种双边经济努力还是值得追求的。

8. 与会者还讨论了日本对更广泛的南亚地区的兴趣，特别是波斯湾地区的石油出口。能源分析师对作为多元化亚洲市场和在中国陆地航线周围建立基础设施的方式的关系十分感兴趣——以在能源市场规避中国的主导地位。在中国方面，与会者进一步提出中国近期对莫迪的关注，日本与印度关系的进展可能影响中国对战略环境的看法。

编号：20140728A091

贸易和安全：2015 年的潜在力量

Nathaniel F. Olson *

原文标题： Trade and Security：A Potent Force in 2015

文章框架： 贸易安全关系引发的担忧；美国的“单一窗口”制度；跨大西洋贸易与投资伙伴协议和跨太平洋伙伴关系协定。

观点摘要：

1. 在美国、北美洲甚至更广泛的地区，2015 年可能是有关贸易的重要一年，这一定会对全球安全环境造成巨大影响。这不一定是个好消息，因为近代史上存在诸多有关贸易安全关系损害公共安全利益和合法贸易的例子。不透明的商业网络遍布不同的监管环境，这助长了贪污腐败和基于贸易的洗钱行为。前沿公司欺骗不知情的制造商和政府监管机构购买敏感设备。犯罪分子和恐怖分子贩卖非法商品，如武器部件和假 T 恤衫。在未来的几年，这些挑战将会增加，而且传统的应对措施只会被进一步超越。加强跨境治理机制并更加有效地利用私营部门的专业知识和资源更为关键，而这就需要把加大经济效率和增强安全性当作相互支持的目标。各国政府越来越重视贸易安全关系，许多国家都把加强国家安全和经济竞争力当作本国贸易议程中的补充目标，并把此目标视为必要的机遇。

2. 奥巴马政府在其新国家安全战略中承诺要通过与私营部门和国际利益相关者的一系列监管合作来“使所有规模的企业更易于扩大经营范围”。在国内、北美地区的邻国以及更广泛的地区，奥巴马政府在利用各种工具兑现这一承诺。

3. 在美国国内，一个主要的优先事项是实行所谓的“单一窗口”，美国的出口商和进口商通过该窗口可以向政府监管机构提交所需的文件。目前的机构体系中存在不同的技术平台、数据要求和行政程序，这给政府和行业都带来了不便。2014 年

---

* Nathaniel F. Olson，美国史汀生中心研究分析员。他在史汀生中心负责行业倡议项目，他主导了一系列在全球贸易和投资网络时代促进加强安全的项目，并与许多美国及其他国家的公司、贸易协会和政府机构进行合作。他的研究领域包括国际监管合作、全球价值链、复杂的所有权结构和跨境服务贸易。来源：史汀生中心（美国智库），2015 年 2 月 19 日。

2 月的执行令也提高了美国政府在贸易便利化和执法方面的内部协调能力。更具体地说，美国政府增加了自己在进出口方面的许多重要职责。

4. 在区域层面，美国和加拿大以及美国与墨西哥之间长期存在的双边倡议，加上日趋成熟的一套三边项目能够继续推进北美洲的经济一体化，并协调本土的监管框架。

5. 在全球层面，世界贸易组织中的《贸易便利化协定》将于 2015 年正式开始实施。该协定规定，各国建立“授权运营商”项目，对内部管理流程达到一定标准的进出口商进行补贴。通过区分高绩效的公司，这些项目使得各国政府能够更准地定位监督目标，并提升执法能力。当各国调整其贸易规则的各个方面时，参与公司的竞争优势会成倍增加。该协定的其他内容有助于推动协调国际重大贸易政策和项目，这并非巧合。例如，该条约将建立一个合理的全球基准，以简化政府与行业、政府与政府之间的贸易数据的交流和敏感信息的保护。

6. 两个最主要的自由贸易谈判分别是跨大西洋贸易与投资伙伴关系协定（TTIP）和跨太平洋伙伴关系协定（TPP）。跨大西洋贸易与投资伙伴关系协定将会是美国与欧盟之间的协议，而跨太平洋伙伴关系协定在美国与其他八位主要亚太伙伴的谈判中已经成形。

7. 许多贸易观察家认为，这些问题是美国政治僵局一般规则的例外，尤其是因为共和党在众议院和参议院都占大多数，这种观点会在跨大西洋贸易与投资伙伴关系协定和跨太平洋伙伴关系协定谈判进入关键期时经受检验。跨太平洋伙伴关系协定可能会先产生结果。这些不同的举措解决了许多相当深奥的问题，但最重要的是不要忽视了这一平衡。这是 21 世纪应对新兴安全问题，特别是应对与全球经济紧密交织在一起的安全问题的治理工具包。

8. 美国贸易代表迈克尔·弗罗曼曾说过：“贸易已经成为美国最重要的外交政策工具，它既能增强本国的实力，也有助于在国外展现该实力。”

编号：20150219A091

美国贸易政策和多哈回合贸易谈判：可选择的观点

C. Fred Bergsten *

原文标题： U. S. Trade Policy and the Doha Round：An Alternative View

文章框架： 美国对多哈一揽子计划不感兴趣的原因；最初促使奥巴马加入 TPP 谈判的原因；多哈回合谈判失败的原因。

观点摘要：

1. 理查德·鲍德温（Richard Baldwin）于 2011 年 5 月 16 日和 17 日在专栏中描述了美国对多哈的政策以及批评了可供美国选择的贸易政策战略，他认为美国在这两方面都犯了严重的错误。他陈述此言论的前提是美国贸易政策的主要目标是降低合作伙伴国家的关税。他在第二篇专栏文章的第一句写到，21 世纪的贸易协定与关税优惠无关，这些协定是为了使国际贸易更加便捷。目前的多哈一揽子计划没能达到这样的效果，因此美国对该计划并不感兴趣。该计划最明显的缺点之一是它没能提出任何有意义的服务贸易规则，而美国在服务贸易方面具有主要竞争力，其他国家在这方面存在许多实质性的障碍。他认为，美国准备好让多哈谈判失败，主要是因为美国希望维持其“关税筹码”，保留消除其剩余关税的能力，以在未来换取更大的互惠。但这一说法在于华盛顿举行的多哈辩论中几乎没有被提及，显然这样的观点并不是美国政策的主要内容。

2. 美国对多哈一揽子计划不感兴趣的原因很简单。目前多哈回合谈判桌上正在讨论削减农业补贴和关税以及工业品关税的问题，这将使美国的总出口额增加 60 亿美元至 70 亿美元。数额如此之小，以至于在奥巴马整个任职期间（或前一段时期），美国企业没有在多哈回合谈判方面游说政府和国会。美国企业表示它们对于在小小的巴拿马建立自由贸易区很感兴趣，更不用说在哥伦比亚尤其韩国建立更大

---

* C. Fred Bergsten，中央卫理公会大学学士，弗莱彻法律与外交学院硕士和博士。1981 年至 2012 年，他担任彼得森国际经济研究所创办主任，也是该研究所的高级研究员和荣誉主任。他是总统贸易政策和谈判咨询委员会成员。他于 1965 年获美国国务院功勋荣誉奖，于 1981 年获财政部卓越服务奖。来源：彼得森国际经济研究所（美国智库），2011 年 5 月 18 日。

的自由贸易区了。鲍德温博士认为，多哈关税削减计划将是美国有史以来签署的最大市场开放倡议，但他的想法显然是错误的。多哈回合谈判目前达成的协议内容给美国带来的贸易利益远比北美自由贸易协定（NAFTA）和与韩国达成的自由贸易协定给美国带来的贸易利益少。鲍德温在其第二篇专栏文章里写到，美国没有其他可供选择的、可以用来增加其全球市场准入的战略，因为美国国内存在政治限制，这将阻碍其发展区域性和双边自由贸易协定。他认为，跨太平洋伙伴关系协定（TPP）是可选措施中的“支撑点”，但是他却忽视了 TPP 的覆盖范围近期可能扩大，至少日本和韩国会加入，这随后会给亚洲其他国家带来压力，包括中国，TPP 可能在 2020 年之前成为亚太自由贸易区的终极目标。

3. 鲍德温在质疑美国是否能够赢得自由贸易区比赛时，忽略了美国将调整谈判方针来赢得该比赛的巨大可能性。地缘政治需求是最初促使奥巴马总统加入 TPP 谈判的原因，此类需求与多哈回合谈判存在巨大冲突。简而言之，TPP（最终会成为亚太自由贸易区）在美国国内有许多支持者，但是多哈回合谈判的支持者却很少。鲍德温对多边选择的看法也使得他对美国贸易倡议时机的见解令人费解。没有理由相信政府在 2013 年（甚至 2012 年）达成交易会比现在更困难，相反，如果那时失业率大幅下降，美元面临的竞争力加大，而美国贸易逆差大幅减少的话，美国政府与别国达成交易实际上会变得更加容易。与鲍德温做出的假设相反的是中国和其他新兴市场也可能更愿意在一年或两年内做出让步，因为它们会在全球经济复苏中获得自信，它们也会越来越清楚地认识到本国的国家利益应与其在全球贸易体系中的中心角色相称。还值得注意的是，基于一些新兴市场的优先贸易“要求”，如中国希望尽早获得市场经济地位，以及印度希望为其高科技人才增加获得签证的机会，采取双边对策比采取多边对策更容易实现。

4. 我与鲍德温同样热切希望恢复多哈回合谈判以及建立通往贸易自由化的多边轨道。他认为美国是导致问题悬而未决的唯一（或主要）因素。我不同意这个看法，因为多哈回合谈判的失败有太多的原因，比如所有主要贸易国家都未在谈判桌上提出有意义的条件，也没有在重要服务部门领域进行认真谈判，这是所有谈判国的错。

编号：20110518A092

跨太平洋伙伴关系协定：更多成员、更多收益、更加复杂

Jeffrey J. Schott *

原文标题：Trans - Pacific Partnership：More Members，More Gains，More Complications

文章框架：三个潜在加入国给 TPP 谈判可能带来的影响；TPP 参与国的现状；三个潜在加入国与 TPP 已有成员的贸易关系；这三个国家尤其是日本和加拿大面临的阻碍；美国政府官员对三个潜在加入国的评论；对 TPP 谈判进程的预测。

观点摘要：

1. 2011 年 11 月中旬召开的亚太经济合作组织（APEC）会议为跨太平洋伙伴关系协定（TPP）带来了一些令人欢迎的好消息，TPP 这一潜在协定将促进太平洋地区有更大的贸易和投资。更重要的是三个国家——加拿大、日本和墨西哥——宣布它们将寻求加入谈判的可能性，已经参与 TPP 谈判的国家占到了全球进出口贸易相当大的比例。然而，这些新加入的国家将可能使谈判复杂化并且拖延这一谈判。

2. 当前参与 TPP 谈判的国家有九个：澳大利亚、文莱、智利、新西兰、马来西亚、秘鲁、新加坡、美国和越南。三个国家的加入将使 TPP 涉及的消费人群增加一倍，分别增加 TPP 成员国商品进口和出口达 63% 和 49%，分别增加 TPP 国家服务进口和出口达 30% 和 47%，并且 TPP 国家占世界商品出口的比例将从 15% 增加到 24%（基于 2010 年 WTO 的数据）。

3. 这三个潜在加入国与 TPP 现有成员国已经建立了广泛的正式贸易关系：日本与除了美国和加拿大之外的所有 TPP 成员国都有经济伙伴关系协定。加入 TPP 是日本亚太地区经济一体化战略的一个必要补充。墨西哥和加拿大与许多国家都建立了

---

* Jeffrey J. Schott，华盛顿大学学士，约翰·霍普金斯大学研究学院国际关系专业硕士，他于 1983 年加入彼得森国际经济研究所，是国际贸易政策和经济制裁方面的高级研究员。他曾任普林斯顿大学客座讲师（1994 年）、乔治城大学兼职教授（1986 ~ 1988 年）、卡内基国际和平基金会高级助理（1982 ~ 1983 年）以及美国财政部国际贸易和能源政策方面的高级助理（1974 ~ 1982 年），现在是美国国际经济政策咨询委员会委员。来源：彼得森国际经济研究所（美国智库），2011 年 11 月 16 日。

贸易关系，但不包括三个 TPP 参与国：文莱、马来西亚和越南，而这两个北美自由贸易区（NAFTA）国家也正与新加坡进行贸易合作伙伴关系协定的谈判。加拿大与澳大利亚有贸易和经济合作协定。墨西哥是第一个与日本建立自由贸易协定的国家，加拿大和日本在 2011 年年初发起了关于签署经济合作伙伴关系协定的联合研究。

4. 每个潜在参与国在加入 TPP 谈判时都要面临两大障碍。首先，它们必须与每一个 TPP 核心国家协商。九个 TPP 现有参与国必须全部支持新成员的加入并且决定这些新成员什么时候可以开始谈判。其次，国内政治是否允许它们这样做具有不确定性。日本一直表示有兴趣加入，但是地震以及今年早期的核灾难导致这一决定被拖延。虽然日本国内支持出口，但是首相野田佳彦面临着国内对 TPP 的很大疑虑，尤其是农业部门。水稻是被关注的重点但不是被关注的唯一领域。日本加入 TPP 谈判使国内担忧这会影响日本对其他领域改革的承诺，如汽车及服务业。美国工业部门对日本这一声明的回应显示出这些困难只有在九个核心国家的同意之下才能被解决，包括对牛肉进口和汽车行业的限制以及服务业面临的障碍。日本国有企业也将成为 TPP 谈判的对象之一。

5. 虽然加拿大总理哈珀表示加拿大将“很容易地”达到 TPP 的标准，但是他仍然面临来自加拿大受保护的农业部门尤其是乳制品行业中受益人群的很大挑战。之前新西兰反对加拿大参与 TPP 谈判，其坚持认为在谈判开始之前加拿大必须开放受保护的乳制品行业。乳制品在加拿大是一个敏感的问题，农业相关团体坚信供应链管理达不到谈判的标准，并且已经开始反对 TPP。

6. 增加新成员这一想法使得 TPP 谈判变得紧张，其现有成员表示将会很快协商建立高标准的目标。美国负责国际经济事务的副国家安全顾问迈克尔·弗罗曼的话常常被引述，他对有兴趣加入 TPP 谈判的这三个国家表示欢迎，但是其强调这些国家不应该“阻碍我们的进程”。

7. 这九个核心国家的目标是在 2012 年中期下一届 APEC 会议举办之时完成文本审查。但与 TPP 之前的目标一样，这一目的很有吸引力但又不免显得有些过于雄心勃勃。当前的参与者已经有一系列很难迅速解决的“症结”，如何解决已经出现的问题，以及由于三个新成员的加入所带来的难题将可能进一步阻碍谈判进程。下一年的谈判可能取得实质性的进展，但是 TPP 谈判不太可能在 2013 年之前完成。

编号：20111116A092

把中国排除在贸易协定之外，后果自负

Aaditya Mattoo； Arvind Subramanian*

原文标题： Leave China out of a Trade Pact at Your Peril

文章框架： 多边论坛面临的挑战；中国经济的崛起以及涉及中国的问题；TPP 的进展以及将中国排除在外可能造成的后果；有关中国的担忧是没有必要的；要建立全面的新的多边倡议；各国在贸易方面的共同目标；世界贸易谈判主导力量的转变。

观点摘要：

1. 各国贸易部部长将于下周在日内瓦参加世界贸易组织的有关会议，他们将各自带着本国的指令进行各项讨论。2011 年 11 月在戛纳时，二十国集团领导人认识到多哈回合论坛所采取的方式不会成功，并且世界将不得不应对多边贸易体系中更广泛的挑战。其中一个最大的挑战就是应对中国的崛起。这些部长们应该在多边贸易谈判中准备一个全新的“中国回合”。

2. 中国是世界上最大的贸易出口国，到 2020 年该国的贸易量将是美国的 1.5 倍，中国将成为世界上的一个经济主导力量。这本身不应该成为担忧的原因，因为中国的经济转型在一个开放的贸易体系中一直进行并且将继续是可预测的。但是过去几年一些最有争议的问题——如汇率低估造成的“以邻为壑”效应和政府实体的不透明采购和投资活动——都涉及中国。世界各国领导人都希望在不破坏多边体系的前提下解决这些问题。

3. 包括美国在内的很多国家对多哈多边倡议的缓慢进程感到沮丧，这些国家现在开始转向振兴贸易自由化的区域发展模式。11 月奥巴马总统在其亚洲之旅中所倡导的跨太平洋伙伴关系协定（TPP）就是其中最引人注目的例子。TPP 有望推动自

---

* Aaditya Mattoo，在世界银行工作。

Arvind Subramanian，德里圣斯蒂芬学院学士，位于艾哈迈达巴德的印度管理学院工商管理学硕士，英国牛津大学哲学硕士和博士。彼得森国际经济研究所高级研究员，当前担任印度政府首席经济顾问。

来源：彼得森国际经济研究所（美国智库），2011 年 12 月 8 日。

由化的发展，但是其涉及范围很窄，只包括少数几个国家并且中国被排除在外。这使得 TPP 就像没有丹麦王子的《哈姆雷特》。并且更糟糕的是，这可能刺激中国实行区域主义行为。试想一下如果中国建立一个不包括美国的自由贸易协定对美国进行报复，那么这将导致双方发展的碎片化和相互争斗。

4. 如果中国可以成为这样一个贸易伙伴关系规则制定过程的一部分，那么为什么要排除其他的地区或大国如欧洲、巴西和印度？如果一个崛起的中国给其他国家带来的担忧是中国将凭借其经济规模和优势拥有很大的议价能力，那么在多边进程中的谈判将更多倒向中国。然而，如果在很多国家之间存在共识，在有争议的问题上中国更倾向于遵守纪律。

5. 区域性和歧视性的解决方案意义不大。要在多边贸易体系中应对中国带来的挑战,以及通过进一步自由化刺激工业化国家经济增长，可以通过建立一个全面的新的多边倡议来实现，这将以一种多哈论坛所没有的方式关注所有贸易大国不断变化的利益和担忧。新倡议将会为建立一个互惠的自由机制奠定道路，互相开放市场一直是之前贸易体系成功的基础。

6. 在更大范围内实现互利互惠必须被提上议程。中国的贸易伙伴仍然担忧中国的汇率政策以及中国存在的保护和歧视行为。中国以及其他国家希望确保自己的出口不受反倾销和贸易限制的阻碍，并且每个国家都希望防止出口保护主义，鼓励商品和服务自由化以及开放政府采购市场。

7. 任何一个新的倡议都将在关键方面与过去不同。过去，西方国家一直是世界贸易谈判的推动者，而现在，中国和其他新兴市场大国在推动多边自由化谈判的过程中必须占据主导地位。

编号：20111208A092

日本邮政公社：反改革法律使日本加入跨太平洋伙伴关系协定迷雾重重

Gary Clyde Hufbauer；Julia Muir *

原文标题：Japan Post：Anti - Reform Law Clouds Japan's Entry to the Trans - Pacific Partnership

文章框架：日本邮政公社（以下称“日本邮政”）的简介以及其带来的问题；日本前首相小泉纯一郎对日本邮政的改革以及面临的阻碍；野田佳彦表示有兴趣加入 TPP 谈判；日本加入谈判所面临的阻碍；TPP 草案针对 SOEs 和 SSEs 的原则；美国及 TPP 参与方对日本及日本邮政的可能要求；日本可能被要求阐明修订法；TPP 与各国国有企业。

观点摘要：

1. 日本邮政公社是日本政府国有企业中的一大巨头，是包括五家公司的企业集团。母公司为日本邮政控股，涉及邮局经营和邮件投递的两家子公司为日本邮政网络和日本邮政服务，还拥有两个金融巨头公司，分别为日本邮政银行和日本邮政保险。日本邮政是全世界最大的国有企业之一，包括世界大型银行，并且有与邮政快递相结合的保险机构。日本邮政银行大约拥有 177 万亿日元存款，日本邮政保险拥有大约 7.9 万亿日元年保费收入。日本邮政的储蓄额占到了日本账户持有人用于购买日本政府债券的金融储蓄的 80%，这造成了日本国内资本市场的严重扭曲。日本邮政拥有很多特权，最值得注意的是受到较少的监管并且在战略合并事务上有法定禁令豁免权，使其能够向市场推出自己的保险产品并与国内和国外私人保险公司竞

---

* Gary Clyde Hufbauer，彼得森国际经济研究所雷金纳德·琼斯的高级研究员，1996 ~ 1998 年，担任外交关系委员会研究主管；1985 ~ 1992 年，担任乔治城大学国际金融外交马库斯·瓦伦堡教授；1979 ~ 1981 年，曾任乔治城大学国际法研究所副主任；1977 ~ 1979 年，出任美国财政部国际贸易和投资政策的副助理国务卿；1974 ~ 1976 年，担任美国财政部国家税务部门主任。撰写了大量关于国际贸易、投资和税收问题的文章。

Julia Muir，自 2010 年 3 月起担任彼得森国际经济研究所研究分析师。

来源：彼得森国际经济研究所（美国智库），2012 年 5 月。

争。除了其庞大的邮政分销网络具有一小部分渠道之外，其一直不愿意提供私人保险产品。

2. 2005 年，日本首相小泉纯一郎推动日本国会通过了具有里程碑意义的法案，旨在改革日本邮政并且设想到 2017 年使其实现实质性的私有化。然而，后几任日本政府一直有扭转小泉改革的想法。但是到 2012 年 1 月，国会议员仍然可能保留小泉改革的关键部分，以最终打破日本邮政对日本金融市场的束缚，因为其控制着超过 30% 的日本银行业和超过 20% 的国内保险市场。但是反对党自民党与日本执政党民主党和公明党一起反对这一改革，2012 年 3 月 30 日这一联盟向国会提交了部分修改邮政私有化法律的议案，2012 年 4 月 27 日这一反改革法案在参议院获得通过，并成为法律。

3. 修改后的法律使得小泉的改革又回到了起始状态。但是在深入研究法律细节前，一定要检查日本加入跨太平洋伙伴关系协定（TPP）带来的严重后果。野田佳彦以贸易自由化的倡导者著称。在克服了多个内阁成员的反对之后，野田佳彦一直倡导日本加入 TPP 谈判。在 2011 年 11 月于檀香山举行的亚太经合组织（APEC）会议上，野田佳彦向美国总统表示日本有兴趣加入 TPP 谈判，同一时间，加拿大和墨西哥领导人也表达了同样的兴趣。

4. 如果这三个国家都加入谈判，那么 TPP 谈判参与国的数量将从九个上升到十二个。每一个可能成为 TPP 成员国的国家都面临着自身的阻碍，但是日本是其中面临阻碍最严重的国家。作为 TPP 谈判参与国中的第二大经济体（仅次于美国），日本的加入将使谈判从“一头大象”扩大到“两头大象”，但是日本的参与进程由于长期存在的阻碍而显得十分缓慢：日本能够放开农产品配额、汽车法规和日本邮政吗？小泉改革的逆转并不是一个好兆头。

5. TPP 的一个开创性篇章将会为政府拥有企业（SOEs）和政府支持企业（SSEs）建立规则。虽然 TPP 草案文本一直没有公开，但是核心原则可能包括以下内容：SOEs 和 SSEs 将会被定义为从事商业交易并与私人企业竞争的国有控股企业；出于商业考虑，SOEs 和 SSEs 应该可以被买卖；SOEs 和 SSEs 在管理和运营等方面应该是透明的，以尊重股东及相关机构；国家监管机构应该无歧视地对待 SOEs、SSEs 和私有企业；必须尊重国民待遇原则。

6. 除了违反了世贸组织关于贸易服务的承诺，日本邮政目前的运营显然与上述后三条原则不符，并且反改革法的通过无疑将加剧这一矛盾。至少作为使美国及其他 TPP 成员国相信日本准备参与 TPP 谈判的一个措施，美国将要求日本正式承诺日本邮政将不会提供新的或经过改良的产品来与私营部门的公司竞争，直到在日本邮政与私有银行和保险公司之间建立起公平的竞争环境。换句话说就是，日本政府至少会被要求承诺维持日本邮政当前的产品线，保证其不会再扩大。除此之外，美国和其他 TPP 参与国将要求日本行使监管的灵活性，以应对日本邮政业务所带来的负面影响，并且要求日本愿意使日本邮政成为谈判议程的一部分。

7. 美国和其他 TPP 各方对于建立信任措施的要求可能比上文所叙述的更加强硬。在给予日本 TPP 席位之前，他们可能坚持让日本阐明修订后的法律以向私营企业提供一个公平的竞争环境——也被称为平等竞争条件。具体到邮政事务时，与修订法一同通过的补充法使首相能够阐明修订法，以确保平等竞争条件。然而，补充法并没有法律效应，它们仅相当于美国国会的立法历史，意味着可以被忽略，其他 TPP 成员可能坚持要求修订法的阐明于 2012 年生效。

8. 即使美国和其他 TPP 参与国不要求日本邮政进行改革以作为建立相互信任的一个措施，但是在 TPP 谈判结束之时让反改革法依然存在是不可想象的。日本放弃 SOE/SSE 规定将违反 TPP 谈判中倡导的国家在公有和私有企业竞争中保持中立的政策。考虑到越南和马来西亚经济中大量存在的国有企业，SOE/SSE 将会是 TPP 讨论中的关键部分。事实上，TPP 旨在为 TPP 各成员国与中国最终深入的发展提供一个模板，也许在某个时候它会成为世界贸易组织在全球通用的规则，因此日本邮政必须回到小泉改革的道路上。

编号：201205A092

美国应该支持与日本签署贸易协定

Adam S. Posen *

原文标题： U. S. Should Support a Trade Deal with Japan

文章框架： 日本加入 TPP 的意义；美国反对日本加入 TPP；日本的货币操纵行为。

观点摘要：

1. 上周，安倍晋三在日本上议院选举的胜利显然是世界贸易的一个转折点。日本首相已经在国内外多次承诺，如果获得允许，日本将加入跨太平洋伙伴关系协定（TPP）贸易谈判。日本承诺对外开放日本农业和保险领域。安倍热衷通过国际经济一体化推动国内重大改革，这将有利于日本，日本加入 TPP 也为建立适应 21 世纪的高水准协定带来了光明前景。最重要的是，日本加入 TPP 将为一些欠发达经济体带来机会，同时确保发达经济体遵守经济标准。这种补偿可以使日本从贸易中获得最大的直接收益。约翰·霍普金斯大学的两位教授分析发现，截至 2025 年，TPP 协议中有关日本对外开放其农业和其他领域的内容将使智利的 GDP 每年增加 1%，马来西亚增加 5%，越南增加 10%。通过增加跨境投资和服务需求，日本的 GDP 每年将增加 2%，美国几乎增加 0. 5%。

2. 可悲的是，尽管美国企业和消费者是主要的获益方，但如果不出意料，美国内部的利益集团将会反对日本加入 TPP 谈判。底特律三大汽车公司和联合汽车工人工会已经对此表达了最大的关注。如果有关进入日本国内汽车市场和征收轻型卡车关税的投诉部分有效，它们就会有一个很大的需求：奥巴马政府会容忍日本一些形式上的货币操纵行为。这已在国会上赢得了一些支持。

3. 如果系统性改革未能解决全球失衡问题，那么一般性的贸易协定是否应包括在单边货币条款之内，这是一个棘手的问题。由于货币贬值没有得到广泛接受，所

---

* Adam S. Posen，哈佛大学学士和博士，曾任英国央行货币政策委员会委员，现任彼得森国际经济研究所主席，也是外交关系委员会委员。他的研究领域包括宏观经济政策，金融危机的解决，欧洲、日本和美国的经济问题以及中央银行事务。来源：彼得森国际经济研究所（美国智库），2013 年 7 月 23 日。

以任何有关货币操纵的立法都是有必要的。然而，具有讽刺意味的是，任何有关货币操纵的实际规定都不是对抗中国和韩国此种行为的强制性措施。

4. 2011 年的海啸以及核灾难引发日元汇率飙升，除此之外，自 2004 年 4 月 1 日以来，日本一直没有单边干预货币市场以压低日元汇率（在二十国集团抱怨日本过度干预之后，日本停止了这一行为）。安倍政府一直遵守 2012 年 12 月二十国集团商定的协议。一些美国企业对日本进行货币操纵的怀疑是基于一些孤立事件。在任何情况下，日本单方面努力压低日元汇率将会受到二十国集团相关协议的指控。

编号：20130723A092

跨太平洋伙伴关系协定迈进了一步？

Jeffrey J. Schott *

原文标题： A Step Forward for the Trans – Pacific Partnership?

文章框架： 目前 TPP 谈判的概况；这些谈判的前景；急于完成该协定所引发的问题及其原因。

观点摘要：

1. 史蒂夫・韦斯曼：参议院金融委员会与众议院筹款委员会的主席已经向奥巴马总统进行了合法授权，即总统可以与亚太国家达成贸易协定，即跨太平洋伙伴关系协定（TPP）。杰夫瑞・斯科特一直在记录此次谈判过程。

杰夫瑞・斯科特：TPP 谈判已经进行了将近四年，目前处于一个关键阶段。因此，如果该协定通过立法执行，那么美国贸易代表迈克尔・弗罗曼就更容易获胜，或从其他十一个参与 TPP 谈判的国家中尽可能获得最好的交易成果。

2. 史蒂夫・韦斯曼：如果国会通过了立法，那么今年年底之前这些谈判的前景将会有什么发展？

杰夫瑞・斯科特：去年下半年，谈判进程一直在加速。还有许多部长参与了此次谈判。这些部长在亚太经合组织峰会期间以及一个月前于新加坡举行的世界贸易组织会议期间见过多次。他们在许多关键问题上减少了分歧。现在我想说的是，在不久的将来，完成这一协定最大的绊脚石是有关知识产权和农产品市场准入的规定，特别是日本市场。那么，现在这些问题可以在不久的将来得到解决吗？我认为，现在各方对每个问题的立场不同。我想，如果有人愿意从政治的角度去接受一

---

* Jeffrey J. Schott，华盛顿大学学士，约翰・霍普金斯大学研究学院国际关系专业硕士，他于 1983 年加入彼得森国际经济研究所，是国际贸易政策和经济制裁方面的高级研究员。他曾任普林斯顿大学客座讲师（1994 年）、乔治城大学兼职教授（1986 ~ 1988 年）、卡内基国际和平基金会高级助理（1982 ~ 1983 年）以及美国财政部国际贸易和能源政策方面的高级助理（1974 ~ 1982 年），现在是美国国际经济政策咨询委员会委员。本文系史蒂夫・韦斯曼（Steve Weisman）对他的采访。来源：彼得森国际经济研究所（美国智库），2014 年 1 月 10 日。

些妥协，那么这一协定就可以在上半年得以实现，甚至可以在奥巴马总统于今年4月前往亚洲时得以签署。

3. 史蒂夫·韦斯曼：是否真的可以这么早签署该协定?

杰夫瑞·斯科特：律师必须检查该协定的所有内容，以确保各项条款符合规定，这必须经过合法审查。

4. 史蒂夫·韦斯曼：急于完成该协定也许会搁置关键问题，而且它将不会像人们所期望的那样雄心勃勃。

杰夫瑞·斯科特：我担心该协定不会像人们所期望的那样雄心勃勃，但这并不是因为要急于完成谈判，而是由于许多关键的TPP参与国（包括美国）在改革方面受到的政治阻力。

TPP谈判的主要制约因素之一是美国谈判代表不愿意对美国市场内重要农产品的限制进行改革。如果它们不愿为糖和乳制品打开美国市场，或者可能只同意进行部分改革，那么这将降低其他国家自愿进行改革的信心程度。我认为谈判代表们的关系很好，而且日本于去年7月加入TPP也是一个关键因素，因为它不仅给谈判桌上的美国，而且还为其他TPP参与国带来了诸多的潜在利益。

编号：20140110A092

这是日本主导 TPP 谈判的机遇

Adam S. Posen*

原文标题： This Is Japan’s Chance to Lead TPP Talks

文章框架： 美日在 TPP 谈判中达成一致的意义；日本加入 TPP 获得的收益；美日之间存在的问题及解决方法；美日双方的安全利益以及 TPP 的意义。

观点摘要：

1. 日本终于是时候该打农业牌了。现在，我们即将迎来美日在跨太平洋伙伴关系协定（TPP）双边谈判中的关键时刻。如果日本不放弃对农业的实质性保护，那么美国将无法在短期内推进 TPP。对日本来说，这是一个千载难逢的机会，这个机会对日本的经济和安全都十分关键。现在该是安倍政府提出交易的时候了。现在，美国和日本政府正在就 TPP 的初期形式进行双边谈判。如果双方达成一致，那么它们就会形成一个坚固的联盟以及一个巨大的共同市场，这将为 TPP 谈判中的所有多边谈判设定主导基调。美日之间的这一联盟阵营以及它们与加拿大和墨西哥之间潜在的联盟关系将推进知识产权、环境、健康和安全高标准的设立，并加大力度限制国家的不公平补贴，这都符合日本和其他发达经济体的利益。

2. 彼得森国际经济研究所的一位研究员分析预测称，如果日本加入 TPP，那么截至 2020 年日本将获得 850 亿美元的额外收入。根据该研究所的预测，如果日本和美国的合作可以成功地引诱韩国或中国日后加入 TPP，那么日本的收入将会翻倍，而且到 2015 年将可能达到 2300 亿美元。这是一个巨大的数目，而且实际上日本也是 TPP 参与国中获益最多的，其他分析人士也得出了类似的数字。

3. 不幸的是，目前美日两国对 TPP 初期形式的谈判停滞了。尽管美国和日本已经在所谓的敏感领域——如汽车和保险行业——实现了相互适应，但是双方在农业

---

* Adam S. Posen，哈佛大学学士和博士，曾任英国央行货币政策委员会委员，现任彼得森国际经济研究所主席，也是外交关系委员会委员。他的研究领域包括宏观经济政策、金融危机的解决、欧洲、日本和美国的经济问题以及中央银行事务。来源：彼得森国际经济研究所（美国智库），2014 年 4 月 18 日。

领域仍然存在问题，特别是美国对日本猪肉和乳制品的限制。还有一个问题是，美国国会还没有通过奥巴马总统提出的《贸易促进授权法案》。日本与美国签署的使日本农业市场自由化的协议将会立即解决这两个问题。首先，很明显，这将消除日本和美国一致同意与其他十个参与国进行谈判的难处；其次，它将为美国政府，包括美国国会，呈现一个难以抗拒的良好协定。

4. 有些人会说，日本政府不同意美国提出的这个农业改革方案，因为美国也不是真的想要通过TPP，或者说，如果奥巴马政府真的希望通过TPP，那么稍微推迟一段时间也无伤大雅，这些都是深受误导的想法。不管从绝对还是相对的角度来说，日本从TPP中的获益要比美国多，而且差距悬殊。但是，如果日本和美国现在不能形成统一战线，那么这一交易将会失去关键的发展势头。毫无疑问，正如安倍经济学一样，TPP协议旨在创造一个稳定的亚太安全秩序并增加日本收入。拟议的伙伴关系协定不但使得沿太平洋地区的诸多国家结成联盟，其中包括菲律宾、新加坡和越南等关键和潜在的盟友，而且可以帮助这些国家稳定本国经济，并帮助它们走向美日这一联盟。

5. 如果中国决定在边界内发展和平，正如我所希望的那样，它将会被邀请加入TPP。正如我所提到的，这将符合日本的利益，因为它将有助于建立一些规则和制度，旨在保护日本向中国的投资和出口，也会使日本从TPP中获得的收益迅速翻倍。

6. 显然，日本下一阶段的改革仍然是其极度落后并需要保护的农业领域。日本与美国就TPP达成双边交易，共同推进TPP的发展，这需要日本在符合自身利益的情况下进行真正的农业改革。

编号：20140418A092

跨太平洋伙伴关系协定的三赢解决方案

Adam S. Posen*

原文标题： A Win - Win - Win Solution for the Trans - Pacific Partnership

文章框架： 中国加入 TPP 可能获得的收益；TTP 成员国从中获得的收益；太平洋两岸国家对中国加入 TPP 的态度；TPP 的意义；美国应该邀请中国加入 TPP。

观点摘要：

1. 中国和美国之间的安全紧张局势正在迅速蔓延到经济关系中。双方有时需要沟通，这不只是为了避免紧张局势产生不必要的升级，也是为了维护双方经济关系中的共同利益。实现这两个目标的潜在关键是将中国纳入跨太平洋伙伴关系协定（TPP）谈判中。彼得森国际经济研究所的一项统计显示，如果中国加入 TPP，到 2025 年，TPP 可以为中国增加 4.7% 的国民收入，为美国增加 1.6% 的国民收入——甚至可以为日本同期增加 4.4% 的国民收入，这将是一场三赢局面。

2. 此外，TPP 主要成员国的利益只能通过 TPP 来获得。我们估计，如果中国没有迅速加入 TPP，中国的贸易转移可能只是其潜在收益的十分之一（十年内增加 0.5% 的收入）。日本从 TPP 中获得的收益几乎减半至其 GDP 的 2.4%，而美国的收益将减少三分之二，达到 GDP 的 0.5%，所以无论通过哪种方式，它们都从 TPP 中获得了收益，但远比中国获得的多，这符合大经济体之间的经济一体化基本逻辑。

3. 太平洋两岸的国家都对中国加入 TPP 表示犹豫。美国希望这一颇具前景的贸易协定是对更广泛联盟的补充，因此 TPP 应该包括中国东部沿海地区的民主国家，而不包括中国。另一些民众则担心，中国参与 TPP 谈判可能会给中国有意削弱谈判内容创造机会。中国也担心这一问题，但是另一个额外的担忧也出现了。中国认为

---

* Adam S. Posen，哈佛大学学士和博士，曾任英国央行货币政策委员会委员，现任彼得森国际经济研究所主席，也是外交关系委员会委员。他的研究领域包括宏观经济政策、金融危机的解决、欧洲、日本和美国的经济问题以及中央银行事务。来源：彼得森国际经济研究所（美国智库），2014 年 6 月 13 日。

其20世纪90年代加入世界贸易组织和永久性正常贸易关系待遇（PNTR）的过程十分尴尬。他们不希望中国卑躬屈膝——他们觉得中国应该从一开始就参与制定新的贸易标准。

4. TPP实际上是开放地区主义的一个榜样。该地区任何一个准备好以良好的信誉参与TPP的国家都将被纳入该协定，这并非子虚乌有。值得注意的是，中国加入这一潜在的高水准协定符合这一地区每个国家的利益，如果TPP能够将美国、中国和日本连接在一起，那么该协定将更有可能被接受，而且意义非凡。正如所有国际谈判一样，贸易谈判也是本着妥协的精神进行的。任何一方都不应该让自我主义或怀疑主义阻碍本该拥有的和平发展。如果TPP将中国纳入考虑范围，并让中国走上一条更深层次的亚洲一体化道路，这将有利于美国的外交政策和实际经济利益。

5. 基于其他国家对国有企业或知识产权的合理关注，中国即使不能立即加入TPP，但是也知道自己加入TPP将会在会谈中具有重要的话语权。在未来的几年里，发展中国知识产权保护以及限制东南亚国有企业的竞争性补贴将日益符合中国的自身利益。因此，美国具有实际性意义的一步就是在即将举行的战略与经济对话中明确并公开邀请中国加入TPP谈判。作为中国加入TPP的一个准备工作，中国和美国应该就中国贸易谈判代表在当前谈判中拥有官方观察员地位的建议达成一致。当然，双方（尤其是美国）都会有担忧，中国作为观察员将会采取保密的谈判立场，美国担心中国有可能利用这一立场妨碍TPP的进展或进行单方面讨价还价。我认为，通过赋予中国一个明确、开放的TPP观察员地位，中国政府将会发现，公平对待并尊重所有的谈判伙伴符合自身利益。

编号：20140613A092

货币操纵的真相

C. Fred Bergsten *

原文标题： The Truth About Currency Manipulation

文章框架： 跨太平洋伙伴关系协定（TPP）是一个亚太贸易协定；货币问题没有被包括在贸易协定中的主要原因；智能策略。

观点摘要：

1. 跨太平洋伙伴关系协定（TPP）是一个亚太贸易协定，但这一协定面临着一个重大障碍。美国国会两院的多数人认为，TPP 提出汇率操纵，通过这一实践，一些国家认为贬值本国货币会使其出口竞争力具有不公平性。同样，美国汽车行业表示除非解决这一问题，否则它们将反对 TPP，它们的举动也得到工会和钢铁行业的支持。有一个办法可以解决这一问题，但这需要奥巴马政府、国会和 TPP 伙伴国采取新举措。对 TPP 的批评与汇率和贸易相关联。汇率的变化可能会影响贸易流量和贸易收支，这通常是贸易协定中的焦点问题。国际经济体系在应对这种操纵行为时已完全无效。国际货币基金组织有着明确应对竞争性贬值的规则，但其没有强制执行机制，而且其决策过程高度政治化。现在，国会终于坚持一个有意义的响应：政府需要立法机关批准 TPP 以及新的贸易授权，也就是说，对于总统正在进行的贸易协定谈判，国会可以接受或者拒绝，但是不能够修改或者延迟，这也将会使国会随后批准美国与欧盟建立的跨大西洋贸易与投资伙伴协定（TTIP）。

2. 货币问题从来没有被纳入贸易协定的主要原因是体制问题。货币和宏观经济问题是由财政部处理的，包括美国财政部和国际货币基金组织。所有的国家都通过积极捍卫自己的主权来保护它们的经济，包括货币和一些比关税和贸易更重要的政策，这些政策只适用于特定的产品和部门。因此，人们普遍认为，美国在 TPP 方面

---

* C. Fred Bergsten，中央卫理公会大学学士，弗莱彻法律与外交学院硕士和博士。1981 年至 2012 年，他担任彼得森国际经济研究所创办主任，也是该研究所的高级研究员和荣誉主任。他是总统贸易政策和谈判咨询委员会成员。他于 1965 年获美国国务院功勋荣誉奖，于 1981 年获财政部卓越服务奖。来源：彼得森国际经济研究所（美国智库），2015 年 1 月 18 日。

的努力——如建立强有力的货币制度——满足了多数议员和汽车行业的要求，但有可能会使该协议破灭。这个结论或许是错误的。目前的 TPP 成员国不会被定义为“操纵”国。中国不参与 TPP 谈判，日本这段时间并没有干预外汇市场。货币条款可能会阻止 TPP 参与者未来的不当行为，这将会是非常可贵的。在过去的两年中，尽管美国国会已经发出明确的信号，但美国谈判人员并没有做出明显的努力来解决这一问题。不可否认的是，在 TPP 谈判后期，这样一个重要的问题可能会被延期或者其可能会破坏这一极具价值的协议。立法者可能会提供依据，从而让政府灵活地执行国会的货币指令。

3. 智能策略：美国有一个更好的策略，那就是在 TPP 上强调操纵汇率问题，这将促使其实施一种新的、有效的货币政策，从而对国会和各领域的关注做出合法回应，并且有助于贸易法案的通过。事实上，贸易协定中应该包括货币政策，因为这份协定将适用于本国及除本国以外的其他国家，比如中国和其他重要的货币操纵者。美国可以采取三项措施。首先，政府应该遵守现行法律，通过法律指定货币操纵国；其次，不管这些货币操纵国是不是美国贸易协定的成员国，政府都要对这些国家的进口征收反补贴税；最后，财政部要宣布其准备实行“反补贴货币干预”，从而弥补货币操纵国造成的市场扭曲。这项政策的应用就是为了阻止未来的货币操纵行为，这项政策没有预算成本，并且可以为美国赚取利益。对于还没有确立的货币操纵政策，美国已经为其划定了一个经济价格。在贸易政策和外交政策方面，它可能会遭受巨大失败。无论是在新的贸易协定还是其他方面，TPP 和其他潜在的贸易立法为国会和其他利益相关者提供了一个引人注目的出发点。

编号：20150118A092

贸易：专家开战

Simon Johnson[*]

原文标题： Trade：The Experts Go to War

文章框架： TPP 对关税的影响；TPP 对经济的影响；TPP 对其他因素的影响。

观点摘要：

1. 在本周的政治采访中，迈克尔·弗罗曼大使强调，将会有十一个国家对美国商品征收高额进口关税，这十一个国家都是跨太平洋伙伴关系协定（TPP）的成员国。他的言下之意是，跨太平洋伙伴关系协定将会大幅度降低这种关税，刺激美国出口，从而扩大美国经济规模，并为多数美国人提供帮助。这并不是有关交易最好的预测，尽管迈克尔·弗罗曼强调关税问题是中心议题，但关税问题会对我们讨论 TPP 更重要的问题造成干扰。美国对农产品征收很重的关税，当美国农业局看到 TPP 对整个贸易的影响时，它们会使用与迈克尔·弗罗曼一样的数据，但是它们的数据中会包括所有的美国出口和进口数据，它们会发现这个协定几乎对美国国内生产总值（GDP）没有影响。讨论任何个人或某个部门的关税都是一种干扰，我们应把重点放在 TPP 将会如何影响我们的经济这一问题上。

2. 直到最近，TPP 谈判还不包括日本在内。现在，日本有可能参与该讨论。到 2025 年，美国将会从双方贸易中获得 176 亿美元的收入，但仍不清楚日本市场会开放到什么程度。如果不减少非关税壁垒，美国将很难在日本售出本国制造的汽车，这样一来美国将会很难实现其 176 亿美元的收益。美国从 TPP 中获得的最好结果就是量化贸易和投资效益，这将占据美国经济总量的 2%。更重要的是，由于 TPP 的提出，有多少美国人将会失去他们的工作并且获取低收入尚不确定。这样的协定通过分配造就赢家和输家，因此这一协定所产生的影响要大于国内生产总值（GDP）所带来的影响。在这种情况下，令人不安的是国会在贸易立法中不能使用强硬的语

---

* Simon Johnson，牛津大学经济学和政治学学士，曼彻斯特大学经济学硕士，麻省理工大学经济学博士，曾任国际货币基金组织经济顾问和研究部主任。来源：彼得森国际经济研究所（美国智库），2015 年 6 月 7 日。

言，长期单向干预外汇市场削弱汇率，增加进口并减少出口，这些方式将阻止外国央行操纵本国货币。

3. TPP 还包括其他一些内容，如外国投资者和本国投资者享有一样的权利，以及对药品专利给予更大的保护，这两方面可能对我们的经济带来负面影响，但这种影响程度取决于它们如何被详细地列入条款中。TPP 将会被继续修改以解决所有的问题。目前，政府正在努力推动贸易促进授权，这不会引起广泛的争论，但漫长而有争议的 TPP 进程将会变成一个错失的机会。

编号：20150607A092

对于跨太平洋伙伴关系协定你需要了解什么

Gary Clyde Hufbauer; Cathleen Cimino – Isaacs *

原文标题： What You Need to Know About the Trans – Pacific Partnership

文章框架： 众议院未能通过贸易调整援助议案令奥巴马政府遭遇重大挫折；对 TPP 的回顾；TPP 的症结所在。

观点摘要：

1. 11 天前，也就是 2015 年 6 月 12 日，众议院的反对票使跨太平洋伙伴关系协定（TPP）濒临崩溃。美国劳工联合会 – 产业工会联合会（AFL – CIO）主席理查德·特鲁克马和美国众议院少数党领袖南希·佩洛西（后者自 1987 年起担任加利福尼亚州第八国会选区议员，2007 ~ 2010 年，担任美国众议院议长，是职位最高的女性联邦官员，也是首位担任议长一职的加州人和意大利后裔）给了美国总统巴拉克·奥巴马重重一击，他们团结民主党，以 302 票反对、126 票赞成的表决结果投票否决了贸易调整援助（TAA）议案，这意味着奥巴马总统试图得到贸易谈判授权的努力遇到挫折。贸易调整援助议案旨在为受贸易协定冲击而失业的美国工人提供保护。

2. 由于遭到众议院少数党领袖佩洛西等民主党议员的阻挠，众议院未能通过

---

* Gary Clyde Hufbauer，彼得森国际经济研究所雷金纳德·琼斯的高级研究员，1996 ~ 1998 年，担任外交关系委员会研究主管；1985 ~ 1992 年，担任乔治城大学国际金融外交马库斯·瓦伦堡教授；1979 ~ 1981 年，曾任乔治城大学国际法研究所副主任；1977 ~ 1979 年，出任美国财政部国际贸易和投资政策的副助理国务卿；1974 ~ 1976 年，担任美国财政部国家税务部门主任。撰写了大量关于国际贸易、投资和税收问题的文章。

Cathleen Cimino – Isaacs，加利福尼亚大学圣地亚哥分校国际关系和太平洋研究学院国际事务中国际经济学硕士，哥伦比亚大学东亚研究和政治科学文学学士，她精通日语。2012 年 8 月以来，担任彼得森国际经济研究所助理研究员，曾在国际战略研究中心（CSIS）实习。她与高级研究员 Gary Clyde Hufbauer 和 Jeffrey J. Schott 一起研究有关美国国际贸易政策、自由贸易协定谈判和世界贸易组织未来的经济问题。她主要研究东亚地区，之前从事国际发展和经济安全问题的研究。

来源：彼得森国际经济研究所（美国智库），2015 年 6 月 23 日。

贸易调整援助议案，令奥巴马政府竭力推动的贸易政策议程遭遇重大挫折。按照目前的贸易政策立法规则，贸易调整援助和贸易促进授权两项议案绑定在一起，它们必须都获得国会批准才能递交总统签署，成为法律，进而为美国完成 TPP 谈判铺平道路。6 月 12 日的投票使贸易促进授权（也被称为“快速通道”授权）受到了影响，“快速通道”授权能够确保美国国会迅速通过立法来实施 TPP 和其他贸易协定。“快速通道”立法的通过意味着国会不能修改最后的贸易协议，只能直接进行投票表决。对于许多民主党人士来说，他们支持贸易促进授权，然而，必须同时通过贸易调整援助议案。贸易调整援助可以确保下岗工人再就业以及进行必要的调整。

3. 由于拒绝接受否定的答复，奥巴马总统和他的临时盟友众议院议长约翰·博纳采用灵巧的议会策略通过了贸易促进授权，同时将贸易调整援助议案与非洲增长与机遇法案绑定在一起进行投票，提高贸易调整援助议案在众议院通过的可能性。今天，奥巴马以微弱的优势胜出，参议院以 60 票对 37 票的投票结果通过了贸易促进授权，以推动美国与亚太和欧盟国家的自贸谈判进程，而且明天参议院将对贸易促进授权进行最终的投票。对贸易调整援助议案的表决计划将于本周晚些时候进行。贸易促进授权法案将很可能在参议院获得通过，并被递交给总统签字，从而为贸易代表迈克尔·弗罗曼结束 TPP 谈判铺平道路。简而言之，贸易促进授权可以使美国贸易谈判代表与其同行的谈判者完成协议谈判，而且美国国会不能修改内容，只能对协议直接进行投票表决。虽然国会还尚未投票否决过一项贸易协定，但是这并不能保证其会批准 TPP。鉴于困难而且复杂的贸易促进授权立法的通过，可以肯定的是，一旦最后的贸易协定谈判结束，并发布最终文本，它将受到美国劳工联合会 - 产业工会联合会，一些非政府组织如“公共市民”组织（美国消费者维权团体）和塞拉俱乐部（美国的一个环境组织），以及许多国会议员的强烈谴责。对 TPP 的肯定将会和通过贸易促进授权一样艰难。TPP 的主要内容值得我们回顾。

4. TPP 是为亚太地区构想的有史以来最大的贸易协定。它将是第一个“大型贸易协定”：有十二个国家参与，几乎占全球经济总量的 40%，占全球商品和服务出口总量的 40%。由于对缺乏多边协议的不满，十二个 TPP 成员国一致寻求建立高标准的贸易和投资议程。然而，由于它们有着各自不同的优先事项和敏感问题，所以谈判并没有那么容易。

5. TPP 引领着美国贸易政策议程，这是基于政治、商业和战略的考虑。从政治层面来看，TPP 体现了美国总统奥巴马著名的“重返亚洲”战略，并且

TPP 将会成为其第二任期内政治遗产的核心。从商业层面来看，美国已经与大多数跨太平洋伙伴关系成员国签署了自由贸易协定，TPP 将涵盖日本、文莱、马来西亚、新西兰和越南，而且它们将成为美国的自由贸易协定伙伴。此外，TPP 将升级现有的美国自由贸易协定，包括北美自由贸易协定（NAFTA）。从战略层面来看，TPP 将向亚洲合作伙伴展示，美国在该地区的参与将会集中在经济方面。

6. TPP 谈判已经到了最后阶段，随着“快速通道”立法的通过，该协议可能于 2015 年 8 月完成谈判。TPP 谈判结束时，它将为全球贸易规则提供一个先例，而且将会促进各成员国之间的贸易和投资关系。随着其扩增新成员，TPP 也将促进整个区域的经济一体化，很可能实现长久以来的自由贸易目标，并在整个亚太经济合作区域进行投资。TPP 将减少并最终消除货物、服务以及农业等传统市场的准入壁垒（除了一些小例外）。同样重要的是，该贸易协定将在一些领域塑造一定的标准和规则，这些领域包括竞争政策、直接投资、劳工和环境标准以及国有企业，它们在世界贸易组织（WTO）管理的多边贸易体系中，很少或者根本没有规章制度。

7. 计量经济学评估表明，到 2025 年，TPP 将使成员国的实际收入增加 2850 亿美元，而且这一趋势将继续下去。日本和美国将占 GDP 增长的 64%。成员国的出口额将增加 4400 亿美元。当然，这些收益将需要全面实施国家经济改革以符合 TPP 中各成员国应承担的义务，并利用新的贸易和投资机会。作为一个“活跃协议”，TPP 将在未来允许新成员的加入，并定期更新条款。韩国已经表现出对加入 TPP 的兴趣，而印度尼西亚、菲律宾、泰国正在评估加入 TPP 的好处。十年内，该贸易协定也可能成为一个框架，使美国和中国进行有意义的双边接触。

8. TPP 的症结。不出意料，在谈判的最后一站，十二个跨太平洋伙伴关系成员国正在解决最困难的问题。如果各国领导者在 2015 年 8 月前能以政治意愿解决 TPP 中的症结，那么到 2015 年 12 月美国国会可能会颁布立法。下面是我们总结的一些关键问题。

（1）美日市场准入谈判。日本拒绝完全消除敏感农产品进口关税，这些敏感农产品包括大米、牛肉、猪肉、牛奶、小麦、大麦和糖。减少这些关税是一个大问题，因为美国是日本农产品进口的首要来源，从美国进口的农产品数额约占日本农产品进口总额的四分之一。除了美国，一些跨太平洋伙伴关系成员国如澳大利亚、加拿大和新西兰也依赖于日本的农业市场准入，从而对于自己在整个贸易协议的让步来说，获得必要的国内政治支持。日本希望保护自己的大米、牛肉等农产品，而美国却要求全面的市场准入。与此同时，美国正在拖延降低日本汽车关税的时间。

（2）知识产权。跨太平洋伙伴关系成员国就设定高标准以保护知识产权问题达成一致，但在细节问题上谈判的立场有所不同。症结包括昂贵药品测试数据排他性的期限、保护商业秘密的有效手段、互联网服务供应商传播非法或盗版材料应负的责任。

（3）国有企业。TPP 致力于私营企业与国有企业之间的公平竞争，例如，要使一个国有的水泥工厂和私营企业公平竞争，可以通过限制国有企业融资或进入新市场的优惠准入来实现。

（4）劳工和环境标准。跨太平洋伙伴关系成员国正在制定高标准的劳工和环境义务，这样就可以改善越南劳工条件以及改善马来西亚环保法规，而这将需要努力实现和执行相关的多边协议。在劳工方面，各成员国将致力于有效落实国际劳工组织颁布的《工作中的基本原则和权利宣言》，包括禁止歧视现象以及雇用童工。就环境问题而言，各成员国将致力于有效落实《濒危野生动植物种国际贸易公约》，包括禁止买卖象牙和罕见的野生鹦鹉。美国谈判代表坚持认为，劳工和环境条款应该由有效的争端解决程序强制执行。

（5）投资者 - 国家争端解决机制（ISDS）。投资者 - 国家争端解决机制可以使国外投资者利用该机制对抗东道国政府，如果政府征用那些投资者的财产，而没有进行足够的补偿，或者以任意或歧视性的方式管理其业务。这样的争端解决程序由一个公正的仲裁团主持。虽然投资者 - 国家争端解决条款符合自由贸易协定投资章节的标准，但是由于跨国公司涉嫌滥用投资者 - 国家争端解决程序，此程序备受争议。跨太平洋伙伴关系成员国不同意投资者 - 国家争端解决机制中覆盖健康、安全和环境法规等方面。香烟包装法律和新的碳排放标准就是两个这样的例子。

9. TPP 批准。国会通过贸易促进授权为 TPP 谈判的最后阶段铺平道路。贸易促进授权的批准将使美国贸易代表迈克尔·弗罗曼可以向其他贸易部部长保证，美国在谈判桌上的让步将不会受国会修正案的影响。但不管是弗罗曼还是总统奥巴马都不能向他们的外国合作伙伴保证，国会将会批准 TPP。反对者将会（或者已经）大声宣称，如果得到批准的话，TPP 将会降低美国的工资水平，削减美国的就业机会，而且将会产生类似于侏罗纪世界的恐龙的掠夺性公司。我们完全不同意这些说法。根据合理的计量经济学评估，美国将从 TPP 中受益：TPP 的签署可以减少美国下岗工人的数量，而且没有充分的证据表明，扩大贸易将会压低工资。此外，也没有任何实质性的证据表明，此贸易协定将会使国外病人无法获得基本药品。

编号：20150623A092

美国大选后的中美经济关系

Bruce Stokes *

原文标题： U. S. －China Economic Relations in the Wake of the U. S. Election

文章框架： 2012 年总统大选后美国对中国的态度；中美双边贸易关系仍然不稳定；奥巴马第二个任期内针对中国的经济政策的核心；美国－欧盟自由贸易谈判的实质；未来的中美经济关系。

观点摘要：

1. 2012 年的美国总统选举有两位候选人——现任民主党人士巴拉克·奥巴马和来自共和党的挑战者米特·罗姆尼（Mitt Romney）。奥巴马回到白宫之后，美国和中国的经济关系又会如何？美国公众希望华盛顿能够对北京施加更大的压力，但历史表明，这种做法会受到地缘政治的限制。欧洲、美国和中国的美中关系观察人士可能会怀疑，一旦某一候选人成为总统，那么他在选举时所做的承诺是否真的很重要。一般来说，他们的确会兑现诺言。奥巴马总统在其第一个任期内的承诺之一是，对中国的态度要比乔治·布什更加强硬，在过去的四年里，奥巴马政府已经比其前任总统向中国提起了更多的贸易诉讼。因此，奥巴马将继续在经济和贸易问题上给中国施压，这是合理的。至少在过去的三十年里，当美国的全球经济和战略霸权地位受到威胁时，美国总统和总统候选人都承诺会直面外国挑战者：第一个是日本，而现在是中国。

2. 当竞选承诺与执政要求发生冲突时，后者在重要性上往往更胜一筹，但这并不意味着可以忽视当前美中关系的经济和政治背景。由于中国在美国日益增长的外商投资既可能会加剧双方的紧张局势，又可能会在一段时间内改善它们的关系，所以中美双边贸易关系仍然不稳定。

---

* Bruce Stokes，美国哥伦比亚大学新闻学硕士，现任华盛顿皮尤研究中心全球经济态度项目主任。他于 2010 年 9 月作为跨大西洋经济学高级研究员加入德国马歇尔基金会，于 2012 年 5 月成为该基金会的非常驻研究员。其研究领域包括政策、跨大西洋关系、贸易与发展、国际经济、美国－欧盟经济合作以及国际政治经济学。来源：皮尤研究中心（美国智库），2012 年 12 月 10 日。

3. 首先，鉴于总统的竞选承诺以及他在第一个任期内的做法，美国可能会更多地抱怨中国提交给 WTO 的补贴和贸易惯例。过去，华盛顿在这些方面已经取得了相对的成功，并且在寻求多边争端解决方案的同时，也已经避免了与中国发生直接的双边对抗。其次，美国将寻求签订不包括中国的贸易协定。其中最重要的协定是跨太平洋伙伴关系协定（TPP），这是太平洋周边国家之间的自由贸易协定，也是奥巴马政府公开宣称的目标。如果中国不转变其经济体制，那么它将永远不会加入 TPP。这一立场从某种程度上印证了一个事实，即三分之二的美国民众认为中国在实行不公平贸易（数据来源于 2012 年芝加哥全球事务委员会的调查结果）。

4. 2013 年可能举行的美国 – 欧盟自由贸易谈判实际上是一个有关跨大西洋伙伴关系的谈判，它是 TPP 的一个支撑。大多数（58%）美国民众认为美国与欧洲贸易往来的增加对美国来说是一件好事，但这也可以被看作在试图建立美国 – 欧洲技术和监管标准，并以此作为全球业务准则。

5. 据估计，未来中美经济关系中的不可知因素，是中国在美日益增长的对外直接投资所产生的政治影响。中国流向美国的投资有望在未来几年显著增长。中国和日本之间的经验表明，如果这种投资创造并保留工作岗位（最近的数据表明中国的投资的确产生了这样的效果），那么中国的投资可能就不会引发重大的新的政治摩擦。

编号：20121210A093

日本人和美国人如何看待彼此

Bruce Stokes *

原文标题： What Japanese and Americans Think About Each Other

文章框架： 日本加入 TPP 谈判以及美日关系的转变；美国民众的想法发生改变以及发生改变的原因；日本民众对美国的看法。

观点摘要：

1. 日本决定加入谈判，与美国和其他几个太平洋国家共同创造跨太平洋伙伴关系协定（TPP），这在某种程度上反映出有关美日关系的舆论已经发生了转变。50年前，华盛顿和东京之间的关系充斥着公众的相互不信任和敌意。今天，这两个经济体通过加大贸易往来加深了一体化的程度。即将到来的 TPP 谈判将争议不断，但是，这些会谈发生的政治背景比以往更具影响力。在过去的几十年里，尽管美日之间的贸易紧张局势频繁出现，但是美国人一直对日本持有积极的看法。1990 年，在华盛顿与东京在汽车、大米和其他商品领域的贸易战的激烈程度达到顶峰时，仍有几乎三分之二的美国人对日本的看法很好。皮尤研究中心的一项调查显示，截至2009 年，67% 的美国人仍然对日本颇有好感。

2. 但贸易关系一直是双边关系的一个敏感话题。1989 年，63% 的美国人认为日本实行了不公平贸易，而超过一半的人希望对从日本进口的产品增加关税。1995年，61% 的美国公众支持比尔·克林顿总统向从日本进口的汽车征收进口税的决定。但此后，美国民众的情绪发生了显著改变。根据 2010 年的一项调查，五分之三的美国人认为美国现在应该与日本增加贸易往来，相比之下，有 58% 的民众愿意加深与欧盟的商业关系，而只有 45% 的民众希望美国与中国加强贸易关系。这一变化产生的一个原因可能是，不管是从事实的角度还是从美国民众的内心想法来说，中

---

* Bruce Stokes，美国哥伦比亚大学新闻学硕士，现任华盛顿皮尤研究中心全球经济态度项目主任。他于 2010 年 9 月作为跨大西洋经济学高级研究员加入德国马歇尔基金会，于 2012 年 5 月成为该基金会的非常驻研究员。其研究领域包括政策、跨大西洋关系、贸易与发展、国际经济、美国－欧盟经济合作以及国际政治经济学。来源：皮尤研究中心（美国智库），2013 年 3 月 20 日。

国的确已经取代日本成为美国的主要贸易竞争对手。

3. 日本民众对本国与美国之间发展贸易往来的态度也有所改善。1994 年，美国信息局的一项调查发现，大多数日本人认为，美国的政策和行动对日本经济不利。超过一半的人认为很难在美国市场销售日本产品。今天，48% 的日本人认为他们的国家应该参与 TPP。

华盛顿希望日本能开放其所保护的大米和汽车市场。随着 TPP 谈判变得更加激烈，太平洋两岸国家的舆论会给它带来不利影响，但很显然，这些谈判如今所处的公众舆论环境比此前的环境更为有利。

编号：20130320A093

尽管是保护主义者的形象，但美国仍想与日本进行更为自由的贸易往来

Bruce Stokes *

原文标题： Despite Protectionist Image, Americans Want Freer Trade With Japan

文章框架： 美国正在与 TPP 成员国协商该协定；美国民众对 TPP 的看法；美国民众对本国与其他国家进行贸易往来的支持程度；美国民众支持其他国家在本国扩展业务。

观点摘要：

1. 奥巴马与日本首相安倍晋三的双边讨论议程将促进跨太平洋伙伴关系协定（TPP）谈判，美国正在与日本以及其余十个国家商讨该自由贸易协定。协商过程中需要解决大量的细节问题，包括美国生产的汽车、大米、牛肉和其他农产品如何更好地进入日本市场。美国和日本的谈判代表目前针对这些问题的谈判遇到了阻碍，只有双方的政治领导人做出艰难的决定，他们才能想出解决办法。

2. 我们无法预料奥巴马访问日本期间能否实现这一突破，但我们知道美国公众对这些贸易的看法，尤其是对与日本、外商投资以及 TPP 相关的贸易。尽管美国官方对这一交易的具体内容表示担忧，但是美国民众却普遍支持这一协定。他们支持美国与日本进行更多的贸易，以及日本在美国进行更多的投资，尤其是日本过去的实体投资。更重要的是白宫和国会，它们最终必须批准任何贸易协定，因为民主党人比共和党人更支持 TPP。TPP 在美国的支持率已经超过一半，55% 的民众称 TPP 将对国家有益，这其中包括 59% 的民主党人士以及 56% 的独立人士，但支持 TPP 的共和党人士只占 49% 。年轻人比他们的长辈更支持美国与其他亚太国家签署自由贸易协定。大约五分之一的美国民众说他们也不知道自己对 TPP 的感觉，因为他们还

---

* Bruce Stokes，美国哥伦比亚大学新闻学硕士，现任华盛顿皮尤研究中心全球经济态度项目主任。他于 2010 年 9 月作为跨大西洋经济学高级研究员加入德国马歇尔基金会，于 2012 年 5 月成为该基金会的非常驻研究员。其研究领域包括政策、跨大西洋关系、贸易与发展、国际经济、美国 - 欧盟经济合作以及国际政治经济学。来源：皮尤研究中心（美国智库），2014 年 4 月 10 日。

没有足够了解 TPP，或者说他们认为这既不是一件好事，也不是一件坏事。

3. 美国民众对国际商务、与日本扩大贸易以及 TPP 的广泛支持表明，尽管目前有关该贸易协定细节问题的谈判出现了僵局，但是华盛顿的政治气候可能没有那么消极。然而，这并不意味着美国人对于贸易协定毫无保留。皮尤研究中心 2010 年的一项调查显示，55% 的美国人说自由贸易协定会导致失业，45% 的人说这些贸易协定会压低工资，而只有 31% 的人说他们同意经济学家的观点，即这些交易降低了消费品的价格。所以即使 TPP 获得国会批准，它也可能面临诸多阻碍。最重要的是，华盛顿和东京是否能够解决它们之间的分歧。该贸易计划可能涉及十二个国家，但到目前为止日本和美国是其中最大的两个经济体。如果安倍和奥巴马不做出一些调整，那么这项协定不可能实现。从原则上讲，美国公众普遍认为该协定是一个好主意，但是其中的细节将更重要。

4. 亚洲大部分国家广泛存在这样一种观念，即美国人是贸易保护主义者。2013 年皮尤研究中心的一项调查显示，三分之二（66%）的美国人说，美国参与全球经济对本国来说是一件好事，大约四分之三（77%）的民众说，美国和其他国家之间越来越频繁的贸易和业务往来是一件好事。

5. 日本目前是美国的第四大贸易伙伴，皮尤研究中心于 2 月和 3 月进行的一项调查显示，74% 的美国人表示，美国与日本之间的贸易增长是一件好事。这些支持者包括 79% 的共和党人士，78% 的年龄在 18 岁至 29 岁的民众，72% 的民主党人士以及 73% 的年龄在 50 岁以上的民众。大多数受过良好教育的美国民众——至少受过大学教育——特别支持本国与日本之间进行更多的商业往来，这一人数所占百分比为 84%，相比之下，只有 51% 的受过良好教育的民众表示支持与中国增加贸易往来。

6. 美国人也支持更多的外国企业在美国创办业务，一些日本企业，特别是汽车企业，早在 20 世纪 80 年代就开始在美国大范围扩展业务。皮尤研究中心 2013 年年底的一项调查显示，62% 的公众表示，国外的这类投资将有助于美国的经济发展。

编号：20140410A093

拟议中的跨太平洋贸易协议背后的事实和数据

Drew Desilver *

原文标题： The Facts and Figures Behind Proposed Trans - Pacific Trade Deal

文章框架： 美国开启 TPP 谈判；美国民众对 TPP 的看法；美国与其他 TPP 成员国的贸易往来。

观点摘要：

1. 奥巴马总统的亚洲议程中最宏大、最困难的项目之一是贸易，开启了跨太平洋伙伴关系协定（TPP）谈判后更是如此。TPP 消除了太平洋两岸十二个国家的贸易壁垒，这些国家的经济额约占全球经济总量的 40%。但可以预料的是，这个雄心勃勃的协定已经遭到了一定的阻力（尤其是来自日本的农业和汽车行业的阻碍），并引发了美国国内对其所带来的利益和风险进行长期争论。目前，日本和马来西亚已经参与了此次谈判，韩国和菲律宾已经表示有兴趣加入 TPP 谈判。

2. 目前参与 TPP 谈判的十几个国家包括美国四大贸易伙伴的三个——加拿大（第一位）、墨西哥（第三位）和日本（第四位）。尽管美国、加拿大和墨西哥自 1994 以来已经通过北美自由贸易协定（NAFTA）联结在了一起，但是 TPP 的支持者仍将这一协定视为开放日本市场的关键。最近，皮尤研究中心的一项调查显示，55% 的美国民众认为 TPP 对美国来说是一件好事，25% 的民众表示这将是一件糟糕的事情，19% 的民众对此没有意见。但 74% 的受访者赞成美国与日本增加贸易往来。

3. 2013 年，美国 40% 的海外贸易是与这十一个 TPP 成员国进行的，美国从 TPP 国家进口了价值 8521 亿美元的商品（占总进口额的 37.6%），并向 TPP 国家出口了价值近 6980 亿美元的商品（占总出口额的 44.2%）。加拿大、墨西哥和日本目前是美国在 TPP 集团中最大的贸易伙伴，其贸易增长速度远远超过其他较小经济体。例

* Drew Desilver，美国西北大学新闻学和政治科学专业学士和硕士，哥伦比亚大学商业新闻专业硕士，曾就职于《西雅图时报》，现任皮尤研究中心资深作家。来源：皮尤研究中心（美国智库），2014 年 4 月 25 日。

如，自 1992 年以来，美国出口到秘鲁的商品在 20 多年的时间里增长了 10 倍，同时秘鲁的产品进口增长更快。1992 年至 2013 年，美国与智利的贸易总额增长了 7 倍多；2013 年，美国与智利存在 72 亿美元的贸易顺差。1992 年，美国与越南不存在贸易往来，而去年两国的贸易总额达 297 亿美元。新西兰、新加坡、智利和文莱于 2005 年加入最初的 TPP。自 2009 以来，越来越多的国家已参与 TPP 扩张的谈判，各国已经进行了 19 轮正式谈判。

编号：20140425A093

我们为什么不能友好相处？ 两党合作未来面临的挑战

Bruce Drake *

原文标题： Why Can't We All Get Along? Challenges Ahead for Bipartisan Cooperation

文章框架： 美国两党之间的分歧以及共和党内部的分歧；共和党内部分歧的几个方面。

观点摘要：

1. 中期选举胜利之后，奥巴马总统与共和党领导人得以坐下来讨论其他事宜。奥巴马和即将成为参议院多数党领袖的麦康奈尔（Mitch McConnell）共同表示，希望两党能在奥巴马总统任职的最后两年里找到共同合作的方式。双方领导人都提到了国际贸易协定、税收改革和预算政策，但双方仍在一些关键问题上存在很大分歧，如对公众的关注程度。除了党派之间的分歧，共和党人在一些问题上也存在严重的党内分歧，具体内容如下。

2. 移民问题：奥巴马于周三再次声明，他打算继续利用行政命令来改变移民制度。周二的民意调查显示，就在美工作的非法移民是否应该被驱逐出境或是否应该为其提供一个获得合法地位的机会这一问题，参与投票的民主党和共和党人士存在巨大分歧。这种分歧也在 8 月皮尤研究中心的调查结果中得以体现，调查显示更多的共和党人士认为，应将更好的边境安全和更严格的执法力度摆在优先考虑地位，而不是考虑使非法移民获得身份的途径，相比之下，45% 的民主党人士表示，这两个目标应该拥有平等的优先权。

3. 奥巴马医改计划：中期选举结束后，麦康奈尔和众议院议长约翰·博纳说，共和党的议程包括“重新致力于废除奥巴马医改计划”。共和党人针对此问题已经举行了 50 多次投票。尽管美国的卫生法已经覆盖了数以百万计的美国民众，但是针对此问题的党派分歧依然存在：周二的民意调查发现，认为卫生保健法太过分的民众中有 83% 的人投票给共和党，14% 投给了民主党。认为该法律正确的民众中只有

---

* Bruce Drake，皮尤研究中心资深编辑。来源：皮尤研究中心（美国智库），2014 年 11 月 7 日。

19% 的人投票给共和党，而 80% 投给了民主党。

4. 基石（Keystone）管道：麦康奈尔和博纳在《华尔街日报》专栏中说，他们的议程将包括通过一项法案来为 Keystone XL 管道建设授权——奥巴马一直试图将这一决定推迟到大选之后。《纽约时报》将此描述为共和党人士与民主党人士达成交易的潜在“沃土”。诸多皮尤研究调查持续显示，61% 的美国民众对修建从加拿大到美国墨西哥湾海岸的管道给予强烈支持。足足有 84% 的共和党人士希望看到此管道建成，但只有 49% 的民主党人士对此表示赞成，38% 的人表示反对。

5. 税收：虽然我们的调查发现，大多数公众对税收制度不满，但是税制改革依然没有在公众优先发展项目中处于前列。我们于 2011 年做了最后一次深入调查，调查发现尽管多数的共和党人（60%）和民主党人（55%）认为国会应该改变目前存在诸多问题的税收制度，但他们都是站在不同的立场看待这一问题的。

6. 贸易：从整体上看，美国人并不热衷正在谈判的两大贸易协定，即跨大西洋贸易与投资伙伴关系协定（TTIP）（这是欧盟与美国之间签署的自由贸易协定）以及跨太平洋伙伴关系协定（TPP）（这是美国与加拿大以及十个亚太地区国家签署的自由贸易协定）。大约一半（53%）的美国民众将达成 TTIP 视为一件好事，55% 的民众认为达成 TPP 是一件好事。60% 的民主党人士认为达成 TTIP 是一件好事，而共和党人士对此的支持率只有 44%。59% 的民主党人士十分看好 TPP，相比之下，共和党人士对此的支持率仅为 49%。

7. 超过三分之一（36%）的共和党人士不仅将民主党人士视为对手，也将其视为整个国家福祉的威胁，反过来，有 27% 的民主党人士也这样看待共和党人士。这种情绪在周二的民意调查中得以体现，调查发现，93% 的共和党人士称自己对奥巴马政府感到“愤怒”。

编号：20141107A093

公众对美国转向亚洲政策的复杂反应

Bruce Stokes *

原文标题： Mixed Public Response to America's Pivot to Asia

文章框架： 美国亚洲"再平衡"战略的两个支点；各国民众对 TPP 支持程度的差异；各国民众对美国"再平衡"亚太地区军事资源支持程度的差异。

观点摘要：

1. 2011 年 11 月，时任美国国务卿希拉里·克林顿在《外交政策》杂志刊物上写道，美国计划重返亚洲。美国的"再平衡"战略有两个支点：其一是经济，表现在其通过与其他十一个环太平洋国家建立跨太平洋伙伴关系协定（TPP）；其二是军事，表现在其通过新承诺来维护亚洲盟友。

2. 皮尤研究中心的一项调查以参与谈判的十二个 TPP 国家中的九个国家的部分民众为样本，结果显示这些国家 53% 的民众认为这一协定将有利于它们的国家利益。越南对此协定最为支持，国内 89% 的民众支持这一即将达成的协定。支持率最低的是马来西亚（38%）和美国（49%）。值得注意的是，公众对这一协定的态度呈现性别差异。在美国，53% 的男性赞成这一协定，但赞成这一观点女性的比例只有 45%。在日本，60% 的男性认为该贸易协定会对国家有好处，而只有 46% 的女性赞同这一观点。除此之外，民众对 TPP 的支持还呈现年龄差异。美国的这一差异最为明显。年龄在 18 岁到 29 岁的美国民众中有 65% 支持这一协定，而年龄在 50 岁以上的民众支持率仅为 41%，两者相差 24 个百分点。党派之间也存在对这一协定的分歧。举例来说，美国 51% 的民主党人士认为这一贸易协定对本国有好处，而只有 43% 的共和党人士持有这一看法。

3. 美国"再平衡"亚太地区军事资源的这一承诺获得了诸多国家的支持，其中

---

* Bruce Stokes，美国哥伦比亚大学新闻学硕士，现任华盛顿皮尤研究中心全球经济态度项目主任。他于 2010 年 9 月作为跨大西洋经济学高级研究员加入德国马歇尔基金会，于 2012 年 5 月成为该基金会的非常驻研究员。其研究领域包括政策、跨大西洋关系、贸易与发展、国际经济、美国－欧盟经济合作以及国际政治经济学。来源：皮尤研究中心（美国智库），2015 年 7 月 14 日。

越南人（71%）和菲律宾人（71%）对此最为支持。大约仅有一半的澳大利亚人（51%）和韩国人（50%）支持这一“再平衡”战略，尽管他们的政府是华盛顿最亲密的战略盟友。最反对美国这一防御转移战略的国家是马来西亚，其 54% 的民众认为这一战略存在弊端，因为这可能会导致美国与中国发生冲突。美国人对本国在亚洲的军事存在持有混合观点：47% 的民众对此表示支持，而 43% 的民众对此予以反对。大多数共和党人（58%）认为军事“再平衡”是一个好主意，同时，只有 42% 的民主党人支持这一战略，47% 的人则不支持。50 岁以上的美国人（51%）比那些 18 岁至 29 岁的美国人（37%）更加支持这一转移战略。

编号：20150714A093

TPP 贸易协定工作正在进行，但各国仍存在分歧

Bruce Stokes *

原文标题： Work Moves Ahead on TPP Trade Pact, but Nations Still Divided Over Deal

文章框架： 美国与其他国家试图完成 TPP 谈判；各国民众对 TPP 的支持率呈现性别和年龄差异。

观点摘要：

1. 美国和其他十一个国家的贸易部部长将于下周二在夏威夷进行会晤，试图敲定世界上最大的区域贸易和投资协定：跨太平洋伙伴关系协定（TPP）。但是，尽管参与该协定的大多数国家的民众都对此表示支持，但是一些国家就这一问题也存在很深的党派分歧。党派偏见表明，TPP 是奥巴马总统主要的对外经济政策之一，而且尚未完成。TPP 涉及十几个亚太地区的国家，其中有九个国家的民众于今年年初接受了皮尤研究中心的调查，这些国家 53% 的民众认为这一协定将对本国有利，而 23% 的民众认为这将是一件坏事。

2. 美国人对 TPP 的支持率为 29% ~49%。越南对此协定最为支持，国内 89% 的民众支持这一可能达成的协定。支持率最低的是马来西亚（38%）和美国（49%）。12% 的美国人以及 31% 的马来西亚人说他们并没有听说过该协定。

3. 许多重要国家就 TPP 问题存在党派分歧。尽管奥巴马极力推行这一协定，但在美国，有 51% 的民主党人认为 TPP 将对国家有利，而只有 43% 的共和党人持同样的观点。同样，在加拿大，有 70% 的保守党人支持 TPP，但只有 60% 的自由党和 42% 的新民主党人支持 TPP。在澳大利亚，有 67% 的自由党 - 国家党联盟成员对 TPP 表示支持，而只有 44% 的劳工党党员支持这一协议。

4. 参与 TPP 谈判的四大经济体的民众对这一协定的支持呈现性别差异。在美

---

* Bruce Stokes，美国哥伦比亚大学新闻学硕士，现任华盛顿皮尤研究中心全球经济态度项目主任。他于 2010 年 9 月作为跨大西洋经济学高级研究员加入德国马歇尔基金会，于 2012 年 5 月成为该基金会的非常驻研究员。其研究领域包括政策、跨大西洋关系、贸易与发展、国际经济、美国 - 欧盟经济合作以及国际政治经济学。来源：皮尤研究中心（美国智库），2015 年 7 月 21 日。

国，53% 的男性支持 TPP，而女性对此的支持率只有 45% 。日本 60% 的男性认为该协定将对本国的贸易有利，而只有 46% 的日本妇女表示赞成。在加拿大，59% 的男性支持该协定，而女性对此的支持率只有 46% 。在澳大利亚，男性和女性对此的支持率分别为 56% 和 49% 。

5. 除此之外，民众对 TPP 的支持还呈现年龄差异。在美国这一差异最为明显。年龄在 18 ~ 29 岁的美国民众中有 65% 支持这一协定，而年龄在 50 岁以上的民众支持率仅为 41% ，两者相差 24 个百分点。墨西哥的年轻人和老年人对 TPP 的支持率之间存在 19 个百分点的差距，而澳大利亚和秘鲁的这一差距分别为 15 个百分点和 10 个百分点，且年轻人的支持率高于老年人。

编号：20150721A093

TPP：美国维持亚太经济领导地位的一个机会

Phil English *

原文标题： TPP：An Opportunity for American Leadership in the Asia－Pacific Economy

文章框架： 对 TPP 的介绍；TPP 与其他双边自由贸易协定的不同；TPP 所带来的益处；TPP 的前景。

观点摘要：

1. TPP 是一个由美国主导协商的新贸易伙伴关系协定：这一协定可能比北美自由贸易协定（NAFTA）或新一轮的多哈论坛更为宏大，对美国扩大出口市场至关重要。然而，美国民众在很大程度上对该协定并不了解。跨太平洋伙伴关系协定（TPP）在被提出初期就受到了布什政府的拥护，之后在奥巴马政府的呵护下扩展为一个亚太地区国家广泛参与的协定，其中包括澳大利亚、文莱、智利、马来西亚、新西兰、秘鲁、新加坡、越南、加拿大和墨西哥。

2. 不同于传统的双边自由贸易协定（如最近美国与韩国、哥伦比亚和巴拿马联合商定的布什谈判协定），TPP 远远超出了为自由贸易破除与边界相关的传统贸易壁垒的内容，它同时希望通过减少十分微妙的内部反竞争因素来促进更深层次的经济一体化。这一谈判是美国继续保持其在亚太地区经济领导地位的一个巨大机遇和挑战。

3. 跨太平洋伙伴关系协定有可能会成为一个世界级的协定，并有可能在环太平洋地区建成世界上最大的自由贸易区，因为该地区已有的双边贸易协定日益限制着美国在农产品、制造业和服务业的市场准入。彼得森国际经济研究所预计，TPP 能为全球创造 2950 亿美元的年收入，为美国创造 780 亿美元的年收入——这一经济增长带来的收益显然远远高于 WTO 的多哈回合产生的经济收益。TPP 有潜力为美国生产商因地方竞争而日益处于劣势的出口市场提供保护。

4. 就贸易政策而言，TPP 的达成在诸多自由贸易协定谈判中是一个重要的进步。TPP 谈判希望再次讨论传统的关税壁垒和配额，同时促进对新领域的监管和法

---

* 来源：里彭社会（美国智库），2012 年。

律协调。此次谈判涉及农业、金融服务、原产地规则、投资、知识产权、劳动力、环境标准以及政府采购等问题，而且国有企业之间的竞争、健康和安全法规以及供应链管理等传统目标也在讨论之列。

5. 对美国来说，TPP 的签署在贸易政策方面是一个巨大的突破，而且也是美国维持领导力不可或缺的一部分，当美国在全球经济政策方面的影响力面临挑战时，其经济竞争力也会面临危险。该协定有望使北美自由贸易协定（NAFTA）以一种政治上可行的方式实现现代化，同时促进北美的制造业供应链一体化，它为美国经济的重要领域获得收益带来了前景，包括汽车业、农业、医药和电信领域，并为俄亥俄州和加利福尼亚州创造了特殊的经济机会。就战略层面而言，TPP 是美国外交政策从根本上实现“再平衡”的一个重要元素，它为亚太地区创建了一个贸易网络。

6. 或许最重要的是，在世贸组织进程似乎已经失去其关键推动作用时，TPP 将为全球经济中基于规则的贸易提供巨大的推动力。美国商业只能在一个高标准的贸易体制下繁荣发展。美国企业和工人们能够以真正的竞争优势在激烈的市场竞争中茁壮成长。在这个基于规则的，更强大、更透明的全球贸易体系之下，美国将是最主要的受益者。TPP 的成功将会为一个更强大、更严格的交易制度的快速发展提供催化剂。

7. 尽管相关报道称，一些最棘手的问题尚未解决，但是世界级的跨太平洋伙伴关系协定的前景非常好。尽管 TPP 谈判相对不明确，公众对此也不清楚，而且这一协定已经激起了反全球化群体的敌意，并受到了部分人的怀疑，但是 TPP 的潜力仍是巨大的。尽管 TPP 的概念已经得到了美国国会两党的支持，但由于贸易促进授权并未规范化，所以国会成员参与谈判的机会相对较少。

编号：2012A097

亚太地区游戏规则的改变：南海和 TPP

Bryce Wakefield *

原文题目： Game Change in the Asia – Pacific：The South China Sea and TPP

文章框架： 中国成为亚太地区政治游戏的主要参与力量；中美推动的协定有所不同；美国政府对于区域安全会谈的态度有所改变；中国尝试削弱美国在亚太地区的影响力；中国试图影响日本对区域一体化的态度。

观点摘要：

1. 最近，中国已成为亚太地区政治游戏的主要参与力量。伍德罗·威尔逊国际学者中心的日本学者村上田农（Takashi Terada）指出，中国把东盟地区论坛（ARF）和东亚峰会（EAS）视为非约束性的、基于共识的讨论平台。

2. 村上田农指出，奥巴马政府热烈讨论"重返亚洲"战略，是企图将美国重新拖入区域政治游戏的尝试，这可以从不同的国际安排的重点和性质的变化中窥见一斑。最显而易见的是，奥巴马政府将重点放在跨太平洋伙伴关系协定（TPP）上。这一协定与世界贸易组织有关知识产权和劳工问题的标准相一致。它与中国推动的双边自由贸易协定扩大化形成鲜明对比，中方的协定侧重于关税，且涉及多种豁免和例外。

3. 在亚洲的安全架构变化中，美国对地区秩序的参与及其对基于规则的标准化协议的偏爱是显而易见的。此前，区域安全会谈专注于"软"的或者非传统安全问题，通过对话模式强调共识且不干涉主权事务。然而，布什政府任期结束后，美国和该地区的其他民主国家开始构建一个基于规则的框架，着手处理传统的"硬"的安全问题，如领土争端问题。

4. 中国对于南海有着明确的领土主张。据估计，该海域有 230 亿桶至 300 亿桶石油储量。村上田农声称，鉴于这个原因，渴求能源的北京把南海视为具有战略利益的海域。通过重申"国际规则和规范"，白宫坚持借助东亚峰会"应对战略安全

---

* Bryce Wakefield，美国著名智库伍德罗·威尔逊国际学者中心亚洲问题专家。来源：伍德罗·威尔逊国际学者中心（美国智库），2012 年 3 月 27 日。

挑战”。这给北京处理相关纠纷造成了困扰。因此，中国正在尝试削弱美国在亚太地区的影响力。

5. 中国的尝试包括试图影响东京对区域一体化的态度。日本是世界第三大经济体。因此，日本与美国签订成员资格协议将使 TPP 更具吸引力，也能进一步提升美国在该地区的影响力。村上田农指出，东京对 TPP 的兴趣使中国对日本采取了更加灵活的立场。

编号：20120327A111

韩国与美国转向亚洲战略

Shihoko Goto *

原文题目： South Korea and the U. S. Pivot to Asia

文章框架： 韩国与美国的“亚洲再平衡”战略；处理朝鲜问题的新方法；韩国、美国及其他国家的贸易和经济前景。

观点摘要：

1. 自美韩60年前成为双边军事同盟以来，首尔和华盛顿之间的关系前所未有地密切。然而，两国也面临着新的障碍。在亚太地区日益紧张的局势之下，它们需要深化现有关系。中国政治实力和经济实力的激增，以及来自朝鲜的敌对行动，肯定会增加人们对该地区前景的担忧。面对这种不断升级的冲突，韩国和美国之间的联盟需要进一步加强。

2. 莫顿·霍尔珀林（Morton Halperin）指出，美国需要制定一个针对朝鲜的全面方案。他认为，六方会谈“已经完成了历史使命”，不再是达成解决方案的可行途经。他还指出，双边对话和谈判是取得进展的方式，华盛顿有必要带头与平壤进行谈判，首尔和东京也可以加入谈判。

3. 首尔和华盛顿在2012年签署的双边贸易协定是双方近年来经济关系最重要的发展。两国之间的资本流动有所增加，并采用了共同的监管标准，促进了双边贸易关系。不过，批评者认为，无论是对于美国还是韩国来说，美韩贸易协定在其存在的第一年并未显示出明显作用。支持者则认为，要想自由贸易协定发挥效用，通常需要数年的具体的积极努力。

4. 美国负责亚太日韩和APEC事务的助理贸易代表温迪·卡特勒（Wendy Cutler）表示，自美国和韩国签署美韩自由贸易协定以来，双方的出口均有所增加。卡特勒也指出，对于韩国来说，加入跨太平洋伙伴关系协定（TPP）将是“自然而符合逻辑的”。

---

* Shihoko Goto，伍德罗·威尔逊国际学者中心东北亚事务分析师。来源：伍德罗·威尔逊国际学者中心（美国智库），2013年4月3日。

5. 彼得森国际经济研究所研究员弗雷德·伯格斯坦（Fred Bergsten）同意卡特勒的看法。他指出，通过加入 TPP，日本能够与美国发展更密切的关系。但美国和韩国之间的关系可能会受到影响，导致首尔可能不会签署 TPP。同时，伯格斯坦指出，该区域存在两种贸易协定，其中之一是 TPP，该协定把中国排除在外。另一个协定将集中在亚洲，包括中国在内，将美国排除在外。他警告，这两种选择可能变成政治和经济冲突的新来源。

6. 对于加入 TPP 应该成为首尔的最终目标这一观点，韩国专家表示不愿接受。韩国大使馆经济事务部金部长（Ghee – wan Kim）强调自由贸易的利益需要更明晰。韩国外商投资监诉总长、监管改革委员会前主席安忠荣（Choong – Yong Ahn）指出，美国需要推动日本开放其市场，包括政治上敏感的农业市场。安忠荣认为，自美韩自贸协定签订以来，韩国作为美国投资者目的地的吸引力得以增强，而东北亚地区作为投资中心的吸引力也会保持继续上涨的势头。

7. 当然，TPP 不是韩国开拓亚洲和亚洲以外市场的唯一路径。虽然华盛顿和首尔可能在这一点上存在分歧，但双方的与会者一致认为，更密切的经济关系将在巩固美韩关系方面发挥重要作用。所有与会者都同意，鉴于亚太地区面临的政治、安全和经济挑战，两国继续深化双边关系对彼此都有利。

编号：20130403A111

跨太平洋伙伴关系协定：新时代的新规则*

原文题目： The Trans – Pacific Partnership：New Rules for a New Era

文章框架： 华盛顿智库伍德罗·威尔逊国际学者中心举办“跨太平洋伙伴关系协定：新时代的新规则”研讨会；该中心总裁简·哈曼的观点；美国前贸易代表、前副国务卿罗伯特·佐利克的主题演讲；正式谈论的两大板块。

观点摘要：

1. 周三，华盛顿智库伍德罗·威尔逊国际学者中心（Woodrow Wilson International Center for Scholars）举办研讨会，题为“跨太平洋伙伴关系协定：新时代的新规则”（The Trans – Pacific Partnership：New Rules for a New Era），主要讨论近来大热的 TPP 问题，关于中国的讨论也占了较大篇幅。此次研讨会由美国和全球经济项目组主办，亚洲项目、欧洲项目、拉丁美洲项目等项目组的成员协办。

2. 多名学者和官员参加了此次研讨会。该中心总裁简·哈曼（Jane Harman）致开幕辞。她指出，经济关系是国际关系的重要组成部分。美国的“亚洲再平衡”战略常常引起某些国家的误解，以为“再平衡”就是军事的再平衡。其实，贸易、经济合作才是最重要的部分。她强调，跨太平洋伙伴关系协定（TPP）的谈判欢迎中国和俄罗斯的参与。哈曼说，跨太平洋伙伴关系协定不是美国用以遏制中国的手段。美国欢迎中国加入该协定，实现经济和其他方面的双赢合作。担任过众议员的哈曼还说，她在国会工作的时候主要负责知识产权、国家安全方面的内容，但是经济的发展与这一切都密切相关。例如，经济安全是国家安全的重要组成部分。而强大的经济有赖于强大的贸易协定。美国非常希望与中国在跨太平洋伙伴关系协定的框架内建立更多的贸易规则，促进双方的经济发展与国家安全。

3. 随后是哈佛大学贝尔福中心、彼得森国际经济研究所高级研究员、世界银行前行长、美国前贸易代表和前副国务卿罗伯特·佐利克（Robert Zoellick）发表主题演讲。他的讲话有五大要点。一是从战略意义上来说，跨太平洋伙伴关系协定是对

* 来源：伍德罗·威尔逊国际学者中心（美国智库），2013 年 6 月 29 日。

世界贸易组织、北美自由贸易协定等经济贸易协议的补充，它在贸易、投资、资本市场、服务市场、经贸规则等方面都建立了广泛的规则，旨在为未来的国际贸易设立规则系统，因而符合美国及其他参与国的利益。佐利克强调，与亚太地区其他国家签署贸易协定具有重要意义。他认为："美国在太平洋的安全联盟需要经济的支撑。"二是从地缘政治的角度说，这个协定架起了美国与东方的经济桥梁，而美国与亚洲是彼此重要的进出口贸易对象。因此无论在政治上还是经济上，它都具有深化美国与其他国家关系的潜力。佐利克强调，加强跨太平洋伙伴之间的联系是十分必要的，十二个参与跨太平洋伙伴关系协定谈判的国家的经济总量占全球 GDP 的 40%。他也指出，随着全球贸易性质的不断变化，贸易规则也必须做出相应的调整。通过适应全球趋势，跨太平洋伙伴关系协定将会提高全球和美国的竞争力。三是从日本加入的经验来看，日本的加入既使得原有的成员国获得了更为广阔的市场，也与日本本身的经济结构调整相联系，促进了日本的发展。四是美国欢迎中国加入跨太平洋伙伴关系协定，这不是对中国的遏制，而是会给中国带来更多的机会，与中国的开放市场、结构调整、高技术发展、金融改革等相配合，当然也为中国的经济设置了高标准，促进了中美的经济合作，从而促进了全球经济的发展。佐利克强调，美国有必要追求"与中国互补"。至关重要的是，美国应明确表示，其对中国的经济战略是"不遏制"。五是现在的首要任务是促进有关跨太平洋伙伴关系协定能否谈判和规则的顺利执行，出台相关的经济政策和其他政策，借鉴之前自由贸易协定、世界贸易组织的经验，推动跨太平洋伙伴关系协定的发展。佐利克表示，比起所谓的战略，他"更关注运营能力"。跨太平洋伙伴关系协定能否成功取决于奥巴马总统是否愿意"把贸易当作优先事项、做出决定、达成协议"。此外，"其他跨太平洋伙伴关系协定的伙伴正在等待美国表明态度"。"为了达成跨太平洋伙伴关系协定，主要谈判代表必须采取相应解决方案以应对相关问题。"现在的问题是，中国需要开放其服务业。当然，跨太平洋伙伴关系协定的谈判过程及其所提规则的透明度还存在一定缺陷。佐利克强调了美国与中国的经济结构关系，以及中国服务业的增长潜力，而后者提高了整体的生产力，创造了更多工作机会。佐利克还明确表示，他支持提高跨太平洋伙伴关系协定谈判的透明度。

4. 正式的讨论分为两个板块，第一板块讨论跨太平洋伙伴关系协定如何与其他区域贸易协定相适应。专家们认为，跨太平洋伙伴关系协定中还有许多问题有待讨论和进一步明确。比如，跨太平洋伙伴关系协定已经确定会建立比世界贸易组织更高的标准，那么，与欧盟自由贸易协定、北美自由贸易协定相比，它是应当设置最高的标准还是应当介于几者之中？蒙特利尔高等商学院副教授万艾思（Ari Van

Assche）强调，当前的贸易现实与20年前的情况有很大区别。他指出，全球价值链具有重要作用。在新的贸易现实里，价值链是全球性的，而非地方性的。欧亚集团研究员罗伯托·赫雷拉－利姆（Roberto Herrera – Lim）指出，由于各国拥有不同的政治和经济见解，东盟的结构使该组织无法解决其成员国之间的贸易问题。东南亚各国领导人现在必须正视重要的政治现实，他们不能再忽视选民的意见。第二板块讨论跨太平洋伙伴关系协定的现有成员国和取得谈判成功所要做出的努力。来自智库、高校的学者对这些问题进行了讨论。布鲁金斯学会“全球经济和发展”项目研究员乔舒亚·梅尔策（Joshua Meltzer）强调了澳大利亚与中国的经济联系。他指出，鉴于澳大利亚与中国的强大经济联系，澳大利亚对于未来将中国拉入跨太平洋伙伴关系协定谈判很感兴趣。智利迭戈波塔利斯大学国际关系和外交政策教授马科斯·罗夫莱多（Marcos Robledo）指出，智利与跨太平洋伙伴关系协定有着复杂的经济政治关系。作为一个开放的民主国家，智利大力支持国际合作和自由贸易。此外，智利是亚太地区自由贸易的拥护者。但对于智利来说，加入跨太平洋伙伴关系协定需要付出高昂的成本，获得的经济利益却很有限。越南驻美国副大使 Nguyen Vu Tung 探讨了跨太平洋伙伴关系协定对越南的潜在政治和经济影响，并强调了越南参与跨太平洋伙伴关系协定谈判的严肃性。他认为，跨太平洋伙伴关系协定谈判仍在进行当中，其他谈判伙伴必须做出一定的让步。

编号：20130629A111

为美国与亚洲的贸易打造公平的竞争环境

Kent H. Hughes [*]

原文标题： Leveling the Playing Field for U. S. Trade With Asia

文章框架： 美国提出 TPP 和 TTIP 的原因；TPP 谈判的历史以及其意义；TTIP 的意义；TPP 和 TTIP、WTO 的关系；二战后英美建立的新贸易体系以及东亚地区对这一体系的挑战；东亚国家尤其是日本和中国经济的高速发展；中日两国有着类似的发展模式；中国面临的挑战以及拥有的优势；东亚国家的发展模式对美国等发达国家的利与弊；美国之前采取的应对措施产生的效果不大；TPP 和 TTIP 将解决国有企业与私人企业的竞争问题。

观点摘要：

1. 当前的贸易协定谈判——太平洋地区的跨太平洋伙伴关系协定（TPP）和大西洋地区的跨大西洋贸易与投资伙伴协定（TTIP）谈判——是美国在建立限制国外政府支持它们本国企业的国际标准的绝好机会。美国政府应该集中精力使国际贸易体系不再忽略由政府来支持或控制经济体的模式，因为这种模式已经创造了一系列的东亚奇迹，同时也降低了发达国家的经济竞争力并威胁到它们的国际政治领导力。

2. TPP 谈判由美国前总统乔治·W. 布什启动，由现任总统奥巴马扩大，旨在通过提出为其他国家国有企业建立规则以及确立知识产权——这是东亚发展战略的两个关键部分——扩展现有国际体系发展战略。现有国际体系没有——至少现在没有——应对全方位的体系差异的能力和手段，无法抵抗如汇率操纵、出口补贴和竞争对手的工业战略带来的影响。政府控制的企业往往受益于政府政策，包括从优惠市场准入到贷款再到不透明的补贴等各个方面。为国有企业或政府控制企业创造全球标准仅仅是第一步，但是这一举措将为未来应对全方位差异举行进一步谈判奠定基础。

---

* Kent H. Hughes，公共政策学者，曾任商务部助理副国务卿和竞争力委员会主席以及美国国会的众多高级职务。来源：伍德罗·威尔逊国际学者中心（美国智库），2014 年 3 月 28 日。

3. TTIP旨在为欧洲和美国建立一套更加广泛的规则和制度。同TPP相似，TTIP将为工业、服务业甚至农业的全球标准创立一个模板。TPP将与建立全球资本市场管理规则的谈判互为补充。如果世界上最大的两个经济体——欧盟和美国都同意建立这样一系列规章制度，那么世界其他国家也将会有很大的动力对此表示同意。

4. 一些批评人士担心专注于区域贸易协定可能会削弱主要多边贸易机构——世界贸易组织（WTO）的地位。但是有着159个成员方和一国一票治理结构的WTO越来越倾向于决策共识，这已经使WTO陷入僵局，并且最近也因为无所作为而受到越来越多的批评。如果TPP和TTIP能够成功实现，这可以通过在国际贸易两个主要方面达成广泛协议并且为今后的全球谈判创立模板，巩固WTO的地位。

5. 二战结束后，美国和英国设计了一个新的贸易体系，设想政府只能对市场进行有限的指导或干预。并且一旦马歇尔计划复苏周期结束，私人公司将能够自由地互相竞争。但是到20世纪60年代东亚地区出现了一种新的增长方式，政府与企业紧密合作以实现关键工业部门的发展，重点是出口导向型经济的增长。发展中国家必须应对全球竞争，它们通过补贴出口、限制有竞争性产品的进口、保持货币贬值并从先进发达国家借入知识产权（通常不支付费用）来减少竞争的力度和范围。

6. 日本是第一个挑战英美对世界贸易体系基本设想的主要国家，韩国和新加坡以不同的方式紧随其后，中国正在以自己的版本发展自身。东亚奇迹的极大成功暗示着其他崛起的亚洲大国将遵循中国和日本的脚步。东亚奇迹确实产生了真正的奇迹般的效果。日本在陷入经济缓慢发展之前经历了经济的高速发展。韩国和新加坡都取得了成功，而中国在过去30年以年均10%的经济增长率震惊了世界。日本的成功并非完全基于贸易和行业协作，该国有着高水平的国内储蓄和投资，极其重视教育，高中毕业生在数学、科学以及日本语言和文化方面有着坚实的基础，工业的成功成为国家发展的优先事项。

7. 同日本一样，中国一直关注经济的基本层面，其有着高水平的储蓄和投资，重视教育和现代基础设施的发展。在汇率操纵、采用贸易管理支持出口和限制进口、引导（或指导）工业发展以及在获得知识产权方面遵循日本的例子。但是与日本不同的是，中国通过各种补贴积极吸引外国直接投资，同时要求外国投资者同中国的合作伙伴分享技术。

8. 即使政策是相似的，但中日经济结构的差异不可避免地反映了其工业的不同发展历史。日本一直有家族拥有工业集团的传统，从而导致了财阀的出现，从而使日本出现了更灵活的私人拥有的企业集团。毛泽东时代的中国采取了苏联计划经济和国有企业的模式。中国进入全球经济竞争之后，出现了一大批私人的没有政府控制的企业，但是在竞争中留下的国有企业仍然是中国经济中很强大的一股力量。

9. 当代中国面临两个挑战。虽然中国现在有着庞大的中产阶级，但是其仍然有着数以百万计的贫困人口，国家平均收入仍处于发展中国家水平。目前国际贸易法规为发展中国家提供了一些优势，中国想要保持这种状态并且从中发展自己。另外，中国出口导向型经济帮助其获得了预计价值超过 4 万亿美元的硬通货储备，这些储备使得中国能够获取原材料、技术以及其他资产。中国的外汇储备为其提供了充足的保险来应对未来的金融危机，这也是中国具有强大影响力的原因之一。中国及其他新兴大国没有忽略市场的巨大魔力。毕竟，东亚奇迹国家的成功某种程度上是通过拥抱全球市场、促进本国产业的竞争力而获得的。

10. 东亚国家对国际秩序的挑战为更加市场化的国家带来了一些收益。中国对美国国债的投资使得美国能够保持较低的长期利率，而较低的贷款利率又促进了美国对基础设施、工厂、研究实验室和教育的投资。低成本的进口同样有助于缓解美国消费者的收入压力，尤其是在工资趋于停滞的时候。美国消费者购买的特价商品很多都来自亚洲制造商。

11. 但是美国和其他以市场为导向的国家也付出了代价，补贴进口已经成为强加给这些国家国内生产商的不公平的负担，这使得很多国内企业破产或者移到海外。随着制造厂的转移，设计和研发部门也跟着转移。创新者发现将他们的想法与国内生产和财富创造结合起来变得更加困难，这是因为东亚的竞争已经使其创新体系的关键部分消失。低成本的进口商品造成了经常性的账户赤字。一战后，美国成为世界上最大的债权国。从 1982 年开始，美国成为债务国。2000 年之后其债务额增长得更为迅速，美国成为世界上最大的债务国，这种不平衡对地缘政治和经济造成了一些影响。即使廉价的信贷也产生了负面影响。廉价的信贷助长了房地产泡沫，造成了相关的金融危机和大衰退。当然这次灾难是美国公共和私人部门未能进行适当的监管造成的，而不是由于中国对美国国债的投资。

12. 美国应该如何应对？乔治・W. 布什政府敦促中国开放市场，停止操纵汇率并且保护知识产权。大多数观察家称赞这一努力，虽然有一些具体的积极成果，但是实际层面并未改变。奥巴马政府也做出了同样的努力，包括在汇率、市场开放和知识产权方面，但是也未取得显著的进展。奥巴马政府向 WTO 提出了针对中国贸易做法的多项诉讼，其中一个包括抗议中国限制稀土——生产一系列电子产品的关键原材料的出口。但是个别案例解决不了系统性的问题，美国公司总是发现它们需要同时与企业和政府竞争。

13. TPP 和 TTIP 谈判是当前扩大贸易并为更加广泛的贸易规则奠定基础的最好

机会。TPP 将成为设置国有企业和国家控股企业同私人企业公平竞争规则的第一步。通过建立明确的贸易标准，TTIP 将成为现有 WTO 体系之下扩大和深化国际贸易规则的补充。中国是最近的奉行东亚奇迹增长方式的东亚国家。有关“魔术”和“奇迹”的冲突一直并且将继续是美国与中国之间紧张关系的根源。一个积极的迹象是，中国在某种程度上对于加入 TPP 谈判有一些积极回应。

编号：20140328A111

TPP 和加拿大：供应管理的一厢情愿？

David Biett *

原文题目：TPP and Canada：Wishful Thinking on Supply Management？

文章框架：多边贸易协定的目标之一；加拿大打算加入 TPP；加拿大政府的表现；加拿大乳制品价格规定情况；加拿大仍然需要努力开放贸易管理；现行贸易系统广受诟病；加拿大将从加入 TPP 中受益。

观点摘要：

1. 多边贸易协定的一个目标就是让公司、行业和国家在市场力量的基础上进行竞争。这就要求所有参与者都愿意在受保护的领域开放市场，从而更好地进入贸易伙伴的市场。为了获得所期待的利益，谈判的每一方都要放弃一些东西。

2. 加拿大与欧盟刚结束了全面经济贸易协定（CETA）谈判，又卷入了另一个非常雄心勃勃的多边谈判：跨太平洋伙伴关系协定（TPP）。2010 年，加拿大成为 TPP 谈判的观察员国，但并没有成为正式成员国。在加拿大和墨西哥宣布它们愿意加入 TPP 谈判后，贸易观察人士提出疑问，加拿大是否愿意放开其供应管理？加入谈判意味着接受规则。

3. 虽然哈珀政府于 2012 年解散了加拿大小麦局，但加拿大似乎并不打算放弃对乳制品、家禽和鸡蛋的供应管理，然而，开放其供应管理似乎是加拿大签署 TPP 最终协议的必要条件。

4. 加拿大的乳制品价格是由国家乳制品委员会规定的。其价格范围基于投入成本、特定市场条件和对生产者的“公平回报”，与一般性市场条件无关，也与消费者愿意支付多少钱无关。进口乳制品的关税特别高，进口配额很小。

5. 加拿大与十个国家签订的自由贸易协定已经生效，正在谈判或着手推进的也有十几个，其中就包括与欧盟的协议，因为它的经济依赖于贸易。然而，加拿大对

---

* David Biett，毕业于约翰·霍普金斯大学高级国际问题研究学院，现任伍德罗·威尔逊国际学者中心加拿大研究所所长。来源：伍德罗·威尔逊国际学者中心（美国智库），2014 年 8 月 26 日。

乳制品、家禽和鸡蛋的供应管理，使其很难充分参与拟议中的自由贸易协定。不仅是在乳制品行业，在其他行业也是如此。

6. 贸易学者、智囊团体以及经济合作与发展组织都反对供应管理。消费群体、食品加工和餐饮业，都谴责贸易管理体系提高了成本，阻碍了潜在贸易。一个成功的 TPP 协议将会为加拿大乳制品业打开蓬勃发展的亚洲市场。

7. 亚太地区的人口约占世界总人口的 40%，经济规模占世界生产总值的近 50%，而且该地区正在增加其乳制品的进口量。加拿大将从跨太平洋伙伴关系中受益。为其产业开拓新的出口市场，这对一个依赖于贸易的国家的创新是至关重要的。

编号：20140826A111

从跨太平洋伙伴关系协定的谎言中区分事实

Robert D. Atkinson *

原文标题： Separating Fact From Fiction in the TPP

文章框架： TPP 的重要意义；TPP 所要解决的重要问题以及知识产权的重要性；美国知识产权标准与 TPP；知识产权条款对于创新的重要意义；TPP 与创新。

观点摘要：

1. 本周末，来自十二个国家的贸易代表将聚集在澳大利亚，对跨太平洋伙伴关系协定（TPP）进行另一轮高级别谈判。若谈判顺利完成，那么 TPP 在进一步整合美国及其在太平洋地区的十一个贸易伙伴的经济方面将发挥重要作用。TPP 主要是通过降低贸易壁垒，增加各成员国之间产品和服务的流通，并支持成员国之间的经济创新和经济增长来发挥作用。由于 TPP 的规模和所涵盖的范围很大，因此可以将其作为未来贸易谈判的一个范例，并且它所创造的规则和制度将成为有效和高效的全球贸易体系的基础。

2. 然而，TPP 仍有一些重要的问题需要解决，这可能会影响其最终产生的正面效益。在此之中的一个主要话题是围绕着知识产权（IP）展开。IP 对于建立创新生态系统具有关键作用，有助于发达国家和发展中国家的经济发展并提高竞争力。制定保护 IP 的法律不仅会增加外来直接投资（这对于发展中国家极其重要），并且能够促进持续的创新。如果一个国家有了适当的保护措施，那么该国的创新者将有动力继续追求新的事业和发明，因为他们明白他们的辛苦工作不会被竞争对手轻易取走。这反过来又能激励冒着巨大风险进行研究和发展投资的商人，使他们确信其会在一个公平的环境下竞争。有了强大的 IP 保护措施，创新就会源源不断地出现。

3. 正如信息技术与创新基金会的一个报告所概述的那样，为了确保 TPP 能成为贸易协定的一个黄金标准，需要并且只有在 TPP 中成功达成一个稳固的 IP 框架，这

---

* Robert D. Atkinson，拥有博士学位，为信息技术与创新基金会主席。来源：信息技术与创新基金会（美国智库），2014 年 10 月 24 日。

样TPP才会是完全有效的。考虑到美国良好的IP法律为其带来的众多好处，包括技术进步和在疾病治疗方面的突破性进展，那么被世界上很多国家效仿的美国IP标准应该成为TPP中IP标准的基础。

4. 不幸的是，反对任何贸易协定的很多团体和个人正在进行严重削弱TPP尤其是IP条款的误导性宣传活动。以保护生物制药的IP条款为例，很多反贸易团体认为不应对药物知识产权进行过多保护，认为这是人们得到所需治疗的最佳方式，尤其是对低收入国家来说更应如此。但是这种观点忽略了这样一个事实，即尽管已经有了重要的和新药物的持续发明，但是人类需要持续和迅速改善研发活动从而可以克服下一代人所面临的健康挑战，实现这一目标不会是免费和无代价的。实际上，只有经过长期（超过10年）的大量投资（超过14亿美元），才能发现针对癌症和其他疾病的新治疗方法。强有力的IP保护措施能使创新者承担得起进行如此大规模投资的风险。此外，尽管在新药物发明方面美国远远超过世界其他地区，但是仿制药将近占到美国药品市场的85%。这是证明创新与获取药物并不相互排斥的最佳例子。

5. 当本周末TPP谈判者在澳大利亚举行会议时，在讨论TPP中的IP章节之前，与会者花费一些时间区分谎言和事实是很值得的。创新是TPP经济体实现各行各业实现增长所必不可少的，从农业到信息技术再到生物医药等各个领域都是如此。对于TPP成员国来说，未能意识到TPP这一具有创新性和革命性的贸易协定的这些事实的后果可能是灾难性的，这也将不利于全球持续创新的前景。

编号：20141024A115

TPP 有望改善，而不是削弱亚太国家的健康状况

Stephen Ezell *

原文题目： TPP Poised to Improve, Not Diminish, Health Outcomes Across Asia – Pacific Nations

文章框架： TPP 草案对知识产权的保护程度较高；美国的知识产权制度很先进；TPP 并不会把大额医疗费用转嫁到环太平洋地区其他国家的患者、企业和政府身上；TPP 谈判中各方对于数据独占期存在分歧；美国应该平衡好医药创新和仿制药品的关系。

观点摘要：

1. 目前一份文件在网上泄露并引起轩然大波，这就是 TPP 中有关知识产权章节的草案。这算不上什么新闻，这正是我们的贸易代表应该做的事情：保护和创造工作机会、培养创新，确保美国在 21 世纪的繁荣。然而，真正令人不安的是，特殊利益集团正在为仿制药行业进行游说，意图大幅度削弱对创新药物的知识产权保护，而这会对全球患者的健康产生深远的影响，对美国的就业和经济竞争也有着不可估量的影响。

2. 在受 TPP 影响的诸多行业中，从农业到汽车，再到生物制药，美国都是全球领导者。理论上说，其他国家应该毫不迟疑地做出让步。然而，只有在合作伙伴之间存在公平竞争的环境下，自由贸易才能发挥作用。美国拥有世界上最先进的知识产权制度。我们的合作伙伴应该追求这样的标准，同时，我们也应该意识到削弱这些标准会置美国创新于不利地位。美国在新药物研制方面具有优势，其完善的知识产权生态系统是一个重要的原因。

3. 据美国政治新闻网报道，批评人士称，TPP 会“把数万亿美元的额外医疗费用转嫁到环太平洋地区其他国家的患者、企业和政府身上”。然而，并不存在这样

---

* Stephen Ezell，信息技术与创新基金会在华盛顿的分析师，研究领域为创新政策、国际信息技术竞争、贸易、制造业和服务业相关问题。来源：信息技术与创新基金会（美国智库），2015 年 7 月 6 日。

的问题。并非一个国家购买了美国出口的商品，TPP 就会把成本转嫁到该国头上。此外，信息技术与创新基金会（ITIF）于 2015 年 3 月发布的报告显示，加强对生物制剂和药品创新的知识产权保护能够为 TPP 国家的保健系统节约数万亿美元资金。所以 TPP 并不是想转嫁数万亿美元的卫生保健费用，而是意欲促进环太平洋地区生物医学创新的蓬勃发展，为卫生保健系统节约数万亿美元的资金。

4. 事实上，美国引领世界生物医学创新的浪潮，绝非偶然。应加强对生物药物的研究以应对世界上最棘手的疾病，应进行创新改革，而不是弱化全球知识产权标准。美国国家工程科学院指出："我们应该给创新公司一个期限，在该期限内，来自临床试验和其他规定的测试的数据不能被竞争对手用来获得市场准入。"有关人士建议数据独占期应该至少有 10 年。一些研究人员认为数据独占期的期限应该更长，可以长达 16 年。

5. 我们必须意识到，创新并不发生在真空中，仿制药行业依赖于生物制药公司的创新。美国政府的政策核心是保持医药创新和仿制药行业健康发展之间的平衡，这些应该体现在 TPP 中。美国贸易代表迈克尔·弗罗曼最近指出，只要存在医药创新，仿制药品就会如影随形。我们必须努力平衡好两者的关系。这对于控制美国和世界各地的医疗费用至关重要。

编号：20150706A115

北京多管齐下应对华盛顿的挑战

Willy Lam*

原文题目： Beijing Adopts Multi – Pronged Approach to Parry Washington's Challenge

文章框架： 中美关系出现对抗性转向；北京采取了多管齐下的策略；中美两国的较量。

观点摘要：

1. 最近，中美关系出现对抗性转向。此前奥巴马造访夏威夷和亚洲，采取了一系列举措。比如，他首次参加东亚峰会时，重申美国确保南海航行自由的主张，并强调解决该地区主权争议应该遵从《联合国海洋法公约》（UNCLOS）等国际法规。美国还决定向印度尼西亚出售 24 架翻新的 F – 16C/D 型战机。在澳大利亚停留期间，奥巴马宣布将向澳大利亚北部的达尔文市部署 2500 名海军陆战队员。由于达尔文市距离南海很近，此举被解读为美国意图提高其对冲突地区的干预能力。与此同时，美国国务卿希拉里将于下个月访问缅甸，努力改善美缅关系。而在夏威夷的亚太经济合作论坛上，奥巴马力推将中国排除在外的跨太平洋伙伴关系协定（TPP）。北京原本就怀疑华盛顿牵头“遏制中国”，美国上述动作更加深了中国的这种看法。

2. 面对美国第一位“太平洋总统”的连番猛攻，北京采取了多手应对措施。在宣传上，中国官方和半官方媒体发表多篇评论，警告华盛顿“重返亚洲”可能危及地区的和平与稳定并损害中美关系。新华社的一篇措辞强硬的评论指出，奥巴马政府的策略是企图在亚洲占据领导地位，以服务于其将 21 世纪打造为“美国的太平洋世纪”的目标。它警告说：“如果美国坚持冷战思维，继续以孤行专断的方式参与亚洲事务，那它必然会招致亚太国家的排斥。”新华社还指出，美国最近的政策会“引发纠纷，侵害他国的利益”，这可能危及“该地区的稳定与繁荣”。中国人民

* Willy Lam，香港大学学士，明尼苏达大学硕士，武汉大学政治经济学博士，现任詹姆斯敦基金会高级研究员、香港中文大学历史系和全球政治经济学的副教授。研究领域为中国政治精英、中国的经济和政治改革、中国外交政策。来源：詹姆斯敦基金会（美国智库），2011 年 11 月 30 日。

大学的美国问题专家时殷弘指出，中美关系进入了一个“非常重要的新阶段”。他说：“很明显，美国的目标是遏制和约束中国。”清华大学国际事务专家孙哲指出：“美国在亚洲的策略已经从口号转变为迅速有效的外交行动。”对此他表示担心，“中国和美国之间的竞争已经从暗斗走向明争”。

3. 除了宣传之外，北京还采取了多种策略来挫败奥巴马的外交攻势。首先，中国向东盟国家保证，北京并无霸权野心，愿遵守跟其他领土声索国达成的“游戏规则”。在巴厘峰会的演讲中，温家宝总理重申了中国对《南海各方行为宣言》（DOC）的承诺，该宣言是中国与东盟各国外长及外长代表于2002年签署的政治文件。温家宝说：“我们希望各方都能从维护地区和平稳定的大局出发，多做增进互信、促进合作的事情。”他也指出，北京将继续坚持以“友好协商谈判、和平的方式”解决南海问题。中国官员重申，北京坚持通过与其他领土声索国开展双边对话的方式，而非中国－东盟对话，来解决主权问题。多数东盟国家相信多边途径可能会涉及包括美国在内的外部各方，这会增加他们与中国谈判的筹码。

4. 其次，北京正在大打屡试不爽的“经济牌”，以获得东盟成员国尤其是南海声索国的善意。温家宝总理在巴厘峰会上的发言强调了在中国－东盟自由贸易区和其他区域性安排下，中国致力于与东盟国家共建合作共赢的局面。他提出了促进区域经济的五点建议。其中包括相互投资、技术转让和改善区域内基础设施。他强调：“中方愿积极扩大对东盟国家的投资，加大转让先进适用技术的力度，共同提升产业竞争力。”春秋综合研究院的战略家张维为教授认为，北京应扩大海外援助，包括推出“东南亚版‘马歇尔计划’”。这不仅能改善中国与亚洲国家的经贸、政治关系，也能将TPP可能对中国造成的损害降至最低。中国官员和学者认为TPP是华盛顿试图将中国从一个潜力巨大的地区经贸协定“排除出局”的阴谋。中国人民大学政治学教授庞中英指出，TPP不过是一出“空城计”，经济衰退的美国试图撬开经济繁荣的亚太国家市场。而美国官员表示，TPP并非针对中国，如果中国能够满足TPP的高标准，世界会很高兴看到中国加入。然而，TPP中有关政府干预市场最小化以及高劳动标准等规则似乎不利于中国参与。新加坡、马来西亚、文莱和越南等东盟成员国表达了它们对加入TPP的兴趣。其他跃跃欲试的成员包括澳大利亚、新西兰、智利、秘鲁、加拿大、墨西哥和日本。

5. 此外，北京还准备使用久经考验的“杀鸡儆猴”战术，惩罚菲律宾、越南等“麻烦制造者”。《环球时报》2011年11月17日发表题为《冷淡菲律宾，让其付出代价》的社评。该社论指出，中国“惩罚”菲律宾既不能做过头，避免增加该地区对中国的恐惧，又要有力量，让菲律宾付出真实的代价。那么最好的办法就是“冷淡”菲律宾。中国人民大学外交政策专家金灿荣指出，对于东南亚地区的不同国家，中国应该使用不同的战术。他提出对菲律宾和越南等国家实行经济制裁。金教授表示：“中国可以通过减少对这些国家的援助，或暂时阻止中国游客到这些国家旅游，向这些国家发送一个信号。”北京最具威力的利器是快速现代化的海军。解放军海军正努力打造一支蓝水海军，拥有从核潜艇到航母等先进武器装备。《环球时报》指出，海上的问题要顺其自然，中国不能以武为先，将军事解决作为国策。但中国也不能只会谈判，必要时应当“杀一儆百”。

6. 北京的计划能否奏效，这在很大程度上取决于奥巴马政府能否争取到亚太主要国家参与美国的“重返亚洲”战略。实际上，中国领导人的担心源自一个事实：美国试图通过南海问题的“国际化”遏制中国，而印度和日本似乎加入了该计划，这是头一次。印度石油天然气公司已与河内签署了协议，开发南海争议区域的石油和天然气。东京最近与越南和菲律宾签署了防务合作和情报交换协议。在巴厘，日本代表团与东盟国家签署了一项附加声明，以确保在南海的航行畅通。东京也支持马尼拉通过“国际解决方案”来解决争议水域的领土争端。虽然日本经济存在一些问题，但是东京上周承诺向东盟成员国提供250亿美元的基础设施相关援助和贷款。

7. 中国海洋发展研究中心研究员郁志荣在最近的一篇文章中写道：“中国的实力已大幅提升，其邻国为此大为恐惧。”中国急速崛起，随之又在亚洲展示强大的硬实力。面对可能喷火的巨龙，亚洲国家惴惴不安，这令美国有机会充当这些国家的保护者而“重返亚洲”。正如美国总统奥巴马同中国国家主席胡锦涛和中国总理温家宝分别在夏威夷和巴厘所说的那样，美国和中国似乎更倾向于双赢的局面，而非零和游戏。世界唯一超级大国与快速崛起的准超级大国之间的大争斗结果如何，最终将取决于两个大国间的较量以及它们影响地区其他国家的能力。

编号：20111130A118

中国在两条战线上推动“丝绸之路”地区贸易

David Cohen *

原文题目： China Pushes “Silk Road” Regional Trade on Two Fronts

文章框架： 中国的两位高级领导人出访东南亚；习近平的讲话阐述了“海上丝绸之路”的三个要素；“海上丝绸之路”的说法由来已久；“海上丝绸之路”需要放在新的背景下进行解读；贸易刺激的战略层面；中方坚持采取和平方式应对南海问题；中国媒体关注 TPP 的问题和不足；中国官方声明避免对 TPP 进行谴责。

观点摘要：

1. 上周，中国的两位高级领导人出访东南亚，传递了地区经济融合的讯息，承诺将在南海打造一条“海上丝绸之路”。这是一个新的口号，它呼应了中国国家主席习近平于上个月在阿斯塔纳提出的“丝绸之路经济带”。这似乎预示着中国将淡化领土分歧，推动贸易发展，启动包括文化交流、友好与贸易在内的所谓中国 - 东盟关系的“钻石十年”。

2. 中国国家主席习近平的讲话阐述了“海上丝绸之路”的三个要素：“宏观经济协调”、在金融管理方面展开合作和建立亚洲基础设施投资银行。其中，前二个要素的具体情况尚不明确，而第三个似乎是中国 - 东盟投资合作基金的延伸。就像习近平所说的“丝绸之路经济带”一样，“海上丝绸之路”显然更像是意向声明，而不是建议，是为了进一步扩展中国与东盟之间目前已经颇具规模的重要贸易关系。中国和东盟国家领导人在中国 - 东盟国家峰会上发表了一份联合声明，该声明制定了一个目标：将中国与东盟年度贸易额翻一番，到 2020 年达到 1 万亿美元。

3. “海上丝绸之路”的说法由来已久。它描述的是古代在亚洲沿海的一个贸易体系，中国的一些港口城市还立有“海上丝绸之路”纪念碑。不过，此前这一词语

---

* David Cohen，2013 年至 2014 年担任美国詹姆斯敦基金会《中国简报》的编辑。在加入詹姆斯敦基金会前，他是一名自由职业者，定期为杂志撰写有关中国的政治、社会和商业问题的文章。来源：詹姆斯敦基金会（美国智库），2013 年 10 月 10 日。

并未在高层出现。李克强总理于 9 月初在广西的一场贸易展上重提了这个词。广西是中国最贫穷的省份之一。在那里，他在讲话中将与东盟贸易描述为将广西及其邻近省份开发为“西南出海大通道”一部分的机会，称其为继续推动改革开放的动力之一。在讨论广西经济发展的语境中偶尔可以见到这个词，例如 2010 年《人民日报》海外版一篇有关开放广西北部湾经济区的文章中就使用了“海上丝绸之路”一词。

4. 中国的声明将“海上丝绸之路”与中国的南海和世界贸易战略联系在一起。不过，如同中国的大多数政策一样，必须把它放在国内经济规划的背景下加以解读。自上任以来，中国国家主席习近平和中国国务院总理李克强均引用改革派领导人邓小平的说法，多次呼吁通过“深化改革开放”来刺激经济增长。而最引人注目的变化可能源自国内的改革。与此同时，中国国务院总理李克强在广西的讲话中称贸易刺激将重启“开放”政策。扩大中国的海外市场无疑能帮助该国弥补因改革而丧失的竞争力。

5. 然而，贸易刺激涉及一个同样重要或更为重要的战略层面。中国商务部网站的描述主要以转载新华社的报道为主，这表明它还没有制定实际提案。中国外交部部长王毅称李克强总理的讲话是中国与东盟国家双边关系“历史性的新起点”。王毅强调了中国与印度尼西亚和马来西亚的“全面战略伙伴关系”，称它们同意定期与中国进行会晤，以“加强双边关系的顶层设计”。

6. 南海问题是中国与东南亚关系的最大麻烦。对此，中国国家主席习近平并未过多地触及实质性问题，而是着重强调了和平的意图：“中国和东盟国家应当搁置领土和海域分歧，致力于展开礼貌而和平的协商，遵循友好对话与和平解决争议的原则，维护好地区的和平与稳定。”他还强调了中国与东南亚人民之间历史悠久的友好关系，并在访问中引用了一句广为流传的印度尼西亚谚语：“千金易得，朋友难求。”中国国务院总理李克强在接受当地媒体的书面采访时用更长的篇幅回应了这一问题，他表示，“中国已经做好了积极与东盟国家就签订睦邻、友好和合作条约展开讨论的准备，以巩固我们战略互信的政治基础”，但在坚持《南海各方行为宣言》和继续就海洋行动守则进行谈判之外，他并未提出解决领土争议的进一步计划。中国国家主席习近平和中国国务院总理李克强的讲话，以及中国外交部部长王毅的评论，关注的均是双边关系，这表明他们依然不愿意将中国卷入多边的争议解决机制之中，因为这样对中国而言相对不利。

7. 根据中国外交部的报告，中日关系并无任何进展。不过，在官方媒体上撰文的中国外交政策专家普遍把南海的领土问题称作次要问题，认为“关系的主流是友好、合作与发展”，而且，“海上丝绸之路”是南海政策的一大亮点。中国领导人也许希望回归邓小平处理领土问题的战略上来——在避免让步的同时拒绝达成协议，直到环境变得对中国极为有利为止。

8. 对“海上丝绸之路”这一概念的另一种可能的运用，是将其作为对美国正在主导谈判的跨太平洋伙伴关系协定（TPP）的替代品。很显然，跨太平洋伙伴关系协定的谈判令中国感到不快。中国既不愿满足缔结该协定的条件，又不愿被排斥在贸易区之外。中国媒体的报道关注的是跨太平洋伙伴关系协定的问题和不足。近几周的报道警告到，这一协定将摧毁越南的制鞋业，抬高东盟国家的药品价格，并称谈判“受到了内在固有问题的阻碍”。

9. 然而，中国的官方声明避免对跨太平洋伙伴关系协定进行谴责。在巴厘岛峰会期间，中国商务部国际贸易谈判副代表俞建华表示，“中国对于各种区域合作机制均持开放立场——条条大路通罗马”。但在回答有关跨太平洋伙伴关系协定的一个问题时，他既表达了赞扬之情，又提出了温和的批评。他评论道：“各自贸协定谈判不能相互封闭、各自为战，而应相互开放、相互促进，并实现最终融合。”尽管中国官方媒体上有几篇报道同时提到了“海上丝绸之路”和跨太平洋伙伴关系协定，但并没有权威的消息来源将这二者进行比较。由于并没有提及“海上丝绸之路”的具体内容是什么，现在还很难判断“海上丝绸之路”这一口号将如何使跨太平洋伙伴关系协定相形见绌。不过，中国缓和的语气，加之对合作的强调，也许能够说服东盟国家同时参与上述两项倡议。

编号：20131010A118

奥巴马国情咨文对中国“爱恨交织”

Nathan Beauchamp - Mustafaga *

原文题目： Obama's State of the Union “A Mix of Love and Hate” Toward China

文章框架： 美国总统奥巴马发表了国情咨文；奥巴马总统对中国“爱恨交织”；中国专家解读中美关系；中国媒体报道奥巴马的讲话；奥巴马希望卸任前敲定 TPP 面临的诸多困难。

观点摘要：

1. 2015 年 1 月 20 日，美国总统奥巴马在美国国会发表了国情咨文。虽然讲话主要集中于国内问题，尤其是经济和中产阶级，但是奥巴马总统也谈到了亚洲。中国媒体看到了一个更强大的奥巴马在外交政策上寻求“突破”。

2. 奥巴马总统对中国的语气“爱恨交织”，他直接提到中国三次，间接提到两次（新华社，1 月 21 日）。首先，奥巴马说，美国需要增加出口，特别是对于亚洲，但“中国想要制定世界上这一经济增长最快地区的贸易规则”（白宫，1 月 20 日）。这将使美国工人和企业处于不利地位，他请求国会给予白宫贸易谈判“快速通道”授权（TPA），帮助美国与其他国家达成跨太平洋伙伴关系协定（TPP），从而更好地保护美国工人的利益；其次，奥巴马鼓励美国企业将就业机会带回美国；最后，奥巴马总统谈到了中美两国于 2014 年 11 月在北京达成的历史性减排声明。奥巴马总统还讨论了美国的盟友和亚洲的海上安全，以及保护美国免受网络攻击，中国媒体将这些解读为至少部分是针对中国的。

3. 中国专家试图解读中美之间合作而竞争的关系。中国人民大学教授金灿荣表示：“一方面，作为当今世界唯一的超级大国，美国非常担心有新的强权出现，重新制定世界规则，同时希望在国内通过推行再工业化振兴国内经济，这恰恰与中国存在某种竞争关系。另一方面，在气候变化、反恐等全球性议题上，美国无法单凭

---

* Nathan Beauchamp - Mustafaga，乔治·华盛顿大学艾略特国际事务的学士，伦敦大学经济学硕士。他目前就职于兰德公司，是《中国简报》的编辑。来源：詹姆斯敦基金会（美国智库），2015 年 1 月 23 日。

自身实力应对，需要与中国合作。”（《环球时报》，1月22日）清华大学教授孙哲说，奥巴马强调跟中国打交道的时候，需要要求中国遵守美国人制定的国际政治准则、国际市场竞争准则，所以他更强调同中国竞争的关系。

4. 中国媒体大多认为奥巴马“想全身心投入战斗”，也有一小部分对于奥巴马在面对一个由共和党控制的国会时能有好的表现深表怀疑。尽管中国媒体普遍称奥巴马总统是一位“跛脚鸭总统”，但《环球时报》表示，美国经济的复苏给了奥巴马“新的翅膀”。新华社的一篇文章指出，奥巴马“希望在对古巴和伊朗的外交政策上取得突破”，给自己留下一个“外交政策的遗产”，因为“共和党控制的国会和激烈的党争意味着奥巴马唯一的自由空间是外交政策”（新华社，1月21日）。然而，奥巴马最终“需要通过政治合作来取得成功”。清华大学教授孙哲说，奥巴马可能非常在意自己剩余两年的任期，这在政治学上叫“垃圾时间”。孙教授还指出：“今后两年，奥巴马需要抓住经济建设，让美国的经济得以成功地复苏，在抓住这个重点的情况下，他在外交上也有可能采取相对大胆的举动。”孙教授预测，这些举动可能包括“与古巴建交、和朝鲜达成某种程度的妥协、采取有限军事行动，以及对‘伊斯兰国’势力的空中打击”。虽然美国总统奥巴马曾明确表态，将否决任何对伊朗实施的新制裁，但孙教授认为奥巴马可能会加大对伊朗的制裁力度，以博取公众的支持。同时，新华社报道，伊朗的核交易将导致中东地区的“连锁反应”，为打击“伊斯兰国”提供新的动力（新华社，1月21日）。

5. 在2016年美国总统选举即将到来的大背景下，中国媒体也报道了现任美国总统奥巴马的讲话。一篇文章指出，奥巴马此次国情咨文将大打“经济牌”，希望借经济复苏势头继续推销其政策，试图为去年在国会选举中失利的民主党铺路。清华大学教授孙哲指出，奥巴马的税收计划能否赢得共和党的支持仍是一个未知数。他认为，共和党人对于向富人征税、移民和卫生保健政策有所不满。另一篇文章谈到，美国女参议员琼妮·厄恩斯特（Joni Ernst）代表国会共和党人针对总统奥巴马的国情咨文做的回应演说，比以往的回应演说更柔和。

6. 奥巴马总统的讲话没有提供任何新的亚洲政策。最值得注意的是，奥巴马总统已经将目光投向TPP，并希望在他卸任之前敲定该协定。问题是奥巴马总统是否能够获得足够的国内支持。同时，奥巴马必须摆脱他的“跛脚鸭”形象，并积极与中国领导层沟通交流。在2017年下一任总统就职前，中国领导层可能越来越愿意牺牲中美关系以换取在亚洲的更大影响力。

编号：20150123A118

我们需要的是真正的自由贸易，而不是 TPP

Ryan McMaken*

原文标题： We Need Actual Free Trade, Not the TPP

文章框架： 美国国内对 TPP 的态度；TPP 的实质和可能造成的后果；真正的自由贸易是关于权力下放；TPP 和 NAFTA 实际上在反对自由贸易；特殊利益集团和贸易保护主义者对自由贸易的恐惧；贸易保护主义政策不利于小企业和普通消费者；贸易保护主义立场下的政府所做出的决定；TPP 对自由贸易的负面影响以及所提出的建议。

观点摘要：

1. 美国《纽约时报》布伦丹·尼汉（Brendan Nyhan）似乎不认为跨太平洋伙伴关系协定（TPP）与自由贸易有关，他写到，虽然 TPP 是数十年来迈向贸易自由化最新的一步，但其近乎神秘的进展使得很多美国人对更加自由的贸易持怀疑态度。有着较高收入的美国人则没有那么多疑虑，他们以及所附属的商业和利益集团更倾向于支持贸易自由化。尼汉或许是正确的，大部分人——特别是没有学过经济学的人——反对降低贸易壁垒。毕竟很多人接受的是有关商业的古老思想，即认为与外国进行贸易是一场零和游戏，任何有利于外国人的必定对“我们”有害。

2. 然而，自从外界将 TPP 与“贸易自由化”画上等号之后，尼汉显然深感疑惑。实际上，TPP 不是任何形式的自由化，而是政治权力的集中。TPP 进一步将贸易政策的谈判和实施转移到少数全球监管者和官僚手中，同时进一步降低美国国会和立法者独有的权力。事实上，由于 TPP，其中十二个成员国的公民将会看到他们国家的贸易政策变得更加模糊和不可知。贸易仅是 TPP 的一小部分，除此之外，从环境政策到互联网再到移民等各项事务的全球决策将可能进一步转向不透明和独裁。不可否认，TPP 成员国任命的非民选精英的秘密谈判将为全球相关监管机构选择的“朋友”降低贸易壁垒。全球精英这种任人唯亲的体系不应该与自由贸易相

* Ryan McMaken，科罗拉多大学经济学和政治科学学士，《米塞斯日报》编辑。来源：米塞斯研究所（美国智库），2015 年 5 月 30 日。

混淆。

3. 全面的自由贸易是关于贸易政策的整体分权。在拥有自由贸易并已实施单边贸易的国家里，是否与国外供应商做生意应该完全取决于个体消费者和企业家。在这样一种体制之下，一个必须为其所在企业购买送货车和面粉的面包师可以决定是从国外还是国内供应商那里购买。在大多数情况下，他会选择最实惠和最经济的货源，以及反映现实的市场。

4. TPP 和 NAFTA（北美自由贸易协定）等贸易协定不是将这些权力留给公民个人，而是由代表政府和特殊利益集团的政府监管部门和谈判者做出决定。正因为如此，任何实现真正的自由贸易的协定将极大地威胁到强大的特殊利益集团而不是小企业主或普通消费者的现状。正如默里・罗斯巴德（Murray Rothbard，美国经济学家、历史学家、自然法理论家，奥地利经济学派的代表人物）所指出的：一旦真正的自由贸易隐约出现在政策的地平线上，那么有一件事是可以肯定的，即政府、媒体、大型商业综合体将会坚决反对。一系列关于 19 世纪即将回归的“警告”将会出现，媒体专家和学者将会运用所有可能的谎言反对自由市场，这将是在没有政府“协调”的情况下进行的剥削和无政府主义。二战以来两党鼓吹的“自由贸易”事实上是真正的交流自由的对立面。当局的目标和策略一直是自由贸易传统的敌人，如欧洲在 16 世纪到 18 世纪实施的“重商主义”。

5. 不幸的是，媒体、商业和政治精英很容易诱使民众反对任何迈向真正自由贸易的任何举动。国内的特殊利益集团仅仅关注自己的行业而不关注为其他行业带来的潜在的利益，并且仅仅关注如何利用政府的强制力来为自己谋求利益。通过国家暴力来控制贸易并且摧毁竞争，这些特殊利益集团表示人民不应该自由选择他们想要什么产品和服务。贸易保护主义者的立场是，“我们有权强行规定别人应该做出怎样的选择”。这与寻求破坏优步（Uber）——全球即时用车软件的出租车司机或通过法律制裁雇用移民劳工的雇主来提高自己工资的本国工人没什么不同。

6. 对于贸易政策保护主义的实际效果而言，可以用一位小企业主寻求降低成本以谋生时所面临的困境来说明。以一位企业家为例，他发现自己所在的城市需要更多的草坪和花园维护服务，那么其就会尽可能地寻找最低价同时又最可靠的草坪修剪机。他明白，成本越低，他所设置的价格就会越低。或者，如果竞争不激烈，他就能够赚取更多的利润并雇用更多的员工。阻碍这一进程的是国内一个草坪修剪机厂的工人，他们为拥有草坪的人生产了比邻国同类产品更贵和更不耐用的草坪修剪机。工人们成功地迫使政府向进口的邻国草坪修剪机征收关税，而这无疑增加了那位企业家的成本，最终其自身的利润下降，这导致了裁员甚至连企业家自己都丢掉了工作。

7. 现在，贸易保护主义的支持者无疑会讲出与自身荣辱与共的故事，如果草坪维护企业能够买到便宜的割草机，那么国内草坪修剪机厂的工人将会被裁员并且陷入贫困。但是，隐含在贸易保护主义立场之下的事实是其有利于政府做出一个完全武断的决定，即以损失一个行业的代价来支持另一个行业。对于贸易保护主义者而言，让家庭和园艺爱好者自由做出决定是不可容忍的，并且必须被政府制止。为了确保那些偷偷摸摸的园丁不能获得任何外国制造的“廉价”机器，国家必须雇用大量海关人员保证这一政策得到遵守。按照联邦法律，任何胆敢向企业主提供这种“不应该被使用的”机器的人都将会被批评、罚款甚至监禁。这在贸易保护主义者看来是政府最完美的和合法的功能。购买最合算机器的行为成了犯罪，而工厂的工人将能够继续生产他们的二等产品。

8. 真正的自由市场不需要 TPP。显然，让美国人自由购买他们想要的东西是不需要 NAFTA 或 TPP 的，也不需要贸易官员通过全球会议决定什么能或者什么不能被允许越过世界各国边境。当然，TPP 将使得成员国更加远离真正的自由贸易，在一个多层次的国际官僚机构中，贸易政策很大程度上将被抑制，因为只有国家才能够单边降低贸易壁垒。当贸易自由不被国际条约保护时，那么要实现贸易自由，一个国家的政府就不应该惩罚那些与拥有理想商品的外国供应商做生意的本国普通公民，这才是真正的“贸易自由化”。

编号：20150530A122

新国会，新的乐观主义？

Jackson Mueller*

原文标题： New Congress, New Optimism?

文章框架： 在关键经济事务上共和党仍需同民主党合作；贸易促进授权对 TPP 的重要性；美国国会推进改革的前景。

观点摘要：

1. 第114届美国国会于2014年1月6日召开第一次会议，这是共和党在八年内首次控制参众两院，并且是杜鲁门上任以来占据了众议院席位最多的一次。虽然获得了很大的成功，但是共和党在参议院要拥有否决权还差6票（拥有否决权需要67票），而在众议院（拥有否决权需要290票）则差很多。换句话说就是，如果共和党打算通过重要的立法，仍需与民主党合作。共和党取得进展的最好机会在关键的经济政策领域，共和党领导层的政策目标与奥巴马政府的很类似，尤其是在对外贸易和公司税率改革的问题上。当然关键的问题是，参众两院的民主党在何种程度上支持白宫和共和党领导层在这两个关键经济事务上达成的协议。

2. 参议院多数党领袖米奇·麦康奈尔表示愿意妥协，他概述了共和党未来几个月的议程，包括改革税收制度、为美国商品和服务开放更多的国外市场以及推进两党参与的基础设施项目。他的言论与奥巴马政府在税收改革和贸易促进授权（TPA）上的政策相呼应。TPA 又被称作“快速通道”授权，可加快国会对贸易协定核定的速度。白宫目前与太平洋国家和欧洲国家进行着两个大规模的贸易谈判，其中跨太平洋伙伴关系协定（TPP）的谈判正接近尾声。在任何贸易谈判达成之前给予奥巴马该授权意味着向参与 TPP 谈判的另外十一个国家保证美国会遵守所做出的承诺。这是因为在 TPA 框架之下谈判的各项协议不能被修改或者阻挠，国会只能赞成或者反对。

---

* Jackson Mueller，里士满大学政治科学学士，美国大学公共政策硕士，梅肯研究院金融市场中心高级研究员。研究领域为资本形成机制和金融市场教育举措。来源：梅肯研究院（美国智库），2015年1月15日。

3. 在共和党占多数的国会里，改革的前景得到了改善。众议院多名共和党议员最近表示他们支持对企业税法进行修改。但仍不清楚其他共和党议员是否赞成这一提议，以及民主党是否会与白宫和共和党合作达成协议。达成妥协的可能性很大，但是仍然有很多未知因素。更大的问题包括是否资助国土安全部以及提高债务上限。在这些辩论中出现的政治斗争将决定 TPA 和企业税改革是否会进入总统的议程。

编号：20150115A125

3 月 11 日后：日本当前和未来的政治和经济格局

Sarah Serizawa *

原文标题： Post – March 11：Japan's Political and Economic Landscape Now and Ahead

文章框架： 日本国内对 TPP 的反应；TPP 为日本带来的优势；TPP 的主要目的不是遏制中国。

观点摘要：

1. 日本首相野田佳彦正在推动日本加入 TPP，这是亚太地区经济体之间的一个多边自由贸易协定（FTA）。日本加入 TPP 对日本经济和对中国（不是 TPP 成员）有什么影响？日本打算制衡中国吗？关于 TPP 的讨论与以往日本同美国的贸易辩论不同，几乎需要日本所有企业领导者以及所有可能接替野田佳彦的政治家支持这项协定。现在日本国内对 TPP 的反对仍然很强烈，包括农业合作社和医生协会，两者都是很强大的游说集团。然而，TPP 的谈判和批准需要数年的时间，日本国内支持 TPP 的人将有时间面对各种情况并且建立内部共识。今年最重要的事情是使日本真正地加入 TPP 而不仅仅是表示对加入 TPP 有兴趣。

2. TPP 支持者在日本所做出的成果是引人注目的。野田佳彦对 TPP 的兴趣促使中国和欧洲敦促日本考虑同它们建立自由贸易协定。这显示出在日本与世界其他国家进行自由贸易协定谈判的过程中，TPP 给了日本很大的筹码，而这正是日本的国家利益所在。韩国已经通过美国 – 韩国自由贸易协定展示了影响力扩大所带来的成果。今天，自由贸易协定所涵盖的贸易种类的贸易量占到了韩国总贸易量的三分之一以上，而日本只有 16%，并且韩国的经济取得了很好的发展。如果日本能够利用这一杠杆与世界其他国家达成更多的贸易协定，那么日本出口商品所面临的关税和非关税壁垒将会降低；面对亚洲、北美和欧盟经济的更加一体化，TPP 的达成可以激励日本企业留在日本，使日本整体经济更具竞争力。换句话说，日本官员和商业领袖都明白 TPP 不是仅关乎美国市场，相反，它是日本与其他市场谈判的筹码，首

* Sarah Serizawa，国家亚洲研究局实习生。来源：国家亚洲研究局（美国智库），2012 年 3 月 8 日。

先主要是与欧盟，最终是与中国，这对于日本来说将是建立了一个巨大的优势。日本参与 TPP 还会为日本带来其他的优势。例如，美国法律禁止液化天然气出口到与其没有签署自由贸易协定的国家。鉴于美国和日本占到了整个 TPP 成员国经济产出的 80%（如果日本参与），那么 TPP 将与双边自由贸易协定十分接近，这将加强处于亚洲战略格局关键时期的美日联盟。

3. 很多中国评论家和官员认为 TPP 主要是为了遏制中国，但是这种看法过于简单化。的确，TPP 为日本加强其影响力提供了一个机会，尤其是在其努力说服中国遵守国际贸易法规和知识产权保护之时。当然，考虑到中国不希望美国或日本联合起来制定这些法规，这就可以理解为什么在中国有一些人对这一合作伙伴关系感到担忧。TPP 旨在建立一个基于亚太经合组织的自由贸易协定区域并且有望实现全球贸易自由化，而不是建立一个试图永久针对其他国家的排他性集团。

编号：20120308A127

继续和平崛起：中国领导层换届之后的外交政策

Greg Chaffing *

原文标题： Continuing a Peaceful Rise: China's Foreign Policy After the Leadership Transition

文章框架： 中国外交政策在领导层换届后可能会出现的变化；中国增强软实力、积极影响其他国家的途径；中国应对“亚洲再平衡”战略；中美两国进行合作的潜力和分歧的来源。

观点摘要：

1. 今年秋天，在中国领导层换届之际，中国正处于外交关系变化的关键时刻，如何管理与邻国的领土争端，以及如何应对美国最近宣布的亚太地区“战略再平衡”计划都是关键问题。美国国家亚洲研究局采访了沈丁立（复旦大学美国研究中心学者），讨论了领导层换届对中国外交政策、与周边国家关系和未来美中关系的影响。

2. 中国外交政策有可能会在领导层换届后发生转变吗？还是会与之前在很大程度上保持一致。一方面，领导层换届不太可能使中国的外交政策发生根本性的转变，因为这与国家利益、国内经济政策的连续性和外部的国际均势背景。另一方面，中国的外交政策在未来不会有所变化，这也是不可能的。新领导层做了充分的准备来应对国际体系及其机构所引发的相关问题。增强的自信心源自中国在处理国际社会的有关问题上日益增强的能力，这将为中国更多地参与国际事务提供新的机会。然而，如果中国希望运用有效外交提高综合竞争力，更加复杂的国际环境将要求中国拥有一个成熟的心态。领导层在短期内面临的最大考验将是如何处理与邻国的南海争端。中国不太可能转变当前通过双边和多边互动来进行和解的政策。另一个挑战和机遇是中国将建立基于规则的网络条例和空间安全。新领导层对于类似问题所采取的政策将决定中国能否实现其巨大潜力，成为一个有能力和负责任的新超

---

* Greg Chaffing，美国国家亚洲研究局研究实习生。来源：国家亚洲研究局（美国智库），2012年9月6日。

级大国。

3. 中国将如何构建和加强实施项目的能力？如何通过软实力的运用影响其他国家？这些将如何帮助消除附近区域对中国意图和战略目标的担忧？作为一个负责任的利益相关者，中国必须遵守国际交往的规则，而这可以帮助消除周边国家对中国意图和战略目标的担忧。北京可以通过促进自身社会和经济的发展来增强其软实力。此外，中国可以强调保护本国公民的责任，并通过适当的国际平台来提供和扩展相应的援助保护，以此对其他国家产生积极影响。

4. 中方如何看待美国当前对亚洲实施的“再平衡”战略。中国如何应对美国通过跨太平洋伙伴关系协定（TPP）和亚太经济合作组织（APEC）等区域性机构促进亚太地区经济一体化的行动。美国从来没有离开过亚洲，对亚洲的“战略再平衡”只是强调要加强其介入亚洲事务和与亚洲互动的利益。而美国旨在稳定该地区的行动可能会导致更大的动荡。中国和美国在区域稳定上有许多共同利益。与此同时，美国需要谨慎行动以保证各方都遵守国际法。中方欢迎美国通过跨太平洋伙伴关系协定和亚太经济合作组织参与该地区的事务。跨太平洋伙伴关系协定通过设置未来区域贸易的高标准，指明了发展的正确方向。理想情况下，北京将加快进程以准备参与该协定。至于亚太经济合作组织，中国和该多边机构是相互不可或缺的，所以没有理由对此提出异议。

5. 中美未来在哪些问题上最有可能进行合作？哪些问题可能会成为或者继续成为两国之间分歧的来源？任何问题都可以是一个机会或挑战。在各种可能性中，日益平衡的贸易可能会为两国合作提供潜在机会。中国将很快超过美国成为世界第一大进口国，进口量预计在未来五年将增加一倍。美国在未来五年的目标是出口量增加一倍。因此，两国的计划可能是互惠互利的。分歧可能会出现在全球各区域普遍存在的一些问题上，包括海洋和网络空间等。这些问题可能会主导中美战略交互中的分歧。美国和中国可以通过采取具体和实际的步骤来加强区域合作并减少潜在的不信任和相互误解吗？台湾问题加深了中国和美国之间的不信任，这使得中国和美国在和平时期为了应对这些战略问题而互相对抗。因此，中美应避免区域军备竞赛，建立互信，而不应把台湾问题作为一个不可逾越的障碍。

编号：20120906A127

让跨太平洋伙伴关系协定越过终点线

Deborah Elms*

原文标题： Getting the Trans - Pacific Partnership Over the Finish Line

文章框架： 跨太平洋伙伴关系协定（TPP）谈判接近尾声；跨太平洋伙伴关系协定会为美国带来的利益；谈判过程中存在的分歧；对美国政府的建议。

观点摘要：

1. 跨太平洋伙伴关系协定（TPP）成员国在弗吉尼亚州利斯堡结束了最新一轮谈判。自2010年以来，美国、澳大利亚、文莱、智利、马来西亚、新西兰、秘鲁、新加坡和越南一直在进行相关的会谈，而加拿大和墨西哥将于12月初首次加入谈判。经过两年多的艰苦商讨，谈判现正接近尾声。许多地区仍然存在谈判官员无法解决的高度敏感问题，这些问题的解决需要美国和其他国家政治领导人的干预。没有一个国家可以得到自己想要的一切，只有政治领导人可以估算出一个可接受的协议是什么样的。在敏感领域做出一些让步是必要的，现在到了开始考虑可接受结果的时候了。

2. 给美国带来的利益。跨太平洋伙伴关系协定将为美国带来三项好处。首先，它将为美国企业和消费者提供经济利益，给予其优惠，使美国企业进入十个重要的市场，包括越南和新西兰等此前未与美国签订协议的国家。跨太平洋伙伴关系协定也将为其他自由贸易协定（FTA）的合作伙伴国提供适度的新福利，让相关公司可以更容易地在十个市场之间进行货物、服务和投资的交换。其次，签订了跨太平洋伙伴关系协定的目的是在未来促进成员国，尤其是美国的经济发展，最终创造新的

---

* Deborah Elms，波士顿大学学士，南加州大学国际关系硕士和华盛顿大学政治学博士，现任新加坡亚洲贸易中心的执行主任、新加坡贸易与工业部贸易学院的高级研究员，曾任淡马锡基金会中心贸易和谈判（TFCTN）主管、新加坡南洋理工大学拉惹勒南国际研究院国际政治经济高级研究员。她的研究重点是谈判和决策，研究领域涉及跨太平洋伙伴关系协定、区域全面经济伙伴协定、东盟经济共同体谈判和全球价值链。她为各国政府提供了一系列与贸易相关问题的咨询，包括阿联酋、斯里兰卡、柬埔寨和新加坡。来源：国家亚洲研究局（美国智库），2012年10月。

就业机会，并为美国企业提供新的市场机会。最后，最重要的也许是跨太平洋伙伴关系协定会使美国的经济发展扎根于世界上经济最具活力的亚太地区。

3. 仍然存在的挑战。近 30 章的协议内容仍在讨论中，谈判进展得并不平衡。一些地区已经准备结束协议谈判，而另一些地区仍需要更多的时间来解决有关问题，达成协议。下面列出了一些阻碍协议达成的关键症结。

（1）糖类。美国有一个复杂的系统来支持国内的制糖工业。它提供的保护包括在多个双边自由贸易协定（双边 FTA）下实行进口数量限制。美国 – 澳大利亚自由贸易协定（AUSFTA）允许美国继续保护国内糖生产商而要求澳大利亚退出国家与投资者之间的争端解决机制。若在跨太平洋伙伴关系协定中保持这一限制可能使整个协议内容变得复杂化，这将会为其他国家提供先例，它们可能会效仿这一做法，也划分出自己的敏感领域，例如，许多国家对美国的出口商，如汽车或制药公司，持谨慎态度。

（2）纺织品和鞋类。美国也通过一个复杂的结构机制来支持国内纺织品和鞋类生产。它提供的保护包括高关税壁垒和原产地规则。这些保护原则与跨太平洋伙伴关系协定在 21 世纪期望达到的目标相悖。

（3）法规调和与约束规则。贸易的最大障碍可能不再是传统的关税而是不协调的法规和标准，这会阻碍企业进行贸易活动。跨太平洋伙伴关系协定试图解决这些障碍。最近几轮谈判中的一个特定争议是公共卫生和植物检疫规则是否可以写入协议内容并绑定在一起，从而更好地促进农产品贸易流动。

（4）知识产权（IP）。达成协议的最困难挑战在于知识产权方面。其中有部分原因是美国试图在广泛领域推广重要的新规则。许多跨太平洋伙伴关系协定成员国认为，过去美国在知识产权方面的要求一直在国内难以推行，而且，这些成员国也不急于超出现有承诺。推广新规则的领域包括药品定价和报销规则草案、专利保护的时间期限、版权期限延长、商业秘密、跨境数据流动、跨太平洋伙伴关系协定（TPP）和现有的自由贸易协定之间的连接、执行规定。

（5）其他主要症结。乳制品方面的协议内容也存在重大分歧，这样的分歧主要存在于几个竞争激烈的乳品出口商之间。美国国有企业正试图创造新的标准，澳大利亚表示不会接受投资者 – 国家争端解决机制。在环境和劳动法规方面，一些成员国不承认相关条款具有法律约束力。

4. 此外，加拿大和墨西哥将于 12 月加入跨太平洋伙伴关系协定的谈判，它们的加入会使上述提到的敏感问题变得更加复杂，尤其是纺织品、乳制品、和糖类贸易领域的相关问题。它们加入协定谈判的承诺包括不“重启”已经结束的谈判内容。然而，截至目前，已经结束的谈判内容只有一小部分。许多国家认为跨太平洋伙伴关系协定是一个“单一的整体”，在达成最终协议之前，一切都存有变数。加拿大和墨西哥可能会同意已经落实到位的大部分内容，因为当前跨太平洋伙伴关系协定成员国将不愿重复以前的工作。

5. 随着跨太平洋伙伴关系协定成员国准备于 12 月初进行第十五轮谈判，美国政治领导人应该把注意力转向如何达成协定、结束谈判上。美国可以通过同意在糖类、鞋类、纺织品等贸易领域修改需求和减少在知识产权方面的要求，促进跨太平洋伙伴关系协定的达成。其他成员国也存在自己的敏感问题，如提供市场准入、开放投资、政府采购或做出知识产权方面的新承诺。而这些都是美国企业想要达成的关键目标。现在做出一些战略让步可以使成员国更紧密地联系在一起。与十大贸易伙伴的贸易往来将给美国经济和政治带来可观的利益。政治层面上的灵活性对于达成符合美国最佳利益的协议来说是十分必要的。

编号：201210A127

“安倍经济学”会使日本的经济增长恢复吗？

William W. Grimes*

原文标题： Will Abenomics Restore Japanese Growth?

文章框架： 20 世纪 90 年代初以来日本面临的经济挑战；“安倍经济学”是日本政府恢复经济增长的最新尝试；此前经济政策暴露出的弱点；“安倍经济学”的主要内容包括承诺加入跨太平洋伙伴关系协定（TPP）；该经济战略对美国的影响。

观点摘要：

1. 自 20 世纪 90 年代初以来，日本面临着一系列经济挑战，包括增长速度缓慢、公共债务日益增多、通货紧缩、资产价格疲软和国际竞争力下降等。日本的政策制定者已采取一系列措施应对这些挑战，但仍未能达到结束通缩、遏制支出赤字和复苏国内经济的目标。“安倍经济学”是日本政府改变命运的最新尝试，它以现任首相安倍晋三（Shinzo Abe）的名字命名，是旨在通过货币、财政和结构性政策来扭转通货紧缩和复苏经济的全面战略。在全球经济增速放缓的时代，“安倍经济学”的成功或失败将对日本、区域和全球经济产生深远的影响。

2. 二十年的矛盾政策。乍看之下，日本应对通货紧缩和经济停滞的政策似乎是非常积极且富有建设性的。然而在现实中，日本为了恢复经济增长做出的多项努力经常是矛盾和不协调的。在过去的 20 年里，日本的货币政策一直是最具前瞻性的，这使得日本的短期和长期利率跌至历史最低水平。虽然日本实行了积极的货币政策，但日本央行（BOJ）在某些方面却采取了相当谨慎的政策。通货紧缩意味着实际利率并没有很强的激励性，量化宽松政策的实施也是敷衍了事。

3. 如果货币政策是“太少、太迟”，那么财政政策就是“停和走”。日本在 20 世

---

* William W. Grimes，波士顿大学国际关系和政治学教授，曾担任 BU 研究中心亚洲项目主任及国际关系部门主席，还曾任日本财政部和日本央行的访问研究员。研究领域包括东亚的政治和经济，特别是宏观经济政策、金融全球化和货币政策。在金融领域，他所做的开创性研究包括日元的国际化和东亚金融区域主义。来源：国家亚洲研究局（美国智库），2013 年 6 月。

纪90年代的减税和增加支出使得1996年其经济有所回升。但1997年消费税的增加和公共工程支出的减少造成日本经济再次衰退，并导致了银行系统危机。尽管日本政府在1998年实施了一项大规模的经济刺激计划，但几年后小泉首相重申了财政纪律。2008年的全球金融危机迫使日本又实施了一项新的逆转政策。最后，一些政府官员认识到日本需要通过实施结构性政策来提高日本经济的生产力。然而不幸的是，国家债务与日俱增，再加上经济刺激计划并未达到预期目标的挫败感，往往导致政策制定者倡导以供应方面的措施代替需求刺激措施，而非采取供需结合的措施。

4. “安倍经济学”试图克服之前暴露出的两个政策弱点：缺乏协调和过于谨慎。首先，“安倍经济学”战略认识到通过供应方面的改革来促进竞争和创新对长期繁荣来说是至关重要的。但在短期内，这样的政策对日本经济来说是痛苦的。因此需求刺激非常必要，可以推动供应方面的改革产生积极成效。其次，“安倍经济学”实施了比之前更大胆的货币政策，其显性目标是通过宽松的货币政策让通货膨胀上升到2%的水平。安倍任命一直支持更激进的货币宽松政策的黑田东彦（Haruhiko Kuroda）为日本央行行长。到目前为止，日本央行新采取的货币政策使得日元大幅贬值，股票价格快速上涨。

5. “安倍经济学”还采取了更灵活的财政政策。除了实施数额巨大的经济刺激计划和上调消费税的财政整顿协议，安倍承诺加入跨太平洋伙伴关系协定（TPP）的谈判，以增加日本国内的劳工弹性、鼓励女性就业、推动医疗行业的创新、改善日本的农业系统和独立的电力发电与输电系统。

6. 安倍的赌博和对美国的影响。“安倍经济学”可能是日本恢复经济增长的最大希望，它在两方面进行了“赌博”。一方面是在面对政府债务时坚持刺激性的财政和货币政策。另一方面是政治“赌博”。结构性政策的调整可能导致选举中各选区支持情况发生变化，也可能使得安倍很难将自由民主党（LDP）团结在一起，更不用说与自民党和公明党联盟。

美国有充分的理由希望“安倍经济学”取得成功。日本经济疲软减少了美国企业的市场机会，同时也限制了日本满足美日联盟需求的能力，而这是美国亚太战略的关键所在。安倍对跨太平洋伙伴关系协定的承诺对该关键贸易协定的达成也至关重要。虽然美国在确保“安倍经济学”政治可持续性方面能做的很少，但它可以在外围提供支持，通过接受日元贬值是刺激性货币政策的必然结果来避免自己的保护主义冲动，并为跨太平洋伙伴关系协定的签署做出建设性的工作。

编号：201306A127

日本加入跨太平洋伙伴关系协定：国内优先事项和区域动态

Aurelia George Mulgan *

原文标题：Japan's Entry Into the Trans – Pacific Partnership：Domestic Priorities and Regional Dynamics

文章框架：安倍政府对 TPP 谈判态度的转变；“安倍经济学”的核心地位；日本政府提出的一系列倡议以及可能给日本带来的收益；日本在国际贸易谈判中可能采取的方式；日本政府将寻求对特定产品实行关税豁免；自民党政府保护特定农产品的原因；日本进行 TPP 谈判的前景；安倍政府将对农民进行补贴以减轻贸易自由化的负面影响；日本政府面临的国内和国际挑战；与美国的谈判；为促进谈判而进行制度创新；贸易谈判的发展前景。

观点摘要：

1. 上任不到三个月的日本首相安倍晋三宣布日本将加入跨太平洋伙伴关系协定（TPP）谈判。与日本民主党执政下的前几届政府在决策方面的拖延和犹豫不决相比，这一举动显示了相对而言更快的速度。更加令人吃惊的是安倍领导下的自民党在选举宣言上对 TPP 持消极态度，他指出“只要被要求无条件废除关税，我们就反对加入 TPP 谈判”。而之前的版本更加积极：“只要不被要求无条件废除关税，我们就会加入 TPP 谈判。”这一转变是为了在竞选中赢得农民和农业联合体的支持，并且这一反对 TPP 及其废除所有关税的原则的立场有助于恢复农村地区自民党的选举基础。毫不奇怪，由于随后政策的转变，很多农民和农业联合体领导人感到被政府出卖。

2. 首相安倍晋三在 TPP 事务上果断的领导力直接反映了在“安倍经济学”重塑日本经济的过程中其本人和自民党政府的关键地位，正如安倍在 2013 年 2 月对美

---

* Aurelia George Mulgan，堪培拉新南威尔士大学人文和社会科学学院教授。研究领域为日本政治、政治经济和国际关系。来源：国家亚洲研究局（美国智库），2013 年 7 月 12 日。

国总统所说的那样，“日本经济复兴对于日本和美国以及整个世界都很重要”。日本保持其亚洲经济大国的地位当然很重要。安倍已经推出了多管齐下的经济发展战略，其中贸易自由化和自由贸易协定包括 TPP 是核心部分。此外，自民党政府成员也大力支持 TPP，包括日本经济产业大臣茂木敏充、农林水产相林芳正、自民党副总裁高村正彦。安倍承认实现其政府的成功和保持持续的公众欢迎度关键在于保持经济增长的良好前景。日本经济的下滑可能使加入 TPP 在经济层面势在必行，但是如果经济困难损害了公众对其政府的支持，首相安倍将发现在政治上将更难实施其贸易战略。

3. 自从 2013 年 3 月 15 日宣布加入 TPP 之后，日本政府提出了一系列重要贸易倡议，包括在 3 月与中国和韩国进行三边自由贸易协定（FTA）第一回合谈判，在 4 月启动日本 – 欧盟经济合作伙伴关系协定的重要双边谈判，在 5 月首次就区域全面经济伙伴关系协定（RCEP）进行协商。签订这些协定将会对日本经济增长带来积极的效果，主要是通过增加贸易量和对日本的外来直接投资，以及改善日本制造商在东亚生产网络的生产和投资环境来实现的。日本意识到其处于亚洲、欧洲和环太平洋地区经济合作伙伴关系谈判的核心，并且可以与所有相关国家同时进行谈判，可以利用在一个协定中的收益来推动在另一个协定中的收益，这潜在地促进了日本贸易战略的进展。安倍政府将 TPP 作为 RCEP 的领跑者，希望利用 TPP 这一高级别协定使 RCEP 国家废除投资限制和工业进口关税。其目的包括两方面，即确保增加在其他国家的市场准入和维持日本本国市场的特殊限制。为了应对即将到来的参议院选举，安倍政府在其宣言中使用了“保护我们需要保护的，在我们应该进取的领域积极进取”这一说法，以在贸易谈判之前确保得到易受损失的部门尤其是农业部门的支持。

4. 然而，日本在贸易方面的传统立场历来都处于防守状态，并且当前积极追求达成自由贸易协定并不意味着日本愿意在外来压力之下对国内市场进行自由化改革。目前的迹象表明日本在国际范围内的贸易谈判以及其如何实现国内贸易自由化转变将依然遵循其在过去几十年中所采用的方法，将重点就保护性关税的豁免进行谈判，减轻贸易自由化的影响，与美国进行具体的双边让步。

5. 谈判的重点将会是关税豁免。在这一点上，没有任何迹象显示日本会软化其长期以来的强硬立场。实际上，要求贸易自由化对“特殊领域”尤其是农业产品进行豁免，一直是日本在整个 WTO 贸易谈判回合和之前在关税贸易总协定以及在双边和区域贸易谈判中的立场。自民党在 2012 年的选举中就提到了这一话题，并且在该年 2 月的华盛顿峰会上明确表示在 TPP 之下实行关税豁免是可行的。美国对这一事项的理解尤其是对日本农业部门敏感产品的认可将是安倍采取下一步行动以及宣布日本加入 TPP 谈判的前提。安倍成功推广豁免原则已经对日本国内政治产生了微妙的影响，他已经将国内关注的重点从根本性的改革转移到加强国内行业如农业在国际上的竞争力上，并且政府将寻求特定产品的豁免。民意调查显示，虽然多数人赞成日本加入 TPP，但是更多的人都希望农产品与大米能够从贸易自由化中得到豁免。

6. 虽然自民党最初反对日本加入 TPP（这一组织曾要求日本立即退出 TPP 谈判），但现在超过 60% 的自民党议员已经将其立场表述为“自民党将在 TPP 谈判中保护国家利益”，从而将其政策关注点转移到谈判的相关条件上。自民党一再表示其将保护赦免原则以取得反对 TPP 的组织如农业联合体对该党的支持，并且政府向农业部门表示豁免原则将适用于日本长期保护的五个关键产品（大米、小麦、牛肉、奶制品和甜味作物）。仅在 7 月 21 日选举后的两天内日本就加入了 TPP 谈判，这使得日本在谈判中重点关注其在选举活动中的政策。在自民党的宣言草案中，上述五项产品不在取消关税的范围之内，并且现在赦免原则已成为该党更详细的政策议程“J 文件”的重中之重。安倍政府特别重视农村选民的支持，因为这将是确保自民党在参议院取得多数席位以及未来立法和政策包括经济增长和贸易相关方案顺利实施的关键。

7. 如果安倍政府能确保其在参议院的多数席位，那么在选举之前的谨慎将会被更倾向于贸易谈判的立场所取代。在这种情况下，之前所说的不是所有产品都将被认为不在贸易自由化涉及范围之内的宣言将会继续保持其原有立场，尽管自民党农业相关决策者表示如果不能确保关键产品的赦免，他们将退出 TPP 谈判。日本外相表示目前的重点是，在废除关键产品都得到关税之前日本能有多长的宽限期，农林水产相已经开始关注在这一宽限期内重建本国农业的发展前景。因为 TPP 采用在十年内废除所有关税的原则，并且这将包括美国、澳大利亚和新西兰等农业出口大国，在这种情况下日本将很难确保所有关键产品都得到豁免。为了避免日本像之前那样在农业谈判中成为贸易谈判进程的阻碍，日本需要一个更加灵活和包容的方式。

8. 日本谈判的另一个主要方面将是向国内农产品生产者提供补贴（即所谓的“应对措施”），以减轻贸易自由化的影响，从而加快日本加入自由贸易协定的进程。安倍政府已经承诺在未来十年内向农民直接支付收入补贴并且使农业收入翻一倍。然而，通过计算表明，如果五个关键产品的关税被废除，政府每年仅补贴种植水稻的农民就将需要 2 万亿日元（2000 亿美元）。安倍政府可能通过传统的猪肉桶方式对农民进行补偿，事实上在参与贸易谈判之前这一措施就被大量使用，导致土地改良方面的政府支出极大地增加。

9. 很少有增强日本农业以应对日益增长的国际竞争的有效措施被采纳或者被提出来。一方面，安倍最近宣布的农业战略避免任何痛苦的改革并且关注为农业部门提供更多的财政援助，旨在为农民传递一种积极的政治信号并且减少加入 TPP 谈判的国内政治成本。农民和农业联合体面临的问题是他们是否相信政府所承诺的在国际贸易谈判中不会为了达到协定的要求而牺牲农民的利益，并且在参议院选举之后农民和农业联合体面临再次被出卖的风险。日本一旦加入 TPP 谈判，其他参与国尤其是美国将要求其开放市场，不排除出现 TPP 最终协定将凌驾于日本国内政治担忧之上的情况，正如 1994 年乌拉圭回合的“农业协定”所带来的那样。另一方面，农林水产相林芳正公开宣称日本会“基于我们强大的谈判能力，精心准备谈判的每一个阶段并且日本不会屈从于其他参与国的言论”，他还主张利用美国希望日本加入 TPP 的意愿来作为谈判筹码。因此最终的结果可能是凭借 TPP 谈判中其他国家与日本进行权衡的意愿允许安倍政府在“敏感产品”方面拥有一些议价空间从而使日本通过最终协定。

10. 正如之前的很多贸易谈判所显示的那样，日本的 TPP 谈判策略将朝着与美国进行具体的双边让步的方向发展。这在 2011 ~2013 年日本与美国的双边磋商中就已经显示得十分明显，在这之中日本几乎完全同意美国的要求。在整个 TPP 谈判中美国和日本双方预期将做出更多的让步。例如，日本已经同意在汽车和非关税壁垒上继续进行双边谈判，这一双边贸易重点关注汽车和保险,在之前的磋商中日本已经做出了让步，而这一让步将会继续，但是在自民党采取了强烈防守态度的领域上的谈判将会很艰难，日本要求赦免五个关键农业产品的关税，不接受对生产产品的数目要求，保护全民医保体系和食品安全标准，不同意投资者 - 国家争端解决机制，维持有日本特色的政府采购和金融服务。而从美国的角度看这些是谈判的重中之重。考虑到日本政府要兑现其国内政治承诺并且将不会在这些领域让步，因此在其他行业和市场进行实质性的让步将是必要的。日本可能会为了“保守”利益而牺牲“进取”利益，正如在之前的谈判中其为了保护农业利益而牺牲汽车行业利益时所做的那样。在 TPP 多边谈判的背景之下，日本也可能与其他谈判伙伴组成战略联盟以阻止美国的一些要求。

11. 在应对国际贸易谈判中，与以往方法最大的不同是安倍政府创立了一个特别机构以代表政府在贸易方面的立场。日本建立了由经济再生本部担当大臣甘利明主导的 TPP 政府总部，以增强其立场的代表性。这一总部最初有 65 个成员并且将扩大到 100 个成员，将负责国际谈判和协调国内受影响的行业与执政党。尽管谈判小组的一些成员由相关部长直接任命，这与之前的谈判一样，但是甘利明将要求他们抛开自己部门的利益以建立一个统一的团队。这些制度举措旨在支持日本加入 TPP 并且减少在过去阻碍政府贸易自由化战略实施的官僚地方主义和政党部门的直接干预，同时在特殊利益集团的干预下给予政府和贸易谈判代表更大的自主权。这些新举措是前所未有的，并且强调了安倍政府明白，只有通过改变制定贸易政策的制度结构，才能制定出挫败根深蒂固的利益集团的新政策。

12. 日本现政府承诺将努力达成 FTAs，包括 TPP，作为其经济复苏的重要举措之一。然而，考虑到国内政治阻碍和自民党已经承诺的政策保护，TPP 贸易谈判不会是一帆风顺的。尽管日本政府将尽一切努力实现一个统一的贸易市场，但是其在国内仍将面临重重困难。这将使日本在国际谈判中采取更加具有防御性的立场，尽管美国可能做出一些具体的让步。

编号：20130712A127

跨太平洋伙伴关系协定：谈判中汲取的经验教训

Richard Katz *

原文标题：The Trans – Pacific Partnership：Lessons From Negotiations

文章框架：TPP 谈判中存在的障碍；美日双边谈判遇到的问题；TPP 缺乏最惠国（MFN）条款；贸易促进授权（TPA）没有获得通过；投资者 – 国家争端解决机制（ISDS）；给美国的几点建议。

观点摘要：

1. 跨太平洋伙伴关系协定（TPP）——一个拟议中的自由贸易协定（FTA），囊括了十二个亚洲和美洲国家，旨在成为影响深远和最全面的自由贸易协定。TPP 超越了传统的市场准入问题，涉及领域扩展到知识产权、投资准则和国有企业，这远远超出了世界贸易组织（WTO）或过去美国参与谈判的自由贸易协定。有关国家期望 TPP 能为整个跨太平洋地区的经济交互提供体系结构框架。但是我们现在面临的可能的特定现实是，除非 TPP 于2015 年最初几个月签署，否则整个协定过程可能会像世贸组织多哈回合谈判一样，无法达成协议并陷入无休止的谈判，这将是一个巨大的损失。尽管 TPP 存在一些缺陷，但目前在谈判中取得的成就已经是一大进步。专家称，花费更多的时间来弥补缺陷可能带来风险，进一步的延误可能意味着无限期推迟。越接近 2016 年美国和日本的全国选举，跨太平洋伙伴关系协定的签署就会变得越加困难。

2. TPP 会带来明显的潜在经济收益，但为什么它的签署会面临这样艰难的政治阻碍？尽管这个责任由许多国家分摊，但造成这种情况的重要原因是美国的政策。TPP 谈判的最大障碍是美日在农产品问题上的分歧。日本专注于保护的领域包括牛肉、猪肉和乳制品贸易等，在这些领域享有优惠政策的日本家庭达到了 4600 万户。

---

* Richard Katz，哥伦比亚大学学士，纽约大学经济学硕士，曾在纽约州立大学石溪分校担任经济学客座讲师、在纽约大学斯特恩商学院担任经济学副教授。目前是《东方经济学家报告》的主编，《东洋经济周刊》的特约记者。他的著作受到了《华尔街日报》《商业周刊》《纽约时报》《日本经济新闻》《朝日新闻》《日本季刊》《日本研究》《远东经济评论》等媒体的一致好评，多家报刊多次引用他的文章。来源：国家亚洲研究局（美国智库），2014 年9 月。

如果签署 TPP 就会消除这些领域的关税，使享有优惠政策、受到保护的日本家庭大为减少。因此国会议员威胁要阻止日本签署 TPP。在美国，牛肉和猪肉生产所带来的收益在 GDP 中所占份额仅为 0.2%。然而，2014 年 7 月，140 名美国众议院议员（包括 107 名共和党议员和 33 名民主党议员）已联名致信建议将日本（和加拿大）排除在 TPP 之外，除非日本（和加拿大）同意取消这些农产品关税。除了新西兰之外，没有其他跨太平洋伙伴关系成员国会赞同这一点。其他国家也在犹豫是否进行认真的谈判，它们希望先看到美日谈判的结果。这压缩了处理更复杂问题的时间，这些复杂问题包括投资法规、知识产权、国有企业和争端解决机制等，达成有关这些问题的最佳解决方案对该区域的经济发展前景来说意义重大。具有讽刺意味的是，在许多这样的大问题上，美国和日本意见一致。

3. 美国对这一结果应该负有一定责任。在它的坚持下，TPP 缺乏最惠国（MFN）条款，而这个条款是世贸组织和欧盟的基础。最惠国待遇意味着，如果日本将对美国特定产品的关税减至 0%，那么其他跨太平洋伙伴关系成员国也需要将此产品的关税降至相同值。最惠国条款不仅可以确保强者不剥削弱者，而且也会促进贸易往来的高效率和促进经济增长。尽管如此，华盛顿认为通过进行单纯的双边会谈，可能会与一些跨太平洋伙伴关系成员国达成更好的交易。但这样做的结果是没有其他国家可以帮助推动美日之间达成协议。相反，在这些进行中的双边会谈得出结果之前，其他国家有理由推迟谈判，以免过早接受不良交易。因为在各种问题上的讨价还价，市场准入谈判的延迟也意味着将其他所有问题推迟处理。

4. 民主党和共和党选民对待自由贸易协定问题日益清醒，以及国会山的民主党也日益意识到美国总统奥巴马的弱点，这使得至少在 2014 年 11 月的国会选举之前，贸易促进授权（TPA）不可能获得通过。而 TPA 对 TPP 的达成来说至关重要。在 TPA 下，一旦总统向国会提交 TPP，国会需在 90 个立法日内进行赞成或否决的投票表决，但不能提出修改或补充。如果没有 TPA 的约束，国会中反对某项贸易协定的议员可以不断就该协定的个别条款提出修正案，这将迫使美国与其他十一个国家进行重新谈判。此外，TPA 也是美国的一项谈判资本，美国国会可能会要求其他国家做出无底线的让步和妥协，因此其他国家对美国国会的担心是可以理解的。2013 年年底，205 名国会民主党议员中的 150 人联名致信，反对恢复 TPA。

5. 国内缺乏对自由贸易的广泛支持已经迫使美国贸易谈判代表开始安抚一些企业部门。一个破坏性的后果是美国坚持所谓的投资者 - 国家争端解决机制（ISDS），这个机制将赋予跨国企业更多起诉美国政府的权利。例如，菲利普 · 莫里斯公司和雷诺烟草公司根据双边投资条约就香烟包装问题对澳大利亚政府和加拿大政府提起了诉讼，并索求数十亿美元的“补偿”。加拿大面对这样的威胁放弃了其拟议的规则，而澳大利亚当前则反对在TPP中引入投资者-国家争端解决机制。在世贸组织中，是否启动此类案件的决定权掌握在各国政府手中，而非私营企业手中。

6. 我们需要思考为什么TPP的签署这么困难。主要原因是民主党的一个关键选民群体——劳工——会受到自由贸易协定的严重伤害。在国与国之间，自由贸易是一个双赢的命题，但每一个国家的不同行业会出现赢家与输家。像美国这样的发达国家，劳工往往会输给资本家。好消息是赢家得到的收益远远大于输家遭受的损失。因此，“讨价还价”是必要的。商业公司会得到自己想要的自由贸易，消费者也可从中获益。但其中一些收益需要再分配给工人，他们都直接或间接地受到了全球化的伤害，政府需要采取除贸易调整援助法案之外的更多措施。如果TPP得以签署，美国整体上会变得更好，所有的美国公民也都会受益。诸多商业团体和政策团体在这个问题上的短见往往会弄巧成拙。

编号：201409A127

跨太平洋的高调谈判

Meredith Miller*

原文标题： High - Profile Negotiations Across the Pacific

文章框架： 美国在亚洲地区的经济政策——跨太平洋伙伴关系协定（TPP）；贸易促进授权（TPA）是该协定获得国会批准的先决条件；中美经济关系的发展；东盟经济共同体（ACE）的建设；区域全面经济伙伴关系协定（RCEP）进入谈判最后阶段。

观点摘要：

1. 未来这一年对美国在亚洲的经济政策来说至关重要。亚洲是美国总统奥巴马重振美国经济的核心地区，他希望为美国吸引更多的投资、增加出口并深化科技合作。随着奥巴马政府的执政期即将结束，旗舰项目如跨太平洋伙伴关系协定（TPP）实施的紧迫性与日俱增。与中国这个亚洲经济重心和美国第二大贸易伙伴的关系会占据美国政策的中心舞台。美国对中国经济间谍活动与工业和货币政策的担忧加剧。随着区域贸易和投资稳步上升、东盟经济共同体（计划）和区域全面经济伙伴关系协定（RCEP）谈判进程加快，亚洲区域经济一体化进程持续推进。跨太平洋伙伴关系协定可以说是美国有史以来提出的最雄心勃勃的自由贸易协定。它旨在将十二个亚太经济体联系在一起，实现全球大约三分之一地区的贸易自由化，并促进解决现代经济的核心问题，如电子商务、知识产权和跨境投资等。跨太平洋伙伴关系协定最终将构建一个亚太自由贸易区（FTAAP）。因而，该协定对美国在亚洲的

---

* Meredith Miller，约翰·霍普金斯大学保罗尼采高级国际研究学院（SAIS）国际关系专业硕士，密歇根大学人类学学士，现任奥尔布赖特石桥集团东南亚区副总裁，曾担任国家亚洲研究局华盛顿特区办公室主任，从事亚洲经济、能源和贸易问题研究项目的管理工作，并为亚洲的政策制定者提供有关战略发展的客观、详细地分析。她还有着在公共和非营利部门工作的经验，曾任美国国务院东亚和太平洋事务局经济政策办公室副主任，美国情报和研究局分析师。加入国务院之前，她参与了美越贸易委员会的技术援助项目，支持美越达成双边贸易协定，实现两国关系正常化。研究领域包括东南亚的政治与经济事务。来源：国家亚洲研究局（美国智库），2015 年 1 月 15 日。

经济存在和主导地位有着巨大的实际影响和象征意义。

2. 跨太平洋伙伴关系协定与奥巴马政府的亚洲“再平衡”政策关系密切。亚洲国家普遍认为其是美国主导的倡议，并将影响美国在亚洲的竞争力和制定全球贸易新规范和新标准的能力。共和党国会新任领导人已经承诺支持贸易促进授权，它提供了国会对贸易协定的投票表决权利，并且不允许国会提出相关修正案。许多人认为贸易促进授权是跨太平洋伙伴关系协定获得国会批准的先决条件。贸易促进授权将推动美国贸易谈判人员解决工作中的棘手问题，如农产品和纺织品市场准入、知识产权、外国投资者保护和投资者 - 国家争端解决机制。谈判代表正面临越来越大的压力，必须赶在 2016 年美国总统选举之前处理好贸易协定的相关问题。许多分析人士认为，跨太平洋伙伴关系协定必须于今年上半年签署。

3. 虽然中国没有参与跨太平洋伙伴关系协定谈判，但 2015 年中美两国也有很大潜力进一步密切其经济关系。2014 年，中美两国在经济方面取得了重要突破，双方就《信息技术协议》扩围谈判达成共识，并努力减小分歧，力争尽快就中美双边投资协定（BIT）文本的核心问题和主要条款达成一致，并计划实施其他新的贸易和投资便利化措施。然而，即使中美在这些领域取得进展，中美关系依然紧张。美国主要关注中国的产业政策、网络间谍、知识产权盗窃等问题，中国最近也针对外国公司涉嫌违反《反垄断法》而展开调查。美国总统大选后，新国会将更加专注于解决这些问题。

4. 亚洲开发银行 2014 年发布的报告称，尽管全球经济前景疲软，亚洲的跨境贸易、投资与旅游流量与日俱增。该地区新的重大政策举措将促使这一趋势持续下去，并推动区域一体化进程。值得注意的是，东盟已经到了计划于 2015 年年底前实现东盟经济共同体（ACE）的最后阶段。截至目前，该地区已经满足了建设东盟经济共同体的约 80% 的必要条件，但剩下的包括投资和劳动力流动的问题是最具挑战性的。印度尼西亚新总统佐科 · 维的态度使人们感到震惊，他表示，如果东盟经济共同体的实现让印尼处于劣势，印尼将不会支持东盟经济共同体于 2015 年年底实现单一市场和单一生产基地的目标。马来西亚是 2015 年东盟轮值主席国，东盟将开发和完成战略计划和目标，在 2015 年之后实现该区域更深层次的整合。

5. 所有努力都将提高统一和集成的东盟在未来的生存能力，以及与区域巨头进行竞争的能力。参与区域全面经济伙伴关系协定谈判的十六国（包括十个东盟成员国，以及澳大利亚、中国、印度、日本、新西兰和韩国）也面临着计划于 2015 年 12 月结束谈判的最后期限。如果该协定得以签署，参与该协定的十六国将创建一个国内生产总值约为 20 万亿美元的集成市场。虽然区域全面经济伙伴关系协定覆盖的广度和深度不如跨太平洋伙伴关系协定，但是值得注意的是，区域全面经济伙伴关系协定的达成将会提高跨太平洋伙伴关系协定在今年成功签署的可能性。

编号：20150115A12701

马来西亚是东盟主席国：推动区域经济一体化

Laura Schwartz *

原文标题： Malaysia's ASEAN Chairmanship：Furthering Regional Economic Integration

文章框架： 马来西亚作为2015年东盟轮值主席国的优先处理事项；东盟一体化的未来前景；跨太平洋伙伴关系协定（TPP）在马来西亚总体贸易策略中的角色；区域全面经济伙伴关系协定（RCEP）；东盟经济共同体、跨太平洋伙伴关系协定和区域全面经济伙伴关系协定之间的关系。

观点摘要：

1. 2015年是东盟区域贸易发展的关键一年，在此期间，马来西亚担任东盟轮值主席国。东盟经济共同体的建立（计划）和区域全面经济伙伴关系协定（RCEP）签署的最后期限都设置在2015年年底。区域全面经济伙伴关系协定是东盟国家和六个对话伙伴国（包括澳大利亚、中国、日本、印度、新西兰和韩国）计划达成的自由贸易协定。有十二个亚太国家参与的跨太平洋伙伴关系协定（TPP）谈判也接近结束。为了更深入地了解马来西亚作为东盟主席国的目标和东盟区域经济一体化的情况，国家亚洲研究局采访了马来西亚驻美大使拿督阿旺阿迪（Awang Adek Hussin）。

2. 问：马来西亚作为2015年东盟轮值主席国的优先处理事项是什么？

阿旺阿迪：马来西亚希望通过建立一个“以人为本”的东盟，使东盟国家人民拥有更强的归属感。马来西亚作为东盟轮值主席国主办的第26届东盟峰会的主题是“我们的人民，我们的共同体，我们的愿景”。为了实现这一主题目标，马来西亚已经确立了八个重点事项：正式建立东盟共同体，实现一个开放、和平、稳定、繁荣

---

* Laura Schwartz，康奈尔大学东亚研究学士，并在中国西安完成了汉语语言课程，现任国家亚洲研究局贸易、经济和能源事务组项目管理员，负责协调后勤、出版物出版和多个研究项目，包括太平洋能源峰会、太平洋能源论坛和能源安全项目。在加入国家亚洲研究局之前，曾担任总部设在华盛顿特区的战略通信公司 Rendon Group 的媒体监控分析师。研究领域包括中国国家与社会关系以及中国对亚太地区发展的作用。来源：国家亚洲研究局（美国智库），2015年3月26日。

的东盟，并与区域伙伴关系的动态发展紧密联系；2015 年后，在东盟共同体的指导下，东盟的愿景是进一步促进繁荣和发展，并推动东盟国家人民对东盟有更强的归属感；推动东盟与人民紧密联系是马来西亚作为轮值主席国提出的东盟峰会主题的重要部分，为了实现此目标，创建一个“以人为本”的东盟至关重要；推动区域内中小企业（SME）的发展；扩大东盟区域内贸易与投资，尤其是跨境投资和贸易，效仿欧盟和北美自由贸易协定等区域组织，进一步发挥东盟在区域内的重要作用；促进东盟的组织结构完善，通过建立高级别工作小组加强东盟秘书处职能；在涉及区域冲突问题的解决过程中，解决方案应以促进地区和平与安全作为核心价值；加强东盟作为全球参与者的作用；通过在此平台上讨论并解决区域国家共同关心的全球性问题，加强东盟与外部各方的联系。2015 年对马来西亚和其他所有东盟成员国来说都是非常重要的。众多的利益相关者都对马来西亚寄予越来越高的期望。中国能够推动东盟机构达到新的发展水平，并确保所有的承诺都以促进东盟共同体三大支柱（政治安全共同体、经济共同体、社会文化共同体）的发展为目标。尽管完成这些可交付成果具有一定的挑战性，但马来西亚将在担任轮值主席国期间尽力实现这些对东盟发展而言至关重要的目标。

3. 问：东盟致力于在 2015 年年底之前实现东盟经济共同体的目标，东盟一体化到 2025 年及未来的愿景是什么？

阿旺阿迪：该计划的主要目的是将所有十个东盟成员国集成为单一市场，这将要求实施所有具体的重要集成措施。这也是区域利益相关者的期望，尤其是投资者和商界。其他优先事项是加强该地区中小企业的发展，扩大东盟内部的贸易与投资，并进一步发挥东盟作为全球事务参与者的重要作用。马来西亚还计划于 2015 年推进以下倡议：东盟贸易便利化协议、东盟商务旅行卡、2015 年后中小企业发展战略行动计划（2016 ~ 2025）和东盟单一窗口。另一个重要目标是在 2025 年年底实现东盟共同体的目标。东盟共同体的三大支柱分别是安全共同体、经济共同体和社会文化共同体。马来西亚是东盟经济一体化高级别工作小组的主持国，2015 年后采取的经济措施将通过进一步消除贸易和投资壁垒制定一个更加雄心勃勃的经济一体化计划，来保持和促进东盟的经济增长和竞争力。这些努力旨在通过国内监管和法律改革来解决区域结构性障碍和监管障碍。东盟将进一步推进贸易便利化，扩大集成生产和供应链；建设新的并改进现有的基础设施来创建一个高度互联互通的区域，以应对快速变化的全球经济环境挑战；增强金融服务自由化，包括资本市场的整合；促进新技术的应用，以确保可持续发展；促进人力资源开发，包括通过提高技术工人的流动性，在该地区吸引人才以满足产业的需求。马来西亚作为东盟轮值主席国将要进行的工作需要所有东盟成员国的全面合作，这不仅是主席国的责任。有一个著名的谚语："若要走得快，独自前行；若要走得远，结伴同行。"作为一个已经存在了47年的组织，东盟属于后者。

4. 问：TPP是面向21世纪的贸易协定，通过设定雄心勃勃的全球经济标准来刺激美国经济增长。奥巴马政府已经表明了其对TPP的承诺。TPP在马来西亚的总体贸易策略中的角色是什么？

阿旺阿迪：马来西亚是世界上排名第四的最依赖贸易的国家，它已经签署了十三个自由贸易协定（FTA）。这些自由贸易协定带来了潜在的贸易发展机会，推动马来西亚进入重要的市场，并为马来西亚出口产品提供了更有利的市场准入标准。同样，马来西亚决定加入TPP谈判的重要原因是希望进入大型的国际市场，包括美国、加拿大、墨西哥和秘鲁，这些国家尚未与马来西亚达成自由贸易协定。TPP的成功签署将会形成一个巨大的免税市场。这个市场涵盖了8亿人口，总GDP为27.5万亿美元。此外，很多人将该协定视为建立亚太自由贸易区的媒介。如果亚太自由贸易区得以建立，它将形成一个涵盖近28亿人口的消费市场。

5. 问：马来西亚国际贸易和工业部部长穆斯塔法·穆罕默德（Mustapa Mohamed）最近指出，马来西亚计划于2015年年底达成区域全面经济伙伴关系协定（RCEP）。东盟成员国之间自由贸易协定的前景是什么，谈判的下一个重要里程碑是什么？

阿旺阿迪：RCEP是整合亚太经济体的一个新的尝试和补充计划。所有RCEP国家代表于近日参加了在曼谷举行的贸易谈判委员会会议，迄今为止取得的进展令人满意。这绝不是一项简单的任务，特别是涉及的国家发展水平各不相同。但东盟已做出大量努力确保RCEP的实现。十六国领导人计划于2015年年底的最后期限之前结束实质性谈判。

6. 问：马来西亚对东盟经济共同体、TPP和RCEP之间关系的看法是什么？这三个组织在未来集成的可能性有多少？

阿旺阿迪：亚太经合组织工商咨询理事会于2004年首次提出"亚太自由贸易区"这一想法，而对为了实现该愿景采取实质性措施的建议近年来也屡见不鲜。2006年，亚太经合组织认识到亚太自由贸易区是实现区域经济一体化的必要条件和长期愿景。亚太自由贸易区建设完成后亚太地区才能完成茂物目标中的规定，即在不晚于2020年实现自由与开放的贸易和投资目标。此外，2010年，亚太地区国家领导人承诺加强并深化区域经济一体化以消除贸易和投资壁垒，采取具体步骤实现亚太自由贸易区。他们同意亚太自由贸易区是实现亚太经合组织区域经济一体化和茂物目标如期实现的必要条件。在横滨，亚太经合组织领导人一致认为，亚太自由贸易区应该是一个类似于“东盟 +3”、“东盟 +6”和 TPP 的，全面、高质量的自由贸易协定。同时他们认为，亚太经合组织作为区域贸易协定的孵化器，将进一步发展和完善相关协议条款，如服务、电子商务、原产地规则、标准和一致性、贸易便利化与环保产品和服务。

2014 年 11 月，亚太经合组织领导人支持实现亚太自由贸易区的北京路线图。他们于 2015 年年初正式成立工作组进行集体战略研究。该研究是进一步实现亚太自由贸易区的基础。马来西亚属于这个工作小组，马来西亚对亚太自由贸易区进程的早期参与将有利于维护马来西亚的贸易利益和国家政策。马来西亚认为亚太自由贸易区会促进茂物目标如期实现。为了实现一个全面的亚太自由贸易区，区域各经济体必须做好准备，承诺和参与高标准的贸易设想。在亚太经合组织内经济体研究亚太自由贸易区时，该地区经济体也于 2010 年 3 月开始参与 TPP。参与 TPP 的十二个国家都是亚太经合组织内的经济体。此外，RCEP 将进一步巩固东盟及其合作伙伴现有的区域自由贸易协定。东盟经济共同体将于 2015 年 11 月正式成立。不可否认的是，这将是促进跨太平洋伙伴关系成员国、区域全面经济伙伴关系参与国和东盟经济共同体成员国经济一体化的巨大机会。

作为一个高度依赖国际贸易的小国，马来西亚在全球市场自由化上有很大的利益。马来西亚看到 TPP、RCEP 和东盟经济共同体是互补的。尽管这些协定的具体内容可能有所重叠，但东盟的倡议重点关注的领域是东盟和东亚一体化，而 TPP 则包含更广泛的亚太地区。事实上，这些协定对亚太自由贸易区的实现是至关重要的。这些自由贸易区的计划建设完成将会推动亚太自由贸易区的最终实现。创建世界上最大的自由贸易区并非是不可能完成的任务。这将促进多边贸易体制、全球贸易和投资的发展与世界的整体繁荣。

编号：20150326A127

国家亚洲研究局简报：日本首相安倍访问美国

Rachel Wagley *

原文标题： NBR Fact Sheet：Japanese Prime Minister Abe's Visit to the United States

文章框架： 安倍将对美国进行访问；美日之间的贸易往来；日本新的外交政策和《美日防卫合作指针》；历史争议和日本的区域关系；“安倍经济学”。

观点摘要：

1. 日本首相安倍晋三对美国即将进行的历史性访问将强调东京和华盛顿的贸易和防务关系。美日同盟正在面向21世纪进行全面调整。安倍将在美国两院联席会议上进行演讲，并将在前往少数美国最大城市之前，与奥巴马总统一起享受白宫国宴。在安倍的访美之行中，比讨论贸易和国防合作更重要的是纪念二战结束70周年并表达其建设性的态度。国家亚洲研究局提供了四个领域的背景情况，政策制定者、媒体和其他有关人士应在安倍访美期间注意这些相关背景情况。

2. 在安倍首相访美之际，美国和日本官员进入了跨太平洋伙伴关系协定（TPP）双边谈判的最后阶段，美国国会也准备向奥巴马总统提供贸易促进授权（TPA）。众议院筹款委员会主席保罗·瑞恩（Paul Ryan）使安倍消除了疑虑，美国国会将于2015年2月在代表团出访东京期间推进“快速通道”贸易促进授权（TPA）的立法。同时，桑迪·莱文（Sandy Levin）也于4月中旬宣布，安倍访美将有助于推动法案的通过。TPA是国会不用进行政治上的审查程序就批准贸易协议的“快速通道”，这种机制将简化美日之间的贸易谈判。美国和日本是目前十二个TPP成员国中最大的两个经济体，推进它们之间悬而未决的双边协议是结束谈判的关键。自2013年日本加入TPP谈判以来，美日两国举行了多次双边会谈以解决敏感领

---

* Rachel Wagley，哈佛大学学士，现任国家亚洲研究局的外联助理主任，负责与国会和媒体接触。她还与管理团队和研究小组领导人密切合作，促进各界对亚太外交政策的理解。在加入国家亚洲研究局之前，她曾担任“美国缅甸运动”组织的政策主管，为政府、国际金融机构、企业、非政府组织和公民社会组织提供对缅贸易和投资、缅甸民族和解和可持续发展等问题的建议。研究领域包括宗教自由、种族冲突、技术和法律与财产权利。来源：国家亚洲研究局（美国智库），2015年4月21日。

域的相关问题，包括开放日本农业领域，并解除日本汽车市场的贸易障碍。但现在谈判进程已经停滞，这很大程度上是由于日本国内抵制该国农产品（具体来说是大米、猪肉、牛肉、乳制品和糖类）市场和汽车市场开放。

3. TPP 对日本国内进一步进行结构性改革和提高在国际上的经济竞争力来说至关重要。根据 TPP 的有关规定，日本将消除农产品关税，开放其政府进行大量补贴的农业市场，该协定还将支持安倍进行的农业合作社的改革。安倍和前几届日本政府都支持国内农业改革，并认为这对重振日本长期停滞的经济来说至关重要。TPP 将为这些改革政策的推进提供政治掩护。尽管日本是美国在亚洲的主要盟国和第二大贸易伙伴，但日本从来没有与美国达成自由贸易协定。两国的 GDP 约占 TPP 成员国 GDP 总和的 80%，双边协议的达成不仅将为 TPP 的成功签署铺平道路，也将推动亚太自由贸易区的实现。

4. 自日本与中国就东海钓鱼岛问题引发的紧张局势升级以来，中国军事力量持续扩大，日本开始审视其防御姿态。2014 年 5 月，安倍有意在修宪之前先修改对宪法第九条的解释，解禁集体自卫权，这将使日本能够作为美国的盟友和地区稳定的重要保证者发挥更大的作用。皮尤研究中心 2015 年 4 月的一项民意调查结果显示，美国民众对日本扩大军事力量的态度远不及日本民众那么谨慎。尽管如此，安倍首相已经扩大了日本与该地区其他国家的防务关系，包括越南、菲律宾和印度。这种与东南亚国家的合作旨在促进军队现代化，这对加强区域安全来说非常重要。日本在过去的几年中一直很焦虑如果与中国的东海冲突升级，美国是否会保护它。中国现在在钓鱼岛定期巡逻，可以想象的是，日本可能会遇到需要进行军事回应的偶然事件。尽管日本仍然是亚洲最大的海上强国，但当代日本在应对威慑战略方面的经验很少。中国国家主席习近平在于 2014 年秋季举行的亚太经合组织会议上，与安倍进行了会谈，这促使双方希望进一步展开政府间的会谈。中国和日本应该同意建立一个机制来观察并缓解中国东海的紧张局势。在安倍访美之前，美国国防部部长阿什顿·卡特（Ashton Carter）于 2015 年 4 月前往东京敲定《美日防卫合作指针》。新版《美日防卫合作指针》将允许美日在提升导弹防御能力、空间安全、网络安全等方面进行合作。该指针是美日同盟的核心，美国和日本将增强区域与全球合作。

5. 第二次世界大战期间的“慰安妇”事件和独岛（日本称“竹岛”）领土争端问题一直是日韩关系紧张的原因。这两个美国关键盟友之间的紧张关系使美国在亚太推进协调合作战略的步伐放缓。2015 年是日韩双边关系正常化 50 周年，这个周年纪念将有助于缓和它们之间的关系。2015 年 3 月，中日韩三国外长在首尔举行会谈，这是自 2012 年 4 月以来的首次中日韩外长会谈。三方除讨论朝鲜局势外，还将就加强环境防灾领域和经济领域合作进行磋商。在会议结束后的声明中，中国外交部部长王毅表示，对于中日韩三国而言，历史问题不是过去时，仍然是现在时，三方不应再让它继续成为将来时。中方认为，“正视历史，开辟未来”既是对待和处理历史问题的正确态度，也是推进双边关系、加强三国合作的必由之路。在安倍访美之前，一些现任和前任美国国会议员呼吁日本承认二战期间侵犯人权的罪行并进行正式道歉。安倍将于 2015 年 4 月 29 日在国会参众两院联席会议上发表演讲。许多人都希望他利用访美机会解决历史问题，为实现与邻国的和解打下基础。

6. 日本的债务总额占 GDP 的比例是惊人的，而政府债务占 GDP 的百分比已接近 250%，这在发达经济体中是最高的。这个国家的经济近 20 年几乎没有增长，安倍的主要目标包括增加日本的经济竞争力和复苏国内劳动力市场。自上任以来，安倍已试图提振 GDP，并要求日本央行达到 2% 通胀目标。虽然安倍的刺激计划使东证指数在两年内上涨超过 70%，但这些计划却引发日本经济从 2014 年中期开始的新一轮衰退。安倍的美国之行是检查“安倍经济学”进展的好机会。安倍进行经济改革的三把火包括宽松的货币政策、大规模的财政刺激政策和结构改革。第二把火对于改变日本的经济轨迹来说作用较小。批评人士强调，日本经济刺激策略并没有推动日本经济的增长，也没有提升日本经济的竞争力。然而，TPP 可能有助于推动日本的结构性改革。因为该协定是在新环境下制定的新贸易协定，所以尚不清楚其对日本 GDP 的影响。

编号：20150421A127

美国 - 马来西亚在安全领域的关系

Pamela Sodhy *

原文标题： U. S. – Malaysia Relations on the Security Front

文章框架： 美国和马来西亚双边关系的发展；马来西亚面临的区域安全挑战；美国 - 马来西亚合作伙伴关系的影响；跨太平洋伙伴关系协定（TPP）是两国发展双边关系面临的一个重要问题。

观点摘要：

1. 美国与马来西亚的双边关系可追溯到1957年马来西亚独立，近年来两国的双边关系经历了显著的转变。"9·11" 事件以来，马来西亚已发展成为一个强大的安全伙伴，并协助美国采取了大量的反恐措施；通过参与高级安全会议和东盟地区论坛、东亚峰会、东盟国防部部长扩大会议，美国的"再平衡"政策也涉及马来西亚。与"再平衡"政策相连的是美国领导的跨太平洋伙伴关系协定（TPP）谈判，马来西亚于2010年加入其中。美国总统巴拉克·奥巴马于2014年4月访问马来西亚，将两国间的双边关系升级为全面伙伴关系。这种伙伴关系的一个重要方面是安全合作，包括共同打击反恐势力、加强军事关系、为美军提供支持设施、美国在南海争端中支持东南亚申请国和美国提供人道主义援助。作为2015年东盟轮值主席国，马来西亚面临着重大的挑战，如恐怖主义威胁和南海争端升级等。我们可以分析马来西亚应对这些挑战的措施，以及在马来西亚实现符合两国利益的目标上，美国将会采取的支持行动。

2. 作为2015年的东盟轮值主席国，马来西亚面临两个重要的区域安全挑战，即南海领土争端和日益增长的恐怖主义威胁，这些恐怖主义威胁包括"伊斯兰国"（ISIS）和其他恐怖组织。马来西亚在处理南海争端问题上将把维护与中国的经济联系和维护自身利益结合起来。中国是其最大的贸易伙伴，并提供了一系列经济激励措施，如亚洲基础设施投资银行（AIIB）和"海上丝绸之路"计划。马来西亚将在

---

* Pamela Sodhy，马来西亚大学历史学学士、路易斯安娜州立大学历史学硕士和康奈尔大学历史学博士，现任乔治城大学外交学院亚洲项目的兼任副教授。研究领域为历史学。来源：国家亚洲研究局（美国智库），2015年4月。

东盟和联合国安理会使用适度的调解手段来处理相关问题。

3. 马来西亚受南海争端的影响较小，但马来西亚同美国一样，希望看到促进《南海行为准则》（COC）达成的一系列切实步骤。然而马来西亚并没有制定一个明确的南海政策，它曾宣称其外交政策的制定是基于实用主义。作为东盟轮值主席国，它可能会默默地进行外交实践，提醒申请国遵循1971年东盟制定的有关东南亚国家建设“和平、自由及中立区”（ZOPFAN）的战略构想，并通过有约束力的《南海行为准则》维护全球规范和国际法。

4. 2015年3月，在东盟国防部部长会议上，东盟各国国防部部长签署了一份旨在加强区域安全的联合声明。联合声明反对“伊斯兰国”等恐怖组织和其他激进组织。马来西亚很关心地区恐怖主义日益增长的威胁。作为东盟轮值主席国，马来西亚呼吁进行更多的情报合作、制定新的反恐法律、利用技术工具来跟踪回流激进分子，以及关闭“伊斯兰国”的招募网站。

5. 美国与马来西亚的安全目标在很大程度上是一致的，包括打击恐怖主义和解决南海争端。美国与马来西亚一样都期望促进东盟一体化，因为美国是东盟最大的投资者。然而，美国也需要考虑到两国之间存在的重要差异。首先，在南海问题上，美国采取了更具对抗性的处理方式，一名美国海军官员最近暗示希望与东盟合作，进行南海巡逻。而马来西亚采取了更友好的处理方式，这是为了在和平解决争端的同时保持与美国和中国的友好关系。华盛顿支持马来西亚在这个问题上以“东盟方式”、低调外交来处理纠纷。

6. 其次，值得注意的是，马来西亚想与美国建立全面伙伴关系，其中包括访问关塔那摩囚犯。美国与马来西亚发展双边关系存在的内部挑战是宗教问题（伊斯兰教是马来西亚的国教），这已影响到该国的外交政策。然而，反恐合作不会受到这些差异的影响，因为美国和马来西亚拥有共同的敌人——恐怖组织如“伊斯兰国”和前马来西亚圣战组织的分支。

7. 最后，TPP是两国发展双边关系面临的一个重要问题。奥巴马政府的亚洲“再平衡”政策不再局限于政治目标，TPP成为该政策的经济支柱。马来西亚总理纳吉布·敦·拉扎克支持TPP，他认为这将促进双方的经济增长和贸易往来。但是马来西亚国内TPP的批评者反对进行赋予跨国公司权力、削弱国有企业特权的秘密谈判。TPP问题已经变得更加复杂且富有争议，美国总统奥巴马还无法确保国会会批准该协定。

编号：201504A127

奥巴马的印度之行

Martin Feldstein [*]

原文标题： Obama's Passage to India

文章框架： 奥巴马和莫迪都希望加强美印关系；美印应加强贸易联系并且美国应向印度及时解释印度被排除在 TPP 之外的原因；美印在恐怖主义问题上的合作；美印两国的外交战略利益。

观点摘要：

1. 观察人士对印度总理莫迪上任七个月以来实行的有力外交政策感到惊讶。在邀请巴基斯坦等邻国的领导人参加其就职仪式后，他开始访问中国、澳大利亚和美国。最近，他欢迎俄罗斯总统普京对新德里进行国事访问，其间两国签署了大量贸易协议，印度还预计从俄罗斯进口核反应堆。莫迪总理试图告诉他的同胞们，印度是强大的。2015 年 1 月，美国总统奥巴马将作为印度共和国日纪念庆典的主嘉宾前往新德里，这距两位领导人之前在华盛顿进行的实质性会谈只隔了三个月。这次访问应被视为一个明确的信号，即奥巴马和莫迪都希望加强美印关系。

2. 当奥巴马再次与印度总理莫迪会面时，他在巩固两国双边关系方面可以做的努力有哪些？首先，在政治层面和经济层面同等重要的是发展贸易。奥巴马希望跨太平洋伙伴关系协定（TPP）能够于 2015 年签署，并得到美国参议院批准。由于具有的排他性和很长的过渡期，TPP 不会像人们最初期望的那样是一个强有力的自由贸易协定。但该协定将美国和其他十一个环太平洋国家（包括日本，但不包括中国）包含在一个新的经济集团中。奥巴马应该及时强调印度被排除在 TPP 之外是由于单纯的地理问题，即印度不紧靠太平洋。美国希望增加两国双边贸易，并由美国企业对印度进行直接投资。

3. 其次是恐怖主义问题。美国当局担心，曾与中东伊斯兰国家激进组织并肩战斗的美国公民会回到美国发动恐怖袭击。印度在其领土上经历了可怕的恐怖主义袭

---

* Martin Feldstein，哈佛大学的经济学教授，曾任罗纳德·里根总统的经济顾问委员会主席和国家统计局经济研究主席。来源：国民经济调查局（美国智库），2014 年 12 月 29 日。

击。美国和印度两国情报机构将继续合作，帮助防止未来恐怖主义暴力事件的发生。恐怖主义行为不仅包括身体暴力，也包括网络攻击。美国担心基地组织等非国家团体会发动网络攻击。尽管这些组织的成员可能无法发动成熟的网络攻击，但他们会试图雇用有专业技能的技术人员。印度拥有大量有才华的计算机工程师，其中一些人可能会同情那些发动恐怖主义袭击的伊斯兰激进组织。美国和印度都可以从合作中获益，防止和破坏恐怖组织的招募尝试。

4. 最后，中国是否会主导亚洲，将美国排除在亚洲地区之外？中国的雄心与印度的战略利益背道而驰——对莫迪来说，这是希望加强与中国邻国以及与美国关系的充足理由。奥巴马已经明确表示，美国明白，尽管西方国家制裁俄罗斯，莫迪仍愿意与俄罗斯进行合作，这是因为印度希望阻止中俄结成联盟来反对印度。莫迪在选举中获得压倒性胜利，反映了印度公众对由印度国民大会党领导的上届政府的失望。尽管印度国内生产总值年增长率多年来均超过 8%，但自 2010 年以来，增速开始放缓，2013 年印度国内生产总值年增长率只有不到 5%。莫迪政府计划寻求促进经济增长的议程，包括解决官僚体制的拖延问题、增加基础设施投资、刺激制造业发展、制定一个更简单的统一税收制度等。莫迪的议程显然也包括积极的外交政策，使印度成为全球经济中的可靠伙伴，将国际事务中的优先方向转向美国。奥巴马访印可以帮助挖掘美印两国双边关系的发展潜力。

编号：20141229A128

我们要卖掉关键的医疗机遇吗？

Ariel Bogle *

原文标题： Are We About to Trade Away Critical Health Care Access?

文章框架： 公共卫生倡导者对低廉医疗保健发展的担忧；TPP 中有关仿制药生产的规定；TPP 将不利于国家应对公共卫生突发事件。

观点摘要：

1. 跨太平洋伙伴关系协定（TPP）将是历史上最大规模的自由贸易协定，但其中的知识产权条款的规定增加了公共卫生倡导者对美国本土和全球低廉医疗保健发展的担忧。白宫认为 TPP 将有利于美国在亚洲加强其经济和政治影响力。一些国家担心十二个参与谈判的太平洋国家（从美国、日本到越南、秘鲁）将不会允许价格低廉的仿制药的生产，并将给予已十分强大的制药公司更多的市场影响力。无国界医生组织（MSF）警告称："跨太平洋伙伴关系协定可能会成为有史以来对发展中国家获取药物最有害的贸易协定。我们很快就会发现这个无耻的协定中有什么内容。"然而，本周在北京举行的亚太经济合作峰会上，美国总统称 TPP 为"历史性的协定"。美国谈判代表希望于明年年初签署此协定。

2. 为什么公共卫生倡导者对此表示担忧？他们的担忧在于仿制药生产规则可能出现的变化，这些变化可能会限制国家管理公共卫生的方式，也可能会使全世界的仿制药制造商感到不知所措。许多国家在开发仿制药方面有其法律途径，但在必要时也可以使用强制许可，这种灵活性使政府能够允许仿制药制造商进行仿制药生产时得到药品专利持有人的同意。这样的许可是 1995 年达成的一项协议中的条款，这引发了各方对印度和其他国家可以生产仿制药品（如德国拜耳公司研制的癌症药物索拉非尼的仿制药）的争议。然而当相关体系远非完善时，允许仿制药生产对医疗保健来说仍是至关重要的。

3. 公共卫生倡导者认为 TPP 似乎将阻止使用这些强制性的使用许可，这可

---

* Ariel Bogle，现任新美国基金会"将来时"项目的助理编辑。"将来时"是新美国基金会和亚利桑那州立大学的合作项目。来源：新美国基金会（美国智库），2014 年 11 月 13 日。

能会对紧急情况下需要使用强制许可的国家产生限制。最近，TPP 的一些主要章节流出，其公开时间为 10 月，但协议草案标注的日期为 2014 年 5 月 16 日，其中的条款包括在 2001 年《多哈宣言》中确定的某些权利的适用性，从而限制各国行使该权利的能力，这样的条款将限制 2001 年《多哈宣言》中规定的各国在决定其公共卫生优先事项上的特权，并可能使这些国家面临来自制药公司的法律挑战。

4. 强制许可在未来的命运尚未可知，TPP 中的条款可能会增加生产药物的成本。制药公司额外的垄断称为“数据独占权”。生物药物是生物医学研究的前沿。但由于开发生物药物的复杂性，其成本远高于常规的“小分子”药物。这就是为什么生物仿制药品和生物制剂的“通用”版本有一天能以便宜的价格提供给这些关键药品是如此重要。TPP 可能通过推进长时间的数据排他性条款威胁到蓬勃发展的生物仿制药行业。换句话说，我们可以确定 TPP 将暂停允许生物仿制药制造商在它们自己的监管程序中使用原公司的任何临床试验数据。为什么这很重要?依靠原创制药公司的数据可以使仿制药制造商避免重复长时间、昂贵和不必要的(且不道德的）人类测试。这可以使药物价格有效降低并能够加速进入市场。TPP 中长时间的排他性条款将延缓生物仿制药的开发，使受到专利保护的生物制药公司能够长期垄断市场。

5. 在美国，数据排他性条款已经有几年的历史了。事实上，美国推出了十二年的生物数据排他性条款作为可支付医疗法案的一部分。但外界对垄断存在的必要性和垄断应存在多久的问题仍有许多争论。然而联邦贸易委员会（FTC）表示，数据排他性对于促进创新来说并不是完全必要的，专利制度将给生物药品制造商提供足够的经济刺激。奥巴马总统 2013 年的预算甚至提议将数据排他性的时间减少到七年。

6. 如果 TPP 能够保证国家有足够的灵活性在必要时绕过数据排他性条款，以满足公共健康的需求问题，那么数据排他性就可能不会那么令人担忧。但从最近流出的文件中能够看出，TPP 似乎缺乏一个清晰的框架来规避生物数据排他性。例如，如果该地区出现了传染病，某些制造商无法生产出所需数量的生物药物，政府就可能希望迅速找到另一个制造商。这样的过程最好通过原研药的安全性和有效性数据来实现。如果没有一个变通方法，国家就必须支付昂贵的非通用品牌药物费用。美国东北大学的法学教授告诉我：“TPP 巩固了制药公司的专利和数据垄断，然而我们必须做些什么来应对像埃博拉疫情暴发这样的公共卫生突发事件。”知识产权的作用一直是刺激创新，为公众利益而服务。国际上一致的专利法可以促进发展和创新，但前提是有足够的灵活性可以确保专利条款的制定不是以牺牲公共健康为代价的。

编号：20141113A130

奥巴马的连任：是时候制定更加雄心勃勃的外交政策了

Brad Bosserman *

原文标题： Obama's Second Term：Time for More Ambitious Foreign Policy

文章框架： 奥巴马总统过去四年的外交政策是安全而保守的；对美国在加强世界领导力方面的建议；奥巴马总统在其第二个任期内应施行更雄心勃勃的外交政策。

观点摘要：

1. 周二晚上的选举结果对奥巴马政府来说是一个强有力的支持。尽管民意调查似乎表明，奥巴马政府对外交事务的决策对大多数选民投票行为的影响微不足道，但奥巴马总统有一个显著的机会在其第二个任期内通过概述和执行一个雄心勃勃的全球议程，重申美国的领导地位。过去四年来，外界形容美国采取的外交政策主要是安全而保守的，重点在于处理两场战争的后续和遗留事务，并控制全球恐怖主义的威胁。总统在这两方面做了令人钦佩的工作，并且在大多数情况下称职地施行了一系列经过深思熟虑而制定的外交政策。然而，当可以施展雄心的机会到来时，他仍然选择继续施行安全的外交政策。对“阿拉伯觉醒”的回应应更有力，同时应该将政策领导、政治推动力和该地区的历史机遇结合在一起。欧洲货币联盟的危机仍在继续，总统选择发挥美国的支持作用。美国主导的贸易议程，尤其是跨太平洋伙伴关系协定（TPP），取得了缓慢而稳定的进步，但总统仍然缺少在此协定上对美国价值观和战略眼光的推广。

2. 为了实现这个目标，政府将需要完全接受“其他国家的崛起”，重视世界舞台上中等收入国家。美国在这个新世界的强有力领导将重塑全球治理的体系结构。这表现在世界对二十国集团（G20）的依赖日益增加，而不是八国集团（G8）。但

---

* Brad Bosserman，美国大急流城阿奎纳斯学院经济和政治学学士。目前在华盛顿特区生活和工作，正在攻读约翰·霍普金斯大学政府和国家安全政策硕士学位。来源：新民主党网络（美国智库），2012 年 11 月 8 日。

美国仍需在发展和完善国际货币基金组织、世界银行和安理会的组织构造方面与其他国家合作开展更多的实质性工作。此外，我们需要创建可以协调集体行动的新机构，真正让美国成为不可或缺的超级伙伴国。

3. 奥巴马总统在其第二个任期内，还应该加倍扩大发展中国家贸易、开放和经济增长给美国带来的好处。维护美国海外长期利益的最稳固和最安全的方法是帮助生活在不稳定和动荡地区的人们开启一个充满机会的新世界。生活在非洲、拉丁美洲和中东的家庭都希望获得体面的工作、安全的社区和教育机会。西蒙·罗森博格（Simon Rosenberg）曾做出评论："罗斯福和那些进步人士接受挑战，建立了国内发展项目和国际机构，迎来了一个无与伦比的繁荣和稳定的时代。"今天的进步人士所面临的挑战是同样重要的，奥巴马政府在过去的四年中已经取得了许多外交政策成就，但是在接下来的四年里，奥巴马总统将有一个真正的机会，重新确立21世纪的自由国际主义，为美国留下长久的遗产。昨晚进行选举之后，国会中的党派力量对比基本没有发生变化，国内政策的僵局可能会促使总统专注于施行更加雄心勃勃的外交政策。

编号：20121108A131

拉里·萨默斯对 TPP 的评论

David Henderson *

原文标题： Larry Summers on TPP

文章框架： 众议院的有关投票结果将会给跨太平洋伙伴关系成员国发送负面信号；对 TPP 的批判将削弱美国总统的力量；作者对 TPP 和拉里·萨默斯文章的看法。

观点摘要：

1. 拉里·萨默斯（Larry Summers）对跨太平洋伙伴关系协定（TPP）的看法很明确。在阅读萨默斯《完全明智》的专栏文章时，我推测文章的前两段是最重要的两个段落。其中讲到，参议院拒绝通过美国总统伍德罗·威尔逊在美国联盟上的承诺是美国 20 世纪全球领导地位遭遇的最大挫折。虽然上周众议院投票不是最终结果，但如果没有及时对此重新审视，该投票会给跨太平洋伙伴关系成员国发送类似的负面信号，即美国没有足够的意愿在关键时刻对全球体系负责。对 TPP 的批判将削弱美国总统的力量。这将增加全球对美国国内政治变化和对美国是否是一个可靠盟友问题的担忧。美国未能阻止其盟友加入亚洲基础设施投资银行，游说失败将是美国在亚洲的存在受到削弱和中国日益显示其力量的信号。这与美国的亚洲“再平衡”战略相背离，使之缺少非军事方面的支持，并将以牺牲美国企业为代价加强对外国公司的控制力。最终，美国企业将在国际竞争体系中输给外国的竞争对手，而这不会给美国国内劳工带来任何好处。

2. 我对 TPP 是适度支持的。但如果我完全相信上面萨默斯在文章中的说法，我可能就会对 TPP 持中立态度或是反对的态度。文章中最使我触动的话是：这将增加

---

* David Henderson，温尼伯大学数学专业学士，加州大学经济学博士，现任胡佛研究所研究员，加利福尼亚蒙特利海军研究生院经济学副教授。曾任圣路易斯华盛顿大学美国商业研究中心客座教授，美国总统经济顾问委员会能源和卫生政策高级经济学家，圣塔克拉拉大学的客座教授和卡托研究所高级分析师。研究领域包括公共政策和经济问题，评论文章主题为政府监管的意想不到的后果、自由市场如何帮助解决人们的问题。来源：胡佛研究所（美国智库），2015 年 6 月 16 日。

全球对美国国内政治变化和对美国是否是一个可靠盟友问题的担忧。这已经不是什么秘密，萨默斯希望美国政府发挥主导作用，但我不希望美国这样做。上周在苏黎世，我认识了一个人，美国司法部关闭了他工作的银行。我不太清楚其中细节。当一个国家的政府施压迫使另一个国家的政府关闭银行，这可能是一件坏事。但如果美国政府被认为是一个“不可靠的盟友”，这可能是一件好事。

编号：20150616A132

跨太平洋伙伴关系协定的经济和战略意义

Joshua Meltzer*

原文标题： The Trans – Pacific Partnership — Its Economic and Strategic Implications

文章框架： TPP 对亚太地区国家的意义；TPP 对于美国的战略意义；日本对于全球经济的重要性。

观点摘要：

1. 世界贸易组织（WTO）多哈回合贸易谈判所面临的挑战最近一直是大家关注的焦点，真正的贸易政策行动正在亚太地区发生。亚太地区贸易额约占全球贸易额的 50%，其 GDP 总和占全球 GDP 的 60%，国际货币基金组织（IMF）估计，截至 2030 年，亚洲地区的国内生产总值将超过七国集团。

2. 最近在亚太地区进行的一个关键贸易谈判就是跨太平洋伙伴关系协定（TPP）谈判。这一区域自由贸易协定（FTA）包括美国、澳大利亚、文莱、智利、马来西亚、新西兰、秘鲁、新加坡和越南。这些国家 GDP 的总和占全球 GDP 的 26%，贸易额占全球贸易总额的近 17%。目前，与美国签订 TPP 国家的贸易额占美国总贸易额的 6%，以及美国与环太平洋国家贸易额的 17%。另外，奥巴马政府暗示希望其他国家加入该协定并使 TPP 成为构建亚太地区自由贸易区的基石——这与 2006 年于河内举行的亚太经合组织（APEC）峰会提出的目标相一致，这意味着 TPP 对于美国经济的重要性可能将随之增加。为了加强 TPP 在构建自由贸易协定中的地位，各方同意 APEC 的成员都有资格加入这一新的合作关系协定。

3. TPP 谈判的成功将有益于所有参与国家，此协定的重要性将超越贸易自由化。作为亚太地区由美国和其他国家参与的排外的区域贸易谈判，在未来几年 TPP 将会成为亚太地区构建国际贸易和投资规则的基础。在这一方面，大家要记住的是，虽

---

* Joshua Meltzer，布鲁金斯学会全球经济和发展部的观察员，约翰·霍普金斯大学高等国际研究院的副教授以及《政治与法律杂志》的评论家。研究领域是与世界贸易组织（WTO）和自由贸易协定相关的国际贸易法律和政策问题。来源：布鲁金斯学会（美国智库），2011 年 9 月 30 日。

然来自贸易自由化压倒性的优势不会因为进入其他国家的市场而增加，但是这些优势可以通过使自己的市场自由化而增加。对于很多 TPP 的参与国来说，将其与国际条约中的这些规则绑定有助于它们进行国内经济改革。深化公平、开放和竞争的市场在亚太地区的作用有助于推动该地区经济持续增长。

4. 加入 TPP 的国家应制定新规则以反映亚太地区经济增长的重要性，以及该地区在制造业、全球供应链以及作为外国投资来源和目的地的作用。到目前为止，此协定已经在监管连贯性、供应链管理、知识产权和投资方面制定了新规定。美国也将为 TPP 的规则提出自己的建议，以应对国有企业不公平竞争造成的市场扭曲。除了这些在自由贸易协定中常见的规则，TPP 还涉及其他非关税壁垒方面的问题，这些问题包括卫生、植物检疫措施和标准、劳动力、环境、透明度和争端解决。

5. TPP 对于美国在亚洲地区的行动同样具有重要的战略意义，美国在亚洲地区的经济参与在过去十年里一直在下降。2000 年，美国是马来西亚最大的出口市场和第二大进口来源地，2010 年，美国下降为马来西亚第三大出口市场和第四大进口来源地。这是美国在亚太地区经济参与下降趋势中的一个例子。

6. 美国同样没有赶上参与自由贸易协定的国家在亚洲地区的经济增长。虽然美国在该地区只与澳大利亚和新加坡签订了自由贸易协定，但是美国国会通过的韩美自由贸易协定应该被重视起来。相反的是，2000～2009 年，亚洲参与自由贸易协定的国家的数量已经从 3 个增加到 54 个，另外的 78 个国家正在谈判中。此外，欧盟与韩国已经签订了自由贸易协定，欧盟正在评估是否与日本谈判签署协定。美国在亚洲地区规则制定的缺席将会限制美国对这一地区制定贸易和投资规则的话语权。这些签订了自由贸易协定的国家也将从美国转移贸易，这会进一步减少美国在这一地区的经济影响力。

7. 在同一时期，亚洲经济架构已经成熟。除了 APEC，一系列讨论和追求经济目标的论坛都在发展中，如“东盟 +3”——东盟国家以及中国、日本和韩国。其他论坛如美国最近加入东亚峰会，成员包括“东盟 +3”、澳大利亚、新西兰、印度、俄罗斯和美国。确保美国在塑造亚洲经济体系结构中发挥的关键作用也会增加其在该地区的影响力，尤其是在中国影响力不断上升和美国传统盟友（如日本）影响力下降的情况下。在这种背景下，TPP 将成为构建亚太地区自由贸易区的基石和国际经济合作的基础。

8. 为使 TPP 更好地发挥其预期的经济和战略作用，一个成功的谈判是必需的。最紧迫的问题是日本是否会加入 TPP，参与正在进行的谈判。2010 年，日本前首相菅直人曾表示日本正在考虑加入 TPP，日本首相野田佳彦也曾表示日本将尽快决定是否加入 TPP。日本国内的很多人将 2011 年 11 月的 APEC 峰会视为日本加入 TPP 的最后机会。

9. 日本对于全球经济的重要性，尤其是在亚太地区的重要性，有时会因为其糟糕的经济表现而被忽视，特别是与其邻国中国的经济增长率相对比时。然而，日本仍然是世界第三大经济体，2010 年，日本国内生产总值为 5.49 万亿美元，与中国 5.87 万亿美元（2010 年世界银行指标）的国内生产总值相比，只有轻微的差距。日本除了是美国在亚太地区的一个关键盟友外，其贸易额约占全球贸易总额的 5%。日本加入 TPP 的关键障碍是对国内经济的改革，以及需要在 TPP 谈判下开放农业部门。然而，因福岛海啸破坏的农业地区和核危机的爆发使日本的焦点转移至重建其农业部门上，并加深了那些认为现在不适合使农业部门自由化的人的看法。

10. 如果日本现在不加入 TPP 谈判，已加入 TPP 的各方应确保最终的协定包括一个过程，即可以使更多的国家以可行的方式加入 TPP。协定各方应妥善处理他们与未来成员如日本的关系。加拿大和韩国也可以决定 TPP 是否会成为一个在亚太地区经济改革和一体化进程中扮演更重要角色的自由贸易协定。

编号：20110930A191

跨太平洋伙伴关系协定对美国的意义

Joshua Meltzer*

原文标题： The Significance of the Trans – Pacific Partnership for the United States

文章框架： 阐述 TPP 开始建立的时代背景；分析美国从 TPP 中获得的利益；分析 TPP 对中小企业以及制造业的影响；分析在亚太地区建立贸易和投资规则的重要性；对于美国未来发展方向的建议。

观点摘要：

1. 2011 年，人们可以明确地看出 WTO 多哈回合谈判目前的模式是行不通的，因此，相关国家努力在多哈回合谈判的日程上取得进展，并且美国正在努力成为这一区域服务贸易自由化等问题的领导者。跨太平洋伙伴关系协定（TPP）的谈判是目前美国正在参与的唯一一个有关贸易的谈判，TPP 有望成为构建范围更广的亚太自由贸易协定（FTAAP）的基石。美国贸易代表柯尔克在本周于达拉斯举行的新一轮 TPP 谈判中重申了 TPP 的目标，政府目前的努力重点是在今年完成 TPP 的谈判，并且到目前为止这一问题整体前景良好。TPP 的前身是由文莱、智利、新加坡和新西兰签署并在 2006 年生效的协议，2008 年，布什政府告诉国会其将与这四个初始国家进行自由贸易谈判。在同一年，澳大利亚、秘鲁和越南加入了这个现在众所周知的 TPP，并且马来西亚于 2010 年加入了 TPP 谈判。TPP 将会给美国带来重要的经济与战略利益。

2. 美国从 TPP 中获得的利益。亚太地区对美国来说是非常重要的，因为亚太是世界上经济增长最快的地区，并且是全球经济增长的关键引擎，预计亚太区域今年能够实现 8% 的增长。2011 年，TPP 成员国的 GDP 总和为 1780 亿美元，其中 85% 都来自美国。2011 年，美国对现在的 TPP 成员国的出口额达到了 1050 亿美元，进

---

* Joshua Meltzer，布鲁金斯学会全球经济和发展部的观察员，约翰·霍普金斯大学高等国际研究院的副教授以及《政治与法律杂志》的评论家。研究领域是与世界贸易组织（WTO）和自由贸易协定相关的国际贸易法律和政策问题。来源：布鲁金斯学会（美国智库），2012 年 5 月 16 日。

口额约为910亿美元，这意味着美国与目前的TPP成员国之间大约有140亿美元的贸易顺差，而这些贸易量只占美国贸易总量的5%左右。用经济模型估计在2015年美国与TPP成员国的贸易往来获得的利润将为50亿美元，到2025年会增至140亿美元。然而，经济的利益可能要更大一些，因为这一数字并不能反映在TPP框架下的投资自由化所产生的影响。对美国来说，其从包括与目前的TPP成员国在内的各种谈判中获得的利益受到了市场准入的限制，而这些市场准入条款都存在于美国与澳大利亚、智利、秘鲁和新加坡等国签署的自由贸易协定中。此外，美国已经降低了的进口关税并限制了涨幅，因为贸易自由化带来的利益都流向了开放其贸易的国家。然而，如上所述，评估美国从TPP国家中获得的经济利益需要在将TPP作为通往亚太自由贸易协定的必经之路这一框架之中进行，在这方面，加拿大、墨西哥和日本已经表示有兴趣加入TPP。在这一阶段还不清楚这些国家是否会加入目前的谈判或者是在谈判结束之后再加入。不管是哪种情况，加拿大、墨西哥和日本的加入都能将TPP成员国的GDP总和显著扩展至2660亿美元，使其就经济而言变得对美国更加重要。像TPP这样规模的贸易协定涵盖了美国6500亿美元的贸易出口额以及8000亿美元的进口额，美国还表示要在TPP框架下增加其服务贸易。美国与文莱、秘鲁和越南的服务贸易往来非常有限，但是对其他五个TPP成员国来说，在2010年它们与美国的服务贸易出口额为289亿美元，美国的贸易顺差为154亿美元。将加拿大、墨西哥和日本纳入TPP将使美国对TPP国家的服务贸易出口额增至183亿美元，进口额为764亿美元，美国从这些成员国中获得的收益也会翻倍。当TPP演变成亚太自由贸易区时，美国在2025年的收益会增至700亿美元左右。

3. TPP对中小企业以及制造业的影响。TPP会为美国的中小企业的出口带来很多机会，作为一个起点，TPP也将增加美国的GDP和出口额，并且会随着越来越多的国家加入TPP而增加越来越多的收益。事实上，在亚太自由贸易区的框架之下，美国制造业的出口额有望达到1200亿美元，并且服务贸易的出口额有望达到2000亿美元。TPP对美国中小企业和制造业的影响也可以通过其他自由贸易协定的影响推测出来。比如，在北美自由贸易协定（NAFTA）和中美洲自由贸易协定（CAFTA－DR）的框架之下，美国制造业的贸易顺差分别为120亿美元和30亿美元。另外，美国制造业产品出口到NAFTA和CAFTA－DR成员国的速度要比从这些国家进口快得多。这些数据都表明美国的制造业是世界一流的，并且十分具有竞争力，同时，美国在许多领域都降低了关税。此外，与国外的竞争也带动了美国生产率的提高，促使美国的制造商寻找最低价的供应商，并进一步提高整体竞争力。TPP框架下的进一步贸易自由化可能会为美国的海外制造商提供更多的机会。美国的中小型企业也会从贸易自由化中获益，事实上，几乎98%的出口商和97%的进口商都是中小企业，他们的进出口量分别占到了美国进出口总量的40%和31.5%，另外，94%的中小企业都是做进出口贸易的。因此，像TPP这样放宽了自由贸易壁垒的贸易协定会不成比例地惠及中小企业。与大型企业相比，中小企业普遍从政府努力削减海外贸易壁垒中受益最多，因为他们通过在其他国家建立子公司来克服这些贸易壁垒的能力十分有限。

4. 为亚太地区建立贸易和投资规则。美国从目前的TPP成员国中获得的利益体现了TPP作为一个进一步促进亚太地区经济一体化的模板的重要性。由于TPP还在谈判中，因此，提议的细节还没有被公开。然而，我们都知道最近达成的美韩自由贸易协定将会是一个基准，并且美国贸易代表署正在寻求以新规则为基准的自由贸易协定。比如，除了包括商品和服务、非关税壁垒、投资和知识产权这些领域的规则以外，美国还试图从TPP成员国不必要的多样性监管规则中找到削弱贸易壁垒的新规则，以及为了消除扭曲贸易的影响而制定国有企业的规则。TPP还可以解决美国企业对根植于各个国家，尤其是亚太地区的供应链的依赖的现实问题。制定统一的原产地规则是确保TPP可以反映这些贸易现状的途径之一，削减通关运输成本也是重要的一点。TPP还可以为美国提供一个重要的框架来推动可以保护跨境资料的自由流动的规则。互联网已经成为贸易的主要驱动力，尤其是对中小企业来说，他们已经能够通过互联网来大规模地访问海外客户。获得这些规则是十分重要的，因为可以通过这些规则来为亚太地区的贸易和投资建立规则框架。一个基于规则的贸易体系是由一个有效的争端解决机制来支撑的，它可以提高市场准入，同时提高国际贸易与投资的确定性与可预见性，它还可以降低风险，同时促进美国与全球经济的发展。

5. 深化美国与亚洲的经济一体化。TPP可以避免亚太经济在朝着一体化方向发展的同时将美国排除在外的问题，比如，东盟已经与中国、日本、韩国、澳大利亚和新西兰签订了自由贸易协定，并且“东盟+3”（东盟、中国、韩国和日本）架构下的经济合作也将美国排除在外。中日韩三国还考虑要签署三边自贸协定。这些都破坏了美国在亚太地区的经济领导地位。最近美国加入了东亚峰会（“东盟+3”、澳大利亚、新西兰、印度和俄罗斯），这在某种程度上可以解决这一问题。但是美国至今没有在东亚峰会上推行经济一体化。鉴于此，对美国在亚太地区推行经济一体化来说，TPP将是一个非常重要的工具。TPP的顺利完成对于奥巴马在亚洲推行的称霸战略是一个经济上的补充，它将以2012年3月15日生效的美韩自由贸易协定为基础。最近美国国务卿希拉里·克林顿表示：“在未来十年，美国最重要的任务之一就是大幅度增加在亚太地区的投资，包括在外交、经济、战略以及其他方面。”

6. 2011 年的 APEC 峰会在夏威夷召开，奥巴马表示：“TPP 不仅在亚太地区，而且在未来的贸易协定上都已经初具规模。”这一消息强调了评估在经济和更广泛的战略意义上美国从 TPP 中获得的利益的必要性。在经济方面，与现有 TPP 成员国完成 TPP 谈判所获得的收益将会是积极的，但是对美国来说这种收益很微小。然而，TPP 已经成为促进区域经济一体化的模板，在这之后美国从 TPP 的拓展中获得的收益将会显著扩大。从战略利益上来说，TPP 是进一步促进亚太地区经济一体化的工具。就这个意义而言，从目前的 TPP 成员国的贸易自由化中获取的相对较小的利益不应该掩盖设计游戏规则的重要性，可以说，在未来的几十年里，贸易和投资将成为世界上最具活力并且发展速度最快的领域。从这个角度来看，在国有企业和监管协调等领域的新规则，以及更多在商品、服务、投资和知识产权领域的传统规则，都将推动亚洲以市场为导向的经济增长，并且主要是开放性的和非歧视性的经济增长。只有在这些规则的约束之下，美国与亚太地区的贸易才能在未来取得预期的繁荣成果。

编号：20120516A191

不要让跨太平洋伙伴关系协定消失

Mireya Solís *

原文标题： Don't Let the Trans－Pacific Partnership Fade

文章框架： TPP 未来的发展前景；影响 TPP 发展的因素。

观点摘要：

1. 短短一年改变了很多事，2011 年，美国将在檀香山主持亚太经合组织（APEC）峰会，TPP 的倡议引起了每个人的注意。奥巴马总统做了诸多努力使跨太平洋伙伴关系协定（TPP）在高标准的经济一体化进程中成为焦点，一体化进程旨在削减关税并制定新的贸易和投资规则。日本在亚太经合组织峰会前夕表示了其对加入这个扩大俱乐部的兴趣，这一倡议的吸引力似乎是明显的，墨西哥和加拿大紧随其后也表示它们要加入此协定。快进到 2012 年的符拉迪沃斯托克，大家对 TPP 似乎持观望态度，不再要求此协定必须有一年前的关注度。

2. 为什么跨太平洋伙伴关系协定在最新的亚太经合组织峰会上淡出了大家的视线？这是否预示着其未来的前景？在回答这些问题时应考虑许多因素。

3. 举办国效应，可以肯定的是，每年举办亚太经合组织峰会的国家在议程设置上扮演着重要角色，参与国也会在会议中接收到具体问题的优先信号。2012 年，东道国俄罗斯不参与 TPP 谈判就是一个关键因素。普京总统的首要任务是在俄罗斯加入世贸组织后，使俄罗斯转向东方，以使俄罗斯在经济外交关系上获得更多利益。2012 年的亚太经合组织峰会并没有按原计划得出 TPP 谈判的结论，但是，亚太经合组织承诺，到 2015 年将对列表中的 54 种对环境有益的商品减少 5% 的关税壁垒或者更少。

4. 美国大选。美国选举日程没有使亚太经合组织的领导人关注到跨太平洋伙伴

* Mireya Solís，哈佛大学东亚文化研究专业学士，墨西哥学院国际关系学硕士，现任布鲁金斯学会东亚政策研究中心的高级研究员，而且是日本对外经济政策方面的专家。主要研究领域包括日本政治、政治经济和外交政策、国际比较政治经济学、国际关系、政府－企业关系、美日关系和东亚多边主义。来源：布鲁金斯学会（美国智库），2012 年 9 月 12 日。

关系协定。奥巴马总统曾说过，如果他因为峰会与民主党的提名日程重叠而不能参加2012年的峰会，他就要在火奴鲁鲁签订TPP。但美国的选举过程在另一种方式上对于TPP是重要的：在有争议的选举前夕，就业数据被视为候选人前景的敏感指标，TPP对于劳工的条款有可能在国内引起关注劳工人士的反弹。

5. 梦寐以求的俱乐部。很多国家都在排队加入一个梦寐以求的俱乐部，而且如果该俱乐部承诺为其成员产生重要的政治和经济收益，那么加入这一俱乐部的国家就会显著增加。这种影响在2011年对TPP来说显然是适用的，但是在2012年却失败了，失败的原因有两个。（1）2012年，墨西哥和加拿大加入TPP的申请在亚太经合组织会议召开前的几个月已经被批准了。（2）鉴于日本的经济规模，加入TPP可能会改变TPP的经济意义，因此日本无法正式申请加入TPP。日本动用所有的政治资本努力增加本国的消费税，同时还面临着在几周后要进行的政党选举以及在今年秋季要举行的大选，首相野田佳彦不可能冒着疏远政党成员的风险去支持日本加入TPP。因此，日本在符拉迪沃斯托克对TPP持观望态度。2012年，参与年度亚太经合组织峰会的领导人显然没有更多地关注TPP。由俄罗斯主办的峰会罗列了一系列优先事项，美国缺席了此次峰会，日本对加入TPP的态度犹豫不决。但事实上，TPP在亚太经合组织峰会上的重要性也反映出了谈判的真正障碍，涉及加入TPP的国家都面临着超过30个月的谈判。

6. 谈判的障碍。TPP的标志问题表现在该21世纪的协议——有关国有企业、监管集合和知识产权保护的规定——在各方之间产生了实质性的谈判分歧。而且重要的是TPP成员国之间的分歧并不遵循南北差异。一些发达国家对美国有关争端解决、知识产权、国有企业规定的提议持反对意见。有关面包、黄油、乳制品、糖和纺织品等产品的市场准入问题的谈判也陷入僵局。因为谈判各方仍远离核心区域，因此在最基本的层面上，TPP在亚太经合组织峰会上的意义被减弱了。考虑到2012年秋季尚未满足的目标，谈判各方现在还没考虑过要确定一个新期限以结束该谈判。TPP实际上欢迎不设定最后期限的谈判，虽然这可能会使谈判过程更合理，但是没有迫在眉睫的最后期限也会带来风险，这样会造成谈判的无期限延长。虽然峰会领导人仍有做出高水平政治干预以弥合在谈判桌上产生的分歧的机会，但是在此意义上的符拉迪沃斯托克可能是一个谈判方失去的机会。

编号：20120912A191

TPP 能拯救野田佳彦首相的政治生涯吗？

Mireya Solís *

原文标题： Can the TPP Save Prime Minister Noda's Political Career?

文章框架： 野田佳彦选择加入 TPP 的原因；TPP 在日本复活的原因；加入 TPP 对于日本的意义。

观点摘要：

1. 在野田佳彦担任首相期间，他已经接受了两个政治任务，一是使任务量加倍以修复日本的公共财政，二是在跨太平洋伙伴关系协定（TPP）（旨在提供完整的市场自由化）贸易谈判中签署协定以恢复日本的经济活力。日本在 2012 年 8 月 10 日通过了《消费税法案》，几乎摧毁了首相野田佳彦的事业，导致了他所在的日本民主党对他的反抗，近 50 个成员跟随其竞争对手、民主党的元老小泽一郎离开民主党。野田佳彦然后不得不求助于反对党——自由民主党和日本公明党——以确保法案的顺利通过，但是作为交换条件，他同意“很快”举行大选。从那时起，野田佳彦所在的民主党成员的陆续倒戈意味着野田佳彦只拥有微弱的影响力，因为只要有六个成员叛离就足够举行不信任投票以及罢免野田佳彦首相。

2. 现在野田佳彦似乎做出了一个令人惊讶的举动，他似乎倾向于恢复 TPP 谈判以支撑其在党内选举中的命运。据日本媒体报道，日本首相正在准备宣布日本要正式加入 TPP 谈判并在今年年底解散下议院。他内阁中的关键人物也暗示要尽快解决 TPP 问题，经产大臣枝野幸男（Yukio Edano）称，必须在野田佳彦的任期结束前做出这一决定，国家战略大臣前原诚司（Seiji Maehara）评论，这种贸易倡议应该在选举的辩论中提出。

3. TPP 在首相野田佳彦的政治策略中复活可以归于以下几个因素。（1）美国总

---

* Mireya Solís，哈佛大学东亚文化研究专业学士，墨西哥学院国际关系学硕士，布鲁金斯学会东亚政策研究中心的高级研究员，日本对外经济政策方面的专家。主要研究领域包括日本政治、政治经济和外交政策、国际比较政治经济学、国际关系、政府 - 企业关系、美日关系和东亚多边主义。来源：布鲁金斯学会（美国智库），2012 年 11 月 13 日。

统奥巴马的连任，贸易谈判有望加速，奥巴马高度重视日本加入 TPP 谈判。(2) 首相野田佳彦获得反对党的支持通过了一项对日本至关重要的融资法案，他现在有更多的回旋余地来推动 TPP。(3) 民主党成员叛离的威胁并未在大选前夕造成重大影响。但是这次在 TPP 的重大转折给我们提供了一个相当有趣的政治难题：决定加入一个前所未有的贸易协定是否是政党选举活动的基石。全世界大多数的政客都避免在政治选举期间支持贸易协议，这是因为他们害怕政治反弹带来的后果。在首相野田佳彦的想法中，竞选 TPP 成员实际上可能会成为他的一个选举优势，为什么会是这样?

4. 首先，民主党试图将自己与竞争对手区分开来，这已经成为党内领导人关心的重要问题，考虑到在竞争对手中已经出现了更加强硬的候选人，民主党决定在最近的党内辩论中采用一种比较温和的外交政策。亲 TPP 的选民也会在民主党和自民党之间做出一个明确的选择，因为在大选前期，自民党不想疏远于农业游说团体（它们强烈反对 TPP），这将民主党置于一个尴尬的位置。其次，民主党正在寻求与那些强烈支持日本加入 TPP 的团体结盟，尤其商界，民主党这么做的目的是获得核心团体的支持以从侧面再次包抄自民党。最后，日本民主党完全意识到现在讨论 TPP 的政治环境和一年前截然不同。由于美国的影响和来自中国的异化，TPP 的批评者今年秋季在有争议的岛屿的问题上失去了民众的共鸣。

5. 把 TPP 放在全国辩论的中心确实是一个非常受欢迎的举动。日本可以从 TPP 中获得很多利益，因为加入 TPP 将推动日本的经济结构改革、支持日本工业的竞争力并有助于日本避免被边缘化。鉴于民众对民主党的信心急剧下降（野田首相的支持率低于 20%），公众的注意力已集中在其他地方，如核能的未来，因此大家对 TPP 持怀疑态度。如果第二批成员再离开民主党，民主党的选举力量将会受到削弱，此举也可能会适得其反。即使 TPP 不能拯救野田佳彦的政治生涯，它仍有可能成为他的政治遗产。但是可以肯定的是，在评估日本是否可以加入跨太平洋项目之前，已经加入 TPP 的国家会等待日本选举尘埃落定。

编号：20121113A191

日本最终加入了跨太平洋伙伴关系协定！

Joshua Meltzer*

原文标题： Japan to Join the Trans – Pacific Partnership – Finally!

文章框架： 日本加入 TPP 对于美国的意义；日本加入 TPP 对于日本的意义；日本加入 TPP 带来的挑战。

观点摘要：

1. 日本首相安倍关于日本愿意加入跨太平洋伙伴关系协定（TPP）谈判的声明对美国、日本和 TPP 都有好处。此前日本前首相野田佳彦在 2011 年的亚太经合组织（APEC）峰会上表达了日本对 TPP 谈判的兴趣，日本政府和其他已加入 TPP 的国家已经进行了为期两年的讨论，这些国家都希望日本加入 TPP。已加入 TPP 的国家目前包括美国、澳大利亚、文莱、加拿大、智利、马来西亚、墨西哥、新西兰、秘鲁、新加坡和越南。日本加入 TPP 将促进协定的经济和战略意义。

2. TPP 的目标是成为 21 世纪的贸易协定，旨在为亚太地区的贸易和投资制定规则。实现这一目标需要亚太地区的主要经济体加入该协定，并抱着 TPP 最终会成为亚太自由贸易协定（FTAAP）的美好愿景。日本加入 TPP 将为实现这一目标添加动力。如果日本加入该组织，TPP 将覆盖全球 8.6% 的贸易额和全球近 40% 的 GDP。日本加入 TPP 也可能会进一步推动其他国家加入此协定，特别是韩国。韩国已和美国签订了自由贸易协定（FTA），它现在应该将 TPP 作为一个与日本协商新的市场准入的关键机会，毕竟它与日本的贸易额已达到 1080 亿美元。其他国家，如哥伦比亚、菲律宾以及泰国同样在关注此协定并在仔细考虑是否加入该协定。

3. 日本加入 TPP 对于美国同样具有重要的经济意义，美国已与 TPP 中的十个国家签订了 FTA，如果日本放弃加入 TPP，这将会限制美国的市场准入机会。如果

---

* Joshua Meltzer，布鲁金斯学会全球经济和发展部的观察员，约翰·霍普金斯大学高等国际研究院的副教授以及《政治与法律杂志》的评论家。研究领域是与世界贸易组织（WTO）和自由贸易协定相关的国际贸易法律和政策问题。来源：布鲁金斯学会（美国智库），2013 年 3 月 18 日。

TPP 超越当前与美国签订的 FTA 中的承诺，并引领新市场自由化，那么这些 FTA 中已经实现了的自由化意味着任何新的市场准入收益对于美国来说都是微不足道的。

4. 相反，美国并没有与日本签订 FTA，日本是世界上第三大经济体，对美国具有主要出口利益的领域（包括农业、汽车业和金融业）设有明确的关税和非关税壁垒。TPP 可以为美国提供重要的市场。2012 年，美日 2200 亿美元的双边贸易额以及 80 亿美元的贸易逆差凸显了 TPP 的潜在经济价值。附加值贸易数据更准确地捕捉到了这些维度，在增值的基础上，美国与日本的贸易逆差增加了大约 60%。此外，美国与日本还有一个重要的双边投资关系，2010 年，美国在日本的外商直接投资（FDI）额是 1340 亿美元，日本在美国的外商直接投资额超过 2400 亿美元。

5. 日本加入 TPP 同样有益于日本。此协定将会为日本出口商提供新的市场准入机会。更重要的是，TPP 将会成为日本国内经济改革——这是日本经济迫切需要的——的主要驱动者。TPP 将会通过一系列渠道促使日本进行经济改革，如，TPP 将降低商品的关税税率并使日本服务业（占日本 GDP 的 72%）自由化。TPP 还将消除许多非关税壁垒——作为贸易壁垒的边界规定。这些措施将为日本经济带来更大的竞争力，提高日本经济的生产力、提高其竞争力和推动国内生产总值的上升。此外，TPP 将包括新的雄心勃勃的市场投资准入机会、知识产权新规则、竞争力、电信和监管一致性等。事实上，可以将 TPP 更好地理解为一个全面的经济一体化协定，它将涉及经济生活的更多领域。

6. 日本首相安倍做出日本加入 TPP 的决定也应该被理解为努力促进日本经济的举措。如果日本在加入 TPP 的同时却不对其国内经济进行相应的改革，那么对于日本经济的增长前景来说，这些努力不可能达到长期改善日本经济的效果。日本加入 TPP 的进一步结果在最终签订协定时将被推迟。考虑到还有很多问题仍没有解决，如知识产权和国有企业等问题，TPP 还需要进一步完善。日本在宣布其愿意加入 TPP 后，奥巴马政府与国会进行了为期 90 天的商议，这意味着 9 月的 TPP 谈判将成为日本正式加入该协定的机会。不管日本是否准备只是以走过场的形式签署该协定，但 TPP 与日本新的市场准入谈判以及上述的现存的挑战将使日本在 2014 年年底完成 TPP 的签订成为现实。

编号：20130318A191

日本在跨太平洋伙伴关系协定中下了大赌注：TPP 成员国应该回敬

Mireya Solís *

原文标题： Japan's Big Bet on the Trans-Pacific Partnership: The TPP Nations Should Reciprocate

文章框架： 日本加入 TPP 将对日本和美国有利；导致日本很晚才加入 TPP 的原因；安倍政府加入 TPP 的国内外有利条件；自民党党内对 TPP 的争议及日本在 TPP 谈判中需要关注的两个方面；日本希望通过 TPP 达成的目标以及对 TPP 成员国的建议。

观点摘要：

1. 日本首相安倍晋三于 2013 年 3 月 15 日宣布日本申请加入跨太平洋伙伴关系协定（TPP）贸易谈判，在 TPP 国家的审批通过之后，日本将同另外十一个亚洲 - 太平洋国家共同参与这一将会改变该地区游戏规则的雄心勃勃的贸易协定中，这将给日本和美国带来很大的回报。对于日本而言，参与 TPP 将使其不必担心作为世界第三大经济体却在国际贸易协定中处于边缘化的地位。此外，这将使日本能够实施日本经济迫切需要的放松管制和提高竞争力的措施，从而有助于实现首相安倍经济战略中最关键的部分：结构改革。对于美国而言，日本加入 TPP 将极大地提高这一协定的经济重要性，从而为该地区其他主要经济体加入这一真正的亚太经济一体化平台铺平道路（并且创造促使其他国家加入其中的动力）。同时，由于美国和日本在投资保护规则和知识产权以及其他领域有着类似的主张，这将加强美国在制定贸易规则上的话语权。

2. 如果加入 TPP 对于两国而言是一个双赢局面，那么为什么日本这么晚才加入这一谈判？在过去两年多的时间里，日本民主党的历届政府都无法下决心加入 TPP，这主要是由于农业游说团体的坚决反对，恐吓日本民众的社会运动用危言耸听的话语宣传

---

* Mireya Solís，墨西哥学院国际关系专业学士，哈佛大学东亚研究硕士和政府管理学博士，现任布鲁金斯学会日本研究主任和东亚政策研究高级研究员。研究领域包括日本的政治、政治经济及外交政策、国际和比较政治经济、国际关系、政府 - 企业关系、美日关系和东亚多边主义。来源：布鲁金斯学会（美国智库），2013 年 3 月 25 日。

TPP 将损害日本国家医疗体系和食品供应安全，并将导致国外非技术工人的大量移民，同时也是由于议会的分裂，民主党在此问题上缺乏凝聚力。自民党在今年早期开始执政，日本在参议院夏季选举之前加入 TPP 的前景似乎很渺茫，因为自民党在选举中压倒性的胜利很大程度上取决于农业团体和将近占到国会议员人数一半的反 TPP 党团的支持。

3. 那么为什么首相安倍在 7 月选举之前的行动使我们感到吃惊？很多因素解释了为什么首相安倍认为加入 TPP 谈判不会导致选举上的惨败。首先，他的高支持率——这是他关注经济复苏带来的成果——使其在 TPP 事务上有了一定的免疫力。其次，自民党在选举中的主导地位（伴随着民主党议员数量在上一次选举中的大幅缩减）使得农业游说团体失去了国家主要党派对其反对 TPP 主张的支持。再次，如果自民党党员认为安倍政府将最终打破一年首相任期的循环（之前民主党多位首相的任期都不足一年），那么他们将更少地叛逃。最后，奥巴马和安倍在 2 月峰会上的谨慎措辞（他们承诺所有商品都在协商的范围之内，但是关税取消的结果不会预先规定，并且承认日本和美国两国都有敏感领域）允许首相安倍在没有打破该党拒绝取消所有关税（TPP 的前提条件）立场的情况下加入 TPP。

4. 自民党党内很多人都不相信这一赌注将会产生好的结果，因此该党一直要求对五个农业产品进行持续的保护，这五个产品包括大米、小麦、糖、奶制品和牛肉。由于 TPP 其他成员国不会同意这样大范围的保护，因此双方不同的诉求将引发很大的争议。从这一角度看，首相安倍的声明是一个很大的进步，但是其将被要求确保日本在 TPP 贸易谈判中取得有意义的成果。有两个方面的基本问题将需要关注。第一，有必要改进日本的贸易谈判体系。日本是 TPP 谈判的后来者，需要旗开得胜。但是其过去采用的派遣多个代表不同官僚机构利益的谈判代表的谈判模式将不会成功。几天前安倍政府做出了一个很有利于日本 TPP 谈判的决定，即建立 TPP 秘书处从而更高效地协调国内利益并任命一位首席代表。第二，日本需要从韩国学习一些经验，即显著地缩小其防御性利益的范围（以达到将近 98% 的关税自由化比率），并且向农民提供贸易调整援助以取得他们的默许。并且政府应该大胆地进行农业现代化改革，改变收入补偿方案和土地交易。

5. 日本在 TPP 中下了一个很大的赌注，从而使其经济更加开放和具有竞争力，并且通过削弱保护主义势力来改组其国内政治。这是正确的举措，国际社会应该对此表示支持。TPP 成员国是时候与日本交换自己的“赌注”，需要认识到的一点是，这是支持结构改革和市场自由化的关键时期，通过使 TPP 成为一个更加重要的贸易协定可以使各方收益。

编号：20130325A191

遏制谬论：中国和跨太平洋伙伴关系协定

Mireya Solís *

原文标题： The Containment Fallacy：China and the TPP

文章框架：《金融时报》的一个评论员对 TPP 的看法；TPP 的真正目的不是排斥中国；TPP 同对抗的防卫联盟不同；TPP 排斥中国这一观念可能造成的负面影响；中美两国未来贸易关系的发展及对中国的建议。

观点摘要：

1. 最近在《金融时报》的评论中，戴维·皮林（David Pilling）认为跨太平洋伙伴关系协定（TPP）谈判的核心目标是排斥中国。在他看来，建立一个“有任何国家但没有中国参加的”俱乐部的出发点有两个：一是担心中国蔑视国际贸易和投资规则，二是试图通过更大的政治战略将中国这一正在崛起的超级大国边缘化。戴维·皮林预测，由于庇护敏感领域的传统模式将会出现，TPP 将不会带来重大的自由化改革，并且考虑到这些新提议规则在共识方面的碎片化状态，他警告说只有缩水的贸易协定在现实中才能有被通过的可能性，从这一角度看，TPP 在政治上缺乏远见并且与经济不相关。

2. 认为 TPP 是一个禁止中国加入的俱乐部的观点是不正确且没有任何意义的。与其他任何亚太经济合作组织（APEC）中的经济体一样，中国也有权利申请加入 TPP。中国领导人是否认为 TPP 成员国资格是该国国家利益所在，与 TPP 成员国是否相信中国愿意遵循已经被它们协商好的规则完全是两个不同的事项。打消认为 TPP 排除中国加入的观念是很重要的。事实上在接受新成员的准入机制上，这一贸易谈判已经做得很好了，其成员国从四个扩展到十二个——现在其成员国的 GDP 总和已经占到世界 GDP 的 40%。更重要的是，很难理解为什么 TPP 国家要追求排斥

---

* Mireya Solís，墨西哥学院国际关系专业学士，哈佛大学东亚研究硕士和政府管理学博士，现任布鲁金斯学会日本研究主任和东亚政策研究高级研究员。研究领域包括日本的政治、政治经济及外交政策、国际和比较政治经济、国际关系、政府 - 企业关系、美日关系和东亚多边主义。来源：布鲁金斯学会（美国智库），2013 年 5 月 24 日。

中国这一事与愿违和不可行的目标。中国现在处于世界经济的巅峰，在世界GDP所占份额的比例上排名第二，并且其现在处于世界供应链的核心。一个试图无视这些基本经济现实的贸易协定事实上将是鲁莽的。TPP的概念是广泛的，它旨在最终在亚太地区发展一个经济一体化的广阔平台，而不是围堵中国。

3. 如果TPP排除中国是为了更好地吸引日本，那么就很难理解为什么日本政府现在正与中国协商两个主要贸易协定：东北亚的三边自由贸易协定（FTA）和东亚贸易协定，也被称为区域全面经济伙伴关系协定（RCEP）。参加TPP的其他亚洲国家也是如此，它们同样参加了东盟－中国FTA和RCEP谈判。“我们对抗他们”动态防卫联盟事实上不适用于自由贸易协定。迷宫式的FTA说明，在国际贸易关系相互重叠的世界中，排斥任何一国都将是毫无意义的行为。

4. 认为TPP排斥中国的观念在三个主要方面将起到不利作用：（1）其为保护主义者的利益提供了政治掩护，这些人认为他们不应该为了由地缘政治推动的贸易协定而被迫进行痛苦的经济调整；（2）其向准成员传递了一个令人不寒而栗的信息，使它们担心加入TPP将会被认为成了反中国阵营的一员；（3）如果加入TPP被中国视为向美国遏制战略投降，那么将阻止中国寻求与TPP议程的融合点。

5. TPP遏制中国最根本的挑战不是其建立在一个错误的遏制观念上，而是其不足以拥有足够的吸引力推动中国认可并接受这些贸易和投资新标准。中国通过推动自己在亚洲的贸易协定来对此做出回应。在可预见的将来，美国和中国将继续处于两个不同的贸易集团之中，两国在贸易和投资方面将不会取得重大的双边谈判成果。TPP谈判者不能在TPP协定完成之后才塑造吸引中国加入的战略，他们要注意到必须从质量和宣传潜力评估这些规则。同时，中国必须认识到加入这一新贸易协定与其加入WTO没有什么区别：虽然要做出更大的承诺，但是在改善经济发展方面，加入TPP将会给其国内改革将带来丰厚的回报。

编号：20130524A191

货币条款在跨太平洋伙伴关系协定中是行不通、不合适甚至适得其反的

Mireya Solís *

原文标题： A Currency Clause in the Trans – Pacific Partnership Is Unworkable, Unsuitable, and Counterproductive

文章框架： 通过货币条款分析美国实现 TPP 目标的利弊。

观点摘要：

1. 这些天，一些想法似乎可以在国会中产生共识，但将货币条款附加到跨太平洋伙伴关系协定（TPP）的提案由 230 位国会议员以信件的方式于 6 月 6 日被递交给奥巴马总统，并得以签署。这封信的内容与美国汽车政策理事会、美国联合汽车工会早前的声明基本一致，即反对日本加入 TPP，指责这个国家完全是一个货币操纵者，一份贸易协定根本无法拆除其根深蒂固的非关税壁垒。随着有关贸易促进授权（TPA）的讨论不断升级，TPP 谈判接近尾声，将货币操纵条款包括在 TPP 中的想法需要仔细审查。

2. 奇怪的是，呼吁将货币条款包括在 TPP 中的人并没有向我们透露最重要的事情：这是一份什么样的条款呢？哪些行为将被禁止呢？谁负责监测过失呢？什么类型的制裁能构成一种公平的补救呢？各权威人士在这些重要问题上的沉默反映了政府对构成系统的货币操控问题缺乏共识。当各国将固定汇率保持在市场价值之下时，国家就会对资本流入实行全面管制，直接干预市场，守住目标汇率。

3. 许多亚洲国家在经历了金融危机之后，意识到需要促使它们的外汇储备成为一种保险机制。许多盛产石油的国家将它们的外汇储备逐渐转移到主权投资基金中，以分散它们的经济组合。最近，日本由于实行量化宽松计划，使日元贬值，遭

---

* Mireya Solís，墨西哥学院国际关系专业学士，哈佛大学东亚研究硕士和政府管理学博士，现任布鲁金斯学会日本研究主任和东亚政策研究高级研究员。研究领域包括日本的政治、政治经济及外交政策、国际和比较政治经济、国际关系、政府 – 企业关系、美日关系和东亚多边主义。来源：布鲁金斯学会（美国智库），2013 年 7 月 8 日。

到外界谴责，但这是日本央行在模仿美国联邦储备局在应对 2008 年后经济衰退时的做法。这里最重要的教训就是，货币操纵在很大程度上受旁观者监督。批评者将这些政策理解为竞争性贬值，但支持者提出了这些政策在审慎的财务管理、促进经济多样化、减少通货紧缩方面的优点。我们目前还不知道贸易协定中的什么行为是违法的，在货币操纵行为有一个广为接受的概念之后我们才可以下结论。

4. TPP 不是一个追求明确阐述的平台。汇率失衡是一个全球性问题，这个问题不在这十二个成员国的管理范围内。最担心美国干预货币的国家——中国，并没有参与 TPP。根据彼得森国际经济研究所最近的一项研究，在目前的成员中，仅有两个国家（马来西亚和新加坡）被列在了操纵者的名单上。问题不在于 TPP 能够抓到几个操纵者，而是应该试图避免在贸易协定中对一些国际金融问题，例如货币干预进行立法的愚蠢行为。美国可能会把货币操纵问题提到 TPP 的谈判桌上，但最终的条款将会是谈判得到的结果，会反映出其他成员的意见与看法。

5. TPP 中如果包含货币条款只会弊大于利。首先，它会引出一个谈判中很有争议的问题，而谈判正进入最后阶段，完成协定的最后期限不应再被推迟。其次，该条款可能会阻碍亚太地区高水平的经济一体化进程。如果货币条款未来阻碍中国加入 TPP，那么将会是一大损失。最后，它的成本很高，但其效益有待进一步考量。货币调整并不是消除贸易赤字的灵丹妙药。正如一些经济学家所说，中国人民币的价值转变不会对美国与中国的贸易赤字产生很大的影响。鉴于日本在美国出售的汽车都是在美国本土所造，那么汽车贸易平衡条款所带来的影响就会小很多。

6. 日本政府已经同意就非关税措施进行谈判，并消除美国汽车关税。然而纠纷一旦出现，各方很可能会重新课以重税。美国的汽车行业一直受到美国贸易谈判者的支持。现在是时候考虑货币条款将会怎样阻碍美国在 TPP 中的目标的达成了。

编号：20130708A191

对 TPP 关于汇率操纵的条款的回答依然是不

Mireya Solís *

原文标题： The Answer Is Still No on a Currency Manipulation Clause in the TPP

文章框架： TPP 成员国对货币操纵条款的态度；美国汽车政策委员会（AAPC）公布了其对 TPP 中有关货币操纵条款的建议；美国准备放弃中国未来加入 TPP 的可能性。

观点摘要：

1. 将货币操纵条款中可强制执行的义务包括在美国贸易协定中的势头正在逐渐增加。2014 年 1 月 9 日，美国汽车政策委员会（AAPC）公布了其对跨太平洋伙伴关系协定（TPP）中有关货币操纵条款的建议，表明其对这一关键贸易倡议的态度与是否采用这一强制性规定有关。1 月 10 日，拥有国际贸易管辖权的国会委员会领导人将一个新贸易促进授权法案的草案（草案中包括货币操纵条款的补充）作为一个主要的谈判目标。众议院筹款委员会高级委员、国会议员桑迪·莱文（Sander Levin）对通过此项法案持保留意见，他提到，此法案在货币干预问题上做得还不够好。1 月 14 日，彼得森国际经济研究所的弗雷德·伯格斯坦（Fred Bergsten）发布了他对美国贸易协定中货币操纵条款的建议，这一建议是基于他与乔·加尼翁（Joe Gagnon）之前的工作得出的，对国会的看法以及 AAPC 对于货币操纵条款的建议有一定影响。

2. 正如我之前所言，外国政府利用贸易制裁来干预外汇市场的这种逻辑是不可抗拒的。如果汇率对贸易流通有重要的影响，如果一些政府刻意贬值货币和提振出口，如果国际货币基金组织（IMF）在彻底根除这种做法时出现疏忽，我们为什么不能利用贸易协定中的执法部门来惩罚骗子？然而，如果对最近的这些建议进行更

---

* Mireya Solís，墨西哥学院国际关系专业学士，哈佛大学东亚研究硕士和政府管理学博士，现任布鲁金斯学会日本研究主任和东亚政策研究高级研究员。研究领域包括日本的政治、政治经济及外交政策、国际和比较政治经济、国际关系、政府 - 企业关系、美日关系和东亚多边主义。来源：布鲁金斯学会（美国智库），2014 年 1 月 15 日。

严格的审查，我们就会发现为什么将强制性的汇率操纵规则放在 TPP 中不是一个明智的举动。让我从注意 AAPC 做出的重大调整开始。其将在目前的建议中，通过定量宽松货币政策，放弃指责日本操纵货币的双重标准，但它也未能承认美联储实际上实行的是相同的政策。值得称道的是，AAPC 现在已明确表示，国家可以在其国内的货币政策中保留自治权，以及在外汇市场所做的直接干预可以包括在提出的建议内。但这种改善不利于对 TPP 中可执行的货币规定提出完善建议。AAPC 建议的核心是利用一个简单的三步试验确定政府是否可以干预货币市场以获得不公平的竞争优势：（1）签订 TPP 的国家是否在 6 个月的时间内经常账户盈余？（2）在这一时期它是否增加了外汇储备？（3）这些国家是否有足够的外汇储备（即超过三个月的正常进口所需的金额）？

通过加快制定纠纷解决机制，在这个测试中失败的国家至少会有一年的关税好处。

3. AAPC 所提建议存在的关键问题是其并没有忠实地将 IMF 对货币操纵的原则转变成可行的操作指南。IMF 禁止成员操纵本国货币以获得不公平的优势，并在监督这一规则的过程中使用下列标准：是否在外汇市场大规模干预一个方向，是否过度和长期以官方或准官方名义积累外国资产，以及是否经常大规模和长期出现账户赤字或盈余。此外，2007 年，就双边监督所得出的执行董事决议（此决议保留了 2012 年 7 月最后决定的相关内容，并包括多边监督），国际货币基金组织进一步明确表示，操纵汇率的成员所做的决定与第四条原则不符，他们这样做是为了获得不公平的竞争优势以达成政策目标，这一做法低估了增加净出口所用的货币。

4. IMF 的第四条原则已经对外汇市场中长期和大规模的干预问题，以及部分国家长期记录大量、经常性账户失衡问题有明确表述。然而，所有的一切都已包括在 AAPC 提议方案中。国家是否在 6 个月的时间内经常项目盈余（测试第一步），因此，它们在经常项目盈余的大小（适度或巨大）或经常项目盈余持续的时间（近期还是长期）上没有任何区别。除了必须覆盖 3 个月的进口额，在 6 个月之内是否增加外汇储备（第二步）都是考察的对象，因此，适度或大量收购外汇储备都将包括在汇率操纵的证据中。

5. 但真正的大麻烦是构成过度储备的因素（第三步），这又回到意图的关键问题上。在贸易协定中关于货币操纵条款的当前建议依赖于传统措施：检验 3 个月的正常进口（可扩展到 6 个月）或短期外债。而且他们也可为不可再生资源的出口商留有余地以积累“雨天”基金。更重要的是，这些建议与 IMF 关于储备充足指标所做的最新工作无关。事实上，最近一份 IMF 报告得出的结论是，上述所列举的传统指标说明，“它们的本质是任意的，专注于某一特殊方面的弱点，并给出不同的结果”。国际货币基金组织在储备问题上所做的工作是基于三个核心观点：第一，各国保持外汇储备不仅是考虑到流动性，而且还有预防的目的；第二，各国对外汇储备的对冲类型超越了贸易冲击，并可能会出现如资本突然停止或者货币危机等现象；第三，储备的多少不仅取决于一个国家面临的冲击类型，而且还取决于应对这些危机可利用的资源——除了储备。每个国家建立准备金的复杂性，体现了 AAPC 建议中使用“万全之策”的局限性，以及此建议只选择了一个方面的易损性。更为根本的是，此建议强调，当大家对构成一个适当的储备水平并没有达成一致想法时，采用可执行的汇率操作规则是不可能的。

6. 出于上文强调的很多原因，有人认为这些在美国就货币操纵所提出的建议是对 IMF 原则做出的忠实解释，TPP 成员国对以上说法并不认同。希望美国贸易谈判代表在谈判过程的关键时刻引入这一个章节的要求类似于将一个扳手扔到了一个正在运行的最重要的机器中。TPP 将决定美国在塑造亚洲区域经济结构中是否起关键作用，并且也将影响美国与欧洲谈判的命运。这也意味着，美国准备放弃中国未来加入 TPP 的可能性，并放弃促进更大的市场改革、监管透明度以及遵守知识产权规则中的更可观的利益。所有这一切，都是为了一个不切实际的货币操纵提议。

编号：20140115A191

总统的亚洲之行：乌克兰和全球背景

Bruce Jones *

原文标题： The President's Trip to Asia：Ukraine and the Global Context

文章框架： 美国总统将继续进行“再平衡”战略政策以推动 TPP 贸易谈判。

观点摘要：

1. 当美国总统正为其将于2014 年4 月23 日至27 日进行的已改期的亚洲之行做准备时，乌克兰事件正以一种危险的方式持续展开。日本、韩国以及其他亚洲国家是否会将美国在乌克兰事件中的谨慎反应视为美国领导作用疲软的信号？美国总统能否成功实现其所吹嘘的“重返亚洲”政策？美国在对欧洲做出承诺的同时，又如何平衡其在亚洲的政策？

2. 美国还能实行“重返亚洲”政策吗？答案是可以，但是总统和其团队在说明此政策时，需要做得更好。公正地说，当此政策被首次宣布时，没有人在白宫使用“支点”这个词，这个概念来自阿富汗和伊拉克战争期间，美国希望获得一个更为平衡的影响力的“再平衡”策略。美国总统应该放弃使用“支点”这个词，并开始执行“平衡”的外交政策，以使美国获得平衡的全球影响力。与此同时，通过扩大基础设施的建设和扩大外交，这个“支点”已经开始了。美国总统已对白宫的工作人员明确表示，直到其任期结束，他将会持续关注美国在亚洲的动态。

3. 这次访问是要遏制中国吗？对美国外交政策的评论往往会出现二选一的状况：我们接受中国的崛起或者遏制其崛起；我们会与中国达成一种“双赢”的外交关系或者中美面临不可避免的冲突，后者经常发生在一个力量上升，另一个力量下降的情况下。所有这些答案都是非常简单化的，美国是一个持久的而不是会陨落的国家。中国是一个正在崛起的大国，但是正面临着很多问题——大部分是内部问题。中美是高度协调的，尤其是在财政和贸易方面，这也限制了引发冲突的动机。

---

* Bruce Jones，布鲁金斯学会外交政策项目主任和副总裁，国际秩序和战略机构的项目高级研究员，斯坦福大学斯波利研究所的顾问教授。研究重点是美国的国际安全政策、全球秩序、国际冲突管理和弱小国家。来源：布鲁金斯学会（美国智库），2014 年4 月23 日。

为保持经济增长，中国对于进口能源的依赖正在逐渐增加，如果不与美国和西方国家合作，中国将不能确保稳定的能源进口，这会大幅度限制中国的选择权。

4. 这次访问会满足我们所有的亚洲盟友吗？答案是不会。如果在美国的盟友管理中有任何固定的说法，那就是盟友们永远不满意。但这次访问将让美国总统继续把重点放在“再平衡”战略政策中，以推动 TPP 贸易谈判，并私下声明，美国仍然致力于团结其亚洲盟友。TPP 贸易谈判是这次访问的一部分，也将是此行的一个重要焦点。TPP 也是美国的市场、金融和“联盟”力量成功的关键。同时，副总统拜登将前往乌克兰，以保持美国对此事件的持续关注。

编号：20140423A191

一个新的跨美洲伙伴关系

Ernesto Talvi *

原文标题： A New Trans – American Partnership

文章框架： TPP 对拉丁美洲的意义和影响；拉丁美洲将构建一个新的跨美洲伙伴关系。

观点摘要：

1. 许多外交政策分析家说，美国对拉丁美洲的态度是“善意的忽视”，美国官员对此进行了反驳，认为美国公司是该地区最大的外商直接投资国，美国 20 个自由贸易协定（FTA）中的 11 个是与拉美国家签订的。“良性忽视”可能是对美国和拉丁美洲关系的一个公平的描述，这是一个积极的描述，其特点是没有体现地缘政治紧张或地区不稳定的状况。但是，我们可以做出更多努力——特别是在贸易政策方面——加深美国和拉丁美洲的经济关系。全球贸易谈判多哈回合崩溃以来，美国已经参与了两个主要的国际贸易谈判。

2. 跨太平洋伙伴关系协定（TPP）主要是美国和亚洲的倡议，跨大西洋贸易与投资伙伴关系协定（TTIP）是美国与欧洲提出的主要项目，它们都是具有深远意义的协定。这些协定的目标是恢复经济发展势头并构建一个开放的全球贸易体系，包括在有争议的问题上取得进展，如服务贸易、知识产权、政府采购、安全协调、健康和技术标准。这些协定的参与国的国内生产总值占世界国内生产总值的 60%。然而，它们并没有达到预期目标。

3. 虽然智利、秘鲁和墨西哥也签署了 TPP——其他拉丁美洲国家都想加入，但该地区对 TPP 的参与是微不足道的。如果要改变现状，该地区需要重新发扬 1994 年举办的美洲国家首脑会议的精神，在此会议中，美国总统比尔·克林顿和他的拉美伙伴为西半球的发展制定了宏伟愿景。他们的想法是创造一个美洲自由贸易区

---

* Ernesto Talvi，全球经济和发展项目的高级研究员，哥伦比亚大学客座教授。研究领域包括新兴市场宏观经济学、稳定的项目、财政政策、资本流动和金融危机。来源：布鲁金斯学会（美国智库），2014 年 9 月 9 日。

(FTAA)，这将使商品、资本和人才在阿拉斯加和火地岛之间自由流动。

4. 复兴这种合作精神和共同目标的一种方法就是创造一个新的跨美洲伙伴关系。新的跨美洲伙伴关系将包括美国、加拿大、墨西哥、太平洋联盟国家以及其他已经与美国签订了自由贸易协定的拉丁美洲国家。新伙伴关系将包括 6.2 亿名消费者，并拥有超过 22 万亿美元的综合国内生产总值（大于欧盟的 GDP 且超过中国 GDP 的两倍以上）。

5. 新的跨美洲伙伴关系也会拥有几乎拉丁美洲一半的人口和 GDP，该地区在跨美洲伙伴关系中可以拥有其在 TPP 和 TTIP 中没有的中心地位。虽然最初没有参与新的跨美洲伙伴关系的唯一主要经济体是巴西，但是加入新的跨美洲伙伴关系肯定会为巴西的私营部门带来变化。

6. 先与美国构建和协调现有的双边贸易协定，再建立和推动新的跨美洲伙伴关系则会相对容易。除此之外，成为新的跨美洲伙伴关系的成员国都是自愿的，和美洲自由贸易区相比，这是一个重要优势。最重要的是，新的跨美洲伙伴关系将对美国未来的发展有重要意义。它可能会在一个多极世界里成为支持自由贸易、投资、繁荣与和平的一个强大力量。有积极的迹象表明，美国政策正朝着正确的方向发展。2013 年 11 月，美国国务卿克里在美洲国家组织的演讲中提到，美国和拉丁美洲的合作“将需要勇气和改变的意愿。但最重要的是，美国和拉丁美洲作为西半球平等的合作伙伴，需要共同协作，展开更深层次的合作”。以拉丁美洲为核心，一个新的更广泛的自由贸易协定将是实现这些愿景的最好途径。

编号：20140909A191

跨太平洋伙伴关系协定的地缘政治重要性：在紧要关头，一个自由的经济秩序

Mireya Solís *

原文标题：The Geopolitical Importance of the Trans - Pacific Partnership：At Stake，a Liberal Economic Order

文章框架：TPP 签订失败造成的后果；签订 TPP 对美国的意义；国会通过 TPA 的原因。

观点摘要：

1. 地缘政治的回归就体现在我们身边。中东的内战和俄罗斯侵略乌克兰占据了头条新闻。一个美国潜在的更重要的战略失败出现了：跨太平洋伙伴关系协定（TPP）可能会失败。我们为什么要关心一些我们几乎没有听说过的贸易协定？答案很简单：此次谈判的失败将为美国的领导作用、战略地区关键伙伴关系的深化、新兴经济体市场改革的促进以及美国未来的贸易议程带来灾难性的后果，美国将失去制定国际贸易规则的能力。世界贸易组织在过去 20 年一直无法更新多边贸易和投资规则。与此同时，全球供应链的改变将使国际生产和贸易模式产生深刻变化。自由贸易协定（FTA）如 TPP 将寻求提供符合 21 世纪贸易现实的新规则。新规则将关注服务自由化，这对于分散生产链（电信、交通等）的高效管理、外国投资和知识产权保护以及避免国有企业掠夺性的市场行为十分关键。随着世贸组织发展的停滞，我们已经进入一个竞争分散的系统，在此系统中的不同国家都在寻求为经济一体化制定标准。正如奥巴马总统曾警告的，如果我们不在贸易问题上制定规则，中国就会制定规则，到那时我们将没有办法使中国脱离重商主义的实践行为。

---

* Mireya Solís，墨西哥学院国际关系专业学士，哈佛大学东亚研究硕士和政府管理学博士，现任布鲁金斯学会日本研究主任和东亚政策研究高级研究员。研究领域包括日本的政治、政治经济及外交政策、国际和比较政治经济、国际关系、政府 - 企业关系、美日关系和东亚多边主义。来源：布鲁金斯学会（美国智库），2015 年 3 月 13 日。

2. 亚洲的“再平衡”策略。军事资源重新定位后，TPP 是美国亚洲“再平衡”策略的第二回合。这样，TPP 的命运将决定此策略是稳步前进还是艰难进步。如果 TPP 失败了，大家对美国力量的疑虑将再次显现出来。美国政策与全球最具活力的经济区域的强力连接将会化为乌有。我们不要忘记，在签订 TPP 协定之前，美国似乎做好了在亚洲地区主义发展过程中被边缘化的准备。

3. 美国－日本联盟将失去一个重要的支柱。贸易问题在过去一直是美国和日本产生分歧的原因。如果 TPP 失败了，它将表明美国和日本无法摆脱双方在农业和汽车市场准入方面的摩擦，只有 TPP 取得成功，才能以更好地得到在国际化金融服务、知识产权保护和互联网经济治理等领域的市场准入机会。

4. 国际贸易议程将达到一个死胡同。如果 TPP 失败了，最重要的贸易议程将戛然而止。在这一点上，贸易议程将如何前进？世贸组织在制度上并不适合深入推进一体化进程。如果十二个有自我选择权利的国家无法结束这项协议的谈判，那么还有其他选择吗？TPP 谈判的崩溃将极大地削弱跨大西洋贸易谈判成功的机会，东亚贸易交易也不太可能做出深度一体化的承诺。

5. 签订跨太平洋伙伴关系协定的时间就是现在。TPP 的机会之窗正在迅速关闭。2016 年，美国总统大选在即，许多重要的具有里程碑意义的事件必须在一个非常紧张的时间序列内完成，这些事件包括对贸易促进授权（TPA）的立法的采用、美国－日本市场准入协议的突破，所有 TPP 伙伴在原则上达成协议和投票表决最终的贸易协定。

6. 我们需要国会通过 TPA。很简单的是，国会不通过 TPA，TPP 就不能签订。一般而言，投票表决一项贸易协定是不需要通过 TPA 法案的。TPA 使国会相信它在美国政策制定的发展轨迹和目标上占有重要地位。为了避免国会失去权威，TPA 法案允许国会保留制定贸易政策目标、在谈判中保持对过程的监督以及决定 TPP 是否通过的最终决定权。当然，TPA 是一个不完美的信誉机制，因为它不能阻止国会要求进行再次谈判。如果 TPA 不能为国会提供可信度，那么美国将不可能获得一个好的交易，造成这一局面要么是因为已签订 TPP 的国家只真心关心自己的未来，要么就是因为他们有完美的外衣以避免其在敏感问题上做出痛苦的政治让步。无论是哪种方式，TPA 法案的不予通过削弱了美国贸易谈判代表的能力。

7. 签订 TPP 协定将有利于美国的地缘政治和经济影响力的扩大。这些利益的获得是不需要也不会以牺牲工人或主权国家的利益为代价的。在自由贸易协定之下，国家可以保持其调节的权利。该协定的目的是提高国家的国际竞争力以创造更多的工作机会。如果 TPP 失败了，下一个问题自然会是，谁是造成 TPP 失败的罪魁祸首？国会应该认真考虑如果它们不予批准 TPA 法案，这将会成为美国在努力制定一个自由经济秩序的过程中的薄弱环节。

编号：20150313A191

应该通过贸易促进授权法案并使跨太平洋伙伴关系谈判达成协议

Joshua Meltzer*

原文标题： Pass Trade Promotion Authority and Enable Conclusion of the Trans – Pacific Partnership Negotiations

文章框架： TPP 的规则；TPP 的战略重要性；TPP 对美国经济的意义；TPP 对全球经济的意义。

观点摘要：

1. 自2008年以来，美国一直就跨太平洋伙伴关系协定（TPP）与十一个国家进行谈判，这些国家包括：澳大利亚、文莱、加拿大、智利、日本、马来西亚、墨西哥、新西兰、秘鲁、新加坡和越南。因为目前加入 TPP 的国家的国内生产总值（GDP）之和大约是27.7万亿美元，占全球 GDP 的40%，其贸易额占世界贸易总额的三分之一，所以此协定对于美国是非常重要的，TPP 将为美国带来更多的经济和战略利益。

2. 现在 TPP 谈判已经到了大部分问题都已经被解决只剩下最困难问题未解决的关键点。为了使美国贸易代表完成 TPP 的签订，美国国会就必须首先通过贸易促进授权（TPA）法案。就 TPA 法案这一问题，美国国会决定了政府的谈判目标并同意避免对已签订的协议再次修改的意见，这样使其在整个 TPP 的投票中都处于一个模棱两可的状态。美国总统也被要求在谈判期间咨询国会并在签订协定的90天前通知国会。如果美国国会没有通过 TPA 法案，国会可能要求美国贸易代表向其他已经签订 TPP 的国家寻求更多的让步。因此，在 TPA 法案未得到通过的情况下，TPP 中的其他国家不太可能为美国提供最好的报价。之前由美国《2002年贸易法》批准的

---

* Joshua Meltzer，布鲁金斯学会全球经济和发展部的观察员，约翰·霍普金斯大学高等国际研究院的副教授以及《政治与法律杂志》的评论家。研究领域是与世界贸易组织（WTO）和自由贸易协定相关的国际贸易法律和政策问题。来源：布鲁金斯学会（美国智库），2015年4月9日。

TPA 法案将于 2017 年过期，《两党贸易协议》也将于 2017 年更新《2002 年贸易法》的谈判目标。美国贸易代表将继续在 TPP 谈判中以及与国会的磋商中遵循《2002 年贸易法》的条款和《两党贸易协议》。美国国会正在考虑是否通过 TPA 法案，从而确保 TPP 的成功，美国为其获得全球经济领导地位所压的赌注是真实存在的。美国国会是否通过 TPA 法案将影响亚太地区即将发生的经济全球化和区域经济的发展。真正的问题是，美国是否会引领经济全球化，它如何确保加入 TPP 可以反映美国的价值观并促进美国经济的增长，或者是由其他人决定全球经济将如何发展。

3. 根据彼得・佩特里和迈克尔・普卢默对 TPP 的看法，美国全面达成 TPP 协定将使美国每年获得 770 亿美元的收入，TPP 会为美国带来巨大的经济收益。将 TPP 扩展至亚太经济合作组织（APEC）将为美国生产带来超过 2660 亿美元的年度涨幅。尽管 TPP 会为美国带来这些好处，但是国会对是否通过 TPA 法案仍然有争议，这反映出了国会对 TPP 给国际贸易和美国就业带来的影响的担忧。美国已经成为一个日益开放的国家，全球化导致了部分美国人民的失业，尤其是制造业领域：自 2000 年以来，美国在制造业领域已经失去了大约 500 万个工作岗位。这个数字对美国来说很重要，美国制造业约占美国 GDP 的 12%。因为制造业的生产率不断提高，所以公司可以用更少的劳动力生产相同数量的产品，这减少了工业产品的相对价格。与此同时，美国对商品的需求与日益增长的生产力和更低的价格不匹配，这样造成的结果就是美国对商品的消费更少。20 世纪 50 年代之后，在美国在加入 WTO 和北美自由贸易协定，以及中国加入世界经济的发展大流之前，美国制造业的就业比例一直在下降。

4. 通过 TPA 法案并最终签订 TPP 是不会改变美国贸易开放和投资的重要方式。美国已经是一个开放的经济体，其平均关税为 4% 左右。某些行业的关税高峰和在 TPP 中减少这些关税会导致更激烈的谈判，在关税问题上的任何举动都将由在 TPP 协定中所获得的收益来平衡。美国贸易代表在国会未能通过 TPA 法案的情况下签订 TPP，会使美国失去其在其他 TPP 市场减少贸易壁垒的机会。

5. TPP 对美国经济有限的影响已经说明了这一点：国会投票表决通过 TPA 不应被视为其允许全球化。即使没有 TPA 或 TPP，美国的贸易和投资项目仍将继续，美国人民将继续出国旅游和学习，国际互动也将继续下去。TPP 的签订将进一步巩固国际经济体系向一个开放和基于规则的方向发展，这个经济体系可以打击猖獗的盗用知识产权的行为、支持外商投资以及重视市场的发展。此外，TPP 并不是一个放松管制的议程，它可以制定正确的规则，签订 TPP 的国家也必须采取适当方法对劳工和环境进行保护。简而言之，TPP 将确保形成一个国际经济体系，这个体系会继续反映美国经济价值观并支持美国的经济增长。

6. TPP 将会成为一个全面的经济协议。TPP 将包括对商品、服务和投资的承诺以及制定详细的规则来影响经济监管。例如，TPP 允许国家竞争并执行反托拉斯法，创建了促进电信基础设施和金融服务发展的新规则，以及使争端解决遵循透明且符合正规程序的规范。在产品方面，随着时间的推移，TPP 将使美国几乎所有商品的关税减少至零。TPP 还将包括用规则解决非关税贸易壁垒，减少对商品的贸易壁垒将会提高美国在 TPP 市场中的竞争力。美国大约 60% 的进口商品是用于生产其他产品的半成品，TPP 将通过减少美国生产商的进口成本来维护美国在全球价值链的中心位置。

7. TPP 在降低贸易壁垒和服务出口方面还将有很长的一段路要走，考虑到服务业带来的收益占美国私营部门国内生产总值的 69%，这对于美国降低贸易壁垒显然是重要的。美国在服务业中的贸易顺差不断扩大，2013 年的贸易顺差是 2130 亿美元。虽然美国在工程、法律、咨询、软件、信息技术、教育等服务业领域具有竞争优势，但是美国在亚洲地区所遇到的服务业贸易壁垒往往是最高的。TPP 可以在签订 TPP 的国家内为美国服务业创造新的市场准入机会，这将会为美国带来巨大的收益，TPP 也将为美国的服务部门创造新的就业机会并进一步刺激美国创新。

8. TPP 也将发展在未来会成为亚太地区的主要框架的国际贸易和投资的规则。在许多情况下，TPP 还将构建和深化世贸组织已经制定完成的规则，如知识产权标准。TPP 还将制定新规则以解决现代经济发展产生的新问题（包括供应链、国有企业以及互联网和跨境数据流动等）。所有这些规则将有一个争端解决机制支持。对于许多已签订 TPP 的国家，遵守这些规则的同时还需要进行重大的经济改革。例如，日本首相安倍将 TPP 作为日本经济结构性改革的关键驱动因素。越南首次允许建立工会并提高劳动条件，对国有企业制定的规则将引入重要的改革中以改善私营部门。TPP 在环境方面制定的新规则将开始解决因补贴造成的过度捕捞并帮助减少非法木材交易。

9. 贸易协定总是会产生重要的外交政策影响，这一说法同样适用于 TPP。美国政府使 TPP 成为美国转向亚洲的“再平衡”策略的一部分。当中国已成为大多数国家的主要贸易伙伴时，完成 TPP 的签订将在已签订 TPP 的国家中建立更紧密的经济关系。反过来，这一转变将帮助美国扩大其在该地区的战略承诺。TPP 的目标是要成为对所有 APEC 经济体开放的亚太自由贸易协定，并在 2020 年如期实现在亚太经合组织中成立自由贸易区的茂物目标。韩国、泰国和中国台湾已经表示有兴趣加入 TPP。

10. 中国也正在进行重要的经济改革并密切关注 TPP 对于中国的意义。与此同时，中国正在就另一个不包括美国的亚洲贸易协定——区域全面经济伙伴关系协定（RCEP）——与东南亚国家联盟国家以及日本、韩国、澳大利亚、新西兰和印度进行谈判。成功的 TPP 将影响 RCEP，特别是那些既参与 RCEP 又参与 TPP 的国家——日本、澳大利亚和新西兰——将用 TPP 的原则来指导 RCEP 的发展。这将增加在 TPP 和 RCEP 的基础上建立一个更广泛的亚太协议的可能性，也将避免 RCEP 成为一个专属经济框架。TPP 也会有其他衍生影响：今年结束的 TPP 谈判将指导美国－欧盟跨大西洋贸易与投资伙伴关系协定（TTIP）谈判。它将进一步激励欧盟完成投资伙伴关系的签订，以便欧盟企业以美国作为生产基地进一步进入亚洲市场。TPP 的成功签订及其对 RCEP 和 TTIP 的影响将导致更广泛的贸易自由化，并帮助签订 TPP 的国家在新的贸易问题上建立共同点。

11. TPP 将是一项促进美国未来经济的协定，此协定将刺激美国在高端制造业和服务业方面的创新。TPP 也将支持基于规则并符合美国价值观的全球经济体系，加强美国企业在 TPP 市场的竞争力。这样一个体系将确保美国更充分地从全球经济中获取利益，这个机会对于美国来说是十分重要的。目前世界上 95% 的人口居住在美国以外，全球中产阶级消费额预计将从 2009 年的 21 万亿美元增长至 2030 年的 56 万亿美元，大部分增长发生在亚太地区。TPP 还将支持美国实现其在该地区的其他战略目标，TPP 也是美国转向亚洲“再平衡”战略的核心部分。TPP 将巩固美国与 TPP 国家的联盟，比如日本和澳大利亚，并为美国提供机会深化其与越南等新兴战略伙伴的关系。因此，TPP 是一个重要的贸易协定，它将为美国带来更广泛的经济和战略利益，虽然今年的 TPP 谈判可以得出结论，但是要实现这一目标，国会就需要通过 TPA 法案，现在该是国会采取行动的时候了。

编号：20150409A191

从跨太平洋伙伴关系协定到自由贸易

Joshua P. Meltzer*

原文标题：From the Trans – Pacific Partnership to a Free Trade

文章框架：TPP 对中国和美国的意义；美国对 FTAAP 缺乏热情的原因。

观点摘要：

1. 跨太平洋伙伴关系协定（TPP）的谈判是正在进行的最重要的全球贸易谈判。目前正在参与 TPP 谈判的十二个国家是：澳大利亚、文莱、加拿大、智利、日本、马来西亚、墨西哥、新西兰、秘鲁、新加坡、美国和越南。加入 TPP 的国家的国内生产总值（GDP）约为 27.7 万亿美元，占全球 GDP 的 40%，其贸易额占世界贸易总额的三分之一。

2. 加入 TPP 后，这些国家每年的收入增长估计超过 1100 亿美元。然而，TPP 可能会给亚洲部分地区带来负面影响，尤其是中国，因为 TPP 的成功实施，其每年的收入预计将减少约 350 亿美元。平行于 TPP 谈判的是东盟、中国、日本、韩国、澳大利亚、新西兰和印度都参与的区域全面经济伙伴关系协定（RCEP），RCEP 估计每年为加入者带来超过 3000 亿美元的收益。除了这两个重要的贸易自由化谈判，亚洲地区还可以从达成更广泛的亚太自由贸易协定（FTAAP）中获得更大的利益。这样的结果可能会为全球增加超过 1.9 万亿美元的收入。

3. 这引出了一个问题：为什么大家现在不追求一个自由贸易区？在去年的北京亚太经合组织峰会上，领导人们重申了他们对 FTAAP 的承诺，并同意制定一个如何实现 FTAAP 的战略研究。但他们也明确表示，亚太自由贸易区应在 TPP 和 RCEP 的基础上建立。

4. 为了理解美国缺乏对 FTAAP 的热情和追求 TPP 的原因，我们应该考虑 TPP

---

* Joshua P. Meltzer，布鲁金斯学会全球经济和发展部的观察员，约翰·霍普金斯大学高等国际研究院的副教授，《政治与法律杂志》的评论家。研究领域是与世界贸易组织（WTO）和自由贸易协定相关的国际贸易法律和政策问题。来源：布鲁金斯学会（美国智库），2015 年 5 月 5 日。

在美国和中国竞争获取进入第三市场中所扮演的角色，以及两国对全球治理安排潜在的不同看法。进入海外市场已经成为美国和中国经济增长的重要推动力。中国正在经历重大的经济挑战，这些挑战包括所有关键产业的产能过剩、供过于求的房地产和过高的政府债务水平。中国正在试图重新平衡其经济，从投资转向消费和服务。中国经济放缓将为中国带来更多的经济压力，迫使其找到更多的海外市场以解决中国产能过剩的问题。

5. 在美国，奥巴马总统强调将出口作为经济增长的主要推动力。事实上，在过去的十年里美国的出口已经成为产值增长最快的部门。奥巴马的出口计划试图在 2010 年至 2015 年之间使美国的出口额增加一倍。在美国和中国公司的竞争中，TPP 将给予美国出口商优先进入亚洲重要市场的机会，随着越来越多的国家加入 TPP，这个机会也将随之增多。美国加入 TPP 的另一个重要目标是确定亚太地区的贸易和投资规则。事实上，奥巴马总统曾说，如果没有 TPP，中国将制定亚洲地区的贸易和投资规则。

6. TPP 将深化已经在世贸组织中制定的规则，如知识产权规则，同样也会制定新规则，用于解决现代经济发展中面临的新问题，如供应链和国有企业问题。这些规则将有助于确保美国的贸易商和投资者拥有一个公平的竞争环境。更重要的是，TPP 将加强政府和市场的联系。一般来说，TPP 反映了美国在致力于发展市场时，政府在经济发展中的作用是有限的。美国政府在市场中所扮演的角色也可以从世界组织中反映出来。然而，TPP 并没有如世贸组织那样对多边主义做出承诺。正在世界上两个最大的经济体——美国与欧盟之间进行的自由贸易协定（FTA）谈判是另一个背离多边主义趋势的例子。

7. 这种在国际贸易中背离多边主义的举措是为了应对中国的崛起，二战结束以来美国首次意识到，中国正在亚洲地区发挥经济领导力并且中美对经济应该如何发展有着潜在的不同观点。确定中国对亚洲看法的一种方法是将中国当前的政治和经济安排作为经济体制和价值观类型的指标，这可以广泛地被定义为对市场的作用，但是政府在管理最重要的经济部门和在政党政治体系中发挥着重要的作用。

8. 如果这是根据中国经济实力推测出来的中国模式和规范的框架，那么 TPP 则反映了美国的不同观点。TPP 对国有企业和津贴制定的规则限制了政府在市场中扮演的角色，TPP 对开放的互联网的承诺支持了数字经济并支撑了信息获取，TPP 认为经济规则应是透明的并对所有利益相关者开放的要求与民主治理是一致的。这些规则将加入 TPP 的国家与美国经济发展和政治安排的适当形式以及政府在市场中的作用绑定在一起。TPP 是美国和中国在亚洲竞争市场准入和领导权的一个重要组成部分。这就是尽管 FTAAP 有着明显的经济效益，但是我们对其并没有过多期待的原因了。

编号：20150505A191

朱迪质疑：TTIP 真的是一个战略问题吗？

Judy Dempsey *

原文标题： Judy Asks：Is TTIP Really a Strategic Issue?

文章框架： TTIP 与 TPP 之间的关系；TTIP 的战略意义。

观点摘要：

1. 卡内基国际经济项目的高级经理尤里·达杜什（Uri Dadush）认为跨大西洋贸易与投资伙伴关系协定（TTIP）是一个战略问题。这是由于欧盟和美国市场对彼此的重要性，以及缔约方组成了战后经济与政治秩序的核心。此外，美国和欧盟的野心会达成一个协议，此协议将通过制定共同规则和标准，远远超出给予传统市场准入机会并深入整合其经济的范围，从而为 21 世纪制定贸易规则。TTIP 不仅带来了一个大的机遇，而且还提出了两个重大挑战和一个巨大风险。第一个挑战是，拥有二十八个国家的联盟组织（欧盟）和联邦制国家（美国）要达成一致规定和标准的巨大复杂性；第二个挑战是，它们必须确保有足够的政治意愿来推动谈判。面临的巨大风险是：TTP 和 TTIP 之所以会获得成功，是因为欧盟、美国和寻求加入这些协议的第三方国家将这些协定看作世贸组织的可替代方案，而这将破坏一个重要机构的存在，并将在发达国家和新兴大国（中国、印度、巴西等）之间产生裂痕。

2. 欧洲国际政治经济研究中心主任弗雷德里克·埃里克森（Fredrix Erixon）也认为 TTIP 是一个战略问题，正如经济政策现在已经是地缘政策的核心组成部分。但是 TTIP 并不是“经济意义上的北大西洋公约组织（NATO）”，并不是针对其他大国的防御计划。世界经济的中心和全球经济的关注已经从大西洋转移至太平洋。相对于 TTIP，美国和亚太地区十一个国家将更多的政治力量投入 TPP 中。这与政治优越性超越经济意义的 TTIP 的实施并不矛盾。一个成功的 TTIP 会在两个合作国家间产生更多的利益，它也是一个可以重振与活跃全球经济合作的倡议。贸易政策一般在

---

* Judy Dempsey，毕业于都柏林圣三一学院，2004 ~ 2011 年，曾任《国际先驱论坛报》德国和东欧的记者；2011 ~ 2013 年，曾任专栏作家；现任卡内基欧洲的临时高级经理和战略欧洲博客的主编。来源：卡内基国际和平基金会（美国智库），2014 年 10 月 8 日。

两种情况下实行：利润和恐惧。在过去的几十年里，太多国家，特别是大型的新兴经济体，都在世贸组织中成功地避免了新自由化，因为它们并不害怕做出选择。然而，如果全球自由化的替代选项是 TTIP（和 TPP），那么令人沮丧的全球合作的代价对于不妥协的国家来说将会更大。

3. 阿姆斯特丹自由大学欧洲研究组织的成员、《欧洲地缘政治学》高级编辑丹尼尔·菲奥特（Daniel Fiott）认为，所有的贸易都具有战略性。如果欧盟和美国都同意成为合作伙伴，这将符合双方的期望和利益，然后 TTIP 将对世界做出一个重要的战略声明。这样不仅会对跨大西洋经济伙伴关系做出承诺，而且也可能使西方国家在 2008 年的金融危机后恢复信心。TTIP 作为一种贸易伙伴关系，它主要是为了应对中国经济的崛起与抑制美国和欧盟的相对衰落而建立的。在美国和十一个亚太国家之间签订的 TPP 应该被看作是同一个硬币的另一面。TTIP 也可能成为在经济意义上等同于北约的组织。正如跨大西洋联盟成为其成员国的保护伞，TTIP 也可以作为基于规则的资本主义市场的保护伞。双方都需要做出牺牲才能达成协议。TTIP 是具有战略性的，因为它旨在实现其所要达成的目标，但是欧盟和美国首先需要做出一些关键的战略决策以使协议顺利达成。

4. 卡内基国际和平基金会的访问学者斯楠·乌（Sinan Ülgen）认为 TTIP 是一个战略问题主要有以下三个原因。首先，签订此协定不仅是为了振兴跨大西洋经济体的经济实力，而且是为了在经济力量逐渐转移至东方时，还可以维持西方世界设置国际贸易规范的能力。换句话说，TTIP 和由十二个亚太地区的国家签订的 TPP 是为了重塑以西方为核心的国际经济秩序，并阻碍中国经济影响力的增长。其次，TTIP 也是重塑国际经济秩序的一部分，在此秩序中，中国将被视为主要的竞争对手，因此将被这些区域贸易协定排除在外。最后，TTIP 的战略本质同样来源于为使这个倡议成功各方所做出的持续努力。在过去，美国和欧洲之间的自由贸易一直难以实现，因为双方不可能克服所面临的障碍。此时此刻，因为 TTIP，双方都有意愿去克服这些障碍。TTIP 不可能也不允许失败。

编号：20141008A192

高铁争端表明中国与墨西哥经济关系的脆弱

Matt Ferchen *

原文标题： Railway Dispute Shows Weaknesses of China – Mexico Economic Ties

文章框架： 回顾并分析中国与墨西哥关系的发展趋势与竞争态势；分析墨西哥的TPP成员国身份对中墨关系的影响；从外交关系的角度分析两国关系并给中国提出建议。

观点摘要：

1. 墨西哥最近决定取消与中国铁路建设总公司（CRCC）的高铁合同，这是世界上最大的两个新兴经济体之间关系不稳定的最好证明。中国与拉美地区商业与外交关系于十年前开始发展，最初只是为了应对中国对拉美产品的强烈需求。智利的铜、巴西的铁矿石、阿根廷的大豆和委内瑞拉的石油都流向了中国，因此养活了中国的工业和消费者，这些与中国发展关系的都是资源丰富的南美国家。然而作为拉美最主要的国家之一，墨西哥却被这种轰轰烈烈的发展势头所冷落。这是因为，即使是在中国加入WTO之前，中墨两国就已经成为经济上的直接对手，包括生产和对美国出口。不过在那之后，墨西哥在慢慢失去其竞争力，这从墨西哥对中国大量的贸易赤字中就可以看出来。然而，在过去的几年里，这些不平衡状态开始发生改变，部分是因为中国的劳动力成本上升，并且墨西哥的竞争力也在慢慢提升。同时，在墨西哥总统恩里克·佩尼亚·涅托（Enrique Peña Nieto）与中国国家主席习近平的领导下，两国步调一致共同努力，中国加大了在墨西哥的投资，包括能源领域。

2. 墨西哥是跨太平洋伙伴关系协定（TPP）的成员国，但中国却不是，那么这将对中墨两国的经济关系产生什么影响呢？在短期内，相比于墨西哥正在进行的经

---

* Matt Ferchen，普吉特海湾大学学士，约翰·霍普金斯大学硕士，美国康奈尔大学博士，卡内基－清华全球政策中心常驻学者，清华大学国际关系学院副教授，讲授中国的政治经济以及中国与拉美的关系的本科课程与研究生课程，主要研究领域为中国城市的非正式经济管理，“中国模式”的发展以及中国与拉丁美洲的政治与经济关系。来源：卡内基国际和平基金会（美国智库），2014年11月17日。

济改革所产生的影响以及墨西哥在太平洋联盟中所发挥的作用来说，TPP 可能对中墨的经济关系影响不那么大。从某种意义上来说，所有这一切都与自 20 世纪 80 年代开始墨西哥承诺的进一步实现国内和区域经济自由化与一体化的进程相符。而中国对墨西哥的制造业投资的兴趣正在上升，比如汽车业，但最重要的关注点还是在墨西哥的能源领域，中国的金融和能源企业希望成为墨西哥能源行业的主要合作伙伴。就中国与墨西哥的关系而言，墨西哥在该集团中的作用将主要是朝着国内和区域开放及一体化的趋势进一步延伸。

3. 从墨西哥与中国外交关系的角度出发，高铁合同的取消无异于是两国关系面临的重大挫折，以及对过去几年中墨关系积极发展势头的重大打击。中国的政府部门和合同涉及的相关企业已经明确表示在整个投标过程中他们没有任何错误。然而，无论究竟是出于什么原因合同被取消，对中国来说都要吸取两个教训：首先，中国的企业，尤其是那些国有企业必须做出更多的努力来保证这样备受瞩目的合同在法律和公共关系方面符合当地法律与人情世故。其次，也是更加困难的，中国对拉丁美洲以及其他发展中国家的外交政策都急于强调基础设施投资与合作双赢，但是在很多地区的局势都非常不稳定的情况下，中国要想双赢就需要对当地的政治局势有更加深入的了解。

编号：20141117A192

亚洲新秩序

Evan A. Feigenbaum *

原文标题： The New Asian Order

文章框架： 亚洲经济形势发生改变和美国应当积极应对的办法；在亚洲新形势下的陈旧观念；陈述亚洲的新兴机构与组织；具体分析亚洲经济发生的变化；美国在亚洲面临的问题；给美国提出的三个问题；为美国应对亚投行提出建议。

观点摘要：

1. 亚洲金融一体化正在成为亚洲政治和经济现实中一个长期保持的特点，并且将对美国在太平洋地区的领导地位构成越来越大的挑战。华盛顿不应该羞于回避这种竞争。美国在战后主宰着全球的金融，这是其在全球独一无二的地位的副产品。然而，面对在太平洋地区日益加剧的竞争美国人不应该如此惊讶。华盛顿不应当回避这种竞争，美国能够，也应该适应并且应对这种竞争，这首先需要美国对亚洲这种改变产生的根源有深入的了解，简单地说，除非美国对它所面对的竞争的来源有一个正确的认识，否则无论是在地缘政治层面还是在商业领域，美国都不能成功。

2. 新亚洲，旧观念。讨论为应对中国的崛起，或者直白地说，中国的“野心”，而建立一个反亚洲的经济体系或者机构已经变成一股潮流，这是一种足够简单并且直截了当的说法。但这只是事情的一部分，事实上，对于当代的亚洲地域主义——在巨大的地域差异之外至少汇集一些地域的愿望，在许多年中不仅中国表达过这样的愿望，整个亚洲国家都有这样的想法。就拿战后的日本来说，东京与美国结成同盟，并具有较强的跨太平洋的身份认知。有些日本人和美国人认为两国应当为应对中国所谓的“新”泛亚洲主义而发起区域性的反制措施。然而，虽然两国在对北京

---

* Evan A. Feigenbaum，密歇根大学历史学学士，斯坦福大学政治学硕士与博士，曾担任负责南亚和中亚事务的副助理国务卿和东亚及太平洋地区国家政策规划及首席责任书记，研究领域主要集中在中国、印度、亚洲的地缘政治以及美国在东亚、中亚和南亚的作用。来源：卡内基国际和平基金会（美国智库），2015 年 2 月 2 日。

意图的判断上有着很深的分歧，但值得注意的是，日本及其官僚政府很早就形成了各种泛亚思想和意识形态，尤其是在货币一体化方面。1997 年，正是日本官员提出了建立亚洲货币基金的想法，这推动了《清迈协议》（区域货币互换协议）的达成，《清迈协议》主要涉及东南亚和东北亚国家之间的双边货币互换。

3. 但是日本并不孤单。1997 ~ 1998 年的金融危机给亚洲许多国家留下了惨痛的后遗症，从印度尼西亚到泰国无一幸免，当时美国的表现被广泛认为是冷漠无情的。对此亚洲开始摸索自己的解决方案，这些方案都将美国排除在外，从而形成了亚洲专属的货币互换协议（如《清迈协议》），亚洲专属的贸易和投资协定以及区域债券基金等。这些想法都建立在现有的概念和框架之上。通常情况下，它们依赖于这一区域主要的多边机构——东南亚国家联盟，简称东盟。区域全面经济伙伴关系协定（RCEP）是华盛顿优先贸易政策——跨太平洋伙伴关系协定（TPP）的最主要竞争者，RCEP 包括东盟所有成员国以及六个亚太地区的大国：澳大利亚、中国、印度、日本、韩国和新西兰，但是没有美国。同样的情况还发生在其他的政策与机构，比如华盛顿很久之后才得以加入的东亚峰会和东盟经济共同体，即便是一直断断续续进行的中日韩三边协议的进程也在金融危机五年之后的 2003 年于巴厘岛召开的泛亚峰会上经过谈判取得了突破。

4. 新亚洲，新游戏。可以很确定地说，如果在 20 世纪 90 年代，美国能够与七国集团中的伙伴共同粉碎这种处于萌芽状态的地域主义，但是，20 世界 90 年代是一个不寻常的时间段。现在新泛亚洲主义带来了更为严峻的挑战，部分是因为时代大背景已经变了。第一，虽然美国在全球经济中仍然居主导地位，但是相对而言，2008 年的这种主导权已经远不如 1998 年时那么有力。1998 年的金融危机带来了动荡的十年。随着 1998 年亚洲金融危机的出现，亚洲地区关于为抵抗西方持续的或未来可能出现的波动的争论愈演愈烈，同时，许多国家都强调要逐渐减少出口，将重点转向国内和区域性的新兴市场。最现实的例子就是中国，中国的固定资产投资和出口导向型的经济增长模式已经精疲力竭了，很明显其他地区也面临同样的情况，比如韩国就一直受到日元贬值和不断波动对其传统出口市场的双重打击。第二，亚洲与世界的经济联系已经发生了戏剧性的变化，在过去的几十年里，七国集团为打开亚洲的大门铺好了道路，现在已经完全进入亚洲市场，这也使许多西方经济体正在不断增加对亚洲市场的依赖。因此，现如今亚洲国家的身份更多的是商人，他们是建设者、贷款人、投资者，甚至在某些地区是增长引擎。为了证明这种情况的真实性，我们可以以美国为例子：自 20 世纪 60 年代以来，美国对亚洲商品的需求推动了其出口导向型行业的发展，从日本和韩国的电子产品到泰国的橡胶再到越南的纺织品，美国都有很多需求。但是亚洲国家已经成为美国所有产品的主要消费者，包括玉米和大豆（作为动物饲料）、猪肉（供人食用）和天然气（供给发电厂）。第三，亚洲现在是资本来源地，而不仅仅是一个资本接受者。由资本来源地形成的金融市场正在汇集，并且越来越多的亚洲国家不仅正在购买亚洲公司的股份，而且还在购买包括美国和欧洲企业的股份。这些购买股份的国家，比如中国、韩国和日本，其资本在整个亚洲流动。跨海峡金融交易主要发生在印度，并且印度的企业资金也在寻找海外的机会。拿哈萨克斯坦来说，它是由北京主导的亚洲基础设施投资银行（AIIB）的创始成员国，该国的金融精英们很早就将目光投向了伦敦，并且指出要在西方寻找筹集资金的市场。但是哈萨克斯坦中央银行前任行长格里高里·马尔琴科曾直言不讳地说："哈萨克斯坦的金融和工业利益正在通过打开东方市场而变得多样化，因为东方才是资本来源地。"第四，亚洲的新兴力量——印度和中国是较少受到西方体系影响的国家。在 2000 年，中国名义上的 GDP 是 1.2 万亿美元，到 2014 年，这个数字增至 10 万亿美元，2000 年印度的 GDP 是 4630 亿美元，在 2013 年这个数字突破了 2 万亿美元，这些国家的经济十多年增长了数倍，这并不令人惊讶。北京为建立这一新的机构付出了很多努力，新德里也加入了亚投行成为创始成员国，甚至是在印度对中国的不断崛起怀着十分矛盾复杂的心情的情况下，印度也选择为金砖国家峰会提供大量资金、借贷以及应急储备等实质性支持。中国也双管齐下地对新老机构进行支持，比如，在 2014 年建立了 410 亿美元的金砖国家应急基金和 2012 年给国际货币基金组织 430 亿美元的资金补充。第五，中国的外交政策和经济政策正在以前所未有的方式合二为一。中国 4 万亿美元的外汇储备已经远远超过了印度、韩国和泰国的 GDP 总和，中国充足的资本已经成为其外交政策的延伸。北京承诺提供（以及花费）数额惊人的资金，并利用国家支持的金融工具来达到其经济和外交的目的。另外，中国也因其总附加值成为世界最大的制造商和最大的"商人"，此外，目前中国还拥有世界最大的十个港口中的七个。但是北京的吸引力不只在于其充足的资本。中国被竞争对手所包围，其经常用"受害人"来形容自己所处的战略地理位置，但是中国却从这种地理位置中收获了重要的经济利益：中国周边的邻国要么资金匮乏（中亚和南亚国家），要么资金充足但其需求超出了布雷顿森机构和私人贷款者的能力范围（到 2020 年东南地区对基础设施的总需求会达到 1 万亿美元）。因此，北京就可以在亚洲做一些美国已经在全世界做过的事情，换句话说，其终极手段就是成为放款人。同时，人民币在贸易结算中使用率的日益增加也证明了这是一个为北京的利益服务的金融架构的补充手段。

5. 华盛顿将何去何从？美国与太平洋地区有悠久的往来历史、深厚的联系以及重要的战略和经济利益，但是现在华盛顿必须面对 2008 年之后出现的“泛亚洲主义”。华盛顿面临的第一个问题就是其不能简单地拒绝每一个自己无法掌控的泛亚洲思潮，但可以对其被排除在一些对话、协定和活动中表示愤怒。事实上，在过去二十年里亚洲内部不断增加的专属协定和机构得到了不少亚洲国家的支持，甚至包括对中国的崛起怀有复杂矛盾感情的国家以及美国的盟友与伙伴国家。因此，采用单纯拒绝的方式几乎可以确定会产生适得其反的效果。如果华盛顿一直虚伪地行事，那么就会产生风险，比如，它可以加入北美自由贸易协定或寻求建立美洲自由贸易区，但与此同时却不允许亚洲国家加入它们自己区域内的贸易协定。这就是为什么一些泛亚洲主义框架的形成是不可避免的了，无论华盛顿高兴与否，它们都将推动泛亚洲主义的形成，所以美国应该顺应时势——对泛亚洲对话机制的形成表示支持，就像对欧洲的机构表示支持那样。

6. 此外，美国的政策制定者还必须回答三个问题。第一个问题是，美国可以接受哪种泛亚洲组织或者协定，而哪一种将破坏美国的重要利益，这些值得警惕的组织不利于美国的安全、繁荣、市场机遇或者价值。在这里，华盛顿必须明确区分哪种一定会威胁到美国的利益，而哪一种仅仅是看上去会产生威胁。比如，作为非关税贸易壁垒，集团式的贸易协定或者技术标准的使用可以挫败美国建立更开放的经济架构的努力，甚至关闭这扇大门，相反，为桥梁、公路和铁路建设进行融资的泛亚洲基础设施银行本身并不是排他的，因为美国企业也从这些更完善的基础设施当中受益，并且华盛顿也没有提供大规模的项目融资。这些破坏美国重要利益的机构和条约将需要一系列强有力的应对措施，包括反对美国的合作伙伴参与其中并且以互惠原则相要挟，而那些不听劝告的国家，它们付出的代价将会超过它们在合作中得到的收益。无论是哪种情况，华盛顿都需要在战略和战术上保持连贯性，但就目前来说，这些华盛顿都没做到，比如，奥巴马政府在其第一届任期内就说过，美国被排除在一个三句话不离本行的组织——东亚峰会之外，这威胁到了美国的利益。因此，美国鼓励澳大利亚加入，同时敦促其盟国更加自信一些，并最终以独立身份加入东盟峰会。但是，亚投行不仅是一个三句话不离本行的组织，更是一个为基础设施建设进行融资的工具，华盛顿却极力阻止其盟友加入并且自己也对其敬而远之。华盛顿对自己将何去何从并没有一个清晰明确的战略规划。第二个问题是，哪一项泛亚洲理念仅仅是对美国战略方案的补充，而哪一项是旨在取代美国？不可否认这是一个好问题，因为，任何大事都是从微小的开始阶段累积起来的。但是作为一个实际的问题，目前的区域性和全球性的架构将不会一直保持下去，事实上，华盛顿自身就是新兴组织的倡导者，包括亚洲“小多边主义”，又比如与盟国形成三边或四边组织，以及像防扩散安全倡议这样的有价值的新机制。如果现有的架构已经是完美的了，那么就没有理由再进行创新，美国也就没有必要自己推行那些创新例子，对于这个问题，亚洲应急储备基金和亚投行将最有可能仅仅是对现有架构的补充。第三个问题是，华盛顿的无所作为是无济于事的，因此必须采取行动来主动出击，在这里跨太平洋伙伴关系协定（TPP）或许是最明显的例子，如果像区域全面经济伙伴关系协定（RCEP）这样的组织对美国已经产生了实质性威胁的话，那么就更有理由全力支持美国政府推行的 TPP 了，并且越快越好。美国总统奥巴马去年呼吁贸易促进法案（TPA）的落实，他急需通过该法案来推动 TPP 的成功，并且需要政府与国会共同合作。

7. 接下来就是亚投行：华盛顿不愿意加入一个由北京主导的连管理机制都还很模糊的银行机构并不令人惊讶，但是其没有理由不要求成为一个观察员国。如果华盛顿认为亚投行缺乏有效的反腐机制与环境标准，那么试着参与其中并亲自去规范它比置身事外更有意义。华盛顿当然也可以鼓励国际金融机构来帮助这些新兴的泛亚洲机构规范其程序与制度，就像美国支持世界银行与中东新的基金会建立伙伴关系一样。最重要的是，华盛顿需要强化其在亚洲的经济政策，美国的目标不应该仅仅局限于实现其亚洲“再平衡”战略或者“称霸亚洲”战略的细枝末节上，而是应该鼓励在这一地区建立一个双边的、开放的和以市场为基础的经济秩序。依据这个标准，TPP 的落实是非常有必要的，但这并不意味着 TPP 的成功与否决定着美国的目标能否实现。一个更广泛的议程应该包括与中国和印度的双边投资协定，旨在促使美国进入东南亚的基础设施建设领域并发展公私合作伙伴关系，同时也应该签订服务领域和与技术相关的领域的行业协定。在这方面，华盛顿与其盟国，比如日本和韩国可以做得更多。国会则需要更加重视国际金融机构的改革，并且越快越好，否则，连印度这样的伙伴国家也可能会另寻出路，比如印度已经加入了金砖国家组织和亚投行这样的机构。当然，美国将继续是一个太平洋地区的大国，这是一个重要的战略平衡，并且美国所扮演的与安全问题相关的角色在最近几年得到了强化。由于中国的所作所为使其邻国感到了强烈的不安，从日本到印度再到菲律宾，对此都很恐慌。但是，由于亚洲国家之间在贸易、投资和其他公共的经济产品等方面的互相依赖日益加深，这导致华盛顿面临着失去其领导地位的风险。美国从来不惧怕竞争，但是为了捍卫美国的利益，华盛顿就必须适应亚洲不断变化的新形势。

编号：20150202A192

太平洋伙伴关系：加强美印关系

Evan A. Feigenbaum*

原文标题： Pacific Partnership：Strengthening U. S. – India Relations

文章框架： 分析美国和印度目前的关系状态；阐述美印关系的发展历史；分析美印关系转变的原因以及背后的较量。

观点摘要：

1. 美国和印度在亚洲的合作所面临的挑战更多地转变为印度在经济上的选择而不是亚洲地缘战略的发展。从很多方面来看，美国总统奥巴马在 2015 年 1 月对印度的访问都象征着两国关系的成功。过去的十年见证了华盛顿与新德里之间许多产生共鸣的时刻，但是美国总统作为印度共和国日游行的首席客人与印度总理莫迪坐在一起的场景还是第一次出现——这或许预示着美印关系会有新的发展。美国已经不断地在印度身上压赌注，并且也越来越对自信与改革中的印度——一个有利于全球经济增长，推出以市场为基础的经济政策，维护亚洲平衡力量，尤其是在中国日益强大且自信的情况下——产生了更多的兴趣。从这个意义上来说，莫迪积极地出访日本、新加坡和其他美国在太平洋地区的伙伴国家也符合美国的利益，也重新点燃了莫迪在过去半年内推动经济改革的势头：公众对有争议的土地购买法案的支持，即将开始的税制改革将统一印度标准不一的税制，煤炭和采矿法案的通过将扩大私营部门通过拍卖参与进来的机会，增加或取消外国直接投资（FDI）在保险、国防、铁路和其他行业准入的上限也有利于印度经济的发展。

2. 很显然，莫迪在寻求美国的帮助来实现他的经济目标——更快的增长、技术引进、合作生产以及扩大在技术设施建设与制造业领域的 FDI。历届印度政府，包括但不仅限于莫迪都曾为印度崛起成为一个大国而寻求美国的支持，并且美国也承

---

* Evan A. Feigenbaum，密歇根大学历史学学士，斯坦福大学政治学硕士与博士，曾担任负责南亚和中亚事务的国家副助理国务卿和东亚及太平洋地区国家政策规划及首席责任书记，研究领域主要集中在中国、印度、亚洲的地缘政治以及美国在东亚、中亚和南亚的作用。来源：卡内基国际和平基金会（美国智库），2015 年 4 月 29 日。

认印度经济实力以及在亚洲甚至世界范围内的战略地位都在不断增长。但是奥巴马此次访问包含了一个更有趣的事情：两国政府在亚太区域合作问题上单独签署了一份声明，并且在这次访问之后，该声明被大肆宣扬，尤其是美国，甚至将其称为合作的新基础。事实上，强调太平洋地区的重要性并不新鲜，早在2001年11月，美印之间的联合声明就强调过“亚洲的共同目标”。2002年，当时的美国驻印度大使罗伯特·布莱克维尔（Robert Blackwell）发表了一场具有里程碑意义的演讲，在演讲中他明确将亚洲地缘政治的重点定位在加强伙伴关系上，他直截了当地说：“亚洲的和平，有助于亚洲持续繁荣，美印关系的转变将有助于推动该目标的实现。”在20世纪伊始的十年间，推动这种合作的主要杠杆是高科技，是具体的、可用的、有形的东西。双方可以设置明确的标准：技术是否可以被转移，民用核能贸易是否被允许，是否可以采用美国的原子能法案，印度民用和军用核设施是否要分开等。美印合作是多方面的，包括2003年8月成立的国防安全技术对话、导弹防御合作和针对亚洲的军事演习。到2004年，随着“下一步战略伙伴关系”倡议的提出，美印战略关系的扩大主要围绕三个方面：民用核活动、民用空间合作和高科技贸易。这些都集中在技术引进与合作，并且影响了布什政府的其他双边交流。这些发展势头有一些持续到了最近几年，特别是国防技术合作。美国新任国防部部长卡特一直在强调与印度的共同开发和合作生产，并且双方在2012年达成了一个潜在的国防科技与贸易倡议，通过该倡议美国将转让各种技术与武器给印度，并且双方会走向合作生产。

3. 在奥巴马访印期间双方发表的这份有关亚洲问题的共同愿景声明也标志着一个具有挑战性的改变，它将美印之前的有形的可触摸的科技领域的合作转变为不可触摸的、无形的外交领域的合作，其核心是：双方承诺“加强区域对话与投资，推进与这一地区更加强大的第三方国家之间的三方协商，加深区域一体化，加强区域论坛，探索更多的多边合作机会”。好的方面是这种转变可以促使美印关系向更合理的方向发展，经济的快速增长有助于印度大幅度消除与巴基斯坦及其南亚邻国的分歧。印度通过参与金砖国家组织（BRICS）和区域全面经济伙伴关系协定（RCEP）来与亚洲经济体以及一系列现存的亚洲自由贸易与经济组织进行贸易磋商，尤其是与日本和东盟。印度还冲破了南亚战略地理位置的束缚，它已经成为一个亚洲选手，比1947年以来的任何时候都更好地融入了东亚的经济体系，并且已经有了一定的能力来影响亚洲大国之间更广泛的平衡。最核心的挑战是它使这一地区广泛的共同利益更加真实，在这种情况下，外交方面的新重点将考验美印两国协调性的深度与质量，这里有两个原因。首先是经济原因。一方面，华盛顿和新德里都要致力于各自的贸易协定谈判，包括美国主导的跨太平洋伙伴关系协定（TPP）（该协定不包括印度）和以东盟为基础的 RCEP（不包括美国但包括中国）。另一方面，更重要的是两国在合作的同时也会各自采取行动来加强印度与东亚经济的一体化。更加不能忽视的是，东亚的经济支柱依然集中在集成供应和印度明显缺席的供应链方面。随着中国劳动力成本的增加，亚洲制造业的地理环境正在发生改变，但是大部分改变发生在东南亚国家，而不是印度。简单地说，莫迪的“印度制造”倡议旨在抢占区域制造业的份额，但它并不能在没有土地、劳动力和其他便利化改革措施的情况下完成“东进”的战略储备。其次是合作关系，华盛顿和新德里需要找到一种方法与印度在太平洋的第三方合作伙伴——例如与美国的盟国和安全合作伙伴之间的共同发展。事实上，双方的许多共同愿景并不需要双方步调一致。迄今为止，美印日三边关系强调的重点是三边对话机制，但是对于日本与印度的自身利益来说，双方之间的技术合作或许最终会比对话更加重要。东京和新德里都对将双方国防技术作为合作的基础持观望态度，但是在这个问题上的呼声仍然很高：印度已经表示对日本的柴油发电机潜艇很感兴趣，迄今为止，东京也对印度 120 亿美元的全球招标采购潜艇计划有一些兴趣。尽管安倍晋三的大部分兴趣都在扩大日本的国防技术出口方面，但是要实现其出口还需要克服许多障碍，不仅有成本和规模的问题，而且还有与其他供应商竞争的问题。讽刺的是，印度还是由北京主导的亚洲基础设施投资银行（AIIB）的成员国，这一身份可以很好地促使印度与东亚的经济一体化，而这也是华盛顿自称一直在努力寻求的。这是非常讽刺的，因为奥巴马政府非常明确地反对其亚洲伙伴加入亚投行。

编号：20150429A192

我们能看到奥巴马外交政策中最高点吗？

David Rothkopf *

原文标题： Are We About to See the High – Water Mark of Obama's Foreign of Obama's Foreign Policy?

文章框架： 分析奥巴马及其智囊团的战略成果并肯定 TPP 的积极作用；分析美国的左右两派对 TPP 的态度。

观点摘要：

1. 尽管美国总统奥巴马及其国际安全小组在全球危机的重灾区仍旧无所作为，没有战略规划，但是其他领域的国际小组似乎有望取得一系列成功，可以使 2015 年成为奥巴马外交政策实施的成功年。关键的问题将会是在跨太平洋伙伴关系协定（TPP）、贸易促进授权（TPA）和进出口银行等问题上取得的突破与进展能否弥补其他问题带来的挫折与失败，比如"伊斯兰国"组织（ISIS）以及其他来自伊拉克和叙利亚的残暴组织所带来的伤害。周五众议院批准通过的《贸易促进授权法案》将为 TPP 的最终落实扫清障碍，TPP 将会为太平洋与大西洋这两个世界上最大的海洋两岸的各个国家消除贸易壁垒，TPP 国家的总产出占到了全世界总产出的 40%。在未来超过二十年的时间里，TPP 将会是最有影响力的国际贸易协定，也将会是奥巴马应得的一个功劳。

2. 美国政府的一位高级经济官员称："自从医疗改革一役结束之后奥巴马和他的小组成员就开始努力推动这项协定的落实，我从没见过他们这么执着地为一件事努力。"这并不容易。自从 20 世纪 90 年代 TPP 被提出以来，左派和右派都出于不同原因对贸易协定非常排斥（左派认为自由贸易会加大失业率，而右派害怕政府会割让美国的主权或者在气候变化或者移民等热点问题上有隐藏含义的协定达成）。

---

* David Rothkopf，哥伦比亚大学哥伦比亚学院学士，哥伦比亚大学新闻学硕士，曾在克林顿政府担任商务部副部长，主管国际贸易政策的制定，在《纽约时报》《华盛顿邮报》《金融时报》等刊物发表过 150 多篇关于国际主题的文章。来源：卡内基国际和平基金会（美国智库），2015 年 9 月 9 日。

其结果就是各方不得不进行早已不新鲜的讨价还价，白宫也重新动用总统的权力、威望和说服力来勉强拉动投票支持以赢得这场“战争”。总统认为 TPP 将会创造出口导向型的就业机会，并且给中国（非 TPP 成员）释放一个信号——中国将不得不面对国际贸易准则的提升或者是在经济问题上左倾所要承担的风险。在某种程度上，白宫可能有些夸大这两点积极影响的作用，但是在一项新的协定诞生的拉扯过程中这种情况总是不可避免的。尽管如此，该协定加强了世界上这些不断发展的国家之间的经济联系，为出口消除了关键壁垒，并且代表着自 20 世纪 90 年代早期的乌拉圭回合谈判和北美自由贸易协定之后全球贸易体系的重要进步。

编号：20150611A192

美国对跨太平洋贸易的威胁

Jagdish Bhagwati *

原文标题： America's Threat to Trans – Pacific Trade

文章框架： 美国加快 TPP 谈判的进展；公众希望提高 TPP 的透明度；TPP 旨在遏制中国。

观点摘要：

1. 似乎是觉得世界贸易组织（WTO）全球贸易多哈回合谈判的破坏力还不够（最后在日内瓦举行的部长级会议未取得重大进展），美国又愚蠢地加快了其推动跨太平洋伙伴关系协定（TPP）的步伐。在美国总统巴拉克·奥巴马最近访问该地区期间，他与九个亚洲国家宣布将加快 TPP 谈判的进程。

2. 对于那些关心全球贸易体系的人来说，重要的是发生了什么事情。希望这些能引发我所谓的“吸血鬼效应”：如果将那些愿意继续隐藏在黑暗中的东西暴露在阳光下，它就会枯萎而死。TPP 证明了美国工业游说团体、国会和总统混淆公共政策的能力。今天人们普遍是这样理解的：无论是双边还是多边（由两个以上国家但少于全部国家签订的）自由贸易协定（FTAs）都是建立在不公平待遇的基础上。这就是为什么经济学家通常称之为优惠贸易协定（PTAs）。这就是为什么美国政府的公共关系政党组织实际上称之为一个歧视性的多边贸易协定。

3. 原则上，各国是自愿加入 TPP 的。日本和加拿大已经表示他们打算这样做。

---

* Jagdish Bhagwati，孟买西德纳姆学院学士，曾就读于英国剑桥大学圣约翰学院，1956 年取得经济学第二学位，麻省理工大学经济学博士，他是出生于印度的美籍经济学家。在完成博士学位后，他于 1961 年回到印度，首先在印度统计研究所任教；1962 ~ 1968 年成为德里经济学院国际贸易教授；1968 ~ 1968 年，他担任麻省理工学院的经济学教授；他于 2011 年曾担任世界贸易组织全球经济政策顾问；2004 年 5 月，他作为专家参加了哥本哈根共识项目；2006 年，他是联合国贸易和发展会议（UNCTAD）审查小组成员；2010 年年初，他加入了印度尼西亚移民权利研究所成为顾问。目前他是哥伦比亚大学经济学和法学教授，人权观察组织学术委员会（亚洲）和董事会的顾问，同时他也是美国外交关系学会高级研究员。他的研究方向为国际自由贸易。来源：外交关系学会（美国智库），2011 年 12 月 30 日。

但进一步会发现中国并非这一议程的一部分。TPP 也是针对中国做出的政治回应，因此 TPP 的成立是对抗、遏制中国而不是合作。美国已经为优惠贸易协定建立了一个模板，其中包括一些与贸易无关的条款。所以不足为奇的是，TPP 模板包括众多与贸易无关的议程，如劳工标准和限制资本账户控制的使用，其中的许多议程阻止了中国的加入。从一开始，TPP 的开放性就是骗人的。为此，美国与实力较弱的国家进行 TPP 谈判，如越南、新加坡和新西兰，它们很容易被迷惑从而接受这样的条件。只有像日本这样的经济大国才是在“要么接受要么放弃”的基础上加入 TPP 谈判的。

4. 此外，有迹象表明美国现在正试图促进美洲自由贸易区（FTAA）。但其首选的模式是将 FTAA（加拿大、墨西哥和美国）扩大到安第斯国家，并且涵盖了大量与贸易无关的问题。这对于巴西（FTAA 背后的主导力量）来说是无法接受的，FTAA 只关注贸易问题。巴西前总统路易斯·伊纳西奥·卢拉·达席尔瓦，也是巴西最大的工会领导人之一，拒绝将劳工标准纳入贸易条约和机构。因此，美国在南美所做的事情导致这一地区被分为两部分，这同样可能会发生在亚洲。自从美国认识到它选错了地区，它一直试图在亚洲市场赢得一席之地。美国终于可以借 TPP 来达到这一目标，仅仅因为中国已经积极地维护其在南海的领土主张，而且与印度和日本进行面对面的较量。

5. 许多亚洲国家加入 TPP 以应对中国的崛起，维持了美国在该地区的地位。这与东欧国家纷纷加入北约（NATO）和欧盟，以面对苏联解体后俄罗斯造成的威胁（无论是真实的还是想象的）一样。美国对亚洲实行的贸易政策，旨在遏制中国，而且 TPP 有效地将中国排除在外，这归功于美国游说团体强加的与贸易无关的政策。

编号：20111230A193

中国台湾与 TPP

Elizabeth Leader *

原文标题： Guest Post：Taiwan and the TPP：Don’t Count Your Chickens

文章框架： 马英九声称台湾地区打算加入 TPP；美国主导的 TPP 实质上旨在振兴其经济；台湾地区目前不可能加入 TPP 的原因；TPP 谈判中的农业争端问题。

观点摘要：

1. 最近马英九连任台湾地区领导人，全球范围内的媒体都在推测其在第二个任期内的经济政策：他将继续推进与中国大陆的关系，还是会将其注意力转向台湾在太平洋的周边？因此，毫不奇怪，马英九发表声明，表示台湾地区打算加入跨太平洋伙伴关系协定（TPP），这成了媒体关注的热点问题。

2. 由美国主导的跨太平洋伙伴关系协定（TPP）是一个雄心勃勃的倡议，奥巴马政府试图重振美国经济。TPP 以及其与韩国、哥伦比亚和巴拿马签署的贸易协定都表明了美国经济的复苏。TPP 也被解读为美国对抗中国区域霸权的一个战略计划。2012 年 1 月，台湾地区领导人马英九重申了台湾加入 TPP 的意图，并作为其“黄金十年计划”的一部分，以振兴台湾的经济。然而，中国大陆官员说，台湾地区参与 TPP 与北京和台北之间近期签署的经济合作框架协议（ECFA）是互不相容的。中国台湾事务办公室主任王毅对台湾地区记者说：“你确定想加入 TPP 吗?”这被刊登在台湾地区英文版《旺报》的一篇文章中，该文章认同北京方面的经济领导地位，并敦促台湾当局与北京合作，共同促进区域经济一体化，建立一个更大的中国自由贸易区。

3. 台湾地区现在打算加入 TPP 是有待进一步讨论的问题。尽管中国台湾是世界第十九大经济体，但是其根本没有准备好加入 TPP。也许台湾地区加入 TPP 的最大障碍是美国的“牛肉”事件，台湾地区限制对美国肉类产品的进口。台湾目前禁止

---

* Elizabeth Leader，美国外交关系学会研究助理。来源：外交关系学会（美国智库），2012 年 2 月 15 日。

进口检测含有莱克多巴胺（“瘦肉精”的一种）的美国牛肉，莱克多巴胺是饲料添加剂，用于提高牛肉和猪肉的瘦肉含量。国际上对莱克多巴胺会给人类带来的健康风险存在分歧。美国是二十六个宣布莱克多巴胺可供人类安全食用的国家之一。美国在台协会的一份声明表示，目前禁止莱克多巴胺的国家未能提供任何合法的食品安全风险文件，其用来证明禁令合理性的理由也缺乏科学性。尽管最近美国在台协会主席薄瑞光就此与台湾当局进行对话，但据推测，在这个问题上，中国台湾不会让步，除非国际食品法典委员会设置一个有关莱克多巴胺微量化学物质的全球标准。国际食品法典委员会是由联合国粮农组织（FAO）和世界卫生组织（WHO）共同建立，以保障消费者的健康和确保食品贸易公平为宗旨的一个制定国际食品标准的政府间组织。

4. 农业争端因破坏贸易谈判而臭名昭著。最近批准的美韩自由贸易协定已经岌岌可危，韩国的民主统合党承诺如果它在 4 月即将到来的选举中获胜，将废除自由贸易协定。在某种程度上，这个平台是对韩国农业游说团体（虽然小但是影响力大）呼吁的回应，它认为目前的自由贸易协定不符合国家利益。同样，在 TPP 谈判中，农业已成为一个极具争议性的领域。尽管加拿大继续表达其渴望加入 TPP，但是由于其不开放乳制品和家禽市场，这种愿望就会受到来自美国和新西兰的阻碍。日本加入 TPP 面临一系列复杂的问题，例如，其大米等农产品进口关税政策。

5. 和美国的牛肉争端表明中国台湾的保护主义倾向，就目前而言，这可能会阻碍任何有意义的贸易发展。服务和劳动力市场的出口导向型经济在很大程度上依然是不开放的。甚至台湾当局领导人马英九也承认，台湾可能十年后才会签署 TPP。在那之前，有人提出与台湾地区的贸易可能会引起所谓的中美对峙，这一事件可能被夸大了。

编号：20120215A193

肖恩·康奈尔：美韩自由贸易协定给日本与TPP的教训*

原文标题： Sean Connell：Lessons From KORUS for Japan and TPP

文章框架： TPP的十一个成员国就日本加入正在进行的TPP谈判已达成一致；日本首相安倍晋三把TPP作为其经济增长战略的核心要素；日本参与TPP与美韩自由贸易协定的相似之处；美韩自由贸易协定对日本的意义。

观点摘要：

1. 2013年4月22日，跨太平洋伙伴关系协定（TPP）的十一个成员国就日本加入正在进行的TPP谈判达成一致，这是一个重大的突破，推进了创建高标准“21世纪”区域贸易协定目标的达成以及日本振兴经济的进程。随着日本正式加入谈判，TPP成员国的GDP覆盖了全球GDP的40%，增加了其塑造亚太区域经济环境以及全球贸易规则的潜力。

2. 日本首相安倍晋三把TPP作为其经济增长战略的核心要素，以确保日本决策者们一直在努力解决的结构改革问题成为其议程的前沿和中心。当日本首相安倍宣布打算加入TPP时，他对比了其内向倾向的潜在风险（与其他经济开放的国家相比），并把矛头指向韩国以及其与欧盟和美国签订的自由贸易协定。日本做出加入TPP的决定不可能没有考虑到韩国在美韩自由贸易协定中所发挥的作用，以及美韩自由贸易协定所带来的影响。

3. TPP与美韩自由贸易协定之间有不少相似之处。美韩自由贸易协定的经验和教训是值得深思熟虑的，TPP不仅可以促进经济增长，同时也会给日美伙伴关系注入新的动力，就像韩国与美国自由贸易协定为美韩伙伴关系带来的动力一样。首先，TPP的目标建立在严格的规定和保护上，这些内容也包含在美韩自由贸易协定中。事实上，就其范围和规定而言，TPP通常被描述为“KORUS-PLUS”协议。美韩自由贸易协定的24个章节中的几个——覆盖的范畴从服务和知识产权到投资和贸易技术壁垒——可能作为TPP第29章讨论的基础。除了消除高关税的传统挑战之

* 来源：外交关系学会（美国智库），2013年8月13日。

外，这些协定的目标是消除非关税壁垒，促进新的贸易和投资。所采取的措施包括使法规和标准更符合国际惯例，建立一个公平竞争的环境，并加强一些领域的保护，如投资、知识产权和竞争政策等。美韩自由贸易协定成功地展示了解决这些复杂问题的方法，为未来贸易协定设置了标准。因此，美韩自由贸易协定重塑了亚洲贸易谈判模式，并为欧盟和韩国的贸易协定，以及全球其他贸易谈判提供了模板。就日本预计将在 TPP 中做出的承诺来看，美韩自由贸易协定具有指导意义。美韩自由贸易协定和 TPP 都涉及非关税壁垒，以及开放农业和其他受保护的领域。值得注意的是，日本在知识产权、反腐败、环境和劳动保护等多个关键领域都有很严格的规则，并且和美国有许多共同目标，而且日本在 TPP 中提出了许多重要领域的合作。由于长期存在的挑战，美国最初怀疑过韩国准备加入全面的自由贸易协定谈判的目的。在整个谈判中，韩国在农业和其他高度敏感的问题上不断采取大胆举措，以确保美韩自由贸易协定的成功。也有国家对日本准备致力于市场开放的目标持怀疑态度。在与美国的双边协定中，日本致力于解决一些问题，例如汽车、保险以及其他领域的问题，这是一个重要的开端，这代表日本和其他 TPP 伙伴国为了谈判成功需要做出妥协。这样做也会给美国和其他外国投资者发出积极的信号——日本市场对商业开放。此外，需要考虑的是，美国应建立新的意识，使这两个国家意识到双边关系的重要性。虽然各方有时会存在安全和地缘政治方面的分歧，但是美韩签署自由贸易协定的经验为美日双边合作注入了新活力。在双边议程上，美韩自由贸易协定把经济关系放在了前沿和中心地位，美国小企业已经成功将产品出口到韩国，并通过韩国的投资，美国实现了新的就业增长和经济振兴。同样，日本加入 TPP 也可以增强与美国的经济联系。不同于韩国，在美国公众的认知上，日本的经济反映的是过去的经历，而不是现状。

4. 今天，人们很容易忘记就在几年前，由于两国在对朝鲜政策和美国军事事务上存在分歧，华盛顿和首尔都在质疑韩美同盟的未来。美韩自由贸易协定的签署表明，两国应该把注意力放在促进国家联系的事务上，而不应放在分歧问题上，这样的话，两个国家的愿景就会实现。强有力的领导、贸易谈判代表提出的解决方案以及积极的努力都促进了美韩自由贸易协定的成功。因此，日本和美国的决策者应该在一些问题上多加谨慎，尤其是如果他们想通过 TPP 建立新的有利于经济增长的领域的话。

编号：20130813A193

奥巴马处在跨太平洋伙伴关系协定的关键时刻

Edward Alden *

原文标题： Obama's Critical Moment on the Trans - Pacific Partnership (TPP)

文章框架： 美国总统奥巴马想要的是一个“全面的、高标准的区域贸易协定”；与日本达成协议是TPP谈判的关键。

观点摘要：

1. 美国总统巴拉克·奥巴马想从跨太平洋伙伴关系协定（TPP）（奥巴马政府与十一个亚太国家签署的贸易协定）中得到什么？本周，从他对该地区四个国家的访问中，我们可以得到如下问题的答案，即美国该如何扮演自己的角色。

2. 正如美国国家安全顾问苏珊·赖斯（Susan Rice）星期五在新闻发布会上所说的，美国总统巴拉克·奥巴马想要的是一个“全面的、高标准的区域贸易协定”。然而，要实现这个目标是很困难的，而且谈判到了需要做出艰难决定（只有总统才能做出这些决定）的时候了，这一问题迫在眉睫。

3. 与日本达成协议是TPP谈判的关键。日本将是奥巴马访问的第一个国家。美国和日本的经济产量总和占十二个TPP成员国经济总量的80%。美国贸易谈判代表迈克尔·弗罗曼一直不懈努力，试图与日本达成协议，但在谈判中依然存在很大的问题。日本希望将大米、猪肉、牛肉和奶制品等农产品排除在TPP之外，而且日本希望美方取消汽车进口关税：美国对轿车进口实行2.5%的关税，对轻型卡车实行25%的关税。美国还希望日本消除一系列非关税壁垒，从而促进美国制造的轿车和卡车的销售。奥巴马总统面临一些选择。他可以要求日本开放农业市场，或者他可以优先进行有关汽车关税的谈判，要求日本增加对美国车辆的进口，并逐步取消美国关税。奥巴马总统一再表示，未来的贸易协定应该在劳工和环境保护上设置尽可

---

* Edward Alden，不列颠哥伦比亚大学政治科学专业学士，加利福尼亚大学伯克利分校国际关系专业硕士，曾担任2011年美国贸易和投资政策独立课题研究组的项目副主任，美国外交关系委员会（CFR）的高级研究员，专门研究美国经济的竞争力。他获得了诸多学术奖项，其中包括麦克阿瑟基金会研究生奖学金等。来源：外交关系学会（美国智库），2014年4月22日。

能高的标准，在一定程度上保护美国工人免受不公平竞争。但是美国在这两个问题上的谈判是孤立的。奥巴马希望日本可以支持劳工和环境条款，以换取美国软化在农业和汽车领域的要求。就有关汇率操纵问题而言，国会的一些民主党人坚持认为，TPP 必须制定一些措施，防止政府干预外汇市场，以压低本国货币汇率，让出口部门获得竞争优势。奥巴马政府希望日本在这个问题上给予支持，由于日本已经基本放弃了对外汇市场的直接干预，所以美国很可能得到日本的支持。但同时，在其他正在谈判的问题上美国还需要付出很大的代价。如果奥巴马对日本施加太多的压力，那么达成协议是不可能的。

编号：20140422A193

安倍与农业游说团体的拉锯战*

原文标题： Shinzo Abe's Tug – of – War With the Farm Lobby

文章框架： 美日就 TPP 中农产品关税方面未能达成一致；日本的农业改革以及政府与农业团体之间的竞争；美国帮助安倍加强其在国内竞争中的力量并且就 TPP 谈判对其施压。

观点摘要：

1. 上周，日本和美国中止了跨太平洋伙伴关系协定（TPP）部长级谈判，这是由于双方未能就重要问题达成一致，包括取消日本敏感农产品的关税。这次会谈的失败使双方都感到失望，包括日本首相安倍晋三，他长期以来一直支持 TPP，并将 TPP 作为其经济结构改革议程的基本组成部分。

2. 然而，这并不令人感到惊讶。毕竟，由于国内强大的农业游说团体的反对，日本努力开放农业部门一直存在困难。虽然很容易让人认为这是日本领导人屈服于既得利益集团要求的结果，但更重要的是，我们需要注意到这其中有更深层次的原因。日本农业游说团体在日本政治上仍然是一股非常强大的力量（但是它的影响正在减弱），并且在一定程度上预示着农业自由化倾向。日本农业政策由一个互联机构网络控制，处于这个互联机构网中心地位的是执政的自民党和日本农业合作社，它们之间是合作伙伴关系。日本农业合作社为保守的政治家们提供了选票和竞选工作人员，以换取受保护的农业市场。日本农业合作社与农业部、林业部和渔业部（MAFF）也有着密切的联系，并且在农业政策的实施方面作为半官方机构进行运作。自始至终，在向农民提供农业投入方面，日本农业合作社几乎处于垄断地位，而且甚至控制了他们获得的金融服务（通过其强大的银行和保险部门）。虽然任何部门都不可能是万能的，但是这种农业管理体制对政策改革要求的迟钝是众所周知的。不过也应该看到，日本的农业管理体制现在已经得到改善。

3. 或许最重要的是，日本农业本身正在发生改变。在最近的调查中，我们发现日本农村中有越来越多的全职农民正在开发新的农场所有权和管理形式。尽管这种创新

---

* 来源：外交关系学会（美国智库），2014 年 10 月 2 日。

正在面临挥之不去的阻碍，但是农业企业化和农田整合速度正在慢慢加快。一些农民正在寻求这些改变，而另一些农民则正在与当地合作社进行合作。在这两个实例中，这些农民正在对市场信号进行更直接的回应，而且在某种程度上消费者会从中受益。

4. 安倍政府采取了措施加快当地农民和合作社的市场化趋势，这显然是因为其考虑到了农业政权力量的减弱。在安倍政府所采取的措施中就包括放松对建立新的合作社、农田合并、家庭农场的企业化以及私营企业进入农业等领域的监管。更富有戏剧性的是，2013 年年末，安倍政府宣布，“减反”政策将在五年内逐步停止。这并不意味着安倍与农业政权之间的竞争已经结束，正如最近的改革倡议所阐述的，这一竞争远未结束。2014 年 5 月，政府的监管改革委员会（CRR）发表了一份报告，将对日本农业合作社向农民提供的非金融服务进行监督。然而，由森山裕领导的反对改良主义的自民党政客的行动有所推迟，而且政府的立场有所减弱，将日本农业合作社改革推迟到今年秋天。森山裕对 TPP 进行过直言不讳的指责，后来自民党任命其为 TPP 问题工作小组的主席。

5. 安倍政府可能在日本农业合作社改革竞争中处于不利地位，但在农业竞争中取得了重大进展。例如，正如日本农业经济学家所观察到的，日本农业合作社改革不再是禁忌的话题。此外，森山裕不再是顽固的反对改革者。8 月 13 日，据《朝日新闻》报道，森山裕已密切关注安倍在选民中的支持率，并且不愿意采取对其不利的立场。此外，他过分反对现任首相已遭到部分人的指责，此前他也曾反对过前首相小泉纯一郎的邮政改革倡议。最后，重要的是，包括著名的内阁官房长官、安倍内阁成员菅义伟、农林水产大臣西川公也和防卫大臣石破茂都对首相表示了支持，其中石破茂还负责管理国家战略特别区域。

6. 日本农业政治形势已经有所好转，今天，争论的焦点不再是是否进行农业改革，而是何时以及如何进行改革。安倍可能在未来几个月做什么？希望他可以继续推动他的 TPP 议程。正如他在访问美国期间的无数场合中明确陈述的，安倍坚信，该协议是日本经济长期稳健增长和繁荣的关键。但也希望他不要为了 TPP 的成功而以国家的未来为赌注。安倍将继续与那些“抵抗力量”进行小心翼翼的竞争。

7. 在上周谈判失败后，美国贸易官员可能会认输，但是要记住，日本现在农业政策变化的潜力比以往任何时候都要大。美国通过对日本施压以达成 TPP 的谈判目标，可以帮助加强安倍在国内竞争中的力量。

编号：20141002A193

贸易部部长就跨太平洋伙伴关系协定给领导人的报告*

原文标题： Trans - Pacific Partnership Trade Ministers' Report to Leaders

文章框架： 为实现 TPP 各国所做出的努力以及采取的行动；TPP 谈判的进展。

观点摘要：

1. 跨太平洋伙伴关系协定（TPP）十二个谈判参与国的贸易部部长日前在北京亚太经合组织（APEC）会议举行期间进行了会谈，商讨有关谈判进展的相关事项，主要包括建立数字经济贸易、鼓励技术进步和提供药品、确保环境保护和劳工权利。

2. 自一年前的 TPP 领导人会议结束以来，十二个国家的贸易部部长和谈判团队已经取得了显著的进展，实施一个历史性的、雄心勃勃的、全面平衡的、高标准的 TPP 已十分可能。过去的几个月里，我们致力于解决剩下的问题，而且 TPP 谈判进展的步伐已经加快。随着 TPP 谈判进入重要阶段，各参与国部长坚定不移地致力于向前推进谈判，并最终完成此协定的谈判。我们的决心是基于领导人的共同愿景，共同致力于达成能够促进各国改革的协议。此协议可以进一步增加各国之间的贸易和投资，并设置高标准规则，同时解决企业、工人和农民在 21 世纪全球经济中面临的问题。我们也正在努力实现领导人的目标，确保 TPP 可以促进创新、提高竞争力、刺激经济增长和繁荣以及创造就业机会，与此同时，我们也要确保该协议可以使广大民众受益。

3. 各国贸易部部长积极参与谈判，而且已经制订出一项联合工作计划，加速 TPP 谈判的进展，并且就存在的挑战以双方都能接受的结果达成一致。谈判的关键在于确保这一雄心勃勃的计划可以打开我们的市场，包括货物、服务、投资、金融服务以及政府采购，允许业务人员临时入境。我们也正在继续寻求 TPP 文本中遗留问题的解决方案，包括知识产权、国有企业、环境和投资等问题。各参与国部长在减少各国在这些问题上的分歧方面取得了进展，而且各部长的讨论结果将指导未来

* 来源：外交关系学会（美国智库），2014 年 11 月 10 日。

几周谈判小组的工作。然而，敏感并具有挑战性的问题仍然需要继续谈判并得以解决。各国部长将继续制定一项协议，以平衡每个国家的利益，从而可以为民众提供广泛共同利益的目标。

4. 我们已经回顾了 TPP 谈判的进展，这些进展为实现 TPP 的目标奠定了基础。事实上，TPP 与其他贸易协定不同，TPP 可以提高各国在区域经济乃至全球经济中的竞争力。

5. 全面的市场准入。各国贸易部部长和十二个 TPP 谈判小组继续将重点放在实现我们雄心勃勃、高标准的市场准入计划上，并提供全面的、具有商业意义的针对彼此商品市场的免税准入，而且同时解除服务、投资、金融服务、业务人员临时入境以及政府采购等方面的限制。在商品的市场准入问题上，TPP 国家正在努力解决与其他国家的关税问题。TPP 参与国之间的贸易总量已经占全球贸易总量的三分之一，我们正在寻求市场开放，从而为我们的公司、农民、工人和消费者提供更多的机会。许多国家的这一目标都进展得非常顺利，但是对于某些特定的国家来说，它们仍然需要致力于解决特定产品的市场准入问题。我们将重点集中在解决这些产品市场准入的问题上，同时确保其符合领导人为 TPP 设定的目标。每个 TPP 国家都需要实现这样的目标：提供持续的、具有商业意义的市场准入。服务、投资、金融服务、政府采购、业务人员临时入境方面的市场准入方面的谈判仍在继续。各参与国部长都认识到这些地区的市场自由化在促进效率、提高竞争力以及发展经济基础设施建设方面发挥着重要的作用，并且需要确保 TPP 带来的这些好处是可以实现的。在承诺寻求消除投资壁垒问题上，我们也取得了重大进展，而且我们也认识到消除投资壁垒在推动贸易流动以及区域供应链中发挥着重要作用，我们已经同意将贸易流动以及区域供应链与新的、强有力的保护标准结合在一起，以保护政府调节公共利益的能力。自去年以来，TPP 取得的重大进展使 TPP 谈判成功的可能性越来越大，但我们仍然需要解决一些悬而未决的问题，最终完成 TPP 的谈判，并实现领导人设定的目标。

6. 区域协定。自上次 TPP 领导人会议结束以来，我们在促进整体区域贸易方面取得了明显进展，这将使我们之间的贸易实现无缝对接，为我们的工人和企业（无论大小）提供机会，使它们更容易受益于该协议。出口商、进口商和投资商正在寻求贸易的公平性和可预见性，因此通过设置高标准、透明以及平衡整个区域的规则，可以促进 TPP 各国之间的贸易和投资。更为重要的是，十二个 TPP 国家就 TPP 中大多数产品的原产地规则谈判已经取得实质性进展，可以促进并加强 TPP 各国之间的生产和供应链。与此同时，我们已经制订了一个计划来完成剩余的工作，最终完成原产地规则的谈判，从而使供应链无缝对接。为了促进 TPP 成员国之间价值链的发展，我们正在努力就海关、贸易便利化和物流等问题达成协议，这将减少贸易中的繁文缛节，对于企业来说，它们可以更快、更便宜、更容易地将它们的产品推向市场。由于我们也正在努力进行合作并承诺禁止走私和非法转运，所以我们可以确保企业和工人可以从 TPP 中受益。为了进一步促进地区贸易一体化，我们正在就消除非关税壁垒达成一致，关税壁垒是企业进入国外市场面临的主要障碍。同时，我们一直都在慎重地处理健康、安全、环保等问题，以保持我们政府保护公共利益的能力。

7. 新的贸易问题。自上次的贸易协定签署以来，全球经济中出现了新的问题。为了帮助保持 TPP 各参与国未来经济的活力和竞争力，我们正在寻求这些新问题的解决方案，并取得了重大进展。在寻求制定这些问题的规则时，我们都非常谨慎。我们正在就这些新的领域达成协议。由于意识到互联网的经济潜力，更重要的是，过去的几年中，使用互联网的人数越来越多，而且此数量将持续增长，我们正在就这些领域达成协议并制定相应的规则，以促进数字经济的发展，并且在某种程度上使之符合政府合法的公共利益政策，如调整隐私保护政策。我们也正在努力促进各国之间的公平竞争，包括建立相应的规则，以确保国有企业和私营企业能够公平竞争。在 TPP 谈判中，这个开创性的工作将使各国政府更努力地促进经济效率和竞争力。对我们的人民和我们的经济增长以及竞争力来说，创新是至关重要的，为此，我们将努力促进知识产权的平衡，分享创新带来的好处。这是一个最复杂的协议和最具有挑战性的领域，但是在这一问题上，我们也已经取得了实质性进展，促进创新与科技进步，从而使我们所有人受益。我们也努力就这些问题达到适当的平衡，以确保我们的公民可以获得药物，这些都反映了 TPP 经济体的多样性。由于认识到 TPP 国家应该就环境保护做出承诺，我们已经取得了进展并最终制定了一套可执行的环境准则。为了确保贸易带来的好处可以被广泛共享，我们正在就劳动权利问题达成一套可执行的承诺，从而体现国际劳工组织（ILO）的重要劳工权益。

8. 跨领域贸易问题。TPP 的十二个谈判小组正在努力完成跨领域贸易问题的谈判，我们相信这对充分实现领导人为 TPP 设定的目标来说是非常重要的，并且可以使我们的民众从 TPP 的所有条款中获得最大的潜在利益。我们正在就标准和各种监管问题加大工作力度，并且已经在一些方式方法上达成一致，以改善监管制度并鼓励监管一致性，包括采取措施提高监管透明度，以及在更便利的贸易方式上制定监管流程。为了促进经济进一步整合，提高经济竞争力，我们努力加强生产，深化供应链，并确保该协议的条款可以促进就业。由于认识到中小企业在所有 TPP 参与国的经济中发挥的重要作用，我们将确保这些企业可以从该协定中充分获益，在许多国家，中小企业可以提供很多就业机会。为了确保贸易和投资的增加与民众的利益紧密相关，我们承诺将确保透明度以及良好的治理，并加强反腐工作。促进当前以及未来 TPP 国家的发展和能力建设是 TPP 谈判成功的关键，而且我们将确保十二个参与 TPP 的国家都可以从该协定中获益，包括加强区域能力建设，促进各国的发展，增加妇女和低收入个人的就业机会，并鼓励公私伙伴关系。我们继续与已经表示打算在未来加入 TPP 的各经济体建立友好关系。TPP 作为一个潜在的平台，可以扩大该区域其他经济体的参与，而且我们也将加快该协议的谈判进程，并确保 TPP 可以应对未来贸易、投资、技术或其他新出现的问题以及挑战。

9. 下一步计划。鉴于自上次领导人会晤后 TPP 取得了重大进展，并进一步加速了 TPP 谈判的步伐，因此各国贸易部部长承诺将加倍努力完成该协议的谈判。由于不同国家的状况不同，实现一个复杂、雄心勃勃的像 TPP 一样的协议是具有挑战性的。然而，由于意识到 TPP 将有利于各国的经济增长和发展，而且可以提高各国在区域经济乃至全球经济的竞争力，TPP 的十二个成员国将致力于完成谈判，并将其作为优先完成的任务。要做到这一点，我们必须做出妥协，并努力付出行动，最终实现 TPP 的达成。

编号：20141110A193

对拉丁美洲来说TPP意味着什么？*

原文标题： What Does the TPP Mean for Latin America?

文章框架： 拉美国家参与TPP的重要性；TPP没有把哥伦比亚纳入其中的原因；TPP将会促进美国与拉丁美洲国家之间的贸易；墨西哥、秘鲁和智利国内对TPP的有力支持；拉丁美洲国家在贸易谈判中的症结所在；TPP对中国的影响。

观点摘要：

1. 跨太平洋伙伴关系协定（TPP）是由包括美国在内的十二个环太平洋国家提出的贸易协议，主要是在美国总统巴拉克·奥巴马政府的“重返亚洲”战略背景下进行的讨论。三个拉丁美洲国家——墨西哥、秘鲁和智利也参与到谈判中。TPP不会改变这些经济体，但将允许它们以同样的贸易规则进入世界贸易舞台，这些规则适用于美国和其他富裕国家。对于想要从TPP中获利的国家来说，他们将不得不生产增值产品。

2. 拉美国家参与TPP的重要性。TPP是一个重要的贸易协定。墨西哥、秘鲁和智利将成为TPP的成员，TPP成员国的经济规模几乎占世界GDP的40%。这些国家已经决定了它们的前进道路，拥抱全球化和自由贸易协定。它们已经与很多不同的国家签署了贸易协定，而且它们将组成一个相当大的区域集团。加入TPP并不能作为这些国家进行变革的方式，但TPP允许它们以适用于美国和其他富裕国家的贸易规则进入世界贸易舞台，这将可能使出口商获得更多市场。TPP的其他参与国，例如越南（TPP的另一个成员国），也试图提升其出口产品的档次。

3. 哥伦比亚是太平洋联盟（一个横跨智利、哥伦比亚、墨西哥和秘鲁的贸易集团）中唯一一个没有加入TPP谈判的国家。为什么TPP没有把哥伦比亚包括在内呢？在TPP的发展进程中，成员国在最初的谈判中对增加新的成员国持谨慎态度。虽然哥伦比亚已经表示了对加入TPP谈判的兴趣，但是它将不会加入这一轮的谈判，因为新增加一名成员国将意味着在本来就已经很艰难的谈判中增加另一套

* 来源：外交关系学会（美国智库），2015年5月19日。

规则。

4. 通过北美自由贸易协定和双边贸易协定，美国与墨西哥的年度贸易额已经接近 5000 亿美元，与秘鲁的贸易额为 158 亿美元，与智利的贸易额为 283 亿美元。TPP 将会促进这些国家之间的贸易吗？它不会直接促进美国和这些国家之间的贸易。TPP 将巩固并发展现有的区域性供应链以制造产品，通过开拓新的市场、降低关税，进入日本和其他亚太市场。TPP 已经利用北美自由贸易协定的优势为各成员国提供了一个更大的市场。

5. 墨西哥、秘鲁和智利国内对 TPP 的支持有多强大？这些国家对 TPP 的支持力度比美国的要大。对于这些国家来说，他们必须要走经济开放的道路。当然，其国内有些人并不同意，但它们国内存在的政治辩论和美国国内存在的分歧是不一样的。民意调查显示，这些国家的许多公民都相信自由贸易。

6. 在贸易谈判中，拉丁美洲国家所遇到的问题的症结是什么？知识产权是一个问题。加入 TPP 后特定药物的价格是否将会上涨？如果上涨的话一些人会负担不起。令人担忧的是，加大知识产权保护会使一些国家难以生产一些东西，例如，艾滋病仿制药或其他类型的拯救生命的药物。

7. 墨西哥的经济拥有强大的制造业基础，而秘鲁和智利的经济更依赖大宗商品的出口。TPP 如何影响每个国家经济的得失？真正的问题是，在中短期内 TPP 会有怎样的重要性？墨西哥可以充分利用其多样化的生产基地。在太平洋联盟协议中，墨西哥可能获利最多。因为它有着不同于其他国家的经济基础。TPP 可以深化并加强墨西哥与美国经济的合作。如果墨西哥不是 TPP 的一员，它可能很难继续跨界制造汽车和飞机，因为不同的规则可能打破当前的美国 - 墨西哥供应链。不同于南美国家，墨西哥有接近美国和加拿大的地理优势。

8. 近些年来，中国在拉丁美洲的贸易和投资显著增加。一些人认为 TPP 可以制衡中国的影响力，并可能影响中国与这些国家的关系。其实，TPP 并不会影响这些国家与中国的关系。美国总统奥巴马说，中国有一天也可以加入 TPP。参与 TPP 不会阻止拉丁美洲国家与中国的贸易往来。中国从拉美国家购买的大多数是大宗商品，而不是汽车或增值产品，相比之下，拉美国家更愿意卖增值产品。TPP 不应该改变铜、铁矿石、大豆和其他商品在国家间的贸易往来。对于这些产品，TPP 可以打开其他国家和地区的市场。

编号：20150519A193

跨太平洋伙伴关系协定如何迷失了方向？

Andrew Kahn *

原文标题：How the Trans – Pacific Partnership Lost Its Way?

文章框架：TPP 对于发展中国家近乎苛刻的要求；TPP 的起源及目标；美国决定另起炉灶；TPP 引发争议的原因；投资协定的要求；知识产权对发展中国家成员国的限制；美国无意修订这些有争议的条款；东西方中心和经合组织的经济学家对 TPP 所带来收益的评估；原有 P4 的愿景；对美国的建议；TPP 更应该解决的事项。

观点摘要：

1. 本周美国贸易代表的一位代理人在圣地亚哥与智利贸易官员们对 TPP 进行了审议，这是承诺在本年度完成 TPP 这一耗时而且有争议谈判的会议之一。有十一国参与的 TPP 将横跨南北美洲和亚太地区，从 2010 年开始的 15 轮 TPP 谈判已经花费了大量的时间和资源。TPP 旨在实现一个综合的、"最先进" 的贸易协定来基本消除所有的关税，并且要求政府对很多国内政策进行前所未有的监管改革。除了降低关税，成员国还必须同意有力地保护外国投资者，增强对专利持有人的保障，并且限制对国有企业的补贴。这些仅是 TPP 要求中的一部分。不幸的是，美国谈判者感兴趣的主要是坚持实现所谓的 "深度整合"，而这阻碍了谈判的进程并且掩饰了 TPP 的最终目标：实现跨越太平洋的更方便的商品和服务的流通。

2. 尽管当前处于谈判的核心地位，但美国实际上是 TPP 的后来者。该协定的起源可以追溯到跨太平洋战略经济伙伴关系协定（亦被称为 P4），后者由智利、新加坡、新西兰和文莱四国政府签订。其目标有三个方面：首先，同意到 2017 年消除所有的关税以建立一个有着前所未有的市场准入的自由贸易区；其次，第一次在亚太地区和美洲之间建立自由贸易联系；最后，通过允许更多其他的国家坚持这一协议

---

* Andrew Kahn，约翰·霍普斯金大学高级国际研究院博士，华盛顿国际贸易和投资顾问，自由撰稿人，美洲开发银行一体化和贸易部门研究员。来源：全球关系委员会（印度智库），2013 年 2 月 1 日。

从而在两个地区之间创建一个自由贸易扩展的模板。

3. 当2006年关于商品流通的协议生效时，P4成为现实。当P4原有成员国开始谈论投资领域的相关事项时，美国加入了谈判进程。美国官员坚称，与其加入现有的P4框架，还不如推动新的谈判。随后，谈判扩展至澳大利亚、秘鲁、越南、马来西亚、墨西哥和加拿大，并最终成为一个完全不同的协议——TPP。

4. TPP谈判已经引发了各种争议，其中一个原因是谈判有关事项高度保密，谈判人员拒绝向公众公布草案的任何内容。然而，根据泄露的文件以及谈判人员所给出的仅有的信息和评论可以明显地看出，引发争议的另一个主要原因在于美国，它在投资者保护、知识产权和竞争政策等领域的提议限制了发展中国家通常用以调节经济和促进国内企业发展的政策层面的能力及措施的运用。

5. 以美国谈判者提出的投资协议为例，在这些规则之下，成员国必须允许国外投资者“自由且不被延迟”地将资金转入或移出所在国领土，这似乎排除了成员国实行资本控制行为的可能，而这一举措被很多发展中国家成功地运用和实施，尤其是在20世纪90年代的亚洲金融危机爆发之后。该举措一般采取对投资者在确切时期内持有财产的税收或要求进行调整的方式，这样的资本控制使国家可以避免由于资金快速流入或流出而出现金融动荡和货币波动。TPP的投资规则限制了主权国运用资本控制的能力，并且更重要的一点是它允许外国公司对所在国政府采取法律行动，如果他们觉得自己受保护的权利受到了侵犯的话。

6. 知识产权是另一个明显制约发展中国家成员国国内政策的领域。美国的提议是，当一项专利在一个TPP成员国中被授予专利权时，TPP的其他合作伙伴须自动对该项专利授予一定时间的强有力的专利保护。这一所谓的“准入窗口”已经超越了WTO和现有双边协定的要求，并且将限制仿制药的供应，从而在TPP成员国中提高了相应药物的价格。事实证明智利在这一事项上已经很犹豫是否要加入。2012年12月新西兰谈判结束后，智利首席谈判代表罗德里戈·孔特雷拉斯表示各方对知识产权问题非常有争议，并且他会考虑寻求美国这一提议的替代方案。

7. 尽管有时遇到了明确一致的反对，但是美国仍未修订这些有争议领域的相关提案，并且也没有这么做的打算。这不足为奇。到2013年10月他们自定的最后期限时，参与TPP谈判的各方之间仍然存在很大的争议。对投资保护、知识产权以及其他深度整合事项的争议已经掩盖了TPP中对各成员国真正有价值的内容，同时也失去了达成共识的真正机会，尤其是对于已经与TPP各成员国达成双边自由贸易协定的智利而言更为不利。这导致的结果是，由于智利已经在每个TPP成员国中都享有市场准入的优惠政策，因此它从TPP中仅能获得很少的收益。

8. 近期由东西方中心和经合组织的经济学家对 TPP 所做出的分析表明，TPP（不包括墨西哥和加拿大，因为在该研究进行时它们还未加入）将使智利的国内生产总值增加 0.28%，这意味着将增加 6 亿美元的数额，这相对于其他发展中国家而言增长并不明显，如秘鲁增长 1.36%，马来西亚增加 1.43%，而越南则增长 6.37%。但是当包括韩国、日本以及加拿大和墨西哥在内的 TPP 形成时，到 2020 年智利的国民生产总值将增加 3 倍。对于智利和其他成员国而言，迄今为止 TPP 带来的最大的意外收获将取决于一个更广泛的亚太自由贸易协议的形成，即中国和其他东南亚国家加入 TPP 的扩展方案之中。当然这些数据是基于若干假设得出的，可能根本无法实现，因此这些必须被理解成泛指的指标而不是确切的预测。但是，有一项内容是确切的：随着越来越多亚洲国家的加入，智利以及其他 TPP 成员国的收益会成倍增加。

9. 原有 P4 协议最引人注目的不是其初始成员国的经济实力（甚至从某种意义上讲可以完全忽略），而是提供了建立一个覆盖范围更大的亚太自由贸易框架的愿景，并且各国可以很容易地加入其中。同样，TPP 必须能够引入新成员，尤其是亚洲国家可以相对容易地加入，以此来实现其为跨太平洋经济一体化建立一个强有力的机制的愿景。前面提到的那项研究还显示，目前形成的这一集团不足以吸引足够数量的有活力的亚洲经济体的加入，因此也就不能使参与到 TPP 之中的智利获得超过成本的收益。已表示对 TPP 有兴趣的日本的加入肯定会对此问题的解决有所帮助，但是新政府以及即将举行的议会选举使得日本暂时不太可能加入。

10. 通过对深度整合事项做出一些让步，美国不仅能使 TPP 成员资格对于其他亚洲经济体而言更有吸引力，而且可以给当前成员国一次真正的在 2013 年 10 月之前达成目标协议的机会。另外节省出来的时间、精力和政治资本可以用于解决更关键的问题，如放宽原产地规则。原产地规则决定了产品的原产地以及在优惠贸易协定（PTA）下被交易的能力。一般情况下，在优惠贸易协定下，增加的价值或对产品的改造被认为必须在出口国实现，这样做是为了避免转运，即在非 PTA 国家生产的产品被运送到 PTA 国家以获取优惠出口条件的举动将不再行得通。

11. 然而，考虑到达成 TPP 的目的，原产地规则应该是宽松的。换句话说，在这一协定之下，应该允许大量非原产地产品被出口。原因是亚洲的生产模式是高度分散的，尤其是在高科技领域，相关产品在生产过程中会多次被转移，即一件产品需要在多国加工才能完成。因此严格的原产地规则阻碍了 TPP 成员在这些有活力的亚洲生产链上的融合。基于同样的理由，这一协议还应该促进原产地累积，即在优惠关税之下，允许在一个成员国进行加工和增值的产品同样可以在另一个成员国出口。对于智利而言，TPP 价值的大小在于其是否能使智利与亚洲国家更好地融合，该国政府同时考虑参加 TPP 以及包括智利、哥伦比亚、墨西哥和秘鲁在内的太平洋联盟倡议，旨在使智利成为拉丁美洲的贸易和投资枢纽——即成为西半球的新加坡。为了实现这一愿景，TPP 必须足够灵活以吸引更多的亚洲成员参与，并且必须能够适应亚洲动态的、分散的生产链。如果美国仍然坚持深度融合高于一切，那么考虑到政策的灵活性，智利所付出的成本将远远超出其可获得的收益。

编号：20130201A003

美国政府关门，中国获利

Seema Sirohi *

原文标题： U. S. Government Shutdown, China's Gain

文章框架： 美国政府的停摆所造成的影响及其原因；中国的举动；去美国化；美国在国际会议上的缺席；美国外交政策的重点；一些亚洲领导人对 TPP 的陈述和 TPP 面临的困难。

观点摘要：

1. 美国政府停摆以及美国总统奥巴马在亚太经合组织（APEC）会议和东亚峰会上的缺席使中国有很大的外交和政治空间。中国提出“去美国化”的世界秩序可能还为时过早，但是摇摇欲坠的旧秩序对于这一概念却无能为力。美国的损失就是中国的收益，对此没有人会感到惊讶。而美国极端的功能障碍只能使中国的高效显得更加突出。美国政府停摆了 16 天，而这一政治上的痛苦经历凸显了中国有着巨大外交和政治空间来发挥作用，尤其是在亚洲。

2. 美国政府陷入违约纠纷，由于共和党的强硬派拒绝将医保覆盖到穷人以及需要的人，重开政府和提高债务上限的协议只能暂时避免了危机——2014 年 1 月可能会发生另一次停摆，而这一可能将无助于增强国际社会相信美国政府有能力管理其财政秩序的信心。如此一个问题多多的美国如何重返亚洲？这些亚洲国家急切期待着美国的领导，但又因为与中国几十亿美元的贸易交易而渐渐失去了这方面的需求。

3. 北京那些毫不掩饰的社论宣称，现在是时候建立一个“去美国化”的世界了，在这个世界里美元已经变得不再重要，这一卫冕的超级大国制造金融危机的能力也大大削弱。中国宣称美国“作为一个大国没有履行其职责，并将金融危机转嫁到国外，导致整个世界更加混乱”；世界需要的是“一种新的国际储备货币”，从而

---

* Seema Sirohi，堪萨斯大学新闻专业硕士，并且在贾瓦哈拉尔尼赫鲁大学学习社会学。在华盛顿担任高级记者，主要关注外交政策。研究领域为印度 - 美国关系、地缘政治和南北差异以及巴基斯坦和阿富汗事务。来源：全球关系委员会（印度智库），2013 年 10 月 21 日。

使国际体系自身能“永久”地免疫于“美国愈演愈烈的国内动荡”。这一基调是准确无误的，尤其是各国都挣扎于一个经济烂摊子时。

4. 得益于多年来的庞大贸易顺差，中国在美国经济中占有很大的份额——其拥有高达 1.2 万亿美元的美国国债，相当于美国 14.3 万亿国债的 8%，更准确地说，中国是美国票据和债券的第三大持有者，仅次于美国社会保障信托基金和联邦储备。“去美国化”行动可能已经展开，特别是在金融领域。金砖国家（巴西、俄罗斯、印度、中国和南非）彼此之间更多地使用本国货币进行贸易。每年新兴经济体要求布雷顿森林体系进行改革的呼声也越来越响亮。

5. 美国将尽其所能避免在国际货币基金组织和世界银行中的权力被稀释，但是这种状况的发生仅仅是一个时间问题。中国在国际舞台上的信心和外交分量与日俱增，尤其是在美国失去行动能力的时候。美国政府的停摆迫使美国总统奥巴马缺席了在巴厘岛举行的东亚峰会和在文莱举行的亚太经合组织会议，这无异于给了中国国家主席习近平一张免费的通行证，使其有机会沉着并抒情般地宣告，“亚洲是亚洲人的亚洲”，中国在会上的表现是兑现承诺的标志，也是其走向成功的关键环节。奥巴马没有出席这些会议，而习近平与印度尼西亚在会议期间签署了价值 300 亿美元的协议，并且在其议会上发表演讲——他是第一位这样做的外国领导人。

6. 相反，美国的“重返亚洲”战略必须在预算缩减、政府停摆和经济复苏乏力的情况下执行，而奥巴马优先处理国内事务以及处理中东危机的重要性远远超出了其他所有事务。奥巴马外交政策的重点是这样排序的：叙利亚的化学武器，伊朗的核计划，以色列对前两者的担忧，沙特阿拉伯对其失去伊斯兰世界领导地位和对美国中东战略主导地位的担忧。这些都导致美国几乎没有时间顾及“重返亚洲”战略，因为这一项目需要极大的想象力和思维上的敏捷性。

7. 目前，由亚太十二国参与的跨太平洋伙伴关系协定（TPP）（不包括中国）已经陷入了争议和隐秘之中。TPP 是美国应对中国在亚洲不断增长的经济实力的举措，但是一些亚洲领导人表示 TPP 只不过是美国企业的过度扩张的渠道，其超越了贸易的领域，给了企业新的优惠和特权，尤其是在知识产权方面，并且有些规定极大地限制了政府生产仿制药的能力。

8. 美国谈判者历来不能将民众的利益置于那些企业游说团体之上，而这也导致其很难吸引越南和马来西亚等国家加入 TPP。如果必须说的话，东南亚国家更容易屈从于已经成为它们最大贸易伙伴的中国。

编号：20131021A003

印度与 TPP：等待还是加入？

Dan Steinbock *

原文标题： India and the TPP：Wait or Join?

文章框架： 一些人士支持印度加入 TPP；TPP 的起源；美国对 TPP 谈判的主导；美国发起 TPP 的原因；美国贸易代表对 TPP 的评价；贾格迪什·巴格沃蒂对 TPP 的看法；TPP 的严格条件；巴西反对 TPP 的原因；TPP 保密的重要性；TPP 的排外性；对印度的建议以及 TPP 给印度带来的机遇和挑战；目前 TPP 可能带来的后果。

观点摘要：

1. 通过加入跨太平洋伙伴关系协定（TPP），印度是否能够更充分地融入全球经济并且为其贸易注入发展活力？或者这一要求印度做出巨大让步的协定不一定符合印度的利益？这一结果将取决于 TPP 框架本身如何发展。自从美国副总统约瑟夫·拜登于 2013 年 7 月访问印度之后，许多美国人呼吁印度加入 TPP。在捍卫自由贸易协定（FTA）政策的同时，印度商业和工业部部长沙玛最近表示印度必须与世界接轨，其不能在自己周围建立“一座围墙”。从印度在全球贸易中的低比例——2012 年印度贸易额仅占全球贸易总额的 2.1%，不到中国的五分之一——就可以很明显地看出印度与全球经济的相对脱节。

2. 然而，真正的问题不是印度是否必须与世界更多地融合，而是其如何才能够做到这一点。印度是否应该加入 TPP 还是只参与谈判的进程？TPP 起源于 2005 年文莱、智利、新西兰和新加坡之间签订的自由贸易协定，这些合作伙伴将 TPP 当作把他们的狭隘协议变成一个广泛协议的方式，这将涵盖所有的商品和服务。这是一个向其他成员开放的包容性的协议，并且很好地符合了其他的区域协议。

3. 2008 ~ 2009 年全球金融危机发生后，华盛顿事实上主导了一个更大范围的

---

* Dan Steinbock，世界多极化领域国际公认的专家，上海国际问题研究所（中国）和欧盟中心（新加坡）的客座研究员。研究领域为国际商业、国际关系、各发达经济体和大型新兴经济体的投资及风险。来源：全球关系委员会（印度智库），2014 年 2 月 7 日。

TPP 的谈判，其中包括东盟“老虎”（新加坡、马来西亚甚至越南），北美自由贸易协定的国家（美国、加拿大和墨西哥），拉丁美洲国家（智利、秘鲁），大洋洲国家（澳大利亚、新西兰），东亚国家（日本、韩国），但没有中国。TPP 引起了亚洲地区各国的兴趣，甚至中国也显示出最终加入 TPP 的兴趣。

4. 在华盛顿看来，其发起 TPP 的部分原因在于，二十年来美国一直未能参与到亚洲经济迅速增长的过程中。TPP 同样也被一个长期的战略任务所推动，即将美国的军事力量从跨大西洋区域转到跨太平洋区域，以此应对或“遏制”中国的崛起。此外，从美国的角度来看，奥巴马总统承诺将美国的出口增加一倍来振兴美国经济，TPP 成为在中国崛起之时美国确保其地位的避险方式，也成为美国利用外部贸易以在国内市场进行结构性改革的一种工具。其他潜在的成员将 TPP 作为一种打开或者扩大进入有吸引力市场渠道的一种方法。

5. TPP 是处于多级世界的单级倡议。但是如果 TPP 并不主要涉及贸易事务，那么它涉及什么呢？2009 年 12 月，美国贸易代表罗恩·柯克在向美国国会做报告时说，TPP 将会是一个“高标准、有着广泛基础的区域协定”。在实践中，美国谈判代表将一些与贸易无关的事项增加到 TPP 当中，包括劳动力问题、环境法和知识产权。

6. 对这些原则的接受不应该成为其他国家加入 TPP 的一个先决条件，这就是为什么贾格迪什·巴格沃蒂，一位著名的自由贸易经济学家，认为美国的提议是亚太贸易的一个威胁。他说：“如果我想加入一个高尔夫俱乐部，我需要打高尔夫球，但是我不应该必须同其他俱乐部成员去教会唱圣歌。”

7. TPP 包含的条件可能是历史的重演。在北美自由贸易协定（NAFTA）由美国、加拿大和墨西哥签署并于 1994 年 1 月生效之后，华盛顿希望通过美洲自由贸易协定（FTAA）做出与非贸易相关的让步来扩展 NAFTA。然而，巴西总统卢拉，一位受欢迎的公会领袖，拒绝将劳工标准列入贸易条约之中，因为这将把美国的规则和制度强加到整个美洲。考虑到所有这些实际目的，南美洲分裂为两个阵营。

8. 现在一个类似的进程正在亚洲发生。当前的 TPP 没有适应一个日益多极化的世界，其仍是亚太地区的一种自由贸易协定。更突出的一点是，这一协议已经蒙上了保密的阴影，这引起了外界的抗议以及对透明度的呼吁。据美国参议员罗恩·维登表示：“大多数国会议员都被蒙在鼓里，并不知晓 TPP 谈判的实质内容。”

9. 最近维基解密发布的 TPP 草案表明，保密措施的采用是用于掩盖华盛顿与其他国家日益加深的分歧，尤其是美国谈判者对其他国家施加的“巨大压力”，以使它们在一系列项目上采取与美国相同的立场，包括在知识产权、制药和公民自由方面。因此，谈判要想取得圆满成功需要亚洲国家在关键的国家利益上做出重大让步。

10. TPP不是法律上的多边协定，其重点内容可能是基于一系列的双边协定，以适应成员国的分歧。TPP因此会对一些敏感部门实行特例和保护（包括庇护美国农业部），从而排除其他国家（很容易地）加入。例如，如果中国希望在随后加入这一俱乐部，那么它是否能够取得成员资格将取决于美国国会的态度。

11. 很多美国分析人士认为TPP协议将促进印度同美国的贸易发展。印度应该是参与谈判，但是还不要加入。虽然印度的贸易赤字最近一直在下降，但是不允许有任何重大的贸易政策失误，尤其是在经济增速放缓的情况下。

12. 印度加入TPP的谈判不仅具有挑战性，而且需要做出重大的让步。即使新德里获准进入东盟、北美自由贸易区和日本市场，它也不一定会获得一些优惠。另外，印度早期的自贸区经历也没有为其带来正收益，典型的例子就是其与日本和韩国的贸易赤字。TPP将在知识产权、非专利药品、当地的专利要求和服务自由化方面建立发达国家的规则，而这不一定符合印度的利益。

13. 从地缘政治上看，TPP将增强印度应对北京威胁的能力，这使得新德里的地缘战略处境更加微妙，即在政治上寻求与美国更密切的联系，同时承认同中国共同的经济利益。然而，如果新德里出于经济原因寻求成为TPP成员，它需要以渐进的方式参与TPP并且检测最终的TPP模板（可能在奥巴马时代的结束之时形成）。在这种情况下，当印度经济能够从TPP中获取更大的利益时，印度将最终加入其中。

14. 与此同时，区域全面经济伙伴关系协定（RCEP）——由东盟成员以及它们的自贸区伙伴国设立的自由贸易协定——可成为印度加入TPP的补充。在渐进式发展的情况下，TPP可以真正地促进区域经济的一体化。毕竟，TPP最初的理念是包容性的、基于规则的、适用于亚太地区的多边主义，而目前的TPP构想则是基于特例和排外的双边主义，这可能将亚太地区分裂为各自排外的竞争阵营。

编号：20140207A003

亚洲：什么可以超越自由贸易协定

Peter Drysdale *

原文标题： Asia：What Beyond Free Trade Agreements

文章框架： TPP 和 RCEP 对区域一体化的作用；区域一体化的发展；各种自由贸易协定的缺陷；APEC 的重要作用；最适合中国的协定。

观点摘要：

1. 由美国领导的跨太平洋伙伴关系协定（TPP）以及随后的区域全面经济伙伴关系协定（RCEP）是关于区域一体化的主导思维，这些协定的出台旨在利用过去15 年里所协商的众多双边自由贸易协定的价值。然而这些跨区域的自由贸易协定包括提议中的 TPP 仅仅是附带实现亚洲经济一体化潜力的一小步。

2. 亚洲经济已经是高度融合的整体。在全球贸易体制下，亚洲各国经济互相依赖日益增强。更深入的区域经济一体化依然是一个主要目标，但其所包含的不仅仅是更多的大区域贸易协定。在亚洲一体化的下一阶段，如果亚洲各国想要实现综合区域一体化的目标，那么这些国家的政府在进行 TPP 协商的同时，还需要超越单一贸易协商的模式。

3. 该地区要保持稳定的增长率和经济活力需要持续的结构性调整和变化。一个综合性的 RCEP 有望成为 21 世纪管理贸易和其他形式的国际商业模型。之前制定的众多自由贸易协定并没有为这一地区带来显著的贸易增长或者国内改革，多哈回合谈判所遇到的困难和贸易改革的中断使得相关国家将发展重点转向区域贸易举措。虽然这些倡议有助于区域经济和政治合作，但除非能够强化全球经济体系，否则它们是不会成功的。

4. 东亚贸易和投资的快速增长主要是由多边贸易和投资自由化决定的，这是全球供应链在亚洲的深度整合。中国及亚洲其他经济体是这一供应链的组成部分，推动着东亚和全球经济的一体化和发展。正是通过这些贸易链，东南亚和南亚的新兴经济体能够加入全球化进程，并且能够在各自国内实施开放贸易和投资体制的规

---

* Peter Drysdale，东亚论坛编辑。来源：全球关系委员会（印度智库），2014 年 6 月 25 日。

则。亚太经合组织主导了这一进程，并且促进了协调一致的多边一体化，包括中国在加入世界贸易组织（WTO）之前进行的大规模经济自由化改革。亚太经合组织为信息技术协定的建立奠定了基础，这对于建设亚洲供应链非常关键，所有这些都一直是亚洲和跨太平洋经济一体化和多边合作的基础。

5. 直到最近中国仍没有准备好在区域或者全球范围内发挥积极的领导作用，但这种情况正在改变。中国最终需要加入 TPP，但是目前最好的方法是加入 RCEP。

编号：20140625A003

美国的“公平贸易”有多公平?

Seema Sirohi *

原文标题: How Fair is America's“Fair Trade”?

文章框架: 印度工业联合会对 TPP 的评价;国际上一些协会对 TPP 与主权国家关系的看法。

观点摘要:

1. 跨太平洋伙伴关系协定(TPP)对主权国家的权利有影响。印度工业联合会(CII)通过公开征求意见已经提出了一些现实存在的问题,这些问题包括发达国家正努力使发展中国家开放大型市场这一事实,他们尽力改变包括《与贸易有关的知识产权协议》(TRIPS)在内的多边协议,从而使贸易向有利于他们的方向发展。

2. 美国主导了为实现跨太平洋伙伴关系协定而进行的超秘密谈判,在这之中也涵盖了一些发展中国家。在与贸易相关的知识产权体制之下,大国正试图去除发展中国家的发展灵活性。印度工业联合会的文件提到,即使在不利于农民个人消费的情况下,TPP 也将阻止农民保留有专利或受专利保护的可能性。据称,TPP 试图将触犯商业机密的行为定为犯罪。

3. 该文件指出:“印度工业联合会担心的是,随着很多复杂性事项的出现,世界贸易组织创造出来的公平的贸易和商业环境将会被破坏,从而使印度工业受到负面影响。”TPP 可能歪曲现有的多边协议,美国国务院的官员甚至吹嘘说,没有加入 TPP 或者其他西方主导的协议集团的国家将在游戏中“掉队”。

4. 经过与 25 个国家的学者协商之后,德国马克斯·普朗克科学促进协会于 2014 年 4 月 15 日发布了一项声明,表示主权国有权决定专利的参数和申请范围,并且有权决定何时授予与贸易相关的知识产权的强制决定许可证。该协会还表示,美国产业界律师的要求是对该协议的误读。

---

* Seema Sirohi,堪萨斯大学新闻专业硕士,并且在贾瓦哈拉尔尼赫鲁大学学习社会学。在华盛顿担任高级记者,主要关注外交政策。研究领域为印度 - 美国关系、地缘政治和南北差异以及巴基斯坦和阿富汗事务。来源:全球关系委员会(印度智库),2014 年 11 月 11 日。

5. 在全球范围内受尊重的无国界医生组织表示，印度在提供可支付的药品方面起到了“至关重要的”作用。由于仿制药的出现，即使美元进一步贬值，艾滋病药物的成本与2001年相比下降了96%，并且在2014年有1200万人可以接受治疗，其中很多人参加了美国资助的全球健康项目。

编号：20141111A003

TPP 与 RCEP：兔子与乌龟？

David Nellor *

原文标题： TPP and RCEP：the Hare and the Tortoise?

文章框架： 对 TPP 和 RCEP 进程的描述；一些观察家对 TPP 的看法；TPP 的缺陷；全球贸易和投资发生的变化；RCEP 的优势；TPP 对发展中国家成员国带来的挑战；TPP 与 RCEP 的比较。

观点摘要：

1. 如果美国国会通过了快速建立跨太平洋伙伴关系协定（TPP）的立法，那么根据本周的报道，十二个国家参与的协议谈判会很快结束。与此同时，由十个东盟国家、澳大利亚、中国、印度、日本、韩国和新西兰参加的区域全面经济伙伴关系协定（RCEP）仍在缓慢推进。虽然这两大区域贸易谈判所带来的利益只有在未来几十年才会很明显地体现出来，但是这可能代表了乌龟与兔子的寓言：缓慢推进的 RCEP——“乌龟”将在比赛中战胜对快速获取利益战略过分自信的 TPP——“兔子”。

2. 美国政府将 TPP 当作一项综合和高质量的区域协定。一些观察人士认为，这可能是达成更广泛协定的催化剂。NAFTA（北美自由贸易协定）与 APEC（亚太经合组织）的建立被视为有助于补充 20 世纪 90 年代陷入僵局的乌拉圭回合谈判。与此相似，TPP 将解决多哈回合或“边境后”的监管事务，从而塑造多边回合谈判的未来。

3. 尽管 TPP 拥有一个雄心勃勃的议程，但是其仍然是基于单边协商的传统贸易协定。TPP 有一个预先制定的议程和完成最终协议的时间表。TPP 模型运用的是“过去时”，当然这一模型是从多边体系发展而来的贸易协定，但是多边主义所带来的经验并不一定会促进 TPP 长期的发展。传统的贸易协定能够使参与国获取收益，

---

* David Nellor，新加坡国立大学李光耀公共政策学院兼职教授，在准备区域全面经济伙伴关系过程中，其担任印度尼西亚贸易部部长的顾问。来源：全球关系委员会（印度智库），2015 年 5 月 20 日。

但这些协定未能抓住全球经济与贸易以及投资的动态特征，而 TPP“同意和实施”的方法忽略了塑造未来贸易和投资的机会。

4. 自从世界贸易组织成员方于 2001 年发起多哈回合贸易谈判以来，全球贸易和投资已经发生了转变。全球价值链对于亚洲的贸易和投资至关重要，南南合作与长期巩固的南北贸易模式变得同等重要。随着主要新兴经济体成为全球经济增长的新极点，全球经济已呈多极化发展趋势。

5. RCEP 是基于一个完全不同的构想——21 世纪的贸易和投资协定需要一个充满活力和不断更新的框架。这一框架不仅需要应对当前货物与服务贸易的议程，而且随着时间的推移，它还必须能够解决不可避免的、尚未定义的贸易和投资问题，最近的例子就是国家在数据存储和本地分析方面的有关法规的制定以及阻碍数据跨境流动所面临的法律障碍。当这些问题出现时，RCEP 将确保成员国能够解决这些问题，并且该协议将与世界贸易组织的原则保持一致。

6. 尽管 TPP 可能提供更深入的长期整合，但目前尚不明确其是否为亚洲经济体提供了长期的发展道路——这一争论适用于那些处于 TPP 谈判以及未参与这一谈判的国家。TPP 不承认发展中国家面临的挑战，而这将持续成为未参加 TPP 的那些国家的担忧。TPP 提供了一个二元选择——这些国家要么达到 TPP 的高标准，要么达不到。与此相反，RCEP 明确研究了各成员国的建设能力并确定了分阶段的调整计划，同时认识到东盟内部及其伙伴在不同发展阶段的显著多样性。

7. TPP 同样为新兴市场成员带来了挑战。由于超越了传统意义上的贸易自由化议程，TPP 可能引发紧张局势从而可能不利于贸易的进一步发展。例如在知识产权领域，技术转让对于这些参与国的发展具有决定性的作用，而严格的知识产权规则符合美国的利益，这将阻碍而不是支持参与国之间贸易的发展。

8. “边境后”的监管事务更多地塑造了全球贸易关系，并且也成为紧张局势的潜在根源。TPP 议程的主题包括劳工和环境，并且对这些事务完全一致的要求不允许参与国存在国家优先事项和发展差异。各国可能有分享劳工和环境标准的愿景，但是这并不意味着这些事项的标准和国家方针是共享的。

9. 同 RCEP 的区域范围相比，尽管 TPP 可能看似提供了更深入的前期整合，但是 RCEP 的设计反映了一个理想的全球或者多边体系的最佳实践方法。是 RCEP 而不是 TPP 有望成为以规则为基础的全球框架新模型。

编号：20150520A003

TPP“水域”的深浅

Abhirup Bhunia*

原文标题： Navigating the TPP Waters

文章框架： 印度需试探 TPP；TPP 的影响；印度需认真考虑 TPP 成员资格；印度所面临的大环境；印度的缺席可能造成的后果；远离 TPP 会造成印度经济方面的损失；地缘政治的影响；印度进行国内改革面临的众多困难；对印度的建议。

观点摘要：

1. 为了避免可能的政治和经济孤立，印度必须巧妙地试探一下跨太平洋伙伴关系协定（TPP）“水域”的深浅。现代贸易中复杂的元素如知识产权保护、跨境投资、生产方面的劳工和环境标准等被普遍认为是“21 世纪的贸易问题”，而美国主导的 TPP 正在全面解决这些问题，这项协定引起了全球范围内各国贸易部门和对外部门的很大反响，尤其是在发展中国家。

2. TPP 是美国同加拿大和其他一些亚太地区国家如澳大利亚、智利、日本、马来西亚、墨西哥、新西兰、秘鲁、新加坡和越南之间的一项贸易协定，旨在消除关税和非关税壁垒，放开投资流动并促进经济增长。美国主导的 TPP 一旦得以实施，将改变世界贸易的发展模式，并且极大增强美国的地缘经济影响力。奥巴马对亚太地区长达一周的访问重新激起了该地区对 TPP 的兴趣。虽然这次访问没有取得重要的成果，但是印度缺乏对 TPP 的讨论却令人感到奇怪，因为 TPP 将从多方面影响印度。

3. 据称中国仍然未加入 TPP 谈判，但印度在选择退出 TPP 之前应该再三考虑。TPP 不仅拥有公平和先进的运行方式，而且还是一个巨大的集团，并且将同时产生地缘经济（当然也包括纯经济方面）的意义。如果逆这一潮流而行，印度肯定抓不住重点。一旦印度成为 TPP 谈判中积极的一员，那么它将有机会抓住时代发展的

---

* Abhirup Bhunia，英国苏塞克斯大学国际政治经济学硕士，目前是新德里经济增长研究所研究分析师。来源：塔克西拉研究会（印度智库），2014 年 5 月 15 日。

重点。

4. 印度承担不起加入 TPP 的代价也是有其确定原因的。巴厘回合的谈判未能向国际贸易多边体系注入新的活力，世界贸易组织（WTO）仍然面临着被 TPP 这样的超国家组织替代的风险。印度是区域全面经济伙伴关系协定（RCEP，另一个涉及亚太国家的超大型自贸区）的成员，因此不加入 TPP 将有助于减少 TPP 主要成员尤其是美国所制定的规则对印度产生制约的可能性。然而，在国际监管架构民主化的过程中，如果像印度这样的民主国家拒绝发挥积极作用，那么 TPP 将脱颖而出成为全球贸易事实上的监管机构，这是因为 TPP 是迄今为止涵盖所有复杂贸易事务的最全面的经济协定。至于其是否友好或者是否涉及一些发展方面的问题和担忧，在这之中可以有一个单独的辩论并且目前各方已经呼吁这样做。但是如果远离 TPP，印度将完全不会对 TPP 产生影响，其所做的一切都只能将自己与世界隔离开来。

5. 如果印度远离 TPP，那么这一协定将对印度产生具体的经济方面的影响。考虑到 TPP 成员国之间所做出的巨大让步，印度可能眼睁睁地看着自己丢掉信息科技产业和服务业的国际市场，而这些产业占到了其国民生产总值（GDP）份额的一半还多。在外包服务上，印度已经面临着来自菲律宾、印度尼西亚和马来西亚激烈的竞争，这些国家在 TPP 的帮助之下将在全球服务行业中占有重要地位，有迹象表明菲律宾也将加入 TPP 之中。虽然目前看起来很遥远，但这可能意味着印度将会有更多的麻烦，而且目前马尼拉（菲律宾首都）已经成为印度服务业强劲的竞争对手之一。

6. 印度没有加入 TPP 可能同样意味着外国直接投资将会远离印度而进入那些 TPP 成员国。TPP 同样讨论了各国之间的监管协调，它设想跨国公司将无须应对世界各地不同的法律体系。由于印度的法律系统与全球标准并不一致，对于国际资本而言其可能变得更没有吸引力。考虑到印度庞大的消费市场和不断扩大的中产阶级，它依然是外国投资的优先选择，但是国内法律法规方面的障碍将使其处于一个相对不利的地位。鉴于其基础设施和就业的需求，印度几乎不能放弃潜在外国直接投资的流入。印度通过国家制造业投资区（NMIZs）来振兴和搞活其萎靡不振的制造业的尝试也将受到很大影响，因为 NMIZs 的发展将在很大程度上依赖外国直接投资的流入。例如纺织部门将受到严重打击。作为一个非 TPP 成员国，印度将会在这方面处于一个不利的位置，因为其他加入这一协议的纺织制造国如越南将取得美国市场的优惠待遇。而仅美国市场就占到了印度成品服装出口的 30%，印度纺织部门的发展将面临更大的阻碍。由于印度继续被排斥在 TPP 之外，因此 TPP 对其贸易转移的影响程度依然有待观察。尽管印度同整个东盟组织及许多东盟成员之间分别存在自由贸易协定，但其仍然注定会在一些东盟国家中失去部分市场份额，因为印度将不得不与这些国家争夺国际市场的份额。

7. 此外，TPP 还有地缘政治方面的影响。印度应该错过加入 TPP（其 GDP 总和占到全球 GDP 的 40%，其贸易额超过全球贸易总额的三分之一）这样大的国际平台的机会吗？答案显然是否定的。TPP 的地缘政治意图是众所周知的。美国副总统拜登关于 TPP 的陈述是：高标准的 TPP 将“进入全球体系的血液之中”。因此，美国打算控制 21 世纪贸易的最前沿的意图是毫不含糊的。印度作为一个新兴国家以及金砖国家和二十国集团的成员，其应该在 TPP 平台中发出自己的声音，如果其希望成为未来全球经济治理的关键国家的话。

8. 美国官方已正式表示其有兴趣将印度引入 TPP 谈判之中，但是印度看起来不是特别感兴趣或者没有能力加入这一协定，因为这需要印度进行影响深远的国内改革，而美国无力提供 TPP 严格要求的有关政策、管理、环境和劳工方面的让步。同时，由于 TPP 是一个涉及各领域之间关税削减的高层次的自由贸易协定，而且成员国在政策灵活性方面没有较大的调整余地，因此印度将很难对农业尤其是相关商品做出关税削减。达到 TPP 严格的质量标准对于印度出口商而言同样也是一个非常艰巨的任务。

9. 显然印度在经济往来方面要解决一些问题，但是远离 TPP 也不是一个办法。为了避免可能产生的政治和商业孤立，印度必须巧妙地试探 TPP 这一“水域”。虽然 TPP 的进展相当缓慢，但美国官员表示 TPP 谈判正在接近尾声。即使同众多的利益相关者建立共识将是一个痛苦的过程，但是印度的加入将会使已有 10 年历史的 TPP 传奇进入一个新篇章。

编号：20140515A009

RCEP 和 TPP 的地缘政治：对印度的意义

Brig Vinod Anand*

原文标题：Geopolitics of RCEP and TPP：Implications for India

文章框架：对 RCEP 和 TPP 的介绍；对各自政策的陈述；地缘政治的影响；TPP 对东盟及其伙伴国的影响；TPP 对美国的意义；RCEP 和 TPP 与印度。

观点摘要：

1. 区域全面经济伙伴关系协定（RCEP）是“东盟 +6”国家（包括东盟十国以及中国、日本、韩国、澳大利亚、新西兰和印度）提出来的。东盟已经与上述六大经济体达成了多种类型和层次的自由贸易协定，而 RCEP 的目的是将所有这些协定融合为一个综合性的自由贸易协定，这的确是一项艰巨的任务。跨太平洋伙伴关系协定（TPP）是一个拟议的区域自由贸易协定（FTA），包括澳大利亚、文莱、加拿大、智利、日本、马来西亚、墨西哥、新西兰、秘鲁、新加坡、美国和越南。RCEP 被认为是由中国主导的协定（尽管其核心是东盟），TPP 被认为是由美国推动的议程，除了巨大的经济意义外两者还存在地缘战略目标。可以说由于这两个协定都在争取同样的国家加入其中因而有着相似的议程。一些东盟成员国同时也是 TPP 成员，并且在双边层面上与其他很多国家形成了自由贸易网络。

2. 此外，RCEP 对不同层次的国家进行了区别化对待，保护国内企业，并且向东盟最不发达的国家推出优惠的关税和非关税壁垒政策。而 TPP 预计将会制定出极其严格的规则，可能会让发展中国家感到不舒服。RCEP 的一个指导原则是“显著改善现有的‘东盟 +1’自贸区协定，彼此之间进行更广泛和深入的联系，同时认识到参与国各自不同的情况”。而 TPP 提议将贸易、经济和投资事务与劳动法、环境保护和知识产权结合在一起，并且提出了其他一些监管和技术方面的问题以及与 WTO 相关的标准。这意味着 TPP 将实施比 WTO 更严格的规则，尤其是在与劳工和环境有关的事务方面。TPP 在贸易和商业方面同绝大多数“东盟 +6”国家的利益

---

* Brig Vinod Anand，维韦卡南达国际基金会高级研究员。来源：维韦卡南达国际基金会（印度智库），2013 年 9 月 10 日。

并不一致。

3. 虽然在推进 RCEP 的过程中仍然涉及地缘政治，但中国仅仅热衷于建立包括东盟、日本和韩国（“东盟+3”）在内的协议，需要注意的是，印度、澳大利亚和新西兰不在其中。日本则说服中国形成基于“东盟+6”的多边组织协议。此外，这不是美国和中国为各自主导的自由贸易协定争夺成员国的政治竞争，相反这是实体经济学，即一国可以加入两个协定中的一个或者两个都加入，而且已经有一些国家这样做了。然而，随着新加坡、越南、文莱、马来西亚、日本、澳大利亚和新西兰纷纷加入 TPP 谈判，决定它们加入 TPP 的政治驱动因素在一定程度上是可以被感知到的。南海和东海的海上争端可能对于一些东盟成员国成为 TPP 成员有一些影响。菲律宾是又一个考虑加入 TPP 谈判的东盟成员国。关于东盟国家加入 TPP 是否会削弱 RCEP 的讨论仍在持续。

4. 然而，来自 TPP 的压力可能对东盟及其伙伴国产生积极的影响，促使它们在“东盟+6”成员国之间找到一个权宜之计以应对彼此之间的贸易和经济差异，并且在 2015 年年底成立东盟经济共同体。TPP 排除了很多国家尤其是最大的区域经济体——中国。虽然在原则上没有阻止中国加入 TPP 的特殊规定，但是其中关于贸易、劳工、环境和资本方面的许多条款都将阻止中国成为成员国。

5. TPP 是美国“重返亚洲”或亚洲“再平衡”战略在经济层面的体现，尽管 TPP 倡议起始于 2005 年，但现在已经成为美国亚太战略的一部分，并且可以被看作是为美国提供了经济、外交和战略等多方面的利益：经济上开放了日益扩大的亚洲市场，刺激美国出口的增长，保护知识产权；外交上将确保美国在这一地区的承诺能够兑现并且参与地区事务；在战略上，维持海上交通线的自由流动，增加这一地区各国的收益，并且与它们共同努力以减少此类贸易的潜在风险或威胁。

6. 尽管印度与东盟达成了商品和服务领域的自由贸易协定（FTA），并且服务方面的 FTA 还有待实施，但目前在印度对 RCEP 和 TPP 的辩论却很少。RCEP 为印度提供了一个很好的机会，使其能够深化与东盟和东盟伙伴国的联系，这将进一步促进其东向政策的实施。而印度对 TPP 的一些条款很排斥，如有关环境和劳工的法律、知识产权的问题，就印度目前的发展水平而言，TPP 将对印度的贸易产生负面影响。

7. 与此同时，美国一直表示印度是其亚太战略的重要组成部分或者是关键部分。在对孟买的访问中，美国副总统拜登间接地邀请印度加入美国主导的 TPP。印度总理曼莫汉·辛格在 2013 年 5 月访问日本后曾表示，印度正在研究加入 TPP 对其的影响。显然，同一些东盟成员国一样，印度也有权选择是否加入 RCEP 或者 TPP。

TPP 将包括全球最大的经济体和其他很多经济迅速增长的国家，有望成为最大的自由贸易区，并将有助于实现包括美国和欧盟在内的跨大西洋贸易与投资伙伴关系协定。自从 TPP 谈判开始以来，一直在观察其发展历程的印度可能加入 TPP，印度更加注重加入这一协定可以获取的经济利益而不是任何无形的战略利益。

编号：20130910A010

安倍的成功连任和日印关系

Harinder Sekhon*

原文标题： Abe's Re - election and India - Japan Relations

文章框架： 印度 - 日本关系的发展；两国在经济、防卫和安全方面的合作；两国在国防装备和技术转让方面的合作；两国未来发展的目标以及面临的挑战；安倍决定加入 TPP 以及日本国内对此决定的反对；双方未来关系的发展。

观点摘要：

1. 安倍晋三在 2014 年 12 月 14 日的选举中取得的决定性胜利很好地预示了印度与日本关系的未来，过去 20 年两国不断回升的双边外交关系对未来的发展有着更重要的意义。日本前首相森喜朗（Yoshiro Mori）和印度前总理瓦杰帕伊（Atal Vajpayee）为两国良好的合作伙伴关系奠定了基础，此外还有很多因素促成了这一局面，这包括中国的崛起造成了亚太地区战略力量平衡的变化，以及两国国内经济面临的挑战促使其各自通过双边和多边贸易安全协定来加强双边经济的依存度。日本已经稳步地成为印度外交政策和经济发展的重要伙伴，并且是印度东向政策的主要支持者之一。总理莫迪和首相安倍之间的示好是众所周知的，并且日本是除了印度的近邻之外莫迪访问的第一个国家。两位领导人的活动和交往足以使两国关系进入一个新时代。关系到两国利益的重要领域包括经济、教育、科技、海上安全、核武器扩散、网络安全和空间合作。

2. 在双方于 9 月发表的联合声明中，两国领导人表示要“开发印度与日本战略和全球伙伴关系的全部潜力，从而继续促进两国人民的进步，并促进亚洲和世界的和平、稳定与繁荣”。他们决定将两国关系提升到特殊战略和全球伙伴关系的高度，并称此为开启印度 - 日本关系新时代的曙光。两国将双边关系定位为经济的共同发展，但考虑到亚洲的安全构架，防卫和安全受到更多的关注。同时，双方有着密切

---

* Harinder Sekhon，维韦卡南达国际基金会高级研究员。来源：维韦卡南达国际基金会（印度智库），2014 年 12 月 23 日。

的国防合作，日本－印度－美国在马拉巴尔群岛举行的三边演习及包括其他国家如新加坡、澳大利亚参与的冲绳岛演习进展顺利。

3. 日本对国防装备和技术的转让政策将会产生一个积极的结果。这符合莫迪提出的“印度制造”政策。两国政府可以通过确定具体领域来联合生产并且制定相关的政策措施。印度和日本可以专门探讨网络安全和海洋合作的问题——印度海军急需现代化而日本则有着造船方面的专门知识。双方联合生产组对 US－2 两栖飞机的制造及对其技术的讨论进入了高级阶段，如果谈判能够达成，则意味着这将成为日本 50 年来的第一个海外军售。

4. 虽然最近印度与日本的双边讨论更多地集中在防卫和安全方面，但莫迪同时也试图从其第四大外来直接投资国——日本寻求进一步投资。印度总理莫迪邀请日本重视与印度在基础设施建设方面的合作，并希望两国在这一关键领域加强合作，但是，这项任务并不容易。莫迪现在必须言行一致地重振印度经济，同时增强自身的防御能力并加强其与志同道合国家的战略伙伴关系，从而促进区域稳定并且阻止以中国为中心的亚洲格局的出现，这很好地契合了安倍晋三的“新民族主义”、以市场为导向的经济模式和新亚洲主义，以及寻求与亚洲民主国家密切联系以创造环环相扣的战略合作伙伴关系网络的努力。作为亚洲第二大和第三大经济体，日本和印度 2013 年的双边贸易额仅为 158 亿美元，这是远远不够的，两国仍需在贸易方面加强合作，尤其是考虑到日本是印度极其重要的外国直接投资者之一。但是在过去的几年中，由于印度经济的衰退和政治层面的政策瘫痪，日本在印度的投资逐渐减少，而日本企业向越南和印度尼西亚等国家的投入更多。

5. 为了应对国内经济的挑战，安倍晋三可能逐渐增加日本富人的私人消费税，以此作为振兴经济的一个措施，并且证明他的政策（安倍经济学）具有可行性。结构性改革的另一个尝试是加入美国主导的跨太平洋伙伴关系协定（TPP），安倍在 2013 年 3 月宣布日本与美国的贸易额占到了 2012 年美国与 TPP 伙伴货物贸易额的 14%，即 1460 亿美元，因此，日本将寻求加入 TPP 谈判。但这一决定遭到了众多日本团体的反对，尤其是农业游说团体。农业部门表示如果消除了进口关税和其他保护性措施，这一重要领域将面临外来竞争的严重打击，而加入 TPP 将会给日本农民带来毁灭性的后果。一些日本医保相关者担忧日本的国民健康保险制度将会受到不利的影响，因为日本公民将被迫购买国外生产的药品和医疗。尽管国内存在种种担忧，但如果日本能够完全融入亚洲多边贸易便利化的渠道中，那么安倍晋三仍然会认为从长远来看加入 TPP 将成为日本的优势。在类似于世界贸易组织（WTO）这样的双边或多边贸易组织中，以及在与美国进行的双边投资贸易谈判中，印度也面临着类似的困境。

6. 将亚洲最重要的两个民主国家的领导人结合在一起的因素有很多，除了共同的经济目标之外，印度和日本都想通过更大的战略合作来寻求有效且和平的战略，以此来应对中国在亚洲不断增强的自信。中国将进一步刺激印度和日本在多方面进行合作，在这种情况下，莫迪表示要建立印度与日本关系的“新篇章”，安倍表示双边关系是“世界上最有潜力的”。双方领导人展示了建立密切合作伙伴关系的政治智慧和战略眼光，双方关系更好地发展将符合两国的共同利益。

编号：20141223A010

TPP 和亚投行：美国和中国对全球经济秩序的愿景*

原文标题： TPP and the Asian Infrastructure Bank：U. S. and Chinese Visions for the Global Economic Order

文章框架： 圆桌会议讨论的要点；TPP 的意义；亚投行的推动力以及别国对其存在的担忧；对 TTIP 的简单介绍。

观点摘要：

1. 在一次圆桌会议中，与会者研究了跨太平洋伙伴关系协定（TPP）和亚洲基础设施投资银行（AIIB）的前景。讨论的要点包括以下几点。美国和中国之间的竞争更多的是有关经济影响力的竞争，而非经济实力的竞争。从全球范围来看，两国存在相互有利的分工，在一些领域中存在共同利益，如在气候变化领域。但两国在区域安全方面存在着很多分歧，如美国在二战以来一直是亚洲安全的“保障者”，但中国正努力恢复其区域内地缘政治中心的传统地位。

2. 跨太平洋伙伴关系协定（TPP）

（1）TPP 的出现表明，一个通过区域性协议制定贸易规则的新时代到来了。没有哪一个贸易协议能完全满足全球市场，但是，TPP 将通过更新贸易规范来反映当前的贸易趋势，这一趋势包括供应链的全球化以及数字服务的兴起。

（2）一项调查表明，TPP 的潜在效益非常可观，仅在 2025 年，日本将增加约 1200 亿美元的收入，美国将增加大约 700 亿美元的收入。如果该协定从现有的十二个谈判国扩展到整个亚太地区，它将在 2025 年给全球增加 2 万亿美元的收入。

（3）从美国的角度来看，TPP 的目标不应仅局限于经济规则制定和战略层面，该协议可以促使美国巩固其在亚太地区的利益。虽然美国在该地区的军事存在受到欢迎——甚至受到中国的欢迎（尽管现在可能正在改变），然而这也存在不足之处，即与该地区没有更紧密的经济联系。

（4）日本和美国之间的市场准入协议主要集中在美国汽车工业和日本农业部门，这些挑战在未来几周内可能会浮出水面。

---

* 来源：英国查塔姆研究所（英国智库），2015 年 2 月 6 日。

（5）如果美国和日本可以就这些有争议的问题达成一致，那么谈判会在 2015 年下半年顺利进行。

（6）在国内，美国政府似乎已经就 TPP 谈判协议快速发展的需求达成一致，而且在接下来的几个月，国会可能会批准贸易促进授权（TPA）。TPA 立法应该在未来几周内推出。2015 年年末，TPP 的投票表决可能会得到通过，因为在传统上，自由贸易是受共和党欢迎的领域，政客们担心中国会掌握全球贸易。但与此同时，美国在一些问题上的党派分歧，如移民问题，可能会破坏 TPP 的进程。

（7）对于贸易谈判和建设一个公平竞争的环境来说，TPP 包含的新问题有：国有企业的地位、数字经济、劳动力和环境问题。

3. 亚洲基础设施投资银行（AIIB）

（1）西方控制下的布雷顿森林体系无法阻止中国建立亚洲基础设施投资银行（AIIB）的决定，北京方面希望恢复中国在亚太地区地缘政治的中心地位。美国批准国际货币基金组织（IMF）的改革对维护其信誉仍然有重要的意义。

（2）部分成员和非成员国家对亚投行存在担忧，尤其是在治理（中国持有大约 50% 的资本，而且它承诺亚投行所有成员国享有公平的权利）和操作（如是否有良好的贷款业务、环境标准以及公开采购）方面。然而，亚投行的整体影响可能是积极的，因为该区域对基础设施投资有着相当大的需求。中国建立亚投行似乎就是在解决这些问题，而且符合全球治理的规范。澳大利亚和韩国加入亚投行将进一步促进亚投行的发展。

（3）美国对亚投行的建立持反对态度。然而，华盛顿和北京之间的共识正在逐渐增加，而且现在美国与中国已接受了亚太自由贸易区的想法。

4. 美国政府高度关注 TPP，而且美国 2016 年总统选举的方式意味着跨大西洋贸易与投资伙伴关系协定（TTIP）在 2018 年之前不大可能形成。推进 TTIP 比 TPP 更难，因为美国和欧洲之间的实质性差异比美国和日本之间的差异大得多。TTIP 获得通过的条件是两个经济体的规模必须一样大，两者必须有合作的经历、相同的政策立场以及相近的全球重大影响力。在对这一协定的政治和社会影响的担忧中，TTIP 也成为反欧盟、反美和反全球化情绪的目标。

编号：20150206A197

美国、加拿大和亚太安全

Amitav Acharya *

原文标题： United States, Canada and Asia – Pacific Security

文章框架： 加拿大声明加入 TPP 将为加拿大在亚太多边主义的活动中注入新的活力；加拿大应努力确保其加入东亚峰会，以补充其在跨太平洋伙伴关系协定（TPP）中的利益。

观点摘要：

1. 加拿大总理史蒂芬·哈珀在于火奴鲁鲁举办的亚太经济组织（APEC）峰会上声明，加拿大将加入跨太平洋伙伴关系协定（TPP），从而为加拿大在亚太多边主义的活动中注入新的活力。TPP 是太平洋地区由美国支持的一个相对较新的多边贸易论坛。然而，当亚太地区的主要领导人携手参加于 2011 年 11 月 19 日在印度尼西亚巴厘岛举办的亚太地区最新的区域组织峰会——东亚峰会（EAS）时，加拿大将是亚太地区二十国集团中（除了墨西哥）唯一一个没有参加此次会议的成员国。而且，哈珀总理缺席巴厘峰会也没有被注意。

2. 加拿大的困境与美国在亚太地区组织参与活动积极性的逐渐增长形成鲜明对比。在 2010 年的东亚峰会上，美国国务卿希拉里·克林顿表示，美国将把东亚峰会作为“该地区基本的安全和政治机构”。美国还参与了东盟区域论坛，1994 年以来，此论坛成为该地区的主要安全对话论坛，以及在 2010 年成立的东盟国防部部长会议中，各参与国讨论了国家战略态势和发展方式以应对共同威胁。加拿大被东亚峰会和东盟国防部部长会议排除在外。

3. 在区域性多边合作中，渥太华显然落后于亚太地区的其他国家。除了美国之外，其他亚太地区的中等国家，如澳大利亚、韩国、日本、印度尼西亚和印度也增加了它们在此地区的参与程度。没有任何国家将二十国集团的成员身份或其与美国的双边关系作为增强该区域参与的替代品。奥巴马政府对亚太地区各组织的积极参

---

* Amitav Acharya，美利坚大学国际服务学院，国际关系教授，加拿大亚太基金会高级研究员。来源：加拿大亚太基金会（加拿大智库），2011 年 11 月 18 日。

与反映了其想法，即多边主义可以作为压制中国的工具并阻止中国实行具有攻击性的行为。事实表明，自 2010 年以来，美国已使用区域平台来阻止中国在南海的行为。

4. 多边主义措施为加拿大带来了大量好处。羽翼未丰的亚太多边机构能够促使中国和美国同时参与。他们已经在亚太地区创建了多个沟通渠道，汇集了诸多竞争者，如印度、巴基斯坦、朝鲜、韩国、中国、越南、泰国和柬埔寨。这些国家反对两国集团的出现，这将很难触及加拿大的利益，而且亚太多边机构很可能会成为成为二十国集团的基石，加拿大强烈支持这一构想。

5. 虽然一些加拿大人可能会问：当美国与日本、韩国、澳大利亚等国家已经建立了传统的双边关系，以及对区域机构又产生了新兴趣时，加拿大继续参与多边组织，这样能照顾到我们在亚洲的安全利益吗？但是这种方法相当于搭便车，把我们信心放在美国资源和注意力的范围内，美国和加拿大之间的协同合作会确保加拿大在亚洲的安全利益。因此，加拿大应努力确保其加入东亚峰会，以补充其在跨太平洋伙伴关系协定（TPP）中的利益。

编号：20111118A133

加拿大如何在亚洲成为一个重要的角色

Hugh Stephens [*]

原文标题： How Canada Can Become a Significant Player in Asia

文章框架： 加拿大需要全面参与跨太平洋伙伴关系协定（TPP），并探索与东盟达成贸易协定的可能性；加拿大需要扩大和深化其在亚洲地区的活动；“确保加拿大在亚洲地区的地位”的区域架构报告的具体内容。

观点摘要：

1. 近年来，加拿大对于其在亚太地区的地位处于矛盾状态。加拿大可以对亚太地区产生重要影响。除了接收来自亚洲的移民，加拿大与太平洋彼岸的贸易联系和活动也在不断增长，19 世纪 70 年代至 90 年代，加拿大与亚洲地区的活动就已经很成熟了（1997 年，加拿大在温哥华举办了亚太经合组织峰会），但是加拿大在该地区的活动在 21 世纪第一个十年内明显减少。

2. 最近史蒂芬·哈珀总理领导的政府开始实施“重新发现”亚洲计划，至少从贸易的角度来看，今年被邀请加入跨太平洋伙伴关系协定（TPP）贸易谈判在某种程度上促进了加拿大的发展。本月初，在符拉迪沃斯托克召开的亚太经合组织峰会上，加拿大和中国敲定了一项外商投资保护协议，并与中国进行了贸易谈判，加拿大政府甚至重新考虑收购中国国有企业中国海洋石油总公司。

3. 在这种背景下，加拿大亚太基金会刚刚发布了一份题为《确保加拿大在亚洲地区的地位》的区域架构的报告，特别小组成员包括：唐·坎贝尔（Don Campbell），加拿大前外交部副部长、驻日本大使；彼埃尔·洛蒂（Pierre Lortie），庞巴迪公司和其他大型公司的前高管；保罗·伊万斯（Paul Evans），不列颠哥伦比亚大学的亚洲国际关系学教授。他们对加拿大在亚洲地区的活动记录进行了仔细研究，并提出了一些建议。他们指出，尽管加拿大在该地区曾获取过短暂利益，但“比起短暂爆发，我们的强劲对手已经掌握了主动权以及有保持关注、获得资源和维持发

---

* Hugh Stephens，加拿大亚太基金会高级管理员，跨太平洋连接项目的主要负责人。来源：加拿大亚太基金会（加拿大智库），2012 年 9 月 17 日。

展势头的能力”。尽管哈珀政府“重新发现”亚洲的热情是受欢迎的，但该报告指出，仅使用商业政策，加拿大不会成功。“一条腿的（经济）战略将严重阻碍加拿大与其他国家竞争的能力，其他国家已经认识到在该地区实行一个全面和协调一致的战略的重要性。”该报告的作者说，加拿大现在最需要的是在广泛的多边和双边谈判中有更大程度的参与。

4. 基于这一前提，他们将继续审查加拿大目前在区域制度中的参与，并对加强这一参与提出若干建议。所采取的措施包括在早期寻求加入东亚峰会（EAS），此峰会最近承认美国、俄罗斯、日本、韩国、中国、澳大利亚、新西兰和印度为其成员方，以及寻求加入所谓的 ADMM + 8（东盟国防部部长以及 8 位东亚峰会参与国的国防部部长）。报告建议，加拿大应维持其在东盟地区论坛（ARF）中的地位，继续参加香格里拉对话以及积极参与伦敦国际战略研究所（IISS）每年在新加坡主办的安全会议。此报告还建议加拿大申请主办 2017 年亚太经合组织峰会，以在亚太经合组织中扮演更重要的角色。但加拿大已经错过了这条船，目前想要举办亚太经合组织峰会的成员国正在排队，现在看来至少在十年后加拿大才有希望拿到主办权——2013 年，印度尼西亚；2014 年，中国；2015 年，菲律宾；2016 年，秘鲁；2017 年，越南；2018 年，巴布亚新几内亚；2019 年或 2021 年，新西兰或智利；2020 年，马来西亚；2022 年，泰国。

5. 在贸易方面，加拿大希望与日本完成经济伙伴协定的谈判，并希望在最近完成的互补性研究的基础上与中国签订自由贸易协定，加拿大也应完成正在与印度进行的自由贸易协定谈判。除了这个雄心勃勃的议程以外，加拿大还需要全面参与跨太平洋伙伴关系协定（TPP）和探索与东盟达成贸易协定的可能性。

6. 报告提出具体建议，加拿大应将更多的资源投入亚洲地区，改善该地区的基础设施，对亚洲语言的学习投入更多关注，为即将到来的外国直接投资制定一项连贯的且可预测的投资政策。考虑到中国对加拿大资源的兴趣，最后一点尤其重要。

7. 特别小组报告涵盖了更多方面，其中一些方面是新提出的，而有一些不是。这份报告再度强调“重新发现”亚太地区商业方面的价值的重要性，哈珀政府需要采取广泛的战略方针并扩大和深化加拿大在亚洲地区的活动。这份报告毫无疑问应该被渥太华仔细地阅读，并可能在亚洲地区受到欢迎。虽然这可能意味着会加剧加拿大在该地区与其他经济体的竞争，如加剧与澳大利亚的竞争。澳大利亚是一个极具竞争性的国家，它在亚洲地区有很大的影响力，在资源开发和出口方面与亚洲国家紧密合作，同时，它为亚洲地区的学生带来教育机会，对公民社会组织的参与甚至在安全问题上都将为亚洲地区的经济和人民带来了广泛利益。

8. 目前，这仅仅是一份报告。这份报告能否有效实施还取决于经济现实，如加拿大政府能否有效地削减开支，以及能否缓解来自其他地理区域的压力。如果这项研究能够从报告变成现实，那么将对巩固加拿大在亚洲地区的地位具有重要作用。

编号：20120917A133

加拿大承担不起忽视东盟的代价

Hugh Stephens *

原文标题： Canada Can't Afford to Ignore ASEAN

文章框架： 区域全面经济合作伙伴关系协定（RCEP）和跨太平洋伙伴关系协定（TPP）的联系；东盟对加拿大的重要性；加拿大在东盟的直接利益。

观点摘要：

1. 东南亚国家联盟（ASEAN）将于2013年4月24日至25日在文莱举办第22届东盟领导人峰会，加拿大应该对这届峰会给予足够重视。这次会议就东盟安全和经济问题得出的结果和做出的指示可能会明显影响加拿大在该地区“重新发现”计划的实施。

2. 目前，东盟包括处于亚洲核心的十个国家（文莱、柬埔寨、印度尼西亚、老挝、马来西亚、缅甸、菲律宾、新加坡、泰国以及越南），但只是在最近几年里，东盟才成为该地区经济增长的引擎和贸易的枢纽。该组织涵盖了6亿人口，覆盖了不同发展程度的经济体，既包含发达的经济体，如新加坡，也包含新兴经济体，如老挝和缅甸，同时也有混合的但是正逐渐发展的经济体，如印度尼西亚、泰国、越南和马来西亚，而文莱仅拥有40万人口，但因为其丰富的石油资源，已成为世界上最富有的国家之一。这些不同的国家在处理与强大邻国（中国、日本、韩国和印度）之间的政治和经济问题时，目前最希望的方式就是团结合作，并同时加强与美国、其南部的邻居（澳大利亚和新西兰）、俄罗斯甚至是加拿大的联系。

3. 加拿大最近将注意力集中在恢复与东盟的联系上。虽然自1977年以来，加拿大已与东盟达成“对话伙伴”关系，但是1990年之后，加拿大似乎对此失去了兴趣。这种情况正在发生改变。2009年，加拿大派出了第一位驻东盟大使，2010年，双方签订了东南亚友好合作条约，2012年，加拿大外交和国际贸易部部长正式在新加坡成立了一个新的加拿大-东盟商务委员会。

---

* Hugh Stephens，加拿大亚太基金会高级管理员，跨太平洋连接项目的主要负责人。来源：加拿大亚太基金会（加拿大智库），2013年3月18日。

4. 本届东盟峰会需要解决两个特殊的难题：南海安全问题以及经济和贸易问题，中国宣称90%的战略和资源丰富的南海区域都属于中国，并通过登陆小岛和颁布行政法规加强其合法权利。东盟试图作为一个整体来解决该问题，并寻求多边解决方案。尽管加拿大在南海没有直接利益，但这个区域是国际热点，美国也积极介入南海问题。

5. 加拿大很多直接的利益集中于以东盟为中心的经济和贸易问题上。该组织是其与其邻国（中国、日本、韩国、澳大利亚、新西兰和印度）签订的一系列贸易协定的核心。这些双边协定正在成为一个巨大的综合体——区域全面经济合作伙伴关系协定（RCEP）。在东盟，每一个具有“话语权的国家”将就协定内容进行谈判。这些谈判还可以在日本 - 中国、中国 - 韩国以及印度 - 中国等国家之间进行。也就是说，RCEP的广度使其更像是实现亚太自由贸易区（FTAAP）最终目标的奠基石。

6. 尽管RCEP包括十个东盟国家和其他几个国家，但远非全面。这一不足将由跨太平洋伙伴关系协定（TPP）来弥补，加拿大最初被这一正在谈判中的区域贸易集团排除在外。TPP不仅是亚太贸易协定的替代品，而且在开放市场方面，会有更严格的规则。有四个东盟国家没有加入TPP的原因是，它们担心优先获得北美市场准入的国家和没有优先获得北美市场准入的国家间发生分崩离析的情况。但是，如果这四个经济体同时加入RCEP和TPP，那么它们将会在两个轨道间构建桥梁。大家还在进一步讨论这两个协定是互补关系还是竞争关系。现在，这两个协定被认为最终会达成共同目标。令人欣慰的是，加拿大已牢牢地嵌入TPP的进程中。虽然主办东盟峰会看似遥远，但是加拿大必须将此提上议程。

编号：20130318A133

中国之外的亚洲

Ian McDonald*

原文标题： Asia Beyond China

文章框架： 加拿大与日本的经济联系；加拿大与韩国的经济联系；加拿大与印度的经济联系；加拿大与中国的经济联系；加入跨太平洋伙伴关系协定（TPP）对加拿大的影响。

观点摘要：

1. 当这个世界上人口最多的大陆的经济实力正在以令人吃惊的速度增长时，加拿大和亚洲地区的关系变得更加重要。加拿大经常冒着忽略这一大陆其他国家的风险，将亚洲等同于中国。我们确实可以看到加拿大所吹嘘的“转动亚洲轴心”这一说法偏向中国，甚至可以在加拿大外交和国际贸易部的官方网站发现这一端倪。

2. 虽然中国确实是加拿大应该增加经济和文化联系的重要国家，就与亚洲地区其他国家的贸易而言，与中国的贸易也应该被加拿大政府放在首要位置，但是，东亚地区的日本、韩国，南亚地区的大国印度，南亚区域合作联盟（SAARC）的其他成员国，以及在东南亚地区新兴的经济体都值得加拿大投入关注。从长远来看，加强与这一地区其他国家的贸易往来远比现在抓住中国这艘大船更加重要，这将使加拿大可以探索这些区域的每一个地方。加拿大应认识到增加与这些国家贸易往来的益处，即我们为什我们要寻求与这些“中国的替代品”的合作。

3. 尽管中国毫无疑问是亚洲地区的最大玩家，并随着国内生产总值的增长，中国已超过日本成为世界上第二大经济体，但就与中国开放贸易这一问题而言，加拿大仍有些许担忧。当日本经济因“安倍经济学”而出现增长势头的时候，加拿大和日本政府却仍处于经济伙伴关系协定（EPA）的谈判中。自由贸易协定（FTA）可以为加拿大的生产商和出口商打开日本的市场，这对加拿大而言是重要的一步。加

---

* Ian McDonald，不列颠哥伦比亚大学亚洲区域研究学士，国际关系学学士。主要研究朝鲜半岛，特别是朝鲜的经济和人类发展。来源：加拿大亚太基金会（加拿大智库），2013 年 7 月 4 日。

拿大可以为日本提供其所缺的自然资源，主要是石油和在日本本国不易生产的农产品。

4. 加拿大与日本的经济关系同样适用于韩国，与日韩签订自由贸易协定的潜在回报包括降低在汽车、电子产品以及其他日本和韩国大量提供给加拿大的产品的关税。加拿大迈出这几步主要是为了在谈判中取得进展，加拿大与日本的经济伙伴关系协定十分重要，同时通过增加与韩国的贸易往来也可以得到类似的好处，尽管加拿大与韩国之间的自由贸易协定谈判存在比降低关税更广泛的问题。最后，正如这篇文章提到的，日本和韩国都是与加拿大拥有很多相似价值观的民主国家。

5. 毫无疑问的是，印度将是加拿大与南亚地区经济关系的焦点，印度是加拿大重要的贸易目标。印度拥有 12.4 亿人口，占南盟总人口的 75%，2012 年其 GDP 为 1.87 万亿美元（2008 年至 2011 年，印度年均经济增长率达 7.3%），比其他七个南盟国家的 GDP 总和还要多。但是，2010 年以后，加拿大与印度的关系被一些人形容为“连接不紧密的、被低估的以及不发达的关系”。

6. 统计数字说明以上形容并不是不合理的。例如，2012 年，加拿大对南亚地区的出口额总计 37 亿美元，同年加拿大对印度的出口额仅为 23 亿美元。南亚区域合作联盟内的对比数据显示，2010 年，加拿大对巴基斯坦的出口额低于 5.5 亿美元，大约占对印度出口贸易额的 28%。但是巴基斯坦的 GDP 仅占印度的 13%，人口也仅占印度人口的 13%。明显的是，加拿大公司缺乏在南亚地区投资和做生意的意愿。

7. 加拿大和印度在经济伙伴关系协定的问题上已取得了一些进展。2010 年以来，双方对这一协定的谈判仍在继续。加强与印度的贸易往来给加拿大带来的经济利益包括：降低商品关税，为加拿大的农业、资源和机械部门提供更大的市场。初步研究表明：与印度的经济伙伴关系协定可以为加拿大提供至少 60 亿美元的收益。

8. 南亚地区是全球经济增长最快的地区之一，缅甸、柬埔寨、印度尼西亚、马来西亚和越南都显示了稳定的 GDP 增长率。国际货币基金组织（IMF）预测缅甸 2013 年的经济增长率将增至 6.25%，世界银行的数据显示，以上列举的其他国家也将会有相当一致的 5% ~6% 的经济增长率，在 2009 年该地区经济有显著下滑，目前已明显恢复。尽管该地区有巨大的经济潜力，但是加拿大对此反应很冷淡，加拿大近期将加入跨太平洋伙伴关系协定（TPP），这一协定将严重阻碍加拿大在谈判桌上的力量。通过在跨太平洋伙伴关系协定（TPP）之外进行谈判，加拿大可以在该地区主动发起倡议并走在其他竞争者前面。加拿大可以通过与南亚地区发展中国家合作，规避资源方面传统行业的局限性，以使加拿大发展中的经济部门——服务部门以及创新环保技术部门——受益。

9. 中国正在不断增长的经济力量不容忽视，加拿大必须做出很大努力改善与中国的双边经贸关系。但是，加拿大与中国关系的进展不能以牺牲加拿大与其他国家的双边关系为代价。贸易多元化有助于促进加拿大经济的增长并增加加拿大经济部门扩张的潜力。加拿大政府必须根据亚洲不同的国家和地区的特点来调整相应的经济政策，这样才能达到想要的结果。

编号：20130704A133

TPP——加拿大的大风险

Hugh Stephens *

原文标题： The TPP – Big Stakes for Canada

文章框架： 加拿大改变想法，决定加入 TPP；加拿大决定在亚洲地区建立贸易据点。

观点摘要：

1. 跨太平洋伙伴关系协定（TPP），已经拖了 4 年并进行了 19 个回合的谈判，美国国会何时予以批准仍是个未知数？如果是这样，对于新西兰，这将是一次很大的失望，新西兰不仅将 TPP 作为其进入美国市场的最好希望，而且还将其作为进入其他市场的途径。对加拿大来说更是如此。加拿大在很长时间之后才被邀请加入 TPP。加拿大曾拒绝加入 TPP 的前身（跨太平洋战略经济伙伴关系协定，由新西兰、新加坡、智利和文莱四国发起），之后加拿大做出了很多努力才加入 TPP 于 2012 年 6 月举行的会谈（实际上，在国会对利益问题进行了最后审查之后，加拿大参加了当年 9 月的谈判）。当加拿大终于决定要追赶并寻求加入 TPP 谈判时，它发现自己在 TPP 中并不是很受欢迎，特别是美国政府并没有帮助加拿大。

2. 美国对于其北美自由贸易协定（NAFTA）伙伴进入美国商品最大的单一市场的态度很冷漠，这可能看起来很奇怪。但是，至少在最初阶段，加拿大被视为完成 TPP 谈判的一个额外的问题，一个“困难的”谈判伙伴，尤其是加拿大自身还存在一些问题（如并不强大的知识产权制度、对于著名制药企业利益一贯的反感态度、过度保护其所谓的“文化产业”的倾向以及其他不符合美国利益的问题），而这可能在一些其他 TPP 国家引起共鸣。然而，因担忧北美供应链的完整性，加拿大决定支持美国的企业和公司，并与其他 TPP 国家进行直接接触。几乎没有哪个国家（新西兰可能例外，多年来它一直反对加拿大奶制品的供应管理政策）有特殊的理由反对加拿大加入 TPP。最后，加拿大实现了它的愿望。

3. 是什么使加拿大改变了心意，从冷漠的旁观者转变为热心的倡导者？部分在

---

* Hugh Stephens，加拿大亚太基金会高级管理员，跨太平洋连接项目主要负责人。来源：加拿大亚太基金会（加拿大智库），2013 年 10 月 31 日。

于史蒂芬·哈珀所在的保守党意识到了加拿大易受 TPP 的影响。考虑到加拿大与新加坡、韩国、泰国和印度在双边贸易谈判中并没有取得的进展，加拿大决定在亚洲地区建立贸易据点，而 TPP 会成为其实现这一目标的最好工具。

4. TPP 或许会或许不会成为更广泛的亚太自由贸易区（从中加拿大会获得真正的经济收益）的垫脚石，但是加拿大并不想被排除在游戏之外。TPP 不仅是短期战术行动，而且还是长期战略计划。如果经过所有努力，TPP 仍因为奥巴马政府和国会之间的对峙而跑题，那么不仅在加拿大，而且还会在其他 TPP 国家中出现一些失望的决策者。

编号：20131031A133

遭泄露的跨太平洋伙伴关系协定文本：关注大问题

Hugh Stephens *

原文标题： The Leaked TPP Text：Focus on the Big Issues

文章框架： 美国主导 TPP；美国在 TPP 谈判中的目标；加拿大对知识产权的态度；加拿大在 TPP 中的目标；TPP 带来的经济收益。

观点摘要：

1. 迈克尔·盖斯特（Michael Geist）写道："由美国主导建立的跨太平洋伙伴关系协定（TPP）标志着加拿大几乎完全放弃了其保护知识产权的措施，这将会导致互联网接入的损坏、医疗费用的增加以及非商业侵权事件的发生。"从泄露的文件可以看出，许多 TPP 谈判伙伴已经表明立场，在一些问题上，这些 TPP 谈判国的立场不同于美国和其他 TPP 谈判方，如澳大利亚或日本。在协议中有关保护知识产权这一章包含着许多美国的想法，对此我们不应该感到惊讶，这些美国的想法包括延长药品专利保护期限、延长版权保护期限、加强打击包括商业侵权在内的网络盗版的力度以及加强边境检查力度从而阻止假冒商品的跨境运输。像所有 TPP 谈判方一样，在谈判中美国有着它自己希望实现的目标，显然，加强知识产权保护是美国的目标之一。

2. 随着全球贸易格局的不断转变，美国已经从工业品和消费品制造商转变为创新服务提供商。除了一些专业部门之外，美国的工业生产基地也存在着一系列挑战。在过去二三十年的时间里，美国已经从钢铁生产为主导转型为以软件行业为主导，从注重生产制造转型到注重研究发明。当其他国家还在将美国市场和消费者作为促进出口经济增长的方式时（尽管这一道路的前景目前并不光明），美国已经致力于开发和保持其在制定规则上的相对优势。在许多创新领域美国的这一努力都被证实是成功的，这些领域包括软件、信息技术、数码产品、游戏、音乐、影音娱乐、医药研发等，并形成了一些标志性的品牌产品，如苹果、耐克、卡尔文·克莱恩和

---

* Hugh Stephens，加拿大亚太基金会高级管理员，跨太平洋连接项目主要负责人。来源：加拿大亚太基金会（加拿大智库），2013 年 11 月 27 日。

拉夫·劳伦等。美国试图改变上述领域的规则。在亚太地区制定新的国际贸易规则，将非常有利于美国的经济发展。为了获得特殊利益，加拿大和其他 TPP 谈判方也有具体的谈判目标。TPP 的最终文本将会是在各谈判国的这些目标之间进行权衡的结果。基于韩国和美国于 2012 年生效的自由贸易协定，美国制定了知识产权保护的文本。有些国家反对美国的提议或者提出其他议案来替代美国的提议。

3. 由于加拿大刚刚与欧盟完成谈判，所以加拿大不会与美国就加强药品专利保护或将版权保护期限从 50 年延长至 70 年等方面达成一致，这些内容都将会对加拿大产生实质性的不利影响，但这些内容都将有利于美国，例如可以使美国娱乐公司有更多的时间使用受版权保护的内容。从泄露的文件中可以看出美国在谈判上的“愿望清单”，其他谈判国也对知识产权保护表明了自己的立场。即使美国在有争议的问题上坚持其立场，这对加拿大来说也并不是坏事。所谓的“加拿大制造”使得加拿大的知识产权保护一直徘徊在主流之外，加拿大薄弱的法律监管使得互联网盗版泛滥。和美国一样，加拿大是一个依赖于知识产权法的创新经济体国家。加拿大应该是知识产权的领导者，而不是追随者，加拿大应该与美国、澳大利亚和日本就知识产权问题相互协商讨论，而不是像墨西哥、智利和马来西亚那样只是寻找共同原因而不协商解决。

4. 加拿大试图在 TPP 谈判中实现一些目标，这些目标包括战术目标和战略目标。在战术方面，加拿大要保护其在北美自由贸易协定（NAFTA）中的利益，在战略方面，如果其他 TPP 国家获准进入美国市场，加拿大要确保这不会损害其自身利益。在探讨日本市场开放程度这一议题上，TPP 也给了加拿大一席之地去发表它的观点。尽管加拿大正在与日本进行双边贸易谈判，但 TPP 不仅讨论了打破日本市场贸易壁垒这一议题，而且还涉及美国因素——美国是加拿大在日本的主要竞争对手。对于韩国方面，在加拿大与韩国进行谈判后，美国也开始与韩国进行谈判并且快速达成协议（虽然在批准过程花费了一些时间）。美国凭借其影响力，获得了韩国的市场准入，而韩国并不准备向加拿大提供市场准入。尽管加拿大和韩国已宣布将在本月末恢复中断了五年的谈判，但加拿大和韩国的谈判仍然面临很多困难。在与美国的竞争中，加拿大的牛肉和猪肉生产商处于劣势。加拿大与日本的谈判应避免产生像与韩国谈判这样的结果。TPP 谈判是有关亚洲多边贸易的谈判，加拿大在此占有一席之地具有重大的战略意义。加拿大一直在努力赢回其在亚洲的信誉。最近一段时间，渥太华将它的目光重新聚焦于亚洲，加拿大已经开始重新与该地区接触。经过努力，加拿大在亚洲已经扩大了其外交影响力。加拿大东盟商务委员会已经在新加坡成立；加拿大也试图加入亚洲的其他论坛，如新兴的东亚峰会。

5. 成功的 TPP 将会是一个有意义的长期承诺。对于加拿大来说，TPP 既是扩大自由贸易和促进就业的手段，也是在亚太地区重新建立经济和政治影响力的依据。TPP 协议最终将会成为亚太自由贸易区的基础以及所有区域协议的典范，这些区域应包括东盟十国、中国、日本、韩国、印度、澳大利亚、新西兰、北美自由贸易协定中的国家以及加入 TPP 的南美国家。以东盟为中心的区域全面经济伙伴关系协定（RCEP）包括亚太地区的所有主要经济体，但是没有太平洋地区的北美国家。据估计，由十二个国家构成的 TPP 到 2025 年将会获得 2950 亿美元的经济收益。然而，真正的收益来自亚太自由贸易协定框架，该框架将 TPP 和 RCEP 相结合，到 2025 年将带来 1.9 万亿美元的收益。TPP 成员国应该牢记 TPP 的总目标，为了最终达成协议，各国都应做出一些妥协以换取更大的收益。如果最终结果是要加强知识产权保护，对加拿大来说这也并不是一件坏事。

编号：20131127A133

消除跨太平洋伙伴关系协定的神秘感

Hugh Stephens*

原文标题： Dispelling Myths of the Trans - Pacific Partnership

文章框架： 签订 TPP 对加拿大的意义；TPP 中的知识产权法案备受争议。

观点摘要：

1. 跨太平洋伙伴关系协定（TPP）的贸易部部长会议并没有对 TPP 谈判做出决定，毫无疑问这是许多 TPP 的批评家乐于看到的结果。批评家对 TPP 的批判范围不断扩大——从指责谈判的过度“保密”，到认为 TPP 中要求改变加拿大法律的内容可能引起对国家主权的限制，再到对 TPP 的无端指控（认为 TPP 可能破坏加拿大人的网络自由）。加拿大人民评议会极度反对 TPP，并表示 TPP 永远都不是贸易自由化的朋友。根据很多反对 TPP 的文章的看法，TPP“可能导致加拿大政府废除对奶制品、家禽和蛋类生产的重要的供应管理制度，可能提出监管协调章节中应出现竞次理论，可能会为限制穷人获得救命药物的大型制药公司提供极端的知识产权保护，可能制定允许公司就环境保护规则起诉政府的投资者 - 国家争端解决条款，可能实施政府采购限制和破坏网络自由的版权规则”。

2. 情况会变得更糟吗？政治专栏作家德文·布莱克（Devon Black）曾说过，“TPP 不仅涉及贸易条款，它还可能要求签署国对其国内法律做出大范围的改变”。她认为，“这项条约可能会从根本上改变加拿大人通过互联网与世界上其他地区的国家接触的方式”。这一观点得到了许多人的回应。迈克尔·盖斯特（Michael Geist）曾在《多伦多星报》上说过：“TPP 是基于（已泄露的）美国在知识产权方面的建议提出的，这几乎意味着加拿大对知识产权保护的完全投降，并将使加拿大承担失去互联网接入的风险，担负增加的医疗费用以及承担非商业侵权的刑事责任。”

3. 有人会问，为什么加拿大要签订这样一个愚蠢的协定呢？加拿大政府将 TPP 作为“支持贸易计划的关键支柱”，并争辩道，TPP 将会“加深与有活力的并且快

---

* Hugh Stephens，加拿大亚太基金会高级管理员，跨太平洋连接项目的主要负责人。来源：加拿大亚太基金会（加拿大智库），2014 年 01 月 15 日。

速增长的市场的联系”，以及“将不会使加拿大在全球竞争中处于不利地位”。你可以引用很多对贸易计划持赞成态度的观点，加拿大人民评议会首席执行官、加拿大制造商和加拿大畜牧业协会的出口商都对 TPP 持赞成态度，并让我们接受这一事实，即 TPP 将为出口商和消费者带来利益。而 TPP 的反对者指出，为了赢得这些商业利益，加拿大将不得不在 TPP 谈判和批准的过程中做出“让步”。在众多反对意见中，最直言不讳的说法是 TPP 是一个“秘密”交易。

4. 已经有了针对 TPP 谈判的议会研究和公共协商，在每一轮 TPP 谈判中都有一系列的利益相关者会议，这也导致在谈判中有许多谈判文本遭到泄露（尽管这不是计划的一部分）。实际上，这些遭泄露的谈判文本是问题的一部分：谈判草案文本包括了谈判伙伴提出的最大要求和极端立场，体现了 TPP 谈判中存在的分歧以及各成员国“面临绝境”时的反应。所有贸易谈判都在秘密的情况下进行是有道理的。TPP 也不例外，保密就是常态。

5. 许多认为“天塌下来了”的评论都集中在 TPP 中有关知识产权的草案上，在此草案中美国列出了其愿望清单。加拿大和其他国家只有抵制这些要求，才会在货币制度谈判时获得更多利益，因此，我们对谈判接近完成时加拿大和美国持相反意见的局面并不感到奇怪。如果接受美国要求的政治代价过高，各国都表示抵制，那么这将使得美国更没有谈判的意愿。

6. 首先，美国谈判代表的立场受制于美国目前的知识产权法律——除非美国国会同意修改这一法律，而这是完全不可能的。值得注意的是，美国过去十年里进行了十多次双边贸易谈判，这些谈判中有关知识产权的条款从来没有超出当时知识产权法律的范围。加拿大 TPP 的反对者认为，美国对互联网服务提供商责任的建议将限制加拿大人的互联网自由。德文·布莱克认为：“美国提案要求互联网服务提供商禁止侵犯版权的用户访问互联网，这些改变将会对互联网自由产生极大限制。”

7. 这是误导，是危言耸听的和基于不完整信息得出的结论。目前美国的法律并没有要求互联网服务提供商禁止侵犯版权的用户访问互联网。只有当该用户是一个反复的侵权者时，该用户才会被终止访问资格。值得注意的是，加拿大的互联网服务提供商在其用户协议中有关著作权侵权行为的条款也有类似的规定。而且，美国法律也不允许在起诉的基础上屏蔽网站。在美国，互联网服务提供商有进入“安全港”的权利：如果他们忽视了客户的非法活动，那么将会受到惩罚；如果接到版权所有者的通知，他们必须采取行动禁止侵权者访问互联网并删除侵权的内容；如果他们负责且及时地采取了措施，他们将免于赔偿的责任。

8. 迅速删除侵权内容是必须的，因为在数字时代版权受到侵犯造成的伤害是广泛和直接的。加拿大提议的系统——所谓的“注意和注意”（notice and notice）系统——将要求互联网服务提供商告知消费者如果涉嫌侵权将遭到起诉，但是除了通知，他们也没有义务再去做什么。考虑到主要盗版网站（基于广泛侵权的商业模式）的规模，有效保护版权持有者的利益是不可能的。

9. 批评者对 TPP 中知识产权章节的反对是围绕药品专利期限进行的。根据加拿大人民评议会的描述，TPP 中的条款可能“限制穷人获得拯救生命的药品”。如果加拿大和欧盟都已达成明智的妥协，那么赋予品牌药制造商一些额外的专利保护，即在不影响加拿大人的健康以及不使医疗保健系统破产的情况下，弥补它们在药物审查期间和审批过程中的损失是可行的。因此没有理由认为加拿大不能在 TPP 中做出类似的明智妥协。

10. 此外，加拿大人民评议会反对放开对政府采购的限制，因为这会限制加拿大人竞标公共项目。事实上，所有的证据都表明对外部投标者开放政府采购会带来成本的降低，并为所有纳税人获得利益提供更广泛的选择。另外，加拿大人民评议会仍坚持主张继续保护加拿大“重要”的供应管理制度，认为这对于加拿大 12500 名奶农和占市场主导地位的三大乳品加工企业极为重要。供应管理制度规定政府每年可以对每个加拿大家庭征收数百元的“税”，无论这些家庭的收入水平是高于还是低于贫困线。加拿大人民评议会对于这一问题的态度很难与其“代表社会正义”的使命联系起来。

11. 如果 TPP 将要求加拿大通过法律来限制政府在指定区域施加限制命令的能力，加拿大会怎么做呢？当然这是真的，但已经不是新闻了。每一个贸易协定都会要求参与国对其国内的法律进行一些修改。例如，在加拿大和美国于 1989 年签订的贸易协定中，它们决定实施一个综合性的法案（比尔 C－130）修正 27 项立法，以使该贸易协定得到遵守。签订贸易协定的关键一点是，政府同意限制自身权力并通过立法来反对外国企业换取单方面的好处。

12. 也有批评家指出，TPP 具有侵略性，因为它超越了贸易的意义，加拿大人民评议会声称在 TPP 二十六章内容中只有两章与贸易有关。但是贸易协定确实应该超越简单的降低关税和简化海关手续层面。关税已经得到降低，对于商品和服务的自由流动来说真正剩下的障碍是政府在境内采取的各种措施，包括伪装成“标准”的贸易壁垒、歧视性的监管政策和采购偏好。TPP 谈判者的目的就是解决这些市场扭曲问题并实现自由贸易。

13. 已经有大量证据表明贸易自由化可以创造财富和减少贫困，如果你仍然坚持反对降低关税壁垒，以及（像加拿大人民评议会一样）仍然坚持维护已过时的供应管理系统、反对开放政府采购市场，并坚持认为“互联网自由等同于版权滥用”，那么我姑且认为这些反对 TPP 的理由有一定的逻辑。但是认为 TPP 谈判和其他贸易活动谈判将破坏互联网的使用、损害我们的卫生保健系统以及降低政府保护环境的能力或管理职能的说法是没有意义的。

14. 是时候消除 TPP 的神秘感了，让我们看看 TPP 究竟是什么：这是加拿大在亚太地区快速建立自己地盘的机会，这将有利于加拿大利用自由贸易提供的增长机会。

编号：20140115A133

加拿大是怎么看待跨太平洋伙伴关系协定的

Nathan Allen; Amnit Litt *

原文标题： What Do Canadians Think About the TPP?

文章框架： TPP 的最后阶段；加拿大人对 TPP 的态度；TPP 对加拿大国民经济的影响；对调查结果的分析。

观点摘要：

1. 有十二位国家的领导人参与的跨太平洋伙伴关系协定（TPP）会谈将于本周在夏威夷的毛伊岛举行，本次会谈的目的是敲定协议。美国方面的最新进展为 TPP 成员国提供了一种新的使命感。美国总统奥巴马已经获得了贸易促进授权，这样美国在协商国际协定时就有了法律保障，国会对于这些协议只能批准或不批准，而不能修改或阻挠。现在已经临近美国 2016 年的大选，美国政府认为这将是一个完成 TPP 协商的好机会。随着 TPP 谈判的批准，该协议将会加入谈判国的国家立法中。公众舆论在该协议的形成过程中扮演着重要角色。这里有六份不同的调查，分别询问了加拿大人一些关于 TPP 的问题并由此回答了一些问题，如加拿大人是否了解 TPP，加拿大人对该协议持支持态度还是持反对态度，以及加拿大人认为该协议会对加拿大经济产生怎样的影响。

2. 加拿大人是否了解 TPP。尽管在不同的调查中显示出了不同的结果，但许多加拿大人并不了解 TPP 是什么。2015 年交易公平网（TJN）环境研究小组的一份调查结果显示，75% 的加拿大人没有听说过 TPP，这一数据被许多媒体广泛使用。安古斯瑞德研究所（ARI）和加拿大亚太基金会（APF Canada）的无党派调查结果也表明，多数加拿大人并不了解 TPP，但其调查结果与交易公平网得出的结果并不相同。加拿大亚太基金会 2012 年的民意调查显示，31% 的加拿大人从没有听说过 TPP，11% 的受访者对该协议的态度不明确。安古斯瑞德研究所在 2015 年 4 月的一

---

* Nathan Allen，加拿大亚太基金会项目经理。

Amnit Litt，加拿大亚太基金会初级研究员。

来源：加拿大亚太基金会（加拿大智库），2015 年 7 月 28 日。

次调查中发现接近48%的加拿大人对TPP不够了解。我们怀疑，有关TPP的调查结果的差异可能是由调查问卷的差异导致的。而交易公平网没有公布其调查问卷的内容，这使得解释研究结果变得困难，在安古斯瑞德研究所和加拿大亚太基金会的调查问卷中都没有涉及受访者是否支持TPP这一问题。可能许多加拿大人对TPP的具体内容并不了解，这就解释了安古斯瑞德研究所和加拿大亚太基金会的调查结果。总的来说，比起反对TPP的加拿大人，支持TPP的加拿大人更多。加拿大人的这种态度将会一直持续下去。另外三个调查体现了加拿大人对该贸易协定的支持程度：加拿大亚太基金会对熟悉TPP的人进行了调查，结果显示40%的受访者支持加拿大加入TPP，同时有约18%的受访者反对加拿大加入TPP。安古斯瑞德研究所在2015年也做了这一调查，其结果表明41%的人支持加拿大加入TPP，11%的人反对，这一结果与加拿大亚太基金会的调查结果相似。皮尤研究中心（PEW）的调查发现，超过半数的加拿大人（52%）认为加入TPP是好事，而31%的人认为加入TPP是坏事。

3. 对于TPP对加拿大经济的影响，加拿大人持有不同的意见。一份2012年的诺斯调查表明，43%的加拿大人认为与亚太国家建立自由贸易协定有助于加拿大的经济发展，18%的加拿大人认为TPP将给加拿大经济带来负面影响。约有20%的人不确定贸易协定有什么作用，另有约20%的人保持中立。加拿大商业论坛在2012年的调查表明，约有55%的加拿大人认为TPP有利于加拿大经济，约有29%的人对此表示反对。交易公平网的调查显示，几乎有一半的加拿大人认为加入TPP会使他们失去工作，仅有5%的人认为加入TPP会促进就业，46%的人不确定加入TPP是否会对加拿大的劳动力市场造成影响。加拿大的贸易问题还涉及奶制品和家禽产品的供应管理，这也是加拿大媒体报道的TPP中最突出的问题。接近55%的加拿大人认为供应管理有利于加拿大经济，29%的人持反对意见。此外，67%的加拿大人认为政府要保护奶制品和家禽产品的供应系统，超过一半的加拿大人（56%）认为为了保护乳制品和家禽产业而提高乳制品和家禽产品价格是合理的措施。

4. 根据上述调查，我们可以得出这样的结论。首先，根据调查结果，我们可以看到几乎有一半的加拿大人不知道什么是TPP。其次，对于加拿大人是否支持TPP做了三个调查，但从中得出了加拿大人对TPP的不同态度。最后，关于TPP对加拿大经济的影响，加拿大人持不同的观点。有一项调查发现，加拿大人担心一旦TPP协议最终敲定，他们有可能会失去工作，并且很多加拿大人对于该协议对加拿大奶制品和家禽产品的影响也充满担心。但总的来说，也有一些人对该协议给加拿大带来的经济影响持乐观态度。随着时间的推移，这些数据可能是相对稳定的，但我们期待随着公众日益激烈的讨论会有一些新变化出现。

编号：20150728A133

加拿大加入 TPP 贸易谈判时丢尽了脸面

Scott Sinclair*

原文标题： Canada's Humiliating Entry Into TPP Trade Deal

文章框架： 加拿大加入 TPP 谈判要付出的代价；加入 TPP 使加拿大陷入两难境地；美国对加拿大加入 TPP 所持的态度；加拿大加入 TPP 谈判要接受的条件。

观点摘要：

1. 哈珀政府加入跨太平洋伙伴关系协定（TPP）谈判的努力在上周得到了回报。加拿大宣布将加入谈判。TPP 目前包含九个成员国，是由美国领导的、旨在适用于“21 世纪”的贸易和投资协定。美国正在寻求形成一个强硬的、意义深远的且有利于美国商业发展的协定，在这个协定中，中国、日本和其他贸易对手只有很小的选择，但这些国家最终也不得不加入该协定。然而，中国似乎将 TPP 看作是美国的阴谋。

2. 加拿大目前已经与 TPP 中的四个成员国（美国、智利、秘鲁和墨西哥）签订了自由贸易协定。美国钢铁工人联合会指出：“就加拿大总产量和就业量而言，加拿大加入 TPP 带来的出口额的增长几乎微不足道。”

3. 加拿大虽然声称并没有做出实质性的让步，但哈珀政府几乎仍然面临许多“绊脚石”，如农业供应管理制度和知识产权保护。

4. 加拿大进入 TPP 谈判只能被形容为自降身份。美国贸易代表给加拿大和墨西哥发出了一封包含加入 TPP 的条件的信。这封信尚未公布，但加拿大和墨西哥加入 TPP 的条件已被刊登在华盛顿的贸易政策的出版物内。两年来，加拿大一直就进入 TPP 谈判进行游说。虽然加拿大外交和国际贸易部对来自华盛顿的苛刻要求犹豫不决，但最后加拿大派往华盛顿的工作人员还是提交了该文件，以确保加拿大顺利加入 TPP 谈判，显然，这会以不惜一切为代价。加拿大政府已同意接受由九个成员国

---

* Scott Sinclair，爱德华王子岛大学政治学学士，约克大学政治学硕士，加拿大选择政策中心贸易政策高级研究员。来源：加拿大政策选择中心（加拿大智库），2012 年 6 月 27 日。

达成共识的谈判文本。根据美国贸易代表办公室的说法，在开放的文本中包括所有已同意的（“未完成”）文本，而不只是已完成的章节。到目前为止，只有一章已完成。不可置信的事情发生了，加拿大竟然对此表示接受。12 轮 TPP 谈判是在高度保密的情况下进行的，尽管其中两章草案（投资和知识产权）已被泄露。

5. 更夸张的是，加拿大政府显然也接受了另一个条件，即在获得充分谈判地位之前，TPP 成员国不会向加拿大重新公开在这段时间内任何已达成一致的文本。在其他 TPP 国家就新合作伙伴的加入完成磋商之前，加拿大与墨西哥是不可能正式加入谈判的。美国贸易代表办公室将通知美国国会加拿大即将进入 TPP，这将引发一个为期 90 天的咨询过程。在 12 月举行的第 15 轮谈判开始前，加拿大在谈判桌上可能不会是一个全面的参与国。在此期间，其他成员国将于 7 月和 9 月完成两轮谈判。即使加拿大态度强硬，美国贸易代表办公室也会公然表示，加拿大和墨西哥将不会在 7 月或 9 月被授予观察员国的身份。据推测，直到美国的内部审查期结束，加拿大和墨西哥才有接触文本的机会。这意味着在接下来的两轮谈判中，九个 TPP 成员国将有机会就加拿大的敏感问题达成共识，特别是在农业市场准入、药品定价、文化产业与版权保护等领域。这也意味着美国品牌药物、农产品出口、电影和软木木材等方面的游说团体在此之前，仍有干涉加拿大加入 TPP 的自由。

6. 加拿大同意了这些限制加拿大谈判能力的前所未有的带有侮辱性的条件，哈珀政府也明显对此协议流露出绝望态度。尽管与官方的声明相反，但很明确的是，加拿大和墨西哥作为二等参与国进入了高风险谈判中。美国贸易代表办公室牢牢掌控了这一局面，美国人再次印证了他们是当之无愧的无情谈判者。他们为加拿大加入 TPP 开出了很高的价码。在加拿大试图成为 TPP 谈判的一部分时，哈珀政府让加拿大人做出选择——是让美国掐住我们的喉咙以达成协议还是不加入 TPP。鉴于加入 TPP 所要付出的明显代价，唯一有尊严的选择已明确。

编号：20120627A134

为什么工人应该联合起来反对加拿大的“下一代”商业贸易

Stuart Trew； Scott Sinclair *

原文标题： Why Workers Should Unite Against Canada's Next - Generation Trade Deals

文章框架： 签订 TPP 对加拿大产生的影响；反对加拿大签订 CETA、TPP 以及 TISA 的原因。

观点摘要：

1. 哈珀政府正在使新的贸易投资协定成为加拿大政府经济行动计划的基石，这意味着加拿大将签订更多类似于北美自由贸易协定（NAFTA）的条约。加拿大大部分现有的自由贸易协定是由前自由党政府签订的。加拿大已经与小型经济体（包括哥伦比亚、洪都拉斯、秘鲁和巴拿马）签订了贸易协定。这些协定为加拿大过剩的农产品提供了市场，并通过实施投资者 - 国家争端解决机制，使加拿大的企业有向东道国提起诉讼的权利，以此来帮助加拿大扩张其金融、能源、采矿和工程等方面的利益。加拿大与这些国家的贸易流通是小型的，这些自由贸易协定在本质上体现了一种新殖民主义的关系。

2. 但是，加拿大与韩国签订了“下一代”自由贸易协定，并几乎完成了与欧盟的协定以及加入跨太平洋伙伴关系协定（TPP）的谈判，加拿大正在进入一个全球化的新世界。这些协定将会对劳工、公共服务以及社会事业产生重要影响，并永久地减少政府对经济领域的合法干预。加拿大劳工发起劳工运动并产生经济危机，会

---

* Stuart Trew，加拿大卡尔顿大学新闻学学士，加拿大另类政策研究中心（CCPA）月刊杂志编辑，直到 2006 年，他一直在渥太华的一个新闻和娱乐周刊担任编辑和政治专栏作家。在接下来的八年里，他在加拿大人民评议会担任研究员，也是安大略 - 魁北克区域组织者，而且最终担任贸易活动家。在此期间，他发表了许多有关自由贸易体制之间的联系、社会和经济不平等以及气候变化领域的报告、学术论文和新闻评论。

Scott Sinclair，爱德华王子岛大学政治学学士，约克大学政治学硕士，加拿大选择政策中心贸易政策高级研究员。

来源：加拿大政策选择中心（加拿大智库），2014 年 7 月 2 日。

给世界带来不稳定，这些新贸易和投资协定将阻碍实现一个更好的未来，因此必须予以抵制。

3. 二战结束后全球化的发展，见证了资本流动的显著变化，特别是在制造业领域。20 世纪 70 年代，发达国家工人的工资得到增长，由生产转向司法管辖区的公司却支付着更低的工资。这一做法削弱了发达国家参加工会的工人进行讨价还价的能力。如果一个公司的员工流动性过大，那么这个公司就没有实行更好的薪酬和福利待遇的动力。

4. 随后的贸易发展和投资自由化是保守（或新自由主义）政府对此做出反应的结果，用以调节和改变贸易形态并惠及跨国公司。消除大部分商品关税的运动意味着国家不再通过提高进口商品的关税来抑制外包生产——每一个主要的发达国家在其经济发展的过程中，都在某种程度上依赖“保护主义”工具。剑桥大学一位发展经济学家指出，快速的贸易自由化有“踢倒了梯子”的效果，发展中国家应该用这种方法来发展新兴产业，或者以韩国为例，成为未来的技术先锋。

5. 加拿大可以使用现在已经违禁的经济手段，如限制商品配额和最低处理要求爬到经济供应链上游，远离资源依赖型经济，向高科技以及高生产率的混合型经济发展。加拿大政府于 20 世纪 80 年代末与美国签订了自由贸易协定后，就背弃了这一策略，一个全球自由化的时代开始了，并且在过去五年加剧了逆工业化的趋势。

6. 不仅在发达国家，而且在全球范围内，这些变化都将劳工置于不利的境地。事实上，自由贸易制度是全球不平等现象正在加剧的原因，这是我们在大多数国家包括我们自己国家亲历的事实，这一制度剥夺了政府在增加贸易额的同时使用多种手段重新分配财富的能力。例如，北美自由贸易协定在很大程度上排除了建立真正产业战略的可能性。根据北美自由贸易协定和世界贸易组织的相关规定，加拿大安大略省的“可再生能源促进政策”（《绿色能源法案》）是违法的，因为此法案鼓励人们在国内太阳能和风力发电领域就业。加拿大与欧盟签订的全面经济贸易协定（CETA）和 TPP 将走得更远。

7. 在 CETA 下，加拿大将不得不牺牲自身利益来支持重大基础设施或服务项目的投标，并将不再由加拿大或欧洲的公司占用本地的劳动力、商品或服务。这可能会限制本地新兴的食品改革，政府试图通过此措施重新定位食品系统中的农民和合作社的相互关系。在加拿大南部边界实行的备受争议的“购买美国货”政策，并不是批评者所声称的起反作用的拉选票手段，而是经过深思熟虑的创造体面工作的手段。我们的政府宁愿将头埋在自由贸易的理想状态中，也不愿创造提升工人劳动技能和恢复当地经济的机会。

8. 在 CETA 内，加拿大已经同意推行一种新模式，即在其他贸易伙伴国的领土内提供服务。自北美自由贸易协定签订以来，贸易协定中包括对于商务人士、投资者、技术人员和其他专业服务人员发起临时运动的规定。当拥有较低技术水平或薪资水平的工人受困于移民制度或目的国的临时外国劳工规定时，他们更容易受到不公正的待遇。加拿大劳工运动和移民权利组织强烈谴责这种不平等现象。

9. TPP 和国际服务贸易协定（TISA）的签署可能会进一步激怒加拿大劳工，全面经济贸易协定是临时性的扩张，此协定并没有包括在以往的国际贸易协定内，如北美自由贸易协定（NAFTA）或服务贸易总协定（GATS）。加拿大的新模式为全面经济贸易协定的服务贸易章节所提的建议最近被披露了，这些包括对法律、会计、保险和税收服务、工程和城市规划、医疗和牙科、广告和市场调查、采矿业、电信和邮政、基础设施建设、高等教育、环境服务（例如水处理）、制造业以及其他领域的建议。

10. 在这些承诺中，这些临时工人没有获得永久的移民权或获得公民身份的途径。希望在加拿大（或欧洲）的上述部门工作的人必须先做临时工作，在此基础上为另一方的“法人”（即投资者或公司）提供服务（合同规定）。

11. 禁止“经济需求测试”与哈珀政府最近宣布的临时外籍劳工计划（TFW）改革方案形成鲜明对比，政府对加拿大的雇主提出了更高的要求，这些雇主要证明他们有从别国聘请员工的需要。CETA 中的相关规定将进一步阻碍在加拿大受过培训的员工填补当前和未来的职位空缺，因为所受限制较少的外国公司能够直接聘用临时管理人员和技术专家以满足他们的需求。

12. 加拿大公共服务联盟对 CETA、TPP 和 TISA 对公共服务带来的影响表示深深的担忧。CETA 使品牌制药公司长期垄断专利权，由此每年将会增加数亿美元的药费支出，不利于医疗保险和雇员养老金计划的实施。此外，联邦政府均在保密的情况下进行新贸易谈判，以消除外界的干扰。

13. 在这种情况下，右翼政府将如愿以偿，其可随意使公共交通、水和供电系统私有化，且不受任何惩罚。未来的政府在没有面临贸易挑战或投资者起诉的威胁时，是不会将这些公共服务行业交还给公众的。具有讽刺意味的是，重新实行公有制——将已私有化的公共服务行业交还到公众的手中——是当前欧洲大部分地区（包括传统的自由贸易国家德国）的趋势。

14. 哈珀政府承诺，CETA、TPP 和 TISA 为加拿大企业提供的商业机会将比为公众和工人带来的威胁多。当政府谈到创造就业和提高生产率时，我们可以通过观察北美自由贸易协定的不良记录，驳斥政府的上述承诺。政府自身所进行的研究表明，一旦签订协议，加拿大的贸易赤字将严重增加。政府似乎并没有对 TPP 可能带来的影响进行评估。这些交易将要做的——它们唯一可以做的——就是通过剥夺劳动者和公共机构的权利来进一步授予资本家更多的权利。我们梦想加拿大拥有平等、共享和可持续的经济，但是除非我们可以停止签订这些“下一代”贸易和投资协定，否则我们的美好愿望是不可能实现的。

15. 民意调查显示，加拿大人在很大程度上是支持与欧洲国家和 TPP 其他成员国签订贸易协定的，但这仅是在原则上支持。工人运动和从广义上来讲的进步组织应该继续告知其成员和大众，这些协定已经偏离了大多数人对贸易相关问题的理解。

16. 我们可以从最近一次公众对加拿大与美国和欧洲进行“下一代”商业贸易谈判的强烈反对来获得支持，加拿大是最重要的（也是最懂得节约的）贸易伙伴。因为怀疑北美自由贸易协定的附加协定，奥巴马政府不大可能获得“快速通道”授权，“快速通道”授权将会使 TPP 快速具有法律效力。在欧洲，反对加拿大和美国签订跨大西洋自由贸易协定的人民运动迫使欧洲议会议员，甚至一些政府如德国拒绝接受与投资保护和监管协调有关的部分协议。在传统意义上一直支持自由贸易的欧洲劳工组织同消费者和环保组织一同加入了反对派的大军。

17. 哈珀政府显然认为 CETA 和“下一代”贸易协定是一张选举王牌，而且认为任何批评都是机械和荒谬的。但是一旦加拿大人开始了解这个意义深远的议程是如何损害工人的利益、公共服务和民主制度时，情况就会有所好转。不签订 CETA、TPP 以及晦涩的 TISA 并不意味着加拿大不再进行商业贸易活动，这是放松跨国资本对加拿大控制的第一步，也是为团结一致的人们带来新的可能性的重要一步。

编号：20140702A134

TPP 和加拿大

Scott Sinclair; Stuart Trew *

原文标题： The TPP and Canada

文章框架： 对 TPP 的简要介绍；TPP 对加拿大的影响；TPP 涉及的一些内容；TPP 谈判的结束时间。

观点摘要：

1. 跨太平洋伙伴关系协定（TPP）谈判开始于 2008 年，涉及十二个国家，是一个主要协商贸易和投资的谈判。2012 年，在美国的倡导下，加拿大也加入了 TPP，其他成员包括澳大利亚、文莱、智利、日本、马来西亚、墨西哥、新西兰、秘鲁、新加坡和越南。支持者称 TPP 为“太平洋地区的北美自由贸易协定”，因为 TPP 是仿照 1994 年的加拿大 - 美国 - 墨西哥贸易协定制定的。批评家称 TPP 为“北美自由贸易协定的类固醇”，因为 TPP 对政府政策法规有更多的限制。像当下所有的自由贸易协定一样，TPP 涉及贸易的内容很少，它更多地关注协调（财政、健康和安全标准等方面的法规）、加强知识产权保护（专利和版权）、为私有化和外国投资开辟新领域（主要在医疗保险和教育方面）以及在政府保护环境和创造就业两方面设立严格限制。几乎在每一种情况下，参与国都被要求采用美国的偏好。

2. 加拿大已经与四个较大 TPP 成员国签订了自由贸易协定（秘鲁、智利、美国和墨西哥），并且给予其他 TPP 成员国很低的贸易关税。这些没有与加拿大达成自

---

* Scott Sinclair，爱德华王子岛大学政治学学士，约克大学政治学硕士，加拿大选择政策中心贸易政策高级研究员。

Stuart Trew，加拿大卡尔顿大学新闻学学士，加拿大另类政策研究中心（CCPA）月刊杂志编辑，直到 2006 年，他一直在渥太华的一个新闻和娱乐周刊担任编辑和政治专栏作家。在接下来的八年里，他在加拿大人民评议会担任研究员，也是安大略 - 魁北克区域组织者，而且最终担任贸易活动家。在此期间，他发表了许多有关自由贸易体制之间的联系、社会和经济不平等以及气候变化领域的报告、学术论文和新闻评论。

来源：加拿大政策选择中心（加拿大智库），2015 年 5 月 22 日。

由贸易协定的 TPP 成员国与加拿大的出口和进口分别仅占加拿大总出口额和总进口的 3% 和 5%，每年加拿大与这些国家存在 5% 到 8% 的贸易逆差。加拿大出口到这些国家的货物有 80% 都是原材料或半成品（如牛肉、煤炭和木材），而加拿大从这些国家进口的货物有 80% 都是高附加值商品（如汽车、机械、计算机和电器部件）。TPP 可能会冲击加拿大制造业。加拿大尚未公布 TPP 对其经济影响的研究结果，可能是因为 TPP 对加拿大国内生产总值（GDP）和就业增长产生的影响很小。一份支持 TPP 的研究表明，到 2025 年美国通过 TPP 可以使其 GDP 增长 0. 13%。包括保罗・克鲁格曼（Paul Krugman）、史迪格里兹（Jo - seph Stiglitz）和丹尼・罗德里克（Dani Rodrik）在内的许多著名经济学家认为，与 TPP 过分关注知识产权保护、监管协调和投资者 - 国家争端解决机制这些方面相比，TPP 在贸易方面产生的影响更小。

3. TPP 有关知识产权方面的内容将会对加拿大专利药品成本提出限制，加拿大专利药品的成本之高在世界上排名第二。在 TPP 成员国中只有三个国家有专利药品连接系统，加拿大就是其中之一。TPP 的版权保护规则将会要求延长版权保护期限，并且将会要求保护那些有争议的版权，如“数字锁”的版权，“数字锁”允许版权持有者在电脑设备上使用加密软件。在烟草包装上商标是重中之重，烟草行业目前正在要求 TPP 加强对商标的保护。在电子信息方面，美国坚持禁止将个人信息数据储存在国家数据库中。将税收、医疗保健和财政数据储存在本地有许多好处，私人公司将个人信息视为一种商品，它们将随时随地保护这些个人隐私。从泄露的文本可以看出，TPP 包含投资者 - 国家争端解决机制这一内容，这与北美自由贸易协定第 11 章的内容相似。这些条款被运用于成百上千的国际贸易和投资交易中，当政策决定与投资发生冲突时，许多跨国公司都会依据这些条款解决问题。北美自由贸易协定和 TPP 增加了加拿大外商投资者的起诉数量，所以加拿大已经成为世界上遭到贸易起诉最多的发达国家。北美自由贸易协定的损失表明了起诉过程是多么不公平。供应管理系统是加拿大面对的重要难题。直到最后一刻，加拿大还在力争保留其乳制品和家禽产品的供应管理，但美国谈判人员坚持要求加拿大全面开放对乳制品和家禽产品的市场准入。新西兰和澳大利亚也坚持获得实质性的乳制品市场准入。美国及其娱乐业一直极力将加拿大的文化产业排除在外，TPP 可能会侵蚀加拿大的文化保护，如外资可能会控制加拿大的广播和出版。

4. TPP 已经拖延了很长一段时间。尽管大多数文本已经协商一致，但仍有一些问题难以解决。奥巴马政府目前正在寻求贸易促进授权（TPA）（也被称为“快速通道”授权)，一旦获得该授权，国会在贸易协议表决方面只能反对或赞成，而不能修改或延期。如果贸易促进授权法案通过，那么加拿大将会迫于压力而做出艰难让步，从而达成 TPP 协议。

编号：20150522A134

TPP 在毛伊岛的调试

Scott Sinclair； Stuart Trew *

原文标题： TPP Shakedown in Maui

文章框架： 加拿大与 TPP；TPP 给加拿大带来的影响；TPP 涉及的内容。

观点摘要：

1. 通过武力、威胁或恐吓的方式进行调试的行为可以被定义为敲诈勒索。对于现在在夏威夷发生的一切这是一个相当准确的描述。在跨太平洋伙伴关系协定（TPP）谈判中，与美国代表团同行的加拿大谈判团主要负责经济会谈。可以预见的是，加拿大商业团体正在敦促联邦政府采取一些措施，包括减少乳制品从业人员和禽类养殖人员的数量，从而通过这些措施去加速 TPP 谈判的进程。除了社会对农民的困境产生同情之外，多数加拿大人几乎不知道正在发生什么。对于奥巴马政府来说，TPP 意味着提升在亚洲的影响力，这种影响力可以制衡中国。他们希望由美国企业主导该地区的供应链，因此 TPP 也致力于在政策监管、药品专利、著作权和国有企业如何操作等方面建立规则。加拿大因为有自己的地区利益，所以不依赖 TPP。例如，加拿大已经与环太平洋地区开展了许多贸易，不管其是否加入 TPP，加拿大都将继续进行与环太平洋地区的贸易往来。

2. TPP 中的贸易自由化原则将会给加拿大的一些工业带来伤害，如汽车、电子产品和牛肉猪肉产品。除了对供应管理部门的影响外，TPP 对加拿大出口和进口的影响将会越来越小。一些支持 TPP 的人用概略的假设夸大他们的分析，并预言加拿

---

* Scott Sinclair，爱德华王子岛大学政治学学士，约克大学政治学硕士，加拿大选择政策中心贸易政策高级研究员。

Stuart Trew，加拿大卡尔顿大学新闻学学士，加拿大另类政策研究中心（CCPA）月刊杂志编辑，直到 2006 年，他一直在渥太华的一个新闻和娱乐周刊担任编辑和政治专栏作家。在接下来的八年里，他在加拿大人民评议会担任研究员，也是安大略 - 魁北克区域组织者，而且最终担任贸易活动家。在此期间，他发表了许多有关自由贸易体制之间的联系、社会和经济不平等以及气候变化领域的报告、学术论文和新闻评论。

来源：加拿大政策选择中心（加拿大智库），2015 年 7 月 30 日。

大国内生产总值（GDP）会发生变化。在 TPP 成员国还没有与加拿大签订自由贸易协定时，加拿大与这些成员国之间的贸易出口和进口额分别仅占加拿大总出口和总进口额的 3% 和 5% 。更重要的是，与这些非贸易协定国进行贸易使得加拿大每年产生 5 亿 ~8 亿美元的贸易赤字。在加拿大向这些国家出口的产品中，80% 都是原材料和半成品，而进口的产品中，85% 都是高附加值产品。因此通过 TPP 免除关税，只会加剧对加拿大制造业的侵蚀。加拿大还发现在 TPP 这一条件下去落实自然资源出口附加值是很难的，例如，日本就迫于压力消除了其对原木材料的出口控制。

3. 在 TPP 的 30 多个章节中都没有涉及关税和贸易的内容，由于其保密性，协议的文本仍旧是不公开的，但是它的一些小漏洞已经引起了我们的关注。TPP 的知识产权保护这一章将会继续妨碍节约成本的改革、不利于廉价仿制药品的使用并且导致药品成本的提高。据报道，TPP 对加拿大实施了惩罚措施，因为加拿大高度赞扬的“注意和注意”系统涉嫌侵权。美国还坚持禁止在国家数据库中保护个人信息。根据“自由市场的原则”加拿大已经与美国联合加强对国有企业的控制。在 TPP 中包括投资者 - 国家争端解决机制。支持 TPP 的商业团体认为这些议题将会在加拿大产生争议，所以他们愿意打破供应管理体系。

编号：20150730A134

亚洲的混乱——仍未结束*

原文标题： Still Not Finished – the Asian Jumble

文章框架： 亚洲和亚太地区的安全问题和双边经济问题的复杂性；跨太平洋伙伴关系协定；跨太平洋伙伴关系协定的进展。

观点摘要：

1. 如果亚洲和亚太地区的安全问题很复杂，那么亚洲的双边经济问题更为复杂。这些问题并不是很容易就能够描述清楚的。约翰·伊博森（John Ibbitson）是加拿大《环球邮报》的知名专栏作家，他写了一篇关于加拿大应该终止跨太平洋伙伴关系协定（TPP）谈判的报道。多数加拿大人对此的反应是——“为什么?”这篇报道指出了这一协定给人们带来的痛苦，为亚洲和亚太地区的许多双边和多边协定带来的问题。这也使人们意识到为了促进该地区和全球贸易自由化，加拿大实行的供应管理政策给多少加拿大人带来了伤害。加拿大并不是唯一一个遭受这些伤害的国家，日本和韩国的牛肉产品也受到了影响。

2. 那到底什么是跨太平洋伙伴关系协定？这里需要提到一些关键区域的机构，包括东盟、“东盟+1”（中国）、“东盟+3”（中国、日本和韩国），或者通常被称为亚太电信组织（APT）的机构。在贸易方面，亚太地区有东盟自由贸易区以及它们与非东盟成员签署的附加协议，还有亚太经合组织——该组织由二十一个环太平洋国家和地区组成，其目的在于鼓励区域贸易和投资。亚太经合组织的成员包括澳大利亚、文莱、加拿大、中国、印度尼西亚、日本、韩国、马来西亚、新西兰、菲律宾、新加坡、泰国、中国台北、墨西哥、巴布亚新几内亚、智利、秘鲁、俄罗斯和越南。亚太经合组织是在1989年由澳大利亚提出的，最初目的在于鼓励跨太平洋经济合作。为了达到这些目标，实现区域自由，TPP成员已做出了一系列努力。

3. 跨太平洋伙伴关系协定最早由原来被称为太平洋经济伙伴关系的国家构成的，包括智利、新西兰和新加坡。这三个国家在2002年倡议开展亚太地区自由贸易区谈判。2005年文莱加入谈判，该协议于2006年5月生效，其目标是到2015年实

---

* 来源：国际治理创新中心（加拿大智库），2010年4月15日。

现成员之间零关税。跨太平洋伙伴关系协定是一个综合性的协议，覆盖了自由贸易协定的所有主要环节和问题领域。2008 年，澳大利亚、越南和秘鲁宣布它们愿意加入 P4。然而，真正重要的是在 2009 年 11 月，奥巴马总统在其首次亚洲之行期间于东京宣布美国将加入 TPP 谈判（早在 2009 年 9 月，前政府就表示出与 P4 谈判的兴趣)。美国贸易代表罗恩·柯克表示，“这次谈判的目的不是要与新西兰、新加坡或澳大利亚重启自由贸易区，但是我们不能止步不前。这里有两个协议，一个是真实的协议，另一个是我们期望的协议”。真实的协议包括中国－东盟自由贸易区协议，该协议已于 2010 年 1 月生效。期望的协议有亚太自由贸易区（FTAAP）或亚太自由贸易协定（APFTA)。早在 2006 年，亚太经合组织成员就提出了“大亚太”的概念，其希望签订包括所有二十一个国家和地区的自由贸易协定。这一想法的核心是美国、中国和日本都加入其中。

编号：20100415A135

北京对美国区域贸易集团的怀疑

Cary Huang *

原文标题：Beijing Suspicious Over U. S. Regional Trade Bloc

文章框架：美国试图在亚太地区提升其政治经济力量；美国在 TPP 谈判中占据主导地位；亚太地区是一个动态地区。

观点摘要：

1. 在没有中国参与的情况下，美国的亚太自由贸易协定这一计划引起了中国对美国地缘政治目标的怀疑。美国试图通过这样的做法在该区域内提升其政治和经济力量。有分析人士指出，这一举动表明中国和美国在该地区的合作日益重要，以及两国的不断竞争为该地区带来了越来越多的影响。在上周末举行的亚太经济合作峰会期间，美国总统奥巴马称他支持由九个国家共同起草跨太平洋伙伴关系协定（TPP）。这九个国家是美国、澳大利亚、新西兰、新加坡、马来西亚、越南、文莱、智利和秘鲁。周五，日本宣布其有兴趣加入该谈判。

2. 世界第二大经济体、最大出口国中国未加入 TPP，这反映出美国在此次谈判中占据主导地位，这对美国保持其全球领导力具有重要作用。有官员称："在 20 世纪，美国认为拥有对大西洋地区的领导权就意味着坐拥全球事务领导权，而在 21 世纪，华盛顿认为确定在太平洋地区的领导力对其全球领导力的延续至关重要。"随着中国 - 东盟自由贸易区的建立，美国担心中国进一步进入太平洋地区，所以有些人认为 TPP 可以阻止中国在东亚的领导地位的上升。不可否认的是，TPP 是由美国主导的，并且对地缘经济和地缘政治产生了影响。有官员称："这对中国来说是一个重大的挑战，因为中国在最初阶段就被排除在外。"随着欧洲陷入经济危机，奥巴马总统将亚太地区的快速发展视为实现其竞选期间许下承诺的关键，特别是在促进美国出口、创造就业机会和降低美国失业率方面，美国认为亚太地区的发展会对美国带来积极影响。

---

* Cary Huang，香港《南华早报》北京分社社长。来源：国际治理创新中心（加拿大智库），2011 年 11 月 14 日。

3. 奥巴马政府认为亚太地区是一个动态地区，美国在这里可以寻求在未来几十年保持全球领先地位的方法。国际治理创新中心中国事务研究小组主席说："美国希望加强与中国周边经济体的合作。"北京大学国际政治经济研究中心主任王勇称："中国担心美国会利用 TPP 来抑制中国的崛起。"尽管有这方面的猜疑，但几位分析师也表示，中国并不担心这种合作关系。上周五，中国商务部部长表示如果美国邀请中国加入 TPP，中国会认真考虑此事。几小时以后，美国国家安全顾问弗罗曼说，TPP 不是被邀请加入，而是是否渴望加入。昨天，中国国家主席胡锦涛表示中国不希望被排除在外，中国支持 TPP。美国没有明确表示排斥中国加入 TPP，但美国国务卿希拉里已经将贸易协定和基本价值联系起来，包括开放程度和劳动标准。《环球时报》谴责 TPP 和希拉里的发言。

编号：20111114A135

加拿大获邀参加其梦寐以求的太平洋贸易谈判

Bill Curry*

原文标题： Canada Secures Invitation to Join Coveted Pacific Trade Talks

文章框架： 加入 TPP 需要获得美国国会批准；加拿大加入 TPP 之后需面对的问题。

观点摘要：

1. 加拿大已经被邀请加入跨太平洋伙伴关系协定（TPP），此后，墨西哥也被邀请加入。TPP 中每个成员国的加入都需要获得两个美国机构的批准，这意味着加拿大加入 TPP 还需要获得美国国会的批准。加拿大预计在今年秋天加入 TPP。TPP 的下一轮谈判将于 7 月 2 日至 10 日在圣迭戈举行。目前，TPP 的成员国包括美国、澳大利亚、新西兰、新加坡、智利、秘鲁、越南、马来西亚和文莱。也有人猜测，加拿大将会加深其与中国的贸易计划。加拿大希望在本国总理于 2 月访问北京之后，两国可以研究讨论如何更好地深化双边贸易。

2. 现在的 TPP 成员国涵盖了 5.1 亿人口和 17.6 万亿美元的国内生产总值（GDP）。随着墨西哥和加拿大的加入，该自由贸易区将会涵盖 6.58 亿人口和 20.5 万亿美元的国内生产总值。在 G20 峰会上，哈珀传递了这样一个信息，即除了建立额外债务，加入自贸区是促进经济发展的最好方式。国际治理创新中心研究员安德烈·库珀说，加拿大可能会在保护乳制品业方面遇到挑战，这将是对加拿大适应贸易自由化的真正考验。当然，我们的市场委员将会和加拿大一起应对压力。加拿大理事会定期批评国际贸易交易，并发誓要阻止加拿大加入 TPP。TPP 将在不通过议会的情况下，迫使加拿大改变其药物政策、版权政策以及环境与公共卫生规则。

编号：20120619A135

---

* Bill Curry，报道议会和联邦政策的记者。来源：国际治理创新中心（加拿大智库），2012 年 6 月 19 日。

亚洲的回绝没有引发任何同情

Fen Osler Hampson *

原文标题： Shed No Tears Over Asia’s Rebuff

文章框架： 亚太地区应避开西方自由国际主义去建立自己的区域机构；美国主导TPP；哈珀政府在亚太地区的政策。

观点摘要：

1. 我们不应该浪费精力和心血去加入那些不愿接受我们的组织，尤其是东亚峰会，那只不过是一个优雅的空谈场所。亚太地区应努力避开西方自由国际主义倾向，建立自己强有力的区域机构。东盟是制度化的机构，并且它是其他区域集团的支撑力量，包括东盟区域论坛，加拿大是该论坛的成员之一。有人说与正式体制的对抗是亚洲的价值观所在，这也解释了为什么亚太地区一直致力于对体制进行改进。但是该区域的小国有着根深蒂固的恐惧，这些小国不得不追随一些大国，如中国和日本，这样的情况妨碍了两国真正的合作。除了中国，大多数的亚洲国家希望美国保护和维护它们的利益。尽管美国的新战略是指向亚洲的，但是美国的领导力正在衰落。华盛顿甚至不清楚到底谁才是其在该区域的真正盟友。

2. 备受吹捧的跨太平洋伙伴关系协定（TPP）是亚太地区最新加入的内容。尽管加拿大已经加入了TPP，但我们不应该寄希望于TPP会很快地商定出该区域的自由贸易协定。TPP谈判由美国的意愿主导，美国试图通过加强与该区域盟友的合作，从而包围中国。TPP的主要动机是“安全”和“遏制”，而不是“开放市场”和“自由贸易”。加拿大对许多亚洲国家具有吸引力，其拥有稳定的财政状况、丰富的资源和劳动力以及开放的投资环境。这些都是有形的力量，我们可以通过战略性双边谈判利用这些力量促进贸易和投资。我们的重点是参与谈判而不是在谈判的闲聊

---

* Fen Osler Hampson，多伦多大学学士，伦敦大学经济学硕士，哈佛大学博士，现任加拿大国际治理创新中心资深研究员以及全球安全与政治项目主任，主要负责监管项目研究方向和相关研究活动，也是渥太华卡尔顿大学校长、全球互联网监管委员会主任和诺曼·帕特森国际事务学院主任。研究领域包括加拿大外交政策和国际事务。来源：国际治理创新中心（加拿大智库），2012年9月24日。

中产生毫无意义的结论。美国越多地强调安全问题，就会使得该区域的更多国家与中国、澳大利亚和韩国进行贸易往来。美国最不希望看到的就是中国的崛起。在 TPP 成员之间扩大贸易自由化有着很多的国内障碍。美国大选后持续的政治僵局预示着 TPP 将不会很快协商出结果。

3. 哈珀政府应继续其在亚太地区的进程，将重点放在加强与中国、韩国、日本、印度尼西亚、泰国和越南的双边谈判上。如果加拿大能够与这些国家中的一个国家达成自由贸易协定，如日本，那么其他国家也会相继跟随达成自由贸易协定。冷战初期，加拿大为促进该区域的发展通过科坡伦计划投入了巨资。印度、孟加拉国、印度尼西亚和中国是加拿大发展援助的主要受益国。加拿大的外交有创新性和建设性。加拿大外交官试图促成一项结束越南战争的协议，这名外交官是一名监督管理越南国际委员会（ICSC）的成员。

编号：20120924A135

在 2014 年的贸易政策中，所有的行动都在亚洲

Leonard J. Edwards *

原文标题： In 2014 Trade Policy, All the Action’s in Asia

文章框架： 加拿大的贸易政策遇到困难；加拿大与 TPP 谈判。

观点摘要：

1. 去年的这个时候，哈珀政府努力达成的贸易政策遇到了麻烦。与欧洲的谈判不断拖延；由于韩国方面不感兴趣，与韩国的会谈止步不前；多哈回合谈判似乎已经被废弃。目前，政府正在进行其他两个谈判，与日本达成双边经济伙伴关系（EPA）和加入跨太平洋伙伴关系协定（TPP），政府将这两个谈判视为第十一方会谈。2013 年 9 月，哈珀总理和欧盟委员会主席巴佐罗宣布了加拿大和欧盟之间的全面经济贸易协定（CETA）的原则。事实上，谈判人员一直在努力工作，处理这些悬而未定的问题。显然，这里没有真正的协议破坏分子，这项工作应该在未来的几个月内完成。然而一些翻译工作以及与法律和批准有关的内容还需要两年的时间，CETA 是一个重要的成就。该协议给加拿大带来了巨大的经济利益，促进了加拿大的贸易发展。CETA 带来的好消息不止这一个，韩国是加拿大的第七大出口市场，加拿大总理哈珀与韩国总统朴槿惠于 10 月在巴厘岛举行协商。如果韩国想要加入 TPP，那么韩国需要与加拿大达成协议，这也是现在韩国方面想要做的事情。

2. 同时，复杂的 TPP 谈判正在继续，尽管将日本纳入其中是一个巨大的挑战。世界贸易组织已经表示，在适度交易的前提下，贸易部部长在会谈中将关注点放在贸易便利化（改进出口报关和港口清关）上。这些发展和繁荣有利于哈珀政府执政基础的巩固。因为这个原因，总理一直在谈判。另外的好消息是加拿大人对市场开放和贸易协定的态度有所转变。加拿大现在已签订了一些协议，那么政府在 2014 年的关注点应该有哪些？首先，亚洲是第一要务，特别是日本。日本已经提前参与到

---

* Leonard J. Edwards，国际治理创新中心特聘研究员。他曾是加拿大驻日本和韩国的大使，亚太地区贸易经济政策助理副部长。来源：国际治理创新中心（加拿大智库），2014 年 1 月 22 日。

TPP 中，一旦协议得出结论，加拿大将会寻求与其达成双边协议，这在 TPP 中也是首要考虑的问题；加拿大与印度的贸易谈判需要重新启动；加拿大还应该与东南亚国家接触。早在两年前，中国领导人就已邀请加拿大与中国达成贸易协定，但由于一些政治原因，加拿大错过了这一机会。中国可能不会再重新提议。在任何情况下，中国都有更重要的战略考虑，中国现在的想法是：直接与美国进行更多的贸易。在加入 TPP 的问题上，中国改变了它的立场。这可能是加拿大与中国谈判的最佳途径。亚洲是加拿大 2014 年的贸易焦点。加拿大应与这些区域的一些重要国家加强贸易往来，这将会促进全球经济增长。

编号：20140122A135

太平洋贸易与加拿大选举

John Ibbitson *

原文标题： Pacific Trade and Canadian Elections

文章框架： TPP 有着巨大的潜在利益；各国对减免关税的态度；TPP 对加拿大选举的影响。

观点摘要：

1. 如果美国总统奥巴马和日本首相安倍晋三在农业税方面达成协议，那么明年加拿大选举的结果将会是这一贸易能否达成的关键，因为史蒂芬·哈珀支持跨太平洋伙伴关系协定（TPP），而其他候选人唐民凯（Thomas Mulcair）和特鲁多（Justin Trudeau）反对 TPP。你一定听说过 TPP，它包括加拿大和其他十一个太平洋国家，这其中有美国和日本。该协议已经拖延多年，但各国都仍在坚持推进谈判，因为该协议存在巨大的潜在利益，这些国家的贸易之和占世界贸易总和的三分之一。

2. 各国普遍认为关税减免和限制政府能力有利于当地供应商，而且能够增强对知识产权的保护。但这方面的阻碍是日本，日本拒绝降低农产品和汽车关税，而美国要求其有更大的开放程度。日本多家媒体报道，在过去的一周里，日美双方已就大米和小麦交易方面进行谈判，美国将会继续对日本实施保护以换取逐渐增长的进口配额。双方在周一将会继续讨论其他问题，美国总统奥巴马将于周四与日本首相安倍进行会晤。双方都将会宣布一些事项，即使 TPP 还不是一个完整的协议，但也会有实质性的突破。

3. 加拿大正在试图保留其供应管理系统，该供应管理系统可以为乳制品和家禽行业提供保护。但如果日本同意取消农业税，那么加拿大就别无选择，只能放弃保留供应管理系统。如果要在保护供应管理系统和签署 TPP 之间做出选择，出于政治和政策考虑，保守党政府将会选择签署 TPP。长期以来，进步思想家的梦想就是让加拿大摆脱对美国贸易的过度依赖。但随着加拿大加入 TPP，政府可能已经将这一

---

* John Ibbitson，作家和政治记者，主要研究加拿大保守党政府的外交政策。来源：国际治理创新中心（加拿大智库），2014 年 4 月 21 日。

想法丢弃了。如果哈珀想要在执政期间做出经济贡献，那么里程碑式的贸易交易将会是一个很好的选择。政府已与欧盟达成协议，上个月还宣布将与韩国签订自由贸易协议。加入 TPP 后，加拿大在过去的一年里就与 40 个国家签订了自由贸易协定，但事实上加拿大政府一直在避免激怒乳制品业和家禽业从业人员。供应管理一直与加拿大的农业历史相联系，人们认为保留家庭农场很有价值，乳制品和家禽领域的从业人员都对此表示赞成。在过去的二十年里，数以百万的移民来到这片土地，这些移民多数来自亚洲和太平洋国家。对于保守党来说，放弃供应管理对其政治影响较低。许多受影响的农场都位于魁北克农村，那里没有保守党的国会议员。保守党的政治成本是微不足道的，而潜在的政治收益是巨大的，一些郊区和中产阶级选民，特别是移民选民都支持扩大贸易机会。新民主党从未认可 TPP。魁北克从事乳制品生产和畜牧业的农民是新民主党的选民，所以新民主党不会支持取消供应管理。特鲁多知道如果他想赢得下一次选举，他就要尽量削弱保守党在经济上的优势，这就是自由党领导人支持与欧盟签订贸易协定的原因。但 TPP 与这个协定不同。自由党人决心扩大其在魁北克的基地，这就意味着要想在魁北克农村赢得席位，就必须保护供应管理。TPP 不会决定选举结果，但它是一个有用的契机，在选举中，任何有用的契机都是有价值的。

编号：20140421A135

全球大型贸易交易及其对中国的影响

John Whalley *

原文标题： Global Mega Trade Deals and the Impact on China

文章框架： 大型贸易的含义；大型贸易的内容包括 TPP；大型贸易的影响。

观点摘要：

1. 随着美国总统奥巴马继续进行其在亚洲的贸易之旅，这里有一个问题引人深思，美国新的贸易战略对全球贸易意味着什么。“大型贸易”这一术语已被广泛使用，主要涉及一些大型贸易协议，如美国和欧洲之间的贸易协议（跨大西洋贸易与投资伙伴关系协定，TTIP）以及亚太地区的贸易协定（跨太平洋伙伴关系协定，TPP）。然而，这种大型贸易现在包含的范围更广泛，不仅包括这两个协议，它还包括中国和亚洲一些国家的协议。

2. 加拿大和美国在 1987 年签订了双边自由贸易协定，该协定促使北美自由贸易协定（NAFTA）在 1993 年签订。自从这两个协议签订以来，全球经济迅速发展。在全球范围内，大型交易具有很大的潜力。虽然达到一定规模的国家间的交易都可被视为大型贸易，但事实上，真正的大型贸易都直接涉及欧盟、美国、中国、东盟以及一些中等规模的经济体（如日本、加拿大、巴西和土耳其）。大型贸易也可能有集群国家的参与（如“东盟 +6”区域全面经济伙伴关系协定，RCEP，该协定包括中国）。大型交易的贸易部分被视为最重要的部分，其服务贸易范围广泛并能够促进合作伙伴竞争机制。

3. 一些大型交易（如 TPP 和 RCEP）拥有先进的工作组织，可以对更具体的主题进行讨论。美国总统奥巴马此次的亚洲贸易之旅是为了增加美国在大型交易中的参与程度。双边和区域贸易协定在本质上是不同的。不参与大型贸易的国家都不可避免地要加入区域伙伴协定。在未来，世界贸易组织中的多边贸易将有效地推动双

---

* John Whalley，曾是西安大略大学国际经济关系中心主任，国际治理创新中心特聘研究员。其研究领域包括公共财政、国际贸易、替代政策和发展以及气候变化。来源：国际治理创新中心（加拿大智库），2014 年 5 月 1 日。

边和多边大型贸易谈判。由于贸易和出口对中国实现 7.5% 的国内生产总值（GDP）增长率的目标至关重要，比起其他国家和经济实体，中国将会通过发展其大型贸易，增强竞争力。大型贸易对世界发展速度和发展程度有着重要的影响，并且其对 TPP 谈判也会发挥作用。随着经济的发展，中国可能会被吸引加入 TPP，到时中国可能会被迫就国有企业非关税问题进行谈判。大型贸易是全球动态经济的关键。总体而言，全球经济的动态发展表明各国越来越多地参与大型贸易是不可避免的趋势。大型贸易在不同层面起着不同的作用。其中包括全球四大经济体（美国、欧盟、中国和东盟）之间的双向交易，以及每一个重要的合作伙伴（日本、韩国、巴西、印度、墨西哥、加拿大和澳大利亚）之间的双向交易。全球四大经济体的交易最有可能引导全球贸易体系的发展。美国可以通过表达其对大型贸易的立场来影响未来的贸易体系发展。在接下来的几十年，大型贸易交易可能会对中国的经济发展产生影响。

编号：20140501A135

能带来好处的朋友：为什么马来西亚能够而且将会与美国和中国保持良好关系

Elina Noor *

原文标题： Friends With Benefits：Why Malaysia Can and Will Maintain Good Ties With Both the United States and China

文章框架： 马来西亚既不依赖于中国也不依赖于美国；马来西亚已经被推上国际舞台；马来西亚与中国和美国的关系。

观点摘要：

1. 在一些区域框架中，如果中国参与在内就可能没有美国的参与，反之亦然。备受争议的跨太平洋伙伴关系协定（TPP）就是一个很好的例子。人们普遍认为TPP是由美国主导的，马来西亚正在协商加入TPP，对于中国不参与TPP马来西亚表现出担忧。事实上，东盟十国中只有四个国家参与了TPP，所以TPP是一个有关美国盟友的条约。然而，事实上马来西亚既不依赖于中国也不依赖于美国。不管谁参与或缺席多边框架，都不影响马来西亚加入TPP。同时，马来西亚加入TPP也不受其他国家影响力的支配。

2. 在亚太地区建立新的关系模式是区域演变的重点，处于战略中间地带的东南亚的重要性日益凸显，这其中有一部分原因是中国在南海的发展。对争议地区的态度以及当选联合国安全理事会的非常任理事国，马来西亚在这些方面的外交努力重新引起了国内外观察家的兴趣。在过去的几年里，马来西亚已经被推上国际舞台。马来西亚揭开了与美国外交关系的新篇章，通过与美国的全面伙伴关系，马来西亚与美国保持着长期的制度化联系。美国总统奥巴马已于2014年5月首次访问马来西亚。与此同时，马来西亚扩大了与中国的贸易关系，使得马来西亚成为中国在东南亚最大的贸易伙伴。2013年10月，中国国家主席习近访问马来西亚并宣布双方将

* Elina Noor，牛津大学法学学士，伦敦政治经济学院法学硕士，乔治城大学安全研究学硕士，也是外交政策与安全研究所主任。研究领域包括美国和马来西亚双边关系、网络战和安全、恐怖主义和大国关系。来源：国际治理创新中心（加拿大智库），2014年11月4日。

开展全面伙伴关系，特别是在贸易和投资领域，这使得马来西亚和中国的关系进一步加深。

3. 马来西亚在处理地区和国际事务时，引起了国内外观察人士的关注，这其中有表扬、尊重和好奇。随着亚太地区的权力转变，马来西亚与中国和美国的关系将会继续保持动态对等状态。随着亚太地区联盟的重组以及战略利益的变化，马来西亚经常被问到是否将继续保持与中国和美国的友好关系。马来西亚的反应说明其将继续同中国和美国保持友好关系，中国和美国在亚太地区都占有主导地位。在国家利益和现实主义面前，马来西亚清楚其自身特点。作为一个相对较小的国家，在面对中国——一个人口超过马来西亚 40 倍的国家时，马来西亚与中国的关系必须放在现实背景下加以考虑。这并不意味着马来西亚应该或将要屈服于这条觉醒的巨龙。同时，马来西亚的地位和姿态使其成为中国在东南亚的战略合作伙伴。尽管马来西亚与中国和美国都有分歧，但这并不影响马来西亚与这两国的关系。事实上，分歧是可以提前预见的。对于马来西亚来说，如何平衡与中国和美国的关系也是一大挑战。尽管中国和美国的双边关系是复杂的，但两国的合作也有很多。马来西亚不应该孤立地考虑与美国和中国的双边关系。除了马来西亚广泛开展与美国和中国的交往之外，中美关系的改善也将减轻东南亚地区小国家的压力并为它们带来利益。在当今世界，特别是在亚太地区，双边关系是错综复杂的。

编号：20141104A135

在选举时不要忘记对外政策

Fen Osler Hampson *

原文标题： Don’t Forget About Foreign Policy on Election Day

文章框架： 外交政策很少考虑选民意愿；在未来一年里五大挑战的内容。

观点摘要：

1. 在选举的时候，候选人提出的外交政策很少考虑选民的意愿。但在国际问题上，明确的政策和坚定的立场会体现领导的基本素质。未来的一年里有五个挑战值得关注：将于 2 月下旬在加拿大举行的三国峰会，打击伊斯兰极端主义分子及全球恐怖主义的威胁，对抗普京对乌克兰的报复行为，开展广泛的贸易谈判，政府在未来十年的国防战略和国防开支。

2. 三国峰会应为北美提出一个新的战略构想，特别是在能源安全方面，但是政治姿态阻碍了合作。欧洲承诺减少温室气体排放将是于巴黎召开全球谈话的催化剂。打击伊拉克和伊朗的伊斯兰极端主义以及全球恐怖主义是政府的重要任务，这也是是否延长加拿大军队在伊拉克参战期限的依据。如果加拿大继续支持这一任务，那么它需要一个更清楚、更切合实际的总体战略。俄罗斯经济衰退越严重，民众对普京的失望越大。加拿大不仅要推进加强与中国的合作，也要服务于广泛的贸易目标，包括跨太平洋伙伴关系协定（TPP）和其他的双边伙伴关系。如果美国总统奥巴马从国会得到了授权并且解决了和日本的双边问题，那么这两个国家将会推进 TPP 谈判，而加拿大将不得不逐步放松其供应管理系统，但该系统对消费者和食品加工者有利。美国的国防战略是以北约为中心，如果美国真的试图参与亚太地区事务，并希望被其他国家认真对待，那么美国需要给予安全方面更多的关注，这对许多

---

* Fen Osler Hampson，多伦多大学学士，伦敦大学经济学硕士，哈佛大学博士，现任加拿大国际治理创新中心资深研究员以及全球安全与政治项目主任，主要负责监管项目研究方向和相关研究活动，也是渥太华卡尔顿大学校长、全球互联网监管委员会主任和诺曼·帕特森国际事务学院主任。研究领域包括加拿大外交政策和国际事务。来源：国际治理创新中心（加拿大智库），2015 年 1 月 5 日。

不稳定地区来说至关重要。在外交政策方面，美国需要在安全和贸易方面做出更大努力。

编号：20150105A135

新闻快讯：美国国会终究还是会重视美国在全球的地位

Kevin Carmichael *

原文标题：News Flash：U. S. Congress may Value America's Place in the World After All

文章框架：美国国会终究还是会看重美国在全球经济事务中发挥的核心作用；随着国际货币基金组织（IMF）弊端日益凸显，金砖国家开发银行和亚投行建立；"快速通道"授权获得批准对签署 TPP 的重要作用；TPP 能加强美国在亚洲的存在；印度尼西亚政府对 TPP 问题的担忧。

观点摘要：

1. 美国国会终究还是会看重美国在全球经济事务中发挥的核心作用。参议院共和党多数派领袖明奇·麦康奈尔（Mitch McConnell）预言参议院将通过"快速通道"法案，该法案将允许奥巴马政府推动贸易协定的签署。这有几个重要原因。首先，"快速通道"授权将扫清签署跨太平洋伙伴关系协定（TPP）的障碍，而 TPP 对于刺激全球经济增长来说非常重要。当与伊丽莎白·沃伦（Elizabeth Warren）——她可能是唯一一位可与奥巴马在民主党内声望匹敌的竞争对手——进行公开对抗时，美国总统奥巴马似乎要与共和党达成协议，使共和党帮助完成他的遗留任务。"快速通道"授权将允许美国重申自己在全球经济事务中的地位，人们也会对美帝国正在衰退的说法进行重新考量。

2. 2010 年，美国共和党议员阻挠国际货币基金组织（IMF）进行治理改革的举措损害了美国的海外信誉。比起这一事件，奥巴马政府的所做作为更值得指责，因为它将固定的投票程序变为一个两极分化的政治问题。不过，不可否认的是，反对

---

* Kevin Carmichael，卡尔顿大学新闻学学士，现任国际治理创新中心高级研究员，曾任《环球邮报》记者。他在该中心主要负责研究和发布有关全球经济治理峰会和全球经济发展的政策简报。他于 2008 年任《环球邮报》商业记者，曾对全球金融危机进行相关报道，采访过美国银行家大卫·道奇、马克·卡尼以及财务部部长弗莱厄蒂。2008 ~ 2010 年，任《环球美国》商业记者，负责报道美国联邦储备理事会以及美国经济和政治等问题。来源：国际治理创新中心（加拿大智库），2015 年 5 月 19 日。

IMF 改革的共和党人向全世界显示了他们对美国总统的不支持态度。随着 IMF 弊端日益凸显，金砖国家创建了自己的贷款机构，而美国盟友则纷纷成为中国发起的亚洲基础设施投资银行（AIIB）的创始成员。

3. 上周，国会看起来似乎准备使情况进一步恶化。民主党参议员拒绝了美国总统奥巴马要求国会放弃其重新制定政府与其他国家达成的贸易协定谈判的权利。“快速通道”的授权将使国会仅能对投票主题进行“是”或“否”的选择，这对于美国与其他国家达成贸易协定来说至关重要。如果美国国会有修改协定文件的可能性，与美国进行谈判的另一方将不会同意签署协定。假设一切都如计划的那样，奥巴马的谈判授权获得批准，那么 TPP 很可能将于今年签署。白宫已经明确表示，它希望于2016 年美国大选之前进行贸易协定投票。假设 TPP 获得批准，美国将会基本确定新贸易协定的条款，这将涉及亚洲许多重要的经济体，包括日本、澳大利亚、马来西亚、越南和新加坡。

4. IMF 会议上个月在华盛顿举行，在贸易小组讨论中，经济学家阿文德·萨勃拉曼尼亚（Arvind Subramanian）指出，以美国为首的亚太贸易协定有推动全球经济转变的潜力。在此之前，在接受《纽约时报》的采访时，萨勃拉曼尼亚强调亚投行表明了美国影响力的下降。但是，在小组讨论中，他指出这两个说法之间存在矛盾，在华盛顿影响力减弱时，它似乎正在设置崛起中的亚洲的商业规则。美国否认中国与 TPP 有任何关系。但 TPP 至少是为了加强美国与其在亚太地区最重要的贸易伙伴的经济联系。同时，由于中国对商品和服务发展的推动力越来越强，美国希望把这些重要的贸易伙伴纳入美国的轨道中。TPP 的潜力将会日益显现。彼得森国际经济研究所的负责人亚当·柏森（Adam Posen）最近指出，美国将通过美国企业和投资者对亚洲经济的更多参与来在该区域传播美国的价值观。TPP 也可以设置该区域的商业活动标准。即使非 TPP 成员国的政府抵制相关标准，TPP 也能够迫使其企业遵守相关规则。

5. 印度尼西亚前贸易部部长冯慧兰（Mari Elka Pangestu）在同一贸易小组讨论中表示：“印度尼西亚发现加入 TPP 有很多困难，因为这意味着印度尼西亚需要大范围改变国家法律规定。印尼政府已经受到本国企业的施压，希望印度尼西亚不要丧失竞争优势。我们国家的商人对政府表示质疑，并指出越南已经加入了 TPP。即使我们不加入 TPP，但我们依旧会对 TPP 保持关注。”但如果美国国会使各方达成 TPP 的努力失败了，那么印度尼西亚就没什么可担心的了。

编号：20150519A135

奥巴马的谈判代表能够打造公平的TPP协定

Fen Osler Hampson； Derek Burney *

原文标题： Obama's Negotiators Should Can Public Theatrics and Forge a Fair TPP Deal

文章框架： 美国谈判代表就 TPP 问题公开嘲讽加拿大；美国在现有贸易协定中未能履行其义务；划定协定谈判最后期限的原因；加拿大有很多理由签署 TPP；所有谈判参与国应摆正心态，避免“哗众取宠”。

观点摘要：

1. 本周，美国谈判代表迈克尔·弗罗曼（Michael Froman）就跨太平洋伙伴关系协定（TPP）的问题公开嘲讽加拿大，布鲁斯·海曼（Bruce Heyman）大使默然回应。这样的情况在协议谈判中很常见。但是，TPP 的问题同华盛顿与伊朗之间的问题不同，它的最终目标只是为了达成协议。弗罗曼先生和海曼先生最好注意到民主党的言论。这些民主党人对 TPP 的强烈反对很可能是达成协议的最严重障碍。由于伯尼·桑德斯（Bernie Sanders），伊丽莎白·沃伦（Elizabeth Warren）和党派中日益强大的左翼势力的攻击，希拉里·克林顿（民主党总统候选人中的领跑者，曾经也是 TPP 的拥护者）正在改变其对 TPP 的态度。任何严肃会议的建设性进程不应通过新闻媒体来评判。不幸的是，这似乎是华盛顿惯有的做事方式——“抓住不放和嘲笑”。

---

* Fen Osler Hampson，多伦多大学学士，伦敦大学经济学硕士，哈佛大学博士，现任加拿大国际治理创新中心资深研究员以及全球安全与政治项目主任，主要负责监管项目研究方向和相关研究活动，也是渥太华卡尔顿大学校长、全球互联网监管委员会主任和诺曼·帕特森国际事务学院主任。研究领域包括加拿大外交政策和国际事务。

Derek Burney，加拿大规章制定官员，现任富布赖特诺顿高级战略顾问、湖首大学校长、卡尔顿大学客座教授和高级研究员。此前曾担任总理办公厅主任、CAE 公司的总裁兼首席执行官以及贝尔加拿大国际公司董事长兼首席执行官，也曾参与加拿大 - 美国自贸易协定谈判。他作为总理的个人代表曾参与 1990 年、1991 年和 1992 年的七国集团经济峰会。曾获得加拿大公共服务杰出成就奖。研究领域包括跨境和加拿大国内的贸易投资政策问题。

来源：国际治理创新中心（加拿大智库），2015 年 7 月 25 日。

2. 加拿大国际贸易部部长法斯特（Ed Fast）没有表现出任何迹象会屈服于公众的猛烈抨击。尽管如此，他可能会在私人场合向其美国对话者指出，在现有贸易协定中未能履行其义务的国家并不能够在 TPP 的“最后”谈判中占据道德高地。美国的一些做法，如设定肉类进口国家原产地标签、购买美国货条款、拖延基石 XL 石油管道项目建设并拖延加拿大液化天然气项目的许可——这些只是最近的一些实例，有损美国对北美自由贸易协定和世界贸易组织的承诺。美国其他的 TPP 谈判伙伴可能会注意到这样的事实：迫于华盛顿的政治压力，任何协议的“亮点”都会很快黯淡下来。很少有人注意到奥巴马从国会获得“快速通道”授权的失败是一个权衡，美国商务部在事后将更严格地执行补偿机制（补贴）——美国贸易保护主义者以这种贸易救济措施为傲。这些新规定与 WTO 的标准程序完全不符。事实上，这些规定可能会削弱最终达成的 TPP 协议的价值。没有人真正知道为了使 TPP 最终获得批准，其他国家应该拿什么样的额外优惠与美国国会进行谈判。至少加拿大和其他 TPP 成员国应该坚持美国贸易救济规定不能单方面被改变从而破坏最终协议中的承诺。美国的谈判用语——“信任，但要核查”应该是所有签署国在国会批准过程中的口号。这就是说，划定最后期限的真正原因是奥巴马认为尽管党内存在坚定的反对派，相较明年而言，他今年有更好的机会获得国会批准，明年公众的注意力都将转移到美国大选上。与此同时，奥巴马任期内的遗留问题和国会中的党派争端将给协议细节的达成造成很多障碍。

3. 鉴于该协定提供了新的重要市场准入机会，加拿大有很多理由会签署平衡、互利的跨太平洋伙伴关系协定。随着时间的推移，加拿大很可能需要对乳制品和家禽的供应管理政策做出一定的调整。加拿大消费者和食品加工业者，特别是安大略省，将会是政策调整的最终受益者。

4. 然而，这是基于对整体协议经济利弊的权衡而做出的政治判断。像美国和日本这样的国家发出警告称加拿大在谈判中的地位可能岌岌可危，并假装它们国家不存在贸易保护主义。这样的行为是非常可笑的。它们公开指责加拿大在谈判中没有信誉，这只是表明了它们对达成协议的过度渴望。不再做出好莱坞式的表演，使协定满足每个成员国的利益才是最好的做法。这是对所有谈判参与国的建议，尤其是当 TPP 谈判进入冲刺阶段时，有关国家更应该摆正心态，避免“哗众取宠”。

编号：20150725A135

供应管理政策和 TPP：一个新的专业观念

Alexander Shalashniy *

原文标题：Supply Management and the TPP：A Young Professional's View

文章框架：加拿大国内在供应管理问题上的争论；加拿大供应管理政策的历史；加拿大供应管理政策的弊端；取消供应管理问题能够采取的临时措施；加拿大需要创新并解决就业问题；取消供应管理政策、加入 TPP 将扩大加拿大在国际贸易上的竞争优势。

观点摘要：

1. 只有当全球供应管理政策被取消后，加拿大的乳制品和家禽饲养业才能再次具有竞争力。在全球化的祭坛上，时间已经“献祭”了供应管理以拥抱“新加拿大”，这将使加拿大的青年能够在 21 世纪参与全球竞争。为什么最近所有人都对供应管理问题“大惊小怪”？哈珀政府推动加入跨太平洋伙伴关系协定（TPP）的努力以及思想家芬德莉（Martha Hall Findlay）等人对此的批评都将这个问题摆在了加拿大的政治舞台上。对某些人来说，这是纯粹的经济学或食品安全问题，而对另外一些人来说，这是关于减少“大政府”干预或确保进入加拿大人口中的食物质量达到安全标准的问题。当前的争论涉及以上内容，但这并没有解答加拿大年轻人在取消供应管理问题上的疑问。

2. 供应管理指的是在供应过程中实行系统配额，它是一个宽泛的术语。通过许可证和关税在区域分配中保证加拿大乳制品和家禽的价格。乳制品和家禽生产商主要集中在安大略和魁北克的乡村地区。20 世纪 70 年代，农业部部长尤金·惠兰提出了供应管理的原始目标，即制订省级计划，创造一个有国家凝聚力的策略，从而确保全国物价和供应的稳定。简而言之，供应管理本质上是加拿大在二战后的“宿醉”状态下产生的。然而，20 世纪 80 年代末以来的城市化使加拿大发生了巨大的变化，今天的加拿大是截然不同的，它变得更为国际化并站在世界前沿，这是加拿

---

* Alexander Shalashniy，加拿大萨斯喀彻温省里贾纳市律师，加拿大联邦移民局工作人员。来源：加拿大国际委员会（加拿大智库），2012 年 8 月 9 日。

大能够掌舵全球自由贸易的原因。作为一个真正致力于自由贸易和国际开放的国家，供应管理的继续存在破坏了加拿大的声誉。

3. 供应管理对以出口为导向的农产品企业的发展来说是一个灾难。这有许多例子，比如新西兰——一个取消了类似的贸易保护系统的国家。新西兰目前每年的乳制品出口额超过 80 亿美元，而加拿大整个乳制品行业的总收入只有 55 亿美元（加拿大的人口比新西兰多 7 倍，国土面积远大于新西兰）。供应管理扼杀了有创造性的企业家，并减少了原始农产品经过加工而产生的附加值。新屠宰场、加工设施和工厂的潜在所有者必须跨越监管采购障碍才能有所作为。价格担保和他国的报复行动意味着加拿大的家禽和乳制品出口缺乏全球竞争力。此外，乳制品和家禽服务的可交易许可证继续抬高了本已高达数十万甚至数百万美元的生产开销。劳伦斯·赫尔曼（Lawrence L. Herman）等批评人士指出，供应管理代表了糟糕的“小加拿大”心态。很大程度上他们说的是正确的——供应管理一直是加拿大经济的“圣牛”，政治家形容加拿大的政治特点是公开宣称供应管理是“不可批评的”。供应管理是危险的区域主义，赫尔曼等精英重视资金和就业，却忽略了外围增值产业的发展。

4. 也许取消供应管理的最大障碍是，在关税和许可证的保护下整个系统都在不断发展。取消供应管理可能会造成生产商暂时的困难，毕竟他们已经习惯于在保护主义壁垒下制定商业模型。临时措施可以帮助生产者渡过难关并给他们一个调整的机会，但这从很多方面来看可能仍是一个艰难的政治选择。许多批评人士指出，即使这些临时措施取消后，消费品价格可能仍然会保持不变，甚至可能会增加。没有得到保护的其他行业仍然可以提供相对便宜的食品，那么乳制品和家禽产业也能够在没有贸易保护系统的情况下提供价格低廉的产品。许多人引用了新西兰牛奶价格上涨的例子，但忽略了一个事实：鸡肉和牛奶的价格在美国都是非常低廉的。即使消费品价格上涨，澳大利亚和新西兰的有关产业在自由贸易下也是极具活力和创新性的。此外，贸易保护系统的取消对低收入家庭的不良影响可以通过税收政策调整和再分配政策消除。

5. 加拿大国内关于乳制品、家禽和鸡蛋价格的争论是劳伦斯·赫尔曼指出的“小加拿大”心态的缩影。供应管理和 TPP 的问题是加拿大青年最为关注的问题，加拿大需要通过创新和贸易国际化在全球竞争中取得胜利。TPP 将有可能成为世界范围内卓越的贸易集团，并可能在全球主导一个新的“太平洋世纪”。其成员国的国内生产总值加起来超过 20 万亿美元。全世界的年轻人日益认识到亚洲在全球事务中的重要性。加拿大发展的关键是保持其势头，并应从重视与欧洲和美洲的经济联系转变为更加注重与亚洲的经济联系。开放加拿大边境贸易和增加移民会促使创新者产生更多新想法并迫使加拿大人参与国际市场的竞争。创新是竞争和创造就业的关键。简而言之，取消供应管理系统将激发加拿大年轻人的创造性思维并帮助解决他们的就业问题。加拿大应该释放能量和活力，致力于发展最好的全球贸易和自由商业。加拿大在许多被认为是全球粮食安全的关键的农业领域有着很大优势。但由于存在上述阻碍，政府和创新者无法使加拿大转变为食品安全超级大国并确保加拿大青年以良好姿态面对全球化新世界的挑战。

编号：20120809A136

聚焦 TPP：像加拿大这样的服务业超级大国达成协议的关键

Danielle Goldfarb *

原文标题： Spotlight on TPP：Agreement Key for Services Superpower Like Canada

文章框架： 服务业是加拿大贸易和财富创造的重要领域；TPP 可以提供更多服务贸易空间；加拿大将从 TPP 中获益。

观点摘要：

1. 加拿大人通常认为加拿大是自然资源出口国，但这种看法已经过时了——尽管在过去的十年中，能源行业和其他资源行业在加拿大经济中扮演了重要角色。从医疗行业到保险行业，五分之四的加拿大人受雇于服务业，而这个比例在最近几十年一直持上升趋势。事实上，加拿大是一个动态的、高附加值的服务经济体，这些服务被出售到世界各地。服务业是加拿大贸易和财富创造的重要领域，但一直很少有人关注这一点。服务贸易（能跨境交付和销售的活动）可以提供高质量的就业机会。服务可以直接出口——例如管理、保险和海外工程服务的出售。高质量的服务同时也可以使我们本国的产品、品牌和售后服务在全球市场上更具竞争力。可交易的服务业提供的工资通常高于制造业，服务业的相关工作还可以充分利用加拿大受过高等教育的公民。加拿大公司可以通过外国分支机构向海外销售服务。服务方面的销售额占加拿大外国子公司总销售额的43%，自 2008 年至 2009 年经济出现衰退以来，这一份额持续大幅增长。

2. 跨太平洋伙伴关系协定（TPP）作为一个先进的贸易协定可以提供更多服务贸易空间。TPP 谈判的目标是创建一个高标准的全面协定，开放几乎所有的商品和

---

* Danielle Goldfarb，剑桥大学国际关系硕士和麦吉尔大学工商管理硕士。现任加拿大咨议局全球贸易中心副主任、加拿大统计局贸易和咨询委员会成员、乔治城大学领导力研讨会成员、外事部门贸易学术咨询小组和美国国际访问学者项目成员。研究领域包括国际贸易、加拿大投资和发展政策、加拿大国防和外交事务，当前研究重点为加拿大企业在快速增长市场中的发展，包括印度和东南亚的市场。来源：加拿大国际委员会（加拿大智库），2015 年 7 月 7 日。

服务贸易，并建立比世界贸易组织和北美自由贸易协定更全面的规则。现有十二个 TPP 成员国参与了谈判，这些成员国包括美国、日本、澳大利亚、新西兰、加拿大以及几个市场正在迅速扩大的拉丁美洲和亚洲国家。当前最雄心勃勃的全球贸易谈判正在进行。TPP 是奥巴马政府的一个优先重要政策。国会刚刚批准了贸易“快速通道”授权。由于 TPP 其他成员国知道其协商结果不会被美国国会修改，它们将更加认真地对待谈判。新一轮的谈判定于 7 月底。加拿大媒体和公众的注意力很大程度上都集中在签署 TPP 是否意味着将开放加拿大长期关闭的乳制品市场。加拿大对 TPP 感兴趣的主要原因是 TPP 谈判旨在在全球范围内开放服务销售，而加拿大在此方面有其竞争优势。TPP 将设置新的全球服务贸易规则。加拿大强大的服务基础意味着加拿大的企业会从 TPP 中获益，从而能够更好地在全球范围内销售服务。此外，美国是加拿大的主要服务市场，加拿大需要抓住这一机会更好地融入美国市场。

3. 无论从国内贸易还是国际贸易的角度来看，加拿大都是一个服务业大国，TPP 将是一项首创的协定，旨在促进全球范围内的服务销售。加拿大需要认识到什么对我们规模巨大且不断增长的服务经济来说是重要的。

编号：20150707A136

新西兰人抗议跨太平洋贸易谈判

Stuart Trew *

原文标题： Kiwis Protest Trans – Pacific Trade Talks

文章框架： 新西兰的一些国内组织对新西兰参与 TPP 的抗议；加拿大希望加入 TPP 但是被美国（可能还有新西兰）驳回；TPP 谈判应更加透明；加拿大对与欧盟的全面经济与贸易协定谈判的担忧。

观点摘要：

1. 新西兰和加拿大在国际贸易协定中的处境类似，都分别面临着来自亚太地区和欧盟的压力。跨太平洋伙伴关系协定（TPP）的有争议谈判将于本周在奥克兰继续进行。这引发了一些组织的抗议活动，这些组织将目光聚焦于投资保护和受威胁的新西兰战略资源。新西兰学术和贸易活动家简·凯尔西（Jane Kelsey）在抗议中谈到 TPP 谈判将讨论类似北美自由贸易协定（NAFTA）中的投资保护问题。"他们会威胁到我们通过战略资产私有化来控制外国投资的政策。我们知道，当该协议签署时，我们就不再有将战略资产私有化的机会。我们也知道，在转基因标识问题上，美国与此有关的农业企业将坚持主张我们没有权利对转基因产品进行标识，我们将无法做出自己的决定，也无法了解我们正在吃的食物是什么。"

2. 根据新闻报道，抗议活动是由工会组织的。演讲者还包括奥克兰市议员凯茜，她说："TPP 不支持当地的商业活动，实际上，它只是为国外企业开启了进入我国市场的大门，全球跨国公司将接管我们的当地企业并收购当地资产。"

3. 当前，TPP 的谈判参与国包括新西兰、美国、澳大利亚、文莱、智利、马来西亚、秘鲁、新加坡和越南。根据最近的报告称，加拿大希望加入 TPP 但是被美国

---

* Stuart Trew，加拿大卡尔顿大学新闻学学士，加拿大另类政策研究中心（CCPA）月刊杂志编辑，直到 2006 年，他一直在渥太华的一个新闻和娱乐周刊担任编辑和政治专栏作家。在接下来的八年里，他在加拿大人民评议会担任研究员，也是安大略 – 魁北克区域组织者，而且最终担任贸易活动家。在此期间，他发表了许多有关自由贸易体制之间的联系、社会和经济不平等以及气候变化领域的报告、学术论文和新闻评论。来源：加拿大人民评议会（加拿大智库），2010 年 12 月 6 日。

（可能还有新西兰）驳回。还没有任何确定的消息称该协定将包括投资者－国家争端解决机制，事实上，新西兰和澳大利亚政府宁愿被排除此机制之外。公众全球贸易观察主管洛·瓦拉赫（Lori Wallach）就 TPP 谈判发表了一份声明，敦促谈判更加透明。她说："公众需要知道 TPP 谈判不是以他们的未来为筹码进行赌博，这将需要一个更加透明的过程。如果 TPP 真的像美国总统巴拉克·奥巴马所承诺的那样是一个'21 世纪的高标准协定'，那么公开地进行谈判并公布协定文件（包括金融服务和外国投资的相关内容）应该是没有问题的。"

4. 虽然加拿大不是本周在奥克兰举行的 TPP 谈判的参与者，但我们正面临着同样的问题。我们对与欧盟的全面经济与贸易协定谈判的担忧正与日俱增。正如我们所看到的，加拿大－欧盟全面经济与贸易协定谈判将包括强劲的投资保护与限制政府权力的条款，以管控公共利益，促进包括邮电、水资源、医疗保健、能源和交通行业的私人服务交付模型，市级政府在公用事业如何运行和公共资金如何花费上的权力将会萎缩。如果这是公平的协定，我们就需要在协定签署之前增加谈判的透明度，并对相关细节进行更多辩论。

编号：20101206A138

加拿大将需要加入全球反对跨太平洋伙伴关系协定贸易谈判的行列*

原文标题： Canada Will Need to Join Global Opposition to Trans – Pacific Partnership (TPP) Trade Talks

文章框架： 加拿大和墨西哥请求加入 TPP 自由贸易谈判；谈判参与国国内工会的声明；声明内容包括公共服务、投资和采购等相关问题；谈判参与国的一些国内组织对 TPP 的反对。

观点摘要：

1. 今天早上，布伦特·帕特森（Brent Patterson）的博客文章讨论了加拿大和墨西哥请求加入跨太平洋伙伴关系协定（TPP）自由贸易谈判的相关问题。我想从美国公民贸易运动网站上分享这篇文章。我们正在处理一个与加拿大 – 欧盟全面经济与贸易协定类似的新贸易协定，该协定将包括美国式的知识产权保护、投资者 – 国家争端解决机制并对加拿大供应管理系统（涉及乳制品、家禽和鸡蛋产业）进行施压。现在由于奥巴马政府的同意，加拿大和墨西哥（还有日本）加入 TPP 已尘埃落定，其他 TPP 成员国将不得不同意它们的加入。

2. 好消息是当前有反对 TPP 的声音出现，这是对此前一味支持的声音的一种平衡，这些反对声音包括所有谈判参与国国内主要工会的有力声明。他们于一个月前发表了联合声明，就公共服务问题做了以下陈述：TPP 条款中必须包括广泛的基本公共服务规则，包括教育、就业服务、卫生保健、邮电、社会服务、运输和公用事业，无论公共服务提供者和私人提供商之间是否存在竞争，公共服务应该被排除在竞争之外。此外，为了制定和实施认证和许可标准、保护消费者利益和其他公共利益，政府必须保留管控外国服务提供商的能力。

3. 在投资方面，声明中指出：TPP 条款中不应该包括投资者 – 国家争端解决机制，也不应该制定允许挑战合法公共利益规定的条款。外国投资者不应被赋予比国内投资者更大的权利。

---

* 加拿大人民评议会（加拿大智库），2011 年 11 月 14 日。

4. 在采购方面，声明中称：通常情况下，政府利用采购政策达成重要的公共政策目标，比如促进当地经济发展和创造就业。政府也凭借采购政策促进环境和社会目标的实现。政府应该确保采购条款不会限制中央、区域或地方政府的能力以及完成这些目标的权力。加拿大的贸易组织需要快速开发应对哈珀政府自由化议程的策略，该议程包括其与欧盟、印度、拉美国家、中国和其他亚太国家的谈判。谈判参与国国内对 TPP 的反对屡见不鲜。2010 年 10 月，日本农民团体征集到 1100 万个签名，反对日本加入谈判。一些组织反对 TPP 中有关制药企业的知识产权条款，建议 TPP 采取其他方法进行知识产权保护。

编号：20111114A138

TPP：直到9月加拿大才有望在TPP谈判中获得一席之地

Stuart Trew*

原文标题： TPP：Canada Not Expected a Seat at Table Until September

文章框架： TPP中关于药品知识产权的纠纷；加拿大与美国的软木贸易纠纷；哈珀政府在亚洲的贸易战略。

观点摘要：

1. 有内部报告称，澳大利亚不仅拒绝接受美国在投资保护方面的要求，而且澳大利亚政府也已明确表示，不愿意更改其医药福利方案，而且不愿更改澳大利亚现有的专利保护法律。

2. 与全面经济贸易协定（CETA）谈判相似，欧盟的制药公司正大力促进加拿大药物制度的变化。美国的品牌制药公司希望可以对生物药品保留长达12年的知识产权期限而不是澳大利亚的五年知识产权期限。在澳大利亚也有人担心，TPP可能会促使形成一个完整的专利连接体系，该体系可能会推迟向澳大利亚市场引入非专利药物。品牌企业可能会要求澳大利亚政府停止出售一般的药品，因为这可能会在TPP框架下侵害品牌药品的知识产权。

3. 内部报告还称，秘鲁方面在谈判中还就传统知识和遗传资源提出了相关建议，建议要求制药公司在使用资源前应经得同意，并最终分享商业产品发展带来的利益。美国谈判代表正努力驳回这一提议，因为这些代表们也正在世界贸易组织中对有关贸易的知识产权问题进行讨论。

4. 《底特律新闻》报道称，奥巴马就是否允许日本加入TPP仍然无法做出决

---

* Stuart Trew，加拿大卡尔顿大学新闻学学士，加拿大另类政策研究中心（CCPA）月刊杂志编辑，直到2006年，他一直在渥太华的一个新闻和娱乐周刊担任编辑和政治专栏作家。在接下来的八年里，他在加拿大人民评议会担任研究员，也是安大略－魁北克区域组织者，而且最终担任贸易活动家。在此期间，他发表了许多有关自由贸易体制之间的联系、社会和经济不平等以及气候变化领域的报告、学术论文和新闻评论。来源：加拿大人民评议会（加拿大智库），2012年3月8日。

定，美国贸易代表罗恩·柯克（Ron Kirk）告诉参议院的金融委员会说，他想要使所有新加入的合作伙伴了解他们正努力达成的标准和目标。

5. 与日本单方面的自由贸易协定将会拖累美国主要的出口部门，使之丢失一些创造就业的机会。但美国参议院财政委员会主席鲍卡斯（Max Baucus）——一位来自蒙大拿州的民主人士，有不同的看法，他希望柯克利用墨西哥和加拿大的请求，赢得与一些国家在木材和牛肉这两种产品中的讨价还价。他表示，加拿大的利益诉求也迫使其与美国的贸易能够在不带有补贴和不公平价格的情况下，遵守公平贸易的标准。另外，美国贸易代表办公室应该确保所有有关木材贸易的争端都是由相关机构解决，而不是两国的专家组。

6. 加拿大和美国的软木贸易争端似乎永远无法得到解决。值得一提的是，根据美国国会研究服务部的数据，加拿大的软木业为《2006针叶材锯材协定》支付了10亿美元的入会费，这些钱有一半被美国木材公司占有，剩余的用于北美木材联合计划的实施上。自2007年以来，魁北克省和安大略省的公司在向美国出口软木的过程中缴纳了1.9亿美元的边境税。

7. 有一篇文章指出，在美国及其他国家邀请加拿大、墨西哥和日本加入谈判之前，奥巴马会尽可能地遮掩TPP谈判的实情。内部报告称，我们在2012年9月前不会看到加拿大加入TPP谈判。如果TPP领导人在9月做出有关新国家加入的声明，那将会是一个很好的时机，这是因为美国贸易代表办公室在新国家加入谈判的90天前才正式通过国会。但由于美国总统竞选，TPP谈判几乎没有进展。因此，在这种情况下，在发出声明与新成员正式加入之间的这90天不会使新成员错过正在进行的谈判，因为谈判已大幅放缓。

8. 哈珀的自由贸易大篷车。加拿大外交部部长本周访问了缅甸，这是加拿大部长级人物首次访问缅甸，《环球邮报》称，这与哈珀政府恢复与亚洲经贸关系的目标有关联，加拿大总理将会在3月26~27日参加在韩国召开的核安全峰会，结束之后，他将前往泰国（2011年由于泰国发生水灾该访问曾被取消），就自由贸易协定与泰国进行试探性会谈，两国将进行联合研究，这也是两国开展自由贸易谈判的先导。哈珀总理还计划在峰会前夕前往日本，并希望在访问期间与日本正式开展自由贸易谈判。2011年，哈珀与日本前首相菅直人发起了一项联合研究，加拿大希望菅直人的继任者野田佳彦本月可以宣布开始谈判。哈珀暗示，恢复与亚洲的贸易是一项重要任务，加拿大希望在TPP的框架下加入环太平洋地区的谈判中。

编号：20120308A138

我们需要从哈珀的回答中了解跨太平洋伙伴关系协定*

原文标题： We Need Answers From Harper About the Trans – Pacific Partnership

文章框架： TPP 谈判中的知识产权和贸易纠纷；哈珀政府在 TPP 谈判中的意图。

观点摘要：

1. 哈珀政府在关注 TPP 谈判。我们今天上午举行了一场新闻发布会，推测谈判发出的声明，许多媒体都将对此做出报道。总之，报道没有透露过多细节，只有关于 TPP 的一些粗略的想法，及其对加拿大的意义。我们目前正工作在两大战线上——与欧洲的全面经济贸易协定（CETA）以及与奥巴马的 TPP。目前，正有一场非常强大的国际行动抵制 TPP 谈判。

2. 许多人像哈珀一样正谋求从 TPP 中获得实际的经济利益。正如在美国钢铁工人联合会工作的经济学家艾琳·韦尔（Erin Weir）所说的："加拿大已经与 TPP 中的三个成员国签署了自由贸易协定，加拿大对 TPP 中其他六个成员国的出口额总共占加拿大出口总额的不足百分之一，对于加拿大总出口和就业来说，任何可能的出口增加都将具有重要意义。"

3. 增加出口，就可以增加就业。过去二十年中，加拿大的制造业遭受了沉重打击，这正是自由贸易带来的后果，这些协议给予企业更多的权利。在我们谈论悬而未决的问题时，我们想要质问，加拿大加入 TPP 究竟要做出什么样的让步。加拿大最初担心的是，TPP 合作伙伴列出的加入 TPP 谈判的条件，可能会使加拿大以非正式成员加入 TPP。有消息称，在与美国的谈判中，加拿大一再强调，绝不会同意任何使加拿大在谈判中处于不利地位的条件。然而，美国于 6 月 15 日发给加拿大的信件中明确指出，新加入者不能干涉任何现有 TPP 合作伙伴已达成的协定，除非现有成员同意重新审视这些协定。有观察家表示，加拿大准确的反对意见尚不可知，但加拿大已经开始反对信中的某些条件。

4. 渥太华大学法学教授迈克尔·盖斯特（Michael Geist）经常会就贸易和版权

---

* 来源：加拿大人民评议会（加拿大智库），2012 年 6 月 19 日。

政策之间的问题撰写一些文章，他表示，我们想要就这些条件提出五个方面的问题，包括今年早些时候哈珀政府在TPP磋商中提到的事情，我们还应该询问关于版权的事情。昨晚，加拿大国会下议院通过了C－11法案，这是一项版权改革法案。TPP章节中遭泄露的有关知识产权的部分表明，由于TPP的缘故，加拿大需要重新制定这方面的法案。例如，遭泄露的TPP草案要求延长版权年限，并且新的法定的损害赔偿规定可能会撤销C－11的方法，草案中包含比法案更加严格的数字封锁规定以及新的互联网服务供应商的责任规定。

5. 加拿大的药品专利制度也面临同样的问题。在加拿大与美国的贸易谈判中，由欧盟驱使的大型制药公司预计会通过延长非专利药物的运输时间，每年将药物费用提高大约30亿美元。美国在TPP中对知识产权的要求，目前正受到其他参与国（尤其是智利）的强烈反对。我们已经把这些内容递交给反对加拿大加入TPP的政府手中。

6. 扩大投资者起诉政府的权利。根据上周泄露的关于TPP投资的章节，这项协议将会包括一项类似北美自由贸易协定（NAFTA）中的相关内容的投资者－国家争端解决机制。过去两个月中，投资者－国家争端解决机制被用来反对德国关于淘汰核电站的决定。加拿大也失去了一个反对埃克森美孚石油公司和墨菲石油公司的机会，这两个公司可能会使加拿大损失6500多万美元。埃克森是全球最富有的企业之一，但这个公司并不认为其应该向纽芬兰和拉布拉多的研发机构提供一些资金。澳大利亚正在抵制这项投资者－国家争端解决机制，哈珀会跟风吗？这值得怀疑。

7. 哈珀能在TPP贸易谈判中争取到一个有利于加拿大的协议吗？我们并不这样认为。加拿大可能暂时不会被允许加入TPP谈判中，我们必须把重点放在加拿大－欧盟谈判中。TPP呈现给我们的是一份糟糕的企业权利。

编号：20120619A138

对另一轮跨太平洋伙伴关系谈判的抗议*

原文标题： Protests Greet Another Trans - Pacific Partnership Round

文章框架： TPP 第十四轮贸易谈判于本周举行；澳大利亚希望被排除在投资者 - 国家争端解决机制之外；加拿大和墨西哥希望加入 TPP 谈判；加拿大加入 TPP 谈判的不利地位。

观点摘要：

1. 本周跨太平洋伙伴关系协定（TPP）在弗吉尼亚州利斯堡举行了第十四轮贸易谈判。美国的贸易公平活动家呼吁公开 TPP 文件。许多相同的组织也参加了于周日召开的利益相关者会议，该会议由美国贸易代表组织，旨在为 TPP 支持者和反对者提供一个机会向来自九个当前参与国的谈判者们解答他们的关切问题。例如，澳大利亚公平贸易和投资网络是为了警告那些与美国没有签订任何双边投资条约的国家的 TPP 谈判代表，它们在那些反对公共健康措施的企业诉讼协议中是处于弱势地位的。澳大利亚现在正因其制定的香烟普通包装规则而等待国际投资仲裁，菲利普・莫里斯国际公司认为该规则违反澳大利亚和香港之间的投资协议条款。拉纳尔德（Patricia Ranald）在利斯堡演讲时谈道："菲利普・莫里斯公司这样的投资者 - 国家争端解决案例显示该机制对于民主立法和国家司法裁决来说是一个威胁。"澳大利亚在当前的 TPP 成员国中是唯一一个反对投资者 - 国家争端解决机制的国家，但许多国际组织希望能说服其他谈判参与国支持这一立场。《美国内部贸易》（一本讨论贸易和投资谈判问题的订阅文摘）的一篇文章指出，在政治层面，澳大利亚希望被排除在投资者 - 国家争端解决机制之外，而 TPP 中的相关条款是围绕投资谈判的主要争议制定的。美国商业团体显然"支持美国贸易代表署，希望其能说服澳大利亚同意纳入投资者 - 国家争端解决条款中"。

3. 《大使馆杂志》本周报道了一份无党派的美国国会报告，其中指出 TPP 在签署之前必须在细节条款上继续推敲，谈判在服务、烟草、知识产权、劳工权利、环境和争端解决机制等问题上可能产生的争议。TPP 服务章节的影响涉及从医疗保健

---

* 来源：加拿大人民评议会（加拿大智库），2012 年 9 月 11 日。

和其他公共服务行业到劳工权利、环境规则的实施、烟草控制措施、加拿大和美国乳制品市场的开放（美国生产商想要将乳制品出口到加拿大，新西兰生产商想要将乳制品出口到美国，最后他们很可能都会失望）和知识产权章的制药和版权规定。很多问题都可能导致 TPP 协议无法达成，最重要的是对 TPP 这样的大型自由贸易和投资协定与加拿大 - 欧盟全面经济贸易协定的反对声音日益增多。

4. 上周亚太经合组织（APEC）论坛在俄罗斯举行，美国贸易代表马兰提斯（Demetrios Marantis）说："我们在过去一年中取得了巨大的进步，而现在我们到了一个需要解决许多挑战性问题的关键阶段。我们必须解决。"马兰提斯和谈判参与国的 TPP 贸易部部长，正在向中国和其他国家炫耀这个由美国主导的大型贸易协议。这个贸易协议就像由中国主导的"东盟 + 6"一样。新西兰总理约翰 · 基（John Key）在 APEC 峰会上说："我们在 TPP 中试图建立一个高标准的和有着严格规范的俱乐部。如果我们要达到这些标准和规范，所有参与国的政府将不得不做出一些艰难的抉择。"

5. 加拿大和墨西哥正迫切希望加入该协定，日本也被 TPP 和更广泛的亚洲自由贸易组织建设所吸引。加拿大正独立于跨太平洋伙伴关系协定（TPP）之外，与中国在亚太经合组织峰会上签署了外国投资促进与保护协定。我们不能确定 TPP 最终能否成功。该协定对加拿大来说可能是不利的，因为加拿大要想加入 TPP 就需要在谈判中有所妥协。有传言称，谈判参与国将于 2012 年之前尽快敲定 TPP 的更多章节。加拿大和墨西哥由于加入 TPP 较晚，将没有权力重新加入已结束的 TPP 章节谈判，也对这些已结束的 TPP 章节条款没有否决权。加拿大和墨西哥将于 10 月中旬正式加入第十五轮 TPP 谈判，此轮谈判预计在新西兰举行。

编号：20120911A138

美国行业团体、劳工对加拿大加入跨太平洋伙伴关系协定的评论*

原文标题： U. S. Industry Groups, Labour Comment on Canada's Entry to Trans – Pacific Partnership

文章框架： 美国国内有关行业组织对加拿大加入TPP谈判的看法和态度；加拿大对美国的贸易壁垒；有关行业组织对加拿大进行自由贸易改革的期望；TPP谈判过程中存在的障碍；加拿大外交部部长和美国国际贸易委员会主席对TPP的不同看法。

观点摘要：

1. 周一，美国贸易代表就加拿大加入跨太平洋伙伴关系协定（TPP）谈判组织了听证会，美国的有关行业组织，包括主要的家禽和乳制品协会都在抱怨加拿大的供应管理政策和知识产权制度。与此同时，在对美国贸易代表署的阐述中，美国劳工总会与产业劳工组织敦促美国政府“制定新贸易政策需要优先重视工薪家庭的利益，而不仅仅是符合跨国或全球企业的利益”。

2. 路透社周一的报道称，北美贸易协定中，加拿大曾承诺开放乳制品和鸡肉市场，但其后加拿大并没有履行承诺，美国乳制品和鸡肉行业生产商仍未顺利进入加拿大市场。高关税壁垒和低配额阻止了来自其他国家的产品进入加拿大市场，这些行业的市场供给主要由加拿大国内的农民和农业生产来提供。美国国家鸡肉委员会高级副总裁罗尼克（Bill Roenigk）对美国贸易代表署说道：“我们要问的是，美国有着开放和自由公平的贸易环境，美国家禽行业强烈反对加拿大加入TPP，除非加拿大明确承诺取消从美国进口家禽的所有限制。”全国牛奶生产者联合会高级副总裁杰米·卡斯塔涅达（Jaime Castaneda）也在该会议上表示，美国必须抓住这个机会，以使“加拿大向所有美国乳制品生产商开放市场，并取消所有进口贸易限制”。

3. 这些抱怨并不是新出现的，恰恰相反，美国贸易代表署在有关外国对美国出

---

* 来源：加拿大人民评议会（加拿大智库），2012年9月25日。

口贸易壁垒的年度报告中列出了加拿大的供应管理问题。同时，该报告也列出了加拿大的乳制品行业法规，“限制可用于制作奶酪的原料，在奶酪制作过程中，设定原料奶的最小值，并使奶酪进口商确保进口产品完全合规”。我们很难想象法规中会规定奶酪制作中牛奶的最低量。2012 年，美国贸易代表署的报告中列出了加拿大另外一些贸易壁垒，包括以下几种。航空业：加拿大联邦政府于 1996 年创立了对加拿大私有部门的科研和创新活动进行资助的联邦基金计划——加拿大技术伙伴计划，为 3 个技术领域（即环境技术、能力技术、航空航天与国防技术领域）提供贷款基金。文化产业：加拿大图书出版发行公司可以被外国公司以间接收购的方式接管，但是外国投资者必须特别承诺促进加拿大出版业的发展，只有在极少的情况下，外国投资者才可以直接收购加拿大图书公司。电信业：加拿大在有关基本电信服务的 WTO 协议中承诺允许外国公司提供各种技术形式的市话、长话以及国际电话服务，但是实际上，除固定卫星服务和海底光缆外，其他业务的外国股份不能超过 46.7%，除了股份限制外，加拿大还要求对基本电信设施实施“加拿大控制”，规定至少 80% 的董事会成员必须是加拿大公民。广播电视业：加拿大广播电视和电信委员会规定，不允许非加拿大人申请广播许可证。外国持股人也不能持有加拿大任何大众传播企业 20% 以上的表决权股份（如是控股公司，则所有权不得超过 33.3%）。此外还有葡萄酒业、政府采购和太阳能、风能领域的贸易壁垒政策。这些问题会在 TPP 谈判中加以讨论。

4. 这些抱怨来自行业组织。哈珀政府将于 2012 年 12 月在新西兰加入 TPP 谈判。周一，许多行业组织向美国贸易代表署就加拿大加入 TPP 谈判表达了自己的看法。这些组织包括国际乳制品协会、美国药品研究与制造商、国际知识产权联盟（IIPA）、美国商会等，它们很可能已经看过 TPP 草案文件，不像其他公民社会团体一样被蒙在鼓里。渥太华大学版权问题专家迈克尔·盖斯特（Michael Geist）在《渥太华公民报》发表了有关文章，其中写到，国际知识产权联盟希望加拿大进行的改革没有出现在加拿大最新的版权立法内容中。例如，美国工业集团希望加拿大采用美国的“通知与移除”程序来解决在线疑似侵权问题。在加拿大，互联网服务提供商只被要求通知受到侵权指控的用户。盖斯特还指出：“版权游说团体希望加拿大实施措施，要求互联网服务提供商采取行动防止惯犯反复使用他们的服务做出版权侵犯行为。口头警告是必要的，但移除制度会切断被指控侵权用户的互联网准入。”（应该指出的是，据加拿大官员称，欧盟在加拿大－欧盟全面经济与贸易协定谈判中同样要求加拿大采用“通知与移除”制度。）

5. 美国劳工总会与产业劳工组织代表美国许多行业的工人利益，它在加拿大参与 TPP 谈判和美国的贸易政策问题上向美国贸易代表表达了不同看法。塞莱斯特·德雷克（Celeste Drake）认为盲目反对加拿大加入 TPP 是欠考虑的做法。但“如果将加拿大纳入 TPP 中，北美的工薪家庭不太可能从中获益，与其进行贸易的方式并不符合这些工薪家庭的利益”。事实上，有大量的证据表明，美国的自由贸易协定总体上来说都不符合美国工薪家庭的经济利益。相反，这些自由贸易协定与税收、基础设施、银行管制等糟糕政策一起阻碍了美国家庭增加收入，缩小了美国中产阶级的范围，并削弱了劳工运动平衡资本力量的重要作用。

6. 加拿大和许多自由贸易合作伙伴将采用曾使美国贸易赤字激增的类似的自由贸易政策。美国劳工总会与产业劳工组织对 TPP 的批判所发挥的作用类似贸易公平网络这样的组织在加拿大与欧盟在贸易谈判中的作用。美国劳工总会与产业劳工组织呼吁：删去 TPP 中与投资内容有关的投资者 - 国家争端解决条款，采购仍应是通过国内基础设施和支出项目来刺激本国经济发展的工具，知识产权保护制度须与“促进合法仿制药竞争”的目标相平衡，公共服务应受到各级政策的充分保护，TPP 的文件内容应公开透明，对相关政策提议可能会如何影响就业、工资、工人权利和对美国人生活标准进行中立分析。

7. 哈珀政府热情游说，希望在 TPP 中占有一席之地。加拿大最终将参 TPP，并认为 TPP“将打开新的市场，创造新的商机，创造就业机会，为加拿大的经济增长和长期繁荣做出贡献”。贝尔德称，该交易“将加强加拿大与亚太地区的贸易，同时会为加拿大企业提供更多的商业机会，TPP 将设置一个多哈回合谈判未能实现的高标准自由贸易协定”。但是版权、药品专利、投资、电子商务（数据共享）等方面的规定都是对除了美国之外的大多数 TPP 谈判参与国来说非常有争议的条款。智利并不明白为什么它在 TPP 谈判中同意一个适度的知识产权条款后，就应该这么快地修改其版权立法。澳大利亚政府仍不希望被纳入到 TPP 的投资者 - 国家争端解决机制中。于 2012 年年底签署 TPP 协定不太可能。其中一些 TPP 成员国，如澳大利亚、新西兰、新加坡、马来西亚、越南和文莱，正计划进行独立的贸易谈判——“东盟 + 6”，该贸易谈判还包括日本、韩国、中国和印度。即使是保守的美国国际贸易委员会主席罗伯·梅里菲尔德（Rob Merrifield）都把 TPP 比作世贸组织的多哈回合谈判，认为其注定失败。所有这些情况都与贝尔德的乐观相矛盾。

8. TPP 仍将是加拿大大型企业的商业优先事项。在本周的加拿大行政总裁议会上，与会者讨论了加拿大在亚洲的参与等问题，这暗示 TPP 对于大企业来说可能比加拿大－欧洲贸易协定更重要。哈珀政府知道这一点，这就是为什么它急于在参与TPP谈判之前达成加拿大－欧盟贸易协定，毫无疑问，欧洲谈判代表也知道这一点，并将利用自身优势，迫使哈珀政府做出更多让步。

编号：20120529A138

反对跨太平洋伙伴关系协定而发动的三国运动*

原文标题： Tri – National Campaign Launched in Opposition to the Trans – Pacific Partnership

文章框架： 北美人民对 TPP 的反抗行动；北美人民对 NAFTA 的评论；NAFTA 与 TPP 之间的关系。

观点摘要：

1. 周六，来自加拿大、墨西哥和美国的活动家在美国和加拿大的边境发表了一项反对跨太平伙伴关系协定（TPP）的新的三国联合声明，在第 15 轮 TPP 谈判前夕，来自劳工、环保、原住民、家庭农场、民主及其他社会正义运动的代表们声称收集了 1000 多个组织代表的亲笔签名，以阻碍 TPP 谈判的进行。

2. 此次集会的组织者之一，华盛顿公平贸易联盟主任克里斯汀・贝福斯(Kristen Beifus）说："TPP 是一项有关企业权利的交易，将会对工人、农民、原住民社区以及我们的地球构成威胁，人民的联合行动曾经打败过类似 TPP 这样的权利交易，如今，我们计划再次采取这样的行动。"

3. 据反对北美自由贸易协定（NAFTA）通过 TPP 而扩大的北美联合声明称，NAFTA 已经给整个大陆的经济、环境及文化带来巨大损失，TPP 将会在整个环太平洋地区形成一个扩大的 NAFTA 式的贸易和投资条款，除非有组织动员来阻止它的发展。华盛顿政策研究所的副研究员佩雷斯・罗查（ Perez Rocha）表示，夸大 NAFTA 在过去 20 年中对劳动人民的损害是不可能的，有文件表明，TPP 将会在给予跨国公司权力方面超越 NAFTA，值得庆幸的是，一场跨国行动正在阻止它，我们的三边行动也是其中的一部分。加拿大人民评议会的斯图尔特・特鲁（Stuart Trew）表示："我们正在呼吁加拿大、墨西哥和美国的各大社会正义组织在这份联合声明中签字，首先，承认 TPP 给他们成员造成的威胁；其次，反对 TPP 将会促使我们这些来自不同区域的人聚集在一起共同取得胜利。"

4. 20 年来，北美自由贸易协定带来了巨大的经济、环境和文化损失，给北美地

---

* 来源：加拿大人民评议会（加拿大智库），2012 年 12 月 1 日。

区的许多人民带来严重损害。在 NAFTA 的影响下，良好的工作机会开始减少，家庭农场处于挣扎困境，粮食供应开始出现动荡，消费者日常的安全性开始减弱，社会不平等现象开始增多。该协定的知识产权规则使人们买药难，它的金融服务规定也威胁到了银行业的发展。NAFTA 给移民危机的发生创造了条件，加剧了假药战争，导致人权受到严重侵害，数万公民都是其中的受害者。它以多种方式使地球的生态系统开始恶化，包括从采矿到其他的资源开发项目，对土著人民的主权也产生了显著影响，随后的贸易协定也会推动一场在工资、劳工权利、环境保护、放松管制及私有化的最低竞争，最终导致全球范围内金融及气候危机。

5. 阻止 NAFTA 对我们进一步的伤害应是各国人民共同的任务。由于 NAFTA 可以几乎同时将财富和权力送入各国精英们的手中，因此，加拿大、墨西哥和美国三国政府努力以 TPP 的形式在整个环太平洋地区推广 NAFTA 的贸易和投资规则。事实上，泄露的文件表明，TPP 可能在给予跨国公司权力方面超越 NAFTA。

6. 整个世界都无法承受 NAFTA 扩大带来的损失。我们亟需相关政策，帮助建立一个更公正、可持续的全球经济，包括能够尊重和促进劳工基本权利的政策，包括能够为移民提供平等权利、创造高收入和高效益的工作、保护环境、维护粮食主权、金融市场稳定、食品和产品安全的政策，并且可以帮助人们获取高质量的医疗服务。

7. 总之，我们呼吁整个北美及其他地区的兄弟姐妹加入我们，一起传讲关于 TPP 的消息，以防更大的危害降临到我们以及其他国家的人民身上。目前，TPP 谈判正在澳大利亚、文莱、加拿大、智利、马来西亚、墨西哥、新西兰、秘鲁、新加坡、美国和越南这些国家中进行。

编号：20121201A138

奥克兰和伯克利将跨太平洋伙伴关系协定纳入地方政府议事日程

Stuart Trew *

原文标题： Auckland, Berkeley Put Trans – Pacific Partnership on Municipal Agenda

文章框架： 对奥克兰和伯克利就 TPP 提出的议案的分析。

观点摘要：

1. 新西兰的奥克兰和加利福尼亚州的伯克利已经就跨太平洋伙伴关系协定（TPP）通过了相关提议。加拿大的贸易活动家努力使市级政府免受加拿大 – 欧盟全面经济和贸易协定的伤害。奥克兰的区域发展和运营委员会于 12 月 6 日审议了一项提议，以支持 TPP 谈判，该项议案由议会政府支持者提出，由理查德·诺西（Richard Northey）和凯蒂·凯西（Cathy Casey）修改。

2. 委员会以 9 票赞成，7 票反对通过了 TPP 议案，但这也表示只有满足以下条件，才可接受最终的协定：（1）继续允许奥克兰议会及其他议会采取采购政策，这些政策能提供一定程度的本地优惠，可以选择特定的服务或设施，可要求拥有比国家或国际最低标准更高的医疗、安全、环保、就业权利、社区参与、动物保护和人权标准；（2）奥克兰和新西兰可以与其他协定之外的主要的贸易伙伴，包括中国，保持良好的外交和贸易合作关系；（3）为奥克兰地区农业向美国市场的出口提供更多途径；（4）不破坏药品，不提高医疗和药品的费用；（5）不能为外国投资者或供应商提供比本国投资者或供应商更大的权利；（6）不能扩大知识产权范围，不能超出现有法律；（7）不能削弱我们的公共服务，需要私有化，不允许逆私有化或者增加政府、奥克兰市议会以及其他当地政府组织的商业化；（8）不能降低我们支持地

---

* Stuart Trew，加拿大卡尔顿大学新闻学学士，加拿大另类政策研究中心（CCPA）月刊杂志编辑，直到 2006 年，他一直在渥太华的一个新闻和娱乐周刊担任编辑和政治专栏作家。在接下来的八年里，他在加拿大人民评议会担任研究员，也是安大略 – 魁北克区域组织者，而且最终担任贸易活动家。在此期间，他发表了许多有关自由贸易体制之间的联系、社会和经济不平等以及气候变化领域的报告、学术论文和新闻评论。来源：加拿大人民评议会（加拿大智库），2013 年 2 月 19 日。

方经济和产业发展的灵活性，应鼓励就业和环保行为等；（9）限制强行要求遵守核心《国际劳工组织公约》的劳动条款，防止劳工权利受侵害；（10）限制强行要求遵守的环保条款；（11）保护人权、环境、《怀唐伊条约》，保证新西兰经济和金融稳定；（12）与真正的公众讨论会进行协商。

3. 伯克利反对TPP，支持21世纪贸易改革法案：加州的伯克利市采用了一种不同于其他国际贸易谈判的方法，由于透明度的问题，它表示反对TPP，这在民主国家中是不能接受的。伯克利委员会于2013年1月29日通过的议案也签署通过了一项贸易改革法案，被称为21世纪贸易协定和市场准入法案，该法案与其早期版本——布朗法案极为相似，旨在改革、与各国商讨贸易协议、将劳工和环境规则引入协定当中。

4. 目前，在美国和加拿大劳方协议中，只有与贸易相关的劳动违法备受争议，这些争议必须由参与自由贸易协定的国家发起。拟定的贸易改革也将禁止参与制定协定的每个国家降低、去除或不执行国内环保及其他公共安全标准。加拿大的现任政府已经公开降低了环保标准，以吸引新的石油、天然气和矿产投资。

5. 在加拿大，我们应该从TPP议案中获取灵感，这些议案将会在美国和新西兰的城市中开始通过。截至目前，我们主要关注TPP对当地创业和可持续发展政策产生的负面影响。在我们城市中，城镇和学校董事会将会由于加拿大药品专利制度的变革而受负面影响，因为TPP将会增加医疗保健和药品的费用。加拿大可能会知道他们的担忧同样也是全球其他城市的担忧。

编号：20130219A138

商业游说者们驶入保守主义贸易议程轨道

Stuart Trew *

原文标题： Business Lobbyists Ride Inside Track of Conservative Trade Agenda

文章框架： 加拿大相关专家对 TPP 秘密谈判的看法。

观点摘要：

1. 法学教授、加拿大贸易协定媒体评论员迈克尔·盖斯特（Michael Geist）今天介绍了哈珀政府在跨太平洋伙伴关系协定（TPP）谈判中用到的“双层”方法。通常，加拿大具有政治性质的商业游说团体可以专享有关 TPP 的信息，政府部门获取信息的机会都很小，其余的人几乎得不到任何消息。

2. 盖斯特写到，根据规定，未经政府同意，各方不得共享关于 TPP 的信息。因此，一方面，加拿大贸易政策组织内的人几乎对 TPP 和加拿大－欧盟自由贸易协定一无所知，尽管二者将会影响到几十个部门的政策，另一方面，商业游说团体已经受邀与一些公司和行业协会形成一个“秘密内部组织”，这些公司和协会可能有机会了解关于 TPP 和加拿大谈判地位的消息。

3. 庞巴迪公司、加拿大农业食品贸易联盟和加拿大钢铁生产协会以及其他一些加拿大的制造商及出口商秘密签署了一份非公开协议，这份协议将会为相关部门提供特定的敏感信息。

4. 正如盖斯特所指出的，这是加拿大政府的一贯做法。他们这样做是为了支持反假冒贸易协定谈判、维护北美安全和繁荣合作伙伴服务。“双层”做法引发人们对加拿大全球贸易战略的担忧。

5. 加拿大人民评议会可以优先获得哈珀政府和加拿大全球商业战略咨询小组之

---

* Stuart Trew，加拿大卡尔顿大学新闻学学士，加拿大另类政策研究中心（CCPA）月刊杂志编辑，直到 2006 年，他一直在渥太华的一个新闻和娱乐周刊担任编辑和政治专栏作家。在接下来的八年里，他在加拿大人民评议会担任研究员，也是安大略－魁北克区域组织者，而且最终担任贸易活动家。在此期间，他发表了许多有关自由贸易体制之间的联系、社会和经济不平等以及气候变化领域的报告、学术论文和新闻评论。来源：加拿大人民评议会（加拿大智库），2013 年 5 月 3 日。

间的所有通信，加拿大的外交部和国际贸易部则需要更多的时间才能获取相关信息。咨询小组包括保守游说者凯瑟琳·沙利文（Kathleen Sullivan）、商会的佩兰·比蒂（Perrin Beatty）以及加拿大独立商业联盟的凯瑟琳·斯威夫特（Catherine Swift）等。

6. 将几乎所有小企业都排除在外的贸易政策只会建立有利于大企业的协定。正如安德鲁·加文·马歇尔（Andrew Gavin Marshall）2012 年所说的，这正是企业管理的样子。TPP 谈判将继续于 5 月 15 日至 24 日在秘鲁的利马举行，加拿大将作为正式成员参加谈判（日本希望在下一轮谈判时加入 TPP，下一轮谈判可能会于 7 月在马来西亚举行）。

7. 如果你想本月在你所在社区组织一次关于 TPP 的活动，那么美国公民贸易活动可为你提供一些有用的帮助。我们可以帮助你在你的社区寻找演讲者，你可以直接写信给我，或者联系你当地的活动组织者，让他们知道你也愿意加入抵制 TPP 的活动。

编号：20130503A138

温哥华抗议要求“不再对TPP保持沉默”*

原文标题： Vancouver Protests Demand “An End to the Silence” on TPP

文章框架： 各国公众对TPP秘密谈判的抗议；相关人士的观点；TPP的构成。

观点摘要：

1. 本周，北美公平贸易的活动家都把目光投向了在温哥华秘密进行的国际贸易谈判，该谈判将为TPP制定投资规则。这次会议没有向公众或媒体做任何声明。

2. 周五，加拿大从秘鲁媒体中首次了解到这次TPP谈判，后来，加拿大联邦政府对此做了一次简短的声明，但并未透露任何细节。华盛顿公平贸易联盟的克里斯汀·贝福斯（Kristen Beifus）表示，政府应该尽早结束对TPP的遮掩。在不做声明的情况下，制定投资权益条约是一件很离谱的事。政府部门的谈判会影响到我们所有人，就像北美自由贸易协定（NAFTA）一样，我们有必要清楚各政府的谈判内容。

3. TPP促使来自加拿大、美国和墨西哥的活动家本周聚集在温哥华，举着带有“TPPxBorder network”字样的旗帜，向TPP谈判方发出挑战。周六晚，他们在“绿色和平”温哥华办公室紧急召开宣讲会，讲解了TPP秘密谈判的内容。

4. 周日，这个组织聚集在加拿大环太平洋办公室的外面，向TPP发出抗议。加拿大人民评议会的贸易活动家斯图尔特·特鲁表示，环太平洋的案例只是投资条约及投资章节各种失误的缩影，投资国的诉讼不是由法院决定，而是由那些不负责任的商业仲裁者决定，加拿大在北美自由贸易协定中已经吃够了亏，我们现在能做的就是把这个消息传给其他国家。

5. TPP涉及太平洋地区的十二个国家（加拿大、美国、墨西哥、秘鲁、智利、澳大利亚、新西兰、文莱、马来西亚、越南、新加坡和日本）和600个国际公司，这些公司也参加了会谈。除了投资者权益规则，TPP努力延长品牌药品的专利年限，以哄抬药价、施加新的限制，并且判定日常上网活动，如文件共享为非法事件，另外也对环保和公众安全法律构成威胁。

编号：20130616A138

---

* 来源：加拿大人民评议会（加拿大智库），2013年6月16日。

下一轮 TPP 谈判可能是最后一次（而且不会在温哥华举行）*

原文标题： Next TPP Round Could Be the Last (and It Won't Be in Vancouver)

文章框架： 下一轮 TPP 谈判将在文莱举行；TPP 各国有意加快 TPP 的谈判以及 TPP 未能取得重大进展；知识产权规定的弊端；对 TPP 的抗议活动。

观点摘要：

1. 哥打基纳巴卢（马来西亚沙巴州首府）的跨太平洋伙伴关系协定（TPP）的抗议者被警方逮捕。我们希望 TPP 谈判今年夏天将会在温哥华举行，然而这一希望破灭了，因为马来西亚新闻报道表明，参与 TPP 谈判的十二个国家下次也可能是最后一次的谈判（至少是正式谈判）将于 8 月底在文莱举行。与此同时，14 个马来西亚人上周末被捕，这是由于他们抗议 TPP 的过分保密，他们担心 TPP 会损害他们的国家主权、给予企业过多的权力以及由于药品专利而使他们无法获得药物。

2. 从美国 2013 年 7 月 19 日的贸易报告中可以看出，TPP 国家似乎有意加快 TPP 谈判，下轮谈判将于 8 月在文莱举行，根据马来西亚提供的信息，这比最初定下的目标提前了一个月。贸易新闻杂志还指出，TPP 第 19 轮谈判预计在文莱举行，因为据消息人士透露，加拿大上周已通知 TPP 国家它可能不会举行下一届全面的 TPP 谈判会议。来自不列颠哥伦比亚省（位于加拿大西部）、华盛顿州（位于美国西北部）、俄勒冈州和加利福尼亚州的相关人士已经在为 TTP 可能在温哥华举行而做准备，而我们应该知道，周五，也就是下一轮 TPP 全面谈判会在文莱举行，而不在加拿大。

3. 2013 年 7 月 20 日发表在 *Inside US Trade* 的另一篇文章写到，在文莱举行的下一轮 TPP 谈判的目标是在谈判结束时就协定的所有章节完成尽可能多的技术工作。这很明显是在传达这样一个信息：TPP 成员国可能希望于 10 月 5 日至 7 日在巴厘岛举行的亚太经济合作组织（APEC）论坛上发表声明：到目前为止，TPP 谈判已经取得了很大的进展。这在某种程度上与上周新闻的内容相反，即 TPP 谈判陷入停

---

* 来源：加拿大人民评议会（加拿大智库），2013 年 7 月 22 日。

滞，是由于在五个问题上未能达成一致，这五个问题包括：消除关税和市场准入、知识产权、环境问题、劳工和电子商务。也有人担心，日本加入本周的 TPP 谈判可能会推迟谈判的进程，尽管 TPP 规定新加入国必须接受所有已经讨论结束的章节（加拿大和墨西哥 2012 年秋天加入时就面临这一问题），但是美国贸易官员保证将谈判截止日期定在 2013 年年底仍然是可行的。

4. 据《金融时报》周末的报道，上周第 18 轮 TPP 谈判在马来西亚开始前，无国界医生组织（该组织于 1971 年 12 月 20 日在巴黎成立，是一个由各国专业医学人员组成的国际性的志愿者组织，也是全球最大的独立人道医疗救援组织。该组织的资金主要由私人捐助）发表了一封写给所有 TPP 谈判国家的信，表达了对跨太平洋伙伴关系协定（TPP）的“严重关切”。信中警告说，在 TPP 谈判中，美国知识产权的提议限制了数以百万计的人获得负担得起的药物的可能性，尤其是在低收入和中等收入的国家中。如果不删除某些破坏性条款的话，对于药物准入来说，TPP 有可能成为有史以来最有害的协议。根据《马来邮报》报道，马来西亚反对党人民联盟中的立法者对此也有同样的担忧，他们说，TPP 会抬高药物的费用，由于知识产权的规定，仿制药的销售会受到限制，而国家的主权将会受到外国投资者的威胁，如果政府起草的公共政策对其不利，外国投资者则有权控告政府。

5. 本文所提到的周末的抗议活动之一是由马来西亚社会主义党主导的，呼吁推迟对自由贸易协定的讨论，呼吁谈判在国会进行以及进行成本效益的分析。在另一个星期六，警方在马来西亚哥打基纳巴卢的舒特拉海港度假村逮捕了 14 人，TPP 谈判正在哥打基纳巴卢进行。根据《马来西亚局内人》的报道，11 个抗议者被警察带走，剩余三人紧随其后去了警察局。相关人士说，反对 TPP 的抗议活动是使用标语的和平抗议。然而，他们声称警察赶到并逮捕了 11 位抗议者，而且没收了他们的抗议标语。人权组织马来西亚人民之声在一份声明中说，警方的行动显然是不尊重言论自由的表现。TPP 谈判从马来西亚首都吉隆坡转移到更偏远的哥打基纳巴卢，这一举动无疑就是为了避免公众的抗议活动。文莱（是下一轮也可能是最后一轮进行全面 TPP 谈判的地点）离哥打基纳巴卢只有 200 公里。TPP 组织者将尽最大的努力使民众远离这些谈判，言外之意就是 TPP 谈判的保密工作做得特别好。为什么要这样保密呢？因为在谈判桌上谈判的内容都是不受欢迎的，以致如果在全世界的关注下进行谈判，那么 TPP 谈判永远不会成功。

6. 承诺在你的社区对抗 TPP。如果 TPP 谈判代表躲避加拿大，那么这并不意味着公平贸易活动家不会在下一轮于文莱举行的 TPP 谈判中与各大团体一同进行抗议。如果下次谈判如报道所说开始于 8 月 24 日，那么我们可以看一下那周接下来的几天会发生什么。与此同时，应鼓励公众支持签署联合声明反对 TTP。通过添加你的名字，你的名字会被放到网络联系人列表中，以共享资源并反对 TPP，而且也会共享更新的事件。如果你是一个组织或社会团体，在接下来的几周内你对联合声明的支持是很重要的，因为我们试图收集 1000 位北美签名者。鼓励个人和组织支持反对 TPP 的活动，并承诺会“停止全球企业的政变”。这两个活动都是有关行动主义者在北美和全球打击 TPP 的重要新闻来源。在你的社区团体中你可能会看到一些你认为你可以做的事，或者如果你住的地方靠近美国边境，那么今年夏天你可能会发现一些新朋友在进行跨境活动或者境外活动反对 TPP。我们要阻止 TPP 和 CETA（加拿大 - 欧盟全面经济贸易协定）等协定的唯一途径是通过共同努力揭露企业攫取权力的目的。

编号：20130722A138

跨太平洋伙伴关系协定（TPP）：加拿大代表团体要求终止 TPP 的保密性，希望 TPP 全部章节公之于众*

原文标题： Trans - Pacific Partnership（TPP）：Canadian Groups Demand End to Secrecy，Want All TPP Chapters Made Public

文章框架： 加拿大代表团要求终止 TPP 的保密性，希望 TPP 全部章节公之于众。

观点摘要：

1. 加拿大代表团体说，当来自十二个跨太平洋伙伴关系协定成员国的各国部长（包括加拿大国际贸易部部长法斯特）于本周在文莱会面时，他们应该立即停止秘密谈判，将跨太平洋伙伴关系协定（TPP）的 26 章全部公之于众，而且引用以前与 TPP 规模和范围一样的贸易谈判的透明度。

2. 加拿大人民评议会（全国性草根活动组织和社会公正组织）的贸易活动家斯图尔特·特鲁说，这是一个丑闻，一个意义深远的协定，TPP 可能会在未来几个月内签署，除了十二个参与国，没有国家见过新的协议内容，或者有机会挑战一些新的限制内容（协议将这些新的条款融入我们在公共利益的执政能力中）。对于 TPP 的未来来说，唯一可以接受而且正确的做法就是各国部长现在就发布相关文本，以免太迟。一个汇集劳动力、人权、环境、经济和社会正义组织的网络的项目负责人劳尔·巴诺（Raul Burbano）表示，比起我们所看到的其他贸易协议，TPP 谈判的过程看上去更像是一个公司的权力攫取过程，它将强加给政府自由市场法则。

3. 加拿大人民评议会等组织指出，正如大多数人所认为的，TPP 的 26 章中只有两章与贸易有关。其他章节涉及限制政府制定卫生政策的能力、限制获得可支付起的药物、禁止“购买当地”政策（如购买当地食物）、鼓励私有化、不鼓励皇家公司或者新的公众设施的创建、并且授权公司可以在私人法院起诉政府（当这些公司对降低它们利润的环境或政府实施的其他措施不满时）。

---

* 来源：加拿大人民评议会（加拿大智库），2013 年 8 月 22 日。

4. 加拿大人民评议会等组织指出，在类似这一规模和范围的贸易谈判中保持透明度是有先例的。2001 年 7 月，在美洲自由贸易区（FTAA）谈判中为了应对公众要求公开保密文本的压力，北美和拉美各国的部长发布了该协议的全部文本（有四种语言版本）。美国前贸易代表罗伯特·佐利克称这是“重要的一步”，这是一个“前所未有的努力使公众更加理解国际贸易及其带来的经济和社会效益”。加拿大各组织共同呼吁采取一个星期的行动（8 月 22 日至 31 日），共同抗议 TPP 的保密协议。

编号：20130822A138

来自跨太平洋伙伴关系漏洞的余波，“快速通道”在美国遭到反对

Stuart Trew*

原文标题： Fallout From Trans - Pacific Partnership Leak, “Fast - Track” Opposition in U. S.

文章框架： 对“快速通道”授权的各种看法；TPP 中知识产权内容的不合理；TPP 谈判还有很长的路要走；TPP 可以被描述为企业攫取权力的过程。

观点摘要：

1. 首先，《纽约时报》写到，将近一半的众议院议员向美国总统奥巴马表示，他们反对给予其“快速通道”授权，该授权将使任何协议避免参议院阻挠和不受修正案的约束，他们补充道，在最近几十年没有贸易协定已被国会批准拥有这项授权。另外还有一封来自 151 名民主党人、22 名共和党人（其中包括 12 个众议院筹款委员会民主党人和 6 个温和的共和党人）的信。他们在这封信中表示，一段时间以来，国会议员敦促政府与国会委员会成员进行更广泛、更深入的磋商，国会委员会就许多正在谈判的问题都有管辖权。许多担心与协议的提议内容有关。20 世纪的“快速通道”授权并不适合 21 世纪的协议，因此必须更换“快速通道”授权。美国无法承受另一个可能会重蹈覆辙的贸易协定。我们可以而且必须做得更好。“快速通道”授权是如何影响 TPP 的谈判呢？事实上，如果没有“快速通道”授权，TPP 谈判不可能成功。

2. 其次，维基解密最近发布的一个有关 TPP 不合理的知识产权草案显示，美国政府的执行职位以及大多数 TPP 成员国对不合理的专利、版权存在广泛抵制。开放

---

* Stuart Trew，加拿大卡尔顿大学新闻学学士，加拿大另类政策研究中心（CCPA）月刊杂志编辑，直到 2006 年，他一直在渥太华的一个新闻和娱乐周刊担任编辑和政治专栏作家。在接下来的八年里，他在加拿大人民评议会担任研究员，也是安大略 - 魁北克区域组织者，而且最终担任贸易活动家。在此期间，他发表了许多有关自由贸易体制之间的联系、社会和经济不平等以及气候变化领域的报告、学术论文和新闻评论。来源：加拿大人民评议会（加拿大智库），2013 年 11 月 14 日。

媒体平台和电子前沿基金会都将重点放在TPP对版权和互联网自由的影响上。其他组织担心TPP会覆盖诊断方法、生物、植物专利期延长和专利保护范围的扩大，或担忧现有药物的略微不同是为了延长不必要的专利期。公众昨日警告称：美国贸易代表所提议的内容对可支付的药物准入有害，这在美国的贸易协定中还未曾见过。这些提议旨在改变国家的专利法。美国贸易代表的提议将加强、延长并扩大治疗癌症、心脏病和艾滋病毒/艾滋病药物在亚太地区的垄断。

3. 虽然遭泄露的TPP文本显示出加拿大和许多其他国家大力反对美国的这些提议，但是哈珀政府最后一刻在专利问题上向欧盟做出了让步。在加拿大－欧盟全面经济贸易协议（CETA）谈判中，其他一些地区正在进行该协议的谈判，哈珀政府同意延长长达两年的专利年限，估计每年的成本在8.5亿美元到16亿美元之间。没有理由怀疑它不会再做一次：哄抬药价，同时限制TPP中发展中成员国的药物准入。

4. 但是接下来TTP将会发生什么？加拿大渥太华教授迈克尔·盖斯特预测，离TPP谈判成功还有很长的路要走。这将是一个好消息。加拿大议会对贸易协议（你可以称TPP和CETA为“贸易协议”，但事实上在这些协议中十分之九的内容与贸易无关）的审批流程很像美国的“快速通道”授权流程：在下议院完成的协议不能在委员会修改这一问题上进行最低限度的辩论，而只能决定是否批准。

5. TPP文本的泄露以及就“快速通道”授权给奥巴马写的信是一个及时的提醒：加拿大在这些“下一代”贸易中交易的是什么？TPP和CETA承诺的是对参与国来说无关紧要的GDP的增长，它其实可以更好地被描述为企业宪法，或者企业攫取权力的过程。对于大型制药公司来说，知识产权证明章就是最好的证明。美国贸易公平活动家计划在美国犹他州盐湖城举行的新一轮TPP谈判中采取行动，揭露TPP是如何对劳工、气候变化和民主国家的稳健产生不良影响的。

编号：20131114A138

一个星期！ 如何加入洲际行动日对决 TPP 和企业全球化

Stuart Trew *

原文标题： One Week to Go! How to Join the Intercontinental Day of Action vs TPP and Corporate Globalization

文章框架： 发起洲际行动日反对 TPP 和企业全球化；洲际行动日的具体表现。

观点摘要：

1. 2014 年 1 月 31 日，墨西哥、加拿大和美国的社区将会发起为期一天的洲际行动，对北美自由贸易协定（NAFTA）、悬而未决的跨太平洋伙伴关系协定（TPP）以及其他企业的贸易协定说“不”。这个大陆和其他大陆有 40 多个社区将参与今天的行动，到目前为止，加拿大已发起 14 次行动。加拿大人民评议会将参与 7 次行动。此外，加拿大内陆城市甘露市也支持此行动日的发起。

2. 这将是伟大的一天，使加拿大发起更多这样的行动。那么，这是什么样的行动呢？首先，在重要政客办公室外集会。在美国，国会议员正在针对性地反对“快速通道”授权法案，获得“快速通道”授权被认为是美国政府与其他国家达成自贸协定的先决条件，而且“快速通道”授权是向美国贸易伙伴释放出一个清晰的信号，美国政府和国会已就贸易优先事项达成共识，这样其他贸易伙伴在与美国政府谈判时不必担心已达成的贸易协定会被国会修改。在加拿大，现状是议会批准贸易协定，这将对议员要求获知 TPP 文本有一定的意义。增强 TPP 透明度是新民主党和绿党的官方立场，但所有国会议员需要看到的是，有人反对 NAFTA 在 TPP 和 CETA 中的扩张。其次，在象征性地点举行游行。例如，在多伦多，活动分子将会在市中

---

* Stuart Trew，加拿大卡尔顿大学新闻学学士，加拿大另类政策研究中心（CCPA）月刊杂志编辑，直到 2006 年，他一直在渥太华的一个新闻和娱乐周刊担任编辑和政治专栏作家。在接下来的八年里，他在加拿大人民评议会担任研究员，也是安大略－魁北克区域组织者，而且最终担任贸易活动家。在此期间，他发表了许多有关自由贸易体制之间的联系、社会和经济不平等以及气候变化领域的报告、学术论文和新闻评论。来源：加拿大人民评议会（加拿大智库），2014 年 1 月 23 日。

心的墨西哥领事馆开始游行，然后再到达美国领事馆，一路都会拉横幅，而且组织者也会发表演讲。许多其他团体将在中午或下班后在公共场所举行集会。此外，在圣地亚哥，有一个组织将于四点半在一个高速公路立交桥见面，并做一个横幅反对“快速通道”授权和 TPP。

编号：20140123A138

来自七个国家的立法者呼吁公开跨太平洋伙伴关系的文本

Stuart Trew *

原文标题： Legislators From Seven Countries Call for Release of Trans - Pacific Partnership Text

文章框架： 来自 TTP 参与国的七个国家呼吁公开 TPP 文本并发布联合公开信；简·凯尔西对公开信的看法；此前进行的一系列反对 TTP 保密的行动。

观点摘要：

1. 参与由美国主导的跨太平洋伙伴合作关系协定（TPP）谈判的十二个国家中的七个国家的立法者采取了史无前例的行动，要求在签署 TPP 协定之前公开发布完整的 TPP 文本。公开信是这样说的：我们是来自参与 TPP 谈判国家的署名议员，我们呼吁各方协商在最终协议签署之前公开发布 TPP 草案文本，使其有足够的时间进行有效的立法监督和公开讨论。简·凯尔西（一位著名的新西兰 TPP 评论家、奥克兰大学教授）提到这封公开信时说，由于 TPP 的保密性，各方的贸易部部长把自己逼到了一个死角。然而这样的立场现在根本站不住脚。

2. 令人印象深刻的是，在下一轮于新加坡举行的秘密谈判（2014 年 2 月 22 日至 25 日）开始的前十天，以及所谓的 TPP 谈判代表闭会期间会议（2 月 17 日至 21 日 ）的前几天，反对对 TPP 立法保密的行动开始了。在加拿大，立法者的信是由新民主党国际贸易评论家戴维斯签署的。TPP 包含的内容对加拿大许多地区的经济和社会产生了深远影响，包括一些此前从未受到过任何贸易协定约束的政策领域，这就是戴维斯为什么支持这封公开信。尤其鉴于透明度和问责制方面，贸易谈判文件

---

* Stuart Trew，加拿大卡尔顿大学新闻学学士，加拿大另类政策研究中心（CCPA）月刊杂志编辑，直到 2006 年，他一直在渥太华的一个新闻和娱乐周刊担任编辑和政治专栏作家。在接下来的八年里，他在加拿大人民评议会担任研究员，也是安大略 - 魁北克区域组织者，而且最终担任贸易活动家。在此期间，他发表了许多有关自由贸易体制之间的联系、社会和经济不平等以及气候变化领域的报告、学术论文和新闻评论。来源：加拿大人民评议会（加拿大智库），2014 年 2 月 11 日。

必须向公众公开，并且以一种有意义的方式公开。

3. 史蒂芬·哈珀领导的保守党政府几乎没有提到任何有关 TPP 文本向公众公开或向媒体公开的内容，并且将不会向议会贸易委员会发布协议的成本效益评估。对 TPP 协议的任何批评（有的说其类似于加拿大－欧盟全面经济贸易协定），由于没有任何有意义的“反贸易”争论，因此已经被驳回。今天的公开信遵循来自澳大利亚、加拿大、日本、马来西亚、墨西哥、新西兰和秘鲁资深政治家的说法，他们早已经就 TPP 谈判缺乏透明度表示关切。其他签名的包括秘鲁副总统、澳大利亚绿党贸易发言人以及日本的几位前内阁大臣。这封公开信是最新的对公开 TPP 文本的呼吁，在此之前 TPP 国家的立法者就公开 TPP 文本曾进行过多次呼吁。在北美 50 多个社区举行公平贸易集会反对 TPP 和企业全球化的一周后，类似的信也出现了。美国总统奥巴马在民主党内感觉到了这种情绪，民主党不想给予其“快速通道”授权，政府认为其需要在国会以最小的延迟通过 TPP。凯尔西解释说，2013 年 12 月，澳大利亚工党在参议院进行呼吁，要求 TPP 文本以及在国会提出的所有其他自由贸易协定在签署前至少 14 天公开其文本内容，但是澳大利亚自由党拒绝了此项提议。昨天，新西兰政府也拒绝了国内工党的类似请求。众议院呼吁新西兰政府在任何最终协议签署之前，发布文本内容，从而有足够的时间进行有效的立法监督和公开讨论。

4. 就今天的联合信而言，凯尔西在她的声明中说，来自其他国家的立法者已经明显采取了进一步行动，要求公布 TPP 草案文本，允许他们作为立法者完成自己的工作，并公开流程进行专家分析和民主辩论，去除对泄露文本的依赖。2013 年 12 月，来自智利国会的 34 名代表和 15 名参议员呼吁总统停止谈判，并加强其透明度。美国国会议员已经发布一系列信件反对 TPP 文本草案的保密并寻求公开其文本内容。

编号：20140211A138

国会加入国际运动，要求结束TPP保密性

Scott Harris *

原文标题： Council Joins International Campaign Demanding End to TPP Secrecy

文章框架： 反对TPP的保密以及TPP相关内容的不合理性。

观点摘要：

1. 随着美国总统巴拉克·奥巴马开始出访亚洲四国，旨在就有争议的跨太平洋伙伴关系协定（TPP）谈判取得一些进展，加拿大人民评议会已经加入了一个由数十个组织组成的国际运动，旨在揭露TPP中隐秘的公司权利协议。

2. 如果得出结论的话，TPP——一个正在由美国推动的雄心勃勃的协定，包括加拿大和其他十个国家（日本、墨西哥、澳大利亚、文莱、智利、马来西亚、新西兰、秘鲁、新加坡和越南）——是在将北美自由贸易协定（NAFTA）向南美洲和太平洋地区扩大，制约民主而符合跨国公司的利益。

3. TPP的29章中包括一系列反民主的措施，将会严格限制政府监管的权力、扩大药品专利和版权条款以及严格审查互联网的使用。而且它是由“争端解决”程序支持的，这与NAFTA中的第11章相似，如果政府实施的有关环境、健康以及其他领域的一些规定妨碍了企业利益，那么公司就有权起诉政府。

4. TPP的规模十分可观，加拿大政府称之为“最雄心勃勃的贸易倡议”，而且正在该地区进行协商，如果TPP成功签署的话，它将覆盖全球经济总量的40%、全球贸易的30%。TPP谈判非常保密，而公民和公共利益组织必须通过泄露文本找出TTP的内容是什么，600多家企业“顾问”已经得到秘密的文本。

5. 奥巴马正在亚洲推进TPP。在美国，是否同意所谓的“快速通道”法案引发了很大的争论，“快速通道”授权将直接通过TTP，而不用经过国会的任何监管，加拿大人民评议会已经加入了国际上阻止该协定的秘密活动，这表明TPP谈判不能

---

* Scott Harris，加拿大人民评议会前贸易活动家。来源：加拿大人民评议会（加拿大智库），2014年4月22日。

秘密进行（目前谈判桌上只有谈判代表和企业）。

6. 你也可以要求哈珀政府发布 TPP 的全部文本，并且在我们的网站上了解更多关于这个危险协定的信息。

编号：20140422A138

TPP 谈判已经在渥太华召开，而我所知道的只是讨厌的保密

Scott Harris *

原文标题： The TPP Came to Ottawa and All I Got Was This Lousy Secrecy

文章框架： 在渥太华进行的 TPP 谈判是最不透明的一次谈判；加拿大公民社会组织对 TTP 保密的反对及其影响；反对 TPP 的战争还远未结束。

观点摘要：

1. 第一次高级别的跨太平洋伙伴关系协定（TPP）谈判过去几天在加拿大渥太华举行，并于7月12日结束，与会者偷偷地从后门出去避免被人注意到，就像他们十天前悄悄进入渥太华一样，从始至终他们都非常神秘。由于跨太平洋伙伴关系协定（TPP）谈判一直保密，因此在渥太华的谈判也是极端保密。奥克兰大学教授简·凯尔西曾以观察员的身份参加了十多个会议，她称7月3日至12日的会议是“跨太平洋伙伴关系（TPP）谈判中最不透明的一次谈判”。

2. 考虑到如果跨太平洋伙伴关系协定（TPP）谈判成功的话，将会对加拿大产生广泛的影响，因此你会认为加拿大政府可能会让公民明白在渥太华到底发生了什么事。不幸的是，你错了。在这一轮谈判中根本就没有利益相关者的参与。加拿大政府没有向媒体提供任何信息（除了日本政府向日本媒体提供了新内容）。在谈判之前、谈判期间以及谈判之后各方都没有进行任何情况的介绍。在会谈结束后甚至都没有召开新闻发布会。谈判方提供的所有信息仅仅是发布在外交部、贸易和发展部网站上的非常简洁的138字的声明。该声明只是提供了不完整的清单，比如只写明了谁与谁进行了会晤，以及什么时候发生的，然而就谈判取得了什么样的进展，以及下次谈判将在哪里进行等问题都没有提及。谈判立场信息的缺乏非常令人不安。美国总统奥巴马公开表明了他设想的一些重大进展，在其11月将前往亚洲参加亚太经济合作组织（APEC）以及 G20 领导人会议（这安排在美国中期选举之后）

---

* Scott Harris，加拿大人民评议会前贸易活动家。来源：加拿大人民评议会（加拿大智库），2014年7月15日。

前，跨太平洋伙伴关系协定（TPP）谈判显然处于关键阶段。

3. 尽管哈珀政府十分注重保密，谈判场所也从温哥华转到渥太华，在谈判开始的前一周甚至没有正式承认将在渥太华进行谈判，但加拿大公民社会组织和他们在其他一些国家中的盟友对此次谈判产生了一定的影响。一些专家前往渥太华召开记者招待会，并传递一些公民所关注的信息。谈判期间，一些团体在三角洲酒店外面举行抗议活动，而且新民主党（NDP）也反对并批评该协定的保密。最终，这些集体努力改变了哈珀领导的保守党政府的一些做法。

4. 在谈判前后以及谈判期间，在所有十二个 TPP 国家中，跨太平洋伙伴关系协定（TPP）仍然面临着不断增强的反对意见。由于跨太平洋伙伴关系协定（TPP）谈判就一些最有争议的事项仍然未达成一致，阻碍了美国给予奥巴马总统所需要的“快速授权”，以及虽然越来越多的人对 TPP 持支持态度，但反对 TPP 的战争还远未结束。

编号：20140715A138

TPP：快到终点线了还是仍然在困局中？

Scott Harris *

原文标题： TPP：Near the Finish Line or Still Stuck in the Pit?

文章框架： TPP 就市场准入、贸易和投资规则的谈判取得了显著进展；贸易部部长将进行多次会晤；就 TPP 的谈判此前发表的一些声明；TPP 谈判需要解决的问题；TPP 的透明度对 TPP 谈判的好处。

观点摘要：

1. 如果你相信 10 月 27 日在澳大利亚悉尼闭幕的跨太平洋伙伴协定（TPP）部长级会议（十二个国家的贸易部部长参与会谈）上发布的联合声明，它们旨在建立跨太平洋伙伴关系协定（TPP），那么这看起来对该协定的签署有好处。

2. 我们很高兴地看到，在过去几周中，我们就跨太平洋伙伴关系协定（TPP）的两个方面的谈判已经取得了显著的进展，即市场准入谈判，以及贸易和投资规则的谈判，而且一旦协议生效后，各方将明确塑造并整合 TPP 覆盖的地区。通过发表的联合声明，我们认为一个雄心勃勃的、全面的、高标准的以及平衡协议的框架正在具体化。接下来，在声明中还可以看到，部长们将指挥棒又归还给了首席谈判代表，让他们来发出指令。

3. 在部长会晤之前，首席谈判代表在堪培拉进行了一个星期的会晤而且他们将在悉尼继续谈判，与此同时，贸易部部长承诺在未来的几周内会再次会晤，可能会共同出席 11 月初在中国举行的亚太经济合作组织（APEC）会议。

4. 但是鉴于极端保密的 TPP 谈判，很难有人真正知道 TPP 谈判的进展。在此之前他们也发表过类似的声明：2014 年 2 月在新加坡举行会谈时代表们发表声明说，“我们朝着最终协议取得了进一步的发展”，2013 年 12 月发表声明说，“为完成跨太平洋伙伴关系协定，我们已经取得了实质性进展”，以及 2013 年 10 月在印度尼西亚巴厘岛举行会谈时发表声明说，“朝着实现这一历史性协议（TPP）的方向，谈判迈

---

* Scott Harris，加拿大人民评议会前贸易活动家。来源：加拿大人民评议会（加拿大智库），2014 年 7 月 15 日。

出了重大的一步”。当然，巴厘岛的声明是这样说的，根据 TPP 领导的指令寻求今年完成 TPP 的谈判，然而，事后看来，显然没有像计划那样顺利。

5. 虽然在市场准入上明显取得了一些合法进展，但是在 TPP 大国（日本和美国）之间仍存在重大分歧，这阻碍了协定谈判的进展，因此分歧亟须解决。正如日本经济财政大臣甘利明所说的，日美之间目前无法在市场准入方面达成协议。

6. 美国贸易代表迈克尔·弗罗曼在悉尼主持了 TPP 部长级会议（尽管会议一般由东道国主持），他似乎也不愿说此协议即将达成，他说：“我们已经提出了关键的事项，而且为了实现雄心勃勃的、全面的、高标准的协议，我们将付出所有努力。”

7. 由维基解密发布的 2014 年 5 月的文本，我们知道国家之间的主要分歧可能在知识产权方面。需要清楚的是，如果美国能够在任何方面成功地推进其立场（在这样的情况下，包括加拿大在内的许多国家将表示反对），那么这是一件好事，因为 TPP 会带来深远的影响。另外主要考虑的是南部边界的内部政治问题，国会停止了对奥巴马“快速通道”授权的批准，而“快速通道”授权这被广泛认为是 TPP 谈判成功的必要条件。

8. 然而，有关 TPP 的谈判会议存在很多悬而未决的问题，谈判代表在期限到来之前完成谈判剩下的时间不多了，美国总统奥巴马今年早些时候公开发表声明称，我希望在我 11 月去亚洲的时候，我们再次见面的时候，会有一些进展。亚太经合组织（APEC）领导人将于 2014 年 11 月 10 日至 11 日在北京会晤，而且 G20 领导人将齐聚澳大利亚。奥巴马将在中期选举后参加会议。

9. TPP 谈判持续的时间越长，取得进展并最终签署协议面临的压力就越大。问题依然是哪些国家（如加拿大）愿意为加入 TPP 牺牲自己。然而，更关键的问题是，参与 TPP 谈判的十几个国家的公民什么时候才能真正看到协议的内容，只有这些内容公布了，我们才可以停止猜测关闭的门里面究竟发生了什么事，并开始讨论这是否是我们想要的东西。

编号：20141027A138

自由贸易威胁到了所有人的卫生保健*

原文标题： Free Trade' Deals a Threat to Health Care for All

文章框架： CETA、TISA、TPP 以及 TTIP 对卫生保健的影响。

观点摘要：

1. 全面经济贸易协定（CETA）由加拿大和欧盟签订，此协议将在 2015 年下半年或 2016 年年初举行批准投票。正如我们所强调的，这项协议将延长对制药公司的专利保护，可能使加拿大人每年花费 8.5 亿美元到 16.5 亿美元。此外，在全面经济贸易协定（CETA）有关投资者 - 国家争端解决机制的规定下，企业可以起诉政府，如果政府设立的法律可能会影响其未来利益的话。全面经济贸易协定（CETA）可能会破坏一个国家制药计划的实施。美国制药巨头礼来公司已经起诉加拿大，在两个法院取消了其专利使用权后，礼来公司引用北美自由贸易协定（NAFTA）第 11 章投资者 - 国家争端解决机制的规定希望获赔 5 亿美元。欧洲委员会前委员迈克尔·巴特勒在其博客评论道，在“自由贸易”的名义下，我们的公共卫生保健系统被迫吞下另一种毒药。

2. 服务贸易协定（TISA）正在谈判中，在世界贸易组织的会议期间，一组代表 50 个国家——包括加拿大、美国、欧盟、澳大利亚、墨西哥和韩国——的 23 个政府参加了此次谈判。《悉尼晨报》报道：“根据一份泄露的文件的内容，服务贸易协定谈判将包括对国家公共卫生系统进行广泛改革以推动卫生保健服务‘外包’的讨论。在服务贸易协定谈判中泄露的有关医疗保健服务的概念性文件，表明医疗服务的全球化具有创造巨大商机的潜力。概念性文件中涉及授权病人和在其他服务贸易协定国家进行治疗的人员（原因包括病人不愿在本国耗费漫长的等待时间或者本国保健专业人员在解决特定医疗问题专业知识存在不足），可通过本国国内的社会保障系统、私人保险或其他医疗保健安排报销其医疗费用。”

3. 跨太平洋伙伴关系协定（TPP），是包括加拿大、美国和日本在内的国家构成的自由贸易区。据说这一协议的谈判将于 3 月初结束。《共同梦想》报道，无国

---

* 来源：加拿大人民评议会（加拿大智库），2015 年 2 月 17 日。

界医生和世界健康组织联盟已经给出警告，跨太平洋伙伴关系协定（TPP）将削弱确保穷人获得负担得起的急救药品的能力。根据从全球健康获得项目得到的消息，遭泄露的TPP草案透露，美国正在寻求更强、更长和更易于得到的药品专利垄断和对药品监管数据的新垄断（以防止更便宜的仿制药出现）。据称TPP也将把一些"最严苛的知识产权规则应用于国际贸易中"，这些规则包括严格的价格控制措施以及加强投资者的权益——当这些大型制药公司预计其利润将受到政府政策的影响时，规则允许这些大型制药公司起诉政府。

4. 跨大西洋贸易与投资伙伴关系协定（TTIP）。美国和欧盟刚刚对此协定进行了第八轮会谈。《柳叶刀》报道，"关于跨大西洋贸易与投资伙伴关系协定（TTIP）对健康的影响的担忧已经在医学期刊和民间团体中凸显。这种担忧包括：知识产权——将延长药品垄断和阻止穷人获得负担得起的急救仿制药——的空前扩张性；有效的药物价格监管也可能被破坏；不断上升的医疗费用将严重影响弱势群体，而且将阻碍在国家内努力实现健康公平"。就健康促进方面来说，这篇文章提出："在新西兰，投资者对政府提起昂贵诉讼的恐惧已经制约了政府对烟草普通包装的规定。"

5. 加拿大人民评议会正在努力保护和扩大加拿大的公共卫生服务。我们反对以下行为：延长药品企业对救命药的垄断、延期引进可负担得起的仿制药、无视投资者－国家争端解决条款以及它是如何损害公众利益的事实、限制价格监管的措施、禁止健康促进活动的贸易条款以及以营利为目的医疗服务外包等。

编号：20150217A138

当下轮谈判临近时，巴洛谴责 TPP 仅为了 1% 的人

Brent Patterson *

原文标题： Barlow Condemns TPP as a Deal for the 1% as Next Round of Talks Approaches

文章框架： 签订 TPP 为加拿大带来的影响；TPP 面临着许多障碍。

观点摘要：

1. 加拿大人民评议会反对跨太平洋伙伴关系协定（TPP）。《多伦多星报》解释说："跨太平洋伙伴关系协定（TPP）是一项在太平洋地区十二个国家之间提出的自由贸易协定，这些国家包括：加拿大、美国、澳大利亚、日本、马来西亚、墨西哥、越南、新加坡、秘鲁、新西兰、智利和文莱。TPP 涵盖广泛的非关税问题，包括知识产权、食品安全和劳工标准等。谈判是秘密进行的。TPP 草案已经泄露了 TPP 三个重要问题的内容：知识产权、环境以及投资者 - 国家争端解决机制，后者是普遍但有争议的规则，在普通法院外，公司有权去仲裁委员会投诉以反对他们认为损害其权利的法律条款。"

2. 文章说："TPP 的谈判国暗示它们即将达成协议，但我们不知道具体签订日期。" 2015 年上半年，有人推测，该协议将在 3 月签订，但是截止日期明显已经过了。下一次 TPP 部长级会议将于 5 月 26 日至 28 日在菲律宾召开。

3. 这项协定确实仍面临着很多障碍，如美国国会还没有给奥巴马"快速通道"授权，即拥有不经国会插手而进行 TPP 谈判的权力。其他国家，包括加拿大，如果他们知道国会可以插手 TPP 的签订，他们不可能同意做出让步。美国和日本，两个最大的参与 TPP 的经济体，还没有解决他们在两个微妙政策——美国对汽车零部件征收关税的政策和日本对其珍贵的大米市场实施的保护政策——上的冲突。在旨在保护生产乳制品的从业人员和饲养家禽农民的"供应管理"系统方面，美国也有与加拿大未解决的问题。

---

* Brent Patterson，加拿大人民评议会主任。来源：加拿大人民评议会（加拿大智库），2015 年 5 月 9 日。

4. 文章指出："奥巴马政府一再建议，如果加拿大拒绝放弃'供应管理'系统（旨在使生产乳制品的从业人员和饲养家禽的农民免受竞争），那么就可能被踢出跨太平洋伙伴关系协定。'供应管理'系统通过一系列生产配额措施，由行业委员会而不是自由市场制定高额进口关税和价格来保护农民的利益。虽然该系统只惠及约 15000 名农民，并且将使消费者多花费数百万美元，但是该问题被广泛认为是政治上的微妙问题。"

5. 2015 年 1 月，《环球邮报》专栏作家杰弗里·辛普森（Jeffrey Simpson）评论说："让哈珀政府随时就'供应管理'系统问题做出重大让步是很困难的，对供应管理的游说声势浩大。在选举年解决这一问题将更艰难，考虑到政府还要获得农民——倾向于为保守党投票——的支持。但是加拿大如果不做出让步，可能会使该国离开最终签订协议的谈判桌。只有当加拿大同意修改'供应管理'系统，TPP 的大门才会为其敞开。"

6. 今天的新闻报道援引加拿大人民评议会主席莫德·巴洛（Maude Barlow）的话，"哈珀政府再次迫使加拿大加入主要的贸易谈判，此协定仅惠及 1% 的人。就像加拿大与欧盟签订的协议一样，TPP 可能迫使加拿大改变其药物政策、版权政策、环境和公共卫生规则——并且都不需要经过正常的议会程序"。

编号：20150509A138

《金融邮报》专栏：加拿大需要待在太平洋谈判桌旁

Laura Dawson； Daniel Schwanen *

原文标题： Canada Needs to be at the Pacific Table：Financial Post Op – Ed

文章框架： TPP 规则的影响力将会持续增强；加拿大正在寻求加入 TPP；加拿大加入 TPP 面临的问题；与美国达成一致将有助于加拿大加入 TPP。

观点摘要：

1. 加拿大国际贸易部部长艾德·法斯特（Ed Fast）和他的官员一直奔波于全球，以促进加拿大加入跨太平洋伙伴关系协定（TPP）。他们试图让美国和 TPP 其他八个成员国政府认识到加拿大加入本协定对扩大跨太平洋贸易的重要性。

2. TPP 旨在将东西方之间的贸易和投资关系带入 21 世纪。TPP 规则的影响力将远远超出任何现有的自由贸易协定，其本质上是重新定义了全球贸易的规则。多哈回合多边贸易谈判磋商失败了，但 TPP 旨在成功达成协议。

3. 加拿大对这些谈判是否有兴趣呢？答案是肯定的。这就是为什么加拿大需要加入 TPP，就像加拿大需要在世贸组织多哈回合谈判中发出自己的声音一样，加拿大需要在国际社会显示其存在并表达其想法。涉及利益的许多问题将成为这些特殊多边会谈的议题，加拿大作为一个贸易国家，其命运也与这些议题密不可分。为了帮助企业提高产量和竞争力，帮助人民提高生活水平，TPP 的下一轮谈判的议题将涉及国有企业的行为、监管的一致性、数字经济的作用以及如何促进绿色科技蓬勃发展。

4. 为了促进经济发展，世界各区域建立了很多个多国谈判协议。新加坡、越南、马来西亚、文莱、新西兰、澳大利亚、美国、智利和秘鲁已经是 TPP 成员国，日本、墨西哥和加拿大正在寻求加入。菲律宾可能是下一个，甚至中国正在考虑加

---

* Laura Dawson，哲学博士，道森战略机构主席（该机构为跨境贸易、市场准入以及监管问题业务建言献策）。此前，他曾担任美国驻渥太华大使馆美国 – 加拿大经济事务高级顾问，曾协助建立美国 – 加拿大监管合作委员会。

Daniel Schwanen，毕业于加拿大皇后大学，现任 C. D. 贺维学会所副主席。

来源：C. D. 贺维学会（加拿大智库），2012 年 3 月 14 日。

入。东南亚国家联盟是另一个亚太地区的贸易协定，它旨在成为亚太经济合作组织（APEC）的自由贸易先锋。但同TPP相比，其影响范围相对较小。北美自由贸易协定已经签订了18年，它支配着加拿大的大多数贸易，但如今已不足以应对加拿大新的贸易问题。

5. 简而言之，TPP将会覆盖亚太地区绝大多数的经济体，它将完全引领世界规则，加拿大企业的竞争力也必将直接受其影响。但是如何解决这些问题还是个未知数。遍布四大洲的九个成员国都想将自己的优先级摆在前面，但他们需要对国有企业制定更严格的规定，结束对农业部门的保护主义，或扩展投资者和国家的争端处理机制。然而，这些领域不容易形成一个折中的办法。

6. 先不谈未来的挑战，由于早期没有加入TPP谈判，加拿大将不得不接受现有成员国制定的规则，并且不能享受到早期TPP签署国享受到的市场准入优势。为了在这个高增长的市场中获得利益，加拿大将不得不依赖双边协议，所以加入TPP可能是上乘之选。

7. 加拿大正在寻求加入TPP谈判，而且幸运的是，日本和墨西哥同一时间也在寻求加入该协定的谈判。如果它们被认为是一组的，那么可能会更容易被承认。美国在TPP问题上有很强的话语权，它毫不掩饰对日本加入的兴趣。加拿大政府最近正在向华盛顿推销自己。加拿大承认，和美国看法达成一致会更容易说服其他TPP成员认可自己。

8. 绝大多数的评论认为加拿大获得美国的认可将有利于其加入TPP。然而，必须承认，加拿大必须愿意讨论敏感问题——加拿大的市场壁垒，如农业供应管理体系。

编号：20120314A139

《金融邮报》专栏：形势恶化威胁着跨太平洋伙伴关系协定

Lawrence Herman*

原文标题： Darkening Clouds Threaten Trans - Pacific Partnership Deal：Financial Post Op - Ed

文章框架： TPP 谈判受到的阻碍；TPP 谈判可以从 WTO 多哈回合谈判中吸取教训。

观点摘要：

1. 2014 年各方将重新认真地进行跨太平洋伙伴关系协定（TPP）谈判，它错过了 2013 年的最后期限，一个不可能实现的目标开始了。这里存在很多风险。如果谈判成功的话，加拿大和所有 TPP 谈判的参与国将会从减少壁垒以及其他开放市场的措施中获益，对于服务和投资来说尤其如此。然而，也有一些阻碍会威胁到 TPP 的谈判，无论是在 2014 年或之后，TPP 的谈判都会受到阻碍。周四，拖延已久的"快速通道"法案在参议院和众议院进行审议，但迹象表明，该法案能否通过将受党派纷争的影响。TPP 谈判能否顺利进行将受到很多方面的影响。首先，随着世界贸易组织（WTO）多哈回合谈判的失败，TPP 议程将变得非常复杂。其次，在 TPP 谈判中，美国占据主导地位，这将不利于谈判中妥协和共识的达成。此外，另外的问题就是，至少到目前为止，奥巴马总统一直缺乏贸易谈判授权，此授权必须由国会授予。

2. 该谈判授权官方称为贸易促进授权或"快速通道"授权，贸易促进授权的通过对美国来说至关重要。这项法案将给予美国总统奥巴马签署 TPP 的权力，这有利于协议的达成，同时阻止国会对其进行阻挠。在"快速通道"授权中，国会能做的唯一的事就是完全接受并签署协议或完全拒绝。如果没有"快速通道"授权的话，政府将不能保证任何美国达成的跨太平洋协议都会得到必要的国会批准。没有哪一个国家会愚蠢到在美国没有得到"快速通道"授权的情况下与美国签署协议。

---

* Lawrence Herman，C. D. 贺维学会高级研究员。来源：C. D. 贺维学会（加拿大智库），2014 年 1 月 10 日。

3. 周四“快速通道”法案已被提交给国会，但其是否会通过还远未确定。该法案的通过对史上最大规模的自由贸易协定——TPP（有十二个参与国）至关重要。不寻常的是，在没有得到“快速通道”授权的情况下，TPP 的谈判可以进行到现在。事实上，一直以来，其他 TPP 国家都是在信任的基础上与美国进行谈判，它们认为“快速通道”授权总有一天会通过。不幸的是，参议院财政委员会主席马克斯·鲍卡斯（他是迄今蒙大拿州任职时间最长的联邦参议员，也是参议院中排名第三的任职时间最长的议员）已被奥巴马总统指定为下一任美国驻华大使。由于鲍卡斯即将卸任离开，在国会中引导“快速通道”授权法案通过的主要力量消失，导致此法案最终命运具有不确定性。国会夹杂在美国谈判立场的中间，使越来越多的人担忧 TPP 的谈判是否会成功。在每次 TPP 谈判会议中，都有超过 1500 名官员（来自十二个 TPP 参与国）出席，而且数量在连续增长。这不禁让人感到吃惊，并提醒我们 WTO 多哈回合谈判正是由于负担过重，虽然经过十年的努力，但最终仍谈判失败。然而，从 WTO 谈判中吸取的一个教训规模较小，而且比较务实的贸易协定条款将会使谈判获得成功。2013 年 12 月，经过密集磋商以及延长一天会期，《巴厘岛协议》最终达成。《巴厘岛协议》是 1986 ~ 1994 年乌拉圭回合以来世贸组织达成的最重要协议，也是多哈回合谈判自 2001 年启动以来取得的最重要突破。《巴厘岛协议》主要包括三部分，其中最重要的是贸易便利化，通过这个具有法律约束力的多边协定，成员国之间将简化通关手续、降低费用、增加效率。一个大规模和基础广泛的 TPP 的达成将是一个巨大的进步，符合包括加拿大在内的所有加入国的集体利益。但仍存在一些障碍，使人们担忧这个全面的贸易协定能否实现。鉴于这些阻碍，对于加拿大和其他太平洋国家来说，是时候考虑更加务实的谈判了，并且应追求更小但更现实的目标。然而，如果从所有国家的利益角度来看，TPP 谈判会永远拖下去，或者在混乱中崩溃。由于在接下来的几个月里没有明确的、有意义的行动，更少的野心而且更加务实的协定正是 TPP 各国政府需要的。

编号：20140110A139

《环球邮报》专栏：跨太平洋贸易协议到了最后关头

Lawrence L．Herman[*]

原文标题： Trans – Pacific Trade Deal Is Down to the Wire：Globe and Mail Op – Ed

文章框架： TPP 即将进入最后谈判阶段；加拿大应该关注 TPP 的进展；加拿大乳制品市场对 TPP 谈判的影响。

观点摘要：

1. 离跨太平洋伙伴关系协定（TPP）进入最后阶段的谈判越来越近了，它可能比我们想象的更近，来自十二个 TPP 谈判国家的高级官员举行的重要会议预计于本周在关岛举行。

2. 一些最后的讨价还价是有必要的。美国与日本就市场准入问题尚未达成一致，而这一问题将成为 TPP 进行最后谈判的一个重要组成部分。但是离 TPP 的最后谈判阶段肯定会越来越近，如果美国国会同意给予美国总统巴拉克·奥巴马长期寻求的贸易谈判授权，那么 TPP 谈判的步伐将会加快。

3. 即使谈判已经进行到这一阶段，除了一些泄露的文件，除参与谈判的人以外大家都不知道该协定详细的核心内容。这其实是不好的，因为政府需要得到公众的认同。但是我们知道，当该协定公开时，我们会发现里面有很多内容是和商品、服务以及投资有关的。它将远远超出边界，并深入国内政策领域，包括环境保护、知识产权、竞争法和电子商务。该协议将大大减少农业保护主义，包括我们希望给予美国农民的大量补贴。这对加拿大农业食品出口商来说是一个福音。所以，当 TPP 的有关条款被宣布时，我们应该做好准备。和其他参与国的公民不一样，加拿大人并没有对此给予足够的关注。除了一些商业组织的定期参与，包括加拿大商会、加拿大委员会首席执行官以及加拿大制造商和出口商，私营部门似乎基本上都没有参与。我还没有看到许多主要的企业首席执行官支持 TPP，不像在 20 世纪 80 年代，

---

* Lawrence L．Herman，C. D. 贺维学会高级研究员，国际法律顾问。来源：C. D. 贺维学会（加拿大智库），2015 年 5 月 12 日。

有分量的企业高管们都积极支持与美国签订自由贸易协定。愤世嫉俗者可能会问为什么要那么麻烦。他们提出了一个失败的例子，如世界贸易组织（WTO）的多哈回合谈判，它经过十年的努力最终没有任何结果。一些人可能会注意到，加拿大与欧盟的贸易协定也遇到了阻碍，同样，奥巴马仍然面临国会是否会给予其进行 TPP 谈判授权的问题。在服务贸易出口方面，加拿大处于中等地位，排在一些国家之后，如印度、西班牙、爱尔兰和比利时。通过减少在亚洲市场和美国市场的贸易壁垒，TPP 将有助于改变这一情况。然而，在这一天结束时，任何协议只是一个框架和一套规则。如果出口行业不巩固市场准入优势的话，加拿大的贸易将进一步下跌。所以对于加拿大来说，关注美国国会的举动以及太平洋地区的发展是非常重要的。

4. 对于史蒂芬· 哈珀政府来说，政治问题迫在眉睫。TPP 要求加拿大放松供应管理，特别是在乳制品方面，在选举年这将成为一个热点话题。加拿大正在应对澳大利亚、美国和新西兰要求其放开乳制品和禽类产品市场的压力。加拿大政府曾反复声称将保护“供应链管理”，而正是这种措施严格控制着加拿大的乳制品和禽类产品的价格。强大的乳制品行业游说团体将尽其所能破坏这一谈判。但是，如果在最终的 TPP 谈判中，美国和日本可以为加拿大出口行业提供重要的经济收益和更多的机会，那么保守党将难以拒绝。

编号：20150512A139

《环球邮报》专栏：太平洋贸易协议为加拿大乳制品提供扩大生产和出口的机会

Christopher Ragan *

原文标题： Pacific Trade Deal an Opportunity for Canadian Dairy to Expand and Export：Globe and Mail Op - Ed

文章框架： 加拿大供应管理系统成为 TPP 谈判的重要议题；加拿大供应管理系统的弊端；TPP 谈判为加拿大改革供应管理系统提供了一个机会。

观点摘要：

1. 在接下来的几个月里，加拿大人会听到很多关于跨太平洋伙伴关系协定（TPP）的谈判以及加拿大的乳制品和家禽行业的供应管理制度谈判的消息。这甚至可能会成为秋季联邦选举的一个重要议题。所以现在是时候将这一问题提上讨论日程。

2. TPP 是一个雄心勃勃的贸易协定，从 10 年前建立到目前为止，共有环太平洋地区的十二个国家加入，包括美国、墨西哥、加拿大、澳大利亚、新西兰和日本等。在过去的贸易谈判中，加拿大因其虚伪的农业政策立场（它坚持国内的供应管理系统，认为国家补贴种粮农民是应该的）已经臭名昭著。跨太平洋伙伴关系协定的其他成员国最终要求加拿大退出，以此来推动加拿大废除供应管理系统。

3. “供应管理”是加拿大的术语，用来描述一个体制系统，即强行限制产出和提高价格，从而提高生产者的收入。牛奶的产量限制通过采取“配额”的方式来实现。如果没有“配额”，奶农就无法出售他们的牛奶。配额的总量要少于牛奶的产量，否则牛奶将在一个不受监管的市场销售，这一限制使政府能影响乳制品的市场价格。

4. 你可能认为这种高价系统明显对奶农有好处，但实际上不是这么简单。从系统于许多年前首次建立以来，农民幸运地获得了他们的免费配额，现在坐拥巨大的

* Christopher Ragan，蒙特利尔麦吉尔大学经济学教授，C. D. 贺维学会研究员。来源：C. D. 贺维学会（加拿大智库），2015 年 6 月 30 日。

价值资产，也得益于多年的牛奶价格偏高。然而，任何之后进入该行业的农民不得不按市场价格购买必要的乳制品配额。今天，一个奶牛的配额成本在 25000 美元至 30000 美元之间，购买一群 70 头奶牛足够的配额就耗资约 200 万美元。除了牛群的成本、土地、设备和劳动力这些成本，配额同样是一个巨大的前期资本投入。对于这些“新”的农民，牛奶价格偏高是绝对必要的，尽管如此，他们甚至只能得到正常的回报。

5. 供应管理也需要很高的进口关税来阻止廉价外国乳制品充斥市场。关税在 200% 至 300% 之间是很常见的。总的结果是乳制品在加拿大贵得离谱，导致加拿大游客常常出现在西雅图、纽约、伦敦或巴黎的牛奶杂货店。这样的高价格显然不利于所有加拿大的消费者，同时也损害加拿大公司的竞争力。

6. 供应管理危害消费者，致使我们的奶农投入大量资本成本却只有加拿大这么小的一个市场。我们似乎很难摆脱这个系统，因为新的农民需要虚高的价格以弥补人为的高成本配额。什么样的系统会更好呢？

7. 如果加拿大人真的关心他们的奶农，那么他们将需要改变现有的政策，鼓励农民将经营和出口扩大到世界其他地区去。这正是跨太平洋伙伴关系协定提供给我们放弃供应管理系统的机会。鉴于我们有富饶的农业耕地，我们没有任何理由不能像澳大利亚和新西兰一样出口我们的乳制品。目前我们只有大约 5% 的乳制品在出口，而对新西兰来说，这一数字大约是 95%。

8. 从现在的乳制品产业模式转变为一个出口导向型的模式是可能的，但它需要一些来自政府的援助。对配额农民进行补偿（尤其是那些新进入这个行业的农民）是一种公平办法，因为他们购买配额时期望得到的收益远不只现在所达到的。

9. 尽管会付出一些成本，但这种政府援助的条款不应被视为改革的障碍。纳税人在过渡阶段支付这些钱远优于错过对乳制品行业进行彻底改革的机会。以后加拿大人就可以享受到本国生产的便宜奶制品，奶农也会有机会将自己的产品出口到世界其他国家去。

编号：20150630A139

《金融邮报》专栏：TPP给加拿大施压，但美国才是农业补贴的超级明星

Lawrence L. Herman*

原文标题： TPP Pressure on Canada, but U. S. Is Super - star in Agriculture Subsidies: Financial Post Op - Ed

文章框架： TPP成员国批评加拿大的供应管理系统；加拿大的供应管理系统影响其乳制品的国际市场；美国是农业补贴大国；加拿大和TPP谈判。

观点摘要：

1. 每一个可信的加拿大智囊团都说："我们反对加拿大的供应管理系统。这样的供应管理系统就像苏联式的政权管理模式，严重阻碍了加拿大的国际贸易。"加拿大的供应管理系统是一个落后的系统，通过控制价格来保护乳制品、家禽和鸡蛋生产商。其实这种方式严重扭曲了市场，抑制了竞争力。从长远来看，加拿大现有的供应管理系统阻碍了其成为一个农业出口国。

2. 而且，相对于开放市场来说，这种供应管理体系迫使加拿大消费者在生活必需品（乳制品、家禽和蛋类等）上支付更高的价格。

3. 加拿大的供应管理系统在跨太平洋伙伴关系协定（TPP）谈判中同样受到美国和其他国家的攻击。在这样的压力下，即使不完全废除它，加拿大也必须做出实质性的让步来对这个管理系统进行改革。

4. 美国一向擅长对别国指手画脚，虽然我们也反对加拿大的食品供应管理系统，但美国其实才是真正的农业保护主义超级大国。

5. 在加拿大，除了供应管理系统和一些省级农业项目，加拿大递交给世界贸易组织的年度补贴报告列表中只有三个项目是直接补贴给生产者的。两个是生猪产业，另一个是葡萄种植的过渡计划。还有七个是农业融资计划，包括预付款计划、作物保险计划、担保贷款等。这些都是WTO批准的、没有受到直接补贴的项目。

---

* Lawrence L. Herman，C. D. 贺维学会资深研究员，国际法律顾问。来源：C. D. 贺维学会（加拿大智库），2015年7月27日。

6. 现在让我们看看美国的这些惊人的农业补贴数据。2014 年世贸组织的报告显示，美国的补贴清单几乎涉及农业生产的所有项目。《经济学人》指出，美国农业补贴费用是惊人的昂贵，每年将纳税人的 200 亿美元转移到了这些补贴上。大部分钱到了那些富裕的种玉米和大豆等大宗商品的艾奥瓦州人的口袋里。2012 年，美国直接补贴给农民的钱达到 38. 37 亿美元。其他的补贴还包括反周期支付计划、营销援助贷款等。美国为支持其乳制品行业，2012 年在价格支持计划和市场损失支付计划上共投入 4. 03 亿美元，在救灾和风险管理上为农民投入 17. 5 亿美元。2012 年美国财政部为美国饲料行业补贴 74. 61 亿美元。

7. 这些只是美国在农业补贴上的一些较大的支出。《经济学人》指出，还有许多其他的补贴加起来每年也有 200 多亿美元。而且，美国最新的农业法案决定将对农作物保险的补贴扩大到 70 亿美元，最少持续 10 年。

8. 美国通过补贴和提供农作物保险保证了农民的收入，生产商也可以人为压低价格，而进口农产品需要缴纳关税，这样就有效地提高了本国农产品的竞争性并抵制了外国农产品进入本国。

9. 需要强调的是，美国的这些项目都在世界贸易组织的允许之内，没有任何条款显示这些行为是违背国际贸易规则的。不过，加拿大的供应管理系统也符合 WTO 协议，然而却在 1994 年的乌拉圭回合谈判上受到了制裁。

10. 在多哈回合谈判上，美国的补贴和加拿大的供应管理体系都受到指责，其他贸易伙伴要求两国做出让步。

11. 现在我们可以预料，TPP 谈判上加拿大打开乳制品、蛋类和家禽进口方面的供应管理制度已经是板上钉钉的事了。

12. 并不是说 TPP 谈判不应该攻击这些保护主义措施。关键是，美国一年拿着纳税人的数十亿美元去补贴本国农业却还总是指责其他国家。如果加拿大在供应管理上做出妥协的话，任何其他 TPP 成员国会要求美国做出让步，放开其农产品市场，减少国家补贴，让别国农产品进入美国国内市场进行竞争。

编号：20150727A13901

《金融邮报》专栏：TPP 在很多领域发挥的作用很小

Dan Ciuriak *

原文标题： The TPP Will Do Little in a lot of Areas：Financial Post Op - Ed

文章框架： 阐述 TPP 的弊端；详细阐述 TPP 对贸易的影响；给加拿大的建议。

观点摘要：

1. 跨太平洋伙伴关系协定（TPP）谈判已经进入了尾声，如果在毛伊岛的会议最终能达成一项协议，那么加拿大有可能为了不错过参与亚太地区贸易事务的机会而选择签署这项协议。确切地说，TPP 将不会是“自由贸易”，它充其量是一系列“优惠”政策而已。此外，贸易收益是随着贸易成本的变动而变动的，像 TPP 这样拒绝官僚主义繁文缛节的贸易优惠协定给某些产品开放“绿色通道”，但拒绝给予其他产品这样的特权。这也意味着 TPP 只是一个做表面文章的贸易协定。由于歧视本身是一件坏事，因此，各方只能以将会获得更多好处来为其“歧视”政策辩护。

2. 尽管 TPP 的声势很浩大，但实际上其关税的自由化对贸易的影响并不大，主要原因是大多数十二个成员国之间的双边贸易关系通过前期的贸易协定已经基本上实现了自由化，自由化之后遗留的问题是高度敏感的，加拿大在其供应管理链的敏感区域所做出的让步将最有可能同加拿大与欧盟贸易协定一样——限制市场准入的扩大。非关税壁垒对商品、服务和投资有什么影响？我们有充分的证据能够证明非关税壁垒非常高的事实。对于商品贸易来说，通过取消非关税壁垒来降低成本的主要领域通常被认为是减少边界过境费用和取消标准重复的一致性测试。在边界成本的问题上，世贸组织《贸易便利化协定》（TFA）及其宣扬的节约亿万美元成本的概念已经打消了TPP 在世界海关组织的框架下建立现代秩序的想法，TPP 几乎没有什么可以补充的。作为一个相互承诺降低成本的协定，迄今为止的所有证据都表明

---

* Dan Ciuriak，渥太华 Dan Ciuriak 咨询公司总监和总经理，C. D. 贺维学会常驻研究员，慕尼黑 BKP 发展研究与咨询公司合伙人。来源：C. D. 贺维学会（加拿大智库），2015 年 7 月 30 日。

它们几乎没有实现这一承诺。对于服务和投资来说，让我们通过梳理最近的高质量的贸易协定来看一看伙伴国家的哪项法律法规必须依据协议进行修改，并且赋予其价值。

3. 商业环境的不断变化导致国际贸易的紧张局势不断出现，贸易规则需要紧跟其后。通过更加透明、更加具有包容性的世界贸易组织的程序来解决那些悬而未决的问题基本上已经宣告失败，其实际行动已经变得不那么透明了，并且也不像TPP这么具有包容性。尽管我们不知道TPP究竟会何去何从，但是对于像电子商务、国有企业甚至汇率操控等这样的“新问题”，TPP仍能够发挥作用。一旦TPP尘埃落定，那么加拿大所面临的挑战将会更多。不管从哪个角度来看，贸易都是加拿大的重要部分，所以必须想办法削减边界成本。

编号：20150730A139

食品市场开放有利于穷人

Jason Clemens; Alana Wilson *

原文标题： Free Market for Groceries Is Better for the Poor

文章框架： 加拿大老旧的农业供应管理阻碍了它加入TPP；加入TPP潜在利益巨大；加拿大改革供应管理体系可以借鉴澳大利亚的经验。

观点摘要：

1. 很多加拿大人都不了解农业供应管理体系，以及如何影响他们的日常生活，这也是加拿大老旧的农业系统仍然存在的原因。而如今，这一系统要接受严格的审查了，因为它阻碍了贸易协定的签订。

2. 加拿大真正迎来了一次促进贸易关系、降低低收入家庭的生活成本的机会。这需要消除农业供应管理，提高农业部门的办事效率。这首先需要我们了解老旧的管理体系的落后之处，然后革新它。

3. 供应管理是政府的一个强制体系。它通过控制经营许可、限制生产和销售数量来实行价格管理。政府也通过征收关税来抵制外国产品，以确保国内食品（如牛奶、鸡、鸡蛋和奶酪等）的价格控制在一个高位。

4. 这种供应管理体系无疑给农民带来了更大的收益，但却在很大程度上牺牲了另外一些低收入家庭的利益。基本食品开销占低收入家庭总收入的24%，而只占相对高收入家庭的6%，也就是说，这种管理体系使低收入家庭承担了更高比例的额外成本。

5. 这一惊人的收入转移体系给加拿大签订新的贸易协定带来了阻碍。例如，与欧盟的贸易协定需要加拿大提供优惠的市场准入，而这会导致加拿大接受更多的欧盟乳制品。加拿大在另一个关键贸易协定——跨太平洋伙伴关系协定（TPP）——

---

* Jason Clemens，商业荣誉学士，工商管理硕士，现任弗雷泽河研究所执行副总裁和弗雷泽河研究所基金会主席。研究领域为税收、政府开支、劳动力市场监管、银行、福利改革、卫生保健、生产力和创业精神等。

Alana Wilson，弗雷泽河研究所高级经济学家。

来源：弗雷泽河研究所（加拿大智库），2013年5月14日。

中的谈判也受到供应管理体系的限制。

6. 澳大利亚在加入 TPP 的过程中，在消除自己的供应管理体系时经历了一个困难的过程。同样，加拿大要想加入 TPP 也需要撤销国内的供应管理体系。

7. 加入 TPP 潜在利益巨大。TPP 于 2005 年由文莱、新加坡、新西兰和智利四国联合创立，后有澳大利亚、秘鲁、越南、马来西亚、美国以及日本加入，如今中国也在寻求加入，这将是一个人口超过 25 亿、GDP 超过 35 万亿美元的自由贸易区。

8. 鉴于已经认识到供应管理系统的缺陷，如今问题变成了如何撤销它才能确保农民的合法权益不受侵害，加拿大可以部分借鉴澳大利亚的经验。澳大利亚在某些产品价格的开放上设立了一个过渡期（如牛奶为 8 年）。

9. 澳大利亚提供了一个赔偿农民损失的框架，农民得到的补偿和拥有配额的时间是相对的，也就是说，农民拥有配额的时间越长，得到的赔偿就越低。

10. 撤销供应管理体系会为加拿大带来巨大的好处。首先，这可以降低基本食品的价格，这对低收入家庭来说意义重大。其次，这可以提高农业部门的效率，为一些重要贸易协定的签订扫清障碍。既然可以获得如此多的好处，那就没有理由维持现在这种陈旧的体系。

编号：20130514A140

加强药品知识产权保护将使加拿大人受益

Nadeem Esmail *

原文标题： Stronger Intellectual Property for Pharmaceuticals Would Benefit Canadians

文章框架： 加拿大对药品知识产权的保护滞后；CETA、TPP 等多边国家协定要求加拿大加强药品专利保护；加强药品知识产权保护对加拿大有好处。

观点摘要：

1. 加拿大对药品知识产权保护的滞后是其与欧盟谈判的主要话题，这个问题也将是其加入跨太平洋伙伴关系协定（TPP）谈判的一个重要议题。改革和创新医药知识产权保护制度有益于加拿大经济和人民健康，也能让加拿大更紧密地与国际标准保持一致。

2. 和欧盟、美国以及其他一些国家相比，加拿大在医药知识产权保护方面有三点可以改进和创新：第一是恢复专利期，第二是确保专利持有人的上诉权，第三是扩展专利数据的排他性。

3. 严格专利保护的反对者指出：较弱的药品知识产权可以减少药品方面的支出。根据加拿大健康信息研究所的数据，2012 年加拿大的药品支出总额预计为 330 亿美元，大约占医疗总支出（2070 亿美元）的 16%。这些成本并非无关紧要，必须处理好由加强知识产权保护所带来的成本上升的问题。

4. 对国内来说，加强药品知识产权保护会激励企业在药品研发上投入更多精力，它们也会提高员工的工资水平。更大的研发支出会造就更多的制药企业，增加就业岗位，也会增加医学创新，从而产生更多的创新药物。

5. 加强药品知识产权保护可以使加拿大获取更多的贸易协定，贸易增加带来的好处将会更显著。

---

* Nadeem Esmail，不列颠哥伦比亚大学的经济学硕士。2001 年加入弗雷泽河研究所，2006 ~ 2009 年担任弗雷泽河研究所高级研究员，研究领域为公共医疗保险的成本、卫生保健系统的国际比较、医院绩效、医疗技术以及医生短缺等问题。来源：弗雷泽河研究所（加拿大智库），2013 年 7 月 22 日。

6. 全面经济贸易协定（CETA）包括欧盟（超过5亿人口，生产总值为17.4万亿美元）在内。加拿大如果加入的话，估计可以为其增加20%的出口额，其经济总值将增加120亿美元。TPP同样可以创造巨大的经济效益。TPP国家（澳大利亚、文莱、加拿大、智利、日本、马来西亚、墨西哥、新西兰、秘鲁、新加坡、美国和越南）所形成的自由贸易区未来将涵盖7.85亿的人口和26.4万亿美元的GDP。一项研究估计，TPP每年给加拿大带来的收益可能为99亿美元，使其出口增加160亿美元。TPP的主要吸引力是巨大而活跃的亚洲市场，包括中国加入的潜在可能性。

7. 同样重要的是，加强药品知识产权保护有利于提高加拿大在国际贸易协议谈判中的地位，也增加了加拿大加入其他国际协议（欧盟和美国正在积极建立亚洲和拉丁美洲自由贸易协定）的可能性。

8. 虽然加强药品知识产权保护会增加制药成本，但是与国际标准接轨之后，获得的利益也是巨大的。综合考虑，加拿大人完全没有必要继续保持宽松的药品专利保护。

编号：20130722A140

加入 TPP 能维护加拿大的贸易利益，并帮助其脱离对美国的依赖

Laura Dawson *

原文标题： Joining Trans – Pacific Partnership Will Protect Canada's Trade Interests and Help Move Away From Dependence on the U. S.

文章框架： 加入 TPP 可有助于加拿大的贸易；TPP 的构成情况。

观点摘要：

1. 弗雷泽河研究所（一个独立的、非党派的加拿大公共政策智库）今天发表的一项新研究称，加拿大加入跨太平洋伙伴关系协定（TPP）使其可以与亚太地区各国建立贸易伙伴关系，将加拿大的出口额提高 157 亿美元。

2. 国际贸易专家劳拉·道森称，随着保守党政府将国际贸易摆在首要地位，TPP 可以给加拿大提供一个机会，使其在繁荣的亚洲市场中扎根，并摆脱对美国的贸易依赖。加入 TPP 对于保护加拿大目前的贸易协定，尤其是北美自由贸易协定（NAFTA）有重要意义。

3. 事实上，道森预计 TPP 可以为加拿大的 GDP 带来 99 亿美元的增长量，但该协定对于塑造未来贸易协定的规则也同样重要。道森称，简单贸易政策收益的时代已经结束，从长远来看，TPP 在投资、监管调整、原产地规则和市场准入等领域引入的规则会增加贸易确定性、降低风险、降低加拿大出口者和投资者在新兴市场中开展贸易活动的成本。

4. TPP 使加拿大可以与澳大利亚、文莱、智利、日本、马来西亚、墨西哥、秘鲁、新西兰、新加坡、美国和越南建立贸易联盟，这个联盟的经济总量达 27 万亿美元（占全球 GDP 的 35%），其贸易额占全球贸易总量的三分之一。此外，TPP 有望

---

* Laura Dawson，哲学博士，道森战略机构主席（该机构为跨境贸易、市场准入以及监管问题业务建言献策）。此前，他曾担任美国驻渥太华大使馆美国 – 加拿大经济事务高级顾问，曾协助建立美国 – 加拿大监管合作委员会。来源：弗雷泽河研究所（加拿大智库），2013 年 9 月 5 日。

将亚太经合组织（APEC）中的所有成员国包含其中，在未来提供更大的市场准入收益。道森说："TPP 的一个亮点就是在吸引中国，如果中国加入，TPP 将成为首个包含全球三个最大经济体（美国、中国和日本）的区域协定。"

5. 报告还指出，加拿大在 20 世纪 90 年代进行 NAFTA 和 WTO 协定谈判时，类似电子商务、数字媒体和第三方物流的问题还没有进入商业主流，TPP 为讨论和解决这些已经存在的问题以及正在出现的问题提供了一个平台。道森说："如果渥太华方面真的想要使加拿大的贸易关系多样化，那么加入 TPP 将会是千载难逢的机会。"

编号：20130905A14001

跨太平洋伙伴关系协定的投资进展情况

Jane Kelsey *

原文标题： Investment Developments in the Trans – Pacific Partnership Agreement

文章框架： TPP 使投资制度发生了重大变化；TPP 的实质；TPP 谈判的由来；影响投资法律的因素；投资者 – 国家争端解决机制（ISDS）存在的争议；TPP 中投资者的新权利。

观点摘要：

1. 跨太平洋伙伴关系协定（TPP）是“21 世纪新一代的协议”，它将比以往的自由贸易协定（FTA）更具潜力，这表明在当前这一代自由贸易协定（FTAs）和双边投资条约（BITs）中，投资制度已经发生了重大变化。准确地说，这些变化将是一个投机的问题。草案文本和背景文件依然保密，在世界贸易组织（WTO）多哈回合谈判期间以及反假冒贸易协定和美洲自由贸易协定谈判期间，各方改变了披露文件和工作文本的现象。事实上，如果九个参与国同意，那么背景文件将在四年后协议生效或谈判失败后公布。

2. 与其说跨太平洋伙伴关系协定（TPP）是一个投资贸易协定，还不如说它是一个投资协定。由于文本泄露，协议草案的一些新奇事物正变得清晰。看来，跨太平洋伙伴关系协定（TPP）作为“21 世纪的协议”的性质。是建立在复杂的、相互作用的规则，以及投资、金融服务、转移、透明度、监管一致性、竞争、国有企业、政府采购、知识产权、最惠国待遇、部门学科与供应链等义务上的。

3. 这些谈判可以追溯到 2006 年，智利、新加坡、文莱和新西兰四国签署的跨太平洋战略经济伙伴关系协定，俗称“P4”。随着全球金融危机的发展，2008 年，总统乔治·布什（George W. Bush）将美国带入这些谈判中。基于美国自由贸易协定（USFTA）的模板，三轮谈判产生了新的草案。在美国、澳大利亚、秘鲁、越南

---

* Jane Kelsey，剑桥大学硕士，奥克兰大学博士。1979 年以来一直在奥克兰大学工作，目前是新西兰奥克兰大学法学院的副院长。来源：可持续发展国际研究所（加拿大智库），2012 年 1 月 12 日。

和马来西亚宣布它们将加入 P4 时，各方就已经开始了跨太平洋伙伴关系谈判。之后，奥巴马政府证实美国将参与其中。在该协议中，由于美国经济占主导地位以及美国国会在贸易协定中拥有否决权，从而限制了其作为一个传统的自由贸易协定（FTA）的商业价值。2011 年 11 月，在火奴鲁鲁（美国夏威夷州首府和港口城市，华人称之为檀香山）召开的亚太经济合作组织（APEC）会议证实了跨太平洋伙伴关系协定（TPPA）的潜在意义。在“美国的太平洋世纪”中，TPP 可以作为美国地缘政治战略的经济支柱，而且美国可以通过其在亚太地区强大的军事存在对中国进行反击。自 2010 年 3 月以来，TPP 已经举行了九轮谈判。最初，完成谈判的最后期限是 2011 年 11 月在火奴鲁鲁举行的亚太经合组织（APEC）领导人非正式会议。虽然亚太经合组织（APEC）发表的联合公报没有新的期限，但是，非官方的目标是 2012 年中期。在俄罗斯举行的亚太经合组织（APEC）部长会议就法律文本达成共识，并在年底完成具体安排。日本、加拿大和墨西哥表示希望加入 TPP 谈判，它们说服各方接受满足协议的“黄金标准”。

4. 什么可能影响投资法律？关于投资的草案章节已基本完成，它通常遵循 2004 年美国双边投资协定（Bilateral Investment Treaty，BIT）的模式。许多问题日益突出。显然，TPP 对于发展中国家而言没有特殊的灵活性。就市场准入以及对投资者以及投资的国民待遇和最惠国待遇（MFN）所做出的承诺而言，对于马来西亚和越南来说，坚持使用负面清单已经成为一个问题。这与 WTO 服务贸易的方式相反，它只放宽使用正面清单的投资领域。以美国为首的国有企业（SOE）旨在为外国企业（尤其是发展中国家的企业），提供新的机遇和保护。如果更多的低收入亚太经合组织（APEC）成员国加入，或者远远超过这些国家在 WTO 所拒绝的投资义务，那么对 TPP 发展的影响将是非常巨大的。

5. 投资者－国家争端解决机制（ISDS）也是有争议的。在 2004 年澳大利亚与美国自由贸易协定中，澳大利亚把 ISDS 排除在外，由于最近美国烟草巨头菲利普·莫里斯国际公司（PMI）使用澳大利亚－香港双边投资协定（BIT），挑战澳大利亚烟草简单包装法，澳大利亚的决定更加坚定。澳大利亚现已正式表示，在其自由贸易协定（FTA）中，将不再同意任何国家争端解决条款。有关争端解决的争论逐渐包含了征收和待遇的最低标准，以及有关公正处理规定的问题。各国之间的自由贸易协定（FTA）在征收方面有着显著差异。美国所提出的间接征收的主张是经过了具体分析和基于事实的调查的结果。对于投资者而言，国家行动会给经济带来影响，然而负面影响不是其本身能够决定的。东盟全面投资协定和澳大利亚－新西兰－东盟自由贸易协定的关系是非常紧密的。调查的具体评估须考虑该行动是否违反政府对投资者的事先书面承诺，以及政府的客观要求。这两个版本都指出，要实施非歧视性的监管措施，需要制订针对间接征收范围的“合法的公共福利目标”，它追求的是公共卫生、公共安全和环境方面的目标，而不是金融或经济的不稳定性。各国的自由贸易协定在待遇的最低标准、公平待遇以及与国际习惯法标准关系上，也有着显著差异。美国把待遇最低标准规定和国际习惯法标准联系起来。

6. 重复泄露的文本表明，如果美国提议的更为严格的专利和版权规定得以成功实施，那么在技术相关产业和服务产业中，外国投资者以及知识产权持有人将获得直接执行的权利。该协议将允许投资者在 TPP 或当事人之间达成的双边协议使用最有利的条件。因此，对国家来说，最重要的是它与其谈判伙伴还没有建立彼此的义务。例如，TPP 投资章节的相关性，对新西兰和马来西亚来说，这有着特别深远的影响，它们与美国没有签订投资条约，也没有签订自由贸易协定（FTA），并且澳大利亚在与美国的自由贸易协议中，已排除投资者 - 国家争端解决机制（ISDS）。

7. 可能出现在 TPP 其他章节中的投资者的新权利是什么？有关透明度和监管一致性的泄露文本表明，对于外国商业利益来说，总会有互补的途径，使特权参与到背后的边界监管决策中。在医疗技术方面，遭泄露的、高度有争议的透明度文本提出了药品和医疗设备制造商的机制会如何影响国内决策过程。所有缔约方都需要建立一个机构，以协调发展“涵盖的监管措施”。其中，一个“总体特色”是推进领域透明度，另一个特色是促进“系统性监管改革”。为寻求良好的监管措施，各方预计将进行监管影响评估，其内容包括评估净收益和分配的影响，并考虑较少负担的替代品。这些过程与实质性学科存在相互作用，比如，电信、金融服务或快递，以及技术性贸易壁垒、国有企业或竞争性的程序规则。监管一致性章节涉及内部的监管决策和国家的选择，而不是在各方之间的衔接，尽管美国倾向于将两者混合。在 TPP 层面，各方同意促进它们与各自的“利益相关者”之间的成功协作。监管一致性将由一个委员会监管，必须建立机制，以确保“利益相关者”可以通过协议就加强监管一致性提供意见。事实上，只有那些实体经济拥有金融和组织资源、知识和参与许可，才会有一席之地，才能为大公司和游说团体提供动力，这有助于它们在未来放松管制。在市场监管领域法律框架内，这有利于输入和接收详细信息，并为大企业提供机会，在国家层面影响管理决策，以及在 TPP 层面，推进放松管制。通过将“透明度”和“监管一致性”规则推向一个新的企业国际化承诺水平，TPP 可能会加强投资者的实力，挑战国内监管，尤其是以间接征收为理由，违反最低待遇标准以及公正和平等规则。

编号：20120112A141

投资协议和寻求进入中国的市场

Axel Berger*

原文标题： Investment Treaties and the Search for Market Access in China

文章框架： 阐述全球贸易体系的现状以及在市场准入问题上的分歧；阐述中国在贸易投资协定问题上的现状；分析中国在贸易投资协定上的三个发展阶段；分析中国在市场准入问题上的立场；分析中国面临国际环境的三个压力。

观点摘要：

1. 到目前为止，全球贸易投资体系是否处在一个十字路口依然是一个老生常谈的问题，一方面，许多国家都最终选择了退出双边投资协定（BITs），从国际中心收回了投资争端解决权，或者不与使用有争端解决条款的有争议的投资国家进行投资条约谈判。另一方面，条约的制定也在发生着变化。最近几年许多新的双边投资协定的谈判逐渐没落，更加复杂的投资规则越来越多地集中在大的国际集团之间签订的贸易和投资协定中。这些宏伟的区域性协定目前正在谈判中，比如跨太平洋伙伴关系协定（TPP）、区域全面经济伙伴关系协定（RCEP）或者跨大西洋贸易与投资伙伴关系协定（TTIP），这些都被证明是这种趋势中的杰出范例。然而，各方在将市场准入的承诺纳入投资协定的问题上产生了分歧：像美国、加拿大、欧盟和日本这样的资本出口国和资本出口地区是主要的支持者，而资本进口国则常常持反对态度。

2. 那么，在这种投资协定体系日益变得复杂的情况下，中国的立场是什么呢？中国企业对外直接投资的快速发展已经引起了国际社会的关注，同时，中国已经签署了超过130项的双边投资协定，形成了密集的投资网络体系。如果中国继续以现在的速度进行新条约的谈判，那么它将很快超过德国并且在不久的将来成为世界上

* Axel Berger，德国可持续发展研究所世界经济与金融发展部研究员，主要研究领域为全球投资政策，主要集中在新兴经济体与发展中国家，目前的研究领域是国际投资协定的扩散模式与发展影响。来源：可持续发展国际研究所（加拿大智库），2015年9月9日。

签订双边贸易协定数量最多的国家。当然，在考虑条约的绝对数量的基础上评估中国的国际投资政策只会把我们的思路越拉越远。更重要的问题是，中国是否会顺应这一趋势，越过以双边贸易协定为基础的投资保护规则，朝着全面贸易协定的发展方向迈进。特别应当注意的是，在通过包括有争议的市场准入而实现投资条约规模的扩张的形势下，中国的立场是什么？

3. 中国投资条约的三个发展阶段。中国的投资协定的发展可以被分为三个阶段，第一个阶段是贯穿于20世纪80年代至90年代的双边投资协定的谈判，包括各种对东道国的保护条款，其中最重要的是投资者－国家争端解决机制条款（ISDS）。中国第一阶段的双边贸易协定由70多个这样的条约组成。1998年中国与巴巴多斯（拉丁美洲国家）签订的双边投资协定是第二阶段的50多个条约中的第一个，该条约可以被认为是中国投资条约签订的一个分水岭：这是中国首次同意外国投资者“将任何有关投资的争端”交由国际仲裁委员会来解决。中国也逐渐签订了许多创新的条约，比如包含放宽对国民待遇的限制的条款。近年来，中国在国际投资协定的谈判中取得了很大进步，也表明其第三阶段的双边贸易投资开始产生。签订这些条约的目的是在投资者和被投资国家的权利之间取得更好的平衡，中国还从北美自由贸易协定的成员国的创新条约中找到了应对大量ISDS索赔的灵感。中国专家将其称为“美国化”的中国投资条约。许多由北美自由贸易协定的成员国开发出来的概念，比如最低待遇标准，在最近几年都被中国采用了。中国投资条约的实践有一个值得注意的方面，那就是其第二阶段和第三阶段的条约谈判是平行展开的。这一令人费解的模式背后的原因可能是中国并不像传统的资本输出国家那样坚持将自己独特的模式作为谈判的基础。

4. 中国和市场准入制度。除了已经签订的130多项双边贸易协定，中国还签订了12项优惠贸易协定，其中有四项包含投资的全面规则。巴基斯坦也复制了中国第二阶段的方法，并且在中国第三阶段的方法框架下与新西兰、秘鲁和东盟国家签订了双边贸易协定。然而，中国依然反对将国民待遇的范围扩大到投资领域，这样就保证了其进入外国投资管理的权利。中国愿意在市场准入方面提供最惠国待遇，这样就确保了伙伴国的投资者可以从未来中国位于第三方的更有利的优惠条款中获得收益。除此之外，在最近与加拿大签订的双边投资协定和与韩国和日本签订的三边投资协定中，中国还坚持要求加入市场准入这一条款。

5. 鉴于全球趋势正在朝着更加全面的投资协定的方向发展，中国也最有可能面临着包括市场准入在内的更多需求，这种压力来源于几个方面。首先是谈判渠道。目前中国与美国正在进行双边投资协定的谈判，并且正在为展开2013年秋天与欧盟的官方谈判做准备。美国和欧盟都表示市场准入条款将是其未来愿意与中国签订的投资协定的重要组成部分，市场准入条款也最有可能被拿到以“东盟+6”为基础的国家组成的RCEP的谈判桌上来。鉴于这些国家经济的重要性，中国也将面临包括市场准入规则在内的强大压力。其次是不断变化的国际环境。重要的资本输出国正在致力于将已建立的贸易保护与市场准入规则结合在一起，美国和欧盟在TTIP的框架下起草21世纪的贸易和投资准则的目的已经非常明显了，同样的还有TPP，需要注意的是，中国已经被排除在这两个协定之外了。不管这些问题是不是故意针对中国，这些宏伟的区域协定所包括的投资规则都将超越中国的贸易协定所包含的投资保护等的局限性。

编号：20130626A141

中国与发展中的地缘经济学：准备一个新的贸易和投资体制

Chandler Foust *

原文标题： China and the Evolving Geo - Economics：Preparing for a New Trade and Investment Regime

文章框架： 当今世界地缘经济越来越重要；多边贸易协定的规则逐渐成了世界规则；中国在寻求加入 TPP；确定未来世界规则努力的方向。

观点摘要：

1. 我们生活在一个技术迅速发展、生产系统和商业模式迅速演变的时代。越来越多的发展中国家在世界经济中扮演着越来越重要的角色。今天，世界上各国之间联系密切，成功的内部和外部条件影响着一个国家的国内发展和是否能持续具有满足其经济和社会目标的能力。因此，制定国内政策需要考虑到当今世界地缘经济学的演变。

2. 大的自由贸易协定谈判涉及新贸易协定的建立以及由于技术和贸易模式变化而引起的国际重大变化。当今世界，贸易和投资发生在一个全球生产网络高度一体化的环境中。管理知识、数据和支持服务重新定义了无形资产贸易的重要性。许多制造业和服务业的自动化已经使劳动和资本之间的关系发生了改变。这样翻天覆地的变化需要高效的贸易和投资环境（低交易成本）以及有战略思维的管理决策。

3. 一个重要的多边谈判就是跨太平洋伙伴关系协定（TPP）谈判。除了更大的市场准入，TPP 谈判的领域包括知识产权、外国投资、竞争政策、环境、劳动力、国有企业、电子商务、竞争力和供应链、政府采购、技术贸易壁垒、医疗技术和药物、透明度和监管一致性等。那些在世界贸易组织（WTO）框架下谈判过的内容将在这里得到延伸。

4. 这些主题的一个重要特性是它们通过技术和其他标准来解决问题。如果多边

---

* Chandler Foust，WTO 副总干事。来源：可持续发展国际研究所（加拿大智库），2013 年 12 月。

谈判（如 TPP）能设计和制定它们的基础框架，那么实际上它们的这些标准将成为许多国际贸易的标准。其结果的影响可能会很大，因为它也会影响跨大西洋贸易与投资伙伴协议（TTIP）成员国之间的谈判。

5. 值得注意的是，很多经济体，包括巴西、俄罗斯、印度和中国（金砖四国）并没有加入 TPP 或 TTIP。虽然各方对 TPP 的扩大是否成功有不同意见，但考虑到 TPP 的成功取决于在与贸易相关的领域制定了标准，这些领域包括环境问题、劳动力、国有企业改革、投资和知识产权等，从这方面看，TPP 是成功的。

6. 成功加入 TPP 和 TTIP 的国家已经使其出口增加了很大一部分。在目前互联互通的世界上，被排除在全球市场之外将极大地限制一个国家的发展机会。这就是为什么中国已经开始寻求加入 TPP。

7. 中国经济长期保持高速增长，其决策者越来越重视全球市场的和谐发展以及非歧视性的贸易合作和对外投资。因此，中国的任何改革议程都将致力于使国家积极参与国际多边贸易和投资体制。

8. 中国的计划包括通过结构性改革来加强市场经济的基础、加速创新的步伐、创造一个开放的创新系统、强调绿色经济、提高环境标准、提高服务业的效率和进行国有企业改革。它也进行了外国投资机制的政策改革，以吸引“更高价值或更好质量”的国外投资以及更好地实施对外直接投资。吸引高附加值投资也意味着改善知识产权制度。

9. 这样的关注也反映在中国同美国和欧盟正在进行的双边谈判的条约中。中国已经要求加入国际服务贸易协定（TISA）。另外中国在世贸组织一些问题上的立场还有一些微妙变化，这表现出其在某些领域更大的雄心。据报道，中国正在寻求加入 TPP，在中国国家主席习近平会见美国总统奥巴马时，他要求保持对 TPP 谈判的了解。

10. 这些发展可能改变中国与世界其他国家在贸易谈判中的相互作用。在这个国际供应链日益增长，以及中国在世界贸易和投资发展模式上扮演越来越重要角色的世界大环境下，如果中国政策不与世界贸易和投资规则保持一致的话，其投资成本会增加，贸易中断会不断发生。

11. TPP 的成员国、欧盟以及中国的贸易额占世界贸易总额的三分之二。如果中国为适应 TPP 而确定其标准的话，这些更高的标准事实上将适用于近三分之二的世界贸易。这对世界上大多数国家有着重大影响，而这些影响可能会在未来三到五年间被人们所感知。

12. 各方存在的一个担忧是，多边自贸区协议倾向于创建排他的系统，因为参与者的主要焦点都在自己身上。这十年中，不断增长的中产阶级将意味着对原材料的需求会不断增加。非洲国家目前处于弱势地位，它们需要更具包容性的协议来表达它们的关切和愿望。可能会出现的冲突可以通过世贸组织等包容性贸易机构来解决。因此，我们需要通过外交和技术战略将有限的会员协议过渡到世贸组织体制。

13. 所有国家都需要了解事态发展，进行必要的调整和准备，包括提高它们的能力来满足新的标准，为贸易和投资创造包容条件。现在已经到了下定决心和积极响应的时候了。

编号：201312A141

国际贸易与投资法中的国家监管自主权和烟草控制

Andrew Mitchell； Elizabeth Sheargold*

原文标题： State Regulatory Autonomy and Tobacco Control in International Trade and Investment Law

文章框架： 列举世界上著名的对抗烟草法案的案件；贸易与投资协定和 TPP 对烟草管控措施的影响；争端解决机制对烟草法案的影响。

观点摘要：

1. 烟草公司经常将目光转向国际贸易和投资协定，并将其作为一个挑战相关国家的烟草管控措施的工具。迄今为止这些案件包括：印度尼西亚在世界贸易组织（WTO）介入之前成功地挑战了美国禁止在香烟中加入薄荷醇的禁令，古巴向 WTO 索赔期间，多米尼加共和国、洪都拉斯、印度尼西亚和乌克兰对澳大利亚的烟草产品包装标准提出抗议等。鉴于这种情况，几个新的大型国际投资与贸易协定正在谈判中，其中包括跨太平洋伙伴关系协定（TPP）和跨大西洋贸易与投资伙伴关系协定（TTIP）。烟草已经成为 TPP 对话中一个非常有争议的问题，马来西亚建议将所有与烟草相关的措施与法案都从 TPP 中剔除。

2. 贸易和投资协定以及烟草管控措施。在贸易与投资协定的框架之下存在的潜在挑战可能会破坏国家通过两种不同的方式发布烟草管控政策的意愿。首先，使用争端解决机制可能会导致成本的大幅增加，如果一项措施在贸易与投资协定框架下受到挑战，那么捍卫其不受损害就需要以高昂的律师费为代价。其次，成本的额外增加可能需要国家支付给企业相应的损失补偿，或者废除或者调整有争议的相关措施。

---

* Andrew Mitchell，墨尔本大学法学院教授，澳大利亚研究理事会成员，全球经济法律网络主任。

Elizabeth Sheargold，墨尔本大学法学院博士研究生与研究员。

来源：可持续发展国际研究所（加拿大智库），2015 年 2 月 19 日。

3. 国家与国家之间的裁决通常是解决贸易争端的唯一选择，而在过去 15 年里，最严重的投资争端是由投资者－国家争端解决机制（ISDS）直接解决的。对争端解决机制的改革十分重要，因为其通常被认为是监管自主权的最大威胁，虽然类似的机制可能适用于相关的国家之间的争端解决。如果一项协定不能提供任何争端解决机制，那么烟草管控措施受到挑战的风险将会显著削减，正因为如此，争端解决机制不大可能被排除在 TPP 或 TTIP 之外。此外，即使这样的做法是可行的，上文提到的那些与烟草相关的案件都表明挑战仍然存在。在 TPP 谈判中，美国提出，在两国就烟草措施问题产生争端之前，两国的卫生部门应开会讨论解决措施。美国的这一措施似乎只适用于发起争端的一方，投资者的索赔可能会引发类似的机制的出现。

编号：20150219A14101

奥巴马需要授权以完成TPP谈判

Brian Lee Crowley *

原文标题： Obama Needs the Authority to Get A TPP Deal Done

文章框架： 阐述美国在TPP谈判中没有发挥应有的作用；分析美国在谈判中对加拿大的政策以及对加拿大的影响；分析美国接下来的政策发展趋势。

观点摘要：

1. 加拿大人偶尔会注意到当美国人想要什么东西的时候他们会非常不耐烦，甚至有时会有点蛮不讲理。奥巴马总统想要落实TPP，但事实证明这个目标难以实现。他原计划是要在2013年年底之前完成这个任务，但是在2014年仍然没有看到TPP有产生进展的迹象。美国人对这种情况感到很恼火。但是就在美国人迅速指出其他国家在谈判中的不足的时候，他们却没能认清这些问题中最大的障碍：华盛顿对这一协定承诺不足。强化这一承诺的一个简单办法就是通过所谓的贸易促进授权（TPA），该授权的本质是使决议不能被修改，国会对其有决定权。TPA如此重要的原因非常简单：如果没有美国，就没有TPP，但是除非国会插手谈判，否则最后一轮的谈判不会有任何结果。

2. 如果你认为谈判的逻辑意味着其他参与谈判的国家——包括加拿大——将会极其不情愿地拿出自己最好的报价。如果没有TPA的话，贸易对话就不会在谈判桌上有任何进展。举一个实际的例子，假设在这些谈判中美国政府对加拿大说："我们将对出口农产品开放我们的市场，但是作为回报，我们希望你们可以取消供应管理政策，因为该政策对我们的鸡蛋、家禽和乳制品来说是一个巨大的贸易壁垒。"鉴于美国市场的规模，加拿大可能会欣然接受这个交换条件。但是，在做出这些让步的同时，渥太华可能会被迫一边为美国开放自己的市场，一边失去自己的供应管理主动权。国会可以，并且已经做好准备下赌注，其他国家仍然有机会退出这项协定。TPP谈判中的任何一方都明白国会的参与将会增加风险。

---

* Brian Lee Crowley，麦克唐纳德·劳里埃研究所总经理。来源：麦克唐纳德·劳里埃研究所（加拿大智库），2014年10月30日。

3. 有趣的是，美国十分专注于 TPP，这些多边谈判的成功给双边谈判带来了大量压力，而这就是华盛顿施加压力的方式。所以，你可能会认为是美国政府的不耐烦促进了一项协议的签订，同样这种不耐烦会让国会也做出一些让步，那你就错了。TPP 谈判已经持续了几年的时间，美国的贸易代表迈克尔·弗罗曼指出，应该在下周中期选举结束之后把 TPA 引进国会。这对于奥巴马与国会不愉快的往来历史来说几乎不是鼓舞人心的。这可能太晚了，特别是他可能依赖于共和党完成他的贸易历程。TPP 是一个值得拥有的奖品，然而，要实现它美国必须付出一些代价。

编号：20141030A142

美国 - 越南：新战略伙伴之间开启艰难的贸易谈判

Raymond Burghardt *

原文标题：U. S. - Vietnam：New Strategic Partners Begin Tough Trade Talks

文章框架：美越双边关系的发展；TPP 在美国亚太战略中的作用；越南加入 TPP 谈判的意义。

观点摘要：

1. 2011 年 12 月，越南和美国高级领导人在河内举办了一场愉快的庆祝活动，纪念美越两国签署双边贸易协定十周年。现任及前任贸易谈判家、外交官以及商界领袖在聚会上谈论着十年前的那场谈判，当然，与会者的焦点还是聚集在美越两国贸易和战略共同利益的前景上。美越双边关系自 1995 年正常化后一直有所改善。由于双方在南海问题上存在共同关切，双边关系在过去三年里不断升温。

2. 华盛顿一直视越南为中等规模的发展中国家，并且河内也在不断提升其在东南亚的影响力，并致力于寻求地区稳定、全球一体化、外国投资以及出口市场等，而越南要实现这一系列的目标都需要与美国建立良好关系。

3. 美国总统奥巴马于 2011 年 11 月中旬参加了在檀香山召开的亚太经合组织首脑会议几天后，出席了在巴厘岛召开的东亚峰会，河内立即举办了双边贸易协定的签署纪念活动。随着美国从伊拉克和阿富汗撤军，奥巴马与国务卿希拉里·克林顿利用这些会议来宣称其亚太转移战略。美国政府已经明确表示，尽管美国总体国防预算有所降低，但这并不会影响美国在亚太地区的前沿部署。

4. 奥巴马政府战略转移的一个重要组成部分就是推崇的跨太平洋伙伴关系协定（TPP），这也是亚太经合组织峰会上的重要议题，包括美国和越南在内的九个亚太地区的国家正在商讨这一协定。由于中国近几年与亚洲邻国签署了一系列将美国排除在外的贸易协定，美国此举的主要目的就是对抗中国的这种趋势。

---

* Raymond Burghardt，2001 ~ 2004 年任美国驻越南大使。来源：国际战略研究机构（土耳其智库），2012 年 2 月 29 日。

5. 越南于 2010 年 11 月参加了跨太平洋伙伴关系谈判，美国及其他谈判方对越南的加入表示欢迎。越南是 TPP 成员国中最不发达的经济体，包括市场与非市场的经济模式，越南的国有企业利用国有银行的贷款补贴运营，国有企业是越南经济体系的一个显著特点，这与中国的“国家资本主义”模式有很大的相似之处，而华盛顿推动签署 TPP 的主要目标在于建立私营企业与国有企业公平竞争的平台。美国一直认为中国国有企业在世界贸易中拥有不公平的优势。国有企业的问题会使越南加入 TPP 变得更加复杂。由于包括美国在内的国家对中国国有企业表示不满，越南可能会对其国企保留较少的优势。

6. 美国的战略转移是转向关注世界上最具经济活力的地区，但美国需要重新与亚洲各国建立合作关系。鉴于美国与这些国家曾有着错综复杂的关系，越南似乎是一个不错的合作伙伴。过去三年里，美国和越南举行了一系列的联合军演，特别是海军演习，这有助于两国战略趋同。

7. 美越两国战略趋同，包括使河内加入 TPP 谈判小组，是美国战略转移的重要组成部分。在 2011 年 12 月举办的十周年纪念活动中，美国和越南的许多官员表示，越南加入 TPP 谈判是美国和越南做出的具有战略意义的决定，然而，这些谈判需要通过加强战略联合及互信来实现。

8. 区域和平及安全的共同利益可以促使美越达成一致协定，但双方仍需要经过艰难的谈判。越南的谈判方会坚持达成一项高质量的贸易及投资协定，这份协定需要有较高的透明度，保护知识产权、劳工权利及自然环境，并且包括对国有企业的优势限制。过去几年中，越南国内的通货膨胀率一度飙升至两位数，2011 年，越南的股市环境是亚洲各国中最为恶劣的。世界三大评级机构降低了该国的信用等级。

9. 越南的高级领导人意识到国内出现了诸多严重问题，但就如何解决这些问题存在分歧，其中争论的一个焦点就是如何改革国企的制度。国有银行出现不良贷款，许多企业表现糟糕。

10. 有人会担心越南的国内争论及美国对越南国企的顾虑，可能会妨碍两国在 TPP 谈判中达成共识。但是美国视越南为其在亚洲的重要战略伙伴，越南则将美国视为维护东南亚地区战略平衡的关键。那些见证了双边关系从战争转向合作的人，都希望共同的战略愿景可以促使双方在谈判中达成共识。

编号：20120229A018

更好的自由贸易管制

Thomas J. Bollyky [*]

原文标题： Better Regulation for Freer Trade

文章框架： 奥巴马发布的一项行政命令；白宫工作组应对全球供应链挑战所采取的四项措施。

观点摘要：

1. 2012 年 5 月初，美国总统奥巴马发布了一项行政命令——建立一个由白宫信息和管理事务办公室领导的部门间工作小组，旨在促进国际监管合作，以减少不必要的部门间差异。参与其中的美国机构负责实施该建议。为了应对全球供应链面临的挑战，该工作组应该采取以下策略。

2. 第一，重点关注食品、药品和生物技术领域的国际标准和监管负担。如果一些国际监管举措的目的是应对跨国监管的挑战，那么美国和其他国家的监管部门将更多地参与其中。如果这一举措取得成功，那么合作也必须符合出口商以及本国政府的经济利益。早期的重点应该是加强食品和药品安全法规方面的国际合作。白宫也应该倡议解决对生物技术的国际监管不一致问题，这将有助于美国出口，并将会提高贫穷国家的农业生产率。

3. 第二，利用贸易谈判来推进这些优先领域采用国际标准。亚太经济合作组织（APEC）已经在那些致力于采用国际标准的经济体中开创了一种成功模式。贸易协定可以建立成功实施该模式的结构和激励机制。根据 2011 年世界贸易组织（WTO）年度报告，已采取这种模式减少监管障碍的贸易协定已经使得生产网络获得了巨大的收益，即成员国之间的贸易额平均增加了近 8%。美国新的贸易谈判——跨太平洋伙伴关系协定（TPP）——为新的白宫工作组实施该模式提供了绝佳机会，它将

---

* Thomas J. Bollyky，哥伦比亚大学生物和历史学学士，斯坦福大学法学博士，曾任全球发展中心研究员，现任美国对外关系研究所世界健康、经济和发展方向高级研究员、乔治城大学的法律教授以及比尔和梅林达·盖茨基金会顾问。他的研究领域包括国际贸易和投资、国际法、监管政策以及知识产权。来源：国际战略研究机构（土耳其智库），2012 年 6 月 19 日。

有助于加强食品、药品和生物技术领域的监管合作。美国贸易官员已经将提升监管连贯性确定为 TPP 谈判的目标之一。由于 TPP 各成员国也是 APEC 成员国，所以接受这种模式对各国均有利。该模式符合美国的法律，也为各 TPP 成员国政府充分保留了其权力，以制定并执行标准和法规。

4. 第三，提升美国监管机构与国外监管部门分担重任的能力。共享知识和协同监管决策是促进监管趋同和使贸易伙伴更好地了解食品、药物和生物技术等优先领域的有力途径。国会应该授予美国食品和药品管理局（FDA）以及美国农业部更多的权力，使之能够与国外同行分享检查报告以及有关重要公共健康风险的独家信息。增加美国对监管合作倡议的技术援助（如非洲监管合作倡议）是一个低成本方式，它可以加快美国赞助的医疗和农业技术向贫困人口流动。

5. 第四，关注区域层面。美国的政策制定者应该从区域层面实施这些贸易和监管责任分担倡议。航运和通信技术的发展使世界变得更小了。TPP 谈判——其中包括大部分亚洲国家——与泛美卫生组织的合作就是建立监管合作区域平台的例子。

编号：20120619A018

在俄罗斯符拉迪沃斯托克举行的亚太经济合作组织（APEC）会议预览

Michael F. Martin*

原文标题： The Asia - Pacific Economic Cooperation（APEC）Meetings in Vladivostok, Russia：A Preview

文章框架： 俄罗斯举办 APEC 峰会；奥巴马不打算参加 2012 年 APEC 会议；TPP 谈判对 APEC 未来的影响；美国和中国精英们之间的猜忌。

观点摘要：

1. 亚太经合组织（APEC）成立于 1989 年，旨在促进亚太地区的贸易和投资自由化。作为一种促进该地区经济可持续发展和繁荣的方式，APEC 目前共有二十一个成员：澳大利亚、文莱、加拿大、智利、中国、中国香港、印度尼西亚、日本、马来西亚、墨西哥、新西兰、巴布亚新几内亚、秘鲁、菲律宾、俄罗斯、新加坡、韩国、中国台北、泰国、美国及越南。APEC 是中国大陆和台湾地区都参与的少有的几个国际组织之一。

2. 1994 年在印度尼西亚茂物召开的经济领导人会议上，APEC 成员方同意茂物会议提出的发达国家 2010 年实现亚太地区自由开放的贸易和投资，2020 年发展中国家实现同样的目标。APEC 也努力促进贸易便利化，政府部门也调整办公流程，以提升贸易效率。

3. 相比众多多边贸易组织，APEC 拥有三个特点，首先，所有贸易自由化措施都是成员方自愿采取。各成员方通过“单边行动计划”（IAP）宣布自由化措施；其次，在“开放的地区主义”的背景下，这些自由化措施通常会扩展到所有经济体，不仅仅是 APEC 成员；最后，组织内的各项决定由各方共同决定，而不是由一些谈判决定。

4. 多年来，APEC 受到一些国家的指责，部分原因是它缺乏正式的、具有约束

* Michael F. Martin，亚洲事务专家。来源：国际战略研究机构（土耳其智库），2012 年 8 月 16 日。

力的文本协定。然而，APEC 的支持者表示，APEC 成功减少了贸易壁垒、促进了贸易发展。APEC 成立以来，成员方之间的平均关税从 16% 降到了 5%，部分原因是各方遵守了在 IAP 中所做的承诺，一项 2002 ~ 2006 年的贸易便利化倡议为 APEC 成员方降低了平均 5% 的商业交易成本。一些商业领导人称，APEC 的贸易便利化努力对该地区的国际贸易产生的影响比专门降低关税税率的贸易协定产生的影响更大。

5. 据 APEC 支持者称，APEC 取得的成就对 APEC 内各方的贸易发展以及该地区的经济发展有直接的促进作用，自 1989 年以来，APEC 内各方的贸易额大幅增长，明显超越了全球贸易的平均增长速度。2011 年，APEC 成员方的出口额占全球出口的 44%，进口额占全球进口的 46%。APEC 成员方轮流组织和举办一系列 APEC 会议，包括年度经济领导人会议，传统上会在每年 10 月或 11 月举办。2011 年美国是东道主，俄罗斯是今年的东道主，2013 年是印度尼西亚。今年的经济领导人会议将在 9 月召开，部分原因是考虑到俄罗斯符拉迪沃斯托克的天气状况，符拉迪沃斯托克是俄罗斯在太平洋沿岸的经济枢纽。每年的举办方都会为当年的会议提出一项主题。俄罗斯为 2012 年会议提出的主题是：融合谋发展、创新促繁荣。

6. 美国与 APEC 成员方的贸易：其他二十个 APEC 成员方都是美国重要的贸易伙伴。2001 年至 2011 年间，美国与其他 APEC 成员方的总贸易额从 1.2 万亿美元增长到 2.3 万亿美元。美国同期向其他 APEC 成员方的出口额从 4610 亿美元增长到了 8940 亿美元。美国从其他 APEC 成员方的进口额从 7510 亿美元增长到 1.389 万亿美元。美国与其他 APEC 成员方的贸易赤字从 2001 年的 2900 亿美元增长到 2011 年的 4950 亿美元。2011 年，美国出口的 60% 是朝向 APEC 成员国，63% 的进口来自 APEC 成员国。2011 年，美国的前六位双边贸易伙伴为加拿大、中国、墨西哥、日本、韩国和中国台湾，美国向这些伙伴的出口达到总出口量的 48.5%，同时它们向美国提供了 54.6% 的进口。美国在 APEC 中其他的重要贸易伙伴（按与美国的总贸易额排名）还包括新加坡（第 15 位，503 亿美元）、俄罗斯（第 20 位，429 亿美元）、中国香港（第 21 位，409 亿美元）、马来西亚（第 22 位，400 亿美元）以及澳大利亚（第 24 位，378 亿美元）。

7. 2011 年 11 月 12 ~ 13 日，美国在檀香山举办了第 19 届 APEC 经济领导人会议。美国分别与日本首相野田佳彦、俄罗斯总统梅德韦杰夫以及中国国家主席胡锦涛举行了双边会议。另外，澳大利亚、文莱、智利、马来西亚、新西兰、秘鲁、新加坡、美国以及越南九国还商讨了跨太平洋伙伴关系协定（TPP），宣布建立美国贸易代表办公室（USTR），USTR 称，大纲要求制定一个全面的区域协定，使该协定能够为货物和服务提供全面的市场准入，解决不断出现的新问题，为新成员的加入提供途径。檀香山会议后，加拿大和墨西哥被允许加入 TPP 谈判，日本也在考虑加入此谈判。在檀香山会议期间的一次演讲中，奥巴马总统表示，随着我们与韩国、巴拿马和哥伦比亚签署协定，TPP 将会使美国出口翻一番，可为美国数百万人创造就业机会。

8. APEC 峰会 2011 年发表的名为《檀香山宣言——迈向紧密联系的区域经济》的声明的内容包括：（1）重申各成员方对反对贸易保护主义的承诺；（2）确认 APEC 的核心任务：继续深化各经济体之间的一体化，扩大贸易；（3）指出 APEC 通过解决下一代的贸易和投资问题，包括通过我们的自由贸易协定和亚太自由贸易区，追求核心任务；（4）加速全球经济向绿色低碳型经济转型，包括淘汰低效能源、禁止非法砍伐树木；（5）承诺所有 APEC 成员有权进行监管改革；（6）所有 APEC 成员采取实际行动，为女性增加经济机会。

9. 在美国看来，2011 年的 APEC 经济领导人会议产生的另一重要成果就是这份协定，其将会为环保产品设定 5% 的关税税率上限，并于 2015 年免除环保产品的关税。然而，这二十一个 APEC 成员方就环保产品的定义不能达成最终协议。

10. 作为第 20 届 APEC 经济领导人会议的东道主，俄罗斯在设定会议议程方面占主导地位。根据 APEC（2012）的网页显示，该会议的重点是：贸易和投资自由化、区域经济一体化；加强粮食安全；建立可靠的供应链；密切合作，以促进创新发展。为了解决这些重点问题，俄罗斯已经推出了有关优化该地区交通基础设施的讨论，提高信息和通信技术，促进监管改革和便利化。

11. 美国为今年在符拉迪沃斯托克举行的会议设定了几个目标。美国希望结束关于“环保产品”的讨论，也希望 APEC 继续通过发现和消除运作中及国际贸易管理中的技术瓶颈，提升供应效率。2012 年 5 月，APEC 各方在俄罗斯的喀山举办了一次粮食安全会议，会议中，APEC 成员承诺支持可持续农业，并促进农产品贸易。美国希望继续进行有关粮食安全的讨论从而为农产品的出口限制做出更为明确的声明。

12. 俄罗斯与美国有争议的一个领域是教育。俄罗斯和其他 APEC 成员希望能够探索高等教育互相认可的可能性，但美国和另一组 APEC 成员对此倡议表示担忧。

13. APEC 和其他区域论坛。自 APEC 成立伊始，奥巴马政府就表示，亚太地区将是其对外政策的重点，APEC 将会在美国与该地区各方建立关系的过程中发挥重要作用，除了一些美国高官对亚洲的访问，奥巴马政府也一直在努力加强与该地区各方的关系。2011 年，美国正式加入东亚峰会（EAS），这是一个涉及广泛的共同利益和关切的战略、政治、经济问题对话论坛，旨在促进东亚地区的和平、稳定和经济繁荣；美国还通过派遣第一位美国驻东盟大使［大卫·卡登（David L Carden），由参议院于 2011 年 5 月 4 日宣布任命］，发起年度美国－东盟峰会以加强与东南亚国家联盟（ASEAN）的关系。

14. 美国在亚太地区的频繁出现，使得 APEC 在美国对外政策中所扮演的角色引起了人们的担忧，特别是美国可以在越来越多的事件和组织中发表自己的看法。奥巴马政府曾表示，美国在亚洲“再平衡”的对外政策中带有显著的经济成分，该地区也存在大量的经济和贸易集团。奥巴马政府曾频繁地将 APEC 描绘为亚太地区首要的经济和贸易组织，并认为 EAS 是该地区主要的地缘政治联盟。但这两个组织中的成员并不认同这一观点。

15. 奥巴马政府也在努力推动 TPP 谈判的进程，试图使这个潜在的贸易协定成为建立亚太自由贸易区（FTAAP）的垫脚石。但并非所有的 APEC 成员都同意美国对 TPP 的这一意图，一些国家并不同意美国关于未来 FTAAP 的概念，中国的一些学者和官员对美国在该地区推动全面自由贸易协定的动机表示强烈担忧，认为 TPP 是美国遏制中国政策的一部分。一些观察家利用 APEC 在茂物召开会议时提出的目标以及实现贸易和投资自由化的“开放的地区主义”，质疑正在商定的、存在歧视的 TPP 的一致性。

16. 另外，伴随着多次强调 APEC 在该地区的重要性，奥巴马政府也发表了大量有关 ASEAN 在发展亚太关系中的“核心作用”的言论。虽然东盟十个成员中有七个是 APEC 成员，但各方在 APEC 对于区域经济一体化的重要性以及 ASEAN 作为发展区域关系的重要部分方面仍存在严重分歧。ASEAN 的十个成员与中国、印度、日本、韩国早已达成了一份自由贸易协定，而且该组织正在与欧盟商讨自由贸易协定。ASEAN 对于正在进行中的“ASEAN + 3”（中国、日本和韩国）和“ASEAN + 6”（澳大利亚、中国、印度、日本、新西兰和韩国）自由贸易谈判十分重视，目前尚不清楚美国是否会欢迎 ASEAN 与其他国家之间达成此类自由贸易协定。

17. 美国国会对 APEC 的兴趣通常集中在对美国贸易政策、与中国的关系以及预算事项有影响的问题上，APEC 最初实现贸易和投资自由化的“开放的地区主义”方法在美国传统上有约束力的贸易协定框架下很难施行。有时，美国在“单边行动计划”中向 APEC 提出的贸易自由化措施需要美国贸易法和贸易政策做出相应改变（例如降低关税税率），2011 年 11 月 12 日，美国国会通过了《2011 年亚太经济合作商务旅行卡法案》，授权国土安全部部长发布 APEC 商务旅行卡。

18. 过去几年中，APEC 已经成为中美关系中的一个议题。在美国一些观察家对中国在亚洲的崛起以及对它与各国签署自由贸易协定表示担忧的同时，中国的一些观察家也把美国将 APEC 作为促进亚太自由贸易区形成的基础以及与中国之外的国家商讨 TPP 视为美国遏制中国的一大战略。

19. 最后，作为 APEC 成员，美国必须推动 APEC 的年度预算，资助 APEC 的各项活动和方案。在过去的财政年度中，美国对 APEC 的直接财政支持平均每年为 90.1 万美元，美国国会在 2009 年、2010 年以及 2011 年拨出额外资金，用于资助与 2011 年的 APEC 峰会相关的项目。

编号：20120816A018

2013 年日本的政治与安全：回到未来？

Thomas French*

原文标题：Japanese Politics and Security in 2013：Back to the Future？

文章框架：安倍竞选成功及其所面临的众多问题；安倍的实用主义战略；日本国内政治对安倍政策的影响；自民党修改宪法的尝试；修复与美国的关系；安倍在 TPP 谈判上面临的两难境地；与中国日益紧张的关系；与中国未来关系的发展；对安倍的评价。

观点摘要：

1. 在日本最近的一次选举中，民主党（DPJ）被自民党（LDP）彻底击败，这成为 2012 年动荡的东北亚地区的一件大事。2012 年，整个地区的领土争端不断升级，中国与日本就钓鱼岛问题的对抗达到了迄今为止最危险的程度，并且独岛（日本称“竹岛”）争端也引发了韩国和日本之间的紧张局势。作为日本六年来的第七任首相，安倍重新回到这一安全环境，他在 2007 年担任日本首相时曾尝试解决很多与如今相同的问题，包括迫在眉睫的人口危机、经济疲软以及与邻国恶劣的关系。在其上一届任期中，安倍没能解决前两个问题，但是他因改善与邻国的关系而受到赞赏——这是他为数不多的成功举措中的一个。

2 然而，考虑到其民族主义和修正主义的态度，安倍重返政坛在国际上引起了担忧，比如他对日本在二战期间对数千名（主要是韩国的）“慰安妇”进行性奴役表示怀疑。但是很多评论家忽略了安倍抛开他的“原则”而达成目标的实用主义战略和能力。与其前任不同，安倍从未参拜过争议很大的靖国神社（其中供奉着日本的战争亡灵——包括被定罪的战犯）。朴槿惠在最近的大选中胜出后，安倍表示韩国是“日本最重要的邻国”。

3. 同样重要的是要认识到安倍的说辞大多受到国内政治现实的影响。在竞选期间他说过一些更具民族主义性质的言论，但这是在面临新兴的日本维新会（JRP）

---

* Thomas French，东京立命馆大学国际关系学院副教授，研究领域包括美日关系、东北亚安全和日本自卫队。来源：国际战略研究机构（土耳其智库），2013 年 1 月 24 日。

的竞争压力的情况下，他为了确保 LDP 中保守派的支持而采取的手段。然而，国内政治压力往往分两个层面，安倍同时也必须面对其他的政治势力，而这些势力有可能缓和并平息他的民族主义言论，其中一个就是自民党的联盟伙伴公明党，该党反对宪法改革并且仍然致力于和平主义。日本的参议院选举将于 2013 年 7 月举行，然而安倍仍然意识到他的竞选成功在很大程度上是有赖于日本民众对 DPJ 的不满而不是对 LDP 的热爱。他同样认识到他的民族主义信仰并不被日本绝大多数人认可。因此，他不太可能追求任何过于有争议的政策，从而冒犯这一不稳定的大众选民群体，至少是在 7 月参议院选举之前是这样。

4. LDP 在选举中的成功也使外界猜测安倍是否会试图修改日本战后“和平”宪法，正如该党在竞选宣言中所承诺的那样。LDP 修改宪法的计划相对而言是较为保守的，主要集中在使自卫队合法化，并且正式采用国旗和国歌等问题上。但是修改宪法的必要要求很难满足：修改宪法需要得到日本国会两院超过三分之二议员的支持，随后由全民投票批准。目前，自民党在众议院已经有足够的票数，但是其无法赢得参议院的支持。因此在 7 月选举之前这一事务都不可能有任何进展。考虑到日本民众对军国主义普遍持反对态度，因此赢得宪法公投尤其是修改“和平条款”将是一个挑战。这反过来又推动了对第 96 条宪法（有关管理修改的条例）进行修改的讨论，一些人建议降低修改宪法的标准并且在未来使修宪变得更加容易。然而，即便赢得修改宪法的足够支持，修改过程也需要经过数月的辩论、规划和立法，而这肯定会拖延至这一届议会的后期——如果其能实现完整的一届任期的话。

5. 在对外关系方面，日本面临着一些较大的挑战。在过去的一年里，东京和华盛顿的关系已经受到阻碍，主要是美国驻日军人一系列的涉嫌犯罪的行为，以及当地抗议美国将 V－22 鱼鹰式倾转旋翼机部署到普天间机场等事件引发的，这些涉及日本的“第四领土争议”。然而，安倍政府似乎将重建自民党与美国传统的密切关系。在与中国关系日益紧张的情况下，双方都认为美国－日本联盟关系的改善越来越有价值。因此，安倍近期访问白宫的可能性很大，并且在最终搬迁普天间基地的问题上将会有更多的实际行动。

6. 日本与美国及其盟友的密切合作与在亚太地区建立以美国为中心的“中心辐射”体系密切相关。此外就是美国主导的跨太平洋伙伴关系协定（TPP）。由于担心自民党失去日本农民的支持（如果日本加入 TPP，那么日本农业部门将会遭受损失），安倍一直不愿意加入这一协定的谈判。但是考虑到 TPP 在整体上将会促进日本经济的发展并且提升与华盛顿的关系，日本仍然会走到谈判桌前。

7. 虽然改善与美国和韩国关系的前景很好，但是中国仍然是安倍政府面临的最大的外交政策挑战。中国最近宣布其将进行地理调查并且有可能登陆其所拥有的钓鱼岛，这使得日本不得不重新调整在这些岛屿上的战略部署，并且使 LDP 新政府重新分配资金以扩大自卫队和海岸警卫队的规模。

8. 未来事态的发展很大程度上取决于在这些岛屿问题上中国对日本施压的程度。中国的压力已经导致了日本自卫队的扩张并且有可能破坏双方的经济联系，还可能使日本在这些附近岛屿上驻军以及美国在这些事务上更大程度的介入。但是，在局势升级的情况下，中国是否愿意或有能力遏制民族主义抗议的运动浪潮仍有待观察。

9. 安倍仍有很多事项需要处理。在国内，他必须应对人口老龄化和迫在眉睫的经济衰退问题。日本与其多数邻国关系紧张，并且与中国的领土争端已经达到了危险的程度。然而，对安倍民族主义言论危言耸听的报告往往忽略了日本首相是受到国内和国际各种因素制约的实用主义者。

编号：20130124A018

希望之中：日本与 TPP

Matthew P. Goodman *

原文标题： Not Beyond Hope：Japan and TPP

文章框架： 日本国内的经济状况；安倍政府为扭转经济窘境采取的措施；TPP 对于日本的意义；美国对日本加入 TPP 的期待。

观点摘要：

1. 安倍晋三于 2012 年 12 月上台执政，日本选民还是看重日本自民党在治理方面的丰富经验。安倍似乎吸取了其在 2006～2007 年执政时的教训。在上台后的首次公开讲话中，他说："放弃发展的国家是没有希望的。"这不仅反映出自民党对财政紧缩的关注，同时也反映出安倍对其早期管理经济事务的不满。关注日本经济的健康发展是明智的选择。目前，安倍的政策并不足以产生预期的效果。

2. 安倍已经向通货紧缩宣战，并承诺利用一切宏观经济政策来进行应对。他指示新上任的财长不要过多重视上届政府规定的 44 万亿日元的年度发债上限，并在本月制订新的财政刺激方案。安倍命令日本央行（BOJ）努力实现 2% 的通胀目标。标准普尔首席经济学家保罗·谢尔德认为，向日本央行施压不会产生作用，只有央行自身采取积极的政策，才足以满足未来的公众预期。而且，威胁央行的独立性可能会对央行的公信力构成威胁。至于财政刺激，有质疑的声音表示，新支出将会再次浪费在那些奢侈的基础设施项目中，同时会使日本的债台高筑。

3. 批评安倍是不公平的，克服通货膨胀需要利用宏观经济工具。真正的问题是，这些工具在必要时不足以维持日本的经济增长。随着劳动力数量下降，联合国预计日本的劳动人口将从 1995 年的 8500 万人跌至 5500 万人，为了维持经济增长，日本需要更多的生产力。而且只有那些能够带来更多有效土地、更灵活的劳动力市场以及能够减少监管负担的结构性改革才能带来生产力。货币和财政刺激就像是吗啡，只有解决必要的结构性问题，才能产生持久的影响。

---

* Matthew P. Goodman，美国国际战略研究中心"威廉·E. 西蒙政治经济项目"主席。来源：国际战略研究机构（土耳其智库），2013 年 1 月 25 日。

4. 很明显，日本并不是缺少刺激，而是缺少结构性改革，当然，进行结构性改革需要付出代价。日本 2013 年 7 月将会迎来参议院选举，安倍认为货币和财政刺激政策才是竞选胜利的有力武器。问题是，安倍到 7 月才利用这个最有力的工具会有些迟。安倍希望日本加入跨太平洋伙伴关系协定（TPP）中。如果 TPP 现有的这十一个成员今年认真对待 TPP 谈判，那么东京就不应该低估奥巴马政府的努力，日本最好还是在今年春天参与到 TPP 谈判中。摆在面前的一个实际问题是，日本在 TPP 的基本轮廓已经成形后再加入，此时日本政府可能会站不稳脚跟。

5. 安倍应当全面了解 TPP。加入 TPP 谈判可使日本在全球化市场上更富有竞争力。就经济战略层面而言，加入 TPP 会使日本有机会制定管理 21 世纪国际经济行为的规则。加入 TPP 也将会使日本与该地区的其他伙伴更紧密地联系在一起。而且还有一个更深层的战略诱因，即如果朴槿惠治理下的韩国也将加入 TPP，那么日本也必定会加入。

6. 如果安倍政府表示愿意加入 TPP，并愿意采取足够的建立信任的措施，这很可能会受到奥巴马政府的欢迎。日本的参与符合美国的利益，因为美国需要一个强大且自信的日本来应对区域及全球范围内出现的诸多挑战。我们期待安倍能够吸取教训，并将 TPP 作为其经济战略中的核心支柱。

编号：20130125A018

从贸易中获利？跨太平洋伙伴关系协议给美国工资带来的净效应

David Rosnick *

原文标题： Gains From Trade? The Net Effect of the Trans - Pacific Partnership Agreement on U. S. Wages

文章框架： TPP 将使普通工人的利益受到损失；TPP 对经济带来的微弱的积极影响；TPP 与过去贸易发展的比较；TPP 所带来的负面影响以及对美国的建议。

观点摘要：

1. 根据研究人员的最新估计，美国从拟议中的跨太平洋伴关系协定（TPP）中获得的经济收益很小——到 2025 年只会使其 GDP 增长 0.13%，在任何合理的范围内这都是毫无意义的。考虑到贸易对工资的非均衡效益，普通的工薪阶层的利益可能由于任何此类协议而受到损失。实际上，绝大多数工人都可能受到损失——不包括底层的四分之一，其工资是由最低工资标准决定的；也不包括那些拥有最高工资的人，他们受到保护可以免于国际竞争。相反，很多最高收入者的收入会随着 TPP 条款扩充以及版权和专利制度的实施而增加。到 2025 年，未能实现美国充分就业所带来的损失将是 TPP 潜在收益的 25 倍，并且超过从更广泛的贸易议程产生收益的 5 倍。

2. 在没有 TPP 的情况下，2015 ~ 2025 年美国经济每年将保持约 2.4% 的增长率。而在有 TPP 的情况下，研究人员预测同时期的美国经济仍将每年增长约 2.4%。虽然孤立地看，即使每年保持 1% 的增长率持续 10 年仍比没有任何增长强。然而，增长不仅仅是贸易协定带来的唯一影响。贸易有赢家和输家，而研究表明贸易将带来不平等。实际上，其只会对不平等造成很小的影响，因为绝大多数工人将无法从这一协定中获益。

3. 1990 ~ 2007 年，美国工资差距显著增加。根据美国社会保障管理局的数据，

---

* David Rosnick，华盛顿经济和政策研究中心经济学家。来源：国际战略研究机构（土耳其智库），2013 年 9 月。

90% ~95% 底层工人年工资的增长速度低于平均工资的增长速度。增速低于 25% 的数据不在计算之列是因为这其中的很多工人的工资是由最低工资而不是贸易所决定的。中等收入群体的工资相对于全国平均水平下跌 7.6%，而收入最高的那 1% 的群体的工资则上涨 17.2%。

4. 尽管 TPP 会扩大经济活动，但是总体而言工资会下跌。即使贸易协定没有增加不平等，但相对于其他经济政策变化的影响，其预计收益将非常小。美国国会预算办公室（CBO）的数据显示，如果美国经济在 2013 年第一季度满负荷运转，其实际 GTP 将达到 14.6 万亿美元——比最新数据 13.7 万亿美元多 6.5%。劳动市场的持续疲软削弱了工人的议价能力，与经济繁荣时期相比，他们可以掌握和可以利用的工资减少了。更糟糕的是，经济持续疲软已经永久地降低了 CBO 对如何更有效地使经济处于满负荷状态的估计。2010 年 1 月，CBO 预计，到 2020 年年底美国的 GDP 可能达到 17.9 万亿美元。然而在 2013 年 2 月，这一数据被改为 17.3 万亿美元——下降 3.4%。避免衰退所带来的长期消极影响将使美国获取比签订 TPP 更多的收益，并且将提高而不是损害普通工人的权益。

编号：201309A018

尽管有所分心，美国仍继续其平衡策略

Ralph A. Cossa; Brad Glosserman*

原文标题：U. S. Rebalance Continues Despite Distractions

文章框架：美国亚洲“再平衡”战略中的 TPP；美国国防部部长哈格尔在亚洲的外交活动；TPP 中的日本；RCEP 与 TPP 的对比。

观点摘要：

1. 美国“重返亚洲”战略受到叙利亚内战、爱德华·斯诺登“棱镜门”事件的影响。

2. 尽管再次开始关注中东地区，但华盛顿方面仍努力向其他国家表明其“再平衡”战略可以持续下去。华盛顿的确在证明其“重返”战略是多方面的。在政治方面，美国国务卿约翰·克里出席了东盟地区论坛部长级年度会议，而美国国防部部长哈格尔曾经两次出席香格里拉对话，还出席了东盟国防部部长扩大会议；在经济方面，华盛顿继续向跨太平洋伙伴关系协定（TPP）谈判方施压。所有这些都在美国副总统拜登发表的关于亚洲政策的演讲中得以强调。

3. 目前朝鲜领导人金正恩继续跟随其父亲的战略：先创造一个危机（核试验或导弹试验），然后不断制造威胁，再推出“微笑外交”。华盛顿一直在坚持其原则：在与平壤进行新的对话前，会表现出至真至诚的态度。

4. 在过去的报告中，我们认为，美国外交政策新团队不会动摇其“再平衡”的承诺。克里在访问中东后，对文莱进行了访问。他最初的计划还包括对印度尼西亚和越南的访问，但由于叙利亚问题而取消。

5. 美国国务院指出，东盟地区论坛（ARF）每年会就 20 多项安全事件召开会

---

* Ralph A. Cossa，雪城大学学士，佩珀代因大学工商管理硕士，是美国战略与国际研究中心檀香山太平洋论坛主席，以及该论坛电子杂志的资深编辑、美韩安全研究董事会和美中关系全国委员会成员、国际战略研究所和东盟地区论坛知名人士小组成员，也是亚太安全合作理事会指导委员会的创始成员，曾在 1966～1993 年服役于美国空军，获得上校军衔。

Brad Glosserman，美国战略与国际研究中心檀香山太平洋论坛常务理事会成员。

来源：国际战略研究机构（土耳其智库），2013 年 10 月 7 日。

议，包括预防性外交、反恐、跨国犯罪、抢险救灾、海上安全、防扩散及裁军等，美国会积极参与到这些事件中，并致力于通过东盟地区论坛加强亚太地区的和平与稳定。美国还指出，东盟地区论坛是就防扩散和裁军问题进行多边合作的主要平台。

6. 克里指出，美国清楚 21 世纪是亚洲国家的世纪，美国会努力与该地区国家加强在经济、安全及人文领域的联系。美国会继续坚持原来的发展道路，而且将会加倍努力。正如过去那样，第 20 届 ARF 部长级会议支持通过和平方式实现朝鲜半岛的无核化，呼吁各方通过友好协商和平解决争端。

7. 美国国防部部长哈格尔的访问相比克里的访问具有更重要的意义。美国“再平衡”战略的目的是减轻在亚洲部署军队的负担，哈格尔也一直在该地区充当该战略不知疲倦的倡导者。在过去的四个月中，他两次访问亚洲。有报道称，他每年将对亚太地区进行四次访问。在 5 月底，他参加了在新加坡召开的香格里拉对话，哈格尔利用此次会议表明了美国对该地区事务的关心。这不是他首次参加这个对话，他曾作为美国参议员出席该对话的成立大会，并发表演讲。

8. 在讲话中，哈格尔再次重申美国“再平衡”的承诺，并指出，美国与亚洲地区的关系牢不可破，美国在中东和中亚已经进行了长达十年的战争，因而美国与亚洲的关系需要进行更新，重新焕发活力。然而，美国的亚洲“再平衡”并不意味着将从其他地区撤退。美国仍然是全球大国。另外，哈格尔还列出了该地区存在的一系列问题，包括朝鲜核武器、导弹计划、持续挑衅的问题，以及陆地和海洋争端、自然灾害、贫穷、疾病蔓延及环境退化、毒品、大规模杀伤性武器及网络空间的破坏性活动等。美国将与该地区国家建立新型伙伴关系，联手应对这些威胁。他还表示，寻找新的合作伙伴展示出美国保持军事强国的决心没有变。

9. 哈格尔强调了美国在亚太地区部署海军和空军力量的承诺，他同时强调了美国做出的外交及经济努力。美国已经通过区域机构提升了饮用水管理能力、抗灾能力并保障了公共卫生，同时努力促进贸易和投资。他强调，美国会在共同关切的问题上采取实际行动。为了证明他的言论，哈格尔于 2014 年在美国夏威夷邀请了东盟防长召开会议——这是首次在美国进行这样的会议。

10. 像他的前任一样，哈格尔利用香格里拉对话的机会举办了一系列的双边和三边会议。在新加坡期间，他会晤了新加坡总理，澳大利亚、新加坡、印度尼西亚、马来西亚、日本、韩国及菲律宾的国防部部长以及文莱的国防部副部长。他还与日本和韩国的国防部部长召开了三边会议，并在会后发表了一份联合声明，将朝鲜的挑衅归为“严重的威胁”，并重申三边合作在促进区域和平与稳定方面的重要性。同样，在与澳大利亚和日本进行的三边会议中，三方认为朝核问题是东亚的一个严重的不稳定因素，并承诺寻找机会加强三国的合作，他们还决定就东南亚和大洋洲各国的防御能力建设做一项联合研究。

11. 哈格尔在该地区八天的行程中，造访了马来西亚、印度尼西亚、文莱和菲律宾，会见了该地区多国的国防部部长，在文莱出席了东盟国防部部长扩大会议（ADMM +）。在参加会议的前一天，他同各国部长共进午餐，其间哈格尔邀请各国部长于2014 年访问美国。越南国防部部长冯光青是一名越南老兵，他也向哈格尔发出访问越南的邀请，哈格尔接受了此邀请。哈格尔与缅甸国防部部长伟伦中将的双边会晤是美缅 20 多年来首次国防部部长级会议。

12. 尽管没有任何可交付的成果，但东盟国防部部长扩大会议（ADMM +）仍被认为是成功的。会议指出了于 6 月在文莱召开的首届东盟国防部部长扩大会议在人道主义援助、灾难救援和军事医学演习领域取得的成功，并认为应当设立东盟国防部部长扩大会议人道主义排雷行动的专家工作组，作为现有海上安全、反恐、灾难管理、维和行动及军事医学这五个专家组的补充。同时认为应当每两年召开一次会议，而不是每三年。

13. 哈格尔访问的最后一站是在菲律宾，并在《美菲共同国防协议》签署 62 周年的纪念活动上会见了菲律宾的国防领导人。他高度评价了两国之间“牢不可破的联盟”。哈格尔在菲律宾最重要的事情就是制定新的框架协定，允许美国军队可以在菲律宾登陆，巩固当地的海上安全。他没有表示美国将会在菲律宾建立军事基地或重申过时的冷战思维，相反，他向菲律宾表示，美菲应当建立一个与两个大国关系相称的军事合作模式。

14. 我们通常认为，“再平衡”战略背后的意图是在亚洲内部重新分配资源。美国关于注重政治与经济参与的谈话并不是空话。目前，美国通过跨太平洋伙伴关系协定（TPP）扩大在该地区的参与。TPP 目前包括澳大利亚、文莱、加拿大、智利、日本、马来西亚、墨西哥、新西兰、秘鲁、新加坡、美国和越南十二个国家，占据全球 40% 的财富，以及三分之一的全球贸易。

15. 今年夏天的一大消息就是日本也加入了该谈判，但外界怀疑东京方面能否遵守贸易协议的承诺。尽管日本首相安倍在年初时做出加入 TPP 谈判的决定令很多人吃惊，但其所在党仍就此事存在分歧。许多人担心，东京方面将更注重于保护特定的经济部门，而不会去推动 TPP 所倡议的放松管制和市场开放。安倍（以及他的许多经济顾问）明白，经济改革对于首相“日本又回来了”的口头禅很重要。

16. 日本于 7 月成为 TPP 的正式成员，正好赶在了于 7 月 15 日至 25 日在马来西亚召开的 TPP 第 18 轮谈话之前。东京的谈判代表错过了大多数重要会议，日本有官员向马来西亚官方表示，日本不会拖延谈判，会致力于遵守年终谈判的最后期限。

17. 日本的这一承诺在文莱召开的第 19 轮谈判中受到了考验。TPP 的部长们对谈判表示了政治支持，并通过为谈判方提供指导，努力弥补各方在敏感问题上的分歧。据了解，这次部长级会议在谈判的最终阶段解决了一系列具有争议性的问题。在文莱召开的此次谈判会议取得了显著成果，据最终得到的声明称，无论是多边还是双边的讨论，都为许多问题提供了务实且创新的解决方案，进一步加快了工作进程。谈判方在市场准入、原产地规则、投资、金融服务、知识产权、市场竞争、政府采购及环境等领域取得了重大突破。由此可见，许多问题都已进入最后阶段。

18. 由于谈判方会在具体问题上共同合作，因此与会者将会制订出针对各种问题具体的解决方案。下一个目标就是举行 TPP 领导人峰会，预计会与在印度尼西亚召开的亚太经合组织领导人会议同时举行。区域全面经济伙伴关系协定（RCEP）由东盟十国、中国、日本及韩国，外加三个自由贸易协定伙伴（澳大利亚、印度和新西兰）组成，囊括了 30 多亿人口，GDP 总值达 17 万亿美元，占全球经济总量的 40%。

19. RCEP 于 2012 年 11 月成立，贸易谈判委员会的首次会议于 2013 年 5 月 9 日至 13 日在文莱举行，他们发表的声明呼吁设立一个现代、全面、高质量以及互惠互利的经济伙伴关系协定，并在该地区建立一个开放的贸易和投资环境，促进区域贸易和投资的拓展，推动全球经济快速发展。他们表示，该伙伴关系旨在促进经济增长和公平的经济发展，推进经济合作。通过 RCEP，在现有经济联系上深化该地区一体化的进程成为可能。

20. 与 TPP 相反，RCEP 明确表明东盟在新兴区域经济格局中的中心地位。虽然 RCEP 制定的不是黄金标准，但它仍在努力制定更高的标准。RCEP 的下一轮谈判计划于 9 月 23 日至 27 日在澳大利亚进行。

21. 外界有人会把 TPP 与 RCEP 看作是两种互相竞争的经济模式，认为二者推出的是不同版本的亚洲经济秩序。TPP 是以美国为核心的协议，而 RCEP 则更侧重于亚洲国家的利益，可能会把中国推向领导地位。许多人还认为，TPP 的成立是在与以中国为中心的亚洲经济模式进行对抗，是在以某种方式遏制中国。也有人反驳这种说法，他们表示，TPP 会向所有满足条件的国家开放，而且 TPP 的成立早于美国的“再平衡”战略。尽管如此，TPP 仍然是美国宏伟计划的一部分，即保持其区域主导地位，遏制竞争对手。

编号：20131007A018

使美国 - 马来西亚的关系圆满发展

Prashanth Parameswar *

原文标题： Getting to Full Bloom in U. S. – Malaysia Relations

文章框架： 美国官员访问马来西亚的意义；美国与马来西亚双边关系的发展特点；马来西亚国民及政府对 TPP 的不同反应；马来西亚政府应该采取的措施。

观点摘要：

1. 2013 年 10 月初，美国三位内阁成员，国务卿约翰·克里、商务部部长潘妮·普利茨克以及美国贸易代表弗罗曼对马来西亚进行了国事访问，试图推动美国与东南亚国家的双边关系。尽管他们的访问夹杂着失望，但也确定进一步强调了美国与马来西亚日益密切的关系以及未来推动双边关系的意义。

2. 尽管美国与马来西亚曾在一系列问题上顺利地进行过合作，但双边关系由于经济政策的分歧、人权以及美国在中东的政策等一直都不稳定。但双边关系现在已明显回暖，并且在美国总统奥巴马以及马来西亚总理纳吉布的治理下，双边关系开始趋于稳定。马来西亚政府已经出台了防扩散的出口管制法律、向阿富汗派遣了非战斗医务军人，并于 2010 年加入了跨太平洋伙伴关系协定（TPP）。的确，在 2010 年年末，当时负责东亚和太平洋事务的美国助理国务卿坎贝尔曾表示美国与马来西亚的双边关系已经得到极大改善。

3. 美国三个政府要员的访问再次重申了美马双边关系的重要性。美国国务卿克里曾称赞马来西亚是一个创新的、多信仰的国家。他后来还参加了富布莱特助教活动，这是美国向马来西亚派遣英语老师的一个项目活动。同时，美国贸易代表弗罗曼曾会见马来西亚第二财政部部长阿末胡斯尼，讨论了马来西亚参与正在进行的 TPP 贸易谈判的事宜。

4. 然而，此次访问不但体现了双边关系长远发展的良好态势，而且也凸显了双

---

* Prashanth Parameswar，美国东西方研究中心研究员。来源：国际战略研究机构（土耳其智库），2013 年 11 月 22 日。

方在形成更为强大的伙伴关系之前需要面临的挑战。美国对马来西亚的外交关注仅仅是加强双边关系的开始。双边关系会从制度化的、加强双边合作的访问中获益。奥巴马总统很有可能会在随后的日子里对马来西亚进行国事访问。

5. 马来西亚国内存在的强烈反对使得马来西亚很难加入 TPP。总理纳吉布承认，签署高标准的区域协定可以帮助马来西亚进行重要的经济改革，刺激私人投资，毕竟美国是马来西亚第四大贸易伙伴以及最大的外国投资者。但由于一系列原因，TPP 受到各种组织的质疑，这些原因包括，TPP 缺乏透明度、存在对中小型企业的潜在威胁以及对马来西亚穆斯林人群活动的特权等。抗议活动在美国官员访问期间受到限制，总理纳吉布和第二财政部部长阿末胡斯尼在会议中对与美国的协定表示担忧，主要考虑的是国有企业以及知识产权问题。贸易和工业部（MITI）已经公开表示，马来西亚可能不会在今年年底最后期限之前完成 TPP 谈判，即使议会批准，马来西亚的市场准入仍会不稳定。

6. 马来西亚国内政治的变动可能会再度引发华盛顿和布城方面在民主、人权及主权问题上的分歧。尽管克里满口称赞马来西亚是一个创新的、多种族的民主国家。但事实上，自从 5 月选举以来，马来西亚经济开始逐渐衰退，执政联盟保住了权力，但却失去民心。因此，马来西亚总理纳吉布不得不重拾其改革政策，呼吁其党派中的保守人士以及马来西亚的穆斯林争取广大选民。

7. 然而，所有这些挑战都是可以逾越的。美国和马来西亚可以在关键领域进行年度或半年度对话，促进双边合作，增加双边访问的次数，包括奥巴马总统的访问。马来西亚可以强化其政策，并对国民及政治家就 TPP 的利益进行教育，解决他们面临的问题，华盛顿方面应给予其合作伙伴更多的时间和空间。双边应该就人权和民主问题进行更为开放和诚实的对话，解决彼此之间的分歧。如果双边可以克服目前面临的挑战，那么就可以建立更强大的伙伴关系。

编号：20131122A018

总统奥巴马访问马来西亚：同时讨论 MH370 空难外的议题

Alphonse F. La Porta *

原文标题： President Obama's Visit to Malaysia：Looking Beyond Flight MH370

文章框架： 美国总统访问马来西亚并关注 MH370 事件；马来西亚对中国态度的转变；TPP 对马来西亚和美国双边关系的影响以及所解决的问题；马来西亚和美国双边关系的发展前景。

观点摘要：

1. 美国总统奥巴马将于 4 月 26 日至 28 日访问马来西亚，关注失踪的马来西亚航班 MH370 的悲剧。随着形势的不断变化，观察员和政府无疑将从这场航空灾难中吸取经验教训，无论它是什么原因造成的。在确定与 MH370 相关的官僚和安全漏洞方面，马来西亚的调查人员需要一些援助，并且一些人表示需要对马来西亚的应急管理体系进行审查。美国已经为搜索行动提供了技术支持，现在美国总统奥巴马又为马来西亚总理提供了向美国优秀的应急管理专家咨询的机会，这些专家包括联邦紧急事务管理局前局长詹姆斯·威特（James Witt），并且美国鼓励马来西亚带头建立一个更加强大和快速响应的区域灾难管理体系，重点是领导能力、公共信息和分配管理。

2. 从双边层面上看，马来西亚和美国不断扩大的议程正在迈向一个不断升级的关系。扩大民间交流，推动免签证进入美国，从长远看将会改变现有的一些误解。通过跨太平洋伙伴关系协定（TPP）为年轻企业家创造机会，培育新一代企业家并且加强贸易和投资关系，可以使两国关系向更加积极的方向发展。在某种程度上，TPP 已经成为马来西亚的一个政治避雷针。但是有三个事务对马来西亚而言很关键，即在 TPP 协定之下如何对待马来西亚主权财富机构、政府采购和为 TPP 成员国专业服务提供者提供市场准入。或许奥巴马总统应该仔细听取马来西亚的意见，如果有

---

* Alphonse F. La Porta，美国退休外交官员，马来西亚 - 美国基金会主席。来源：国际战略研究机构（土耳其智库），2014 年 4 月 24 日。

必要，他应该指示美国谈判代表在 TPP 条款“黄金标准”方面更有创意，那么马来西亚在这一协定中将不会被丢下。

3. 美国与马来西亚安全关系有着很好的发展前景。展望 2015 年，马来西亚将成为东盟的轮值主席，马来西亚总理纳吉布和美国总统奥巴马可以承诺共同努力，以实现区域一体化和市场发展，推动美国在该地区的投资以及推动共同安全利益产生重要进展。

编号：20140424A018

北京邀请印度参加 APEC 会议：印中大国政治的新转折

Jagannath Panda *

原文标题： Beijing's APEC Call on India：A New Twist in India – China Power Politics?

文章框架： 北京方面邀请印度总理参加亚太经合组织会议；分析北京发出邀请的原因；北京方面对 TPP 的看法。

观点摘要：

1. 在 2014 年 7 月金砖国家峰会召开期间，中国国家主席习近平邀请印度新任总理纳伦德拉·莫迪参加于 2014 年 11 月召开的亚太经合组织（APEC）会议。两位领导人讨论了一系列涉及双边及全球的问题。这一对印度的邀请被看作是中国领导人做出的重大“政治声明”。对印度而言，这一邀请将会带来深远的战略意义。尽管新德里方面需要努力追求 APEC 的成员资格，但决策者需要明白中国这一邀请背后的地缘政治原因。

2. 中国和印度在亚太地区的关系已经步入新阶段了吗？中国领导人邀请印度新总理参加在北京召开的 APEC 首脑会议似乎就表明了这一点。中国发出邀请的背后是否意味着其在亚太地区谋求更大的利益？北京的这一邀请还附带有其他的目标，主要涉及美国及亚太地区的经济体。

3. 媒体报告表明，习近平与莫迪在金砖国家峰会的会谈远超出了预定的时间，这也凸显了双边关系的战略重要性。这次会议附带有特定的“政治动力”，这种动力早在印度副总统哈米德·安萨里与中国外交部部长王毅的互访中就得以增强。印度总理莫迪曾就双方边界问题，敦促中国寻找一种可以解决争端的方案，并呼吁中国在印度加大投资力度，促进基础设施行业的发展，同时他还提出了两国贸易失衡的问题。

4. 习近平也承认双方边界问题需要尽早解决，并提出要改进印度出口到中国的

---

* Jagannath Panda，新德里东亚防务研究与分析研究所研究员和中心协调员。来源：国际战略研究机构（土耳其智库），2014 年 8 月 5 日。

服务业，以弥补贸易失衡。他邀请印度总理参加 11 月的 APEC 会议，并希望印度可以在上海合作组织（SCO）中发挥更大的作用，他还邀请印度成为中国提出的亚洲基础设施投资银行（AIIB）的创始成员国，双方领导人还讨论了共同关心的恐怖主义问题。双方通常认为，中国和印度拥有打造有利伙伴关系的巨大前景，但要做的是去维护这种关系。

5. 印度方面把中国的邀请看作是具有重要意义的“姿态”，亚太地区的政治格局在迅速变迁。印度或许在类似美国和日本等大国的扶持下可以加入 APEC，然而，我们需要明白的是中国为何在不与其他 APEC 经济体协商的情况下，就向印度发出了邀请。

6. 以下几点原因可以解释中国为什么邀请印度参加 APEC 会议，首先，习近平在与莫迪互动时向莫迪展示了其为亚洲地区设计的蓝图，他说：“作为亚洲地区的两大新兴国家，如果中国和印度发出同一声音，整个世界都会听，中国和印度会成为合作伙伴，而不是竞争对手。”习近平的言谈旨在传达中国与印度在区域及全球层面进行合作的愿望。习近平表示，印度必须在 SCO 中承担更多的责任。自从莫迪当选总理后，印度政权趋于稳定，他对中国的战略意图持谨慎态度。总之，中国是在努力赢得印度在政治及外交上的信任，以谋求区域及全球层面的合作。其次，北京方面的邀请是一项“政治声明”，体现了中国在亚太地区的领导地位，如今，中国的外交政策趋于灵活、多功用及慎重。中国做出类似邀请这样的举措并不是第一次。北京方面如今经常在许多全球事务中发出单方面的声音，有时会令人十分吃惊。一个突出的例子就是中国在 2011 年的三亚金砖国家领导人峰会上对南非的游说，这使北京显示出了其在金砖国家中的领导地位。北京方面曾几度支持俄罗斯加入世贸组织又是另一案例。此外，今天的中国似乎在引导全球秩序，在其中拥有重要发言权并具有领导地位。尽管与印度存在边境争端，但中国认为在宏观的地缘战略计划中可以顺利地与印度合作，中国与印度在金砖国家组织、气候组织及俄罗斯 - 印度 - 中国（RIC）组织中都有联系。再次，中国的邀请与其区域对外政策战略也有关联。事实上，中国官方为 11 月举行的 APEC 会议提出的主题是：共建面向未来的亚太伙伴关系。区域经济一体化、创新增长、互联互通和基础设施建设是此次峰会的重要主题。在这些问题上，印度都会顾及中国的区域战略，中国也会顾及印度的各方面利益。在北京提出的各个区域经济走廊项目及海上丝绸之路项目中，印度都是一个重要的合作伙伴。中国正与印度就建立孟加拉国 - 中国 - 印度 - 缅甸经济走廊（BCIM - EC）进行磋商，北京方面还邀请印度加入其海上丝绸之路战略，该战略涉及广大东南亚及亚太地区的国家。中国的邀请意在表示，印度必须反思其

“向西”和“反中国”的心态。奥巴马政府一直视印度为其实施“重返亚太”政策的潜在盟友。中国的邀请恰好发生在美国和印度进行下一轮战略对话之前。众所周知，莫迪在担任古吉拉特邦首席部长时就与美国不和。而且，莫迪还将在不久之后访问日本。最后，跨太平伙伴关系协定（TPP）也是促进中国邀请印度参加 APEC 会议的另一因素，此次 APEC 会议将会讨论区域经济一体化问题，并会把重点放在 TPP 上，令中国领导人高兴的是，TPP 谈判目前陷入了僵局。尽管中国战略研究人员把 TPP 视为美国实施“重返亚太”战略、制衡中国的一种方式，但如果 TPP 能为新兴经济体提供有利的贸易规则和谈判，也会为中国加入 TPP 铺平道路。在此背景下，中国领导人可能也希望与印度这个新兴经济体合作。最近，美国的一些专家和组织也在推进关于印度加入 APEC 的对话。印度加入 APEC 不仅会推进当前亚太地区的经济一体化进程，而且也会使美国和印度之间的贸易更加便利。此外，也有人认为，必须将亚洲经济增速排名第二的印度和全球第三大经济体的中国包括在 APEC 中，以加速亚太经济一体化进程。中国邀请印度的做法可能最终会迫使 APEC 其他经济体，尤其是美国放宽 TPP 规则，从而使 TPP 谈判更有利于广大发展中国家。中国为应对 TPP 还推出了区域全面经济伙伴关系协定（RCEP）。

7. 印度要想顺利加入 APEC，需要得到中国、美国和日本的支持，有两个现实情况值得注意：首先，中国在 APEC 中的重要地位；其次，中国在亚洲的领导地位。

8. 综上所述，北京向印度发出邀请值得我们深思，这会对亚太以及印度与中国的关系产生影响，中国向印度发出邀请是经过深思熟虑的。未来，印度必须在这个亚太经济组织中与大大小小的经济体建立关系，其中包括美国以及其他亚太经济体。

编号：20140805A018

跨太平洋伙伴关系协定：谈判中的教训

Richard Katz*

原文标题： The Trans – Pacific Partnership：Lessons From Negotiations

文章框架： TPP 的特点；TPP 谈判陷入僵局；TPA 对于 TTP 的意义；有关美国资本家与劳动者的利益分析。

观点摘要：

1. 跨太平洋伙伴关系协定包括十二个亚洲及美洲国家，该协定旨在成为意义深远、全面的自由贸易协定，它超越了传统的解决知识产权、投资法及国企运营的市场准入问题，在某些方面甚至远远超出了世界贸易组织（WTO）以及美国曾经协商的自由贸易协定，有望为整个亚太地区的经济活动建立框架。

2. 然而，我们现在所面临的真实情况是，除非 TPP 谈判方在 2015 年的头几个月达成一致，否则 TPP 整体都会陷入无止境的谈判中，那将会是一个巨大的损失。尽管 TPP 存在瑕疵，在接下来的时间将会继续就此问题展开讨论，但美国那些支持 TPP 的经济学家和企业家表示，目前谈判已经向前迈出了一大步。据这些专家介绍，花费时间纠正缺点要比无限期推迟谈判得到的好处更多，美国和日本将于 2016 年举行全国大选，之后关于 TPP 事项的批准将变得更加艰难。

3. 为什么这样一个具有潜在经济效益的协议会面临如此多的政治障碍？尽管许多国家都有责任，但以下主要讨论美国需要吸取的教训。目前最大的障碍就是，TPP 谈判由于美国和日本在一些农产品谈判中的分歧而陷入僵局，日本的重点是保护国内的牛肉、猪肉及乳制品行业，保护国民的福利。日本曾有国会议员威胁说，如果这些行业的所有关税都被取消，将会封锁 TPP。美国的牛肉和猪肉产值共占

---

* Richard Katz，哥伦比亚大学学士，纽约大学经济学硕士，曾在纽约州立大学石溪分校担任经济学客座讲师、在纽约大学斯特恩商学院担任经济学副教授。目前是《东方经济学家报告》的主编，《东洋经济周刊》的特约记者。他的著作受到了《华尔街日报》《商业周刊》《纽约时报》《日本经济新闻》《朝日新闻》《日本季刊》《日本研究》《远东经济评论》等媒体的一致好评，多家报刊多次引用他的文章。来源：国际战略研究机构（土耳其智库），2014 年 9 月 4 日。

GDP 的 0.2%，然而，2014 年 7 月，众议院的 140 名成员（包括 107 名共和党人和 33 名民主党人）联名写信表示，如果无法取消这些农产品关税，那么请将加拿大和日本排除在 TPP 之外。或许其他国家，例如新西兰，也将会面临同样的问题。那么最终的结果或是形成一个有日本参与的 TPP，或者根本没有 TPP。

4. 其他国家在观望美国和日本的谈判结果的同时，也在谈判中采取了战略收缩。剩余的时间太少以致不能在许多复杂的问题上取得令人满意的解决方案，这些问题对于该地区未来经济发展也至关重要。具有讽刺意味的是，在类似投资法、知识产权、国企等重大问题上，美国和日本往往会达成一致。

5. 美国应为该结果承担责任。由于美国的坚持，TPP 中缺乏最惠国待遇。最惠国待遇是世贸组织和欧盟的根基。最惠国待遇规定，如果日本在特定产品上向美国收取零关税，那么其他任何国家也必须提供此待遇。最惠国待遇不仅能确保强者不会剥削弱者，而且也可保证最高透明度，促进经济增长。尽管如此，华盛顿方面认为，仅仅通过纯粹的双边谈判，美国也可以与一些 TPP 成员国达成更好的协议。但结果表明，没有其他国家愿意与美国合作。相反，其他国家愿意观望美日双边会谈的结果，以免过早接受不公平协议，延迟有关市场准入问题的谈判会延迟其他所有问题的谈判。

6. 另外，美国共和党和民主党已经对自由贸易协定和奥巴马的弱点日益有所觉察。这也可能会使国会拒绝通过《贸易促进授权法案》（TPA），至少需要等到 11 月国会选举以后，这将对 TPP 产生重大的影响。

7. 最重要的是需要仔细审查为何批准 TPP 会如此艰难。主要原因是该自由贸易协定会给美国民主党选民、劳动者带来伤害。的确，在各 TPP 成员国中，自由贸易是一个双赢的主题，但在每一个国家中，一些行业会从中受益，而其他行业会遭受损失。在美国这样的富裕国家中，资本家往往会受益，而劳动者的利益会受到侵害。

8. 好消息是，赢家获得利益要比失败者受到的伤害更有价值，商业部门会得到其所宣称的自由贸易，消费者也会从中受益。部分受益会重新分配到劳动者手中，全球化会直接或间接地侵害这些劳动者的利益。

编号：20140904A018

亚太自由贸易谈判接近终点

Hanns Günther Hilpert *

原文标题： Asia – Pacific Free Trade Talks Nearing the Finish Line

文章框架： TPP、RCEP 及 CJK – FTA（中日韩自由贸易协定）谈判；三个协定之间的较量；这三个自由贸易谈判带来的地缘政治影响；欧洲应采取的举措。

观点摘要：

1. 亚洲不仅是全球在货物贸易方面最具活力的地区，而且也是贸易政策方面的先导。美国正与十一个伙伴国家就跨太平洋伙伴关系协定（TPP）进行谈判，“东盟+6”组织的成员国也在就区域全面经济伙伴关系协定（RCEP）进行谈判，而日本、中国与韩国也在进行三边贸易谈判。从长远来看，这些倡议形成的多边架构将会合并成亚太自由贸易区。这些协定背后隐藏着什么动机？这些协定成功实施的概率有多大？当涉及贸易和地缘政治斗争时，美国和中国谁会占得上风？欧洲的贸易政策还有什么作用？

2. 亚洲地区的贸易政策在 21 世纪初出现了很大改观。该地区决策者对于多边贸易政策的态度也发生了变化。同时，关于 TPP 和 RCEP 的谈判正将贸易政策区域化推向全新层面。分别有多个国家参与到这两项谈判中，涉及的贸易额巨大。此外，这两个协定涉及贸易产品的关税自由，会对其未来成员国经济政策的主权产生深刻影响，尤其是在投资法、服务管理、政府采购以及知识产权等领域。由于世界贸易组织（WTO）不会在这些领域设定多边国际贸易规则，因此，一旦这两个协定得以签署，将会为改变管理政策埋下伏笔，它们也将会对未来全球贸易规则的制定产生显著影响。

3. 地缘政治方面。目前的谈判对改革贸易和管理政策意义重大，建立跨大陆的自由贸易区会涉及地缘政治，TPP 和 RCEP 的谈判反映出中国和美国之间的战略竞争。对美国来说，TPP 是其“重返亚太”战略的关键部分。通过给予各国优惠的市

---

* Hanns Günther Hilpert，德国国际政治和安全事务研究所亚洲部门负责人。来源：国际战略研究机构（土耳其智库），2015 年 2 月。

场准入，TPP 旨在加强亚太国家与美国的联系。TPP 旨在在自由贸易和高标准的基础上，建立跨区域的国家联盟。原则上，中国作为环太平洋国家及亚太经合组织的成员国，可以加入 TPP。然而，它必须服从早已商定好的规则，或许还有其他苛刻的条件。因此，在中国看来，TPP 是美国遏制中国的一个工具。

4. 中国回应美国的重要工具则是 RCEP，尽管这是东盟国家的一项外交倡议。RCEP 形成的自贸区会形成一种特定的区域贸易政策，鉴于中国雄厚的政治和经济实力，中国可以在其中占据主导地位。由于自由贸易协定是加入东盟自贸区的先决条件，因此美国可能没有机会加入其中。中国在努力与周边国家达成自由贸易协定，并已于 2005 年与东盟签署协定，于 2008 年与新西兰签署协定，目前正准备与韩国和澳大利亚签署协定，中国也正在与日本、韩国就三边协定进行谈判。由于贸易政策会牵涉地缘政治，因此谈判方很难就一些事项达成共识，贸易政策规定的“双赢”可能最终成为零和博弈。TPP、RCEP 及 CJK - FTA（中日韩自由贸易协定）谈判的主要内容围绕消除关税及其他贸易壁垒展开，而各国的参与主要受经济驱使，目前，谈判成功与否取决于各国国内的政策。

5. 目前有关 TPP 的谈判可以追溯至 2005 年由文莱、智利、新西兰及新加坡签署的自由贸易协定。2009 年亚太经合组织（APEC）峰会上，美国、澳大利亚及秘鲁表达了加入 TPP 的意愿，并参与到四个创始国的谈判中，后来，马来西亚、越南、加拿大、墨西哥以及日本相继加入该谈判中。除了给予关税优惠，TPP 谈判中产生的文件中确定了一系列 WTO 之外的规则，包含服务业、投资保护、原产地保护、卫生、动植物检疫措施、贸易技术壁垒、国有企业的竞争规则、政府采购、知识产权、劳动力以及环境标准等领域。然而，无论是谈判还是协定，都不会真正具备多边意义。美国一贯坚持与未曾签署过自由贸易协定的国家（文莱、新西兰、马来西亚、越南及日本）进行双边谈判，因此，TPP 成员国在未来向美国出口货物时将继续面临不同的贸易壁垒。然而，这十二个国家仍然冒险签署 TPP 是出于以下原因：首先，TPP 承诺保持较高的就业率、收入和经济输出，根据彼得森国际经济研究所的估算，到 2025 年，七个发起国（包括四个创始国以及美国、澳大利亚和秘鲁）将会具有 2000 亿美元的出口额，美国的国内生产总值（GDP）将会增加 0.38%，新西兰将会增加 2.25%。其次，TPP 中那些小国及中等规模的国家将拥有进入美国、日本及加拿大市场的机会，这有助于它们稳定预期投资。再次，TPP 将会为那些专注于工业生产的国家（马来西亚、墨西哥及越南）提供发展跨境生产的机会，因此，这也将会巩固新加坡在国际贸易和物流中的主导地位。最后，TPP 作为“黄金标准”协定，会为贸易政策设定总体基调，并有效推进全球贸易规则的发展。因此，现在加入该谈判将会非常有利，之后再加入则不得不接受一个“既定的事实”。

6. 尽管会得到这些好处，但是各国似乎仍然很难达成共识。由于各国在一些关键事项中仍存在很大分歧，谈判一直未能圆满结束。在政治方面，越南无法解决国有企业竞争的问题，如果严格遵守协定中的条款，那么日本和新加坡也会遇到困难。美国为其 TPP 伙伴提供的市场准入远远不够，例如，日本呼吁美国完全取消汽车关税，澳大利亚希望美国开放食糖市场，新西兰则要求乳制品进口自由化。与此同时，日本正在极力抵抗农产品进口自由化，尤其涉及五种“神圣”的产品：大米、小麦、猪肉、乳制品和糖。而美国正坚持要求日本大幅开放其农业市场。

7. 美国总统奥巴马一直呼吁美国国会迅速通过《贸易促进授权法案》（TPA）。TPA 允许总统签署双边或多边贸易协定。因此，在日本及其他 TPP 谈判伙伴看来，签署任何协定必须经过美国国会的批准。然而，考虑到美国立法会议的时间，如果各方在2015 年4 月仍未达成妥协，那么关于 TPP 的谈判可能会延迟至奥巴马的继任者。

8. RCEP 谈判可被视为对 TPP 自由贸易倡议的回应，也可被看作是实现长期以来亚洲自由贸易区的愿景。RCEP 适用的区域包括东南亚、北亚、南亚及大洋洲。在政治层面，该协定将会加强东盟共同体的团结。然而，TPP 将会在贸易政策方面分裂东盟共同体。RCEP 谈判意在展示东盟国家在促进亚太地区经济一体化、经济增长方面的能力。RCEP 将会得到人口众多的中国、印度及印度尼西亚等国的政治支持，但这些国家无法满足 TPP 贸易自由化的要求。

9. 在 RCEP 谈判中，东盟国家努力巩固其与澳大利亚、新西兰、中国、日本、韩国及印度分别达成的“东盟 +1”自由贸易协定，努力使 RCEP 成为全面、优质及互利互惠的协定。中国坚持要求与东盟成员国重新谈判，日本要求印度、澳大利亚与新西兰加入其中，因为日本担心中国会在谈判中独掌大权。在谈判中，中国主要关注消除关税和贸易自由化问题。日本则希望在谈判的其他领域制定规则。目前，谈判涵盖的领域包括货物贸易、服务、投资、竞争政策、知识产权及争端解决机制等方面。与 TPP 相比，该谈判的目标没有那么宏大。谈判代表也将会讨论到与 RCEP 中的发展中国家开展经济和技术合作。

10. 由于六项“东盟 +1”协定在范围和质量方面存在很大差异，这项意义深远的议程的谈判进展得并不顺利。仅有四项协定包含服务业贸易自由化，并且各项协定涵盖的领域各不相同。鉴于这些差异，难怪 RCEP 至今经过六轮谈判后仍未取得重大突破。因此，有可能在 2015 年年底时也无法结束谈判。

11. 尽管面临政治和经济分歧，但为了尽快结束谈判，一些国家已经同意一系列的指导原则。首先，RCEP既不应替代现有的“东盟+1”协定，也不应颠覆曾经制定的自由化措施，而是应创建一个真正的发展平台；其次，RCEP应该考虑到每个参与国的实际情况，最重要的是，能够确保那些欠发达国家可以得到特殊照顾；再次，其他的“东盟+1”伙伴应能够加入RCEP中；最后，各谈判方应明确重申，该协定与WTO的规定保持一致，尤其是GATT（关税与贸易总协定）。

12. 东盟计划建立东盟经济共同体（AEC）。东盟原有的六个成员国（文莱、印度尼西亚、马来西亚、菲律宾、新加坡和泰国）以及四个新成员国（柬埔寨、老挝、缅甸和越南）意在建立一个共同市场。然而，可以预见的是，东盟经济共同体不会如期建立，一些必要措施已经被叫停，尽管成员国之间已经消除了99%的关税，但仍然存在其他大量的贸易壁垒。东盟一体化的经验表明，只有通过逐步发展，才能使该地区慢慢结合在一起。

13. 尽管东北亚地区外交局势不断恶化，但最近几年，中国、日本和韩国仍然在建立三边合作。2010年，三国在韩国首尔设立秘书处，以协调政府间的合作，并负责环境保护、灾难管控以及文化交流等联合项目的实施；2012年，这三个国家签署了一份三边投资协定；它们决定就三边自由贸易协定进行一项计划已久的谈判；它们已经在货物贸易自由化、服务贸易、投资以及知识产权等领域进行了六轮谈判。但由于日本的野心，谈判无法于2015年年底达成共识。中国和韩国的担心源于日本工业进口的掠夺性竞争，由于日本的非正式、非关税贸易壁垒，它们反过来将会得到出口市场。同时，日本一直在抵制农产品的关税和进口自由化。因此，毫不奇怪，中国、日本和韩国仍未就产品关税问题达成共识。

14. 这三个国家中均存在强大政治联系的利益集团——中国的国有企业、日本的农业游说团体以及韩国的农业和工业，它们不断反对进口自由化，使得谈判无法继续。尽管中国和韩国最近的确在努力达成具有先创性的双边贸易谈判，但三边谈判仍继续延迟。这是因为各国未能将东北亚贸易自由化提到贸易政策议程之上，然而，三边自由贸易协定将会对未来东北亚地区贸易政策一体化产生重要影响。一方面，中国、日本和韩国占“东盟+6”组织44.9%的人口，72.1%的GDP以及63.2%的贸易额，它们也是亚洲重要的贸易国；另一方面，东北亚区域贸易一直未出现较大发展，尽管绝对数字在持续上升，但从相对角度来看，这种趋势意味着该地区区域合作的解体，因为这三个国家与世界其他国家的贸易在不断攀升，但它们之间的贸易却不见增长。一项三边贸易协定或将扭转这种趋势。2012年三方投资协定的签署表明，这三个国家还是将经济发展放在了首位，暂不考虑地缘政治因素。

15. 尽管 TPP 和 RCEP 谈判能否成功尚不可知，但是这些跨地区自由贸易倡议最终失败的可能性微乎其微。亚洲各国的贸易政策野心远远超出了 TPP 和 RCEP，亚太经合组织的首脑于 2010 年在横滨召开的会议上曾正式批准 TPP。2014 年在北京召开的亚太经合组织峰会上，中国提出了一项关于建立亚太自由贸易区（FTAAP）可行性的研究方案，为各国实际谈判铺平了道路。但由于美国的阻拦，这个方案未能被采纳，但亚太地区的自由贸易无疑是亚太各国共同的愿望。

16. 然而，由于 TPP 继续发展，并且 RCEP 被证明是欺骗性的协定，那么亚洲地区在贸易政策方面可能会有被分裂的风险。首先，由于中美在地缘政治方面的较量，它们之间达成和解十分困难；其次，二者竞争激烈的贸易政策协定不可兼容。很难想象 TPP 中的发达国家，尤其是美国，会对此做出让步，尤其是在竞争、知识产权、劳动力以及环境标准等方面。因此，最有可能的是 TPP 自由贸易区将会成功拓展，韩国和泰国也曾表示愿意加入其中。

17. 原则上，TPP 向所有 APEC 成员国开放，而且如果最终谈判圆满结束，将会拥有非常诱人的前景。一方面，它将会向各国提供进入美国、日本和加拿大市场的机会，另一方面，由于 TPP 的高标准对于国家间的商业交易非常有必要，因此会非常具有吸引力。当然，亚洲的许多发展中国家（印度、印度尼西亚、柬埔寨、老挝、缅甸）暂时可能会不情愿或者没有能力遵守 TPP 所设定的严格规定，因此，TPP 也不会立即将亚洲的每个国家都包含进去。而中国和东盟会形成一股政治阻力，它们担心在东亚区域一体化中失去主导地位。尽管如此，TPP 将会成为亚洲地区具有决定作用的贸易政策框架，前提是华盛顿和东京可以克服其国内的障碍。如果谈判取得成功，那么 TPP 将会弥补亚洲地区的制度空白，也将成为全球范围内管理政策的蓝本。

18. 欧洲将不会参与任何亚洲自由贸易项目，而且，在重塑全球贸易和管理政策方面，欧洲一直表现得很被动。TPP、RCEP 及 CJK – FTA 将会给欧洲带来负面影响。但如果欧盟加入这些协定，就可能会减轻这种影响。欧盟也曾与印度、马来西亚、越南、日本及美国进行谈判。欧盟与美国正在协商的跨大西洋贸易与投资伙伴关系协定（TTIP）在管理政策方面取得了显著成效。在与美国的谈判中，欧盟将有机会提出其在全球贸易方面的管理理念，并积极参与设计全球贸易秩序。毫无疑问，TTIP 也将会对第三方产生影响。然而，在与亚洲的贸易政策方面，欧盟缺乏清晰的定位。

19. 欧盟和美国正联手对抗日本的贸易保护主义。将中国排除在外的贸易政策是不可持续的，西方国家应避免通过跨区域项目将中国隔离起来，从欧洲的角度来看，比较有利的做法是，在加入 TPP 之前，先与中国进行自由贸易协定谈判。

编号：201502A018

使《非洲发展机遇法案》对非洲起作用

Christopher Wood *

原文标题： Making AGOA Work for Africa

文章框架： AGOA 的完善及其意义；为最不发达国家制定宽松的原产地规则；TTIA 与 TPP 对于 AGOA 的意义；解决贸易非关税壁垒；结构性改革；全球贸易体系。

观点摘要：

1. 《非洲发展机遇法案》（African Growth and Opportunity Act，AGOA）打开了全球最大市场的免税准入，它有可能成为非洲发展的主要驱动力。然而，到目前为止，它未能充分发挥这一潜力。该法案自 2001 年签订以来，已经取得了显著成效，例如南非向美国出口汽车数量已经出现增长，但更为广阔的前景一直令人失望。美国从非洲的进口主要以能源商品为主，能源出口占据所有 AGOA 成员国向美国出口商品的88%。在向美国出口排名前 10 的产品中，AGOA 仅向纺织品提供了主要推动力。即使这项协议的确提供了关税优势，但非洲一些企业仍需应对各项复杂的标准以及原产地规则。

2. 目前的法案将于 2015 年 10 月到期，新法案很可能成为 AGOA 的最后一个版本，提供非互惠的市场准入。非洲国家和美国必须把握这次机遇，最大限度地挖掘 AGOA 的优势。一个全面的应对策略应该包括四个方面：关注 AGOA 的更新，为解决进入美国市场非关税壁垒问题提供援助，促进能够提高竞争力的基础设施的发展，围绕全球贸易体系制订发展规划。

3. 目前所需的第一个步骤就是在 2015 年 10 月到期前更新或完善 AGOA，这需要考虑四方面的因素。首先，必须及时完成。奥巴马政府和美国贸易代表都很重视 AGOA 的更新，但该法案必须经得美国国会的同意。该法案曾在 2014 年的中期选举中受阻。2015 年 1 月召开的第 114 届会议必须就 AGOA 的更新和完善采取及时的措

---

* Christopher Wood，南非国际事务研究所经济外交项目研究员。来源：国际战略研究机构（土耳其智库），2015 年 2 月。

施。迫在眉睫的法案到期日将带来很大的不确定性，有可能会扼杀投资。2012 年，AGOA 修正案本能够有效促进纺织品的出口，但在最后几天内匆忙完成了更新，使非洲纺织品的订单立即下跌了 35%。这一次应避免重蹈覆辙。其次，AGOA 至少应该延长 10 年以上。如果投资者愿意承担进入非洲市场的启动费用，那么他们应该获得足够长远的市场准入，以弥补他们最初的开支。AGOA 的更新将会增强投资者的信心。再次，非洲较大的国家，包括南非应该被包括在这项协议中。虽然，AGOA 的最初设想并不是要迎合中等收入的非洲国家，但是将这些非洲大国的未来与整个大陆分隔开是不现实的。非洲较小的国家以及欠发达国家仍然依赖于周边大国的工业基地，以进入美国市场，随后的区域价值链将会使所有相关国家受益。如果南非和尼日利亚这样的国家被排除在新协议之外，那么这些价值链将被打破。最后，AGOA 的核心法案不应该包括那些讨论到的辅助支持。AGOA 很可能会得到美国国会的批准，因为它可以吸引到美国的两个党派，民主党喜欢其发展立场，共和党喜欢其中性预算，利用贸易（而不是援助）促进发展。一个会得到大量拨款的 AGOA 将会显得更有效率，但它可能不会得到国会的批准。对于 AGOA 来说，一个简易、及时且延长的更新是最佳的方法。

4. 然而，更新还是不够的。为使 AGOA 发挥作用，对于想要从这项协议中获益的美国和非洲国家来说，关税之外的支持与合作也很有必要。促进贸易联系最直接的方案就是解决贸易非关税壁垒，这其中有两个方面尤为重要。首先，非洲公司在向美国出口的过程中受到本地官僚阻碍，需要得到援助，这种援助范围包括理解文书工作、标签要求以及公共卫生和植物检疫规则等，这应该得到美国和非洲国家的快速支援。美国可以通过扩大贸易枢纽计划来实现这一目标，该计划可为进入美国市场提供一站式援助，但目前该计划由于地理范围因素而受到限制。另外，非洲国家应该使援助与其国内推动出口的计划相匹配，例如，为经济特区和工业开发区提供信息和培训服务。其次，原产地规则仍受 AGOA 的限制，原产地规则为出口到美国的产品需要附加的本地价值设置最低要求。尽管 AGOA 采用相对宽松的规则，但在非洲经济独特的背景下仍面临挑战。非洲那些制造能力低下以及劳动力成本低廉的最不发达国家努力取得在美国市场免税的待遇。对文书工作的大量需求，可能会鼓励一些出口商避免与不正规的企业做生意。努力建立相适应的原产地规则可促使 AGOA 国家与其他国家公平竞争，例如与跨太平伙伴关系协定（TPP）成员国公平竞争。AGOA 中的贸易自由化不可能在政治层面实现，但重点仍应是为欠发达国家提供免责条款。

5. AGOA 的优惠以及简易的规则体系可确保非洲商品顺利进入美国市场，但为了利用这一优势，非洲许多企业需要具有最基本的机构性竞争力。限制美国和非洲改善贸易关系的关键因素是非洲缺乏有利于产品生产的环境。这与其他一系列的原因，并不容易解决。监管、技术人才短缺、腐败等问题都确实存在，但最好在国内解决这些问题，从而使基础设施的开发融资拥有广阔的合作空间。

6. 美国目前在非洲所进行的基础设施开发项目应得到肯定，最引人注目的是电力非洲计划。该计划的战略目标是克服非洲可预测的生产环境的最大障碍，即能源短缺。但美国在任何深化合作的努力中都面临严峻挑战。众议院中多数共和党人士都一致反对这些花费，并可能会拒绝向外大量拨款。尽管美国政府将国内私营企业与非洲的投资连接得很巧妙，但目前还不清楚这会创造多少附加值。

7. 美国应该为投资利润汇款建立免税制度，目前美国 35% 的利润汇款税是国内有争议的一个问题，反对者认为，这会不利于美国经济中的利润再投资。随着 G20 工作的开展，美国应该重视非洲地区资本市场的发展。

8. AGOA 的更新必须与迅速发展的全球贸易体系保持同步。美国目前正在与欧盟通过跨大西洋贸易与投资伙伴关系协定（TTIP）商谈自由贸易协定，与一些 TPP 成员国商谈自由贸易协定，但这二者都会损害 AGOA 的竞争优势。非洲国家正在经历自身的变化，欧盟在经济合作协定下获得市场准入，通过三方自由贸易协定和欧洲大陆自由贸易区促进一体化。相关各方由于多哈回合谈判的失败而受挫，巴厘岛会议的议程在世界贸易组织（WTO）谈判中逐渐迷失，这些变化给非洲各国带来巨大挑战。

9. 首先，美国和欧盟必须在 TTIP 框架内为进口制定一个共同的监管体系。对于非洲的出口国来说，满足欧洲和美国的标准将是一个昂贵且艰难的过程。一个共同的监管平台将会促进升级，使其达到 TTIP 的标准，并鼓励非洲公司承担各项成本，鼓励政府和金融机构支持一系列在能力建设方面的努力。其次，可能是最困难的，AGOA 必须与 TPP 保持一定的相关性。美国自由贸易协定的原产地规则通常会受到限制，很可能在 TPP 中继续如此。使 AGOA 发挥作用以及增加 TPP 效益的一个重要方法是允许 AGOA 国家蓄积财富，使来自 AGOA 国家的财富可被看作是来自 TPP 组织的财富，同时也可促使非洲中间产品生产商向亚太地区的制造商出售产品，从而顺利进入美国市场。最后，经济合作协定标志着欧盟提供单边市场准入的时代已经结束。美国最终也一定会跟风。目前已经就互惠的经济合作协定 AGOA 的更新进行讨论。

10. 美国承诺通过贸易对非洲提供支持，这是值得肯定的，但贸易涉及的不仅是关税。一个全面、优惠的市场准入能够帮助该法案发挥其潜力。这并不是一种慈善行为。非洲仍然有许多人生活在贫困线以下，他们的未来取决于美国在与中国等国家的激烈竞争中能否维持良好的经济发展态势。美国的发展还没有结束，但随着美国与大多数国家的经济关系趋于饱和，美国经济发展的下一个章节将会在非洲书写。一个全面的 AGOA 战略对于巩固贸易和投资方面的合作伙伴关系以及美国的经济发展至关重要。

编号：201502A01801

为什么我们需要跨太平洋伙伴关系协定，我们将如何正确对待

William Krist *

原文标题： Why We Need the Trans – Pacific Partnership and How to Get It Right

文章框架： TPP 对全球经济和贸易的影响；TPP 谈判遇到的难题；TPP 对于美国的重要意义。

观点摘要：

1. 美国与其他十一个国家正在进行一场意义重大的贸易协定谈判，即跨太平洋伙伴关系协定（TPP），这个协定将会对世界经济产生重大影响，并塑造未来国际贸易的规则。早在 2008 年，美国、澳大利亚、文莱、智利、新西兰、秘鲁、新加坡、马来西亚以及越南就已经开始了相关谈判，随后，又有加拿大、日本和墨西哥加入。

2. 这些谈判对于美国的商业和外交利益来说意义重大。由于该协定需要得到美国国会的批准方可生效，所以在 2015 年结束谈判显得尤为重要。2016 年，众议院的所有成员以及参议院的三分之一的成员将会参加投票，国会的许多成员因开放美国市场需要承受巨大压力而反对批准此协定。鉴于这些政治因素，贸易谈判方努力在非选举年结束协定谈判。

3. TPP 建立在世界贸易组织（WTO）设定的国际贸易规则之上。然而，它会在许多方面超越这些规则。首先，除个别产品之外，这十二个国家将几乎完全消除贸易壁垒。其次，该协定将会涵盖 WTO 未涉及的几个新领域，其中包括国有企业在无贸易优势的情况下在全球竞争中的运营。另外一个就是数字贸易，一些国家要求数据中心必须设立在它们管辖的地理范围内，并对数据跨境自由流动加以限制，TPP 谈判人员正期待为数字贸易制定规则。最后，在产品安全和环境方面，国家之间不同的规则通常会对贸易带来更大的障碍。美国正在努力确保监管过程中的透明度。

---

* William Krist，华盛顿伍德罗·威尔逊国际学者中心高级政策研究员，曾任美国助理贸易代表。来源：国际战略研究机构（土耳其智库），2015 年 5 月。

4. 尽管有许多问题需要解决，但 TPP 谈判似乎已经到达收尾阶段。农业是谈判的重点和难点，一些国家仍对农业进口加以限制。例如，马来西亚对家禽加以 40% 的关税，加拿大严格保护其乳制品市场，而美国则对糖进口加以高额关税。

5. 日本是农业谈判取得成功的关键，这个国家对水稻加以天文数字般的高关税，并且对小麦、猪肉、牛肉、食糖以及乳制品设置壁垒。日本的农业生产效率极低，例如其水稻生长在小块土地上，并且非常耗费人力。如果日本首相安倍晋三想要重组日本经济，促进经济增长，那么减少农产品的贸易壁垒可能会是其采取的主要举措。如果安倍同意减少贸易壁垒，同时在国内进行改革，许多工人可能会从生产高成本的农产品转而生产那些可以在全球市场内竞争的产品。如果日本开放其农业市场，那么美国和加拿大也会减少其在乳制品、食糖及其他产品上的贸易壁垒，同样，这也会促使越南、马来西亚以及其他国家减少贸易壁垒。

6. 同样，其他市场准入也很重要，例如，美国的汽车工业需要进入日本市场，越南要求进入美国纺织品和服装市场。

7. TPP 谈判的重要性。圆满结束 TPP 谈判对于美国来说意义重大。这十二个国家的 GDP 总和达到 27.9 万亿美元，人口总和达 8 亿。美国已经与六个 TPP 成员国（澳大利亚、加拿大、智利、墨西哥、秘鲁和新加坡）签署了自由贸易协定，其中一些协定早在前几年就已经签署（例如，与墨西哥和加拿大签署的北美自由贸易协定已于 1994 年开始生效）。通过扩大市场以及改善规则，TPP 协定将会升级现有的自由贸易协定。

8. 然而，我们还没有与另外五个国家（文莱、日本、马来西亚、新西兰和越南）签署自由贸易协定，这些国家的 GDP 总和达 6 万亿美元。日本是全球第三大经济体，是这五个国家中最重要的一个，但越南和马来西亚将来很可能成为重要的市场。彼得森国际经济研究所计量经济模型的研究估计，在 TPP 的促使下，全球收入每年将增加 2950 亿美元，该模型基于大量假设，其结果可能会有一些偏差，但结论似乎是准确的：一旦 TPP 谈判取得成功，那么将会产生相当大的影响。

9. 如果 TPP 谈判失败，那么美国需要面对严重的后果。目前，东盟国家与中国、澳大利亚、印度、日本、韩国和新西兰正在进行协定谈判，该协定被称为区域全面经济伙伴关系协定（RCEP）。与 TPP 谈判相比，这些谈判似乎没有多大的作为，尽管如此，它们也将会产生深远的影响。中国目前正与韩国、日本进行三边自由贸易协定谈判，也在与澳大利亚进行双边自由贸易协定谈判。RCEP 以及这些自由贸易协定谈判的进程将加快，并取得新的突破。其结果将是，美国的出口商会在亚洲市场上处于劣势。

10. 除了带来商业上的负面影响，美国的外交政策也会受到牵连。在于 2011 年宣布“重返亚太”后，美国国务卿希拉里·克林顿列出了六项关键要素，包括加强双边安全联盟、深化与新兴大国的合作关系、与区域多边机构合作、扩大贸易和投资、建立广泛的军事存在以及推进民主和人权。

11. TPP 的成功对于美国实现其目标具有重要作用。如果 TPP 谈判失败，中国将会是亚太贸易的中心，美国只能退居观望。美国要想达成此协定，并使之成为 21 世纪贸易协定的模板，需要做三个重要方面的改变：首先，必须澄清投资者与国家之间的争端处理规则，防止滥用诉讼；其次，在鼓励生产新药物的同时，保护药品知识产权的规则必须仔细研究，防止给消费者带来过多负担；最后，谈判方必须提出关于阻止货币操纵的条款，防止出现不公平的商业优势。

编号：201505A018

东亚地区主义：东盟中心地位的结束？

Yang Razali Kassim *

原文标题：East Asian Regionalism：End of ASEAN Centrality?

文章框架：阐述东亚自由贸易区建立的背景与现状；分析东盟促进东亚自由贸易区发展的具体进程及其背后的意义；阐述并分析东盟衍生出来的两大副产品；分析东盟“中心地位”的发展趋势。

观点摘要：

1. 东亚自由贸易区的建立恰好反映了东亚经济的不断融合，这是具有重要的意义的一次飞跃。然而，东盟的能动作用却被严重低估了，虽然东盟的中心地位将受到影响，但并不会结束。中国已经宣布其与日本和韩国都同意在11月就自由贸易协定问题进行协商，据估计，该协议将创建世界上最大的自由贸易区之一，因为中日韩三国GDP的总和占全世界GDP的20%，出口额总和占全世界出口额的19%。虽然三国的关系在不断加强，但是在过去几十年，由于三国彼此不信任导致东亚自由贸易区（EAFTA）的发展规划深陷泥潭。就自由贸易协定开启正式谈判对三国而言是一个心理上的突破，中国的分析家称之为“里程碑式的发展”。那么东亚自由贸易协定是如何影响东南亚的呢？东盟应该关注些什么呢？

2. 东亚自贸协定和东盟。从东盟这样一个更成熟的区域组织的角度来看，这样的发展趋势将有助于促进东亚国家一体化并对东盟更加有利。根据中日韩三国之间的协定而建立的东亚自贸区反映了在这一竞争日益激烈的地区三个主要国家经济的不断融合。这将对东盟造成直接影响，因为他们是东盟主要的贸易伙伴，并且已经与东盟达成了双边自由贸易协定。同时，东亚自贸区的建立也有助于实现东盟在东亚地区的愿景，这种愿景已经通过“东盟+3”表达出来了，所谓“东盟+3”，就是指有中日韩这三个东北亚国家参与的东盟年度峰会。一个经常被忽略的重要内容是，东盟在东亚经济不断融合的过程中扮演着推动者的角色。20世纪90年代末，

---

* Yang Razali Kassim，南洋理工大学拉惹勒南国际研究院资深研究员，多边主义研究（CMS）者之一。来源：拉惹勒南国际研究院（新加坡智库），2012年7月4日。

中日韩三国之间存在着明显的分歧与隔阂，相反，东南亚经济体之间却在不断地融合与一体化，并且也基本实现了建立东盟自由贸易区的构想。东盟经济的融合也促使其成员国在政治上的联系不断加强，并且也促进了东南亚地区的稳定。东北亚地区经济一体化发展的停滞不前对这一地区的稳定来说是一个潜在的障碍，东北亚地区的危机有可能蔓延到东南亚，正是东盟为这三个东北亚国家创造了认清自己和加强互相信任的机会。东盟于 1997 年首次邀请三国领导人参与东盟峰会，也就是所谓的“东盟 +3”峰会，其促使东盟各国的领导人与他们的对手——中日韩三国的领导人能够会面并单独相处。随着时间的推移，三国领导人的关系在东盟框架内不断加深为他们单独组织见面提供了契机。

3. 东盟的两大副产品。从这种发展趋势中衍生出了两个主要的副产品。第一，让所有人都惊讶的是中国在 2000 年宣布召开“东盟 +1”峰会，并且声称已经准备好与东盟国家签订自由贸易协定，这也引发了日本与韩国争相与东盟单独签订自贸协定的竞争。第二，这种趋势有助于三国消除芥蒂与隔阂，共同探索促进更紧密的经济一体化的道路。到 2008 年，中日韩三国已经可以以自己的方式召开自己的论坛与对话，这一东盟框架以外的论坛有时被称为东北亚三边峰会。到 2011 年，三国在首尔设立了合作秘书处，这显示了三国对于区域一体化不断增长的信心，选择首尔为合作秘书处所在地可能也反映了中国和日本想要选择一个更加中立的地方的愿望。作为一个羽翼未丰的经济组织，三国对于每一步都很谨慎。东盟也从东北亚经济的不断融合与一体化过程中获益良多，这也符合东盟建立东亚区域架构并最终建立更大的亚太区域架构的愿景。东盟这一构想是不断发展的，并且实现的途径有很多种。首先有面向东亚的“东盟 +3”会议，中国更偏爱这个会议，大概是因为它天生容易成为领导者。其次还存在日本比较偏爱的东亚峰会这一替代方案，因为该方案包括它的盟友美国，也包括俄罗斯，这两个国家可以牵制中国的霸主地位。东亚峰会还包括印度、澳大利亚和新西兰，它们将东盟在西太平洋和印度洋的贸易伙伴关系链条补充完整了。另外，在整个广大的亚太地区，亚太经济合作组织（APEC）的号召力逐渐减弱并且有可能被新兴的跨太平洋伙伴关系协定（TPP）所取代，TPP 的主导者是美国，据说由于 TPP 的发展势头迅猛，中国加快了推动与日本和韩国建立东亚自由贸易区的步伐。无论是东亚自由贸易区、东亚峰会还是 TPP，作为东盟建立区域架构的替代方案来说，有一件事情是非常明确的：东盟于 20 世纪 90 年代开始酝酿的自由贸易协定的发展进程引发了这一地区自贸协定的不断发展，东盟也被吹捧为“新亚洲时代”的中心。

4. 东盟的中心地位将何去何从？在东盟宣称其作为自贸区的推动者，并对促进了东亚经济更紧密的一体化表示满意的时候，其仍然有着难以言状的恐惧和隐忧，那就是在东亚更广泛、更强大的自贸区建立起来之后，东盟就面临着被边缘化的危险，这或许意味着对“东盟中心地位”这一反复被提及的“咒语”的侵蚀。东盟有这样的担心并不是没有根据的，但是会以这样的方式结束吗?可以肯定的是，东亚自贸区的建立可能还有很长的路要走，并且是一条曲折的路，也可能会导致深层次的区域矛盾与仇恨。但尽管有重重阻碍，东盟自由贸易区和东亚自由贸易区最终都能实现，然而，东北亚的区域矛盾可能更难克服。东亚自由贸易区的建立可能仍然会依赖于东盟的推动，这意味着东盟中心地位的作用将有更多发挥空间。

编号：20120704A022

安倍的 TPP 战略：通过改革克服国内分裂

Theresa Robles *

原文标题： Abe's TPP Strategy：Overcoming Domestic Division Through Reform?

文章框架： 日本加入 TPP 的背景以及日本的加入对 TPP 的意义；阐述安倍经济学并分析 TPP 在日本面临的阻碍；分析日本各方对加入 TPP 的态度；分析 TPP 对安倍与日本的影响与意义。

观点摘要：

1. 2013 年 3 月 15 日，日本首相安倍晋三宣布日本打算加入跨太平洋伙伴关系协定（TPP），这一举动加强了跨太平洋贸易和投资协定谈判的发展势头。TPP 不仅被认为是扩大贸易和投资机会的重要工具，而且是将一个国家重新定位为区域大国的途径。日本这个世界第三大经济体的加盟将显著扩大 TPP 的覆盖面，并且对亚太地区的贸易体系产生影响。TPP 是美国总统奥巴马通过加强在伙伴国之间的投资和贸易以促进亚太经济一体化的重要手段，它被吹捧为“高品质”的协议，其试图通过削减关税促进贸易发展，使各成员国达到更为严格的劳工与环境标准，并且实现服务业的自由化。

2. 安倍经济学在行动。自 2011 年 TPP 被正式提出以来，安倍在 2013 年的声明才将其势头带动起来，并且将谈判拉回主要轨道以避免 TPP 停滞在像纺织品和监管这样有争议的问题上。国内面临的更紧迫的压力也使 TPP 被纳入到一些伙伴国的议事日程中，正如我们在 2012 年美国总统大选期间看到的那样。TPP 的支持者认为日本的加入是非常必要的，因为解决日本经济困难的主要方案便是为其在亚太地区贸易和投资的扩大寻找机会。安倍也不是第一位承认加入 TPP 会为日本带来很多好处的日本领导人，他的两位前任——菅直人和野田佳彦也承认这件事。安倍也试图大力推销自己加入 TPP 的想法，但是他的努力失败了，主要是因为受到了有政治影响力的农业团体的反对，这些团体担心廉价产品的涌入会对农业造成破坏。尽管看起来日本将赌注压在 TPP 上主要是出于贸易的考虑，但是安倍加入 TPP 的方法却掩盖了这一理念。仔细研究就会发现，安倍的声明对日本未来在贸易以及激烈的农产品竞争以外的更多领域有

* Theresa Robles，南洋理工大学拉惹勒南国际研究院多边主义研究中心副研究员。来源：拉惹勒南国际研究院（新加坡智库），2013 年 4 月 9 日。

深远影响。2012年12月安倍当选为日本首相，成为六年来日本的第七位首相，全国上下对他寄予厚望，希望在他的领导下日本的经济能够最终走出萧条、恢复活力。“安倍经济学”是安倍为提振国内经济而推出的宏伟计划，它包括“三支箭”，并且前两支已经在进行中了，那就是宽松的货币政策和财政刺激政策，安倍这样大胆的举措赢得了公众的广泛支持，他在最近的民意调查中赢得了70%的支持率。第三支箭是长期的经济增长，其中参与TPP是其中关键一部分。TPP会为日本带来贸易机会，安倍还希望通过加入TPP来推动日本进行结构改革，并最终提升国家的竞争力。日本经济团体联合会是由日本全国100多个本土企业组成的最大的商业团体，它也提出了强有力的理由证明加入TPP后会使日本更容易进入国外市场，有利于出口。

3. 然而，前两支箭面临的政治上的反对最小，第三支箭面临的政治反对最大，因为前两支箭没有触及任何强大的利益集团的利益，而加入TPP则触及了农业部门的利益。日本农民受到的保护程度在全世界是最高的，其平均收入的一半都来自政府价格补贴，甚至在安倍发表加入TPP的正式声明之前就有日本最大的农业游说和消费团举行了4000人参加的抗议集会，反对日本加入TPP。执政的自民党一直以来都支持该团体，并且这种支持也促使安倍实施了对某些农产品如牛肉、水稻和小麦的豁免权。尽管对本土企业团体的支持存在分歧，但广大民众对加入TPP的支持率还是很高的。一份当地报纸《朝日新闻》的调查报告表明，71%的选民同意加入TPP。日本政府公布了加入TPP对经济的实际影响的预测结果，指出这种影响将推动日本GDP与2012年相比实现0.66%（大约330亿美元）的小幅度相对增长。

4. 除此之外，安倍的战略和声明表明，作为促进日本经济复苏的引擎，TPP是非常有价值的，它不仅可以增强日本的经济实力，而且可以促使其成为区域大国。2012年2月安倍开启了他的华盛顿之旅，在这期间安倍发表演讲，强调“日本回来了”。这种定位的影响是双重的。第一，安倍的战略将其个人塑造成为一个果断的有改革决心的领导者，并且促使公众认为加入TPP是日本进行迟迟未能启动的结构改革的关键一步。但也有人怀疑安倍是否有撒手锏来进行深刻的变革。第二，TPP也被认为是加强美日同盟关系的重要工具以及应对中国的地缘战略的关键。公众也认识到一个事实，即经济的复苏还将巩固日本的安全，并且加入TPP将巩固日本作为亚太地区重要的经济和地缘政治领导者的地位。在对TPP成员国有充分认识之前日本还有许多障碍需要克服，安倍的战略可能在其第二届任期内才会奏效，同时这还要取决于他后续的能力以及承诺。

编号：20130409A022

TPP 新一轮部长级会议在新加坡揭开序幕*

原文标题： New Round of TPP Ministerial Meeting Kicks off in Singapore

文章框架： TPP 新一轮部长级会议在新加坡开幕；这次会议不太可能有什么突破与进展。

观点摘要：

1. 跨太平洋伙伴关系协定（TPP）新一轮部长级会议于周六在新加坡开幕，观察家们认为 TPP 的症结——知识产权保护、国有企业、农产品和美国的“快速通道”贸易法案等问题“不可能”在这次会议上有任何进展。TPP 部长级会议有闭门谈判的传统，与会者包括新加坡、美国、澳大利亚、文莱、加拿大、智利、日本、马来西亚、墨西哥、新西兰、秘鲁和越南十二个国家的贸易部部长及代表。在会议开幕之前，新加坡的贸易和工业部部长发表了声明，各国首席谈判者和各领域专家也在会议上进行了会晤。

2. 新加坡南洋理工大学拉惹勒南国际研究院淡马锡基金会中心贸易与谈判部主任德博拉·K. 艾尔姆斯说：“据我所知，美日之间还未在协议问题上有任何突破。”她也认为在这一轮的会谈中“不太可能”有什么进展，而美国的“快速通道”贸易法案是目前面临的主要问题。

编号：20140223A022

* 来源：拉惹勒南国际研究院（新加坡智库），2014 年 2 月 23 日。

为什么美日在TPP谈判中争执不断

Aurelia George Mulgan *

原文标题： Why the U. S. Struggles Against Japan in TPP Negotiations

文章框架： TPP谈判的现状以及走向；目前美日两国贸易谈判关注的重点；分析“外部压力”不再起作用的原因；总结日本对TPP谈判的重要性。

观点摘要：

1. 在美日两国达成了一些基本的共识之后，跨太平洋伙伴关系协定（TPP）谈判才取得了一些真正的进展，虽然已经经过了多轮对话，但美日之间的贸易协定仍然让人感到非常难以琢磨，美国也在农业这样的关键领域向日本施加压力。众所周知，目前TPP的谈判正在朝着两个不同的方向发展：一个是有十二个国家参与的多边谈判，另一个是一系列正在商讨的双边协议谈判。当然，后者对日本和美国来说更加重要，而TPP能否取得进展取决于美日两国是否能在自由贸易协定上达成一致。

2. 自民党TPP事务委员会主席西川公也解释说：“日本政府的战略规划是在与美国的谈判中，首先要保证在水稻、小麦和糖的贸易中实施非常规措施，其次才是保证牛肉、猪肉和乳制品的贸易能维持现有优势。”西川公也曾断言：“为保护敏感农产品，谈判小组将只接受能够兑现我们对人民承诺的数字。”目前美日两国的谈判重点似乎正是这些数字。日本媒体也试图预测谈判过程中可能发生的事情。一份报告指出，日本政府正在考虑一个可以使美国的水稻优先于其他国家进入日本的特殊配比方案，从而保证水稻和其他产品（比如牛肉、猪肉、糖和小麦）的关税能够列入“敏感产品”的名单上。该报告还宣称，美国已经声明无法接受其中的一些条款，比如日本在汽车进口方面不能“经过长达30年的时间来消除关税”。

3. 从以往的历史看，在双边和多边贸易谈判中，来自美国的外部压力已经有效

---

* Aurelia George Mulgan，堪培拉新南威尔士大学人文和社会科学学院教授。研究领域为日本政治、政治经济和国际关系。来源：国际事务澳大利亚研究所（澳大利亚智库），2014年8月29日。

地打开了日本的市场。在几十年来的双边贸易摩擦中，解决与美国的争端成为日本制定贸易政策最重要的驱动力，甚至是在关税及贸易总协定（GATT）框架下的多边谈判中也伴随着美日的双边协商与讨论，所以，如果过去的外部压力如此有效的话，那为什么现在它却不起作用了呢？首先，自世界贸易组织（WTO）成立之后，日本就通过 WTO 的“争端解决高级机制”来处理与美国的贸易摩擦，利用 WTO 的合法多边框架来加强日本的议价权并削弱美国在贸易方面对日本施加的压力。其次，在 20 世纪 80 年代美日贸易摩擦最严重的时候，日本是美国的工业竞争对手，但现在日本已经不再是美国的竞争对手了，日企带来的“威胁”——也就是“政府与企业合二为一”——已经不再存在了。再次，日本已经不再像过去几十年那样看待“外部压力”了。过去，日本政府中的改革派将“外部压力”作为筹码与改革反对派进行周旋，但是现在“外部压力”已经不起作用了，正如十年前日经公司所说的那样，“政府看起来似乎既不愿意也没有能力制定措施来用他们自己的方法进行改革”。最后，经验已经证明，不必把美国在 TPP 对话中强硬的谈判立场太当回事。在 2012 年年初关于日本能否加入 TPP 谈判的初步协商中，美国就宣布了一项“不批准日本参与 TPP 对话，除非它将包括水稻在内的所有消除关税的条款都纳入谈判议程”的政策，但是随后美国就取消了这项政策。然而，最重要的原因是，在日本参与谈判的过程中，其在贸易和战略方面都给 TPP 带来了非常高的溢价。正如自民党秘书长石破茂所说的那样：“没有日本，TPP 将毫无意义。”

4. 没有日本的 TPP 将毫无意义。对美国来说，日本的参与会增强 TPP 的经济与战略重要性，也有利于 TPP 和中国主导的区域全面经济伙伴关系协定（RCEP）（包括日本，但不包括美国）进行竞争。如果日本缺席，TPP 就会变成美国对抗中国战略游戏中的一个“小动作”，并且也很难帮助美国实现其亚洲“再平衡”目标。因此，将日本驱逐出 TPP 谈判的威胁并不会起作用。最后，日本现在的经济更多的是与亚洲国家联系在一起，而不是美国，虽然 2013 年美国又重新成为日本的第一大出口国（其次是中国），但是日本的主要出口国大部分是亚洲国家，而不是 TPP 国家。基于严格的贸易条款，这些数字往往会削弱美国对日本经济的相对重要性。尽管日本在区域安全方面仍然依赖于美国，但它已经不再是美国的主要出口市场了。

编号：20140829A032

TPP：打开达成更大 APEC 自由贸易协定的大门

Alan Oxley *

原文标题： The TPP：Opening the Door to a Bigger APEC Free Trade Agreement

文章框架： 从两个层面深入分析 TPP 的意义；美国参与 TPP 的意图；分析中国目前的处境；TPP 对澳大利亚的意义。

观点摘要：

1. 跨太平洋伙伴关系协定（TPP）有可能会在今年年底完成谈判，但是，一个更大的覆盖所有 APEC 成员方以及全球 60% 的 GDP 的贸易协定也正在规划中。TPP 对澳大利亚来说非常重要，从简单的层面来看，TPP 是占世界贸易量 40% 的亚太经济体之间制定自由贸易协定的保护伞。从更高的层面来看，TPP 正在为占世界贸易量 60% 的所有 APEC（政府间的亚太经济合作组织）成员方在未来制定自由贸易协定奠定基石，而 APEC 成员方目前也正在考虑制定更多的自贸协定。

2. 一些亚洲国家，尤其是中国，最初对 TPP 存在敌视情绪。奥马巴政府有很长一段时间将精力投入中东地区，在此之后，它开始重新参与亚太事务，而 TPP 就是奥巴马政府“重返亚洲”战略的一个重要组成部分。毫无疑问，中国的领导人及其人民军队已经意识到了美国的“黑色意图”，而美国也开始振兴其在西太平洋的军事力量。从美国政府接受 TPP 的那一刻开始，它看起来就像在二十一个 APEC 成员方之间制定更大自由协定的一个辅助工具。六个 TPP 参与国已经与美国签署了一系列双边自贸协定，其他国家也深知要想与美国签订自贸协定必然会经过艰苦的谈判，这些国家包括文莱、日本、马来西亚、新西兰和越南。在日本加入之前，TPP 一直是一个以美国为中心的覆盖面较小的自贸协定，而日本加入之后，TPP 成员国的经济总量覆盖了全球 GDP 的 40%，并且囊括了全球三分之二的大型经济体，中国新上任的国家主席习近平也表示了对参与 TPP 的兴趣。

3. 中国的利益是什么？中国需要继续修复其金融体系，它背负着巨额的债务而

---

* Alan Oxley，皇家墨尔本理工大学 APEC 研究中心主席。来源：国际事务澳大利亚研究所（澳大利亚智库），2015 年 7 月 1 日。

且需要实现现代化。人们普遍认为，习近平政府看到了一个机会，即利用主要的国际贸易协定来推进国内的经济改革。北京加入 TPP 的兴趣被礼貌地回绝了，TPP 委员会认为北京还没有做好准备，这的确是真的。更重要的是，奥巴马政府知道，美国国会现在要处理的事情太多了。在 TPP 之上构建一个更广泛的 APEC 自贸协定至少还需要十年，但其带来的效果将是巨大的，包括创造全球 60% 的 GDP。

4. 从 TPP 的地缘政治意义上看，它不是建立在外交友好的基础上，而是建立在通过贸易和投资来促进经济增长、实现共同利益这一基础之上。总体而言，亚太经济体的商品贸易关税普遍较低，如今促进经济增长的战略需要打破投资和服务壁垒，这有望为澳大利亚企业拓展区域市场提供非常重要的机会。有人认为，TPP 将会对公共健康管理造成不利影响，将澳大利亚的工业暴露给外国投资者，破坏知识产权并且阻碍澳大利亚对本土企业进行保护。其实这些担忧都被放大了，这些问题可以，也需要经过探讨，但是绝不能让这些问题影响大局。TPP 以及它所包括的内容是澳大利亚 21 世纪在亚太地区繁荣发展的基础。

编号：20150710A032

跨太平洋伙伴关系协定和透明度

Clancy Wright *

原文标题： The TPP and Transparency

文章框架： 分析贸易政策与政治的关系；TPP 对民主与贸易的影响；TPP 对贸易立法的影响；澳大利亚政府内部对 TPP 的态度。

观点摘要：

1. 我们的民主是建立在选民和选举产生的政治家的关系之上的，而这种民主最基本的前提是一些选举所需要的条件，包括承诺、价值观、政策和意识形态，这些都是组成这一选举平台的基石。但也有一些例外。选民与政治家的这种关系要想长久首先必须满足两个基本条件——实行问责制和保持透明度。问责制是通过独立的司法体系和定期的选举来实现的，透明度是用一种既方便又准确的方式来保证大众的政治、决策、管理活动和过程的公开性与可见性。如果没有透明度，我们就不能向政治家问责，没有透明度我们的民主系统就是不负责任的。很少有人能够理解贸易政策，也不屑于去理解，甚至很少有政治家能够既懂贸易政策又能以一种有趣易懂的方式来与其选民交流贸易政策问题。这就意味着我们从事国际贸易的能力严重不足，并且在贸易政策的问题上对政治家实行问责的能力也非常有限。

2. 跨太平洋伙伴关系协定（TPP）涉及十二个国家，覆盖全球经济总量的 40%，是世界上最大的贸易协定，保密级别也是前所未有的，并且将会改变澳大利亚民主的基础。目前我们了解到的大部分关于 TPP 的内容都是来自维基解密所发布的一些有争议的细节，这些细节内容会削弱主权国家的立法权以及对金融、成本、药品准入、劳工权利、环境和食品安全的监督。最有争议的是，TPP 将引入投资者 - 国家争端解决机制，这一机制远远超越其他争端解决机制，如果跨国公司认为其所在国损害到自己的利益，它将能够起诉 TPP 成员国。无论澳大利亚法院做出何种决定，外国法院都有权对澳大利亚政府的政策及行为的合法性进行裁决，并且对

* Clancy Wright，国际关系专业硕士，政治分析家和战略顾问。来源：国际事务澳大利亚研究所（澳大利亚智库），2015 年 7 月 13 日。

纳税人进行巨额的经济处罚。想象一下食品制造商对澳大利亚政府关于食品安全与健康问题的法律的起诉，酒精公司对澳大利亚政府关于广告改革的起诉，或者，像德国一样，能源公司对政府的环境法进行起诉。2011 年，由于德国推进包括燃煤电厂提案在内的严格立法，瑞典最大的能源公司大瀑布电力公司（Vattenfall）向德国索赔近 14 亿欧元，该公司最终胜诉，德国也最终取消了这项法律。

3. 美国企业的实力可以从其在加拿大的现状来说明，加拿大在加入北美自由贸易协定（NAFTA）的同时也想加入投资者－国家争端解决机制协定，以此来保护加拿大的投资者不会受到墨西哥司法腐败的影响。然而，自北美自由贸易协定开始生效后，加拿大已经被起诉了将近 20 次，并被迫支付美国公司约 1.58 亿美元的赔偿。澳大利亚最近正与跨国公司菲利普·莫里斯（公司总部设于美国，主要经营烟草食品）对簿公堂，该公司利用 1993 年中国香港和澳大利亚之间签订的一个非常模糊的协议来挑战澳大利亚关于香烟普通包装的立法。这次诉讼已经花费了澳大利亚纳税人数百万美元，并且如果菲利普·莫里斯公司胜诉，那么澳大利亚公司可能还需要支付数百万美元的赔偿金同时撤销香烟普通包装的立法。这实际上意味着该公司成功改写了澳大利亚关于香烟包装的法律。民主的警钟现在应该敲响了。

4. 不出所料，十二个国家都出现了反对 TPP 的声音，贸易联盟、环保人士、消费者权益保护机构、卫生机构和一系列其他民间团体都呼吁政府提高透明度，并且停止谈判，除非展开更广泛的检查。美国著名评论家、经济学家和诺贝尔经济学奖获得者约瑟夫·斯蒂格利茨说：“TPP 对普通民众来说毫无意义，它受美国大型跨国企业的需求与利益驱动。”在未来几周澳大利亚议会将会对 TPP 展开讨论，并且政治家们将会就支持还是反对 TPP 进行投票。然而，投票会有一个例外，这次没有辩论，没有修改。

编号：20150713A032

有关生物制剂的斗争如何拖延跨太平洋伙伴关系协定

Deborah Gleeson； Ruth Lopert *

原文标题： How the Battle Over Biologics Helped Stall the Trans Pacific Partnership

文章框架： 跨太平洋伙伴关系协定面临的关键问题；澳大利亚在药品知识产权保护上面临着巨大的国内压力；阐述数据专属权的概念并分析其意义；美国对药品知识产权保护的态度；促进生物制剂斗争这一问题解决的三个要点；药品知识产权保护是推动 TPP 向前发展的关键。

观点摘要：

1. 跨太平洋伙伴关系协定（TPP）是会夭折还是十二个成员国最终会就这个历史上最大的贸易协定达成共识？上周的夏威夷会议上所争论的焦点集中在药物的知识产权问题，但这次对话并没有达成任何最终协定。在过去的五年里，十二个国家——澳大利亚、文莱、加拿大、智利、日本、马来西亚、墨西哥、新西兰、秘鲁、新加坡、美国和越南参与到协定的最终文本的谈判中来。尽管有挫折，但是各方会在今年 8 月将所有遗留问题分类解决。

2. 在 2016 年加拿大和美国的大选结束之后，对贸易协定的文本进行进一步的磋商并达成协议成为可能，而谈判者试图解决的最令人紧张的问题之一是药物知识产权的保护问题。在过去的五周里，澳大利亚政府违背了其多次强调的不会加入任何破坏药物福利计划或者提高澳大利亚药物成本的协定的承诺，因此贸易部部长安德鲁·罗布承受着巨大压力。

3. 数据专属权。药物方面的一个关键问题是应该给被称为生物制剂的药物的数据多长的保护期。生物制剂是从活的生物体当中提取的，包括许多新的和非常昂贵的抗癌药物，比如 Keytruda（突破性地治疗晚期黑素瘤的使用药）。如果没有药物福

---

* Deborah Gleeson，拉筹伯大学公共卫生学讲师。

Ruth Lopert，美国乔治·华盛顿大学卫生政策与管理系兼职教授。

来源：国际事务澳大利亚研究所（澳大利亚智库），2015 年 8 月 6 日。

利计划小组的补贴，那么用 Keytruda 治疗一个患者每年要花费的金额是 15 万澳元。数据专属权是指保护提交给监管机构的临床试验数据不被竞争对手所使用，这是对专利另一种类型的垄断保护。每一种产品的背后都有一份数据专属权，后续的生产同类更便宜药物的制造商不能依赖于原始数据。澳大利亚的《疗效产品法》第 25 条规定所有药物只有五年的数据专属权，在这一点上生物制剂和其他药物没有区别，数据专属权提供了一种不同于专利保护权的绝对垄断形式，它不能在法庭上被取消或被挑战。

4. 十二年来，美国强大的生物制药业游说团体一直在寻找生物制剂的市场专属权。面对来自其他国家的强烈反对，美国的贸易代表又退回到八年前的状态。虽然这表明美国变得更加“灵活”，但事实上，大多数 TPP 成员国都明显加强了对知识产权问题的关注与研究。迄今为止，澳大利亚代表团一直在明确地坚持着自己的立场——知识产权问题不能越过本国法律。在谈判破裂的前几天，澳大利亚贸易部部长在接受美国广播公司（ABC）国家电台的采访时暗示说：“我没看到有接受延长生物制剂垄断专属权的趋势。”

5. 有三个要点可能会促进这一问题的解决：第一是增加垄断的成本，在短期内，这些成本可能会达到数亿美元，并且在长时期内这种成本可能会提高，并最终导致生物制剂被抛弃；第二是加强澳大利亚各方对延长药物垄断期的政治上的反对程度，延长数据专属权的期限需要修改《疗效产品法》——这样的话就会引起工党、绿党以及许多独立党派的强烈反对；第三是对于进入美国市场的讨论进程没有实质性进展，据报道，美国只象征性地允许食糖进入美国市场，并且收回了之前允许乳制品进入美国市场的决定，这会迫使澳大利亚在谈判中持更为强硬的立场。

6. 对任何一个 TPP 成员国来说，八年的数据专属权都不会成为一个有吸引力的条款，但日本和加拿大已经明确接受了这一条款。最近，由于在签订了这项协议之后，新西兰的药物成本必然会上涨，因为其贸易部部长面临着国内民众的愤怒情绪，新西兰的反对党——工党也宣称将不会支持这项增加药物成本的协定。美国的立场本身就是矛盾的，为了加快可替代的便宜药物的实用性并在未来十年内节约 160 亿美元，奥巴马政府一直试图将生物制剂的专属垄断权减至七年。

编号：20150806A032

中国参与跨太平洋伙伴关系协定*

原文标题： China's Participation in the Trans – Pacific Partnership

文章框架： TPP 的现状；中国加入 TPP 的利与弊。

观点摘要：

1. 跨太平洋伙伴关系协定（TPP）的定位是一个能够进一步加强经济一体化的高质量的贸易协定。在亚太地区，目前参与 TPP 谈判的国家包括澳大利亚、文莱、智利、马来西亚、新西兰、秘鲁、新加坡、美国和越南，并且墨西哥和加拿大很快也要加入谈判中来。日本也已经表达了想要加入的意愿，但是到目前为止它还没有提出合理的战略理由来说服其他国家。7 月 2 日，各方在圣地亚哥拉开了第 13 轮谈判的序幕，美国和其他国家希望能在确定未来亚太地区贸易和商业活动规则的问题上取得突破。然而，作为全球经济增长的主要引擎的中国缺席谈判，引出了 TPP 是否能够成功的疑问。TPP 的目的是把亚太地区连接起来，并且促使亚太各国经济关系更加稳定牢固。TPP 面临的核心战略挑战涉及是否授予中国成员国身份。

2. 任何涉及亚太地区的大型贸易政策都是至关重要的，比如 TPP，如果包括中国，那么其将会变成另一套围绕中国创建的规则。但是中国可以加入吗？应该加入吗？TPP 最大的风险在于政治方面：它有可能会从战略上将其成员国分成两个区域，并且中国不属于任何一方。TPP 已经变成了一个在很大程度上由华盛顿主导的协定，这意味着如果中国接受了跨太平洋伙伴关系协定，那么它就自动归入了美国主导的阵营。

编号：20130415A037

* 来源：发展政策中心（澳大利亚智库），2013 年 4 月 15 日。

亚洲贸易战略：合还是分？

Shiro Armstongis *

原文标题： Will Asian Trade Strategies Unite or Divide?

文章框架： 21 世纪全球贸易的现状以及发展趋势；RCEP 形成的背景以及目前形势下的发展趋势；对 RCEP 发展提出的建议。

观点摘要：

1. 无论我们喜欢与否，自由贸易协定充其量只是国际贸易进一步自由化方案的一部分，而且亚太地区重叠的自贸协定已经导致了“面碗效应”。目前，我们有跨太平洋伙伴关系协定（TPP）和区域全面经济伙伴关系协定（RCEP）：大型区域协定已经开始试图处理“面碗”问题，而且有望在这种贸易协定所产生的新问题中确定前进的方向。十二个亚太地区成员国参与 TPP 谈判并试图建立能反映 21 世纪商业和贸易交流现状的规则，包括在知识产权、数据流动以及劳动力和环境等领域设立高标准的交易规则。参加谈判的成员国包括澳大利亚、日本、马来西亚、墨西哥、新西兰、新加坡、美国和越南。

2. 区域全面经济伙伴关系（RCEP）包括东盟成员国和六个自贸协定伙伴，即中国、日本、韩国、澳大利亚、新西兰和印度。RCEP 是由东盟“10 + 1”协定演化而来的，起点似乎很高，可是将其真正转化为 RCEP 并巩固与协调这些国家的贸易却很困难，其难度可能远远超过重新建立一个区域经济伙伴关系。TPP 和 RCEP 或许会结束早前全球贸易系统中存在的混乱重复的现象，并且可以为许多区域贸易协定带来一定的连贯性，或者通过往“碗里”增加更多的“面条”来破坏它。为了实现前一个效果，这两个协定需要不断补充完善并且不拘泥于现状，吸收外界的精华——这意味着它们要减少对非成员国的歧视并且更加开放地吸收新成员。最坏的情况就是这两个协议互相竞争和排斥，并且没有纳入相同的成员。很明显，中国加入 TPP 的难度非常大，而且美国国会也不会轻易考虑加入 RCEP。

---

* Shiro Armstongis，东亚论坛研究员与联合编辑，研究领域包括国际经济、国际金融和亚太地区的政府和政治。来源：发展政策中心（澳大利亚智库），2013 年 9 月 16 日。

3. 这两个协定在具体执行方法以及制定过程上有着明显的差别，其可能产生的结果也非常不同。TPP 已经完成了 19 轮谈判，并且为了在一些领域达成高标准的协议而允许进行单边承诺或双边协定。相比而言，RCEP 的指导原则有很大的弹性，它允许发展中国家达成特殊的或不同的协定，同时 RCEP 也瞄准了制定高标准协定，但总的来说还处在初级阶段。RCEP 的第二轮谈判将会在 9 月 23 日至 27 日于布里斯班举行。RCEP 谈判计划于 2015 年完成，并且 TPP 也正计划在今年年底推出一项更加雄心勃勃的措施。考虑到这两个大型区域协定的规模与重要性，它们需要推出有生命力的方案，包括超越它们原始的倡议。

4. “灵活性”是 RCEP 的灵魂，它允许通过不同的方法来达到相同的目标，同时也照顾欠发达成员国的利益。但是如果它限制进一步的自由化，那么这就变成了一个缺陷。专家圆桌会议已经提议将每一个东盟“10 + 1”自贸区都纳入东盟经济共同体，从而形成一种更简洁、高效的谈判战略模式。这将使 RCEP 到 2025 年年底成为一个真正有约束力、有生命力的贸易协定，它可以采用东盟经济共同体（AEC）的四个核心目标：形成单一市场和生产基地、形成竞争激烈的经济区、形成经济公平发展的区域和形成完全融入全球经济的区域。RCEP 的其他六个成员国也可以行动起来为实现这些目标做出贡献。

编号：20130916A037

谁来叫板？亚洲应该向贸易议程决斗

Kyla Tienhaara*

原文标题： Who Calls the Tune? Asia Has to Dance to Duelling Trade Agendas

文章框架： 分析澳大利亚十年来在贸易协定问题上的动态；分析 TPP 与 RCEP 的实质及其背后的原因；分析美国过去十五年来在亚洲的经济政策方面面临的问题；分析中国过去十五年来在亚洲的经济政策方面面临的问题；阐述 TPP 和 RCEP 发展的新阶段；预测未来中美两国的得失。

观点摘要：

1. 自十年前美国和澳大利亚签署自由贸易协定以来，澳大利亚就一直致力于参加跨太平洋伙伴关系协定（TPP）有争议的新谈判。我们可以回顾一下在进行这些谈判的过程中澳大利亚的贸易政策，以及以现在的立场来看一下这些有重要意义的贸易协定。这十年中，阿博特政府分别与日本、韩国和中国签订了一系列双边贸易协定，在这些贸易协定中，规模最大的一项就是跨太平洋伙伴关系协定（TPP）。TPP 共有十二个国家参与：智利、新西兰、新加坡、文莱、美国、马来西亚、秘鲁、越南、加拿大、墨西哥、日本和澳大利亚。同时，澳大利亚也与日本、中国、韩国、印度、新西兰以及十个东盟国家参与了关于区域全面经济伙伴关系协定（RCEP）的谈判。对许多国家来说，这都是一个好的趋势，澳大利亚三分之二的贸易协定都是与亚太地区的国家签订的，并且澳大利亚还参与了一系列的论坛和各种对话。似乎早在 20 世纪 90 年代初的时候，澳大利亚这种害怕被排除在亚洲市场之外的担心就开始显现。

2. 但是澳大利亚天真地忽视了更多与 TPP 相关的事情。关于 TPP 和 RCEP 最关键的部分就是它们分别将两个世界上最大的经济体排除在外：中国没有参加 TPP 对话，美国没有参加 RCEP 谈判，因此，我们可以明确看出 TPP 和 RCEP 的意义不仅在于自由贸易和友好协定。作为贸易议程，TPP 和 RCEP 已经变成华盛顿和北京日

* Kyla Tienhaara，澳大利亚国立大学监督机构研究员。来源：发展政策中心（澳大利亚智库），2015 年 3 月 26 日。

益加剧的战略竞争的主要工具。对火眼金睛的经济学家来说，TPP 和 RCEP 的非经济层面的目标非常明显。除了日本以外，加入 TPP 谈判的国家没有一个是美国的重要贸易伙伴，并且十二个成员中有六个已经与美国签订过贸易协定。而对于 RCEP，贸易经济学家指出亚太各国之间现有贸易协定的利用率非常低，这就意味着很少有企业能够享受到亚太地区这些贸易协定的各种优惠政策。

3. 如果 TPP 和 RCEP 在经济层面的优势并不显著，那么这些国家为什么要付出这么多外交代价来推动 TPP 和 RCEP 谈判呢？让我们来看一下两个主导者——美国和中国——的谈判策略以及这一地区更广泛的地缘政治动态，这些都表明 TPP 和 RCEP 是一场华盛顿和北京之间越过地域经济规则的高风险竞赛的一部分。过去十五年来，美国在亚洲的政策一直面临的问题是如何整合这一地区迅速崛起的大国——尤其是中国，将其纳入亚太既定的规则中去，在这一点上，华盛顿并不是唯一，西太平洋的东道国——澳大利亚也希望从中国的经济活力中获益，但是又担心中国的崛起会打破亚太地区稳定繁荣的秩序。也就是说，它们都欢迎这些正在崛起的大国加入区域组织中来，并且愿意转变有代表性的和有决策性的框架，以符合这些大国的利益，同时向其展示自己从现有协定中获得的利益，这些都有助于将这些崛起中的大国从一个局外人变成现行规则与秩序的拥护者。到 2010 年左右，美国、澳大利亚和其他国家都越来越明确一个事实，那就是它们的拉拢策略并没有奏效，中国在南海和东海投入的力量越来越多，政策制定者们开始意识到这项政策或许恰好起到了反作用：北京加入了所有的亚太区域组织，并且利用它们转移自身非常独断的决策所面临的压力。

4. 同样的，在过去的十五年中，中国主要面临的问题一直是如何在保留现存秩序和规则的情况下不断获取利益，中国相信改变现行规则和秩序会破坏亚太地区的稳定与繁荣，也是对其自认为作为世界大国的一种侮辱。中国最开始采取的策略是选择加入亚太区域组织，获取更大的发言权，并且以自身的影响力来阻止或破坏与自身意见相左的决定。但是在 2010 年左右，中国也意识到这一策略的局限性，因为它并没有满足北京想要这些规则能与其经济发展速度与地位提升相适应的愿望。

5. TPP 和 RCEP 分别代表了中美两国在亚洲竞争的新阶段。美国总统奥巴马的 TPP 被描述成一个“高品质”的贸易协定，因为它包括了针对“边境后”贸易保护行为的措施，也包括具有高度争议性的问题，例如知识产权、政府采购、投资争端解决和劳动力与环境标准。TPP 的推动者认为赢家存在于新的全球经济中，广泛分布在制造业和服务业之中，并且是那些能够识别出像 TPP 这样具有“黄金标准”的贸易协定的国家。美国坚持认为 TPP 是亚太繁荣的基本保障，亚太繁荣的具体表现是：平衡和稳定的经济增长、动态的和综合性的贸易系统以及由美国保卫并支撑的稳定安全的地区环境。

6. 中美两国都下了如此高的赌注，如果华盛顿在 TPP 问题上的野心过大，那么这将是一个无法完成的协议，它将变成奥巴马亚洲“再平衡”战略中的一个重大挫折。最关键的国家是日本，没有东京的话，TPP 将更加缺乏说服力。如果北京在 RECP 问题上太难做出折中选择，那么 TPP 仍然对亚洲其他经济体充满诱惑力。到最后一个重要经济体也加入 TPP 的时候就是北京噩梦的开始。

编号：20140420A037

TPP中保障内容将不能保证我们不受ISDS的危害

Kyla Tienhaara*

原文标题： These TPP Safeguards Won't Protect U. S. From ISDS

文章框架： 阐述TPP和ISDS之间存在的矛盾；分析TPP可能存在的漏洞；提出一种更好的方式。

观点摘要：

1. 如果澳大利亚想要受投资者－国家争端解决机制（ISDS）的保护，那么就必须完全拒绝加入跨太平洋伙伴关系协定（TPP）。在澳大利亚国内以及海外都开始出现越来越多的呼声，要求在TPP的谈判中增加透明度。今天维基解密对这个有争议的协定中关于投资的章节发布了一份新的草案。该草案确认澳大利亚对ISDS的作用仍然不甚明了：阿博特政府似乎还没有同意通过ISDS，但是也没有明确表示拒绝。这与澳大利亚贸易部部长安德鲁·罗布最近发表的声明是一致的。鉴于这种持续的不确定性的存在，对该章节的具体细节进行反复审议是有必要的，尤其是所谓的“保障”的内容。

2. 每个人都在追问：在TPP规定的框架下，澳大利亚是否能够再一次承受像“菲利普·莫里斯普通包装纠纷”一案带来的打击呢？这是针对TPP提出的一个非常典型的质疑。仔细研读该草案就会发现，TPP中关于投资的内容远胜过20世纪80年代和90年代的双边投资协定（BITs），不能说是“保护”国内的监督权。这些章节的内容很大程度上沿用了已经被证明对阻止投资者挑战环境法没有什么作用的美国模式。另外一个条款是非歧视性的公共措施将不再被认为是一个“在极少数情况下”的例外，这样就为投资者及其律师打开了一扇大门，他们会争辩说，自己的投资就是属于这样一种“极少数的情况”。

3. 事实上，我们可以寻求一种更好的方式，比如，土耳其签署的一些双边投资条约，是以东非和南非共同市场（COMESA）为基准的协议。印度在2015年的双边

---

* Kyla Tienhaara，澳大利亚国立大学监督机构研究员。来源：发展政策中心（澳大利亚智库），2015年3月26日。

投资条约草案中很简单明了地陈述了非歧视性监管措施。ISDS 案例也是针对加拿大政府的，这正好体现了 TPP 的“公平与公正对待”的原则与标准。在克莱顿案例（以北美自由贸易协定为基准）中，仲裁法庭认为不独立的环境审查将会影响审查小组的决定，这就违反了协定的原则与标准。在这种情况下，奖励机制就变得特别重要，因为 TPP 对“公平与公正对待”标准的“保障”同国际惯例和国际法律相一致。这种“保障”存在于北美自由贸易协定的背景下，但是仲裁法庭发现这一领域的国际法律已经过时了。

4. 2015 年印度的双边贸易草案也是值得注意的，因为它不包括任何有关最惠国待遇的条款。这个草案已经被视为可能为投资者要求在其他双边草案中要求更好的待遇打开了一扇窗。因此，任何对“无保障”的渲染都是没有用的。TPP 包括了针对投资者的“保障”更严格的程序标准。如果 ISDS 能够被融入美国和欧盟的跨太平洋贸易与投资伙伴关系协定中，那么将会消除一部分公众的质疑，并且这种“保障”也很有可能会更加“高端先进”。印度的双边协议草案表明其他国家正在逐渐远离美国模式。尽管言行不一，但阿博特政府也并不认为现行的保障措施将会起作用，如果真的是这样，那么澳大利亚的谈判者将要寻求特殊的针对卫生政策的保护，以使其不受 ISDS 的威胁。

编号：20150326A037

从财政前景看 TPP 的缺点*

原文标题： Treasury Prospect Sees TPP's Downside

文章框架： 澳大利亚政府对双边与多边贸易协定的态度；澳大利亚在多边贸易谈判以及主持布里斯班二十国集团峰会期间遇到的问题；对澳大利亚在参与 TPP 问题的建议。

观点摘要：

1. 麦克·卡拉汉认为像跨太平洋伙伴关系协定（TPP）这样的区域和双边贸易协定是带有歧视性的，特别是针对那些常常被排除在贸易协定之外的贫穷国家。在贫穷国家，贸易是任何人都感兴趣的“拉动就业和发展”的动力，并且发展中国家“应该担心自己进入多边贸易体系的能力”。澳大利亚新上任的贸易部部长安德鲁·罗布上周表示：“当前的多哈回合多边贸易谈判基本上处于停滞状态，阿博特政府将优先考虑 TPP 以及与中国、韩国和日本已经停滞的双边贸易协定。在澳大利亚国内推动 TPP 是一件非常不容易的事，但我们得把时间花在落实与这些国家的双边贸易协定上，我们因此受到了一些邻国的攻击。”罗布计划本周末访问印度尼西亚，在此之前他必须先得到内阁关于每一项双边与多边贸易协定的授权。我们能看到的最好、最快速的贸易增长方式以及贸易和投资机会就是通过完善这些双边贸易协定来实现的。但是这并不会阻止我们继续参与多边贸易协定的谈判。

2. 二十国集团领导人峰会。卡拉汉表示，最近在俄罗斯举行的 G20 峰会的公告表达了对多边贸易协定体系的支持，但这种支持没有转化为实际行动。澳大利亚主持下届在布里斯班举行的二十国集团峰会的时候“也许同样无法逃脱”这一状况。澳大利亚一直是多边贸易体系的坚定支持者，因此在主持这一峰会的时候应该“拿出一点领导气势来”。像 TPP 以及美国与欧盟签署的跨大西洋贸易与投资伙伴关系协定（TTIP）这样的区域贸易协定都涉及“歧视所有的新兴市场和发展中国家”的内容。卡拉汉在周一批评这种所谓的“优惠贸易协定”并没有考虑到双边协定与 TPP 意见不合的事实。

---

* 来源：洛伊国际政策研究所（澳大利亚智库），2013 年 9 月 24 日。

3. 参与 TPP 的国家有包括美国、澳大利亚、加拿大、新加坡、韩国、智利和日本等在内的十二个国家，最近北京方面暗示可能会放松对 TPP 故意将中国排除在外的动机的怀疑。卡拉汉说，这样的协定体现出在多边领域并没有什么进步，并且多边协定必须经过精心设计，才能重振那些濒临崩溃的多边贸易谈判。我们应该认真制定这些区域贸易协定的规则，以使其朝着多边贸易自由化的方向发展，成为真正的不排他的模块化贸易体系。卡拉汉表示，在 12 月于巴厘岛举行的多哈回合贸易部部长会议可能会出现进展和突破，但是每个人都清楚这些进展和突破将是行不通的。在澳大利亚主持二十国集团峰会的时候，它将不得不面对多边贸易体系“何去何从”的问题。

编号：20130924A040

国会、中期选举和 TPP*

原文标题： Congress，Midterms and the TPP

文章框架： 对美国中期选举和 TPP 关系的总体分析；国会与美国各方对 TPP 的态度；分析贸易促进授权的作用；呼吁奥巴马尽快解决 TPP 问题。

观点摘要：

1. 美国的中期选举将会在 2014 年 11 月 4 日举行，民意调查显示，共和党很有可能在大选中获胜。奥巴马总统下一步的重点将会放在跨太平洋伙伴关系协定（TPP）上，并且白宫方面表示，TPP 是亚洲“再平衡”战略在经济领域的关键一环，并且会受这次选举结果的直接影响。共和党目前的优势可能正好为奥巴马政府最终能够加入 TPP 提供了一个机会。

2. 奥巴马总统在 2014 年 1 月 28 日递交了国情咨文，作为奥巴马外交政策遗产的重要一部分，亚洲“再平衡”战略或多或少都受到两党的共同支持，国会也明白这一战略的重要性，虽然时不时地会有消息说它将被别的战略方案所取代。然而，自由贸易政策并没有吸引两党的广泛支持，更加复杂的是，国会若批准自由贸易政策就需要批准贸易协定，共和党历来都是支持自由贸易的，而民主党则反对自由贸易。当谈判开始升温时，大部分组织有序并实力雄厚的利益集团都开始有针对性地给国会成员施加压力。因此，在美国，对于贸易政策的辩论往往比在澳大利亚这个两党已经达成广泛共识的国家引起更多的矛盾，尽管最近皮尤研究中心的一项民意调查显示大多数美国人支持自由贸易（即使他们和别的一些国家一样对此并不乐观）。澳大利亚和美国在 TPP 问题上的讨论还有一个明显的区别：在美国，经济方面的考虑只是其广泛支持自由贸易的原因的一部分，美国政府的各个部门都将 TPP 看作是白宫巩固其在亚太地区经济控制力的一个重要的地缘政治措施，而华盛顿的外交政策界普遍认为“再平衡”战略与 TPP 有严重冲突。所有这些不利因素都汇合在一起，意味着 TPP 处在一个在美国外交政策和国内选民政治之间一个让人不舒服的位置。甚至了解“再平衡”战略地缘政治驱动力的国会议员很可能不会为他们所

---

* 来源：洛伊国际政策研究所（澳大利亚智库），2014 年 10 月 31 日。

认为的美国国家利益投票。奥巴马总统还没有享受到与国会的特殊友好关系就因为自己在 TPP 问题上的所作所为而受到了广泛的批评。有一个很尖锐的批评者说："作为一个将亚洲'再平衡'战略作为自己外交政策核心的总统，奥巴马根本就不愿意花政治成本去实现它。"

3. 美国的立法程序通常需要国会通过总统贸易促进授权，也就是我们通常所说的"快速审批权"，这赋予总统在最终的投票决议中有权决定"是"或者"否"。贸易促进权的授予宜早不宜迟，因为这会给 TPP 成员国吃一颗定心丸并使其信心大增。但是奥巴马至今还没有获得贸易促进授权，有评论家分析认为，他可能会直接向国会提交 TPP 法案。或许，令人鼓舞的是，共和党的温和派与保守派的潜在候选人都强调要在中期选举之后与奥巴马商讨自由贸易的问题。这将给共和党人一个表明他们有着积极的行动并且已经准备好执政的机会。

4. 中期选举之后谁将是下一届的执政党就会变得清晰了，无论奥巴马是否会使出浑身解数来完成其包括 TPP 和亚洲"再平衡"战略在内的外交政策，乐观者都希望奥巴马能够尽快向国会申请贸易促进授权。即使澳大利亚最终将 TPP 看作是亚洲"再平衡"战略的关键一环，但奥巴马花费五年的时间来说服美国国会都是一件不光彩的事情。

编号：20141031A040

纸牌屋：国会会授予奥巴马 TPP“快速通道”权利吗？*

原文标题：House of Cards：Will Congress Fast – Track Obama's Trans – Pacific Partnership?

文章框架：TPP问题在美国国内面临的现状；共和党与民主党在TPP“快速通道”授权问题上的态度；分析美国国内各方对TPP问题的态度；预测TPP“快速通道”授权问题的前景并提出建议。

观点摘要：

1. 跨太平洋伙伴关系协定（TPP）是一个纸牌屋，这个宏大的贸易协定横跨了整个太平洋并且涵盖了20个议题。TPP也是这周举行的亚洲峰会的讨论主题，但是其命运将取决于美国国内两党残酷的政治斗争的结果。奥巴马总统需要国会通过贸易促进授权来保证关于TPP的决议能够通过。然而，他现在依然面临着国会中民主党和一些共和党议员的反对。TPP问题现在已经由于两党的政治斗争而陷入僵局，并且共和党的中期选举使其面临更加复杂的情况。

2. 奥巴马也一直试图鼓励这个由共和党领导的新国会与他并肩作战：“我非常渴望与新国会合作来尽可能地在未来两年做出一点成绩来，我绝对保证无论对方是民主党人还是共和党人，只要他们为美国人民谋利，我都将尊重他们并与其并肩作战。”奥巴马将依靠一个共和党国会，而这个国会很讨厌奥巴马那种为了赢得各方对TPP的支持而一直保持的激情。但是共和党参议院多数党领袖麦康奈尔已经强调其将与奥巴马在贸易协定的问题上进行合作：“恰好在我来这之前我与总统就探讨过这个问题，大多数民主党人对国际贸易缺乏热情，而我们认为国际贸易对美国是有利的。我认为总统会继续向前推进这个议程，我们也急于详细了解该协定的内容。”

3. 其他人，比如共和党参议员奥林哈奇已经提出，应该对贸易促进授权制定新的监督机制，以此来促使贸易协定全面及有效地实施。他解释说：“我们的国家作

---

* 来源：洛伊国际政策研究所（澳大利亚智库），2014年11月11日。

为一个整体，要通过拆除贸易壁垒来赢得这场战争。”他还坚持说：“如果我们不拆除这些贸易壁垒，那么美国的就业情况就会受到威胁，因为我们的国际盟友们每天都在努力降低自己国家的失业率。”在澳大利亚的美国商会会长尼尔斯·马夸特非常乐观地认为由共和党领导的国会将会支持 TPP，他在接受《澳大利亚金融评论报》采访的时候说：“总体而言，共和党支持自由贸易的立场更加明确。国会故意阻挠总统议程的举动已经非常明显了，但是我认为，进入 2016 年之后，他们将会给总统颁发一个最大的奖，因为两党都想证明自己的执政能力，并且希望 TPP 是他们能够做主的事情之一。”

4. 这样的分析太过简单化，当然会有一方（和大企业以及美国商会有关的）是支持 TPP 的，但是共和党内部在这个问题上也是有不少分歧和矛盾的。在美国公民和社会团体中有评论说：“共和党执掌参议院可能会削弱奥巴马在其任期结束之前或者 TPP 谈判结束之前将其落实的机会。很明显，共和党执掌的参议院并不想给予奥巴马更多权力，特别是共和党一直攻击他是独霸立法权的‘独裁总统’。”茶党（发端于 1773 年美国东北部的波士顿，是革命的代名词）激进分子不仅反对 TPP“快速通道”授权本身，而且也反对授权给奥巴马。使政局变得更糟糕的是众议院的共和党议员们知道即使共和党的投票对于 TPP“快速通道”授权的通过会有所帮助，但是由于几乎没有民主党人会投票给自己的总统，因此，未来在贸易协定方面出现任何问题都要由共和党独自承担。全球贸易观察办事处主任洛瑞瓦拉赫表示：“这是共和党内部华尔街与缅因街的分裂。”然而，更加保守也更加温和的民主党却反对“快速通道”授权。

5. 目前仍然有几个有影响力的共和党智库，比如卡托研究所，在关注包括 TPP 在内的投资者与国家之间争端的解决方案。共和党内自由市场和自由企业的捍卫者都怀疑企业的特权被给予了外国投资者。上个月，TPP 部长级会议在悉尼举行，在会议结束时，美国贸易部部长发表了逻辑清晰且内容明确的官方讲话，他指出：“我们已经做了大量的工作，展望未来，还需要大家不断关注‘需要做什么’，而不是‘什么时候做’。我们必须确保目标的实现，这样就可以使大部分人从该协定中受益，而不只是一小部分人。”在 TPP“快速通道”授权的问题上依然有很多人持反对态度，工会、环保主义者、公共健康倡导者和数字版权的斗士已经联合起来进行反对。奥巴马总统需要拥有像神话中佛兰克·安德伍德那样的政治智慧和能力，美国国会才会授予 TPP“快速通道”权利，否则，TPP 就会像纸牌屋一样很快倒塌。

编号：20141111A040

跨太平洋伙伴关系协定对澳大利亚是好事吗？*

原文标题： Will the Trans – Pacific Partnership Be a Good Deal for Australia?

文章框架： 分析当今世界贸易环境以及多边和双边协议产生的背景；分析 TPP 模式以及澳大利亚与 TPP 的关系；分析 TPP 对澳大利亚的利与弊。

观点摘要：

1. 跨太平洋伙伴关系协定（TPP）已经接近成功与失败的十字路口，它既不会在短时间内得到美国国会的支持，也不会马上失去势头从而被弃置一旁。因此，非常令人惊讶的是，澳大利亚从未有过对 TPP 重要影响的公开辩论。2013 年，在印度尼西亚的巴厘岛举行的亚太经合组织（APEC）领导人会议有对 TPP 的讨论。作为多边贸易中的佼佼者，澳大利亚该如何准备去签署这样一个被公认为逊色于 WTO 的优惠贸易协定呢？最简洁的答案就是：全球贸易的环境已经发生改变，WTO 已经停滞不前。似乎唯一的出路不是加入覆盖面非常有限的多边协定中去就是与经常成为区域伙伴的一小部分国家组成“自愿联盟”。比如目前澳大利亚分别与中国和日本签署了双边自由贸易协定，这都违背了 WTO 的多边精神。出口商们很高兴获得了一个通往新市场的渠道，但是自由贸易协定可能会通过给予其伙伴国以优先权而致使它们仅从最便宜的外国供货商那里进口货物。“自愿联盟”可能会将相关自贸协定捆绑在一起，并且要按照他们的要求使其保持一致。随着越来越多成员的加入，贸易的流动性会越来越小，以区域全面经济伙伴关系协定（RCEP）为基础的东盟就是一个很好的例子。

2. 但是 TPP 代表了一种不同的模式，一种旨在强行为其成员制定一系列统一规则（特别是“边界后”规则）的贸易模式。像 TPP 这样的模式可以有特殊的谈判进程，以此来克服一些双边自贸协定中的不足。“面碗效应”中不同的原产地规则可能会被统一。双边协议中关于贸易的内容可能会被拓宽，包括“边界后”问题，就像 TPP 所面对的那样。还有一些进程不仅没能挽救 WTO 的衰败，也未能阻止更进一步的多边化。我们可以设想如果 TPP 和 RCEP 共同构成了以 APEC 为基础的亚太

---

* 来源：罗伊国际政策研究所（澳大利亚），2015 年 3 月 3 日。

自由贸易区，那样就能克服目前谈判中所面临的一个问题：最大的贸易国——美国和中国——并没有共享同一个协定。因此，随着时间的推移，很容易理解作为关税及贸易总协定（GATT）和 WTO 最有活力的成员之一的澳大利亚为何转而积极参与 RCEP 和 TPP 谈判并寻求签署双边自贸协定。

3. 保持多边贸易协定的初衷会使我们失去竞争优势（比如，新西兰与中国签订自贸协定取得了巨大的成功），这里还有政治因素的考虑：RCEP 可以实现澳大利亚的区域目标，而 TPP 则可以加强与美国的关系。也就是说，涵盖范围广阔的 TPP 规则引出了许多问题，但所有问题都与我们的利益相关吗？经济学家也同意多边贸易的开放给每个参与其中的国家提供优势的说法，但从另一个方面来说，TPP 的规则可能是利用一个国家来使另一个国家受益的环环相扣的模式。那么，是谁制定了 TPP 的规则？你也许会认为 TPP“黄金标准”的崇高规则是由一群将全世界的共同利益放在首位的高尚的技术官僚制定的，不幸的是，事实并非如此。

编号：20150303A040

阿什顿·卡特对TPP与“再平衡”战略的观点*

原文标题： Ashton Carter on the TPP and Rebalance

文章框架： 卡特对TPP的总体分析与立场；分析卡特对TPP经济层面意义的阐述；分析卡特对中美两国局势的看法。

观点摘要：

1. 美国新国防部部长阿什顿·卡特正在日本、韩国和夏威夷进行为期一周的访问，在此之前，他在亚利桑那州发表了一次演讲。他的演讲中有一些言论值得思考，比如对美国区域贸易倡议——跨太平洋伙伴关系协定（TPP）的支持。他说：“TPP将会提供……一个更公平的竞争环境和更多的机会来取得成功。它将通过要求其他国家在我们这里的企业采用我们的标准来行事，比如在政府透明度、知识产权法、自由和开放的互联网、环境保护以及工人权利等方面。TPP也会降低美国的货物和服务进入亚太地区增长最快的市场的门槛。同时，TPP也有很强的战略意义，它可能是‘再平衡’战略最重要的一部分，这也就说明它为什么能够得到两党的共同支持。”事实上，你可能想不到会从一个国防部部长的嘴里听到这样的话，但是，就“再平衡”更广泛的战略意义而言，TPP法案的通过对我们而言与一艘航空母舰同样重要，这样可以加深并巩固美国与盟友之间的伙伴关系，也有助于实现美国对亚太国家的一贯承诺。同时，它还能帮助建立能够反映美国的利益与价值的全球秩序。TPP促使产生公平竞争的环境，这不是因为它可以要求所有国家都统一按照最高标准来行事，而是因为它要求其他国家都按照美国的标准来行事。毫无疑问这有可能会动摇这一地区国家的想法。然而卡特却并没有明确说明TPP与美国的军事能力之间有什么关系，他只是象征性地提到航母与盟国，可能这会受欢迎。事实上，北京方面持怀疑态度的人将TPP看作是一个故意将中国排除在外的计划，并且其在经济领域的内容也是由美国主导的遏制中国战略的一部分。

2. 提到中国，以下是卡特对北京在奥巴马的亚洲“再平衡”战略中的地位的评价：“有些人可能会告诉你中国将会在亚太地区替代美国的地位，或者其经济的增

---

* 来源：洛伊国际政策研究所（澳大利亚智库），2015年4月7日。

长将会在某种程度上为像你这样的年轻人提供机会。但是我拒绝‘中国的发展就会导致我们的损失’这样的‘零和’思维，因为世界上还存在着另一种每个人都能是赢家的方式……几十年来由于强大的美国发挥作用，世界才能一直保持着和平与稳定，亚太地区所有的国家包括中国才能不断地繁荣发展，这也是我们在再平衡的道路上一直追求的。所以要实施‘每个人都是赢家’的方案就需要继续保持美国在全世界的绝对领导地位的现状，我很确定澳大利亚和华盛顿的其他伙伴与盟友将会同意我的这一观点，因为我们都在这种秩序下获得了繁荣发展。但不幸的是，这样一种绝好的安排中国却不想要。横跨亚太地区的所有国家都变得更加强大……我们期望看到这些国家是如何明确追求自己的利益与抱负的。”

3. 最后，卡特就美国在亚太地区军事力量的问题分享了一些有趣的细节。他说："在未来我们会继续加强军事力量的建设，尤其是关系到亚太地区复杂多变的安全环境。这包括高端军事能力的建设，比如一种新的远程隐形轰炸机和一种新的反舰巡航导弹以及跑道维修工程。这看起来这很平常，但是能确保美军在紧急关头能够生存下来。同时我们还在研发新的武器，比如磁轨炮，它利用的是电磁技术而不是高爆炸药来发射子弹，它的优势就是速度更快、成本更低、威力更大。同时，我们还在开发新空间、电子武器以及其他包括一些令人吃惊的武器在内的先进军事软硬件。"

4. 有两点值得注意：第一，"令人吃惊的武器"指的是什么？卡特是在暗示什么未被公开的"黑"武器计划吗？第二，请注意"跑道维修"计划，按照卡特说的，这只是一个很普通的工程，但是它暗示了白宫方面正在认真考虑中国的弹道飞弹会打击美国在这一地区的军事基地这一威胁。很长时间以来，在战略家们中间一直都有关区域性战争的可能性的辩论。比如在中国南海和中国台湾，如果中国袭击了美军在这两个地区的军事基地，那么战争马上就会爆发。这就引出了一些可怕的问题：美国如何才能知道来袭导弹是常规导弹还是有核弹头的？华盛顿会选择袭击中国大陆作为反击吗？在地区紧张局势加剧的情况下，美国会先发制人袭击中国的军事基地吗？此外，如果中国的目标是削弱美国在这一地区的军事优势地位，而美国的目标是抵抗被削弱，那么两国的目标就不兼容，卡特说拒绝"零和"思维，但在这种情况下，"零和"似乎难以避免。

编号：20150407A040

衡量贸易增值以及它对应用贸易政策研究的潜在启示

Robert B. Koopman *

原文标题： Measuring Value Added Trade and Its Potential Implications for Applied Trade Policy Analysis

文章框架： 利用全球价值链实证数据分析美国在亚太地区的贸易倡议的影响；美国国内将注意力放在长期财政赤字问题上；美国贸易赤字不断增长的主要原因是低失业率和低储蓄率；利用新数据、新模型研究贸易增值问题；从全球价值链角度来分析 TPP 或 RCEP 等贸易协定的影响对制定高效政策来说至关重要。

观点摘要：

1. 最近，世界贸易组织总干事帕斯卡尔·拉米（Pascal Lamy）指出："由于仅关注进出口总额，传统贸易数据使我们对国家之间的贸易不平衡现象产生了误解。"他继续解释道："贸易增值有助于揭露当前全球经济表现出的宏观经济不平衡现象的本质，然而由于我们仅关注双边贸易赤字，由此显示的经济不平衡现象和问题可能是无法通过实例验证的。"除此之外，全球供应链和贸易增值提供了更加清晰的实证图景，即"经过验证"的全球贸易本质。理解"经过验证"，分析能进行验证或者阻止验证的政策的作用，以及通过应用贸易政策分析给政策制定者提供建议是

---

* Robert B. Koopman，现任美国国际贸易委员会首席经济学家和执行办公室代理主任，主要工作是通过美国贸易代表办公室向总统和国会提供独立和客观的建议和分析，尤其是向参议院财政委员会和众议院筹款委员会提供建议。此外，他还在乔治城大学教授国际贸易研究生课程，并在乔治·华盛顿大学教授贸易和经济发展课程。加入美国国际贸易委员会之前，他曾任美国农业部经济研究服务部副主任，拥有超过 25 年的应用贸易政策分析经验，参与包括乌拉圭回合协议和多哈谈判等涉及 WTO 协议、自贸区协定、计划经济的改革和转型、中美贸易和附加值贸易问题。最近的研究领域主要集中在理解贸易和经济增长之间的联系、评估全球供应链、动态经济仿真模型和中美之间的高科技产品贸易。来源：发展经济研究所（日本智库），2013 年。

本文的主题。我认为利用新的全球价值链实证数据研究中美再平衡和主要政策倡议的潜在影响非常重要，例如区域全面经济伙伴关系协定（RCEP）和跨太平洋伙伴关系协定（TPP）。

2. 在美国，政界和媒体都将大量注意力放在当前长期的财政赤字上，尤其是对中国的双边贸易赤字。2000 年年初，中国被允许加入 WTO 后不久，美国国际贸易委员会就开始收到政府客户的要求，将注意力放在对中国不断增长的贸易赤字问题上。我们收集了相关数据。1989 年至 2009 年，美国从亚洲国家和北美自由贸易协定成员国的进口额变化显示了美国对中国的进口额日益增加。对中国的进口额数据从 1989 年的低于5000 亿美元到2008 年达到峰值，为2 万多亿美元。2000 年至2008 年期间，美国从中国的进口额增长迅速。

3. 亚洲在这 20 年发生了巨大的变化，亚洲供应链重新进行了排列组合，中国成为供应链的总装最终线。贸易团体对中美贸易逆差和中国为了对美国和其他国家增加出口而人为降汇感到不满。在这个阶段，其他亚洲国家对美国的出口额也在持续扩大，这表明了中国日益增加的出口额并不是由于取代了其他亚洲国家的出口。此外，贸易批评人士还经常指出由于人民币低估而产生的低价中国产品刺激了美国对中国进口的需求，因此导致了不断增长的贸易赤字。然而当我们做出影响美国贸易赤字的宏观因素数据对比时发现，与其他发展中国家相比，在美国经济增长最强劲的阶段，低失业率和低储蓄率是导致贸易赤字不断增长的主要原因。其他亚洲国家的出口额变化和中国的出口额之间也并没有确切的联系。

4. 为了更好地理解全球贸易变化的本质，我们对贸易增值问题进行了深入探究。最近我们综合分析了一些新数据，包括来自欧洲委员会世界投入产出数据库、世界贸易组织和经济合作与发展组织贸易增值数据库、全球贸易分析项目数据库的数据。我们探索了如何将这些数据组合用于两个传统的实证模型中以获得研究分析的新角度，从而为相关政策制定提供依据。这两个传统的实证模型包括可计算的一般均衡贸易模型和对汇率的计量经济评估模型。我们需要通过全球贸易分析模型和源于美国贸易代表署的全球价值链数据模型，构建当前可计算的一般均衡贸易模型的标准，并测量两个情境的影响。这两个情境包括美国对中国进口产品的假定关税调整（旨在应对低汇率）和人民币假定增值到与美国关税相同数值。之后我们对比了基于全球价值链模型和基于传统数据模型而得出的不同结果。我们发现全球价值链贸易模型更清晰地阐明了全球价值链和全球供应链如何作用于全球经济，并且如何在经济运行中造成一些预期之外的、非计划内的影响。

5. 了解全球价值链的发展和影响对理解太平洋区域的贸易和商业发展来说至关

重要。当前，该区域的主要贸易倡议有区域全面经济伙伴关系协定和跨太平洋伙伴关系协定。TPP 被描述为一个“深入的”协定，将覆盖广泛领域的商业政策类型，而不仅是关税这样的单一贸易措施。这些商业措施包括知识产权、投资和法律监管等。根据国际经济学家理查德·鲍德温（Richard Baldwin）的理论，当深入的贸易改革和贸易协定得到推行时，全球生产网络将繁荣发展。而世界贸易组织和经济合作与发展组织的联合数据强调了全球价值链的重要性，在预测多种贸易协定对贸易变化和发展的影响时，全球价值链能提供实证支持。

6. 在分析像 TPP 和 RCEP 这样的协定的影响时，出现过三种模型，包括彼得（Petrietel）、川崎（Kawasaki）和托多（Todo）模型。这些模型试图探索深度集成对贸易发展影响的本质。然而，没有一种模型可以包含全球价值链理论或全球价值链数据。从全球价值链角度来分析 TPP 或 RCEP 等贸易协定的影响是非常有趣的，这将强调数据和结构对应用政策分析的重要性。彼得、川崎和托多这样的分析模型主要是用于衡量在亚太地区扩大现有区域贸易协定对 GDP 增长、经济福利和贸易的影响。托多模型强调了为了创新和增长而进行深度改革的重要性，这阐明了 TPP 将通过创新对经济发展造成巨大影响。但如本文所述，理解并精确测量全球价值链在全球商业中的角色对于制定高效政策来说至关重要。同时，改善应用贸易政策理论、数据和工具以追踪全球经济变化也是必要的。因此，我们应发展新的基于全球价值链的贸易模型来分析亚太地区贸易协定的影响。

编号：2013A014

日本与发展中国家区域贸易协定中的环境条款*

原文标题： Environmental Provisions in Japanese Regional Trade Agreement With Developing Countries

文章框架： 日本正在与其他国家谈论 RCEP 和 TPP；日本区域贸易协定中有关环境的内容。

观点摘要：

1. 直到21世纪初，日本才开始将区域贸易协定（RTAs）作为实现贸易自由化的一种有效途径。日本于2002年与新加坡签署了首个日本区域贸易协定，随后，日本又与亚洲、美洲中部和南部的发展中国家签署了诸多区域贸易协定。2014年3月，日本作为成员国之一所参与的13个区域贸易协定正式实施。日本目前也正在与韩国、澳大利亚、蒙古国、加拿大以及哥伦比亚就区域贸易协定进行双边协商，包括区域全面经济伙伴关系协定（RCEP）以及跨太平洋伙伴关系协定（TPP）。

2. 日本区域贸易协定中环境条款的主要特点是涉及环境问题的内容极少。所有的日本区域贸易协定既没有与环境相关的章节，也没有单边协定。各协定只在前言部分，或者有关投资、标准和经济合作的部分提到环境问题。日本区域贸易协定中最典型的环境条款是投资章节中的一篇文章，该文章指出，禁止通过放宽环境法规来鼓励投资。

编号：201403A014

* 来源：发展经济研究所（日本智库），2014年3月。

针对全球化和公平发展的政策研究所会议*

原文标题： Policy Research Institute Conference on Globalization and Equitable Development

文章框架： 中国政府间接制定了抗衡 TPP 的措施；TPP 的影响；各研究机构和政策制定者在会议上讨论的问题。

观点摘要：

1. 全球范围内的贸易和投资壁垒已经被消除，因此，各国的运输成本正在下降。然而，全球化引发了几项研究议程。首先，全球化加大了各国国内的发展差距，同时减小了各国之间的差距。其次，从更严格的意义上来讲，全球化造成了生产力地理分布不均衡，即制造业和服务业集中在一些国家、地区以及大陆的几个地点。这意味着，过早地采取政策行动会为全球的生产和服务业建立更多的优势。最后，每个企业应对全球化的能力十分不均衡，只有一小部分的大型企业能够出口并进行对外直接投资，而大多数公司不能。美国学者克鲁格曼在工业区位置方面的理论研究关注了中国于 2013 年在上海实行自由贸易区试点，并于 2014 年在自贸区实施负面清单模式以及于 2015 年进行地域扩张，也就是说，中国政府制定了抗衡 TPP 的措施。

2. 早期减少服务贸易壁垒和非关税贸易壁垒以及地域扩张会推动中国的服务业和制造业，同时减少周边经济体存在的这些贸易壁垒，特别是非 TPP 成员国。TPP 会抵消来自中国（上海）自由贸易区的负面影响。这一结果为 2013 年联合国贸易与发展会议世界投资报告提供了依据。

3. 就经济影响问题而言，各研究机构和政策制定者于雅加达举行的对话旨在分享研究成果，并就平等发展制定政策措施而交换意见。四场会议将谈论以下几点。首先，有多少服务行业实现了自由化，亚洲还存在多少非关税贸易壁垒；其次，在工业和经济发展的这一背景之下，各方分享了减少服务壁垒和非关税壁垒所带来的经济影响；再次，全球化不仅对发展中经济体十分重要，也对参与高附加值任务的

---

* 来源：发展经济研究所（日本智库），2015 年 4 月 20 日。

发达经济体十分重要；最后，我们将注意因全球化而引发的其他复杂问题。由于缺乏人力资源，中小型企业将很少从全球化中受益。那么参与供应链的发展中国家的中小型企业需要什么样的政策措施呢?

编号：20150420A014

东南亚和美国的“再平衡”政策

Amna Ejaz Rafi *

原文标题： Southeast Asia and the U. S. Re – balance

文章框架： 东南亚的经济一体化；美国参与东南亚合作的目的；TPP 对美国加强与东盟经济合作的意义；中国对美国霸权的挑战。

观点摘要：

1. 东南亚是一个逐步发展的动态区域，该地区的经济一体化程度很高，经济载体是东南亚国家联盟（其成员国 GDP 为 2 万亿美元，总贸易额为 2.4 万亿美元），该联盟的进展很顺利。“东盟共同体”很可能在 2015 年年底之前成立。部门对话伙伴（SDP）和东盟地区论坛等各种安排，增加了东盟与其他国家和地区的贸易往来。巴基斯坦是东盟的部门对话伙伴。在战略层面，马六甲海峡、巽他海峡和龙目海峡这三个海峡的地理位置在全球范围内提高了该地区的地位。东南亚地区的政治经济环境较为良好。然而，南海冲突被视为导致地区不稳定的因素。较小的东盟国家十分警惕中国的区域抱负，尤其是中国的海军力量，所以它们支持美国加强在该地区的影响力。

2. 从美国的角度来看，除了该地区的经济意义和战略意义，该地区与中国进一步接触已提高了中国在美国政策中的关注度。在这种大背景下，美国希望努力提高其在该地区的国家自信。美国正在增进与越南的关系，加强与菲律宾、日本和韩国的防务合作，在新加坡部署海军；美国也正在增进与泰国和缅甸的关系，缩小与印度尼西亚的分歧，加强本国在该地区的影响力。在菲律宾和越南与中国发生南海纠纷时，美国曾支持菲律宾和越南。“美国对中国的自信态度保持关注，因为其行为增加了中国与其邻国发生冲突的可能性。”美国国家情报局局长詹姆斯·克拉珀如是说。

---

* Amna Ejaz Rafi，法蒂玛真纳女子大学国防和外交研究硕士，现任伊斯兰堡政策研究中心助理研究干事，研究领域包括亚太地区的政治和经济。来源：伊斯兰堡政策研究中心（巴基斯坦智库），2015 年 1 月 7 日。

3. 美国同时也加强了与该地区国家的经济合作。美国与东盟的贸易额达 2060 亿美元。美国与东盟的其他合作机制包括东盟地区论坛、东协国防部部长咨商会议（ADMM）以及“美国 - 东盟扩大经济合作倡议”（E3）。美国还推出了跨太平洋伙伴关系协定（TPP）。在该协议之下，美国正在与澳大利亚、新西兰、秘鲁、智利、加拿大、墨西哥、日本、文莱、马来西亚、新加坡和越南谈判。由于 TPP 谈判中不包括中国，TPP 可能会试图淡化中国在这一地区的经济影响力。

4. 中国对美国在该地区的积极活动持怀疑态度。中国认为美国的“再平衡”战略是为了牵制中国。特别是在南海问题上，中国认为美国的干预是把该问题国际化，这是不必要的举措，中国更愿意分别与相关国家通过双边举措解决南海问题。

5. 就经济而言，东盟各经济体与中国的经济一体化程度较高。中国 - 东盟双边贸易额达 4436.1 亿美元（预计截至 2020 年之前将达到 1 万亿美元）。此外，中国也在南海进行海事活动，包括与泰国和新加坡进行军事演习。中国加强其区域影响力的其他举措包括在越南的西海岸（皎漂港）建设石油和天然气管道，并在丹戎不碌（又称丹戎普瑞克，印度尼西亚首都雅加达的外港，该国最大货运港）建设港口设施。该港将是除了马六甲海峡以外能够提供最短行程的港口。

6. 东南亚地区的战略意义加上该地区的经济发展，不仅在国际交往中提升了该地区的地位，也把该地区转变成一个区域或国际合作和竞争的场所。崛起的中国将美国在该地区实施的“再平衡”战略视作“牵制中国”的战略。而美国担心如果中国继续壮大，中国可能挑战美国的霸权。在这场斗争中，区域国家如何调整美中方程式是重大的挑战。

编号：20150107A016

图书在版编目（CIP）数据

国外智库看 TPP / 王灵桂主编. —北京：社会科学文献出版社，2015.12
（全球智库国际战略研究丛书 · 看世界系列）
ISBN 978 - 7 - 5097 - 8280 - 4

Ⅰ. ①国… Ⅱ. ①王… Ⅲ. ①区域经济合作 - 国际合作 - 研究 - 中国
Ⅳ. ①F125.5

中国版本图书馆 CIP 数据核字（2015）第 257389 号

全球智库国际战略研究丛书 · 看世界系列④
国外智库看 TPP

主　　编 / 王灵桂

出 版 人 / 谢寿光
项目统筹 / 祝得彬
责任编辑 / 仇　扬　安　静

出　　版 / 社会科学文献出版社 · 全球与地区问题出版中心（010）59367004
地址：北京市北三环中路甲 29 号院华龙大厦　邮编：100029
网址：www.ssap.com.cn
发　　行 / 市场营销中心（010）59367081　59367090
读者服务中心（010）59367028
印　　装 / 三河市东方印刷有限公司

规　　格 / 开 本：787mm × 1092mm　1/16
印 张：34.25　字 数：646 千字
版　　次 / 2015 年 12 月第 1 版　2015 年 12 月第 1 次印刷
书　　号 / ISBN 978 - 7 - 5097 - 8280 - 4
定　　价 / 168.00 元